한일회담 청구권 교섭 핵심 자료집 III

청구권 문제의 일괄 타결 방식 합의/
개인 청구권 문제의 처리

한일회담
자료총서 21

한일회담 청구권 교섭 핵심 자료집 III

청구권 문제의 정치적 일괄 타결 / 개인 청구권 문제의 처리

동북아역사재단 편

동북아역사재단
NORTHEAST ASIAN HISTORY FOUNDATION

발간사

한일관계에서 한일협정만큼 민감하고 논쟁적인 주제는 없을 것입니다. 한일 양국은 1951년 10월 국교정상화를 위한 회담을 시작하였습니다. 이후 회담은 13년 8개월에 걸쳐 중단과 재개를 되풀이하였고, 1965년 6월 한일 양국은 협정에 조인하였습니다. 한일회담은 광복 후 한일관계뿐만 아니라 한국현대사의 기본 틀을 만드는 과정이었습니다. 최근 한일 양국이 첨예하게 대립하는 근본 원인도 한일회담에 있다고 할 수 있습니다. 2018년 10월 30일 일제 강제동원 피해자 손해배상소송 판결과 2021년 1월 9일 일본군'위안부' 피해자 손해배상소송 판결은 1965년 한일협정이 지나간 과거가 아닌 현재진행형의 문제라는 사실을 확인시켰습니다.

한국 정부와 법원은 1910년 강제병합조약은 원천 무효이고 반인도적 범죄에 대한 배상 문제는 1965년 한일청구권협정으로 해결되지 않았다고 주장합니다. 하지만 일본 정부와 법원은 강제병합조약은 합법이고 청구권협정으로 모든 배상 문제가 해결되었다고 주장합니다. 한일협정에 대한 평가와 해석을 둘러싸고 이처럼 첨예하게 대립하는 근본 원인은 무엇일까요? 한일협정 해석을 둘러싼 갈등은 해결할 수 있는 것일까요?

이 문제들에 대한 해답을 찾기 위해서는 한일협정 조문 해석뿐만 아니라 협정이 어떤 과정을 거쳐 체결되었는지, 당시 양국 정부가 어떠한 역사인식과 전략을 토대로 협상하였는지를 한일회담 당시 관련 일차 자료에 근거하여 파악할 필요가 있습니다.

한일회담 외교문서가 공개된 계기는 강제동원 피해자들이 2002년 한국 정부를 상대로 문서공개요구소송을 한 것이었습니다. 강제동원 피해자들은 일본에서 제기한 소송에서 일본 법원이 1965년 청구권협정으로 모든 배상은 해결되었다는 판결을 내리자, 청구권협정에서 강제동원 피해자 문제가 어떻게 다루어졌는지 공개하라며 한국 정부를 상대로 소송을 하였습니다. 이후 2004년 강제동원 피해자들이 승소하였고, 한국 정부는 2005년 약 3만 5,000장의 관련 문서를 공개하였습니다. 일본에서도 시민 단체인 '일한회담문서 전면공개를 요구하는 모임'이 문서 공개를 요구하자, 일본 정부는 2008~2015년까지 약 9만 장의 문서를 공개하였습니다.

동북아역사재단은 한일 양국에서 한일회담 외교문서가 공개된 이후 국민대학교 일본학연구소와 협력하여 방대한 분량의 외교문서를 체계적으로 정리하는 작업을 해왔습니다. 그 첫 작업으로 한국외교문서를 체계적으로 분류·해제한 『한일회담 외교문서 해제집』 5권을 2008년에 발간하였습니다. 이후 소송을 통해 추가로 공개된 문서를 포함한 일본외교문서 약 9만 장을 체계적으로 분류하여 그 결과물을 2021년 『한일회담 일본외교문서 상세목록』 5권으로 발간하였습니다. 한국외교문서 원본은 〈동북아역사넷〉에서 제공하고 있으며, 일본외교문서 원본도 순차적으로 공개하고 있습니다. 또한 미국 국무성 문서도 국사편찬위원회의 협력을 받아 〈동북아역사넷〉에서 공개하고 있습니다.

이렇게 외교문서의 원문을 제공하는 작업은 한일회담의 전모를 밝히는 데 크게 기여하고 있지만, 외교문서를 찾아보는 일반 대중과 연구자, 정책 입안자들이 필기체로 된 방대한 문서에서 필요한 자료를 찾아내는 것은 쉬운 일은 아닙니다. 이에 우리 재단은 국민과 학계, 관계 기관에서 한일회담 관련 자료를 폭넓게 활용할 수 있도록 한일회담 관련 핵심 문서를 자료총서로 발간하는 작업을 하고 있습니다. 이 자료총서가 한일회담의 전모를 파악하고 핵심 쟁점이 어떻게 논의되었는지를 이해하고 한일회담에 대한 객관적인 이해를 토대로 현재 한국과 일본이 직면한 문제를 해결하는 데에 기여할 수 있기를 기대합니다. 나아가 앞으로 진행될 북일 국교정상화 관련 대응에도 도움이 될 것입니다.

한일회담 자료총서 발간 작업은 연구자들과 활동가들의 열정적인 노력이 있었기에 시작할 수 있었습니다. 외교문서가 공개될 수 있도록 노력하신 많은 분들과 방대한 분량의 외교문서를 한 장 한 장 검토해 주신 분들께 감사를 드립니다.

2025년
동북아역사재단 이사장

책머리에

1965년 한일협정 체제를 통해 한국과 일본은 국교를 정상화하며 새로운 시대를 열었다. 그러나 60여 년이 지난 오늘날, 한국 사회에서 청구권협정만큼 민감하고 소모적인 논쟁의 대상도 드물 것이다. 2018년 강제동원 피해자 손해배상 판결과 2021년 일본군 '위안부' 피해자 배상 판결은, 이 협정이 단순한 과거의 기록에 머무는 것이 아니라 오늘날 우리 사회가 직면하고 있는 현재적 과제임을 다시금 확인시켜 주었다.

과거사 문제를 둘러싼 한일 양국의 입장은 평행선이다. 한국 정부는 2005년 8월, '위안부', 사할린동포, 원폭 피해 문제는 청구권협정으로 해결되지 않았으며, 강제동원 피해 배상 문제는 해결된 것으로 보아야 한다는 입장을 표명하였다. 한국 사법부는 2018년 10월, 강제동원 피해 또한 청구권협정으로 완전히 해결되지 않았다는 판결을 내렸다. 반면 일본 정부는 청구권협정으로 모든 청구권이 최종적·완전하게 해결되었다는 주장을 고수하고 있다. 이처럼 양국 간 대립의 근본을 이해하기 위해서는 1965년 또는 그 이전으로 거슬러 올라가 '한일청구권협정'이라는 최종 결과물 뒤에 가려진 협상 과정을 살펴볼 필요가 있다.

한일 국교정상화 교섭 과정은 길고도 험난하였다. 13년 8개월이라는 시간은 한국 외교사상 유례없는 오랜 협상 기간이었으며, 양국 간에 놓인 역사적 앙금과 현실적 이해관계의 간극이 얼마나 컸는지를 웅변한다. 특히 청구권 교섭은 치열한 논쟁과 감정 대립의 연속이었다. 비록 청구권 교섭이 식민지배 피해에 대한 배상이 아닌 한국의 독립으로부터 발생한 '법적·청산적 성질'의 청구권 해결로 귀착되었지만, 그 본질은 식민지배의 불법성 여부를 둘러싼 역사인식의 충돌에서 시작하여 국제법적 해석, 피해자 개인의 권리와 국가 간 조약의 상관관계 등 여러 가지 문제가 복잡하게 얽힌 고차 방정식이었다.

이『한일회담 청구권 교섭 핵심 자료집』은 이처럼 복잡한 청구권 문제의 교섭과 관련한 한일 양국의 외교사료를 정리하여 한데 모은 것이다. 제1차~제7차 회담까지의 교섭 기록, 양국 정부의 대표단에 대한 훈령, 자체 회의 기록 및 국내 대응책 등 각종 자료를 알기 쉽게 정리하여 수록하였다. 교섭 당시의 국제 정세는 물론, 교섭에 영향을 미친 외부적 요소, 즉 미국의 관여 기록 등도 함께 담았다. 제3차 한일회담 결렬의 빌미가 되었던 구보타 간이치로(久保田貫一郎) 대표의 '역청구권' 주장과 '식민지 시혜론' 망언에 대해 한국 대표단이 어떻게 대응했는지, 파국으로 치닫던 교섭이 어떤 과정을 거쳐 타협에 이르게 되었는지, 논란의 중심에 놓였던 '김종필-오히라 메모'의 내용은 구체적으로 무엇이었고 어떠한 배경과 의미 속에서 작성되었는지 등 독자들은 이 자료집을 통해 역사 속에 파편처럼 흩어져 있는 주요 사건의 실체와 내막을 직접 확인할 수 있다. 이와 함께 현재까지도 최대 쟁점으로 남아 있는 청구권자금의 성격 규정 문제에 대해서도 입체적인 해석의 단초를 발견할 수 있다. 박정희 정권에게 청구권자금은 어떠한 의미였는지, 일본의 이케다 하야토(池田勇人), 사토 에이사쿠(佐藤栄作) 정권이 한일회담 말미까지 '청구권'이라는 용어 사용을 철저히 회피하고 '경제협력'을 주장한 이유는 무엇인지, 양국의 내부 문서가 각각 그들의 논리와 전략을 명확히 보여준다.

청구권 문제 교섭에서 신생 독립국이었던 한국 협상단은 시종일관 도덕적 우위와 인내심을 가지고 일본을 설득하려 했으며. 일본은 법리 논쟁을 통해 한국의 청구 범위를 최소화하는 데 집중했다. 협상자들의 발언과 주장에는 양국이 처한 현실을 바탕으로 국가의 미래를 염두에 둔 전략이 집약되어 있었다. 이러한 양국 대표단의 태도와 발언 내용도 이 자료집을 통해 확인할 수 있다.

현재의 한일 관계에서 청구권 문제를 비롯한 과거사 현안은 양국 관계를 불안정하게 만드는 요소다. 이 자료집은 이러한 현실 속에서 단순히 과거의 기록이라는 일차원적인 기능을 넘어, 과거를 성찰하고 현재를 직시하며 미래를 예견하기 위한 다차원적인 도구로 기능하고자 한다. 이 자료집은 '약속 위반'이나 '역사 왜곡'과 같은 단순한 정치적 구호를 넘어, 1965년 협정을 맺기까지 이를 둘러싼 첨예한 대립과 복잡한 계산, 그리고 고뇌에 찬 타협의 실체를 있는 그대로 보여준다. 우리는 이 기록을 통해

'그렇게 합의되었기를 바라는' 역사가 아니라 '실제로 무엇이 합의되었고 무엇이 미해결로 남았는지'를 바라보아야 한다. 지난 수십 년간 비공개로 묶여 있던 외교문서가 공개되면서 우리의 이해는 더욱 깊고 정교해졌다. 이 자료집은 지적 탐구의 연장선에서 보다 포괄적이고 체계적인 사료를 제공함으로써 논의의 수준을 한 단계 끌어올리는 것을 목표로 한다.

미래지향적 한일 관계는 과거에 대한 상호 배타적 해석 위에 세워질 수 없다. 그것이 고통스럽고 지난한 과정일지라도, 분쟁의 기원에 대해 증거에 기반한 공동의 이해를 모색하는 노력 위에서만 가능하다. 이 자료집은 정치적 편의가 아니라, 기록 그 자체에만 기반한 새로운 대화의 시작을 제안한다. 역사의 진실을 마주할 용기, 그리고 그 토대 위에서 새로운 관계를 모색하려는 의지를 가진 모든 이들에게 이 자료집이 귀중한 길잡이가 되기를 희망한다. 이 자료집이 학계와 시민사회, 정책 현장에서 두루 활용되어, 한국과 일본이 과거를 넘어 미래로 나아가는 길에 의미 있는 마중물이 되기를 기대한다.

마지막으로, 이 자료집이 발간되기까지 노고를 아끼지 않으신 유의상 전 외교부 대사(현 광운대학교 겸임교수)께 깊은 사의를 표한다. 유 대사는 이 자료집의 자료 정리부터 해제, 번역 및 감수에 이르기까지 전 과정을 혼자서 묵묵히 수행해 내셨다. 아울러 발간을 흔쾌히 허락해 주신 박지향 이사장님께도 감사의 말씀을 드린다.

2025년 가을

조윤수

차 례

청구권 문제에 관한 김종필-오히라 마사요시(大平正芳) 합의

'김-오히라 합의' 이후의 청구권 세목 교섭

일본의 '김-오히라 합의' 수정 시도와 한국의 대응

청구권 관련 합의 이행에 필요한 세목 교섭

청구권 문제의 일괄 타결 방식 합의에 따른 개인 청구권 문제 처리 관련 교섭

일러두기

이 자료집의 원문과 구성 원칙은 다음과 같다.

- 원문은 2005년 외교부에서 공개한 한일회담 외교문서이며, 동북아역사넷(contents.nahf.or.kr) 및 외교부 외교사료관, 국회도서관, 국가기록원에서 확인할 수 있다.
- 이 자료집은 공개된 문서 중 사료 가치가 크지 않은 일부 문서를 제외한 대부분의 문서를 수록하였다.
- 이 자료집에 수록된 문서의 문서명에 '전문', '공문', '내부 재가 문서', '훈령안', '보고서' 등을 첨기하여 문서의 종류를 구분할 수 있도록 하였다.
- 원문과 비교할 수 있도록 본문 왼쪽에 마이크로필름 프레임 번호를 제시하였다.
- 내용은 원문대로 표기하는 것을 원칙으로 하였다.
- 원문에는 없지만 편집 과정에서 추가한 내용은 [ ]로 처리하였다.
- 원문 상태가 좋지 않아 판독이 어려운 일부 단어는 □로 표기하였다.
- 이 자료집에 수록된 일본어 및 영어 사료는 감수자가 번역한 한글 번역본을 함께 수록하였다.

가독성을 고려하여 다음과 같이 수정하였다.

- 띄어쓰기와 맞춤법은 국립국어원 표준어 규정에 맞추었다.
- 원문의 명백한 오기 및 현대어 문법에 맞지 않는 단어는 일부 바로잡았다.
- 한자는 한글로 표기하되, 필요한 경우 원문을 병기하였다.
- 한자식 고어 일부와 고유명사는 현대어로 수정하였다.
- 『 』와 「 」는 서명, 신문·잡지명, 문서, 조약, 법령, 안을 제외하고 큰따옴표, 작은따옴표로 수정하였다.
- 문서의 제목과 번호, 날짜 위치는 문서의 유형에 따라 임의로 왼쪽, 오른쪽, 또는 중앙으로 편집하여 정렬하였다.

외래어 표기는 다음과 같은 규정을 적용하였다.

- 일본어 고유명사(인명, 지명 등)는 일본어 독음으로 표기하고 [ ]에 원문을 병기하였다.
- 고유명사와 보통명사가 결합된 일본어는 고유명사만 일본어 독음으로 표기하였다.
- 인명, 지명, 국명 중 주요한 것은 국립국어원 외래어 규정에 맞춰 표기하였다.

청구권 문제의
정치적 일괄 타결 방식 합의

일본 측의 경제협력 방식 해결 방안 대두(제5차 한일회담)

第5차 한일회담 일반청구권소위원회에서 '대일청구요강' 8항목을 둘러싼 한일 간의 치열한 법리논쟁이 이어지고 있는 가운데, 회담장 밖에서는 경제협력 방식에 의한 청구권 문제 해결과 관련한 검토와 논의가 점차 본격화되고 있었다. 한국에 장면 정권이 들어선 후 이승만 정권하에서의 반일 내셔널리즘이 눈에 띄게 약해졌을 뿐 아니라, 미국이 한국에 대한 경제원조를 삭감함에 따라 일본과의 경제협력을 통해 한국의 정치, 경제 안정을 도모할 필요가 있다는 인식이 점차 확산되고 있었기 때문이다.[1] 한국의 언론들은 第5차 한일회담 개최 기간 중 '경제협력 방식'에 의한 청구권 문제 해결과 관련한 찬반 견해를 거침없이 기사화하였다.[2] 『동아일보』의 경우는 1960년 12월 12일 1면 머리기사로 한국 정부 소식통의 말을 인용, "일본이 한국의 대일재산권 포기를 전제로 6억 달러 정도의 자본원조와 기술원조를 한국에 제공하는 내용을 비공식적으로 제기하였으며, 미국도 한국 정부에 대해 재산청구권을 포기하고 일본의 경제원조를 수락하도록 요구하고 있으나, 한국 정부로서는 한일회담을 통하여 청구권 문제를 해결한다는 입장에 변함이 없다"고 보도하였다[3].

일본은 第5차 한일회담 개시 전에 이미, 한국에게 대일청구권을 포기하게 하고 동시에 식민지 지배에 대한 사죄의 뜻을 포함하지 않는 경제협력을 제공하는 방식을 본격적으로 검토하기 시작하였다. 일본 외무성은 1960년 7월 22일 이세키 유지로(伊關佑二郎) 아시아국장의 지시로 '대한 경제기술협력에 관한 예산 조치에 대해서'라는 내부 문서를 작성하였다. 이 문서의 골자는 "5년 동안 매년 2,000만 불씩, 총 1억 불을

---

1 오타 오사무(송병권 외 역), 『한일교섭 청구권 문제 연구』, 서울:선인, 2008, 200-201쪽.

2 『조선일보』는 선 국교 정상화론에 입각하여 한일경제협조론을 비판한 데 반해(『조선일보』, 1961. 2. 7 사설), 『동아일보』는 남북의 경제번영경쟁과 지역통합 추진이라는 냉전의 관점과 한국의 경제발전이라는 산업화의 관점을 중시하면서 한일경제협조 노선을 지지하였다(『동아일보』, 1960. 12. 13. 사설); 오타 오사무, 위의 책, 194-199쪽, 208-211쪽.

3 「韓國의 財産請求權抛棄前提, 日, 六億弗 援助를 提議」, 『동아일보』, 1960. 12. 12.

경제협력의 형태로 한국에 무상 제공한다는 것"이었다. 문서에는 "재산청구권 문제는 일단 유보하는 것이 적당하며, 과거에 대한 보상의 의미가 아닌 앞으로의 한국 경제 또는 사회복지에 기여한다는 취지의 경제협력을 할 필요가 있다"는 정책 방향이 제시되어 있다. 후일 이세키 국장은 1억 불로 문제가 해결되리라고는 생각하지 않았으며, 서서히 숫자를 올려 나가지 않으면 안 된다고 생각하고 있었다는 입장을 밝혔다.[4]

제5차 한일회담에 참석 중이던 유진오 한국 측 수석대표가 1960년 10월 27일 자민당의 후나다 나카(船田中)[5] 의원을 예방했을 때, 후나다는 "한국 청구권 문제는 경제협력이라는 형태로 해결될 수 있는 문제가 아닐까"라고 발언하였다.[6] 1961년 2월 10일 기시 노부스케(岸信介) 전 총리 또한 유진오 대표에게 "청구권에 비하면 경제협력의 방식은 국회를 통과하기도 국민을 납득시키기도 훨씬 수월하며, 한국의 경제건설을 위하여 무상이나 차관을 준다는 그 자체에 대하여는 크게 반대하지는 않을 것이다"[7] 라고 하였다. 일본으로서는 정치권에서도 이미 '대한 경제협력'에 대한 공감대가 형성되어 있었던 것이다.[8]

그러나 한국 정부는, 국내적으로 일본의 경제협력을 받아들일 경우 또다시 경제적으로 일본의 식민지가 될 수 있다는 우려의 목소리가 있었고, 야당 또한 경제협력 방식에 의한 해결에 강력히 반대함에 따라 공식적으로는 청구권 문제와 경제협력을 분리하여 대응한다는 입장을 취했다. 1961년 1월 10일 정부 및 여야 대표들 간에 개최된 대일문제간담회에서 "우선 현안 문제를 해결하고, 국교 정상화를 달성한 뒤 한일 양국의 경제협력을 추진한다"는 원칙이 합의되었다.[9] 1월 13일 개최된 회담 대표단 대

---

4 日本外交文書 505, '日韓國交正常化交涉の記錄 總說 七', VII. 張勉政權の成立と第5次日韓會談, 3. 第5次日韓會談に對する日本側の方針, 52-64쪽.

5 후나다 나카 의원은 일본 자민당 부총재, 중의원 의장, 한일의원연맹 초대 회장 등을 역임하였다.

6 한국 외교문서 713, 제5차 한일회담 예비회담 본회의 회의록 및 사전교섭, 비공식회담 보고, 1960. 10-61. 5, '후나타 주와의 면담 내용 보고의 건, 1960. 10. 31', 799쪽.

7 한국 외교문서 713, 'TM-0285, 기시 전 수상 및 네모토 전 농림상 면담 보고, 1961. 2. 11', 1085-1086쪽.

8 유의상, 『대일외교의 명분과 실리』, 서울: 역사공간, 2016, 284, 285쪽

9 「政府·與·野代表會談, 對日會談方針 등 協議」, 『동아일보』, 1961. 1. 11.

책 회의에서 마련된 '한국청구권위원회 한국 측의 기본정책(시안)'에는, ① "일본 측이 1957년 12월 31일 자 미국의 '각서'에 따라 양측의 청구권을 상쇄하고 그 대신 경제원조를 제의하여 이 문제를 해결하려는 것으로 사료되며, 또한 일본이 GARIOA 및 EROA에 기초한 대미 채무 20억 불 중 6억 불만을 한국에게 원조하고 나머지 채무는 이를 말소하려는 생각을 갖고 있는 듯 하다"[10]고 일본 측 태도를 분석한 뒤[11], "청구권과 경제협조 문제에 관하여 우선 (청구권) 위원회 토의에 있어서는 분리하는 방침으로 나가야 할 것"이라는 입장이 정립되었다.[12] 장면 총리와 정일형 외무장관도 1월 14일 국회 답변에서 국교 정상화 이전에 일본 정부에 차관을 요청한다든지 경제원조를 받는 일은 없을 것이라는 입장을 분명히 하였다.[13] 한국 대표단은 경제협력이 거론된 제5차 회담의 수석대표 간 비공식회의 석상에서도, "경제협력은 청구권 문제와 별개라는 입장과 함께 국교 정상화 후 추진해 나간다"라는 입장을 일관되게 견지하였다.[14]

일본 측은 한국 측의 강경한 입장을 인식하였고, 1961년 2월 7일 수석대표 간 비공식회의에 동석한 이세키 외무성 아시아국장이 "경제협력에 관해 한국 측에서는 국교 정상화 후에 시작하면 이를 용인할 수 있다는 의견인데 일본 측도 같은 생각"이라면서 "경제협력의 방식으로는 정부 간 무상원조와 민간의 자본제공을 생각할 수 있으나 국교 정상화 이후가 아니면 실현 가능성은 전혀 없다고 생각한다"[15]고 언급하였다. 이

---

10 1961년 11월 4일 한국을 방문한 러스크 미 국무장관은 기자회견에서 "미국이 일본으로부터 변제받을 GARIORA 또는 EROA 자금을 저개발국 원조에 사용하려는 케네디 정부의 계획은 미 헌법이 정한 절차에 어긋나므로 의회에서 거부했다. 따라서 이 두 자금은 현재 한일 양국 간 문제에 취급되어 질 수 없다"라는 입장을 발표하였다. 배의환, 『보릿고개는 넘었지만-배의환 회고록』, 서울:코리아헤럴드/내외경제신문, 1991, 132쪽.

11 한국 외교문서 718, 제5차 한일회담 예비회담 일반청구권소위원회 회의록, 1-13차, 1960-61, 한국청구권위원회 한국 측의 기본 정책(시안), 1961. 1. 13, 930쪽.

12 한국 외교문서 718, 제5차 한일회담 예비회담 일반청구권소위원회 회의록, 1-13차, 1960-61, 한일회담 일반청구권소위원회 관계자 회의 회의 요지, 1961. 1. 13, 902, 903쪽.

13 『제38회 국회 민의원 속기록』 제2호, 민의원사무처, 1961. 1. 14; 정일형, 「왜 박 정권의 한일회담을 반대했나」, 정일형 미공개 유고, 『신동아』 1984(10), 282쪽.

14 한국 외교문서 713, TM-12130, 사와다 수석대표와의 비공식회담 보고, 1960. 12. 22, 1,030쪽; 같은 문서, TM-01132, 수석대표 간 비공식회의 보고, 1961. 1. 27, 1,059쪽.

15 日本外交文書 353, 首席代表 非公式會談 記錄, 1961. 2. 7.

로써 일본 측은 자신들이 구상하는 경제협력 방식을 피력하면서도 한국 측의 입장을 배려하는 모습을 보였다. 하지만 1961년 5월 6~12일간 자민당 국회의원 방한단(단장 노다 우이치(野田卯一) 의원) 수행차 한국에 온 이세키 국장은 5월 9일 김용식 차관을 별도로 만나 어업 문제가 해결된다면 청구권을 해결하는 데 이의가 없다고 전제하면서, 청구권 문제는 무상원조에 의한 경제협력 방식으로 해결코자 한다는 일본 측의 입장을 한국 측에 보다 분명히 전달하였다.[16]

그러나 일본 측의 경제협력 구상은 제5차 한일회담이 박정희 장군의 군사정변으로 중단되면서 더 이상 진전을 이루지 못한 채 중단되고 말았다.

16 한국 외교문서 858, 일본 중의원 의원단 방한, 1961. 5. 6-12, WJ-05146, 이세키 국장의 김용식 차관 면담 결과 통보, 1961. 5. 10, 92-95쪽. 일본 외교문서에는 "우선 어업 문제가 해결된다면 청구권을 해결하는데 이의가 없음. 확실한 개인 채무와 같은 것은 청구권으로 해결코자 함. 소위 일반적 청구권은 무상경제원조로 할지 아니면 전부를 무상경제원조로 할지 두 가지 해결 방안이 있으며, 그 밖에 일반적인 경제원조가 있음. 그중에는 정부 차관과 민간 베이스가 있는데 민간 베이스 중에는 순 민간 베이스와 정부가 수은의 자금으로 지원하는 것이 있음"으로 기록되어 있다. 日本外交文書 517, 自民黨8議員及び伊關局長の訪韓(1961. 5. 6-12) 關係會談記錄.

한국 외교문서	일본 외교문서
	1. 505, 일한국교정상화 교섭의 기록 총설 VII. 장면 정권의 성립과 제5차 일한회담, 3. 제5차 일한회담에 대한 일본 측 방침(日韓国交正常化交渉の記録 総説 七, VII. 張勉政権の成立と第五次日韓会談, 3. 第5次日韓会談に対する日本側の方針)
2. 713, 제5차 한일회담 예비회담 본회의 회의록 및 사전교섭, 비공식회담 보고, 1960. 10-61. 5, 후나타 주[나카]와의 면담 내용 보고의 건, 1960. 10. 31	
3. 713, 제5차 한일회담 예비회담 본회의 회의록 및 사전교섭, 비공식회담 보고, 1960. 10-61. 5, TM-0285, 기시 전 수상 및 네모토 전 농림상 면담 보고, 1961. 2. 11	
4. 718, 제5차 한일회담 예비회담 일반청구권소위원회 회의록, 1-13차, 1960-61, 한국청구권위원회 한국 측의 기본정책(시안), 1961. 1. 13	
5. 718, 제5차 한일회담 예비회담 일반청구권 소위원회 회의록, 1-13차, 1960-61, 한국의 대일청구권에 관한 한국 측의 견해 및 한국 측 관계자 회의 회의 요지, 1961. 1. 13	
6. 713, 제5차 한일회담 예비회담 본회의 회의록 및 사전교섭, 비공식회담 보고, 1960. 10-61. 5, TM-12130, 사와다 수석대표와의 비공식회담 보고, 1960. 12. 22	
7. 713, 제5차 한일회담 예비회담 본회의 회의록 및 사전교섭, 비공식회담 보고, 1960. 10-61. 5, TM-01132, 수석대표 간 비공식회의 보고, 1961. 1. 27	
	8. 353, 수석대표 비공식회담 기록(首席代表 非公式会談 記録), 1961. 2. 7
9. 858, 일본 중의원 의원단 방한, 1961. 5. 6-12, WJ-05146, 이세키 아시아국장의 김용식 차관 면담 결과 통보, 1961. 5. 15	
	10. 517, 자민당 8의원 및 이세키 국장의 방한 관계 기록(自民党8議員及び伊関局長の訪韓(1961. 5. 6.-12)関係会談記録)

1. 3. 第5次日韓會談に對する日本側の方針
日本外交文書 505,「日韓國交正常化交渉の記錄 總說」七, 7. 張勉政權の成立と第5次日韓會談

1960년 7월 22일 이세키 유지로(伊關佑二郎) 아시아국장의 지시로 외무성이 작성한 '대한 경제기술협력에 관한 예산 조치에 대해서'라는 내부 문서에 "재산청구권 문제는 일단 유보하는 것이 적당하며, 과거에 대한 보상의 의미가 아닌 앞으로의 한국 경제 또는 사회복지에 기여한다는 취지의 경제협력을 할 필요가 있다"는 정책 방향이 제시되어 있다는 내용 등이 기술된 문서다.

후일 이세키 국장은 경협 1억 불로 문제가 해결되리라고는 생각하지 않았으며, 서서히 숫자를 올려 나가지 않으면 안 된다고 생각하고 있었다는 입장을 밝혔다.

번역

3. 제5차 일한회담에 대한 일본 측 방침

고사카 외상 방한 시 정일형 외무부 장관과의 합의에 따라 제5차 일한회담은 10월에 개최하기로 예정되어 있었다. 이에 앞서 일본 측은 이세키 아시아국장을 중심으로 매우 적극적으로 한국에 대한 교섭 방안을 가다듬고 있었다.

7월 22일 이세키 아시아국장의 지시에 따라 북동아시아과는 다음과 같은 '한국 경제기술협력에 관한 예산 조치에 대해'를 기안했다 이는 청구권을 무상경제협력이라는 형식으로 처리하는 방안으로서 매년 2,000만 달러, 5년간 총 1억 달러를 무상경제협력으로 지출하는 것을 골자로 하고 있었다.

한국 경제기술협력에 관한 예산 조치에 관하여

1. 한국에 대한 경제협력의 취지

조만간 재개될 예정인 일한회담에서 한국 측은 다시 거액의 재산청구권을 제기하고, 여기에 재일한국인의 한국 귀환과 관련된 '보상금' 따위를 지불하라고 주장할 것으로 보인다. 그러나 재산청구권 문제는 (가) 교섭이 매우 어렵고 장기화될 가능성이 크며, (나) 한국과의 사이에 이 문제를 해결할 경우 북한과의 사이에도 문제가 발생하고, (다) 국내적으로는 구(舊) 재산권자에 대한 보상 문제를 야기하므로 조속한 해결을 도모하는 것이 부적당하고, 오히려 일종의 '보류'를 해두는 것이 적당하다. 재일한국인의 한국 귀환에 따른 '보상금' 지불 요구에 응해야 할 근거 또한 없다.

그러나 다른 한편으로 일한회담을 조속히 타결하기 위해서는 한국 측에 어떤 형태로든 경제협력 혹은 원조를 하는 것이 불가피한데 우리 일본으로서도 과거에 대한 보상이 아니라 한국의 미래 경제 및 사회복지에 기여한다는 취지라면 이 같은 경제협력 혹은 원조를 실시하는 의의가 있다고 볼 수 있다. (한국에 대한 미국의 경제원조와 더불어 한국경제가 안정적으로 성장하고 나아가 한국의 정치까지 안정되는 것은 이웃나라 일본으로서도 좋은 일이다. 한국경제가 안정화 경향을 보이는 것은 재일조선인의 북한 귀환 희망을 감소시켜 당면 문제인 북한 송환 업무를 서둘러 종료시키는 효과가 있다.)

위와 같은 사정을 감안할 때 일한회담이 타결되어 일한 간 국교가 정상화한 후(대략 내년 회계연도 이후) 매년 2,000만 달러, 5년간 총 1억 달러를 경제협력을 위한 원조(무상)로서 지출하는 것이 적당하다고 생각된다.

2. 한국에 대한 무상 경제협력을 위한 예산 조치

현재 우리나라가 실시하고 있는 배상 및 경제협력을 대별하면,

가. 무상(無慣)인 것〔배상부 소관〕

1) 미얀마, 필리핀, 인도네시아, 베트남에 대한 배상

2) 라오스, 캄보디아에 대한 경제기술협력(이 두 나라는 대일 배상청구권을 포기했으므로 일본 측은 이에 부응하여 경제기술협력을 실시하기로 한 것임)

나. 유상(有慣)인 것(경제협력부 소관)

(일본에서 통상 말하는 경제협력은 여기에 속한다)

으로 구분될 수 있다.

국교 정상화 후 한국에 대해 행하는 특별 경제협력은 무상의 명목이므로 위의 가. 2)와 유사한 것이 될 것으로 생각된다. 상기 가.의 배상 및 무상경제협력을 위한 예산은 모두 배상 등 특별채무처리 특별회계에 계상되어 있으며, 수익국(受益國)은 계약 당사자로서 물자를 공급받고 역무(彼務)에 종사하는 일본 국민에게 일본 정부가 대금을 지불하는 것을 원칙으로 하고 있다.

따라서 향후 조치로서 일한회담에 임하는 일본 측의 기본 방침 결정 과정과 내년도 예산 편성 과정에서 대장성 측에 상기 1항의 취지 등을 신중히 설명하고 이재국(理財局) 외채과(배상 등 특별회계소관과)로 하여금 필요한 조치를 취하도록 설득해야 한다고 생각된다.

3. 한국에 대한 경제협력 사무비용에 대한 예산 조치

라오스나 캄보디아의 경제·기술협력을 위한 사무 비용에 준해 외무성이 이를 준비할 필요가 있다(주로 일한 합동위원회를 위한 경비가 될 전망).

이와는 별도로 일본 측 학계, 경제계의 유식자로 구성된 일한경제협력연구회를 위한

경비, 서울에서의 협의를 위한 외국 출장 여비는 외무성 담당과에 계상할 예정이다.

4. 일반적인 경제협력 및 기술협력을 위한 예산 조치

국교 정상화에 이르기까지의 기간 중 대한국 투융자에 의한 경제협력 및 무상기술협력이 올해 후반 혹은 내년에 필요할지도 모르는데, 그 경우에는 외무성 기술협력 예산과 대장성의 재정투융자 관계 예산 내지 예비비에 대한 조치가 필요하다.

이 방안은 회람 도중에 "1억 달러는 너무 과하므로 대장성과 국회의 강한 도전을 받아 오히려 실현되기 어려울 것이다. 오히려 실질적으로 총 5,000만 달러 정도가 기껏 도출할 수 있는 한계이지 않을까. 어쨌든 그러한 거액의 무상원조는 한국 측의 청구권을 모두 포기하도록 확정하는 것이 아니라면 우리 일본 내에서는 도저히 지지를 얻지 못할 것이다"라는 코멘트가 첨부되었다. 이에 대해 이세키 아시아국장은 "청구권을 포기한다면 1억 달러 정도는 고려해야 할 것이다"라고 적었다.

또 시라하타 도모요시(白播友敬) 경제국 참사관은 '배상 형식이 아니라 경제원조 또는 경제협력의 형태로 거액의 자금을 공여하는 경우에는 이른바 '맛보기' 방식으로는 실시 단계에서 여러 가지 혼란이 발생할 우려가 있다. 따라서 경제협력이라고 밝힌 이상 상대국과 우리 일본과의 무역 관계, 상대방의 자원개발, 산업개발 문제, 상대국의 경제 정세 등을 충분히 검토한 후에 구체적인 구상을 세우고 시작하는 것이 절대적으로 필요하다. 또 본 건에 대해선 경제국장, 배상부장의 의견을 필요로 한다"라고 주석을 달았다. 이 구상에 대해 이세키 아시아국장은 다음과 같이 말했다. [(교섭사 자료) 「일한 교섭의 회고」-이세키 전 아시아국장에게 듣는다(듣는 사람, 야나기야 과장, 1969년 12월 3일)]

청구권에 대해 모두 모여 다양하게 의논해 보았지만, 아무리 해도 청구권 자체는 도저히 정리되지 않는다. 요컨대, 한국 측은 금액 문제이므로 괜찮을 것이다. 그러나 국내, 특히 국회와의 관계에서는 도저히 설명이 되지 않는다. 얼마 전에 베트남 배상을 처리했다고는 하지만, 3,900만 달러라는 적은 금액인데도 완전히 쪼그라들고 말았다. 이를 설명하기 위해 국회에 갈 때 가져간 서류 봉투의 높이가 처음에는 20센티미터 정도였는데, 자료를 달라는 요구가 쇄도해 마지막에는 온갖 자료를 만들어 사무관이

30센티미터 정도 높이의 서류 꾸러미 두 개를 안고 따라오게 되었다.

일한 관계에서 저런 일을 당하고는 도저히 감당할 수 없다. 특히 한국의 경우는 야당의 공세가 매우 강할 것이라고 하니 어떻게든 청구권 그 자체가 아니라 다른 무언가로 전환하지 않으면 안 된다는 생각이 그때부터 생겨났다. 처음에는 조금 꺼리는 것을 내놓는 법이다.

국내에서는 '한국이 청구권을 포기한다는 것을 조건으로 한 경제협력'이라고 하면 문제가 없었을지도 모르지만, 다만 금액이 문제였다고 생각한다. 1억 달러라고 쓰여 있지만, 1억 정도로 끝날 것이라고는 누구도 생각하지 않았다. 나는 이 정도로는 도저히 마무리되지 않는다, 처음부터 더 큰 숫자가 있다고 생각했다. 그래서 서서히 숫자를 올려 나가지 않으면 안 된다는 걸 항상 고려했다.

日韓国交正常化交渉の記録　総説　七

Ⅶ 張勉政権の成立と第５次日韓会談

7-52

3. 第5次日韓会談に対する日本側の方針

小坂外務大臣訪韓の際の鄭外務部長官との合意により、第5次日韓会談が10月に開催を予定された。これより早く日本側は伊関アジア局長を中心にきわめて積極的な対韓交渉策をねっていた。

7月22日、伊関アジア局長の指示により北東アジア課は次の「対韓経済技術協力に関する予算措置について」を起案した。これは請求権を無償経済協力という形で処理する案であり、毎年2,000万ドル、5年間にわたり

GA-6 外務省

合計1億ドルを無償による経済協力として

支出することを骨子と~~し、省内の新内次官、~~するものである。

~~島外務審議官、牛場経済局長等の幹部にも~~

~~回覧された。~~

「

対韓経済技術協力に関する予算措置について

1. 対韓経済協力の趣旨

近く再開予定の日韓会談において、韓国側はふたたび巨額の財産請求権を持ち出し、加うるに在日韓国人の南鮮帰還に関連して「補償金」のごときものを支払うよう主張するものとみられる。しかし、財産請求権問題は(イ)交渉が極めて困難かつ長期化する可能性が強い、(ロ)韓国との間にこの問題を解決した場合、北鮮との問題が発生する、(ハ)国内的には旧財産権者補償問題を惹起する、との理由で早急な解決をはかることは不適当であり、むしろ一種の「棚上げ」とする方が適当である。また在日韓国人の南鮮帰還に伴う「補償金」の支払要求に応ずべき筋合いはない。他方、日韓会談を早急に妥結するためには、韓国側に対して何らかの経済協力ないし援助を行な

GA-6 外務省

7-55

うことが不可避であり、またわが国にとっても過去の償いということではなしに、韓国の将来の経済および社会福祉に寄与するという趣旨でならば、かかる経済協力ないし援助を行なう意義ありと認められる。（米国の対韓経済援助と相俟って、韓国の経済が安定成長し、ひいては韓国の政治も安定することは隣国日本にとっても好ましいことであり、当面の問題としても、韓国経済が安定化への傾向をみせることは在日朝鮮人の北鮮帰還希望を手控えさせ、北鮮送還業務を早く終らせる効

GA-6 外務省

7-56

果がある。）

上記のような事情にかんがみ、日韓会談が妥結し日韓国交が正常化した後に（大体、明会計年度以降）毎年2,000万ドル、5年間にわたり、合計1億ドルを経済協力のための援助（無償）として支出することが適当と思われる。

2. 対韓無償経済協力のための予算措置

現在わが国が実施している賠償及び経済協力を大別すると、

(1) 無償のもの（賠償部所管）

(イ) ビルマ、フィリピン、インドネシア、ヴィエトナムに対

GA-6 外務省

7-57

する賠償

(ロ) ラオス、カンボディアに対する経済技術協力

(この二国は対日賠償請求権を放棄したので、

日本側はこれに応えて経済技術協力を行

なうこととしたもの)

(2) 有償のもの(経済協力部所管)

(わが国で通常いっている経済協力はこれに

属する)

に分たれる。

国交正常化後、韓国に対して行なわんとする

特別の経済協力は無償の建前なので、上記

GA-6 外務省

7－58

(1)(ロ)に類似したものになると思われる。上記(1)の賠償および無償経済協力のための予算は、すべて賠償等特殊債務処理特別会計に計上されており、受益国は、契約の当事者として物資を供給し、役務に従事する日本国民に対して、日本政府よりの支払いに基づいて、代金を支払う建前になっている。

よって、今後の措置としては、日韓会談に臨む日本側基本方針の決定の過程において、および明年度予算編成の過程において、大蔵省側に上記1.の趣旨を篤と説明し、理財局外債課

GA-6　　外務省

7-59

（賠償等特別会計の所管課）をして、所要の措置をとらしめるよう働きかけるべきものと思われる。

3. 対韓経済協力事務費のための予算措置

ラオス、カンボディアに対する経済技術協力のための事務費に準じて、外務省として準備する必要がある（主に日韓合同委員会のための経費となる見込み）。

なお、これとは別に、日本側の学界、経済界の識者より成る日韓経済協力研究会のための経費、京城での打合せのための外国出張旅費

GA-6 外務省

ク-60

は当課において計上する予定である。

4. 通常の経済協力および技術協力のための
予算措置

なお、国交正常化までの間においても対韓投資、融資による経済協力および無償の技術協力があるいは今年度後半ないし来年度において必要となるかもしれず、その場合には、外務省の技術協力関係予算および大蔵省の財政投融資関係予算ないし予備費について措置を必要とする。」

この案は回覧途中で「総額1億ドルはあまりに過大であり、大蔵省や国会の強い反抗

GA·6　　外務省

7-61

を受け、却って実現を困難にするであろう。

むしろ、総額5,000万ドル位が実際上せいぜいのところではなかろうか。いずれにせよ、かかる多額の無償援助は、韓国側請求権をすべて確定的に放棄せしめるのでなければ、わが国内において到底支持を得られないであろう。」

とコメントがつけられているのに対し、伊関アジア局長は「請求権を放棄するならば1億ドル位考慮すべきであろう」と記した。また白幡経済~~協力~~局~~長~~参事官は「賠償形式でなく、経済援助あるいは経済協力の形で巨額の資金を

GA-6 外務省

7-62

供与する場合には、いわゆる『つかみ』的なものでは、実施段階に種々の混乱を生ずる惧れがある。したがって経済協力という限り、相手国とわが国との貿易関係、相手方の資源開発、産業開発問題、相手国の経済情勢等を十分に検討した上で具体的な構想を建ててかかることが絶対必要である。なお、本件、経済局長、賠償部長の御意見を必要とする。」と注記した。この構想について伊関アジア局長は次のとおり語った。(交渉史資料 ~~1969年12月3日~~「日韓交渉の回顧」—きく人 柳谷課長 (1969年12月3日))

GA-6　外務省

7-63

請求権について、みんなでいろいろ議論してみたけれども、どんなにしても請求権それ自体はとうてい片づかない。要するに、韓国の方は金額の問題だからいいだろう。しかし、国内の方、ことに対国会関係での説明がどうにもならない。その前にヴィエトナムの賠償をやつていたのだが、3,900万ドルのわずかな金額なんだが、さんざんしぼられて参つてしまつた。この説明に国会に行く時<s>は</s>に持つて行く書類の包みの高さが始めは20cm位だつたのが、資料資料と要求されて最後にはあらゆる資料を作つて事務官が30cm位の高さの包みを二つかかえてついてくるようになつてしまつた。日韓でああいうことをやらされては、とてもかなわない。ことに韓国の場合は、野党の攻勢が非常に強いだろうというので、どうしても請求権それ自体でなくて何かに切りかえて行かなくては、という考えがあの辺から出てきたのだろう。はじめは少し遠慮しているものを出しているわけだ。

GA-6 外務省

7-64

「国内は『韓国が請求権を放棄するということを条件とした経済協力』ということなら問題がなかつたかもしれないが、ただ金額が問題だつたと思う。1億ドルと書いているが、1億位ですむとは誰も思つてはいない。私はこれではとてもまとまらない、はじめからもつと大きい数字がいると思つていた。だから徐々に数字を上げていかなければいかんという考慮は常にあつた。」

それから1か月後の8月25日に閣議了解案としてアジア局で次の「第5次日韓全面会談に関する基本方針（案）」が起案された。

GA-6 外務省

2. 후나타 주[나카]와의 면담 내용 보고의 건, 1960. 10. 31

한국 외교문서 713, 제5차 한일회담 예비회담 본회의 회의록 및 사전교섭, 비공식회담 보고, 1960. 10-61. 5

유진오 한국 측 수석대표가 일본 정계 중진인 후나타 주(船田中) 의원을 면담한 결과를 보고한 문서다.

후나타 의원은 경제협력 방식으로 청구권 문제를 해결하는 것이 좋겠다는 의견을 피력했다.

한일회예 제 5 호

단기 [illegible] 10월 31일

제5차 한일회담 예비회담

수 석 대 표

외 무 부 장 관 귀 하

건명: "후나다 쭈"와의 면담 내용 보고의 건

머리의 건, 10월 27일 하오 7시부터 일본자민당의 간부이며 과거에 한일회담을 위하여 노력한바 있는 "후나다 쭈" (船田 中) 씨와 약 1시간 동안 면담하였아온바, 그 내용을 아래와 같이 보고하나이다.

본인: 한일회담을 이번에는 성공시키기 위하여 노력해 주기 바란다.
일본 내각이 갈렸으니 한일문제에 관하여 정계에서 한국측을 도아줄 수 있는 사람을 알려 주면 좋겠다.

후나다: 한국측을 도울수 있는 사람은 "이시이 고—지로" (石井 光次郎) 통산상과 "수도— 히데오" (周東 英雄) 자치상일 것이다. "아쪼—기 가즈오"씨도 역시 상당한 영향력을 가진 것으로 생각한다.
한국청구권문제는 경제협력이라는 형태로 해결될수 있는 문제가 아닐까.

본인: 한국이 청구하고 있는 것은 확정채권의 반제등 청산에 관한 문제인 만큼 청산[illegible] 원조와는 다른 것임[illegible] 청산은 청산대로 해결하여야 하며 경제[illegible]는 별도로[illegible]하는 것이 좋다고

생각한다.

후나다: 총선거 까지는 [illegible] 회담을 진행시키기는 어려울 것이다. 그러나 총선거 후에는 실질적인 회담이 빨리 진행될 것으로 생각하며 동시에 정계의 지도자 몇 사람을 한국에 보내고 싶다. 이러한 일을 몇번 거듭하면 정식 사절단이 갈수 있는 기초를 마련하게 될 것이 아닌가.

본인: 정계 지도자를 한국에 보내는 것을 특히 반대할 이유는 없으나 기술자나 민간인과 달라서 정계 지도자는 일반에게 자극을 줄 것임으로 그 시기와 방법을 신중히 고려하여야 할 것이다.

후나다: 일본수상 "이께다"는 대체로 "기시"수상 보다는 대한문제에 관해서 열의가 적을지 모르나 그 기본태도는 같이 하는 사람이라고 생각한다. 그러나 "고사까"외상은 "후지야마"전외상에 비해서 한일문제 해결에 훨신 열의를 가진 사람이다. "후지야마" 전외상은 북송을 시작한 사람일 뿐만 아니라 뱃속으로는 중공에 관해서 호의를 가진 사람이다.

이 상

3. TM-0285, 기시 전 수상 및 네모토 전 농림상 면담 보고, 1961. 2. 11

한국 외교문서 713, 제5차 한일회담 예비회담 본회의 회의록 및 사전교섭, 비공식회담 보고, 1960. 10-61. 5

유진오 수석대표가 기시 전 수장 및 네모토 전 농림상을 면담한 결과를 보고한 문서다.

기시 전 수상도 일본 국회나 국민을 설득하기 위해서는 경제협력 방식이 좋을 것이라는 의견을 개진했다.

대 한 민 국　외 무 부

번 호: TM-0285
일 시: 111710
[61.2.11]

수 신 인: 외무부 장관 귀하

작 2 월 10 일 하오 4 시 반부터 약 1 시간 반에 거쳐 제국호텔에서 전 일본수상 기시 및 전 농림상 네모도 와 면담한 자리에서 본인은 한일회담의 현황을 이야기 하고 일본이 대국적 견지에서 청구권 문제에 관하여 영단을 내리는 것 만이 한일 국교 정상화로 이끌어 나가는 길임을 설명 하였던바, 이에 대한 기시 전 수상의 대답중 중요한 점을 적기하면 다음과 같아옵기 보고 하아니다.

1. 대한민국이 공산당과 싸우고있는 것은 결과적으로 일본을 위하여 싸워주는 것이다 다름없다. 한국에 적색정권이 생기는 경우를 상상한다면 일본은 무슨 일이 있드라도 대한민국과 정상적 국교를 맺고 이를 도와야 할것이다.

2. 일본이 한국을 돕는것을 재침략이라고 걱정하는 사람의 심정은 알겠으나 현하의 국제정세로 보아 침략이라는 있을수 없다. 침략을 생각하는 일본사람은 하나도 없다.

3. 청구권을 청구권으로 해결하여야 한다는 한국측 주장에 의의가 없다. 다만 이 문제는 첫째, 청구권의 대부분이 북한에도 관련이 있는것이어서 일본 사회당, 북한, 조청련등의 맹렬한 반대로 나올 우려가 있고 둘째, 법적 근거가 아주 확실한것이 아니면 일본 국회나 여론이 납득하지 않을 것이므로 액수에 있어서 한국측이 희망하는 것이될 가능성이 극히 적다. 청구권에 비하면 경제협력의 방식은 국회를 통과하기도 국민을 납득시키도 훨신 [redacted] 액수가 너무 많다 거나 조건이 나쁘다거나할 사람은 있겠지[redacted] 한국의 경제건설을 위하여 무상

(계 속)

— 2 —

원조나 차관을 준다는 그 자체에 대하여는 별 [illegible]가 없을 것이다. 그러나 이 말은 청구권에 응하지 않겠다는 말은 [illegible]다.

4. 자기가 수상으로 있을때 자기[illegible] 문제를 해결할려고 노력 하였으나 지금 이께다 수상은 한일 문제에 비교적 [illegible]심이 적은것이 사실이다. 자기 및 사도에이사꾸 (기시 전 수상의 아우) 가 힘을 [illegible]합하여 한일문제의 중요성을 이께다 수상에게 말하겠다.

5. 한일 문제를 해결할려면 한일 양국이 다 중대한 결심을 하여야 할것이다. 지금은 아직 그렇지도 않지만 막상 이 회담이 결실을 볼 단계에 이르게 되면 일본 사회당, 공산당, 북한, 조청련등이 결사적으로 반대할 것이므로 한일 양국 정부는 그것을 극복하고 나갈 굳은 결심이 있어야 할것이다.

참고 : 어업 문제의 해결을 청구권의 해결 뒤로 미루어야 한다는 본인의 주장에 대하여는 가부간의 언급이 없었음.

수석대표

1961 FEB 12 AM 11 30

4. 한국청구권위원회 한국 측의 기본정책(시안), 1961. 1. 13

한국 외교문서 718, 제5차 한일회담 예비회담 일반청구권소위원회 회의록, 1-13차, 1960-61

제5차 한일회담이 개최되고 나서 연말연시 휴회 기간 중 국내에서 마련된 회담에 대한 기본정책 시안이다.

이 정책 시안에는 청구권 문제에 대한 일본 측 태도를 분석한 내용과 일본에 요구하는 청구권 금액이 8억 달러(필리핀이 일본으로부터 받은 배상금액)보다 적어서는 곤란하다는 내용 등이 담겨 있다.

韓國請求權委員會

韓國側의 基本政策 (試案)

一. 日本側의 態度

1. 平和線에 關한 我側의 讓步를 確認하지 않는 限 財産請求權 弁済의 言約을 回避하고 있다.

2. 그러나 韓國의 請求權에 對한 어느 程度의 弁済 必要性을 認識하고 있는 것으로 生覺되며, 特히 終戰前의 被徵用者에 對한 補償金 및 恩給支払에 關하여는

非公式的이나마, 이미 어느 程度로 弁済의 意思를 表示한바도 있다.

3. 韓國에对한 償務弁済에 있어서는, 日本側은 可能하다면 請求權에 对한 弁済라는 名目이 아니라「經済援助」形式으로서 解決하고저 努力하는 듯하다.

4. 이밖에는 日本側의 主張은 韓國의 対日請求權의 法的根據를 不贊하는데에서 派生되는 한便 設使 그 法的正當性을 承認한다고 하드래도, 日本의 対韓請求權의 抛棄와 同時에 韓國側의 対日本請求權의「어느 程度의 相殺」를 認定하는 一九五七年十二月三十一日字 美國의 覺書

에 따라 兩側의 請求權을 相互 相殺하고 그 代身 日本이 經濟援助를 提議하여 이 問題를 解決하려는 것으로 思料된다.

5. 이와 같이 하여 日本이 「GARIOA」 및 「EROA」에 基한 對美債務 二〇億中 六億弗만을 韓國에게 援助하고 남어지 債務는 이를 抹消하려는 생각을 가지고 있는 듯한데 이렇게 되면 日本은 對美債務와 對韓債務를 同時에 解決해버리는 結果가 될뿐만 아니라 援助額 使用에 있어서도 相當한 干涉을 行할 수 있어서 一擧兩得의 效果를 거두는 수 있게 된다.

二、我側의 基本態度

1. 日本側이 平和線問題와 本財產請求權과 連關的 解決을 固執하고 있으므로 平和線問題를 放置하고 本問題만을 單獨的으로 解決하기는 困難할 것이다. 따라서 平和線問題에 있어서 我側이 어느 程度 日本側要求를 들어줄수 있도록 研究함이 本問題解決上 極히 必要하다.

2. 請求權問題에 關한 美國政府의 前記覺書에서 表明된 立場을 排除하기는 困難하므로 또한 日本의 對韓經濟援助의 意識도 있으므로 우리側의 請求權의 全部의 辨濟를 期待하기는 困難한 일이라는

것을 覺悟하여야 할 것이다.

3. 我側이 지금까지 準備하고 있는 資料에 依한 請求權의 總額數는 約 五百六十六億圓 (十五対一로 換算하여 約 二十四億弗)에 達하고 있다. 그러나 請求權의 種類에 따라서는 法的根據 또는 立證資料가 貧弱한 것도 있으므로 우리側이 强行할 수 있는 要求額數는 日本의 對比賠償額 總八億弗(純賠償額 五億五千萬弗, 經濟協調 二億五千萬弗)보다 적은 것이 되지 않도록 努力하여야 하며 日本의 六億弗 經濟援助提議를 受諾하는 境遇에도 總請求權으로서는 最小限 二乃至 三億弗은 辨濟받도록 積極

힘써야 할 것이다.

三、 앞으로의 會議運營 方針

1. 財産請求權에 關한 法理論의 討議는 差置하고 具体的인 請求權 內容의 檢討를 継續케 한다.

2. 請求權 各項目의 討議에 關하여는 우리側에 이미 提出한 八個項目을 그 順序대로 行하지 않고 比較的 法的根據 및 主證資料의 確實한 것부터 順次的으로 行하도록 한다. 即 第二項(朝鮮總督府의 對日本債權) 第五項(日本의 各種有價

證券, 被徵用韓人未收金, 韓國人의 對日本政府 및
個人에 對한 債權等), 第三項(一九四五年八月九日
以後 日本으로 不法移替 또는 送金된 金員) 第四
項(韓國에 本社를 가지고 있는 法人의 在日財産),
第一項(地金 및 地銀), 第六項(韓國人所有 日
本法人의 株式 또는 其他 證券)의 順으로 行하도록
한다.

3. 具体的인 請求權 名目의 相互檢討는 一般 請求權
委員會의 公式會議에서 行하지 말고 關係 實務者
로 構成된 非公式會議에서 行하도록 한다. 이와
같은 方式은 討議의 早速한 進展과 秘密維持를

存하여도 必要하다.

4. 具体的인 請求權內容檢討를 通하여 相互間이 意見이 一致되지 못하는 問題는 一旦保留케 하고 殘餘問題도 넘어가도록 하되 끝끝내 解決을 보지 못하는 諸般請求權內容은 이를 一括하여 高位會의 政治的인 妥協에 맡기기로 한다.

5. 한국의 대일청구권에 관한 한국 측의 견해 및 한국 측 관계자 회의 요지, 1961. 1. 13

한국 외교문서 718, 제5차 한일회담 예비회담 일반청구권소위원회 회의록, 1-13차, 1960-61

제5차 한일회담 연말연시 휴회 기간 중인 1961년 1월 13일 서울에서 개최된 회담 대책 회의 요지와 이 회의를 통해 마련된 '대일청구권에 대한 한국 측 견해'가 담긴 문서다.

청구권과 경제협조 문제에 관하여 우선 (청구권) 위원회 토의에 있어서는 분리하는 방침으로 나가야 할 것이라는 입장이 정립되었다.

一.

韓國의 對日請求權에 關한 韓國側의 見解

平和條約의 精神에 立脚하여 日本은 韓國에 對하여 何等請求할 것이 없는 것이 當然이다. 換言하면 韓國領內 所在 日本의 權利, 權原 및 權益等은 如何한 形態임을 莫論하고 또한 公, 私有與否를 不問하고 無條件 또한 完全히 韓國에 歸屬된 것이다. 이것은 韓國에 對한 日本의 影響力을 完全히 芟除시키려는 聯合國

외 무 부

외무부

의 非日本化 政策의 한 表現인 것인바, 이러한 政策은
一九四五年 終戰當時 美軍政府이 아니라 다른 어떤
政權이 韓國에 있었다하더라도 똑같은 政策이 取하여졌을
것으로 보여진다. 따라서 이러한 非日本化 政策이
條件이 附帶될수는 없는 것이며 日本이 其後 締結된
平和條約 第四條의 解釋에 있어서 日本의 對韓請求權
이 어떤 條件의 附帶下에 解消된 것인것처럼 強辯하는
것은 歪曲된 解釋인 것이다.

日本이 그러한 그릇된 解釋을 내리는 根據로 提示하는 平和條約第四条A項에 所謂「兩國의 協議」란 것은 日本에 對한 韓請求權이 解消된 것을 韓國이 對日請求權을 主張함에 있어서 考慮한다는 것을 一手[illegible]한 것이다.

元來 韓國의 對日請求權은 日本이 一九五七年十二月 三十一日 兩國間에 締結된 (合意議事錄)에서도 言及된 바와 같이 一九一〇年以前에 있어서 不法하게 締結된 韓日兩國間의 條約 乃至 協定의 無效內規定과 關聯을

외 무 부

가지는 것이다. 日本은 確實히 一九五七年의 合意議事錄에

있어서 所謂 合併條約을 null and void 에 關한

問題라고 하였는 바, 그렇다면 大韓民國政府는 이와 같이 不法하게 締結된

條約에 基한 占領으로 말미아마 韓國國民이 받은 바

苦痛과 [illegible] 에 對한 對價를 主張할 權利가 있다는 것은 否認할 수가 없다.

日本은 只今 韓國이 聯合國의 一員이 아니고 또한

日本에 對하여 宣戰布告도 한 일이 없기 때문에 戰時

國際法에 依한 賠償을 主張할 수 없다고 主張하고 있지만, 韓國이 日本에 對하여 主張하는 請求權 가운데에서도 第一次的인 것은 無效한 條約에 立脚한 行爲에 이러한 對한 韓日 두 國民의 請求權을 意味하는 것이다.

請求權은 特히 軍政法令 第三十三號가 없다 하더라도 法理上 當然한 것이다.

그러한 데도 不拘하고 ● 이러한 請求權이 이미 提示된 韓國 對日 請求項目에 包含되지 않은 것은 韓國이 對日 請求를 提起함에

외 무 부

從아서 日本의 對韓請求權解消라는 事情을 考慮에
넣은 結果인 것이다.

二、 美軍政法令 第三十三號에 關하여는 同法令이 一九四五年
十二月六日字로 公布되었으며 이에 따라 八月九日現在로 韓國
內에 存在하던 公有 또는 日本國政府 및 日本人의 財産은
九月二十五日字로 美軍政廳이 歸屬所有하였던 것이다.
이에 關하여 日本側은 同 法의 八月九日 이라는 時當

외무부

變更의 對象을 말하는 것이며 詐僞變更自体라는
何等의 關係가 없으며 따라서 九月二十五日까지에 移動된
日本人의 財産은 前述한 "歸屬請有"로부터 除外되어 있
하며 韓國政府에서는 그에 對한 請求權을 主張할 수
없다고는 하지만, 생각건대 美軍政庁은 一九四五年
九月七日字 太平洋美陸軍司令部 布告 第三號와
同九月二十五日字 美軍政法令 第二號로써 一九四五年八月
九日現在로 韓國內에 있던 모든 日本政府 및 日本

외무부

외 무 부

人의 財産의 賣買, 移動, 處分等은 禁止하며
八月九日現在로 凍結시켜놓았으며 一九四五年 九月 二十八日에
軍政法令第四號로서는 日本陸海軍의 財産을
同日字로 沒收하였었다.
그後 다시 一九四五年 十二月 六日字로 同日附의 軍政
法令第三十三號를 公布하여 八月九日現在로 韓國
에 있는 日本政府 및 日本人의 모든 財産은 九月
二十五日字로 美軍政庁에 歸屬하게

하였던 것이다.

따라서 萬若 八月 九日부터 九月 二十五日까지에 移動乃至處分된 日本財産이 있었다고 하면 前述한 凍結令 即 太平洋美陸軍司令部布告 第三號 및 美軍政法令 第二號 規定을 違反한 것이므로 그 行爲의 效力은 認定할 수 없음은 贅言을 要하지 않는다.

외무부

따라서 一九四八年九月十一日字 韓美間財政 및 財産에 關한 最初協定에서 美軍政府이 韓國政府에 移讓한 財産中에는 當然히 請求한 以外 것은 不法移動이 一切財産도 包含되어 있으며 우리가 現在 軍政法令 第三十三號에 依하여 如斯한 財産의 返還을 請求하는 것은 法理上의 當然한 歸結이다.

韓日會議 一般請求權小委員會 關係者

會議 會議要旨

一. 劉彰順 委員會首席代表로부터 今次 豫備會議에 있어서의 日本側과의 交涉經過 概略에 關한 說明이 있었다.

二. 앞으로의 會議進行方法에 關하여 다음과 같은 方針으로 함이 좋을 것이라는데 大体로 合意하였다.

(가) 우리側이 八個項目請求를 日本側이 辨濟할 것인가 順次的으로 내놓고 따져 나간다.

(나) 위와 같은 討議過程을 거쳐 日本側이 辨濟意思를
表明한 請求權에 關하여 比較的 內容이 簡單한
것은 委員會에서 請求額數를 確定시키고 證據對
査定이 複雜한 것(例 有價證券, 通信部債權,
徵用者未收金等)은 實務者會議에서 具體的인
請求額數를 찾아내어 委員會에서 確定시킨다.

(다) 以上에서 確定된 請求權을 除外한 餘他의 請求權은
後日 討議에 미루어 政治的으로 解決한다.

(라) 우리側의 請求額數提示는 相互極秘로 한 것이
合意한 後 日本側이 辨濟할 것을 原則的으로
同意한 項目에 限하여 提出한다.

(마) 會議進行에 關한 우리側의 基本方針은 우리側의

請求根據가 確한 것을 强力히 主張하고 나중에 總數의 削減은 우리側이 생각해서 讓步하는 것 같은 態勢로 臨한다.

三、其個의 請求權項目에 關하여 다음과 같은 意見提示가 있었다.

(가) 徵用者未收金 問題에 關하여는 日本側에서 辨済할 意思로 보이고 있어, 該當個個人에 直接 支拂한다는 생각을 暗示한 바, 우리側은 未收金의 國家的 處理는 우리政府가 알아서 할 일이라고 해야 한다.

(나) 在韓本社法人의 在日財産請求問題에 關하여

외무부

외무부

美國이 우리側의 主張에 不利한 態度를 取하고 있으나 우리는 그것이 莫大한 額數의 有価證券의 請求와도 関連된 것임에 비추어 우리自身의 請求理論을 樹立할 必要가 있다.

四. 請求權과 平和線의 連関的인 解決問題에 関하여는 日本이 請求權問題에 있어서 많은 讓歩를 하여야 韓國國民의 對日感情이 緩化될 것이고 따라서 平和線問題의 解決도 쉬워질 것이라는 點을 日本側에 認識시켰다는 意見에 大体로 合意하였다.

五. 請求權과 經済協力問題에 関하여 下記 委員會

討議에 있어서는 會難하는 方針을 나가야 할

것이라는데 合意하였다.

六. 日本代表團이 澤田首席代表가 日本外務省에서

影響力이 적으므로 岸前首相이라도 交替될 可能性이

있다는 말이 交換되었다.

以上

6. TM-12130, 사와다 수석대표와의 비공식회담 보고, 1960. 12. 22

한국 외교문서 713, 제5차 한일회담 예비회담 본회의 회의록 및 사전교섭, 비공식회담 보고, 1960. 10-61. 5

1960년 12월 22일 개최된 유진오-사와다 간 비공식회담의 결과를 보고한 문서다.

이 회담에서 한국 측은 경제협력은 청구권 문제와 별개이며, 국교 정상화 후 추진할 것이라는 입장을 분명히 했다.

대 한 민 국 외 무 부

전 보
TOKYO

번 호: TM-12130
일 시: 221530

수 신 인: 외무부 장관 귀하

금 12월 22일 오전 11시 부터 [illegible] 본인과 엄공사, 일본측에서 "사와다" 수석 대표와 "우야마" 참사관이 회합하여 약 1시간 동안 비공식 회담을 가졌아온바 그 내용을 다음과 같이 보고 하나이다.

1. 회담 진행 방법에 관하여, 우리측: 오늘 만나자고 한 것은 이제부터 휴회로 들어가기 때문에 지금 까지의 경과를 회고하고 앞으로 회담이 재개된 때에 어떻게 진행 시킬것인가에 관하여 의견을 교환하고저 하는 것이다. 만일 2월, 3월이 되어도 회담에서 어떠한 구체적인 결론을 얻지 못한다면 한일관계를 타개할 길이 없어지고 한국의 국내 여론도 수습할수 없게 된다. 그러므로 휴회기간이라 하여 그동안 정말로 쉴것이 아니라 양편이 다 회담 재개후에 신속 진행 되도록 내부적 준비를 하여야할 것이다. 일본측: 동감이다. 어제 고사가 외상에게도 그런 말을 하였다.

2. 청구권 문제에 관하여. 일본측: 어제밤 청구권 위원회 비공식 회담에서 이야기 된바이지마는 일본측은 청구권의 8개 항목중 우선 국민이 납득할수있는것 부터 사무적인 절충을 해나갈 방침이다. 그러다가 사무적으로 도저히 해결될수 없는것이 있으면 고위층의 정치적 해결로 미루는수 밖 에 없다.

우리측: 청구권에 관하여 사무적으로 절충을 시작하는 것은 좋은 일이다. 회담이 재개되는 대로 곧 그렇게 하기로 하자. 일본측: 경제협력에 관하여도 겨울동안에 구체적 계획을 작성 하겠다. 사태발전 여하에 따라서는 4월부터 시작되는 명년도

(계 속)

CONTINUED

회계년도에서도 돈을 쓰게될 것[illegible]므로 예산에 [illegible] 편성할 생각이다.

우리측 : 경제 협력에 관하여는 [illegible] 지시를 받은[illegible] [illegible]어서 무어라고 정식으로 말할수 없으나 계획을 세우는 것은 [illegible] 생각한다. 다만 우리 정부는 청구권 문제를 해결하지 않고는 경제[illegible] 논의할수 없다는 태도를 취하고 있느니 만큼 경제협력을 말 하므로서 우리측[illegible] 청구권을 무시하는 것 같은 인상을 주어서는 않된다. 일본측 : 잘 알겠다.

3. 법적지위 문제에 관하여. 우리측 법적 지위 문제에 있어서 재일한인의 자손에게 영주권을 줄수 없다는 일본측의 태도는 이해할수 없다. 그러한 협정은 정부도 국민도 재일한인도 받어드리지 아니할 것이다. 일본측이 재일한인이라는 특수한 지위를 가진 외국인을 연구히 존속 시킬수 없다고 하는 말은 이해할수 있으나 사람을 대상으로하는 협정인 만큼 재일한인의 상태가 연구히 현 상태로 계속 된다고는 볼수 없으므로 일본측의 염려는 공연한 이론상의 염려에 지나지 않는다.

일본측 : 그러지 않어도 일본측에서도 아세아 국 에서는 한국측의 입장을 잘 알기 때문에 현재 법적 지위 위원회에서 주장하는 것을 그대로 밀지는 않겠다. 한국측도 납득할수 있는 구체안을 곧 작성하여 휴회기간중이라도 대표부를 통하여 보내겠으니 기대하여주기 바란다. 우리측 : 그렇게 해주기 바란다.

4. 이께다 수상 발언문제. 우리측 : 이께다 수상이 북한에 정권이 있다는 것을 고려하면서 한일회담을 하고 있다는 말을 한 진의는 무엇인가. 일본측: 이께다 수상은 기시 수상과 달라서 모든 문제에 있어서 될수있는한 야당의 비위를 거슬리지 않도록 하려는 태도를 취하고 있기 때문에 그러한 말이 된 것인데 한국이 조선 반도에 있어서 유일한 합법적[illegible]정부라는 유엔의 결의는 현 정부도 물론 그대로 지지하고 있다 우리측 : 그[illegible] 일본이 북한과 정치적 협상을

CONTINUED — 3 —

할 가능성은 절대로 없다고 보아도 좋은가.

일본측 : 절대로 없다.

우리측 : 통상은 어떤가.

일본측 : 일본은 무역 자유화 정책을 추진하고 있으므로 약간의 민간무역까지 없으리라고는 말할수 없다. 그러나 정부 레벨에서 북한과의 무역 문제를 고려하는 일은 절대로 없을 것이다 이상

수석대표

1960 DEC 23 AM 10 15

COMMUNICATIONS SECTION

7. TM-01132, 수석대표 간 비공식회의 보고, 1961. 1. 27

한국 외교문서 713, 제5차 한일회담 예비회담 본회의 회의록 및 사전교섭, 비공식회담 보고, 1960. 10 – 61. 5

1961년 1월 27일 개최된 유진오–사와다 간 비공식회의 결과를 보고한 문서다.

이 회의에서도 한국 측은 청구권 문제와 경제협력이 별개라는 입장을 재확인하였다.

대한민국 외무부

CODE CABLE

종 별

번 호: TM-01132

일 시: 271700

[61.1.27]

수 신 인: 외무부 장관 귀하

연 TM-01124호, 연호 전문으로 보고한바있는 1月 26일 하오의 비공식 회담의 내용을 아래와 같이 보고 하나이다.

우리측: 엄공사는 대표단에서 손을 떼게 되었으나 휴회 기간중 일본측과 접촉해온 분의기 때문에 오늘 같이 왔다. 앞으로도 필요한때에는 엄공사를 대동할 것이다. 엄공사는 대표부 공사로서 항상 일본측과 접촉할 기회가 많은 사람이므로 엄공사가 대표단과 일본정부 사이의 연락을 하는 일도 있을 것이다. 회담 기간중 한국 국내에서 정부의 대일 정책에 대한 야당측의 비난이 일어났고 또 민간에서도 그러한 움직임이 보여 우리도 염려하였거니와 일본측도 염려하였을 것으로 생각 한다. 그러나 한국 국내의 대일 정책에 대한 비난은 조심하여 읽어보면 한일회담에대한 근본적인 반대론이 아니라 일본에대한 경계론 또는 신중론이다. 한일관계를 타개하여야 한다고 보는점에 있어서는 여야의 거이 대부분이 일치하고 있다. 그러나 한일회담에 대한 근본적 반대가 아주 없는 것은 아니고 또 그러한 움직임이 커질 가능성도 있는 것임으로 앞으로 쌍방이 더욱 신중하게 또 신속하게 회담을 진행 시켜서 조속한 시일내에 예비회담을 끝마치고 본 회담을 시작할수 있게 되기를 희망한다.

일본측: 한국내의 대일 감정이 나뻐지고 더욱 경제시찰단의 방문이 취소되었을 때에는 몹시 걱정 하였다. 사실 일본정부 부내에서는 한일회담 성공에 대한 의문이 깊어가서 성의로서 임할 필요가 없겠다는 견계론이 강해졌다.

- 2 -

휴회중에 마련할려든 법적지위에 관한 제안과 어업문제에 관한 제안등이 실현되지 아니한 것도 그때문이다. 그러나 지금 한국측의 말을 듣고 안심 하였다. 곧 정부부내관계자들에게 교섭을 이야기해서 회답을 모두 촉진시키도록 노력 하겠다.

우리측: 양국간의 관계를 조정함에 있어서 신중을 요한다는 것은 경제시찰단 방한 계획이 좋은 예다.

일본측: 그 시찰단에 대하여서는 일본 외무성에서도 DISCOURAGE 시켰던 것인데 유감으로 되었다. 법적 지위문제에 관하여 업 공사가 가지고 간 안에 대하여 한국측이 어떠한 제안을 하겠는가.

우리측: 그 안을 보고 실망 하였다.

일본측: 물론 일본의 최종안이 아닌만큼 한국측에서 대안을 내주기 바란다.

우리측: 대책을 검토중에 있다.

일본측: 청구권 문제에 있어서 구체적 토의로 들어가겠는데 일본측도 솔직하게 의견을 표명하겠음으로 한국측에 불쾌하게 들릴수도 있을 것이나 일일이 감정적으로 대해주지 말기를 바란다. 경제협력문제 있어서는 빨리 한국측에서 무었이 소용되는가 하는 계획을 제시해주기 바란다. 한국측에서도 COLOMBO PLAN 에 들면 이번 3월까지에 약간의 원조가 가게될 것이다. 그 금액은 2, 3 백만원 정도 된다. 그리고 원조 내용은 기술훈련에 관한 것이다.

우리측: 청구권 문제의 토의에 관하여 감정적으로 대하지 말자는 말에는 동감이다. 그러나 "구보다" 발언같은 것이 다시 나오지 않도록 해주기 바란다. 청구권 문제에 관련하여 경제 협조 문제를 끄내였는데 경제 협력에 관하여는 첫재로는 그것이 청구권과 대체되어서는 안된다는 것을 다시 강조하는 바이다. 둘재로는 경제협력 문제는 국교 정상화 이후로서 실시될수 있다는 것이 우리

(계 속)

정부의 태도이다. 그러나 지금부터 경제협력에 관한 준비가 있어야 할 것임으로 우리 정부에서는 경제건설 계획을 [illegible] 있는 것으로 안다.

일본측 : 경제계획에 관해서 한국측의 입장과는 전적으로 동감이다. 아까 일본측 말이 청구권과 경제협력을 대치하려는 것과 같은 인상을 주었으면 그것은 표현이 서투러서 그렇게 된 것이다. 평화선 문제에 대한 한국측의 태도는 무엇인가.

우리측 : 평화선 문제에 관하여는 일본측에서 양국 공동의 이익이 될수 있는 제안이 있을것을 기대하고 있다. 다만 그 일본의 제안 내용이 신문에 단편적으로 보도된 것과 같은 것이라면 역시 경제협력에 속하는 문제임으로 지금 곧 토의할수 있게 될는지 의문이다.

일본측 : 그동안 일본측에서 준비하고 있던 안은 사실 신문에 보도된것과 같은 기술협조등에 관한 것이다. 합변회사 같은것도 론의 되었다.

우리측 : 어업 협정의 목적은 수산자원 보호가 첫째 임으로 자원에 관한 고려는 없이 고기를 잡는 합변회사문제를 토의하는 것은 말이 안된다. 평화선 문제에 관하여는 전에도 말한바와 같이 한국측은 이것을 변경하는것 같은 말을 할수 없다. 그러므로 이 문제는 역시 국교 정상화 후에 해결 하기로 하고 한국 국민의 대일 불신감정을 완화 하기 위하여 기타의 문제를 먼저 해결하여 나가야 할 것이다.

일본측 : 일본측도 평화선 문제 해결에는 중대한 관심을 가지고 있으므로 무조건 이를 뒤로 미루는 것은 불가능하다. 적어도 문제 해결의 GUIDING PRINCIPLE 는 합의를 보아야 할것이다.

우리측 : GUIDING PRINCIPLE 는 [illegible]를 보아야 할것이다. 아까 언급된 수산자원 보호를 위한 조사같은 것이라도 공동[illegible] 하게되어야 할것이다.

우

(계속)

그것은 생각해볼만한 문제이다.

일본측: 수산자원 공동조사를 한다 하여도 조사를 하는동안 약간적이라도 일본 어선이 선 안으로 들어가는 것을 인정해주어야 하겠다.

우리측: 그것은 안된다. 일본 어선은 일본 정부의 명령도 듣지 않고 고기를 엽획한다 하지 않는가.

일본측: 일본정부로서는 현상대로는 평화선 내로 들어가는 것에 대하여 이를 금지하는 법적 조치를 취할수 없다. 어떤 협정이 되면 그 협정을 준수하기 위하여 정부는 협정을 위반하는 어선에 대하여 강제 수단을 취할수 있을 것이다.

우리측: 이 문제에 대하여 일본측이 자발적으로 평화선 내로 들어오지 않게하는 것이 최상의 해결책이다. 좌우간 평화선 문제에 관한 론의는 예비회담이 끝날 무렵에 가서나 될수 있을것으로 생각한다. 지금부터 이문제를 론의하면 다른 문제의 해결에 지장을 이르킬 것이다. 오늘은 이런 문제를 로의된 사실도 극비에 부처두기 바란다.

일본측: 그렇게 하겠다. 한국측입장은 잘 알겠다

우리측: 문화재문제의 토의에 관하여는 한국측에서 전문가가 와 있다. 그러함에 불구하고 이 문제에 관하여 일본측에서 문부성, 문화재 보호위원회의 대표가 위원이 되어있지 않음은 유감이다. 이 문제에도 구체적으로 따저야할 단계로 들어갔음이 일본측에서도 전문가를 내어달라.

일본측: 일본측 대표단에 전문가가 없는것은 한국측이 지적하는 바와 같다. 그러나 지금까지 관계 전문가들은 회담에 참석하기를 거부하고 일본 외무성의 연락에만 응해왔기 때문이다. 일본측에서는 한일 문화협정 같은 것을 체결해가지고 그때에 문화재를 증여 또는 인도하는것을 고려해 왔다. 그러므로 이 문제에 있어서도

(계속)

몇단계로 나누어서 회담을 진행 시켜야 할것이다.

우리측 : 문화협정 문제는 경제협력 문제와 마찬가지로 국교가 열릴때에나 론의될 문제 임으로 그런 방식으로는 문화재 반환이 해결될수 없다.

일본측 : 점진적으로 한국측이 희망하는데로 전문가를 내어 토의하도록 노력 하겠다.

우리측 : 선박문제에 관하여는 일본측에서도 한국 치적선에 관하여 해당되는 배가 더 있는뜻을 시사 해왔는데 더 주저하지 말고 그 선령을 곧 추가해주기 바란다.

일본측 : 선박문제는 너무 커서 "아시다" 주사가 계속하여 나가기 어렵다. 그러므로 그러한 문제는 과장급의 인물로 일정 WORKING GROUP 을 만들어서 토의 하게 하였으면 좋겠다. 그 외의 분과 위원회에 있어서도 조그마한 문제는 WORKING GROUP 을 조직시켜 토의하였으면 좋겠다.

우리측 : WORKING GROUP 으는 각 분과 위원회에서 필요하다고 인정되는 때에는 양측의 합의하게 조직하면 좋은 것으로 생각한다. 사실 법적지위 문제는 원칙에 합의를 보면 곧 WORKING GROUP 을 조직하여야 할것이다.

이 상

비고 : 내주 월오일 (1 월 30 일) 부터 각 분과위원회의 정식 회의를 한번식 열기로 하여 그 회의에서 비공식 회담 또는 다음 회의의 일자를 결정하기로 합의하고 구체적인것은 우리측에서 문 참사관, 일본측에서 "우야마" 참사관이상의하여 정하기로 함.

한일회담 [illegible]대표

1961 JAN 28 AM 11 45

8. 首席代表非公式會談記錄, 1961. 2. 7
日本外交文書 353, 두 번째 문서

1961년 2월 7일 개최된 유진오-사와다 간 비공식회의 결과에 대한 일본 측 기록이다.

이 회의에서 일본 측 이세키 아시아국장은 경제협력에 대한 한국 측의 불편한 감정을 이해하는 듯한 발언, 즉 한국 측에서 국교 정상화 후에 경제협력을 시작하면 이를 용인할 수 있다는 의견인데 일본 측도 같은 생각이라고 했다.

번역

수석대표 비공식회담 기록, 1961. 2. 7

1. 2월 7일 오후 3시 반부터 약 1시간 반, 가유회관

2. 일본 측: 사와다 수석대표, 이세키 국장, 우야마 참사관

한국 측: 유(진오) 수석대표, 이천상 대표, 문철순 참사관

3. (1) 우선 유 대표가 최근 일본의 신문이 일제히 대한 강경론을 주장하면서 한국 측에 성의를 보여라 하는 식으로 쓰고 있는 것 같은데, 이것은 대체 무슨 일인가 하고 묻자, 이세키 국장은 사실은 일본의 신문기자들이 '이리에 마루' 나포, 경제 시찰단의 방한 중단 등으로 인해 한일회담이 상당히 난항하고 있는 것 같은 인상을 최근 받았다면서, 본인(국장)에 대해 그러한 식으로 써도 괜찮겠느냐고 물어왔길래, 본인은 그러한 것을 쓰면 한국의 여론에 악영향이 미쳐도 이를 어찌할 수가 없으므로 자제해달라고 했다. 그런데 2월 3일 한국 민의원 결의가 한일회담의 한국 측 교섭 방침에 어려운 조건을 부과한 결과, 그 다음 날 일본 국회의 위원회에서 고사카 대신이 의원의 질문에 답하면서, 그와 같은 결의가 이루어진다면 회담의 전도는 낙관을 불허한다는 취지로 답변하지 않을 수 없는 상황이 되어버렸다. 거기서 기자단은 외무대신이 그와 같이 언명한 이상 기사화해도 괜찮은 거 아닌가 하고 생각하고 일제히 그와 같이 관측 기사를 쓴 것으로 보인다고 설명했다.

이에 대해 유 대표는 자신으로서는 지난번 수석대표 비공식회담에서 사와다 수석대표에게 회담 휴회 중 귀국해서 각 방면의 사람들을 만난 결과 한국의 여·야당 모두 한일회담을 촉진하는 것을 전면적으로 지지한다는 분위기가 형성되어 있음을 충분히 설명해드렸고, 예비회담에서 조속히 실질적 토의를 해 나가기를 기대하고 있는 참이기도 한데, 이번 일본의 신문 공세는 전연 이해가 되지 않는다고 하면서, 지금 설명한 것과 같은 사정이라면 한국 측은 조속히 예비회담의 진전을 도모해 나가기를 원한다고 말했다.

(2) 그러자 이세키 국장은 한국 측은 민의원 결의에 있는 것처럼 우선 청구권을 마무리하고 어업은 뒤로 미루려는 생각인지는 모르겠으나, 일본 측은 어업에 관해 해결을 보지 않으면 청구권의 이야기도 진전을 볼 수 없다, 자신이 보기에는 이 두 문제에

관해서는 쌍방 모두가 각각 곤란한 문제이므로 결국 어업에 관해서는 지난번 유 수석 대표가 말씀하신 바와 같이 원칙을 정하고, 청구권에 관해서는 어느 정도의 협의를 행하는 정도로 하여, 이 두 안건 모두 뒤로 미루고 시간을 두고 신중하게 해결을 도모해 나가며 회담은 법적지위, 문화재, 선박을 마무리하는 정도에서 국교 정상화를 하는 것이 맞는 것 아닌가 생각하고 있다. 또한 경제협력에 관해 한국 측은 국교 정상화 후에나 이것을 인정할 수 있다는 의견인 듯하나 일본 측으로서도 완전히 같은 생각을 하고 있다. 경제협력에 관해서는 (A) 정부 간의 무상원조, (B) 민간의 자본제휴 두 가지가 있는 것으로 생각되는데 일본 측으로서는 그 어떤 것도 국교 정상화 후가 아니라면 실현 가능성은 전혀 없다고 생각한다고 말했다.

(3) 이어 유 대표는 일본의 신문에는 민의원 결의의 전문(前文)이 게재되어 있지 않으나, 실은 그 전문에는 민의원이 한국 정부가 한일회담을 하는 것을 '전면적으로' 지지한다는 점이 잘 나타나 있음을 특히 이야기하고 싶다고 말했다. 이에 대해 사와다 대표는, 조금 전에 이세키 국장이 말한 것 외에 이야기하고 싶은 것은, 예비회담을 재개해 본 상황이나, 어느 위원회에서도 한국 측으로부터 일본 측에 대해 신 제안을 하라는 요구가 있을 뿐 한국 측의 의견은 무엇인지 알 수가 없으니 이렇게 해서는 각 위원회 모두 진전이 없다는 의견이 일제히 나오고 있는데 한국 측이 보다 적극적으로 의견을 개진해야 한다고 생각한다고 말했다.

(4) 이에 이어서 여러 의견 교환이 있은 후, 대체적으로 다음과 같은 의견일치를 보았다.

(가) 예비회담은 3월 20일을 기해 종료하고 그때까지 사무적인 절충을 끝내며, 그 후에는 정식회의를 개최한다.

(나) 각 위원회에서는

1) 법적지위에 관해서는 일본 측 서류에 대한 한국 측 의견을 조속히 제시한다(후기 보충 참조).

2) 어업에 관해서는 이 라인을 보류한다는 전제에서 자원론에 들어간다(한국 측은 이 이 라인 보류만은 가장 엄하게 외부에 새어나가지 않도록 유의해 줄 것을 반복해서 요청했으며, 일본 측은 이것을 받아들였다).

3) 청구권에 관해서는 한국 청구권의 근거에 관한 법률론을 논하는 것 외에 각 항

목에 관해 토의한다. 일본 측은 절대 받아들일 수 없는 항목은 이유를 말하는 것만으로도 좋으니 그 항목에 관해서도 언급한다.

4) 선박에 관해서는 치수선의 리스트를 한국 측으로부터 제출하는 정도로 한다.

(5) 금일의 협의에 대한 대외 발표 요령에 관해서는 3월 말까지 예비회담을 끝내고 그 후에는 정치적 절충에 들어가는 것으로 하며, 각 위원회는 금후 실질적 토의에 들어가기로 하였다로 하기로 의견을 모았다. 한편, 구체적인 내용에 관해서는 한국 측은 본국 정부와 상의하지 않으면 안 되며, 일본 측도 관계 각 성의 대표들과 협의할 필요가 있어 일절 신문에는 말하지 않는 것으로 하고 여하튼 내주부터 각 위원회가 개최되는 것으로 설명하는 것으로 의견을 모았다.

법적지위 문제에 관한 보충 설명

(i) 퇴거 강제에 관해 일본 측은 '전혀 인정할 수 없다'라고 하는 것으로는 이야기가 되지 않는다, 다만 일본 측 안에 의해 실제로 강제 퇴거되는 사람의 숫자는 극히 작을 것이라는 설명이 있었는데, 한국 측도 대체적으로 이해한 것으로 보였다.

(ii) 영주허가를 부여하는 범위에 관해 유 대표는 20~30년 전 그때의 정세에 맞추어 재검토 하는 안이 좋지 않은가라고 말했다.

(iii) 국적 조항에 관해 유 대표는 일본 측이 전부를 한국인이라고 하는 것은 곤란하다는 점은 알겠지만, 한국 측으로서도 북한계 사람을 명백하게 상정한 듯한 협정문으로는 곤란하다고 언급한 데 대해, 이세키 국장은 협정문에는 단지 재일한국인이라고 쓰고 그 정의는 쓰지 않는 것으로 함이 가장 좋을 것이라고 답했다.

(iv) 교육에 관해 한국 측은 희망하는 사람은 일본의 교육을 받을 수 있도록 해 달라고 말했다.

5 条約局長　　アジア局長
4 牛御参事官　　宇山参事官
3 条約課長　　卜部参事官
2 法規課長　　北東アジア課長

首席代表 非公式会談記録

36. 2. 7.

北東アジア課

1. 2月7日 午後3時半より 約1時間半

霞友会館

2. 日本側 沢田首席代表、伊関局長、

宇山参事官、

韓国側 兪首席代表、李天祥代表、

文哲淳参事官

3. (1) まず兪代表より、最近日本の

外務省

新聞が　一斉に　対韓強硬論を唱えて、
韓国側に　誠意を示せというようなことを
書くようになったが、これは　いったい　どう
いうことであろうかと　たづねたので、伊関局
長より、実は　日本の新聞記者仲間では
大邦丸の拿捕、経済視察団の訪韓とり
やめ　などのため、日韓会談は　相当難
航しそうだという印象を最近　受けており、
自分に対し、そういうふうに書いてもよい
かと聞いてきていたが、自分としては
そういうことを書くと　韓国の世論に
悪影響があってもいけないからと　抑えて

外務省

きた。　ところが　2月3日の　韓国民議院

決議が　韓国側の　日韓会談の　交渉ぶ

りに　きびしい　条件を　付けた結果、その翌日

日本の　国会の委員会で　小坂大臣が　議員

の質問に答え　あのような決議が　行わ

れるようでは　会談の　前途は楽観を許さ

ないとの　趣旨で　答弁せざるをえないという

状況になった。　そこで　記者団は　外務

大臣が　そのような　言明をした以上、もう

記事にしても　よい　のではないかと

踏み切って、　一斉に　あのような観測

の記事を書いたような　次第であると　説明

外務省

した。

これに対し、兪代表は、自分としては
前回の首席代表非公式会談で、沢田首
席代表に、会談休会中帰国して各方面と單た
結果、韓国の与野党とも日韓会談を
促進することを全面的に支持するという空
気になっている次第を十分説明申し上げ
た次第であり、予備会談で早急に実質
的討議を進めうると期待していたやさき
でもあり、今度の日本の新聞攻勢には全く理解
に苦しんだ次第であると答え、更に
ただいま御説明のような事情であるなら

外務省

げ、韓国側においても早急に予備会談

の進捗を図ることといたしたいと述べた。

(2) そこで伊関局長より、韓国側では

民議院決議にあったように、まず請求権

をかたずけて、漁業の方は棚上げという

気持かも知れないが、日本側としては

漁業について解決をみるのでなければ

請求権の話も進めえない、自分のみる

ところでは、この両問題については双方

ともそれぞれ困難な問題があるので、

結局漁業については先般兪首席

代表が話されたように原則のみをとり

外務省

きめ、請求権については ある程度の

協議を行うというだけで、この二案件とも

て時間をかけて慎重に解決を図ることとし、

棚上げし、法的地位、文化財、船舶を

まとめる程度で国交正常化にもち込む

くらいがおちではないかと思っている。

また経済協力につき韓国側では国交

正常化の上ではじめてこれを認めうる

という意見のようであるが、日本側としても

全く同じように考えている。経済協

力については (A) 政府間の無償の援

助 (B) 民間の資本提携の二つが

あると思われるが、日本側として、その

外務省

いずれも国交正常化後でなければ実現の

可能性は全然ないと思われると述べた。

(3) 次いで俞代表は、日本の新聞には

民議院の決議はその前文が掲載されて

いないが、実はその前文には、民議院と

して韓国政府が日韓会談を行うことを

「全面的に」支持すると謳っていること

を特に申し上げておきたいと述べた。

これに対し沢田代表より、先ほど

伊関局長から述べた点以外にも申し

上げておきたいのは、予備会談を再開

してみたところが、どの委員会でも

外務省

韓国側から日本側で新提案をするよう要求があるだけで、韓国側の意見は何ら開陳がない、これでは各委員会とも進めようがないとの意見が一斉に出されているので、この際韓国側からもっと積極的に意見の開陳があってしかるべきものと考えている旨述べた。

(4) これに続いて種々意見の交換が行われた後、大体次のとおり意見の一致をみた。

(一) 予備会談は3月20日をもって終了することとし、それまでに事務的な折衝を

外務省

終り、その後は正式会談とする。

(二) 各委員会では、

(イ) 法的地位については、韓国側の日本側書類に対する意見を早急に提示する。
[後記補足参照]

(ロ) 漁業については、李ラインを棚上げするという前提で資源論に入る。(もっとも先方はこの李ライン棚上げの点だけは最も厳重に、外部にもれないよう留意されたいとくり返し要請し、わが方これを了承した。)

(ハ) 請求権については、韓国請求権の根拠に関する法律論を行うのみならず

外務省

各項目について議論する、日本側として

全然とり上げえない項目はその旨をいうだけでもいいから、その項目についても言及する。

(三) 文化財については、専門家の私的意見の交換を行う。

(四) 船舶については、置籍船のリストを韓国側から提出する程度にする。

(5) 本日の話し合いの発表ぶりについては3月末までに予備会談を終えて、後は政治的折衝に入ることとし、各委員会とも今後実質的討議に入ることになった

外務省

とすることに申し合わせた。なお、具体的な内容については、先方は本国政府に相談しなければならず、わが方としても関係各省の代表とも協議する必要があり従って一切新聞には云わないこととし~~する~~とにかく来週から各委員会が開かれることになろうということで説明することに申し合わせた。

外務省

法的地位問題に関する補足記録

(i) 退去強制につき、日本側より「全然認めない」

ということでは話にならない。ただ、日本側案

によっては実際上強制退去になる者の数は

極めて少ない旨説明したところ、韓国側も大体

理解した面持ちであった。

(ii) 永住許可を与える範囲につき、兪代表は、

20～30年先にその時の情勢に応じ再検討

するという案がよいのではないかと述べた。

(iii) 国籍条項に関し、兪代表は、日本側と

して全部の者を韓国人というのは困るという

ことはわかるが、韓国側としても北鮮系の者

外務省

を明らかに規定したような協定文では困る次第

になると述べたのに対し、伊関局長より、協定

文には単に在日韓国人と書き、その定義は書か

ないようにすることが一番よいと答えた。

(iv) 教育につき、韓国側は、希望する者には

日本の教育を与えられるようにしてほしいと述べた

外務省

9. WJ-05146, 이세키 아시아국장의 김용식 차관 면담 내용 통보

한국 외교문서 858, 일본 중의원 의원단 방한, 1961. 5. 6-12

일본 자민당 국회의원 방한단(1961년 5월 6~12일간 방한)을 수행한 이세키 일본 외무성 아시아국장이 5월 9일 김용식 한국 외무부 차관을 만나 청구권 문제 등에 관해 의견을 나눈 기록이 담긴 문서다.

이세키 국장은 청구권 문제는 무상원조에 의한 경제협력 방식으로 해결하고자 한다는 일본 측 입장을 김 차관에게 전달했다.

외 무 부 정 무 국

발 신

발신번호: WJ-05166

발신일시: 1.5.1508 / 61.5.

수신인: ~~주일공사~~, 한일회담수석대표

발신인: 장 관

담당	과장	국장	차관	장관	결재

3

지난번 일본중의원 의원단과 같이 한국을 방문한바 있는 이세끼 일본 외무성 아세아 국장은 5월 10일 오전 9시 반부터 1시간반 동안 김용식 외무부 사무차관과 면담한바 있아온데 그 면담 내용을 다음과 같이 통지합니다.

\- 기 -

1. 한일회담에 관하여

이세끼 국장: 일본 정부로서는 3월말 또는 4월초까지 지금 개최중인 제 5 차 한일회담 예비회담을 종결시키고 4월중에는 본회담을 개최하기를 원하고 있는바 이에 관련하여 몇가지 일본정부의 의견을 말하고저 한다. 일본 정부로서는 먼저 국교를 정상화하고 특히 청구권과 평화선 문제는 추후의 해결을 위하여 일단 shelve 하는것이 좋겠다. 이렇게 될 경우 일본정부는 정부나 민간의 차관을 한국에 공여할것을 고려할수 있다. 만일 먼저 모든 현안문제를 해결한후에 국교를 정상화하려고 한다면 첫째 시간적으로 상당한 시일을 요할것이므로 국교정상화가 지연될 것이며 또한 일본정부로서는 청구권 문제해결에 관련되는 예산조치가 대단히 곤란하다. 그리고 일본이 경제적으로 한국을 원조하려고 해도 일본어선의 나포 사건이 속출하는 현황으로서는 이것도 곤란하다고 생각된다. 다음으로 말하고저 하는것은 이번에 일본 중의원 의원단이 방한한것을 계기로 한국이 일본의 재한대표부

외 무 부 정 무 국

발 신

발신번호:

발신일시:

- 2 -

수신인:

발신인:

담 당	과 장	국 장	차 관	장 관	결 재

설치를 허용하여 준다면 한일간의 관계가 상당히 호전될것으로 생각한다. 한국의 소위 4.19 의거가 완전되어 이번 지도자들은 상당히 높다고 생각하여 특히 자민당내에는 "기시", "이시이" 씨 등이 중심이 되어 "한일문제 간담회"를 설치하였다. 이번에 한일문제 해결의 기회를 놓치면 앞으로는 그 해결이 상당히 어려워질 것이다.

김 사무차관: 제현안문제 해결이전에 일본의 주한대표부를 설치시킨다는 것은 곤란하다. 양국간의 제문제를 조속히 해결하여야 한다는 점에는 동감이나 한국에 일본 대표부를 설치하게되면 현안문제의 해결이 장기화된다는 인상을 일반에게 주게될것이므로 좋지 못하다고 생각한다. 다음 경제협조문제에 대하여서는 우리나라 국회의 결의를 상기해주기 바란다. 국교정상화 문제에 있어서는 일본측의 의견처럼 어업문제와 청구권문제의 해결을 "shelve" 하고 먼저 국교를 정상화한다고 하드라도 가장 어려운 문제를 미해결인채 남겨두고 국교를 정상화해서는 양국간의 관계가 원만히 지켜지고는 기대하기 어려울것이다. 따라서 본인의 생각으로는 제현안문제 해결후에 국교를 정상화한다는 원칙에서 벗어날수는 없다고 생각한다.

이세끼 국장: 그러면 [illegible]말까지 예비회담을 끝내고 어업문제만

외 무 부 정 무 국

발신번호:

발신일시:

- 3 -

수신인:

발신인:

담당	과장	국장	차관	장관	결재

실무자간의 회합을 계속 개최하는것이 어떠한가.

청구권문제에 관하여서는 일본으로서는 무상원조의 형식을 취할 것을 고려하고 있다. 그러나 어업문제는 전문적인 문제이기때문에 현재의 예비회담에서 토의된 정도를 토대로 본회담에서 문제해결을 기도하기는 어려우리라고 생각한다.

김 사무차관: 예비회담이 끝난후에 어업문제의 회의만을 계속시킬수는 없다. 이것은 한국민에게 좋은 인상을 주지못할것이다. 따라서 역시 본회담에서 토의를 계속시킬수 밖에 없을것이다.

그리고 청구권문제에 있어서 일본측으로서는 예산 조치의 관계 때문에 무상원조의 형식을 취한다고 하지만 본인 생각으로서는 오히려 일본국회에 한국에 지불할 금액의 내용을 밝혀두는것이 좋지않을까 생각한다.

이세끼 국장: 이문제는 일본에 돌아가서 다시 연구하겠다.

어업문제는 본회담에서 토의를 계속하자는데 동의한다. 그러나 자료 교환은 예비회담후에도 주일대표부를 통해서 할수있겠는가

김 사무차관: ~~~~ 할수 있다고 생각한다. GARIOA, EROA FUND에 관하여서는 미국과 의논한바 있는가

이세끼 국장: 액수나 방법에 대해 의논한바 없다.

외 무 부 정 무 국

발 신

발신번호:

발신일시:

- 4 -

수신인:

발신인:

담 당	과 장	국 장	차 관	장 관	결 재

2. 총리 방일 문제

총리 방일 문제에 관하여는 초청하였으나 고려하겠다고 하고 확답은 하지 않았음.

3. 기타 문제

종합문제, 북한문제, "AA시트" 문제등에 관하여도 의견을 교환하였음.

이상 요지 이외에 자세한것은 추후 연락하겠음

10. 自民黨8議員及び伊關局長の訪韓(1961. 5. 6-12) 關係會談記錄
日本外交文書 517, 세 번째 문서

1961년 5월 9일 이세키 일본 외무성 아시아국장과 김용식 외무차관의 면담 내용을 기록한 일본 측 문서다.

번역

이세키 국장·김용식 차관 회담 요지

(1961년 5월 9일 오전 9시 30분부터 약 2시간, 한국 외무부에서)

1. 이세키 국장은 회담 타결의 방식으로, (i) 현안의 '전면 해결' 또는 (ii) 쌍방의 국내 사정 등으로 조기 해결이 곤란한 어업 문제와 청구권 문제는 원칙 정도만 정하여 뒤로 미루고, 법적지위, 선박, 문화재를 해결하는 이른바 '일부 보류', 이 두 가지가 있다면서, 일본 측은 어느 쪽이건 상관없으나 한국 측은 어느 쪽을 희망하는지 질문하였으며, 이에 대해 김 차관은 전면 해결을 희망한다고 답했다.
2. 이어 금 후의 교섭 절차와 관련하여 의견을 나눈 결과
   가. 예비회담은 5월 한 달로 끝냄(이세키 국장은 6월 상순까지 걸려도 괜찮다고 말했으나 한국 측은 가급적 빨리 끝내고 싶다고 함).
   나. 6월-7월에 서로 국내에서 정치적 결정을 내림(이세키 국장은 이 기간에 일본 측에서 필요한 데이터를 요구하면 바로 줄 수 있도록 한국 측에서 담당관을 정해놓기를 바란다고 함).
   다. 8월(또는 그보다 약간 일찍) 극비리에 양국 정부 간에 정치 절충을 행함(그때 청구권으로 지불하는 금액과 어업협정의 내용에 관해서도 이야기함).
   라. 9월에 본 회담을 개최함(본 회담은 1개월로 끝내는 것을 목표로 함)에 의견일치를 보았다. 김 차관은 본 회담의 장소는 도쿄나 서울 어디라도 좋다고 했다. (김 차관이 위의 스케줄을 생각하고 있는 주된 이유는 장 국무총리가 7월 말 방미에서 돌아오는 것 같고, 그것과 함께 김 차관 자신도 주영대사로 부임하여 일단 인사를 한 후 바로 귀국하여 자기가 직접 교섭에 임했으면 하는 기분인 것처럼 비추어졌는데, 장 총리도 이 생각인 것과 같을 것이라는 그런 말투였다).
3. 개별 현안의 처리 방식에 관해 다음과 같이 상의했다.
   가. 법적지위

   이세키 국장이 퇴거 강제를 전혀 하지 않을 수는 없고, 또한 영주권을 미래 영원히 부여하는 것도 문제가 있으며, 어느 시점에서 중단할 필요가 있다고 말하자, 김 차관은 잘 알겠으며, 법적지위는 실무적으로 타협이 가능할 것으로 생각

한다면서, 도쿄[대표단]에 맡길테니 도쿄에서 이야기를 진행해 나가기 바란다고 했다.

나. 선박

이세키 국장은 선박은 톤수를 정하는 것이 문제라면서, 일본 측으로서는 리스트에 확실하게 있는 것은 5~6,000톤이지만, 약간은 융통성을 발휘할 용의가 있다고 설명했다.

다. 문화재

이세키 국장이 문화재는 한국 측이 권리로 청구하고 일본 측이 의무로 반환하는 것은 불가능하므로 문화 협력의 일환이라는 의미로 기증하는 형태를 취하고 싶다고 말하자, 김 차관은 말없이 듣고만 있다가 wording의 문제라고 말했다.

라. 어업

이세키 국장은 일본 측으로서는 영해를 6마일로 정할까, 12마일로 정할까는 한국 측의 문제이지만, 일본 측은 그 외의 공해상의 어업에 관해서도 어느 정도 선을 그을 용의가 있다(어종과 어법에 따라 다른 선이 될지도 모르겠지만), 그러나 한국 측의 일방적인 조치는 절대 받아들일 수 없으며, 어디까지나 일한 간의 합의에 의해 선을 정해야 하고, 또한 규제 조치는 사실상은 일본 측만 실시하는 것이 되겠지만, 그 규제는 어디까지나 일본 측의 자주 규제로서 일본 측에서 단속이라고 하는 것에 중점을 두고 있다고 설명하였다. 또한 구체적인 규제 조치는 합동위원회의 조사 결과를 토대로 순차적으로 검토해서 수정할 필요가 있다고 말했다. 김 차관은 그 생각에 특별히 이견을 말하지 않았다.

또한, 이세키 국장은 어업협정의 이야기는 1개월 안에 마무리될 것 같지도 않으니 8월 이전이라도 협의를 시작하면 어떻겠냐고 하자, 김 차관은 8월에 시작해 달라고 답했다.(한국 측은 일본이 청구권을 얼마 지불할 것인가를 먼저 보고 싶은 것으로 생각된다.)

마. 청구권

이세키 국장은 일본 측으로서는 어업 문제가 해결된다면 청구권을 해결하는 것에 이의가 없다고 한 후, (i) 확실한 개인 채무와 같은 것은 청구권으로 해결하고, 이른바 일반적 청구권은 무상경제원조로 할 것인가 아니면, (ii) 전부를 무상경제원조로 할 것인가 두 가지 방법이 있으며, 그 외에 일반적인 경제원조(그 중에는 정부 차관과 민간 베이스의 것도 있으며, 민간 베이스 가운데에는 순 민간 베이스의 것과 정부가 수은의 자금 면에서 도와주는 것이 있다)가 있다고 설명했다.

이에 대해 김 차관은 대체로 일본 측의 생각에 따르는 느낌이었으나 재 삼에 걸쳐 무상 경제원조는 얼마를 생각하고 있는가를 물었다. 이에 대해 이세키 국장은, 그것은 고위급의 정치 절충에 의해 결정되는 것이며, 또한 한국 측의 희망도 있을 수 있으므로 지금 이 자리에서는 무어라고 말할 수 있는 상황이 아니라고 답했다. 이어 김 차관이 경제협력으로서 어떠한 내용의 것을 생각하고 있는가를 물은 데 대해 이세키 국장은 한국 측의 개개의 프로젝트를 본 연후에 결정되어야 하겠지만, 여러 가지가 나올 것이라고 답했다.

4. 김 차관은 상기 1-3의 사안에 관해서는 금 9일 오후 국무총리에게 보고하기로 되어 있으므로 그 후에 다시 한번 연락하자고 했다.(김 차관은 한국 측에서 한일회담에 가장 열심인 분은 국무총리라고 했다.)

(그 후 5월 12일의 이세키·김 제2차 회담 석상에서 김 차관은 6일[9일의 오기로 보임]의 회담 결과는 국무총리에게 보고했으며, 한국 측으로서는 전면적으로 하는 것에 문제없다고 말했다. 한편, 별도의 보도에 의하면, 장면 국무총리는 7일 각의 종료 후 관계 각료에게도 이러한 취지를 전달한 모양이다.)

5. 경제사절단의 방한에 관해 김 차관은 한국 측으로서는 언제든지 좋다고 했고, 이세키 국장은 6월 이후에 실현시키고 싶다고 말했다.

6. 주한 일본대표부 설치 문제에 관해 김 차관은 이번에 온 의원단으로부터 그와 같이 강하게 이야기를 들으면 순간적으로 지금 곧바로 좋다고는 말할 수 없게 된다면서, 어느 정도 기다려 주기 바란다고 말했으며 오히려 본 회담을 서울에서 개최하는 것에 의해 일본 측의 희망이 사실상 달성되는 것이 아니냐고 말했다.

(부) 이세키 국장의 소견, 생각 및 지시사항(5월 15일)

1. 자신이 방한 중 친분 있는 사람들과 만난 바에 의하면, 한국의 일반 민중은 '일본과 손을 잡는 것 외에 살 수 있는 방도는 없다'라고 하는 느낌을 갖고 있는 것 같다. 공식적으로 면담한 정부 고관은 반드시 36년의 지배 운운을 강한 어조로

말했으나, 이것은 야당 측이 당리당략 차원에서 정부 여당의 행태가 지나치게 친일적이라고 비판하는 것을 사전에 방지하기 위해 국민이 느끼는 이상으로 강한 어조로 말하는 것이며, 오히려 일반 민중은 과거의 것은(다소 응어리는 남아 있지만) 어떻게 되든 괜찮다고 하는 기분이 되고 있는 것 같다. 의원단이 한국 측 고관과 만났을 때도 처음에는 서로 딱딱한 이야기도 하였으나 서로 하고 싶은 얘기를 하고 난 후에는 오히려 후련한 기분으로 의기 투합되곤 하는 상황이 되었는데 이러한 것들은 금번 방한의 성과라고 말할 수 있을 것이다.

2. 앞으로의 가장 큰 문제는 결국 일본 측이 얼마를 지불할 것인가 결심하기에 달려 있다고 생각한다. 개인적인 안으로는 무상경제원조를 연 5,000만 달러, 5년간 계속해서 계 2억 5,000만 달러, 청구권에 기초한 채무 5,000만 달러, 합계 3억 달러와 그 외에 유상경제원조로 연 5,000만 달러의 자금의 틀을 준비하여 이것들을 합쳐 연 1억 달러라고 하는 정도로 하는 것이 좋지 않을까. 미국의 1년분 원조가 2억 수천만 달러이므로 그것에도 모자라는 것은 꼴 사나와 이야기를 꺼내기도 어렵다. 결국 이야기는 처음에 청구권으로 출발하더라도 결과로는 한 단계 높은 입장에서 한국 경제의 붕괴를 막기 위해 돌봐준다는 취지로 한국 경제에 실질적으로 공헌이 가능한 것을 생각해야 할 것이다(한국 측은 전부를 청구권으로 생각하고 국내에도 그렇게 설명해도 무방하다). 자민당도 이러한 생각으로 기울고 있는 것으로 생각한다.

   그러나 한국 측은 비공식 협의에서 5억 달러를 받고 싶다는 말투였다.

3. 국장 지시사항

   (1) 전부를 무상경제원조로 할 것인가 개인 채무는 청구권으로 해결할 것인가, 어느 쪽이 좋을지 검토할 필요가 있음.

   (2) 일본 측으로서 어쩔 수 없이 청구권으로 지불할 필요가 있는 것은 어느 것과 어느 것인지, 지불 방법을 어떻게 할 것인가, 대체로 얼마가 될 것인가에 관해 외무, 대장성 실무당국에서 생각을 정리해 두는 것(지나치게 인색한 것이 되지 않도록). 지불한 것을 한국 측이 어떻게 사용할 것인가는 일본 측이 관여할 바가 아니나, 다만 일본 측으로서는 그것에 의해 청구권을 면책받으면 좋다. 한국 측이 받아들인 돈을 전부 사회보장책에 사용하는 것도 하나의 안이 되지 않을까.

(3) 어업협정에 관한 일본 측 안을 2, 3개 준비하는 것

(4) 예비회담을 종료할 때에 각 분과위원회의 결론을 어떠한 형태로 정리해서 어떻게 본회의에 보고할 것인가를 연구하는 것

(5) 본 회담을 도쿄에서 개최하는 것이 좋을지, 서울에서 개최하는 것이 좋을지에 관한 외무성의 의견을 정하는 것

(6) 국교 정상화의 방식으로 법적지위협정이나 어업협정 서명과 동시에 국교 정상화에 관한 공동선언을 하면 관련 협정의 국회 비준 전에도 국교 정상화가 실현되고, 대사의 교환이 가능할 것이라고 생각해도 좋은가.

伊関局長・金溶植次官会談要旨

36年

（5月9日午前9時30分より約2時間
韓国外務部において）

1. 伊関局長より、会談妥結の方式として、(i) 懸案の「全面解決」か、または、(ii) 双方の国内事情等で早期解決困難な漁業問題と請求権問題は原則をきめて棚上げとし、法的地位、船舶、文化財を解決するいわゆる「一部棚上げ」か、二つの方式があるところ、日本側としてはどちらでもいいのだが、韓国側は

外務省

何れを希望するやと質したのに対し、金次官は

全面解決を希望すると答えた。

2. 次いで今後の段取りについて意見を交換した

結果、

(イ) 予備会談は5月一杯で打切ること。(伊関局長は6月上旬までかかってもいいと述べたが、先方はなるべく早く打切りたいと述べた。)

(ロ) 6月—7月に、お互に国内で政治的決定を行なうこと。(伊関局長より、この期間に、日本側で所要のdataを要求したらすぐに出せるよう、韓国側で係官をきめておいてくれと申入れておいた。)

外務省

(ハ) 8月（またはそれより少し早目に）極秘裡に両国政府間で政治折衝を行うこと。（その際、請求権として支払う金額や、漁業協定の内容についても話し合う。）

(ニ) 9月に本会談を開くこと。（本会談は1ヶ月位で終ることを目標とする。）

に意見一致した。金次官は、本会談の場所は東京でもソウルでもどちらでもよいと述べた。（金次官が上のようなスケジュールを考えている主な理由は、張国務総理が7月末訪米から帰るということにあるようであったが、それとともに、金次官自身駐英大使として赴任した後、一応挨拶してから直ちに

外務省

帰国して、自分の手で交渉に当りたいという気持がある

やに察せられ、張総理もこの考えであるかの如き口

吻であった。)

3. 個々の懸案の処理方式について次のように話し

合った。

(1) 法的地位

伊関局長より、退去強制を全然やらないわけ

にはいかない、また、永住権を未来永劫に

与えることにも問題があり、どこかで切る必要が

あると述べたところ、金次官はこれらを了承し、

法的地位は事務的に妥協できると思うと述べ、

東京に任せるから東京で話を進めてほしいと述べた

外務省

(ロ) 船舶

伊関局長より、船舶はトン数をきめるだけの問題であり、日本側としてはリストにはっきりあるものは5~6000トンであるが、少しは色をつける用意があると説明した。

(ハ) 文化財

伊関局長より、文化財は韓国側が権利として請求し日本側が義務として返還することはできないので、文化協力の一環という意味で寄贈するという形をとりたいと述べたところ、金次長は、黙って聞いた上wordingの問題ですねと述べた。

(ニ) 漁業

外務省

伊関局長より、日本側としては、領海を6マイルにきめるか、12マイルにきめるかは韓国側の問題だが、日本側としてはそれ以外の公海上の漁業についてもある程度線をひく用意はある(魚種により漁法により異った線になるかも知れぬが)しかし、韓国側の一方的な措置は絶対承認できず、あくまで日韓間の合意により線をきめるべきであり、かつ、規制措置は、事実上は日本側のみが実施することになるわけだが、その規制はあくまで日本側の自主規制として日本側で取り締るということに重点をおいているのだと説明。更に、具体的な規制措置は、合同委員会の

外務省

調査結果に基き逐次reviewして修正する必要があると述べた。金次官はこの考え方に特別の異論を述べなかった。

また、伊関局長より、漁業協定の話は1ヶ月ではまとまりそうもないから8月以前にでも話合いを始めてはどうかと述べたが、金次官は8月にしてくれと答えた。（先方は日本が請求権をいくら払うかをまず見たいものと思われる。）

(ホ) 請求権

伊関局長より、日本側としても、漁業問題さえ解決するなら、請求権を解決することに異存はない

外務省

と述べた上、(i)はっきりした個人債務のようなものは

請求権として解決し、いわゆる一般的請求権は

無償経済援助とするか、もしくは、(ii)すべてを無

償経済援助とするか、二つの解決方法があり、そ

の他に一般の経済援助（その中には、政府借款と

民間ベースのものとあり、民間ベースの中には、更に

純民間ベースのものと、政府が輸銀の資金面で面

倒をみるものとある）があるわけであると説明した。

これに対し、金次長は、大体日本側の考え方

に乗ってきた感じであったが、再三にわたり、無償

の経済援助はいくら位を考えているのかと質し

た。これに対し伊関局長は、それは、ハイ・レヴェル

外務省

の政治折衝によって決定されるものであり、また韓国側の希望もあろうから、今ここでは何ともいえないと応酬した。また金次官が、経済協力としてどんな内容のことを考えているのかと質したのに対して、伊関局長は、韓国側の個々のprojectを見た上で決定されるべきものだが、色々のものが出てくるだろうと答えた。

4. 金次官は、上記1－3の点については、本9日午後国務総理に報告することになっているから、その上でもう一度連絡しようと述べた。（金次官は、韓国側で日韓会談に一番熱心なのは国務総理であると付言していた）。

外務省

〔その後、5月12日の伊関・金第2回会談の席上、金次官は、6日の会談の結果は国務総理に報告したが、韓国側としても全面的にあれで結構ですと述べた。なお、別の情報によれば、張勉国務総理は、7日の閣議終了後、関係閣僚にもこの趣旨を伝えた模様である。〕

5、経済使節団の訪韓については、金次官は、韓国側としては、いつでもいいと述べたので、伊関局長より、6月以降に実現することにしたいと述べた。

6、駐韓日本代表部設置問題につき、金次官は、今度来た議員団にあのように強くいわれると、こちら

外務省

今すぐにいいとは言えなくなるので、暫く待ってほしい

と述べ、むしろ、本会談をソウルで開くことにより日

本側の希望が事実上達成されるようになるのではな

いかと述べていた。

外務省

(付)　伊関局長の所見、考え方および指示事項
（5月15日）

1. 自分が訪韓中、友人等とも接触したところでは、韓国の一般民衆は「日本と手を握る以外に生きる途はない」という気持になっているようである。公式に面会する政府高官は、必ず36年の支配云々を強い言葉で言うが、これは野党筋が党利党略から政府与党のやり方が親日的にすぎると批判するのを予め防止するため、国民の感じ方以上に強い言い方をしているのであって、むしろ一般民衆は過去のことは（多少のしこりはあろうが）どうでもいいという気持になっている

外務省

ようだ。議員団が先方の高官と会った時も、初めはお互に堅苦しい話もしたが、お互に言いたいことを言い合った後は却ってさっぱりして大いに意気投合していた状況だが、これなどは今次訪韓の成果といえるだろう。

2. 今後のヤマは、結局、日本側がいくら払うか肚をきめるにかかっていると思われる。自分の一試案としては、無償経済援助を年5000万ドル5年間継続、計2億5000万ドル、請求権に基づく債務5000万ドル、合計3億ドルと、その他に、有償経済援助のため年5000万ドルの資金の枠を用意し、これを合せて年1億ドルだという

外務省

ことにする位がよいところではないだろうか。アメリカの1年分の援助が2億数千万ドルだから、それにも足りないようなものでは　みっともなくて持出しにくい。結局、話ははじめ請求権から出発しても、結果としては一段高い立場で　韓国経済の崩壊を防ぐため面倒をみるという趣旨で、韓国経済に実質的に貢献できるようなものを考えるべきであろう。（韓国側は全部を請求権のように考え、国内にもそう説明してもかまわない。）自民党もこのような考え方に傾いているものと思う。

因に韓国側は非公式の話合いの際　5億ドル位もらいたいような口吻であった。

外務省

3, 局長指示事項

(1) 全部を無償経済援助にするか、個人債務は請求権として解決するか、いずれがよいか検討する必要がある。

(2) 日本側としてどうしても請求権として払う
払う方法をどうするか、大体いくら位になるか
必要があるのはどれとどれかにつき外務、大蔵事務当局で考えをまとめておくこと。(あまりけちなものになりすぎないように)支払ったものを韓国側がどう使うかは日本側の関知するところではなく、ただ日本側としてはそれによって請求権を免責されればよい。韓国側が受けとった金をすべて社会保障費に廻すのも一案ではないだ

外務省

ろうか。

(3) 漁業協定に関する日本側案を2.3準備すること。

(4) 予備会談を終了するに際し、各分科委員会の結論をどのような形でまとめてどのように本会議に報告するかを研究すること。

(5) 本会談を東京で開くのがよいか、ソウルで開くのがよいか、外務省としての意見をきめること。

(6) 国交正常化の方式として法的地位協定や漁業協定署名と同時に国交正常化の共同宣言をすれば関連協定の国会批准前でも国交正常化が実現し、大使の交換ができると考えてよいか。

外務省

박정희 국가재건최고회의 의장의 일본 방문(제6차 한일회담)

1961년 10월 20일 제6차 한일회담이 시작되었고, 이로부터 며칠 지나지 않은 10월 24일부터 28일까지 박정희 정권의 제2인자인 김종필 중앙정보부장이 일본을 방문하였다. 그의 방일 목적은 박정희 국가재건최고회의 의장의 방일을 타진하기 위한 것이었다. 주일 대표부도 모르게 극비리에 도쿄에 온 김 부장은[1] 이케다 총리를 시작으로 고사카 외상 및 일본 정계인사들을 차례로 만났으며, 이케다 총리가 박정희 최고위 의장을 방일 초청하는 성과를 만들어 냈다.[2] 이케다 총리는 11월 2일부터 4일까지 스기 수석대표를 특사로 한국에 파견하여 박정희 의장의 일본 방문을 초청하는 친서를 전달토록 하였다.[3] 한국 측은 방한한 스기 대표가 청구권 금액에 관한 일본 측 안을 들고 올 것으로 기대하였으나, 스기 대표는 아무런 안도 가져오지 않았다. 그는 일본이 '박정희-이케다 회담'에 모든 기대를 걸고 있다는 언급만 함으로써 한국 측을 실망시켰으나,[4] 박 의장은 이케다 총리의 초청을 수락, 일본을 방문하기로 하였다.[5]

1961년 11월 11일 박정희 의장은 케네디 대통령 초청으로 미국을 방문하는 길에

---

1 중앙정보부 라인을 통해 극비리에 이루어진 김종필 부장의 일본 인사 면담에는 주일 대표부에서 중앙정보부로부터 파견된 최영택 참사관만이 배석하였으며, 최 참사관은 김 부장의 방일 결과를 배의환 대표에게 보고하지 않았던 것으로 보인다. 스기 대표의 방한 관련 이야기를 방한 하루 전인 11월 1일에서야 이세키 외무성 아시아국장으로부터 전해 들은 배의환 대표는 대표단과 사전협의가 없었음에 대하여 본국에 불쾌감을 표시하는 상황이 벌어지기도 했다. 한국 외교문서, 855, 스기 미찌스케 일본 특사 방한, JW-1110, 1961. 11. 1. 한국 외교문서에는 김 부장의 일본 인사 면담 결과 기록이 남아있지 않으며, 일본 측 기록에도 10월 25일 이케다 총리와의 회담 요지와 고사카 외상과의 제2차 회담 요지만이 간략하게 남아있을 뿐이다. 日本外交文書 1820, 池田總理·金鍾泌部長會談要旨, 1961. 10. 25; 小坂·金鍾泌 第2回會談要旨, 1961. 10. 27.

2 이종원은 박정희 의장의 방일 초청에는 미국의 보이지 않는 압력도 함께 작용하였다고 주장했다. 李鍾元, 「日韓會談の政治決着と米國」, 『歴史としっての日韓國交正常化 I-東アジア冷戰編』, 96쪽. 1961년 10월 25일 김종필-이케다 면담 기록에는, 한국 정부(김종필)가 한일문제에 미국의 개입이 있었던 것으로 비추어지지 않기를 원하고 있는 것으로 보였다는 부연 설명이 기록되어 있다. 日本外交文書 1820, 池田總理·金鍾泌部長會談要旨.

3 한국 외교문서 855, 스기 미찌스케(杉道助) 일본 특사(제6차 한일회담 수석대표) 방한, 1961. 11. 2-4, 스기 대표와 최덕신 외무장관 간 회담 요록, 1961. 11. 2, 1769-1771쪽.

4 「日 高位政治會談 提議」, 『동아일보』, 1961. 11. 4.

5 유의상, 『대일외교의 명분과 실리』, 330, 331쪽.

도쿄에 들러 11월 12일 이케다 총리와 정상회담을 갖고 한일회담의 조기 타결을 위한 돌파구를 모색하였다. 회담은 배석자들과 함께 20분간 공식회담을 가진 뒤, 이어서 1시간 20분 정도 이케다 총리와의 단독회담으로 진행되었다. 단독회담은 배석자와 통역 없이 양 정상 간에만 진행되었으나, 언론에 대해서는 통역이 있었던 것으로 발표하였다(한국 측은 최영택 참사관, 일본 측은 마에다 북동아과장이 참석한 것으로 발표).[6] 배석자 없는 단독회담에 대한 불필요한 억측과 오해를 피하기 위한 조치였던 것으로 생각된다.[7] 한일 정상회담에서의 청구권 문제와 관련한 주요 협의 내용을 한일 양국의 기록을 대비하여 정리해보면 다음 표1과 같다.

양국 기록에 공통적으로 수록되어 있는 내용은 박정희 의장이 "한국은 법적 근거가 있는 청구권을 주장하고 있다"라고 한 점과 이케다 총리가 "청구권만으로는 금액이 너무 적게 될 것이므로 장기저리의 경제원조를 고려하고자 한다"라고 말한 부분뿐이다. 이 부분을 제외한 양국의 기록은 일치하지 않는다. 이는 회담이 배석자 없이 진행된 탓에 양국 실무자들이 회담 종료 후 각각 박 의장과 이케다 총리로부터 청취한 내용을 토대로 회담 기록을 정리했기 때문이다. 일본 언론들은 회담 결과에 관해 "① 청구권에 관하여 '법적 근거가 확실한 개인 청구권만 청구하는 것에 양 정부 수뇌 간에 양해가 성립되었다, ② 경제협력 문제도 청구권 문제와 관련시켜 국교 정상화 전에 논의한다. ③ 청구권 문제가 해결되면 평화선 문제도 자동적으로 해결된다(평화선은 현 단계에 있어서는 철폐된 것이나 마찬가지다), ④ 박 의장 요청으로 무상원조 대신 차관을 제공하는 것으로 합의하였다"라는 요지로 보도하였다.[8] 보도 내용은 한국 측은 물론 일본 측 회담 기록과도 상당히 다른 것들이었다. 한국 측은 이러한 기사가 나온 배경과 관련하여 외무성 이세키 국장이 자민당의 '한일문제 간담회'에서 설명한 내용이 언론에 전파되었기 때문인 것으로 파악하고, 스기 대표에게 항의하였다. 특히 "한국이

---

6 한국 외교문서 786, 박정희 국가재건최고회의 의장 일본 방문, 1961년 11월 11-12일, 박 의장과 이케다 수상의 회담, 1961. 11. 12, 1817쪽.

7 유의상, 『대일외교의 명분과 실리』, 331쪽.

8 「日韓正常化へ道開く, 来月にも政治折衝, 経済協力 請求権と別に」, 『讀賣新聞』, 1961. 11. 13.

9 한국 외교문서 786, 박정희 국가재건최고회의 의장 일본 방문, 1961. 11. 11-12, 박 의장-이케다 회담 회의록, 1962. 11. 12, 1817-1821쪽.

10 日本外交文書 968, 池田首相, 朴正熙議長 會談要旨, 1961. 11. 12.

표 1 박정희-이케다 회담 주요 협의 내용

의제	한국 기록[25]	일본 기록[26]
청구권 문제	**이케다 총리** 한일회담의 실무자 회의가 아직 별 진전이 없어 구체적인 문제를 지금 논의할 수 없으니 원칙 문제에 관해 이야기하기를 희망함. 실무자 간의 토의를 가능한 한 촉진시키기를 희망함. **박정희 의장** 원칙적으로 동의함. **박정희 의장** 일본 국민은 한국 청구권의 내용이 전쟁 배상의 성질의 것이며 법적 근거가 박약한 것이라는 오해를 하고 있는 듯 하나, 한국 측이 청구하고 있는 것은 배상적 성질의 것이 아니고 충분한 법적 근거가 있는 청구권임. 지금(地金), 지은(地銀), 우편저금, 보험금, 징용자에 대한 미수금, 전사자에 대한 보상금, 연금 등 상당한 액수의 청구권을 한국은 가지고 있는데 일본 측은 5,000만 불 운운하고 있으니 부당함. **이케다 총리** 고사카 외상이 그렇게 말한 모양이나 그 말에 관심을 가질 필요는 없음. **이케다 총리** 적당한 시기에(금년 내) 기시 노부스케나 이시이 미쓰지로를 한국에 초청하여 정치회담을 서울에서 개최하는 것이 좋겠음. * 박정희 의장도 이를 양승함.	**박정희 의장** 청구권에 관한 대체적인 틀을 정하길 희망함. **이케다 총리** 청구권 문제는 Vesting Decree의 효력 발생 시기(일본은 군령 33호의 효력은 1945년 12월 6일 이후인 것으로 인정한다고 주장)와 지역적 범위의 문제(일본 측은 속지주의에 의해야 한다고 주장), 그리고 소위 미국 해석에 의한 상쇄 관념(일본 측은 '고려해야 한다'라고 하는 미 측 견해가 존중되어야 한다고 주장) 등 여러 가지 복잡한 문제가 있는 사정을 설명함. * 박 의장은 이러한 문제를 잘 알고 있지 않은 듯한 인상이었음. **박정희 의장** 요는 법률상 근거 있는 것을 인정해 달라는 것임. **이케다 총리** 개인의 청구권에 관해서는 일본인과 같이 취급한다는 원칙하에 지불할 용의가 있음. 은급, 귀국자 위로금, 우편저금, 간이보험금 등을 고려코자 하며, 또한 소각 일은권(日銀券)에 관해서도 고려하고 있음. **박정희 의장** 군인, 군속의 유가족에 관해서도 생각해 주기 바람. **이케다 총리** 고려하겠음. * 양인은 금후 청구권위원회에서 조속히 실무적 검토를 행하는 것에 의견일치를 봄. **박정희 의장** 조선으로부터 반출된 지금, 은에 대해서도. 청구권이 있음.

의제	한국 기록	일본 기록
청구권 문제		**이케다 총리** 그것은 조선은행의 업무로서 보통의 매매로 이루어진 것이므로 근거가 없음. 오사카에 있는 은(銀)에 관해서도 일본 측으로서는 위의 법률론에 의거, 청구 근거가 없다는 생각임. 청구권이라 하면 어쨌든 상쇄라는 생각이 떠오름. **박정희 의장** 청구권이라 하지 말고 무언가 적당한 명의라도 괜찮음. * 이케다 총리는 청구권 문제의 해결은 어업 문제와 동시 해결을 전제로 하는 것임을 강조함.
경제 협력	**이케다 총리** 청구권만으로 과대한 금액을 지불하기는 곤란하니 법적 근거가 확실한 항목에 대하여서만 청구권으로 지불하고 그 외 항목을 다른 명목으로 지불함이 좋겠음. 다른 명목으로 지불함에 있어서는 무상원조로 하면 한국 국민 감정상 곤란할 것 같으면 경제협조 등의 명목으로 장기 저이자 차관을 제공하는 것도 방법일 것임.	**이케다 총리** 일본은 청구권으로 지불하는 것만으로는 한국의 경제 부흥에 불충분하다는 생각임. 일본으로서는 무상원조는 재미없으므로 이것을 피해 장기저리의 경제원조를 고려하고자 생각 중임. **박정희 의장** 한국으로서는 dignity의 문제가 있으므로 무상원조는 생각치 않으며, 장기저리의 경제원조라면 괜찮으나 소비재가 아닌 자본재를 희망함. **이케다 총리** 자본재가 좋을 것이며, 소비재는 국내 생산하는 것이 좋은 방법임.

출처: 유의상 『대일외교의 명분과 실리』 332쪽.

개인 청구권만 청구하기로 하였다"는 부분에 대해 강력히 문제를 제기하였다.[11] 이 문제는 결국 이케다 총리가 국회에서 "청구권이 개인에 한정되도록 합의했다는 것은 오보"라고 해명함으로써 수습되었다.[12]

박정희 의장은 "청구권에 관한 대체적인 틀을 정하기를 희망한다"라고 하면서 일본이 청구권 금액을 제시해 줄 것을 완곡하게 요청하였다. 그러나 이케다 총리는 청구권 금액은 제시하지 않은 채, "청구권과 함께 장기저리의 경제원조 방식을 고려하고자 한다"라는 언급만 하였다. 이케다 총리는 청구권 금액을 제시할 준비가 이루어지지 않았던 것이다. '박정희-이케다 회담'을 청구권 교섭 타결을 위한 돌파구로 삼고자 했던 한국 측은 회담 결과에 낙담할 수밖에 없었다. 그러나 박정희 의장의 일본 방문에는 긍정적인 측면도 있었다. 일본 측 기록에 따르면 박 의장은 일본에서 만난 일본 정치 지도자들에게 좋은 인상을 줌으로써[13] 이들이 갖고 있던 한국의 군사정권에 대한 불신감이 상당 부분 해소되었고, 한일회담 타결을 위한 일본 정치권의 협조적 분위기도 조성될 수 있었던 것으로 보인다. 또한, 양 정상이 청구권 문제의 조기 해결 필요성에 공감하고, 실무 교섭을 조속히 진행시켜 나간다는 점에 의견을 같이함으로써 정상회담 후 개최된 일반청구권소위원회에서의 논의도 가속화되었다. '박정희-이케다 회담'은 국교 정상화 교섭이 이루어지는 동안 미국이 참가하지 않은 한일 간에만 개최된 최초이자 마지막 정상회담이었다는 점에서도 그 의의를 찾을 수 있을 것이다.[14]

---

11 한국 외교문서 786, 1837-1843쪽[한일회담 수석대표가 1962. 11. 25 방미 귀로에 하네다공항에 기착한 박 의장에게 상정한 박 의장-이케다 수상 회담에 관한 반향 및 그에 대처한 건의 내용을 외무부에 보고한 문서].

12 『第40回 國會衆議院本會議 會議錄』第3號, 1961. 12. 22, 5쪽.

13 日本外交文書 506, 「日韓國交正常化交渉の記録總說 八」, VIII. 軍事政權の成立と第6次韓日會談, 6. 朴正熙 議長の訪日, 111, 112쪽

14 유의상, 『대일외교의 명분과 실리』, 334, 335쪽.

한국 외교문서	일본 외교문서
	1. 1820, 이케다 총리·김종필 부장 회담요지(池田總理·金鍾泌部長會談要旨), 1961. 10. 25
	2. 1820, 고사카·김종필 제2회 회담 요지(小坂·金鍾泌第2回會談要旨), 1961. 10. 27
3. 855, 스기 미치스케(杉道助) 일본 특사(제6차 한일회담 수석대표) 방한, 1961. 11. 2-4, JW-1102, 방한 인사 변경 보고, 1961. 11. 1	
4. 855, 스기 미치스케(杉道助) 일본 특사(제6차 한일회담 수석대표) 방한, 1961. 11. 2-4, JW-1110, 스기 수석대표 방한 관련 건의사항, 1961. 11. 1	
5. 855, 스기 미치스케(杉道助) 일본 특사(제6차 한일회담 수석대표) 방한, 1961. 11. 2-4, 최덕신 외무장관과 스기 대표 간 회담 요록, 1961. 11. 2	
6. 786, 박정희 국가재건최고회의 의장 일본 방문, 1961. 11. 11-12, 박 의장과 이케다 수상의 회담, 1961. 11. 12	
7. 786, 박정희 국가재건최고회의 의장 일본 방문, 1961. 11. 11-12, 박 의장-이케다 회담 회의록, 1962. 11. 12	8. 968, 이케다 수상, 박정희 의장 회담 요지(池田首相, 朴正熙議長 會談要旨), 1961. 11. 12
9. 786, 박정희 국가재건최고회의 의장 일본 방문, 1961. 11. 11-12, JW-11458, 1961. 11. 25	
	10. 506, 일한국교정상화 교섭의 기록 VIII. 군사정권의 수립과 제6차 한일회담, 6. 박정희 의장의 방일(日韓國交正常化交渉の記録總說八, VIII. 軍事政權の成立と第6次韓日會談, 6. 朴正熙議長の訪日).

1. 池田總理·金鍾泌部長會談要旨, 1961. 10. 25
日本外交文書 1820, 두 번째 문서

1961년 10월 24일부터 28일까지 극비리에 일본을 방문한 김종필 중앙정보부장이 10월 25일 이케다 총리와 박정희 국가재건최고회의 의장의 방일 문제를 논의한 기록이 담긴 문서다.

번역

이케다 총리·김종필 부장 회담 요지

1961. 10. 25, 북동아시아과

10월 25일 오전 11시 한국 중앙정보부 김종필 부장은 원내 총리대신실로 이케다 총리를 내방, 약 30분에 걸쳐 회담했다(일본 측에서 오히라 관방장관, 이세키 아시아국장, 한국 측에서 석정선, 최영택이 배석했다).

회담 요지는 다음과 같다.

1. 우선 김종필은

(1) 자신은 금번 방문에서 충분한 책임을 가지고 이야기할 수 있는 입장임.

(2) 한국으로서는 과거의 것에는 일절 구애되지 않을 것임.

(3) 한국은 한일회담은 여하한 일이 있어도 계속해 나갈 결의가 되어 있음.

(4) 금후 한국은 경제, 문화 등 여러 면에서 어느 국가보다도 일본과 긴밀히 제휴하여 나가길 원하고 있음.

을 분명히 했다.

이에 대해, 이케다 총리는 자신도 완전히 같은 생각이며, 일한회담을 이번에 반드시 마무리하고 싶다는 것에도 동감이라는 뜻으로 답하였다.

2. 김종필은 박정희 최고회의 의장이 미국 방문 전에 11월 10일 일본에 도착, 1박하게 되는데, 그때 이케다 총리를 만나 뵙고 일한회담의 큰 문제에 관해 의견의 일치를 볼 수 있도록 하길 원하며, 상세한 문제는 그 후에 실무적인 협의를 진행해 나가는 것으로 했으면 하고 생각하고 있다면서, 이를 위해 가능하다면 러스크 국무장관의 방한 전이라도 이번에 자신이 일본에 온 것과 똑같은 형태로 비공식적으로 누군가 가능한 분을 총리의 대리로서 한국에 파견하여, 전술한 박정희 방일 시 총리와의 사이에 용이하게 의견일치가 이루어질 수 있도록 사전 협의의 취지로 큰 문제에 관한 협의가 가능하게끔 하는 것과 같은 특별한 배려를 부탁해도 될지 물었다.

이에 대해 이케다 총리는 귀관과 마찬가지의 지위에 있는 사람을 자신의 대리로서 한국에 파견한다면 이곳에 있는 오히라 관방장관밖에 없는데, 그렇게 되면 일본으로서도 정부의 국민에 대한 체면도 있고 해서 잠시 생각해 볼 문제라고 말한 뒤, 오히라 장관의 의견을 구했다. 오히라 장관은 이에 대해 그 점은 검토한 연후에 회답하겠다고 답변했다.

3. 이케다 총리가 박정희 의장의 내일 문제와 관련해서, 미국도 한일 관계에 관해 매우 걱정하고 있으며, 일본, 한국, 미국 3자가 긴밀한 이해관계에 있다는 취지로 이야기하자, (김종필에게 약간의 오해가 있었는지) 김종필은 일한의 문제에 미국이 개입하고 미국의 힘이 보태졌다고 하길 원치 않는다고 말했으며, 이에 이케다 총리는 일한의 문제는 물론 일한 간에 해결해야 하는 것이지만, 자신이 지금 말한 것은, 일·한·미 3국이 매우 긴밀한 관계를 유지하지 않으면 안 된다는 의미라고 보충 설명했다.

(주. 박정희의 방미 전에 그의 내일(來日)을 생각하는 것, 또한 러스크의 방한 전에 일본에서 사람이 오기를 요청한 것 등에는, 한국 정부가 일한 문제에 가능한 한 미국의 개입이 있었다고 하는 것을 원치 않는 사고를 가지고 있음을 나타낸 것이라는 인상을 받았다.)

池田総理、金鍾泌部長会談要旨

36.10.25
北東アジア課

10月25日午前11時韓国中央情報部金鍾泌部長は院内総理大臣室に池田総理を来訪、約30分にわたり会談した。(日本側より、大平官房長官、伊関アジア局長、韓国側より石正善、崔英沢が陪席した。)

会談要旨次のとおり。

1. まず金鍾泌より、

(1) 自分は今回十分に責任をもつてお話できる立場にあること。

(2) 韓国として過去のことには一切拘泥しないこと。

(3) 韓国として日韓会談は如何なることがあ

つても纒めたい決意でいること。

(4) 今後韓国は経済、文化等あらゆる面において

どの国よりも日本と緊密に提携して進んで行きたいと思つていること。

を明らかにした。

これに対し、池田総理より、自分の方も全く同様に考えており、日韓会談をこの際是非とも纒めたいということにも同感である旨答えられた。

2 金鍾泌より、朴正熙最高会議議長が米国訪問の前11月10日日本に到着、一泊し、その際池田総理にお目にかかり、日韓会談の大きな問題について意見の一致を見得るように取り運びたく、細かい問題はその上で事務的な話合いを進めて行くようにしたいと考えて

いるところ、そのため出来れば、ラスク米国務長官の訪韓前にでも、丁度今回自分が日本に来たのと同じような形で、非公式に誰か然るべき方を総理の代理として韓国に派遣され、前述の朴正熙訪日の際に総理との間に容易に意見の一致に達し得るよう、そのあらごなし、下打合せの趣旨にて大きな問題について話合える如くお取計らい願えまじきやと質した。

これに対し、池田総理より、貴官と同じような地位にある人を自分の代理として韓国に派遣するとなると、ここに同席している大平官房長官しかないわけであるが、そうなると日本としても政府の国民に対する面子もあり、ちよつと考えものであると述べられ、大平長官の意見を徵された。大平長官はこれに対しその点は検討した上で回答しましようと答えた。

3. 池田総理より、朴正熙議長の来日問題に関連し、米国も非常に日韓関係につき心配している。日本、韓国、米国の三者は緊密な利害関係にあるものである旨述べられたところ、（金鍾泌に多少の誤解があつたものか）金鍾泌は、日韓の問題に米国が介入し、米国の力が加わつたということにはしたくない旨述べたので、池田総理より、日韓の問題は日韓の間でやるべきことは勿論であるが、自分がただ今言わんとしたのは、日韓米の三国は極めて緊密な関係にあらねばならないという意味であると補足された。

（注、朴正熙の訪米前にその来日を考えていること、また、ラスクの訪韓前に日本から人が来るようにと求めたこと等には、韓国政府が日韓問題にできるだけ米国の介入があつたということにしたくないとの考え方を持つていることの現れではないかという印象を得た。）

2. 小坂·金鍾泌第2回會談要旨, 1961. 10. 27
日本外交文書 1820, 네 번째 문서

1961년 10월 24일부터 28일까지 극비리에 일본을 방문한 김종필 중앙정보부장은 고사카 젠타로 일본 외상과 두 차례 만났는데, 그 가운데 두 번째 회담 요지가 담긴 일본 측 문서다.

한국 외교문서에는 김종필 부장의 1961년 10월 방일 기록이 전혀 남아있지 않다.

번역

고사카·김종필 제2차 회담 요지

1961. 10. 27, 북동아시아과

김종필 부장은 10월 27일 오후 6시 15분 가유회관에서 고사카 외무대신을 내방, 약 15분에 걸쳐 제2차 회담을 가졌다. 일본 측 이세키 아시아국장, 한국 측 최영택 참사관 배석.

회담 요지는 다음과 같다.

고사카 대신은 일본 측으로서는 이시이 고지로 씨를 한국에 파견할 생각이다. 아직 본인의 양해를 구하지 못한 관계로 오늘 밤 동 씨의 귀경을 기다려 동의를 구한 다음, 오늘 밤중에 답을 주겠다, 아마도 이시이 씨는 이의 없이 받아들일 것으로 생각한다고 말했다.

이에 대해 김종필은 좋다 그러나 앞서 말한 대로 이시이 씨의 내한은 어찌하든 러스크 장관의 내방 전에 이루어지도록 다시 한번 부탁한다고 말했으며, 대신은 11월 1일 서울 착, 4일 귀국의 예정으로 하고 싶다고 답했다.

김종필은 그렇다면 한국 측에서는 서울에서 깊이 있는 협의가 가능하도록 충분히 준비해 놓겠다고 말했다. 한편, 한국 측은 박정희 방일의 초청은 어떻게 되느냐고 물었으며, 이세키 국장은 아마도 구두 초청이 될 것으로 생각한다고 말했다(이 점, 회담 종료 후 이세키 국장은 어찌 됐든 구두 초청으로 좋다고 생각하며, 그것은 이시이 씨를 통해 할 수도 있고, 도쿄에서 대표부를 통해 하는 것도 가능하다는 뜻을 흘렸다).

(이시이 씨 방한 실현의 경우, 외무성에서 누군가 함께 가는가 하는 점에 관해서는 이세키 국장은 외무성을 통해 주선이 이루어졌다는 인상을 외부에 주는 것을 절대 피하기 위해 외무성은 아무도 가지 않는 것이 좋다, 이시이 씨의 비서가 함께 가면 된다는 의견이었다. 한편, 비용 문제에 관해서는 외무성에서 부담하는 것으로 될 지도 모르겠다는 말을 흘렸다.)

当課記録用

小坂・金鍾泌 第2回会談要旨

36. 10. 27

北東アジア課

金鍾泌部長は 10月27日午後6時15分 霞友会館に小坂外務大臣を来訪、約15分間にわたり、第2回会談を行なった。日本側 伊関アジア局長、韓国側 崔英沢参事官陪席。

・会談要旨次のとおり。

小坂大臣より、日本側としては石井光次郎氏を韓国へ派遣する考えである。もっとも、未だ本人の了解をとりつけていないので、今夜同氏の帰京を待って、その同意を得た上、

外務省

今夜中に御返事したい。おそらく石井氏は異議なく引受けてくれるものと思う旨述べた。

これに対し金鍾泌より、結構である。ただ先にも申しあげたとおりであるが石井氏の来韓はどうかラスク長官の来訪前になるよう改めてお願いしたいと述べたので、大臣より、11月1日ソール着、4日帰京の予定ということにしたいと答えた。

金鍾泌より、それでは韓国側においては、ソールで突っ込んだ話が出来るよう十分準備しておきたいと述べた。

なお、韓国側より朴正熙訪日の招待はどういうことになりましょうかと質したので、伊関局長より、おそらく口頭の招待になるものと考えている旨答えた。（この点、会談終）

外務省

後 伊関局長は、いずれにしろ口頭のお話でいいと思うが、それは石井氏を通じてやってもらうことも出来るし、東京で代表部を通じてやることも出来ようと洩していた。）

（石井氏訪韓実現の場合、外務省からだれか付けてやるかの点については、伊関局長は、外務省を通じてアレンジメントが行なわれたとの印象を外部に与えることを絶対避けるため、外務省からは誰も行かない方がよい、石井氏の秘書が付いて行けばよいとの意見であった。なお、費用の点については、あるいは、外務省で負担するようになるかも知れないと洩らしていた。）

外務省

3. JW-1102, 방한 인사 변경 보고, 1961. 11. 1

한국 외교문서 855, 스기 미치스케(杉道助) 일본 특사(제6차 한일회담 수석대표) 방한, 1961. 11. 2-4

방일 인사가 이시이 고지로에서 스기 미치스케로 변경되었음을 보고하는 문서(전문)다.

김종필 중앙정보부장의 1961년 10월 방일시 고사카 외무대신과의 회담에서 일본 측은 김 부장의 요청에 따라 이시이 고지로 씨를 한국에 파견하겠다고 하였으나, 이시이 씨 본인의 사정에 따라 스기 미치스케 수석대표로 교체되었다.

대 한 민 국 외 무 부

번 호 : JW-1102

일 시 : 011045

61. 11. 1

수 신 인 : 외무부 장관 귀하

금 1일 오전 10 시에 본인은 이세끼 국장의 초치로 외무성을 방문하고 약 15 분간 면담하였는바 그 내용을 아래와같이 보고하오니 지급 지시 있으시기 바람.

1. 박의장의 방일건에관하여 일측은 "이시이 미쯔지로"를 한국에 파견할것을 고려한바있으나 이시이 의 사정에의하여 이시이 대신 한일회담 수석대표 "스기"를 파한할것을 결정하였다고함. 이결정에있어서는 이시이의 의견이 참작 되였다고함.

2. " 스기" 는 "마에다" 북동아관장 및 "와따나베" 북동아과 사무관를 대동하고 내 2 일 출발하여 내 4 일 귀국 케하겠다고 하며 파견목적은 단순히 "이께다" 수상의 친서를 휴대하고 정중하게 박의장을 초청하는것이라고함. 표면상의 이유로서는 스기가 수석대표로 임명되었음으로 인사차 한국을 방문하는것으로 하겠다고함.

추 기 : 외신과장은 이전문 해독후 지급 장관또는 차관에게 전달바람.

주일공사

수 신 시 간 :

검 인 ________

4. JW-1110, 스기 수석대표 방한 관련 건의사항, 1961. 11. 1

한국 외교문서 855, 스기 미치스케 일본 특사(제6차 한일회담 수석대표) 방한, 1961. 11. 2-4

스기 미치스케 일본 수석대표의 방한 사실을 방한 임박해서야 알게 된 배의환 주일 대사가 이와 관련하여 본부에 항의성 건의를 하는 내용이 담긴 보고서(전문)다.

배 대사는 앞서 김종필 중앙정보부장의 방일을 통해 박정희 의장의 방일이 결정되었고 이 방일 초청장을 전달하기 위하여 스기 대표가 한국을 방문하게 된 경위도 모르고 있었던 것으로 보인다.

대한민국 외무부

번호: JW-1110
일시: 011335
61. 11. 1

수신인: 외무부 장관 귀하

금 1일아침 일본측 이세끼 대표는 주일공사를 초청하여 소기 일본측 수석대표가 명 2일 서울로 출발하겠다는 말을 하였다는바 이에관하여는 주일공사의 전문 JW-1102을 참조하시기바라오며 이에관경위를 전연 알지못하였던 대표단으로서는 일본측수석대표의 방한기획에관하여 다음과같이 건의함.

대표단으로서는 일본측수석대표가 현단계에서 방한하는것을 찬성치않는바이며 더욱이 그가 본인과 직접 사전연락이나 인사도 없이 서울로 떠난다는데대하여는 일본측의 의도에 대하여 커다란 의혹을 가지지않을수 없음. 생각하건데 일본측 수석대표가 이와같은 식으로 서울을 방문하게되면 우리대표단과 본인의 금후의 입장이 대단히 곤란하게되고 대표단이 맡은바 정부훈령대로 교섭을 수행하기가 도저히 불가능하게 될것으로 우려하는바임. 이러한문제에관하여는 전자 민주당정부당시에 개최되었던 제 5차 회담에서도 선례가있었던것인바 그당시에도 일본측의 실질적인 수석대표인 이세끼 씨가 일본국회의원 수명을 거느리고 한국대표단에대한 아무런 사전연락도없이 서울을 방문게되고 민주당 중요정객들과 또하나의 한일회담을 가지므로서 동경에 파견되였던 대표단의 기승을 유명무실하게하고 완전히 마비시켰던것이었음.

그결과의 하나로서 오늘날에이루러 일본측은 우리정부가 이세끼 씨에게 5억불밖에 청구하지않었는데 왜 8억불을 청구하는냐는 따위의 말을 공공연하게 말하게된것임. 여하튼 하필 소기 씨를 방한케하는데는 위와같은 일본측의 저의가 내포되어있는것으로

수신시간:

사료하오며 따라서 우미대표단 단원들간에는 소기씨가 대표단을 뛰어넘고 우미 정부와 직접교섭하는경우 일본측은 우미대표단을 금후 상대를 하지않을것이므로 차라리 대표단을 서울로 철수시키는것이 ᅟ 좋을것이라는 의견가가지나와 소기씨의 방한에대하여 본국정부의 신중한 고려를 바라는바임.

수석대표

5. 최덕신 외무 장관과 스기 대표 간 회담 요록, 1961. 11. 2

한국 외교문서 855, 스기 미치스케 일본 특사(제6차 한일회담 수석대표) 방한, 1961. 11. 2-4

1961년 11월 2일 최덕신 외무부 장관과 스기 미치스케 일본 측 한일회담 수석대표와의 회담 기록이다.

스기 미치스케는 박정희 의장에 대한 이케다 총리 명의 방일 초청장을 전달하기 위하여 1961년 11월 2~4일 방한하였다.

스기 수석대표와의 회담요록

1. 장소와 시일 : 1961 년 11 월 2 일 17 시 어 외무부장관실

2. 회담요록

장관과 스기 수석대표 인사교환

장관 : 고명하신 스기선생의 내한은 한일회담의 조속한 타결에 큰 도움이 될것이라고 믿는다.

한일 양국은 지리적으로 인접한 국가이며, 극동 및 동남아의 평화 나아가서는 세계평화를 위하여도 양국은 국교를 정상화하고 상호협동의 정신으로써 그 관계를 유지해 나가야 할 것이다.

스기대표 : 본인 자신도 그렇게 되기를 희망하고 있으며, 전력을 다하여 노력할 것이다.

한일 양국은 지리적으로 가장 가까운 위치를 찾이하고 있으며, 자기로서는 야마구찌 현(山口県)의 출신으로서 다른 사람 보다 더욱 친근감과 인접감을 느끼고 있다.

장관 : 한일회담은 과거 수년간을 두고 교섭되어 왔으나. 오늘날 까지 타결되지 못하고 또 그것이 한국측의 고집이나 감정으로 인한 것이 아닌가 하는 오해를 세상 사람들이 가질 념려가 있어 한마디 하기로 한다.

2

우리국민은 우리자신을 위해서, 또 다음 세대의 국민들을 위하여 과거에 집착하지 않고 새로운 건설, 새로운 우호관계와 협조를 위하여 과거를 거울 삼되, 과거에 얽매이지 않고 이해와 성의로서 임하려고 한다.

스기대표: 전연 동감이다.

앞으로 양국이 회담을 진행해 나가는데 있어 의견의 상치도 생기겠으나, 그것은 상호가 담판한다는 생각에서가 아니라 동일한 목표를 위한 상의를 한다는 정신하에 나가야 할 것이며, 회담이 어떤 벽에 부딪칠 경우에는 여하히 하면 그것을 뚫고 나갈수 있는가를 서로 의논하는 입장을 견지하여야 할것이라고 생각한다.

장관: 한국은 1950 년 공산침략을 받었으나 이것을 용감하게 물리쳤으며, 그로 인하여 막대한 인적 내지 물적인 손해를 받았다. 그러나 우리는 우리의 국토를 방위하였을 뿐만 아니라 귀국을 포함한 태평양의 제국, 동남아의 제국을 공산침략으로 부터 방어하였을 뿐만 아니라 아세아의 평화, 나가서는 세계평화를 위하여 커다란 공헌을 하였다는 자부심을 가지고 있다.

스기대표: 동감이다.

우리 양국의 긴밀한 관계유지는 극동의 평화를 확보하는 관건이라고 생각한다.

3

장관: 이번 귀하의 방한 기간중에 아측의 정부 요인들과 면담하게 될것인바, 한일회담 타결을 위한 어떤 구체적인 제안이 있으면, 이자리에서 말해주면 좋겠다.

스기대표: 본인의 금반의 방한은 일본측 수석대표로 임명되었으므로 우선 귀국에 인사를 드리기 위한 것이요, 또 귀국의 여러 정부 요인이 아국을 방문하여 주신데 대한 답례의 뜻도 있다.

그리고, 이번에 이께다 수상이 박 의장께 보내는 친서를 가지고 온바 있으며, 앞으로 어떤 구체적인 이야기가 나올 경우에는 상의하기로 하겠다.

6. 박 의장과 이케다 수상의 회담, 1961. 11. 12

한국 외교문서 786, 박정희 국가재건최고회의 의장 일본 방문, 1961. 11. 11-12

미국 방문길에 1961년 11월 11~12일간 도쿄에 들른 박정희 국가재건최고회의 의장이 이케다 하야토 일본 수상과 가진 회담 개요와 회담 내용이 간략히 기록된 문서다.

박외장과 이께다 수상의 회담

장소 : 이께다 일본 수상 관저

시일 : 11 월 12 일 10 시부터 11 시 50 분 까지

참석자 :

한국측 : 박의장, 유 외무국방위원장, 최 외무부장관, 배 수석대표, 원 공보실장, 정일영 대표, 최 참사관, 엄 아주과장.

일본측 : 이께다 수상, 고사까 외상, 소기 수석대표, 이세끼 아세아 국장, 마에다 동북아 과장.

(비고)

공식회담 : 20분간 한일회담 경과 및 경제일반에 관한 의견교환

비공식회담 : 일본외상 고사까 씨의 제의에 의하여 1 시간 20분간 박의장 및 이께다 수상의 단독회담이 있었음.

회담내용 : 회담결과에 관한 신문발표에 있어서는 통역으로 우리측은 최영택 참사관, 일측은 마에다 북동아과장이 참석하였다고 하였으나, 사실은 통역이 참석치 않었음.

공식회담 : (생략)

비공식회담 :

1. (이께다) : 한일회담의 실무적 토의가 현재까지 하등의 진전이 없으니까 오늘 이 회담에서는 이 문제에 관한 결론을 내릴 단계가 아니다.

2. (합의) : 그러니까, 회담을 급속히 진전 시켜서 조속히 실무적 토의를 끝내는것이 좋겠다.

3. (박외장) : 자기도 자세한 것은 잘 모르지만, 우편저금, 년금, 징용자 보상금 등 한국으로서는 상당히 법적 근거가 있는 청구를 내놓고 있는데, 일본측에서는 5천만불을 내놓겠다니 그것은 말이 안된다.

(이께다) : 그런 사실은 자기로서는 잘 모르겠다. 누가 그렇게 말을 했는가.

(박외장) : 고사까 외상이 말했다고 한다.

(이께다) : 고사까가 그런 말을 했다고? 그러나 너무 그말에 관심을 가질 필요는 없다.

4. (이께다) : 적당한 시기에 (금년내) 기시 노부스께 (　　　)나 이시이 미쓰지로 (　　　　)를 한국에 초청하여, 정치회담을 서울에서 개최하는 것이 좋겠다.

(우리측 양승)

주 : 실무적 토의에서의 의견 차이를 기초로 하여 동 정치회담에서 정치적인 절충으로서 해결하여 보려는 것임.

5. (박외장) : 이 회담이 무의미 한 것은 아니다. 이것으로서 한일회담이 원활하게 진행되는 계기가 될수 있다.

이께다 수상이 한일문제 해결에 상당한 열의가 있음을 확인 하였다.

7. 박 의장-이케다 회담 회의록, 1961. 11. 12

한국 외교문서 786, 박정희 국가재건최고회의 의장 일본 방문, 1961. 11. 11-12

1961년 11월 12일 박정희 국가재건최고회의 의장과 이케다 하야토 일본 수상과의 회담 기록이 담긴 문서다.

이 회담에는 양측 모두 기록을 위한 배석자가 참석하지 않았던 관계로 회담 기록은 박 의장으로부터 구술을 받아 정리한 것으로 보인다.

박의장 — "이께다" 회담

회 의 록

1. 회담 개최 일시 : 4294 년 11 월 12 일 오전 10—12 시

2. 회담 개최 장소 : " 이께다 " 수상 관저

3. 참석자 : 한국측 : 박정희 의장

일본측 : "이께다" 수상

(통역은 참석하지 않았으나 발표에 있어서는 한국측은 최영택 참사관, 일본측은 "마에다" 북동아 과장이 담당한 것으로 하기로 합의함)

4. 회담 내용 :

(1) "이께다" 수상은 한일 양국은 세계 정세, 특히 극동 정세에 비추어 서로 도와야 할 입장에 있다고 말하고, 일본은 한국의 5개년 계획, 농촌 문제등을 포함한 경제 재건에 큰 관심을 가지고 있으며, 앞으로는 양국 간의 현안 문제 (주로 과거에 대한 청산 문제) 뿐만 아니라 이러한 경제 재건 문제등 장래에 속하는 모든 문제에 관하여 기회 있는 대로 상호 의견을 교환하였으면 좋겠다고 하였으며, 이에 대하여 박 의장은 동의하였다.

(2) "이께다" 수상은 일본의 국내 사정, 특히 자민당내의 사정을 설명하며 일본의 곤란한 사정을 이야기 하였다. "이께다" 수상은 자민당 내의 약 3분지 1의 세력은 한일회담을 지지하며, 또한 3분지 1은 심종한 태도를 보이고, 나머지 3분지 1은 이를 반대하고 있다고 말 하였다.

(3) "이께다" 수상은 한일회담의 실무자 회의가 아직 별 진전이 없으므로 구체적인 문제를 지금 론의 할수 없으니 원칙 문제에 관하여 이야기 하자고 말하고 실무자 간의 토의를 가능한 한 촉진 시키자고 말하였으며, 박외장은 이에 대하여 원칙적으로 동의하였다.

(4) 재산 청구권 문제에 관하여, 박외장은, 일본 국민은 한국 청구권의 내용이 전쟁 배상의 성질의 것이며 법적 근거가 박약한 것이라는 오해를 하고 있는듯 하나, 한국측이 청구하고 있는것은 배상적 성질의 것이 아니고 충분한 법적 근거가 있는 청구권이라고 설명하고, 지금 지은, 우편 저금, 보험금, 징용자에 대한 미불금, 전사자에 대한 보상금, 년금 등 상당한 액수의 청구권을 한국은 가지고 있는데 일본측은 5,000 만불 운운하고 있으니 부당하다고 말하였던바, "이께다" 수상은 "고사까" 외상이 그렇게 말한 모양이나 그것을 자기자신의 의도는 아니라는듯한 취지를 이야기 하였다.

지금 문제에 대하여 "이께다" 수상은 자기가 보고 듣기로는 대가를 지불하고 사온것으로 되어 있다고 말하므로, 박외장은 장부상으로 지불한 형식이 되어 있는 모양이나 사실상으로는 무가로 가지고 간것으로 보고를 받았다고 말하였다.

양자는 한국 청구권의 내용을 실무자로 하여금 검토하게 하기로 이야기 되었다.

(5) 이께다 수상은 "기시" 혹은 "이시이"를 례월중이라도 한국측이 초청할것을 희망하였으며, 이에 대하여 박외장은 긍정적인 태도를 취하였다.

(6) "이께다" 수상은 일본 입장으로는 청구권 만으로 과대한 금액을 지불하기는 곤란하니 법적 근거가 확실한 항목에 대하여서만 청구권으로 지불하고 그 외의 항목을 다른 명목으로 지불하는것이 좋겠다고 말하고, 다른 명목으로 지불함에 있어서는 무상 원조로 하면 한국의 국민 감정상 곤

란할것 같으면 경제 협조등의 명목으로 장기 저 이자 차관을 제공하는 것도 방법일것이라고 이야기하였다.

(7) 박 의장이 제일교포의 은행 설치를 허가할것을 요청하였던바, "이께다" 수상은 충분히 고려를 하겠지만 예컨대 중국인등 제 3국인 관계로 곤란한 점이 있을지도 모른다고 말하였다.

(8) "이께다" 수상은 99.9% 까지 양자가 이번 회담에서 합의를 본것으로 발표하자고 제의하였는바, 박의장은 대체로 합의 한것으로 발표 하자고 말하였으며, 이에 대하여 "이께다" 수상이 동의하였다.

5.12.18

8. 池田首相, 朴正熙議長 會談要旨, 1961. 11. 12
日本外交文書 968, 두 번째 문서

1961년 11월 12일 박정희 국가재건최고회의 의장과 이케다 하야토 일본 수상과의 회담에 관한 일본 측 기록이다.

이 기록 또한 회담 배석자가 없었던 관계로 이케다 총리의 구술을 받아 정리한 것으로 보인다.

번역

이케다 총리, 박 의장 회담 요지, 1961. 11. 12

외무성 아시아국

일시: 1961년 11월 12일 오전 10시부터 12시까지

장소: 총리 관저

1. (최초에 참석자 전원이 잡담을 나눈 후, 이케다 총리, 박 의장 이외에는 별실로 자리를 옮겼다.)

먼저 이케다 총리는 "나는 한국 문제에 대해서는 예전부터 관심을 갖고 있었다, 1950년 미국을 방문했을 때 마침 마셜(George C.t Marshall)의 중국 포기론(미국은 국공 내전으로부터 일절 손을 떼라는 주장)이나 로열(Kenneth C. Royall)의 한국 철병론 등이 제기되고 있었는데, 그런 일을 하면 위험하다"라고 말했던 기억이 있다, 그리고 그 직후에 한국전쟁이 발발한 것이다, 올해 6월 방미했을 때 케네디 대통령은 라오스 문제가 걱정이라고 말했는데, 나(이케다)는 라오스도 그렇지만 한국을 충분히 생각하지 않으면 안 된다고 말했다.

이에 대해 박 의장은 확실히 현재의 정세로는 베트남 등도 위험하다면서 자유국가 그룹은 공동으로 대처해야 한다고 말했다. 이케다 총리는 (NEAT0 문제를 감안하여) 우선 경제협력이라는 것올 생각해야 한다고 말했다.

2. 이어 청구권 문제에 관해 박 의장은 청구권으로 인정되는 테두리를 대략이라도 정해달라고 말했으며, 이에 대해 이케다 총리는 청구권 문제는 귀속 법령의 효력 발생 시기(일본 측은 군정법령 33호의 효력은 1945년 12월 6일 이후에 발생했다고 주장하고 있다)나 지역적 범위의 문제(일본 측은 속지주의에 준거하는 것이라고 주장하고 있다), 또 이른바 미국의 해석에 따른 일종의 상쇄 관념(일본 측은 '고려해야 한다'라는 미국 측의 견해가 존중되어야 한다고 주장하고 있다) 등 여러 가지 복잡한 문제가 있다는 사정을 설명(박 의장은 이러한 문제를 잘 알고 있지 못한 인상이었다) 하자, 박 의장은 요컨대 법률상 근거가 있는 것은 인정해 달라고 말하는 것이라고 했다. 이에 대해 이케다 총

리는 개인의 청구권에 대해서는 일본 수준으로 취급한다는 원칙을 갖고 지불할 용의가 있다면서, 은급, 귀환자 위로금, 우편저금, 간이보험금 등을 고려하고자 생각하고 있으며. 또한 소각 일본은행권에 대해서도 고려하고 있다고 말했다. 이에 대해 박 의장은 군인 군속의 유가족에 관해서도 생각해 달라고 말했으며, 이케다 총리는 고려하겠다고 답했다.

결국, 향후 청구권위원회에서 조속히 실무적인 검토를 하는 것으로 의견 일치를 보았다. 또한 박 의장이 한반도에서 반출된 지금(地金) 은(銀)에 대해서도 청구권이 있다고 말하자 이케다 총리는 그것은 조선은행의 업무로서 일반적인 매매를 한 것이기 때문에 근거가 없다고 설명했다. (오사카에 있는 은(銀)에 대해서도 일본 측으로서는 상술한 법률론에 의해 청구 근거가 없다고 생각한다는 취지를 설명했다.)

또한, 이케다 총리가 청구권이라고 말하면 아무래도 상쇄(相殺) 사상이 나온다고 말하자 박 의장은 청구권이라고 말하지 않고 뭔가 적당한 명의라도 괜찮다고 답했다.

(한편, 이케다 총리는 청구권 문제의 해결은 어업 문제와 동시에 해결하는 것을 전제로 하는 것임을 특히 강조했다.)

3. 이어 경제협력 문제에 들어가, 이케다 총리는 일본 측이 청구권으로 지불하는 것만으로는 어쨌든 한국의 경제 회복에 불충분하다고 생각한다, 그래서 일본으로서는 무상원조는 바람직스럽지 않기 때문에 이것을 피하고, 장기저리로 경제원조를 고려하고자 생각한다고 말했다. 이에 대해 박 의장은 한국 측도 위신(dignity)의 문제가 있으므로 무상원조는 생각하고 있지 않으며, 장기저리로 경제원조를 해주는 것은 괜찮다고 답한 후, 소비재가 아니라 자본재를 희망한다고 부언했다. 이케다 총리는 자본재가 좋을 것이다, 소비재는 국내 생산하는 것이 좋은 방법이라고 말했다.

이어 박 의장은 한국은 미국에서 40억 달러의 원조를 받고 있으나 전혀 효과가 오르지 않고 있으며, 예를 들어 USOM[15]에는 300명의 직원이 있어 월급만 해도 대단한데, 150명으로 줄이고 싶다고 말했다. 이에 이케다 총리는 전후 미국의 대일 원조 대충자금의 운영 방법 등을 참고로 설명했다. 또한 이케다 총리가 한국은 농업국이므로

15 United States Operations Mission의 약자로 미국의 대외 원조 기관을 지칭한다.

농지 개혁이 필요할 것이라고 말한 데 대해, 박 의장은 한국에서도 농지 개혁을 실시했으나 얼마 지나지 않아 다시 사실상의 지주가 생겼다고 말했다. 이케다 총리는 반드시 농지 개혁을 할 필요가 있다고 강조했다. 또한 박 의장이 미개간지를 개간할 필요성에 대해 언급하자, 이케다 총리는 그것도 좋으나 그 토지에는 쌀을 재배하지 말고 반드시 목초를 재배하는 것을 권하고 싶다고 말하였으며, 또한 많은 인구는 한국에게 재산이라고 생각한다고 말했다. 박 의장은 빨리 국교를 정상화해 농업 분야에서도 일본의 지도를 받고 싶다고 말했다.

이케다 총리는 전력 문제에 관해서도, 20만 킬로와트 정도로는 아무 것도 못한다, 들은 바에 따르면 이발소에도 '이 가게는 자가 발전 있음'이라는 푯말이 걸려 있듯이, 전력 개발을 비롯해 노력하면 한국만으로도 훌륭한 공업 국가가 될 것으로 생각한다고 말했다.

4. 마지막으로 이케다 총리는 앞으로 일한회담과 관련해 여러 가지 문제가 발생해 박 의장이 한국 국민과의 관계에서 나(이케다)와 관련해 마음에 걸리는 점이 생기면 내밀하게 연락하기 바란다, 기능한 한 고려해 보겠다고 말했다.

5. (여기서 참석자 전원이 입실하여 신문 발표 요령에 관해 협의했으며, 그 후 박 의장의 요청으로 다시 퇴실한 뒤, 이케다 총리, 박 의장 간에 다음과 같은 대화가 이루어졌다.)

(1) 박 의장은 11월 24일 오후 6시 미국으로부터의 귀도에 하네다에 들릴 예정인데, 당초는 1박 후 다음 날 아침 한국으로 가고자 생각했으나, 이번에 와 보니 일본 경찰에게 여러 가지 불편을 끼치게 되어 귀도에는 아예 별도의 비행기를 도쿄까지 오도록 해 놓고, 곧 그 비행기를 갈아타고 출발할까, 아니면 하와이 출발 시간을 앞당겨 도쿄에서 곧바로 환승할 수 있도록 할까 생각하고 있다고 말했다. 이에 대해 이케다 총리는 일본 측에 신경 쓰지 말고 1박 한 후 다음 날 떠나면 어떤가 말했다.

(2) 박 의장은 가까운 장래에 기시 전 총리가 꼭 방한할 수 있기를 바란다고 말했다.

(3) 박 의장은 민단이 한국인은행 설립을 희망하고 있으므로 일본 정부가 고려해 주기를 바란다고 말한 데 대해, 이케다 총리는, 본 건의 실현은 곤란하다, 다만, 재한은행의 지점 설치라면 국교 수립 후에는 가능할 지도 모르겠다고 답했다.

池田総理、朴正熙議長会談要旨

外務省アジア局

日　時　昭和３６年１１月１２日　午前１０時より１２時まで

場　所　総理官邸

１.　（最初、出席者全員で雑談を交した後、池田総理、朴議長以外は別室に退いた。）

先ず、池田総理より、自分は韓国問題については昔から関心をもつている、１９５０年に米国を訪問した際、ちようどマーシャルの中国放棄論（米国は国共内戦から一切手をひけとの論）やロイヤルの韓国からの撤兵論などが行なわれていたので、そんなことをしては危険であるという話をした記憶がある、そしてその直後に朝鮮動乱が勃発したのであつた。本年６月訪米した時、ケネディ大統領はラオス問題が心配であると述べたので、自分（池田）は、ラオスもさることながら韓国のことを十分考えなければならないと語つた次第である、と述べた。

これに対し、朴議長は、たしかに現在の情勢ではヴィエトナム等も危険であり、自由国家群は共同して対処しなければならないと述べた。池田総理は（ＮＥＡＴＯ問題を考えて）先ず経済協力ということを考えるべきであると思うと述べた。

2. 次いで、請求権問題に関し、朴議長より、請求権としての大体の枠をきめてほしいと述べたのに対し、池田総理より、請求権問題は Vesting Decree の効力発生時期（日本側は、軍令３３号の効力は１９４５年１２月６日以後について認めると主張している）や地域的範囲の問題（日本側は、属地主義に則るものであると主張している）、さらには、いわゆる米国解釈によるある種の相殺観念（日本側は「考慮さるべし」との米側見解が尊重さるべしと主張している）など種々複雑な問題がある事情を説明（朴議長はこれらの問題をあまりよく承知していない印象であつた。）したところ、朴議長は、要するに法律上の根拠のあるものを認めてくれというのであると述べた。そこで、池田総理より、個人の請求権については、日本人並みに取扱うという原則をもつて支払う用意があると述べ、恩給、引揚者見舞金、郵便貯金、簡易保険金等を考慮しようと思つており、また焼却日銀券についても考慮していると述べた。これに対し、朴議長は、軍人軍属の遺家族についても考えてほしいと述べ、池田総理より考慮しようと答えた。

結局、今後請求権委員会において早急に事務的検討を行なうことに意見の一致をみた。

なお朴議長が朝鮮から搬出された地金銀に対しても請求権があると述べたのに対しては、池田総理より、それは朝鮮銀行の業務として普通の売買を行なつたのであるから根拠がないと説明した。（なお、大阪にある銀につい

ても、日本側としては、上述の法律論により請求根拠がないと考える旨説明した）

また、池田総理が、請求権というとどうしても相殺思想が出てくると述べたのに対して、朴議長は、請求権といわないで何か適当な名義でも結構であると答えた。

（なお、池田総理より、請求権問題の解決は、漁業問題の同時解決を前提とするものであることを特に念を押しておいた）

2分5厘 40年
(37. 1. 7. 池田)

3. 次いで、経済協力の問題に入り、池田総理より、日本側が請求権として支払うものだけではいずれにせよ韓国の経済復興には不十分だと思う。そこで、日本としては、無償援助は面白くないからこれを避けて、長期低利の経済援助を考慮しようと思つていると述べた。これに対し、朴議長は、韓国側としてもdignityの問題があるので無償援助は考えておらず、長期低利の経済援助で結構であると答えた上、消費財でなく資本財を希望すると付言した。池田総理は、資本財がよかろう、消費財は国内生産するのがよい方法だと述べた。

ここで、朴議長は、韓国は米国の援助を40億ドルももらつているが一向実効があがつておらず、例えばUSOMには300人の職員がおり、その月給だけでもばかにならないので、150人位に減らしたいと思つていると述べた。そこで、池田総理は、戦後の米国の対日援助見返資金の運営方法等を参考までに説明した。

また、池田総理より、韓国は農業国なので農地改革が必要だろうと述べたのに対し、朴議長は、韓国でも農地改革を実施したが、やがてまた事実上の地主ができてきたと述べた。池田総理は、是非とも農地改革を行なう必要があると強調した。さらに、朴議長は、未開墾地を開墾する必要を述べたところ、池田総理は、結構だがその土地には米を作るのでなく、是非牧草を作るよう勧めたいと述べ、また大きな人口は韓国にとつて財産だと思うとも述べた。朴議長は、早く国交を正常化して農業についても日本の指導をうけたいと語つた。

さらに、池田総理は、電力問題にふれ、20万KW程度ではどうにもなるまい、聞くところによると、散髪屋にも「当店自家発電あり」との札が下つているとのことだが、電力の開発を始めとし努力すれば、韓国だけでも立派な工業国になると思うと述べた。

4. 最後に、池田総理より、今後日韓会談との関連でいろいろ問題が起り、朴議長が、韓国国民に対する関係上、自分（池田）の考慮をわずらわしたい点が出来れば内密に連絡されたい、出来るだけ考慮しようと述べた。

5. （ここで出席者全員入室し、新聞発表振りを打合せたが、その後、朴議長の要望で、再度退室し、池田総理、朴議長間に次のような会話が行なわれた。）

(1) 朴議長より、11月24日午後6時米国よりの帰途羽田に立寄る予定であり、当初は1泊の後翌朝帰韓しようと思つていたが、今度来てみて日本の警察にいろいろ御迷惑をかけたので、帰途にはあらかじめ別の飛行機を東京まで呼んでおき、すぐそれに乗り換えて発つか、またはハワイ出発時間をくり上げて東京ですぐ乗りつげるようにすることを考えていると述べた。これに対し、

池田総理は、日本側に遠慮されることなく１
泊の上翌朝発たれてはどうかと述べた。

(2) 朴議長より、近い将来岸前総理に是非来韓していただきたいと述べた。

(3) 朴議長より、民団において、韓国人銀行設立の希望があるので、日本政府で考慮してほしいと述べたのに対し、池田総理は、本件の実現は困難だろう、但し、在韓銀行の支店設置ということなら国交樹立後は可能かも知れぬと答えた。

9. JW-11458, 일본 언론 보도 내용 보고, 1961. 11. 25

한국 외교문서 786, 박정희 국가재건최고회의 의장 일본 방문, 1961. 11. 11-12

박정희 의장이 방미 귀국길에 비행기 환승차 도쿄에 다시 들른 기회를 이용하여 박 의장에게 박 의장-이케다 총리 회담 결과에 대한 일본 언론의 보도 내용 등을 보고하였음을 외무부 장관에게 보고하는 문서다.

대 한 민 국   외 무 부

번 호 : JW-11458

일 시 : 251155
[61. 11. 25]

수 신 인 : 외무부장관 귀하

본 대표단에서는 다음과같이 박의장- 이께다 수상회담에관한 반향 및 그에대처한 건의 사항을작성하여 금 25 일아침 의장각하께 상정하였음을 보고함.

수석대표

보 고 내 용

1. 전반적 문제

2. 재산 청구문제

3. 평화선 및 어업문제

4. 기타 문제

5. 건의 사항

11 월 12 일개최된 한일 수뇌회담에관하여는 본 대표단에서 11 월 13 일자로 "행정연구서" 를 작성하여 상신한바있는데 그후의 사태발전을 종합관찰하여 이보고서를 작성함.

1. 전반적 문제:

가) 박의장-이께다 수상회담에관한 전반적인 논평으로서 한일양국과미부 등 제 3 국들이 모두 현재 진행중인 한일회담에   일대 전기를 이루었고 회담이 급진전되리라고 관측하고 있음. 연이나 일본측은 한일수뇌회담에서 종전부터 일본측이 주장하여오던것이 전적으로 관철되였다고 보도하고있으며 미국을 위시한 제외국에서도 한국측 이 보여준 타협적인태도로 한일양국간의 조속한 국교정상화가 실현되리라고보고있는 반면에 한일수뇌회담에관한 일본측의 일방적인 "선전공세" 에 영향을 입은 아국여론은회의적인 태도로 박의장-이께다 수상회담의

결과와 앞으로의 한일협상을 관망하고있는것같이 당지에서는 관측됨.

나) 일본신문들은 박의장-이께다 회담에서 "합의" 된사항으로서 다음과같이 보도하고있음.

1). 한일회담을 조기 타결할것.

2). 청구권에관하여는 "법적근거가 확실한 개인청구권만 청구하는것에 양정부 수뇌간에 양해가 성립되였다.

3). 경제협력문제도 청구권문제와 관련시켜 국교정상화전에 논의한다.

4). 청구권문제가 해결되면 평화선문제도 자동적으로 해결된다. (평화선은 현단계에 있어서는 "철폐" 된것이나 마찬가지다).

5). 박의장 요청으로 무상원조 대신 차관을 제공으로합의하였다. 박의장께서 떠나신후 위와같이 선전하다가 3, 4 일전부터 침묵을 지키드니 박의장께서 귀환하시는것을 계기로 작 24 일 다시 선전공세를 개시하여 상기한 소위 "합의사항" 이 기정사실인것처럼 보도하고 "비록 한국국내의 박의장-이께다 회담결과에대한 불만과 반대가있기는하나 박의장이 그러한 반대를 억제할수있을것이다." 라고 보도하고있음.

다) 위와같은 신문공세의 반면에 박의장의 방일성과로서 일본신문의 논조에서 다음과 같은점을 관측할수있음.

1). 박의장각하의 타협적이고 솔직한 태도가 일본국민에게 친근감을주여 한일 양국간의 협조와 제휴가 강조되고있음. (예- 한국의 국방력은 일본자체의 안전에 직결된다. 한국에 대한 경제원조는 당연한일이다).

2). 일본정부와 자민당내의친한파의 입장이 강화되였음.

3). 경제계에서는 한일경제 ~~[illegible]~~.

계 속

마) 수뇌회담이 실무자교섭에 미친영향으로서:

1). 일본측 대표에서는 회담석상 눈 에 뗼만한 변동이없으며,

2). 아측에서는 종래의 지연작전을 지양하고 실무자 회의를 촉진하여왔음. (그실, 회의는 종전보다 빈번히 그리고 각위원회마다 장시간의 행하여지고 있음.

바) 앞으로 회담 진행의 전망은 아래와 같음.

1). 회담 타결의 시기에 관하여 내년 2월 이나, 4월이나하는 억측이 일본신문에 보도되였는데 이시이 씨는명년 5월에 끝날 일본국회의 회기중에 한일협상에 관한 국회 비준을 기대하기 어려울것이라고 관망하였으며 일본 외무성 당국도 같은 견해를 표명하였고 한편 마에오 자민당 간사장은 내년 5월에 있을 참의원 선거후 소집될 임시국회에서 한일문제가 논의될것이다 라고 했는데 스기 일본 수석대표는 한국의 폐회전에 국회 비준절차를 앞드 하자고 (본인에게) 제의하고 있으며 라이샤워 미국대사도 동일한 의견을 갖이고 있음.

2). 여하간 일본정부측의 구상은 명년 3, 4월경 까지 현안문제의 협의가 되고 협정에 조인한후 국교를 정상화하고 그후 소집될 임시국회나 년도말 정기국회에서 협정을 비준하며 이에 따르는 예산편성을 부의할것 같이 보임.

3). 아측에서는 어떻든간에 회담을 조속히 타결 짓는데 노력할것이나 회담결과의 제협정은 가조인정도로 마련하여 놓고 일본국회에 의하여 비준받도 되기전에는 일본측에서 국교 정상화나 경제협력의 제의가 있더라도 수락을 보류할 방침을 세워서 할것임.

4). 이시이 씨나 기시 씨 의 방한계획에 관하여는 박의장 각하의 오찬후에 양씨로부터 방한을초청받었다는 언명이 일본신문에 간략하게 보도된 외로는 전혀 보도가 없음. (아측의 동아일보, 한국일보는 이를 중요시하고 특기하였음.)

외 신 과

계 속

2. 재산 청구권 문제 :

가) 박의장-이께다 수상 회담에서 개인관계의 청구권만 지불키로 합의 되였다. 라는 선전보도는 이세끼 아세아 국장이 자민당의 "한일문제 간담회" 에서 발설한 것인데 이곳에는 이께다 수상 자신이 관련되어 있지 않을가 의심되며 이와같은 낭설은 여러차례 반복된 선전의 결과 고정사실화한 인상을 주고있음.

본대표단에서는 상부지시에 의하여 이와같은 선전공세에 대하여 침묵을 지켜왔으며 다만 스기 수석대표에 대하여 항의한바 있고 스기씨는 "유감 스러운 일이다"라고 답변함. 박이사와 미국대사와도 상의한바 있는데 동대사는 적극 협력하고 있었음.

나) 일본측이 지불할 총금액이나 청구권도 지불액에 관하여 한일 수뇌회담후로 별달리 보도된바 없으나 개인관계 청구권만 지불하기로 되였다고 설명을 한 이세끼씨는 종전주장과 마찬가지로 -5,000만불 이상 1억불 이하- 라고 주장을 되풀이 하고있음.

다) 일본측으로는 아국이 무상원조를 원치 않는 까닭에 차관을 공여토록 되였다. 라는 것이 결정적인 사실인것처럼 보도하고 있음.

라) 지금, 지은의 반환에 관한 토의는 의견이 상호 대립된채 끝났는데 일본측에서 이문제는 잠차 표점키로 하자 그 제의를 하였음. (본대표단으로서는 미국 대사관측과 외신기자에게 대하여 "지금" 문제만은 결단코 양보하지 않겠다고 강조하고 있음.

마) 청구권 위원회 토의 진행 방안으로서는 이시이씨나 기시씨가 년내로 방한하고 정치적 협상을 행할것이라는 전제하에 일본측이 재산청구권에 관하여 구체적인 태도를 취할수 있도록 년내에 실무자 토의를 일단락 지을 방침이 였으나 일본측의 허위선전공세에 직면하여 우리의 정당한 논거를 어데까지나 관철시킬 결심으로 청구권 위원회의 토의를 정상적 방법으로 추진 시키고 있음.

외 신 과

계 속

3. 일본신문들은 박의장—이께다 수상회담에서 평화선에 관한 구체적인 합의가 있었다고 보도하고 있음.

가) 의장 각하께서 평화선은 "신축성을 갖이고 고려하겠다" 하고 말씀하신것은

1). 본 대표단으로서 평화선 대신에 국제관례에 따라 어족자원의 보존을 위하여 협정을 체결할 생각이라는 것으로 해석하며 (그러한 협정은 "상항" 평화조약 제 9 조 및 21 조에 의하여 일본이 한국을 상대로 체결할 의무가 있는것이며 일본이 그와같은조약 체결의무를 당초부터 이행하지 않었기 때문에 아국은 평화선을 획정하고 어족(보전)을 단독으로 시행하여 온것임.)

2). 일본측에서는 정부 태도로서는 우리생각과 원칙적으로는 동일한 어업협정을 예상하고있으나 국민들 간에는 평화선이 완전히 철폐되고 평화선내에서 마음대로 어로에 종사할수 있는것처럼 생각하고 있음.

3). 우리국내 특히 어업계에서는 일본의 선전의 영향을 입어 평화선과 청구권이 흥정이나 되는것처럼 심각한 조건으로 우려하고 있음.

나) 일본에서는 청구권 문제의 해결과 동시에 소위 "잠정어업협정"의 체결을 구상하고있으며

1). 이 잠정협정이라함은 과학적인 어족자원 조사에 의하지않고 정치적 절충에 의하여 협정을 체결하는 것으로서

2). 그실 그러한 잠정 협정은 다른 국제관례에서 보면 항구적인 협정이 되고 말것이며 이점을 유의하여 아측에서도 되도록 유리한 협정을 맺도록 노력할것인바

3). 현재의 상태로서는 종전부터 논의하여온 양국 수역에 있어서의 어족자원론을 내년 2 월말 까지 끝내고 그후 약 1 개월이면 잠정협정 절충이 행하여 질것으로 전망함.

외 신 과

계 속

마) 한일 수뇌회담 후로 " 평화선 및 어업위원회에서 " 일본측의 태도에는 별다른 변동이 없으나 최근에 이르러 토의의 대상인 " 어족자원론 " 에 일본측에서 고의적인 지연작전을 취하고 있는바 이것은 어족자원을 조사하게 되면 남획 사실이 판로되고 어족감소가 증명되는 불리한 결과가 초래될것을 이유하여 자원론에 기한 어업 협정을 맺지않고 청구권 문제와 결부시켜 어업협정을 정치적으로 흥정할 의도인것이 명백함. 따라서 본 대표단에서는 실질적 어족자원 보존을 위한 협정을 "잠정적협정 " 이나마 마련하고저 노력할것임.

4. 기타문제

재일한인 법적지위, 선박, 문화재 반환 등의 문제는 한일 수뇌회담의 별다른 영향없이 진행되고 있으며 더욱이 회담의 전반적인 분위기가 호전됨으로서 상기등의 위원회의 토의가 종전보다 활발화 되고 있음.

5. 건의사항

가) 이상 보고한바에 의하여 금후 회담 추진방침을 조정하여야 할것인바 아래와 같이 건의함.

1). 회담의 조속한 타결을 목표로 실무적 토의를 촉진한다.

2). 이를 위하여 이시이씨 또는 기시씨의 방한에 의한 정치적 협상을 추구하고 청구권에 관한 일본측의 구체적인 안 제시를 요구한다. (박의장―이께다수상 회담이 있기전에 일본 외무성 당국자는 동회담에서 구체적인 금액제시를 할것이 아니다. 고 주장하고 이는 한국측으로부터 아직껏 청구권에 관한 충분한 설명이 없었던 까닭이라고 하고 1 개월쯤 더 기다리면 좋을것이라고 하고 이께다 수상과 자민당 에게 주장하였든 것임.)

3). 위에서 지적한바와 같이 한일간 제 협정이 발효 되기전에는 국교 정상화를 보류한다는 명백한 방침을 고수한다.

외 신 과

4). 청구권 위원회에서는 회의에 촉지를 기하되 우리의 정당한 주장을 어데까지나

계 속

관철한다.

5). 개개의 청구권 항목에 관하여 쌍방간에 대립된부분은 뒤에 미루지 않고 수시로 수석대표간에 절충을 한다.

6). 청구권중 어느정도 정치적인 성격을 띈것은 정치적 절충에서 주력한다.

7). 어업문제에 있어서 "잠정협정"의 대비는 하되 정치적인 고려에 의한 협정보다는 어데까지나 "자원론" 즉 어족보존을 위한 실제적인 기반위에서 체결토록 노력한다. 따라서 현재 토의중인 어족 자원론을 강력하게 추진한다.

8). 어업문제는 필경 청구권문제보다 합의가 지연될것이나 어업협정 체결전에는 평화선이 존속한다는 것을 명백히 하고 그 수호에 만전을 기한다.

9). 법적지위, 선박, 문화재 등 문제도 청구권 문제와 동시에 해결토록 촉진한다.

나) 상기한바 한일 수뇌회담에 관한 일본측의 일방적인 외곡보도를 시정할뿐더러 수뇌회담의 내용이나, 한일회담의 전반적인 방침에 관하여 적기에 대외적으로 천명한다.

끝.

외 신 과

10. 6. 朴正熙 議長の訪日

日本外交文書 506, 日韓國交正常化交渉の記錄總說 八, VIII. 軍事政權の成立と第6次韓日會談

1961년 11월 11~12일간 이루어진 박정희 국가재건최고회의 의장의 방일에 관한 일본 측 평가가 기록된 문서다.

이 문서에는 박정희 의장이 방일 기간 중 만난 일본 정치지도자들에게 좋은 인상을 주었다는 기록이 남아있다.

번역

6. 박정희 의장의 방일

스기 대표가 방한한 날 한국으로 돌아간 배의환 일한회담 수석대표는 1961년 11월 6일 도쿄로 귀임했다. 그는 귀임 기자회견에서 "박 의장은 청구권으로 요구하는 한국 측의 숫자를 알고 오기 때문에 이케다 총리와의 회담에서 협조적인 선에 도달한다면 성공이다. 그 숫자는 이케다 총리가 제시해도 좋을 것이다. 회담은 연내에 타결하고 싶다"라고 말했다고 보도되었다. 배 대표는 7일 이케다 총리에게 박 의장의 방일 수락 답신을 수교했다. 8일 이케다 총리는 고사카 외상, 이세키 아시아국장, 미야카와 신이치로(宮川新一郎) 대장성 이재국장 등을 불러 청구권 문제의 교섭 경위를 들었고, 9일 자민당 내의 의견을 조율했다. 이어 10일 정부와 자민당의 연락회의에서 현재의 교섭 단계에서는 아직 숫자를 내는 데까지 이르진 못했다는 점을 총리도 인정했고 국교 정상화를 위해 대국적인 대화를 하겠다는 취지가 일본 신문에 보도됐다.

한국 측은 10일 억류된 일본 어부 76명을 석방했다. 또 10일 밤 장면 씨를 포함한 전직 장관과 민주당과 신민당 양당 간부 2명, 용공(容共) 학생 25명을 기소유예 또는 불기소 처분했다고 발표했다. 이것들은 박 의장이 일본과 미국 양국을 방문하기 위해 취한 조치라고 신문들은 평가했다.

박정희 의장은 11월 11일 오후 4시 KNA 특별기로 하네다에 도착(공항에 이케다 총리, 고사카 외상, 스기 대표 등이 마중을 나갔다), 이날 저녁에 총리 관저에서 이케다 총리를 예방한 후 총리 주최 만찬에 임했다. 이날 밤은 시로가네(白金) 영빈관에서 1박했다. 박 의장은 이어 12일 오전에 약 2시간에 걸쳐 총리 관저에서 이케다 총리와 회담한 후 이시이와 기시 두 사람이 주최한 오찬 모임, 한국대표부 방문, 신문기자 회견, 박 의장이 주최한 만찬 등의 행사를 마치고 이날 오후 10시 하네다 출발 NW기로 미국으로 향했다.

이케다 총리와 박 의장 회담은 다음과 같이 기록되어 있다(회담은 대부분 둘이서만 이루어졌지만, 한국 측 요청에 따라 외부에는 통역이 입회했다고 설명되어 있다).

1. 먼저 이케다 총리는 "나는 한국 문제에 대해서는 예전부터 관심을 갖고 있었다.

1950년 미국을 방문했을 때 마침 마셜(George C.t Marshall)의 중국 포기론(미국은 국공내전으로부터 일절 손을 떼라는 주장)이나 로열(Kenneth C. Royall)의 한국 철병론 등이 제기되고 있었는데, 그런 일을 하면 위험하다"라고 말했던 기억이 있다. 그리고 그 직후에 한국전쟁이 발발한 것이다. 올해 6월 방미했을 때 케네디 대통령은 라오스 문제가 걱정이라고 말했는데, 나(이케다)는 라오스도 그렇지만 한국을 충분히 생각하지 않으면 안 된다고 말했다.

이에 대해 박 의장은, 확실히 현재의 정세로는 베트남 등도 위험하다면서 자유국가 그룹은 공동으로 대처해야 한다고 말했다. 이케다 총리는 (NEAT0 문제를 감안하여) 우선 경제협력이라는 것올 생각해야 한다고 말했다.

2. 이어 청구권 문제에 대해 박 의장은 청구권으로 인정되는 테두리를 대략이라도 정해달라고 말했다. 이에 대해 이케다 총리는 청구권 문제는 귀속 법령의 효력 발생 시기(일본 측은 군정법령 제33호의 효력은 1945년 12월 6일 이후에 발생했다고 주장하고 있다)와 지역적 범위의 문제(일본 측은 속지주의에 준거하는 것이라고 주장하고 있다), 또 이른바 미국의 해석에 따른 일종의 상쇄 관념(일본 측은 '고려해야 한다'라는 미국 측의 견해를 존중해야 한다고 주장하고 있다) 등 여러 가지 복잡한 문제가 있다는 사정을 설명(박 의장은 이러한 문제를 잘 알고 있지 못한 인상이었다)하자, 박 의장은 "요컨대 법률상 근거가 있는 것은 인정해달라고 말하는 것이다"라고 말했다. 이에 대해 이케다 총리는, "개인의 청구권에 대해서는 일본 수준으로 취급한다는 원칙을 갖고 지불할 용의가 있다"라면서 "은급, 귀환자 위로금, 우편저금, 간이보험금 등을 고려하려고 생각하고 있고, 또 소각한 일본은행권에 대해서도 고려하고 있다"라고 말했다. 이에 대해 박 의장은 "군인·군속의 유가족에 대해서도 생각해 달라"고 말했으며, 이케다 총리는 "고려하겠다"라고 답했다.

결국, 향후 청구권위원회에서 조속히 실무적인 검토를 하는 것으로 의견 일치를 보았다. 또한 박 의장이 "한반도에서 반출된 지금(地金) 은(銀)에 대해서도 청구권이 있다"라고 말하자, 이케다 총리는 "그것은 조선은행의 업무로서 일반적인 매매를 한 것이기 때문에 근거가 없다"고 설명했다[오사카에 있는 은(銀)에 대해서도 일본 측으로서는 상술한 법률론에 의해 청구 근거가 없다고 생각한다는 취지를 설명했다].

이케다 총리가 "청구권이라고 말하면 아무래도 상쇄(相殺) 사상이 나온다"고 하자 박 의장은 "청구권이라고 말하지 않고 뭔가 적당한 명의라도 괜찮다"라고 답했다.

(한편, 이케다 총리는 "청구권 문제의 해결은 어업 문제와 동시에 해결하는 것을 전제로 하는 것"임을 특히 강조했다.)

3. 이어 경제협력 문제에 들어가, 이케다 총리는 "일본 측이 청구권으로 지불하는 것만으로는 어쨌든 한국의 경제 회복에 불충분하다고 생각한다. 그래서 일본으로서는 무상원조는 바람직스럽지 않기 때문에 이것을 피하고, 장기저리로 경제원조를 고려하고자 생각한다"고 말했다. 이에 대해 박 의장은 "한국 측도 위신(dignity)의 문제가 있기 때문에 무상원조는 생각하고 있지 않으며, 장기저리로 경제원조를 해주는 것은 괜찮다"고 답한 후, "소비재가 아니라 자본재를 희망한다"고 부언했다. 이케다 총리는 "자본재가 좋을 것이다. 소비재는 국내 생산하는 것이 좋은 방법이다"라고 말했다.

(이상은 기록 그대로, 이하는 발췌해 인용)

이어 박 의장이 "미국에서 40억 달러의 원조를 받고 있으나 전혀 효과가 오르지 않고 있다"고 말하자, 이케다 총리는 전후 미국의 대일 원조 대충자금의 운영 방법 등을 설명했다. 농업 문제에 관해 이케다 총리는 농지 개혁의 필요성, 미개간지의 목초 조성 등을 언급한 후 한국의 인구는 재산이라고 말했다. 이에 대해 박 의장은 "빨리 국교를 정상화해 농업 분야에서도 일본의 지도를 받고 싶다"라고 말했다. 이케다 총리는 전력 문제도 언급, "20만 킬로와트 정도로는 아무 것도 못한다, 전력 개발을 비롯해 노력하면 남한만으로도 훌륭한 공업 국가가 될 것"이라고 말했다. 마지막으로 이케다 총리는 "앞으로 일한회담과 관련해 여러 가지 문제가 발생해 박 의장이 한국 국민과의 관계에서 나(이케다)와 관련해 마음에 걸리는 점이 생기면 내밀하게 연락하기 바란다. 기능한 한 고려해 보자"라고 말했다 박 의장은 "조만간 기시 전 총리가 꼭 내한하길 바란다"라고 말했다

회담 후 일한 간의 협의에 따라 한국 측은 박 의장, 일본 측은 고사카 외상이 이케다 총리와 박 의장의 회담에 대해 다음과 같이 발표했다.

일한 간의 문제, 아시아의 문제, 나아가 세계정세 전반에 대해 의견을 교환하고,

대부분의 사항에 대해 합의를 보았다.

현재 진행 중인 일한회담에 대해서는 타결을 위해 앞으로도 계속해서 양쪽 모두 최대의 성의를 갖고 추진하는 데 노력하기로 의견이 일치했다.

현재의 현안 문제 외에도 일한 간 미래의 제반 문제에 대해서도 향후 더욱 격의 없는 의견 교환을 한다는 데 합의했다.

이상은 회담 기록에 따른 것이지만, 이에 대해서 이세키 아시아국장은 야나기야 과장과의 대담에서 다음과 같이 말했다(전기 「일한 교섭의 회고」).

이세키: 나중에 이케다 씨로부터 내가 그 회담 내용을 청취해, 그것을 회담록으로 만들었습니다. "이것으로 좋습니까"라고 물어본 다음 다시 수정된 후 "이것으로 괜찮다"고 했기 때문에 회담록이 된 것이지만 이케다 씨가 나에게 솔직하게 말했는지 여부는 잘 모르겠습니다. 나중에 이 회담록을 보여줬는데, 이케다 씨는 '허'라고 말하는 듯한 얼굴을 하고 있었습니다. 그 후 여러 이야기를 할 때마다 이것을 인용하면, 이케다 씨가 가끔 그 내용을 잊어버리고 있기도 했고요. 이중 가장 문제가 되는 것은 "청구권은 법적 근거가 있는 것에 한정한다"라는 이상한 문구가 나왔을 때였습니다.

이런 정상회담은 어떤 의미에서 하나의 진척을 이루기도 했지만, 그다지 잘 모르는 문제를 두 사람이 이야기했기 때문에 뒤죽박죽인 부분이 남았습니다. 이케다 씨는 자신의 생각으로 "아무래도 박정희는 일한 문제를 그다지 잘 모르는 것 같다"라고 말했었습니다.

야나기야: 그렇습니다. "'미국의 해석에 여러 가지 문제가 있다'고 말하자 박 의장은 무슨 이야기인지 그다지 잘 알고 있지 못한 인상이었다"라고 하셨군요. 그리고 무상원조는 별로 바람직하지 않다고 이케다 총리가 말하고 박 의장도 이에 응했고요.

이세키: 그 부분이 항상 그랬었나요? 이케다 씨는 자신에게 편한 부분만 기억하고 있었던가요? 이 문장은 그 후 한국 측 주장에서 보면 이상한 부분이 있군요.

한편, 박 의장은 기자회견에서 질문에 답변하면서 ① 이케다 총리와의 회담에 매우 만족하고 있고. ② 청구권 문제와 관련해 한국 측은 전쟁배상을 요구하는 것이 아니라 확고한 법적인 근거에 기초해 청구권을 요구하고 있다, 따라서 이 문제에 대해 일본 측이 얼마나 성의를 보일 것 인지가 일한회담 조기 타결의 중요한 요인이다, ③ 일본 정부가 청구권 문제에 대해 한국 국민이 납득할 수 있을 정도로 성의를 보이면 한국 정부도 평화선 문제를 융통성을 갖고 해결하겠다고 말했다.

전후 일한 양국 정상만의 회담이 열린 것은 이때가 처음이며, 일한 국교 정상화 교섭이 끝날 때까지 이때가 처음이자 마지막이었다. 회담 직후 이케다 총리는 측근들에게 "그는 좋은 사람이다"라고 말했다. 박 의장은 이시이와 기시 씨가 주최한 환영회에서 "우리는 젊고, 우리가 하고 있는 것을 일본에서 보면 미숙한 부분도 있을 것이다. 그러나 우리는 메이지(明治) 유신의 지사와 같은 마음으로 하고 있다"라고 말했다고 한다. 아카기 자민당 총무회장은 "겸손하고 성실하다. 꾸준히 순조롭게 할 것 같다", 사토 통상대신은 "용맹하다기보다는 온후하고 교활함을 모르는 것 같다"라고 평가했다고 보도되었다(『아사히신문』, 11월 13일).

박 의장은 미국에서 11월 25일 귀국했다. 그는 12월 7일의 기자회견에서 일한 관계에 대해 다음과 같이 말했다고 보도되었다(『한국일보』, 12월 7일).

> (대일정책)
>
> 질문: 일한회담을 개선하기 위해 정부가 취해야 할 당면정책은 무엇인가.
>
> 답변: 최대의 성의와 이해, 그리고 인내심을 갖고 회담을 진행해 나간다는 것이 정부의 방침이다
>
> (이케다 회담의 내용)
>
> 질문: 지난 이케다 총리와의 회담에 이어 제2차 일한 정치회담이 연내에 열린다는 관측이 있는데, 그 전망은 어떤가.
>
> 답변: 실무자 회담의 진전 상황에 따라서는 있을 수도 있지만, 연내에는 없을 것으로 생각된다.
>
> 질문: 대일 재산청구권과 일한 경제협력을 교환하기 위해 일본 측이 주장하는 장기저리 차관의 실 현가능성은 어떤가.
>
> 답변: "청구권과 경제협력을 구별한다"는 한국 정부의 태도에는 변함이 없다. 이

케다 총리는"청구권이라는 명목으로는 일본 국민을 납득시키기 곤란하므로 다른 방법, 예를 들어 장기저리차관 방식으로 하면 좋을 것 같다"고 말했지만, 나는 경제협력은 청구권 문제를 해결하고 국교가 정상화된 후에 생각할 수 있는 것이라고 답했다.

(일한 수교 시기)

질문: 일본 정부와 여당은 내년 3-4월에 일한 국교가 정상화될 것이라고 전망하고 있는 것 같은데 어떻게 생각하는가.

답변: 어떠한 근거로 내년 3-4월이라고 했는지 모르겠다. 내년 3-4월이 될지 또는 내후년 3-4월이 될지 예상할 수 없다.

또한 그날 한국 외무부 대변인은 일본 측이 이케다 총리와 박정희 의장의 회담 내용을 왜곡 보도했다면서 동 회담의 내용을 발표한 가운데 다음과 같이 말했다.

[개인 베이스설(說)] 박 의장은 이케다 총리와의 회담에서 한국 측의 청구권은 배상적인 성격을 띤 것이 아니라 모두가 확실한 법적 근거에 따른 것이라는 점을 분명히 지적함과 동시에, 그 내용에 관해서는 지금, 지은, 우편저금, 피징용자 미수금 및 연금 등을 그 예로 설명했다. 그 예로서 거론된 지금 및 지은의 반환만을 보더라도, 이것이 개인 청구권에 속하지 않는다는 사실은 명백하다. 그런데 외신이 전하는 바에 따르면, 이세키 아시아국장은 자민당의 일한 문제 간담회(11월 14일)와 중의원 외무위원회(12월 4일)에서 마치 한국 측이 지난 이케다 총리와 박 의장의 회담에서 대일청구권 중에서 개인 청구권만을 요구하기로 합의한 듯이 증언을 했다고 한다. 만약 이것이 사실이라고 한다면, 동 회담 내용을 완전히 왜곡 해석한 것이다.

(장기저리 차관 문제) 박 의장은 재산청구권 문제와 경제협력 문제는 어디까지나 별개의 성격을 가진 문제로 당연히 분리되어야 한다고 강조하고, 청구권 문제가 원만하게 해결된 후에, 만약 필요하다면 장기저리 차관 등을 받아들이는 것을 고려할 것이라고 말했다. 이러한 정부의 태도는 앞으로도 견지될 것이다.

그러나 일본 측은 이케다 총리와 박 의장의 회담에서 한국 측이 일본으로부터 무상원조 대신에 장기저리 차관을 요구했다고 전했는데, 이것은 사실에 반한다. (이하 생략)

日韓国交正常化交渉の記録　総説八

Ⅷ 軍事政権の成立と第6次日韓会談

8-98

6. 朴正熙議長の訪日

杉代表の訪韓の日に韓国に赴いた裵義煥日韓会談首席代表は11月6日帰任し、その日の記者会見で「朴議長は請求権についての韓国側の数字を知って来るから池田総理との会談で協調的な線に達すれば成功である。その数字は池田総理から提示してもよいであろう。会談は年内に妥結したい」と述べたと報ぜられた。裵代表は7日池田総理に朴議長からの訪日受諾の返書を手交した。8日、池田総理は、小坂外務大臣、伊関アジア局長、

GA 6　外務省

8-99

宮川大蔵省理財局長らを招いて請求権問題の交渉経緯をきき、9日、自民党内の意見調整を行ない、10日、政府、自民党の連絡会議を開き、現在の交渉段階でまだ数字を出すに至っていないことについて総理も了承、国交正常化に大局的話合いをする旨、日本の新聞は報じていた。韓国側は10日、抑留日本漁船員76人を釈放し、また10日夜張勉氏を含む前閣僚や民主・新民両党幹部24人、容共学生25人を起訴猶予または不起訴処分にしたと発表した。これらは日米両国を訪問

GA6 外務省

8-100

するためにとられた措置との評が新聞でみられていた。

朴正煕議長は、11月11日午後4時KNA特別機で羽田着（空港には池田総理、小坂外務大臣、杉代表等が出迎えた）、同夕刻、総理官邸で池田総理に表敬後、総理主催の晩餐会に臨み、同夜は白金迎賓館に1泊、12日午前約2時間にわたり総理官邸で池田総理と会談、その後、石井・岸両氏主催午餐会、韓国代表部訪問、新聞記者会見、朴議長主催晩餐会等の行事を終え、同日午後10時

GA 6 外務省

8-101

羽田発NW機で米国に向った。

池田総理・朴議長会談は次のように記録されている。(会談の大部分は2人だけで行なわれたが、韓国側の希望により、外部には通訳が立会つた旨説明した。)

1、まず、池田総理より、「自分は韓国問題については昔から関心をもつている。1950年に米国を訪問した際、ちようどマーシャルの中国放棄論(米国は国共内戦から一切手をひけとの論)やロイヤルの韓国からの撤兵論などが行なわれていたので、そんなことをしては危険であるという話をした記憶がある。そしてその直後に朝鮮動乱が勃発したのであつた。本年6月訪米した時、ケネディ大統領はラオス問題が心配であると述べたので、自分(池田)は、ラオスもさることながら韓国のことを十分考えなければならないと語つた次

GA 6

外務省

第である、と述べた。

これに対し、朴議長は、たしかに現在の情勢ではヴィエトナム等も危険であり、自由国家群は共同して対処しなければならないと述べた。池田総理は（NEATO問題を考えて）先ず経済協力ということを考えるべきであると思うと述べた。

2. 次いで、請求権問題に関し、朴議長より、請求権としての大体の枠をきめてほしいと述べたのに対し、池田総理より、請求権問題は Vesting Decree の効力発生時期（日本側は、軍令33号の効力は1945年12月6日以後について認めると主張している）や地域的範囲の問題（日本側は、属地主義に則るものであると主張している）、さらには、いわゆる米国解釈によるある種の相殺観念（日本側は「考慮さるべし」との米側見解が尊重さるべしと主張している）など種々複雑な問題がある事情を説明（朴議長はこれらの問題をあまりよく承知していない印象であつた。）したところ、朴議長は、「要するに法律上の根拠のあるものを認めてくれというのである」と述べた。そこで、池田総理より、「個人の請求権については、日本人並みに取扱うという原則をもつて支払う用意があると述べ、恩給、引揚者見舞金、郵便貯金、簡易保険金等を考慮しようと思つており、また焼却日銀券についても考慮している」と述べた。これに対し、朴議長は、「軍人軍属の遺家族についても考えて欲しい」と述べ、池田総理より「考慮しよう」と答えた。

結局、今後請求権委員会において早急に事務的検討を行なうことに意見の一致をみた。

なお朴議長が「朝鮮から搬出された地金銀に対しても請求権がある」と述べたのに対しては、池田総理より、「それは朝鮮銀行の業務として普通の売買を行なつたのであるから根拠がない」と説明した。（なお、大阪にある銀につい

ても、日本側としては、上述の法律論により請求根拠がないと考える旨説明した）

また、池田総理が、「請求権というとどうしても相殺思想が出てくる」と述べたのに対して、朴議長は、「請求権といわないで何か適当な名義でも結構である」と答えた。

（なお、池田総理より、「請求権問題の解決は、漁業問題の同時解決を前提とするものである」ことを特に念を押しておいた）

3. 次いで、経済協力の問題に入り、池田総理より、「日本側が請求権として支払うものだけではいずれにせよ韓国の経済復興には不十分だと思う。そこで、日本としては、無償援助は面白くないからこれを避けて、長期低利の経済援助を考慮しようと思つている」と述べた。これに対し、朴議長は、「韓国側としてもdignityの問題があるので無償援助は考えておらず、長期低利の経済援助で結構である」と答えた上、「消費財でなく資本財を希望する」と付言した。池田総理は、「資本財がよかろう、消費財は国内生産するのがよい方法だ」と述べた。

（以上記録のまま、以下抄記）

ついで朴議長は「米国の援助40億ドルが一向実効の上っていない」ことを述べたのに対し、池田総理は、戦後の米国の対日援助見返資金の運営方法等を説明、農業問題について池田総理は農地改革の必要、未開墾地に牧草を作ることなどを述べ、韓国の人口は財産であると語ったのに対し、朴議長は、「早く国交を正常化して農業についても日本の指導を受けたい」と語った。さらに、池田総理は電力問題にふれ、「20万KW程度では

GA 6　外務省

8-106

どうにもなるまい、電力の開発をはじめとし

努力すれば韓国だけでも立派な工業国に

なると思う」と述べた。最後に、池田総理

から「今後日韓会談との関連でいろいろ問

題が起り、朴議長が、韓国国民に対する

関係上、自分（池田）の考慮をわずらわしたい

点ができれば内密に連絡されたい。できるだ

け考慮しよう」と述べた。なお朴議長から

「近い将来岸前総理にぜひ来韓していただ

きたい」と述べた。

GA 6　　外務省

8-107

会談後、日韓間の打合せに従い、韓国側朴議長、日本側小坂外相（務大臣）が、池田・朴会談に関し、次のとおり発表した。

「日韓間の問題、アジアの問題、さらに世界情勢全般について意見を交換し、大部分の点について合意をみた。

現在進行中の日韓会談については、その妥結のため、今後も引続き双方とも最大の誠意をもつて推進に努力することに意見が一致した。

現在の懸案問題のほか、日韓間における将来の諸般の問題についても今後さらに隔意のない意見の交換を行なうことに合意した。」

以上は会談録によるが、これについて伊関アジア局長は柳谷課長との対談で次のように語っている（前記「日韓交渉の回顧」）。

GA-6 外務省

8-108

「伊関：あとで池田さんから私がきいて、それが会談録になっている――『これでいいですか』といってみせたら、その時は直されて『これでいい』といったから会談録にしたのだが――池田さんが私に正直にしゃべったかどうかもよくわからない。あとで、この会談録をみせたら、池田さんがヘエーというような顔をしているんだね。その後、いろんな話の時にこれを引用すると、池田さんが時々忘れたりしている。この中で一番問題になるのは『請求権は法的根拠のあるものに限る』というへんな文句が出て

GA 6　　外務省

8-109

きたんだね。

こういう首脳会談はある意味で一つの進歩にもなるけれども、あまり問題をよく知らないのが二人で話すのだから、ちぐはぐな点が残っているんだね。池田さんは池田さんで『どうも朴正熙はあまりよく知らんらしい』なんていっている。

柳谷：そうですね。『「米国解釈についていろんな問題がある」といったら、朴議長はあまりよく承知していない印象であった』といっておられますね。それから、無償援助はあまり

GA 6　外務省

8-110

面白くないと池田総理がいわれて、朴議長もそれに応じているんですね。

伊関：その辺が必ずしもそうであったのか。池田さんが自分に都合のいいところだけを記憶していたのか。この文章は韓国側のその後の主張からみるとおかしなところがあるね。」

また、朴議長は、記者会見での質問に答えて①池田総理との会談に非常に満足している。②請求権問題につき韓国側は戦争賠償を要求しているのではなく、確固たる法的根拠に基づいて要求しているのである。したがって、

GA 6　　外務省

8-111

この問題につき日本側がどの程度誠意を示すかが日韓会談早期妥結の重要要因である。

③ 日本政府が請求権問題につき韓国民が納得できるほどに誠意を示せば、韓国政府としても平和ライン問題を伸縮性をもって解決する、と述べた。

戦後、日韓両首脳だけの会談が行なわれたのは、このときが最初であり、日韓国交正常化交渉の終るまでこのとき1回だけであった。会談の直後、池田総理はその側近に「あれはいい人間だ」と語った。朴議長は石井・

GA 6　　外務省

岸両氏主催の歓迎会で「われわれは若いし、やっていることはお国（日本）からみれば青臭いところもあろう。しかし私たちは明治維新の志士のような気持でやっている」と語ったという。赤城自民党総務会長は「謙虚で誠実、地道に着々やる深うらしい」、佐藤通産大臣は「精悍というより温厚、ずるさを知らないようだ」と評したと報道された（「朝日」11月13日）。

朴議長は米国から11月25日帰国、12月7日の記者会見で日韓関係について次のとおり語

GA 6　　外務省

8-113

ったと報ぜられた（※「韓国日報」12月7日）。

〔対日政策〕

問　日韓会談を改善するため政府の取るべき当面の政策はいかに。

答　最大の誠意と理解と忍耐心をもつて会談を進めていくというのが政府の方針である。

〔池田会談の内容〕

問　さきの池田首相との会談に続いて、第2回日韓政治会談が年内に行なわれるという観測があるが、その見通しはいかに。

GA 6　外務省

答　実務者会談の進展状況によつてはありうるが、年内にはないものと思う。

問　対日財産請求権と日韓経済協力をバーターするため、日本側が主張する低利長期借款の実現性はどうか。

答　「請求権と経済協力を区別する」という韓国政府の態度に変りはない。池田首相は「請求権という名目では日本国民を納得させるのが困難なので、他の方法、たとえば長期低利借款のような方法ですればよかろう」と語つたが、私は、経済協力は請求権問題を解決し、国交が正常化された後で考えられるものであると答えた。

〔日韓修交の時期〕

問　日本政府及び与党は明年３、４月に日韓国交が正常化されるだろうと展望しているようであるが、これをどう思うか。

答　いかなる根拠で来年３、４月といつたのか分らない。来年の３、４月になるか、再来年の３、４月になるか予想できない。

8-115

さらにその日、韓国外務部スポークスマンは、日本側が池田・朴会談の内容を歪曲報道したとして同会談の内容を発表した中に次のとおり述べた。

〔個人ベース説〕

朴議長は、池田首相との会談で、韓国側の請求権は賠償的な性格を帯びたものではなく、全部が確実な法的根拠によつたものであることを明白に指摘するとともに、その内容に関しては、地金、地銀、郵便貯金、被徴用者未収金および年金などをその例として説明した。この例としてあげられた地金および地銀の返還だけについてみても、これが個人の請求権に属さないことは明白である。ところで、外電の伝えるところによると、伊関アジア局長は自民党の日韓問題懇談会（11月14日）と参議院外務委員

GA 6　　外務省

会（１２月４日）で、あたかも韓国側がさきの池田・朴会談で、対日請求権のうち個人の請求権のみを要求することに合意したかの如き証言を行なつたといわれた。もしこれが事実だとすれば、同会談内容を完全に歪曲解釈したものである。

（長期低利借款問題）

朴議長は、財産請求権問題と経済協力問題は、どこまでも別個の性格をもつた問題であり、当然分離されなければならないと強調し、請求権問題が円満に解決された後で、もし必要ならば長期低利借款などを受け入れることを考慮するだろうと語つた。

このような政府の態度は今後も堅持されるであろう。

しかし、日本側は、池田・朴会談で韓国側は日本から無償援助の代わりに長期低利借款を要求したと伝えているが、これは事実に反する。　（以下略）

청구권 문제에 관한
김종필-오히라 마사요시(大平正芳) 합의

박정희 의장 방일 후 한국은 청구권소위원회 회의에서 일본과 소모적인 논쟁을 피하면서 청구권 8개 항목에 대한 토의를 모두 마치고, 일본에 총 15억 불 정도의 청구권 금액과 그 내역을 최종적으로 제시하였다. 그리고 실무협상만으로는 타결이 어려우므로 고위급 정치회담을 개최할 것을 일본 측에 촉구하였다.[1] 일본 측은 정치회담 개최를 주저하다가 결국 1962년 1월 17일 개최된 양국 수석대표 간 비공식회의에서 3월 상순에 정치회담을 개최하고 회담은 개시 후 대략 1개월 정도 내에서 타결하도록 서로 노력하기로 합의하였다.[2] 이 합의에도 불구하고 이케다 총리가 사회당의 한일회담 반대 등을 이유로 청구권 금액의 결정을 미루면서 계속 소극적인 태도를 보이자, 김종필 중앙정보부장이 2월 19일부터 24일까지 일본을 다시 방문하여 이케다 총리와 고사카 외상에게 정치회담 개최를 설득하였다.[3] 이렇게 하여 개최된 것이 최덕신 외무부 장관과 고사카 외상 간의 제1차 정치회담이다.

1962년 3월 12~17일간 총 다섯 차례 개최된 제1차 정치회담, 즉 양국 간 외상회담은 양측이 청구권 금액에 커다란 차이(한국은 7억 불, 일본은 청구권 변제 7천만 불과 일반 차관 2억 불 제시)가 있음만을 확인한 채 아무런 성과 없이 끝나고 말았다.[4] 일본 측은 이케다 총리가 7월 참의원 선거에의 악영향을 고려하여 청구권 문제의 조기 타결에 신중한 자세를 견지하고 있었고, 일본 정부 내에서 청구권 금액에 대한 최종 액수가 결

---

1 일본 외교문서 506, 日韓國交正常化交渉の記錄總說 八, VIII. 軍事政權の成立と第6次韓日會談, 8. 政治折衝と請求權問題, 153-155쪽; 한국 외교문서 726, 제6차 한일회담 본회의 회의록 및 종합 보고, 1961-62. 2, 제6차 한일회담 제4차 본회의 회의록 별첨 2. 1962년 1월 16일 제6차 한일전면회담 제4회 본회의에서의 배의환 대표의 인사, 362쪽.

2 日本外交文書 1709, 杉·裵兩首席代表申合わせ事項, 1962. 1. 17.

3 한국 외교문서 795, 김종필 특사 일본 방문, 1962. 2. 19-24, 김종필 중앙정보부장과 이케다 수상과의 회담 보고, 1962. 2. 22, 1951-1952쪽; 같은 문서, 김종필 중앙정보부장과 고사카 외상 간의 회담 내용, 1962. 2. 22; 日本外交文書 1821, 8번째 문서, 池田總理, 金鍾泌韓國中央情報部長會談要旨, 1962. 2. 21.

4 한국 외교문서 733, 제6차 한일회담 제1차 정치회담 도쿄, 1962. 3. 12-17, 전2권(V.2 최덕신-고사카 외상회담, 1962. 3. 12-17), 외상회담 제1~5차 회의 회의록, 1746-1827쪽.

정되지 않은 상태에서 이 회담에 임했던 까닭에 한국 측이 원하는 방식의 청구권 문제 해결책을 제시할 수 있는 입장이 아니었다. 고사카 외상은 청구권 금액 이외에 독도와 주한 일본대표부 설치 문제를 제기하고 한국의 청구권은 38도선 이남으로 국한되어야 한다는 주장도 펼침으로써 최덕신 외무부 장관의 강한 반발을 유발하기도 하였다.[5]

제1차 정치회담이 성과 없이 끝난 후 한일회담은 일본의 국내 정치 일정으로 인해 수개월 간의 소강 국면을 거치게 되었다. 1962년 7월 1일 참의원 선거에서 자민당이 선거전 의석보다 많은 의석을 확보함으로써 자신감을 얻게 된 이케다 총리는 7월 14일 자민당 총재 선에서도 승리하여 총리 재임에 성공했다. 이케다는 총재 선거 승리 직후 가진 기자회견에서 "한국과는 가능한 한 조속히 정상화해 나가고 싶다"라고 언급함으로써[6] 한일회담 타결에 대한 의지를 피력하였다. 7월 18일 개각에서 외상에 취임한 오히라 마사요시(大平正芳)는 한일회담에 적극적인 태도를 보이면서 외무성으로 하여금 실질적인 타결책을 마련토록 하였다. 외무성이 7월 26일 자로 마련한 안(한일회담의 진행 방법에 관한 건)은 상당액을 한국에 무상원조로 제공할 수밖에 없다는 인식 위에 9월 말 또는 10월 초 한국과 제2차 정치회담을 개최하여 청구권 문제에 합의하고 이를 토대로 어업, 재일한인 법적지위, 선박, 문화재 등에 관한 협의도 가속시켜 나간다는 것이었다.[7] 한국 측도 그간의 교섭에서 일본과 합의된 점 및 대립된 점을 구분하여 이를 일본과 확인하고, 8월 말 또는 9월 초부터 고위급 예비절충 회의를 거쳐 여기서 이루어진 양해를 토대로 정치회담을 개최하는 방안을 수립하였다.[8] 기본 방향에서 일치된 생각을 갖고 있던 양국은 7월 말부터 배의환-스기 수석대표 간 비공식회의[9]와 최영택 참사관-이세키 국장 간 실무협의[10]를 통해 제2차 정치회담의 준비 차원

5 유의상, 『대일외교의 명분과 실리』, 344쪽.

6 「團結を念頭に人事」, 『朝日新聞』, 1962. 7. 14, 석간.

7 日本外交文書 1338, 日韓會談の進め方に關する件, 1962. 7. 26.

8 한국 외교문서 734, 제6차 한일회담 제1차 정치회담 이후의 교섭, 1962. 3-7, 한일회담에 관한 앞으로의 교섭방식, 1962. 7. 25, 421-423쪽.

9 위의 문서철, JW-07359, 1962. 7. 26, 446-447쪽

10 한국 외교문서 736, 제6차 한일회담 제2차 정치회담 예비절충: 본회의, 제1-65차, 1962. 8. 21-64. 2. 6, 전5권, V.1, 1-3차, 1962. 8. 21-29, JW-0847, 이세키 국장 면담 결과 보고, 1962. 8. 3, 488-489쪽.

에서 청구권 금액과 명목을 조정하기 위한 예비절충 회의를 개최하기로 합의하였다.

양국은 1962년 8월 21~29일간 3차례의 배의환-스기 간 예비절충 회의 후 상대방이 생각하고 있는 청구권 금액이 대략 어느 정도인지 파악하게 되었다. 한국은 그간 일본으로부터 받게 될 자금의 명목이 청구권이 아니면 안 된다는 주장을 견지해왔으나 이를 양보하여 청구권 변제와 무상원조를 합해 3억 불 정도로 하고, 여기에 차관을 2억 불(또는 3억 불) 정도 받는 것으로 하여 합계 5~6억 불 정도를 산정하였다.[11] 일본도 대략 비슷한 금액을 염두에 두면서 다만 명목과 관련해서는 청구권이 아닌 국교 정상화를 기념하기 위하여 또는 경제발전에 기여하기 위하여 한국에 자금을 제공한다는 입장을 세웠다.[12]

양국은 상대방 의중에 있는 금액을 파악하게 되자 김종필 부장과 오히라 외상이 만나 청구권 금액에 관해 최종적인 타결을 짓는 것으로 의견을 모았다.[13] 한국 외무부는 박정희 의장 재가를 받아 방일을 앞둔 김종필 부장에게 10월 18일 '대일 절충에 관한 훈령'을 전달했다.[14] 이 가운데 청구권 문제에 관한 내용만을 발췌하면 아래와 같다.

2. 청구권 문제에 관하여

가. 지불 명목에 있어서 과거 2차에 걸친 한국 측의 지대한 양보로 국민의 불만을 초래하고 있는 현상에서 청구권 해결을 위한 총액이 6억 불 이하로 하강한다는 것은 혁명 정부로서도 도저히 받아들일 수 없는 것이다. 다음에 청구권 해결을 촉진하기 위하여 차관의 조건이 특별히 유리한 것이라면(무이자 또는 최저 이자) 우리는 또 다시 양보하여 이와 같은 차관을 청구권 해결에 포함시킬 용의가 있

---

11 위의 문서, 최 참사관과 이세키 국장 간의 비공식 절충 결과 보고, 1962. 8. 30, 792-796쪽.

12 日本外交文書 1766, 日韓請求權問題の解決方法について, 1962. 8. 31.

13 한국 외교문서 736, 제8차 회의 회의록, 1962. 8. 26, 118-120쪽. 같은 문서, 제10차 회의 회의록, 132-138쪽.

14 한국 외교문서 796, 김종필 특사 일본 방문, 1962. 10-11, 대일 절충에 관한 훈령, 1962. 10. 17, 1998-2002쪽.

는데 이러한 경우에 있어서는 차관의 액수와 순 변제+무상조 지불 액수의 비율에 있어서 후자(後者)가 전자(前者)보다 다액이어야 한다.

나. 지불 명목에 관하여는 우리 국민으로 하여금 청구권에 대한 변제 내지 보상으로 지불된 것이라는 점을 납득시킬 수 있는 표현이 되도록 할 것

다. 이상의 선에서 타결하는 원칙에 양해가 서면 이를 공식화하는 절차는 현재 진행 중인 예비교섭 및 그 뒤의 정치회담에서 취해지도록 하고, 정치회담의 일본 대표로서는 이케다 수상 또는 그가 지명하는 고위 정치인도 무방하다고 암시할 것

핵심 내용은 청구권 총액으로 6억 불을 마지노선으로 설정하고, 차관도 조건이 유리하면 받아들이되, 순 변제+무상조의 금액이 차관보다 커야 한다는 것이었다.

김종필 부장은 1962년 10월 20일 방미 길에 MRA 행사 참석차 일본을 방문하여 오히라 외상과 첫 번째 회담을 개최하였다. 두 시간 반에 걸쳐 배석자 없이 진행된 이날 회담에서 오히라 외상은 3억 불을 매년 2,500만 불 정도로 12년에 걸쳐 제공하는 방안을 제시하였다. 이에 대해, 김 부장은 오픈 어카운트(한국의 일본에 대한 부채 4,573만 불)를 청구권 금액에 포함하고 정부 대 정부 차관을 포함해서 6억 불 선을 받아야 한다는 입장을 표명하였다.[15] 제1차 김-오히라 회담은 배석자 없이 진행된 관계로 현장에서 회담 기록을 남기지 못하였다. 따라서 회담 종료 후 김 부장과 오히라 외상이 남기거나 구술해 준 기록을 최영택 참사관과 이세키 국장이 두 차례(10월 26일 및 11월 1일)에 걸쳐 대조 작업을 진행하였는데, 여러 곳에서 상이점(정치회담의 개최 시기, 청구권 액수, 지불기한 등)이 발견되었다.[16] 이에 따라 두 번째 회담에서는 현장에서 기록을 남기게 되었는데 이것이 바로 「김-오히라 메모」다.

---

15 한국 외교문서 796, 김종필 부장-오히라 외상 회담 내용 보고, 1962. 10. 21, 2045-2054쪽.

16 한국 외교문서 796, 김종필 부장과 오히라 외상 회담에 관한 건, 1962. 10. 28, 2060-2065쪽, 김종필 부장과 오히라 외상 회담에 관한 건, 1962. 11. 1, 2074-2077쪽.

김종필 부장은 미국에서 돌아오는 길에 오히라 외상과 다시 만나 제1차 회담에서의 토의사항을 구체화하기로 하였다.[17] 김 부장과 오히라 외상 간 두 번째 회담은 1962년 11월 12일에 개최되었다. 이 회담 개최에 앞서 11월 8일 박정희 의장은 김 부장에게 다시 아래와 같은 훈령을 보냈다.[18]

① 청구권 명목을 '독립 축하금' 또는 '경제협력'으로 하는 것은 용납할 수 없으며, 우리 국민으로 하여금 청구권에 대한 변제 내지 보상으로서 지불될 것임을 납득시킬 수 있는 표현이 되어야 한다는 점을 강조함.

② 금액은 순 변제와 무상의 합계가 차관액보다 많아야 하고 이의 총액이 6억 불이어야 하며, 3 내지 3.5억 불(순 변제+무상조) + 2.5 내지 3억 불(차관) = 6억(총액) 선에서 교섭하되, 무상조가 3.5 이하로 내려올 경우에는, ⓐ 일본이 O.A(Open Account) 부채액을 포기토록 하고, ⓑ 지불 기간을 최단으로 하여 이자율, 거치기간, 상환기간 등을 가장 특혜적인 조건으로 하며, ⓒ 지불기한이 길어질 경우에는 무상조의 적어도 반액을 현금(미불)으로 지불토록 함.

③ 지불기한은 6년 이내(제2안 6 내지 10년)로 요구함.

청구권의 명목과 금액에 관한 박 의장의 최종 양보선이 담긴 이 훈령을 받고 회담에 들어간 김 부장은 오히라 외상과 청구권 문제를 포함한 양국 현안 전반에 관해 세 시간 반에 걸쳐 협의하였다. 긴 시간 회의를 통해 마침내 두 사람은 양국 정상의 승인을 전제로, 청구권 문제와 관련한 '일본의 한국에 대한 공여 방식과 금액'에 합의하였다. 제1차 회담과 마찬가지로 배석자 없이 진행된 제2차 회담의 합의 내용을 김 부장과 오히라 외상이 현장에서 직접 기록한 것이 이른바 「김-오히라 메모」이다.[19] 제1차 회담은 한국 외교문서에 협의내용이 비교적 상세하게 기록으로 남아있으나, 제2차 회담은 본국에 보고한 회담 결과에 요지만 간단히 기록되어 있어 상세한 토의내용은 공개

17 한국 외교문서 796, 김종필 부장-오히라 외상 회담 내용 보고, 2051쪽.
18 한국 외교문서 796, 대일 절충에 관한 훈령, 1962. 11. 8, 2114-2116쪽.
19 유의상, 『대일외교의 명분과 실리』, 367-370쪽.
20 한국 외교문서 796, 김종필-오히라 메모, 2137-2138쪽.

김종필-오히라 메모[20]

1. 무상을 Korea 측은 3.5억 불(O. A.: 오픈 어카운트 포함), Japan 측은 2.5억 불(오픈 어카운트 불포함), 이것을 양자가 3억 불(오픈 어카운트 포함)을 10년 기간, 단 조상[繰上: 조기의 일본식 표현*] 조건으로 양 정상에게 건의한다.

2. 유상을(해외경제협력기금) Korea 측은 2.5억 불(이자는 3% 이하, 7년 거치, 20~30년), Japan 측은 1억 불(이자는 3.5%, 5년 거치, 20년), 이것을 양자가 2억 불, 10년 기간, 이자는 3.5%, 단 繰上 가능 조건(6~10년), 거치 7년, 20년으로 양 정상에게 건의한다.

3. 수출입은행의 것에 대해서: Korea 측은 별개의 취급을 희망, Japan 측은 1억 불 이상 프로젝트에 의해 申張 가능.

이것을 양자가 합의하여 국교 정상화 이전이라도 바로 협력할 수 있도록 건의['추진'을 오기한 것으로 보임*]할 것을 양국 정상에게 건의한다.

1962. 11. 24~11. 30간에 양측의 의견을 교환한다.

* 위 내용은 인용자가 임의로 번역한 것이다.

된 외교문서를 통해 확인할 길이 없다.[21] 일본 외교문서도 이러한 사정은 마찬가지다.[22]

'김-오히라 메모'는 한국 외교부(외교사료관)가 소장하고 있는 것과 배의환 전 주일대사가 언론에 공개한 것[23], 그리고 일본 외무성이 보관하고 있는 일본 측 원본 등 세

21 한국 외교문서 796, 제2차 김 부장·오히라 외상 회담록, 1962. 11. 12, 2123-2125쪽.

22 日本外交文書 1826, 太平大臣·金鍾泌韓國中央情報部長部長第2會會談記錄, 1962. 11. 12.

23 배의환 전 대사는 1991년 12월 26일 당시 연합통신에 자신이 소장 중인 「김-오히라 메모」 사본을 공개하였다. 이후 중앙일보(1991. 12. 26 석간)와 동아일보(1992. 6. 22)도 보도하였다.

종류가 남아있다.[24] 한국 외교부가 보관하고 있는 것은 메모를 작성한 김종필 전 총리가 원본이 아니라고 부인한 바 있으며,[25] '메모' 원본을 정서한 것으로 추정된다. 한국 측 원본은 현재 어디에 있는지 확인되지 않는다. 한편, 일본 측 원본은 오히라 전 외상이 보관하고 있다가 1965년 가을에 당시 구로다 미즈오(黑田瑞夫) 외무성 북동아과장에게 넘겨주었으며, 공개된 일본 외교문서에 수록되어 있다.[26]

오히라 외상은 상기 '김-오히라 메모'와는 별도로 '청구권의 명목(방식)'에 관한 또 다른 메모를 김 부장에게 수교하였는데, 이 메모 상의 일본 측 제안은 다음과 같다.

제1항 일본국은 한일 국교 정상화를 축하하고 양국 간의 우호친선을 기념하며 한국의 민생 안정과 경제발전에 기여하기 위하여 ○억 불에 상당하는 엔의 가치가 있는 일본인의 역무와 일본의 자본재를 공여한다.

제2항 양 체약국은 평화조약 제4조에 근거한 한국 또는 한국 국민의 일본국 또는 일본 국민에 대한 모든 청구권이 완전히 그리고 최종적으로 해결된 것을 확인한다.[27]

김 부장은 이러한 일본 측 제안에 반대하고, 대안으로서 "한일 간의 청구권 문제를 해결하고 한일 간의 경제협력을 증진하기 위하여 일본 정부는 한국 정부에 ○○○불을 지불하며, 또 ○○○불의 차관을 제공한다는 방법으로 해결하는 동시에, 이로써 양

---

24 이와 관련한 상세 내용은 유의상의 『대일외교의 명분과 실리』 370-377쪽을 참조하기 바란다.

25 김종필은 『중앙일보』와의 회고 인터뷰(「김종필 증언록 笑而不答」 제27화, 2015. 5. 4)에서 "외교부가 공개한 2장짜리 문서는 내가 오히라와 함께 쓴 「메모」가 아니다"라고 부인하면서, "그때 사용한 종이는 오히라 외상의 집무실에 있는 손바닥만 한 크기의 메모 용지 1장으로 그 내용도 매우 간단해 서너 줄에 불과했다. 글씨체도 내 필체가 아니다. 나는 한글과 한자를 혼용해 작성했다"고 증언했다. 그는 또한 그 「메모」에는 "무상(無償) 3억弗, 유상(有償)(대외협력기금)에서 2억弗, 수출입은행에서 1억弗+"라는 내용을 적었으며, "회담 이튿날인 1962년 11월 13일 박정의 최고회의 의장에게 보고하고 「메모」는 배석했던 최덕신 외무장관에게 넘겨줬다"라고 하면서, "내가 작성한 메모가 장관을 통해 외무부에 전달되거나 보관하는 과정에서 분실된 게 아닐까"라고 증언했다.

26 日本外交文書 1882-2, 日韓國交正常化交渉の記録 總說 IX.

27 한국 외교문서 796, 제2차 김 부장·오히라 외상 회담록, 별첨 4. 1962년 11월 12일에 개최된 제2차 김종필 중앙정보부장과 大平 외상 회담에서 일측이 수교한 메모, 2129-2130쪽.

국 간의 청구권 문제가 해결된 것으로 간주하기로 하자"고 하였다. 이에 대해 오히라 외상은 연구해 볼 만한 안이라고 말하면서 전문가에게 연구시키겠다고 하였다.[28] 김종필 부장의 이 제의는 이후 청구권의 명목과 관련한 한국 측 입장의 기본 방향으로 설정되었으며, 결국 청구권 협정의 명칭과 전문(前文)에 이러한 내용으로 포함되었다.

'김-오히라 합의'는 그 자체로 한일회담을 완전히 타결 지은 것은 아니다. 하지만 10년 넘게 한일회담의 최대 쟁점이 되어온 청구권 금액에 합의를 이룸으로써 국교 정상화를 위한 단초를 마련하였다는 점에서 외교사적 의미가 매우 크다. 이 합의는 한일회담의 조기 타결에 대한 박정희 대통령의 강한 의지와 한국 대표단의 효율적인 대일 실무 교섭, 그리고 김종필의 탁월한 개인 역량이 한데 어우러져 이루어 낸 결과라고 할 수 있다. 일본의 경우에는 식민 지배에 대한 배상은 절대 불가하다는 인식에 얽매이면서도, 동아시아에서 한·일 양국의 안보협력과 한국에 대한 경협분담 등을 희망하는 미국의 압력에 의하여 한국과의 국교 정상화를 위해서는 어떠한 방식으로든 일정 금액을 제공할 수밖에 없다는 판단이 이러한 결론에 이르도록 하였다고 보아야 할 것이다. 오히라 외상의 결단, 그리고 기시 전 총리 등 일본 정계 내의 '친한파' 인사들의 협조 등도 '김-오히라 합의'에 뒷받침이 된 것으로 볼 수 있다.[29]

---

28 위의 문서철, '제2차 김 부장·오히라 외상 회담록', 2124쪽.

29 유의상, 『대일외교의 명분과 실리』, 393-396쪽.

한국 외교문서	일본 외교문서
1. 726, 제6차 한일회담 본회의 회의록 및 종합 보고, 1961-62. 2, 제6차 한일회담 제4차 본회의 회의록, 별첨 2. 1962년 1월 16일 제6차 한일전면회담 제4회 본회의에서의 배의환 대표의 인사	
	2. 506, 일한국교정상화 교섭의 기록 총설 VIII. 군사정권의 수립과 제6차 한일회담, 8. 정치절충과 청구권 문제(日韓国交正常化交渉の記録総説 八, VIII. 軍事政権の成立と第6次韓日会談, 8. 政治折衝と請求権問題).
	3. 1709, 스기·배 양 수석대표 협의사항(杉·裵両首席代表申合わせ事項), 1962. 1. 17
4. 795, 김종필 특사 일본 방문, 1962. 2. 19-24, 김종필 중앙정보부장과 이케다 수상과의 회담 보고, 1962. 2. 22	5. 1821, 8번째 문서, 이케다 총리, 김종필 한국 중앙정보부장 회담 요지(池田総理, 金鍾泌韓国中央情報部長会談要旨), 1962. 2. 21
6. 795, 김종필 특사 일본 방문, 1962. 2. 19-24, 김종필 중앙정보부장과 고사카 외상간의 회담 내용, 1962. 2. 22	
7. 733, 제6차 한일회담 제1차 정치회담 도쿄, 1962. 3. 12-17, 전2권(V.2 최덕신-고사카 외상회담, 1962. 3. 12-17), 재산 청구권 문제에 관한 해결방안에 관한 검토, 1962. 2. 13	
8. 733, 제6차 한일회담 제1차 정치회담 도쿄, 1962. 3. 12-17, 전2권(V.2 최덕신-고사카 외상회담, 1962. 3. 12-17), 한일 간 정치 교섭 시 재산청구권 문제에 관하여 우리 측이 취할 방안에 관한 건의(가제목: 태령로 1호)	9. 718, 세 번째 문서, 일한정치절충에 임하는 일본 측 기본 방침(日韓政治折衝に臨む日本側の基本方針), 1962. 3. 7
10. 733, 제6차 한일회담 제1차 정치회담 도쿄, 1962. 3. 12-17, 전2권(V.2 최덕신-고사카 외상회담, 1962. 3. 12-17), 외상회담 제1차 회의 회의록, 1962. 3. 12	
11. 733, 제6차 한일회담 제1차 정치회담 도쿄, 1962. 3. 12-17, 전2권(V.2 최덕신-고사카 외상회담, 1962. 3. 12-17), 외상회담 제2차 회의 회의록, 1962. 3. 14	

한국 외교문서	일본 외교문서
12. 733, 제6차 한일회담 제1차 정치회담 도쿄, 1962. 3. 12-17, 전2권(V.2 최덕신-고사카 외상회담, 1962. 3. 12-17), 차후 회담 진행 절차에 관한 협의 결과 보고 전문, 1962. 3. 14	
13. 733, 제6차 한일회담 제1차 정치회담 도쿄, 1962. 3. 12-17, 전2권(V.2 최덕신-고사카 외상회담, 1962. 3. 12-17), 외상회담 제3차 회의 회의록, 1962. 3. 16	
14. 733, 제6차 한일회담 제1차 정치회담 도쿄, 1962. 3. 12-17, 전2권(V.2 최덕신-고사카 외상회담, 1962. 3. 12-17), 외상회담 제4차 회의 회의록, 1962. 3. 16	
15. 733, 제6차 한일회담 제1차 정치회담 도쿄, 1962. 3. 12-17, 전2권(V.2 최덕신-고사카 외상회담, 1962. 3. 12-17), JW-03332(제5차 외상회담 결과 전문 보고), 1962. 3. 17	
16. 733, 제6차 한일회담 제1차 정치회담 도쿄, 1962. 3. 12-17, 전2권(V.2 최덕신-고사카 외상회담, 1962. 3. 12-17), 외상회담 제5차 회의 회의록, 1962. 3. 17	
17. 734, 제6차 한일회담 제1차 정치회담 이후의 교섭, 1962. 3-7, JW-05211, 이세키 국장과의 면담 보고, 1962. 5. 15	
18. 734, 제6차 한일회담 제1차 정치회담 이후의 교섭, 1962. 3-7, 한일회담에 관한 앞으로의 교섭 방식, 1962. 7. 24	
19. 734, 제6차 한일회담 제1차 정치회담 이후의 교섭, 1962. 3-7, 한일회담에 관한 앞으로의 교섭방식, 1962. 7. 25	
	20. 1338, 일한회담의 진행방식에 관한 건(日韓会談の進め方に関する件), 1962. 7. 26
21. 734, 제6차 한일회담 제1차 정치회담 이후의 교섭, 1962. 3-7, 한일회담 양국 수석대표 간의 회담 내용 보고, 1962. 7. 26	

한국 외교문서	일본 외교문서
22. 736, 제6차 한일회담 제2차 정치회담 예비절충: 본회의, 제1-65차, 1962. 8. 21-64. 2. 6, 전5권, V.1, 1-3차, 1962. 8. 21-29, JW-0847, 이세키 국장 면담 결과 보고, 1962. 8. 3	
23. 736, 제6차 한일회담 제2차 정치회담 예비절충: 본회의, 제1-65차, 1962. 8. 21-64. 2. 6, 전5권, V.1, 1-3차, 1962. 8. 21-29, 예비교섭에 있어서의 청구권 해결에 관한 교섭 방침 지시, 1962. 8. 9	
24. 736, 제6차 한일회담 제2차 정치회담 예비절충: 본회의, 제1-65차, 1962. 8. 21-64. 2. 6, 전5권, V.1, 1-3차, 1962. 8. 21-29, 예비교섭에 있어서의 청구권 해결에 관한 교섭 방침 지시, 1962. 8. 14	
25. 736, 제6차 한일회담 제2차 정치회담 예비절충: 본회의, 제1-65차, 1962. 8. 21-64. 2. 6, 전5권, V.1, 1-3차, 1962. 8. 21-29, 예비절충 제1차 회의 회의록, 1962. 8. 21	
26. 736, 제6차 한일회담 제2차 정치회담 예비절충: 본회의, 제1-65차, 1962. 8. 21-64. 2. 6, 전5권, V.1, 1-3차, 1962. 8. 21-29, 예비절충 제2차 회의 회의록, 1962. 8. 24	
27. 736, 제6차 한일회담 제2차 정치회담 예비절충: 본회의, 제1-65차, 1962. 8. 21-64. 2. 6, 전5권, V.1, 1-3차, 1962. 8. 21-29, 한일 예비교섭에 있어서 청구권 문제 해결에 관한 정부 훈령, 1962. 8. 28	
28. 736, 제6차 한일회담 제2차 정치회담 예비절충: 본회의, 제1-65차, 1962. 8. 21-64. 2. 6, 전5권, V.1, 1-3차, 1962. 8. 21-29, 예비절충 제3차 회의 회의록, 1962. 8. 29	
29. 736, 제6차 한일회담 제2차 정치회담 예비절충: 본회의, 제1-65차, 1962. 8. 21-64. 2. 6, 전5권, V.1, 1-3차, 1962. 8. 21-29, 최참사관과 이세키 국장 간의 비공식 절충 결과 보고, 1962. 8. 30	

한국 외교문서	일본 외교문서
	30. 1766, 일한청구권 문제 해결 방법에 관해(日韓請求権問題の解決方法について), 1962. 8. 31
31. 737, 제6차 한일회담 제2차 정치회담 예비절충: 본회의, 제1-65차, 1962. 8. 21-64. 2. 6, 전5권(V.2 4-21차 1962. 9. 3-12. 26), 제8차 회의 회의록, 1962. 9. 26	
32. 737, 제6차 한일회담 제2차 정치회담 예비절충: 본회의, 제1-65차, 1962. 8. 21-64. 2. 6, 전5권(V.2 4-21차 1962. 9. 3-12. 26), 제10차 회의 회의록, 1962. 10. 10	
33. 796, 김종필 특사 일본 방문, 1962. 10-11, 김 부장과 일본 수뇌와의 회담, 1962. 10. 12	
34. 796, 김종필 특사 일본 방문, 1962. 10-11,김종필 부장-오히라 외상 회담 내용 보고, 1962. 10. 21	35. 1824 다섯 번째 문서, 오히라 대신·김종필 한국 중앙정보부장 회담 기록 요지(大平大臣・金鍾泌 韓国中央情報部長会談記録要旨), 1962. 10. 21
36. 796, 김종필 특사 일본 방문, 1962. 10-11, 김 부장과 이케다 수상 간의 회담 회의록 송부, 1962. 10. 23	
37. 796, 김종필 특사 일본 방문, 1962. 10-11, 김종필 부장과 오히라 외상회담에 관한 건, 1962. 10. 28	
38. 796, 김종필 특사 일본 방문, 1962. 10-11, 김종필 부장과 오히라 외상회담에 관한 건, 1962. 11. 1	
39. 796, 김종필 특사 일본 방문, 1962. 10-11, 대일 절충에 관한 훈령, 1962. 11. 8	
40. 796, 김종필 특사 일본 방문, 1962. 10-11, 제2차 김 부장·오히라 외상 회담록, 1962. 11. 12	41. 1826, 오히라 대신.김종필 한국 중앙정보부장 제2회 회담 기록(大平大臣・金鍾泌韓国中央情報部長第2回会談記録), 1962. 11. 12
42. 796, 김종필 특사 일본 방문, 1962. 10-11, 김종필-오히라 메모, 1962. 11. 12	43. 1882-2, 일한국교정상화 교섭의 기록 총설 IX. 김-오히라 메모(日韓国交正常化交渉の記録総説 IX, 金-大平 メモ), 1962. 11. 12
44. 『동아일보』, 김종필-오히라 메모.	

1. 제6차 한일회담 제4차 본회의 회의록 / 별첨 2. 1962년 1월 16일 제6차 한일 전면회담 제4회 본회의에서의 배의환 대표의 인사

한국 외교문서 726, 제6차 한일회담 본회의 회의록 및 종합 보고, 1961 - 62. 2)

연말연시 휴가를 끝내고 1962년 1월 16일 재개된 제6차 한일회담 제4차 본회의의 회의 기록 및 양 측 수석대표의 인사말이 담긴 문서다.

이 회의에서 한국 측 배의환 수석대표는 인사말을 통해 그간 실무협상이 충분히 이루어진 만큼 이제 정치적 해결책을 마련할 때가 되었음을 강조하였다.

제6차한일회담
제4차본회의 회의록

1. 일 시: 1962년 1월 16일 오전 11시부터 11시 15분까지

2. 장 소: 외무성 회의실

3. 참석자:

한국측:

배의환 수석대표
이동환 전 차석대표
이한기 차석대표
김윤근 대 표
이천상 〃
지철근 〃
이홍직 〃
최영택 〃
정일영 〃 외 위원

일본측:

스기 수석대표
히라가 대 표
다가가세 〃
이세끼 〃
나가가와 〃
우야마 〃
우라베 〃
미야가와 〃
무라다 〃
쯔지 〃 외 보좌

4. 회의내용 :

"스기"수석대표 :

지금으로부터 제6차한일회담 제4차본회의를 시작하겠읍니다.

먼저 본인의 인사의 말씀을 드립니다.

(인삿 말 전문 별첨 제1)

"배의환"수석대표 :

인사 말씀을 드리기 전에 그간 한국측 대표에 변동이 있었음을 알려드리고저 합니다.

이동환 공사는 지금까지 차석대표와 문화재위원회 한국측 수석위원이었는데, 이번에 전임하시게 되어 대표단을 떠나게 되었읍니다. 재임중에 일본대표 각위가 베푸신 협조에 감사한다는 이 공사의 뜻을 전합니다.

지금까지 한국 대표단의 고문이었던 이한기 교수는 이 공사의 후임으로 차석대표에 임명되었으며, 이홍직 교수는 문화재위원회 한국측 수석위원으로 임명되었읍니다.

그러면 인사 말씀을 드리겠읍니다. (인사 전문 별첨 제2)

"스기"수석대표 :

금후의 회의 진행방법은 어떻게 하였으면 좋겠는가 ?

"배의환"수석대표 :

그점에 관해서는 양측 수석대표가 추후에 만나 협의하였으면 좋겠다.

"소기" 수석대표 :

좋다. 전번 제3회 본회의 회의록은 제4회 본회의 회의록과 함께 다음 제5회 본회의에서 확인함이 어떠한가 ?

"배의환" 수석대표 :

좋다.

"소기" 수석대표 :

오늘 회의의 신문 발표 내용은 ?

"배의환" 수석대표 :

전례에 따라 쌍방의 보도 담당관에게 일임함이 좋겠다.
(신문 발표 내용 전문 별첨 제3)

"소기" 수석대표 :

좋다.

끝

(별첨: 제 1)

1962년 1월 16일 제6차 한일전면회담
제4회 본회의에서의 "스기"대표의 인사

오늘 이 자리에서 배의환 각하를 위시한 한국 대표단 여러분과 다시 만나, 회담을 계속하게 된 것을 마음으로부터 기쁘게 생각하는 바입니다.

누구나 새해는 새로운 희망을 가지고 맞이하는 것이 상례입니다마는, 특히 본인은, 금년 만큼은, 일한간의 다년간의 현안이 해결되어 양국 관계가 새로운 시대로 일보를 내어 디디는 해가 되기를 염원하면서, 또, 그것을 위하여 부족하나마 할수있는 한의 노력을 하고저 하는 결의를 가지고, 새해를 맞이 한 것입니다.

다행이, 작년 중의 회담은, 다년 간의 현안을 하루 속히 해결하고저 하는 양국 대표단의 공통된 열의와 우호적인 분위기 속에서 진행되어 왔읍니다. 그 결과 개개의 문제에 관하여 쌍방의 이해가 현저히 깊어 졌음은 본인이 깊이 만족하게 생각하는 바입니다. 그러나, 더욱 토의를 진행 시켜, 해명하여야 할 문제가 남겨져 있다는 것도 사실인바, 이러한 남겨진 문제를 조속히 해결하기 위하여, 계속 해서 일층의 성의와 노력을 경주하는 것이, 지금부터 우리에게 과하여진 임무라고 생각하는 바입니다.

생각건데, 일한회담은 장래 장구한 시일에 걸치는 양국 간의 선린 우호관계를 위하여 견고한 기초를 이룩하는 것으로서, 이에 당하는 우리들의 책무의 중대함을 다시금 통감하지 않을수 없는 바 입니다.

격언에 최후의 5분 간이라는 말이 있읍니다마는, 지금 이 회담도 최종단계에 가까와 지고 있는 만큼, 우리들은 서로 이 직분를 재인식하고, 차제에 성실한 기분과 호양의 정신을 가지고 금후의 회담에 임하여, 유종의 미를 장식하지 않으면 안된다고 결심하고 있는 바입니다. 이것이야 말로 일한관계의 조속한 정상화를 념원하고 있는 양국민의 기대와 희망에 응하는 길임을 확신하여 마지 않는 바입니다.

(별첨 제 2)

1962년 1월 16일 제6차한일전면회담
제4차본회의에서의 배의환대표의 인사

이세끼수석대표 및 대표 여러분.

여기 약 20일간의 휴회를 가지고 새해를 맞이하여 다시금 여러분을 대하게된것을 기쁘게 생각합니다.

거년 10월 금차회담이 개시되어 12월에 휴회에 드러갈때까지 약 2개월간 양측 대표단은 과거 5차에 걸친 회담에서 해결하지 못한 양국간 제현안문제를 그 어느때보다도 열의를 가지고 토의하였었읍니다.

우리 한국측은 이번이 마지막 회담이 되어야 할것이라는 의식을 가지고 제현안문제에 관한 우리의 구체적인 입장을 거의 다 개진하였다고 생각하며, 특히 한국청구권문제등에 관하여는 아측의 상세한 내용이 설명되었으며, 이제 대국적인 견지에서 쌍방이 정치적인 해결책을 강구할 소지가 마련되었다고 생각합니다.

회담이 재개됨에 제하여 한국측은 그러한 견지에 입각한 일본측의 태도표시가 있을것을 기대하며, 그러한 태도 표시가 있음으로써 현안문제의 해결에 조속한 진전이 있을것입니다.

지금까지의 회담의 경험을 통하여 우리는 우리가 해결하여야 할 제문제가 심히 복잡하고 어려운것이라는 것을 충분히 알고 있읍니다. 그러나 서로가 인내와 성의를 가지고 여러가지로 해결방법을 연구하여 노력을 게을리 하지 않는다면 능히 원만한 최종적인 해결방법이 발견될 수 있으리라고 확신합니다.

현재 양국국민은 물론, 전세계자유우방 국가들도 한일간 교섭에 지대한 관심을 가지고 주시하고 있읍니다. 회담 전후를 통하여 고조된 분위기를 살려 우리는 우리에게 부가된 임무수행에 최선을 다함으로써, 회담을 성공으로 이끌어야 하겠읍니다.

1962년의 새해가 회담 타결에 의한 양국간 국교정상화 실현의 뜻깊은 해가 되기를 기원하면서, 이사의 말을 그칩니다.

2. 8. 政治折衝と請求權問題
日本外交文書 506, 日韓國交正常化交渉の記錄總說 八, Ⅷ. 軍事政權の成立と第6次韓日會談

한국 측이 청구권 문제의 정치적 협상을 촉구한다는 내용과 함께 일본 측도 한국 측 입장에 동조하는 내용이 기재된 문서다.

번역

8. 정치협상과 청구권 문제

(1) 한국 정부, 기시 전 총리의 방한 요청

제6차 회담 개시 전후부터 한국 측은 시종 일한 간의 제 현안, 특히 청구권 문제의 경우 실무적인 협상만으로는 해결하기 매우 어렵기 때문에 회담의 조기 타결을 위해서는 신속하게 고위급 정치회담을 갖고 대국적 견지에서 정치협상을 수행해야 한다는 입장을 취하고 있었다. 한국 측은 12월 말까지 이루어진 실무 협상에서 자신들이 제시한 대일 청구 8개 항목의 주요 부분에 대한 설명이 일단 마무리되자 정치협상에 관한 입장을 더욱 강화했다.

12월 20일 배의환 수석대표는 이케다 총리를 찾아가 한국 정부의 의향이라면서 "기시 전 총리를 가능하면 내년 초에 한국에 파견해달라"는 취지를 전했다 이에 대해 이케다 총리는 "기시 씨의 방한에는 이의가 없다. 기시 씨 자신도 반대의견은 없을 것으로 생각하지만, 시기가 문제인 것 같다"라고 답했다

한국 정부가 기시 전 총리의 방한을 요청한 것에 대해 이세키 아시아국장은 12월 27일 아시아국 이름으로 작성된 조서 '일한회담 이후의 진행 방법에 관한 건'에서 일한회담은 그야말로 정치협상을 필요로 하는 단계에 있다고 논하면서 기시 전 총리 방한의 필요성을 언급했다.

8-153

8. 政治折衝~~に関する交渉~~と請求権問題

(1) 韓国政府、岸前総理の訪韓要望

第6次会談開始前後から韓国側は終始、日韓間の諸懸案とくに請求権問題を事務的折衝だけで解決するのは至難であるから、会談の早期妥結のためには、速やかに高級政治会談を開き大局的見地に立った政治折衝を行なうべきであるとの態度をとっており、これが12月末までの会談における事務折衝で韓国側が対日請求8項目の主要部分の説明を一応終った後は一層この態度を強

GA 6 外務省

8-154

めていた。

12月20日、裵首席代表は池田総理を訪ね、韓国政府の意向として「岸前総理をできれば明年早々韓国に派遣してほしい」旨伝達した。これに対し、池田総理は、「岸氏の訪韓には自分は異存はないし、岸氏自身も異存はないと思うが、時期が問題である」と答えた。

韓国政府が岸前総理の訪韓を要請したことに対して、伊関アジア局長は12月27日付アジア局名の「日韓会談今後の運び方

GA 6　　外務省

8-155

に関する件」の中で、日韓会談はまさに

政治折衝を必要とする段階にあると論じ

て岸前総理訪韓の必要性を述べた。

GA 6 外務省

3. 衫·裵兩首席代表申合わせ事項, 1962. 1. 17
日本外交文書 1709

1962년 1월 17일 개최된 배의환-스기 수석대표 간 비공식회의에서 정치회담 개최와 관련하여 합의된 내용이 수록된 '중요 현안 처리 월보 1월분'이다.

번역

중요 현안 처리 월보 1962년 1월분

(5) 1월 17일 수석대표의 비공식회담이 개최되어, 금후의 진행 방향에 관해 의견 교환이 이루어진 결과, 양 대표의 합의사항으로 아래 4가지에 관해 의견일치가 이루어졌다.

(i) 정치 절충은 중의원에서 예산 심의가 종료된 직후 개시한다. (그 시기는 늦어도 3월 상순으로 예정한다.) 양국 수뇌부의 양승이 있는 대로 쌍방이 이것을 확인한다.

(ii) 정치 절충은, 개시 후 대체적으로 1개월 안에 타결짓도록 쌍방이 노력한다.

(iii) 협정 조인은, 5월 중에는 실현되도록 노력한다.

(iv) 각 위원회에서의 실무 절충은, (i)이 확인되는 대로 계속해서 진행한다.

그 후, 상기 (i)에 관한 양국 수뇌부의 양승이 있었으며, 25일 재차 수석대표 비공식회담을 열어 전기 합의사항(영문)에 이니셜을 하고 이것을 확인했다.

(그 결과 26일 이후 각 위원회 수석위원의 비공식회합이 개시되었으며, 그 경위는 2월호 월보…)

(이하 생략)

（重要懸案処理月報　37年1月分）

(5)　1月17日、首席代表の非公式会談が開かれ今後の進め方につき意見の交換が行なわれた結果、両代表の申合せ事項として下記4点につき意見の一致をみた。

(i)　政治折衝は衆議院での予算審議が終了した直後開始する。（その時期は遅くとも3月上旬と予定される。）両国首脳部の諒承あり次第双方でこれを確認すること。

(ii)　政治折衝は、開始後大体1カ月位で妥結するよう双方努力すること。

(iii)　協定調印は、5月中には実現するよう努力すること。

(iv)　各委員会における事務折衝は、(i)の点が確認され次第引続き行なうこと。

その後、上記(i)についての両国首脳部の諒承があつたので、25日、再び首席代表非公式会談を開き、前記申合せ事項（英文）にイニシアルを行なつてこれを確認した。

（この結果、26日以降各委員会主査の非公式会合が開始されたが、その経緯は2月号月報

— 5 —

（以下略）

Understanding between Chief Delegate Sugi and Chief Delegate Pai

January 17, 1962

1. Political negotiations are to be commenced immediately after the passage of the 1962 Budget at the House of Representatives of the Japanese Diet. (Such negotiations are expected to take place sometime in the early part of March at the latest.) This arrangement is to be confirmed by both Chief Delegates as soon as it receives approval of their respective Governments.

2. Best efforts will be made on both sides to have the political negotiations concluded within roughly one month after their commencement.

3. Both sides will endeavour so that the signing of agreements concerned may take place by the end of May, 1962.

4. Technical negotiations in each committee are to be resumed as soon as the confirmation referred to in 1. above is made.

January 25, 1962

The above understanding is hereby confirmed with the approval referred to in 1. above.

4. 김종필 중앙정보부장과 이케다 수상과의 회담 보고, 1962. 2. 21

한국 외교문서 795, 김종필 특사 일본 방문, 1962. 2. 19-24

1962년 2월 21일 김종필 부장과 이케다 수상과의 회담 결과 개요를 보고한 전문과 회담 요지를 보고한 문서다.

일본 측이 한일회담의 타결을 위한 정치회담 개최에 적극성을 보이지 않자 김종필 중앙정보부장이 1962년 2월 19~24일간 일본을 다시 방문하여 이케다 수상 등 주요 인사들을 만났다.

COPY

대한민국 외무부

번 호 : JW-02380

착신전보

암 호
종 별

일 시 : 211825

수 신 인 : 외무부 장관 귀하

62.2.21

건명: 김종필 부장과 이께다 와의 회담.

김종필 부장은 금 2월 21일 오전 10시부터 약 1시간 30분간 이께다 수상과 회담하였는바 (아측 배석자: 본인 및 최참사관, 일측 배석자: 오히라 관방장관, 스기 수석, 이세끼 국장), 한일회담에 관하여는 본인과 스기 수석대표간에 합의되어있는 정치회담 개최의 선을 재확인하는 이야기를 하였기 보고함. 상세는 금 22일 파우치편으로 보고위계임.

수석대표

수신시간:

외 신 과

외담제 3 — 81 호

1962. 2. 22.

[illegible]

수 신: 외무부장관

제 목: 김종필 중앙정보부장과 이께다 수상과의 회담 보고
(연: JW-02360 호, 62. 2. 22.)

연호 전문으로 우선 보고한 바 있는 김종필 중앙정보부장과 이께다 수상과의 회담에 관하여 아래와 같이 보고하나이다.

1. 일시:

1962 년 2 월 21 일 오전 10:00 — 11:30

2. 장소:

수상 관저

3. 회담 내용(한일회담에 관한) :

(1) 이께다 수상은 정치회담의 장소를 동경으로 정하는 것이 좋겠다고 말하고, 그 이유는 국회에 대한 관계가 있으며 또 국민에 대한 자극을 피하기 위하여서라고 설명하였음. 그러나 회담 장소에 관한 결정은 한바 없음.

(2) 이께다 수상은 정치회담의 회수는 적어도 2 회 이상이 필요 할 것이며, 서울과 동경에서 개최하자고 말하였음.

(3) 이께다 수상은 일측 대표로서는 고사까 외상을 생각할 수 있으나, 국회 대책 관계로 분주 하여 서울 파견은 곤란하다고 말하였으며, 또 최종의 정치회담은 거물급 대표로 하자고 말하였음.

- 3 -

(4) 이께다 수상은 정치회담에서 어업, 청구권, 선박 문제가 결정되어야 하며, 일측으로서는 이미 "벳짱" (마루) 이 결정되어 있으니 정치회담에서 청구권에 관한 액수 표시가 있을 것이라고 말하였음.

(5) 이께다 수상은 회담 결과 한일 양국이 체결하게될 협정에 대한 가조인은 5 월 중에 있게될 것이라고 말하였음.

(6) 이께다 수상은 한일문제를 조속히 해결하고 싶은 바, 일본 국민으로부터 심한 반대가 나오지 않도록 "PR" 가 필요하다고 말하였음. 끝

한일회담 수석대표 배

회담종료후 일반문서로
재분류

5. 池田總理, 金鍾泌韓國中央情報部長會談要旨, 1962. 2. 21 日本外交文書 1821, 여덟 번째 문서

1962년 2월 21일 개최된 김종필 중앙정보부장과 이케다 총리 간 회담 요지가 기록된 일본 측 문서다.

일본 측 기록이 한국 측 기록보다 훨씬 상세하게 되어 있다.

번역

이케다 총리, 김종필 한국 중앙정보부장 회담 요지

1962. 2. 21, 아시아국

금 21일 오전 10시부터 1시간 반에 걸쳐 총리 관저에서 개최된 본 건 회담의 개요는 다음과 같다.

(배석자 일본 측: 오히라 관방장관, 스기 수석대표, 이세키 아시아국장, 이도 비서관, 한국 측: 석정선 중앙정보부 제2국장, 배 대사, 최 참사관)

김 부장　박 의장이 안부를 전해달라고 했다.

이케다　박 의장과 만나게 되어 매우 좋았다고 생각한다. 동 의장은 미국에서도 평판이 좋은 듯 하다. 나는 이전부터 한국 문제에 매우 큰 관심을 가지고 있었다. 작년 방미 시에도, 케네디 대통령에 대해 한국에 좀 더 관심을 가져달라고 했다. 그때 케네디는 풀브라이트 의원과 맨스필드 의원에게도 당신(이케다)의 생각을 이야기해 놓으라고 했는데, 그 시간이 없어 지난번 로버트 케네디가 일본에 왔을 때 한국 문제에 관해 양 의원에게도 내 생각을 전달해 달라고 이야기했더니, 로버트 케네디는, 박 의장의 방미 후 한미 관계가 좋아졌으며, 양 의원의 생각도 변하였으므로 재차 전달할 필요는 없을 것으로 생각한다고 말했다.

김　박 의장의 방미는 성공적이었으나, 출발 전에는 어수선했다. 다시 말해 처음에 미국 측은 형식적인 대우를 생각하고 있었기에, 나(김종필)는 대단히 화가 나서 박 의장의 방미 스케줄을 전부 바꿈으로써 결국 좋은 결과로 끝난 것이다. 그런데 오늘은 이렇게 뵙게 되었는데 무언가 선물이 없는지.

이케다　당신이야말로 선물이 없는가.

김　나도 최근 일본 사정을 잘 듣고 있다. 그 결론은, 모든 게 총리의 결의 여하에 달려있다는 느낌이다.

이케다　종래, 일본 내부에서도 내가 다 한다고 하는 정보를 흘리는 인간도 있었으나, 최근에는 이러한 인간이 줄어들었으며, 일한 문제가 정부 대 정부의 형태로 궤도에 올랐다고 생각한다. 나로서는 크게 할 작정이지만, 서로 국내 사정이 있고, 일본에서는 GARIOA 문제, 타이 특별 엔 문제, 일한 문제, 춘계 임금 인상 투쟁 등을 서로 얽히게 하여 일부 사람들이 소란스럽게 하고 있다. 그래서 가급적 국내 여론을 자극하지 않도록 진행해 나갔으면 하고 생각 중이다.

김　　이번에 동남아시아를 돌면서 느낀 것은 위정자는 잘하더라도 국민이 이것을 이해하지 못하면 위정자와 국민 사이에 갭이 있는 것처럼 보인다는 것이었다. 그런 점에서 일본에서는 청년층도 잘 이해한다고 생각한다.

이케다　　한 나라가 번영하기 위한 기초는 교육에 있다. 교육이 철저히 이루어지면 상하의 갭도 없어지리라 생각한다.

김　　그런데 정치 절충은 예정대로 개최될 수 있는 것으로 기대하고 있는데 어떤가.

이케다　　정치 절충이라고 하는 단어는 그 이치를 뺀 채 무언가를 결정하는 듯한 나쁜 울림을 준다. 여러 가지 어려운 문제가 뒤엉키는 점도 있지만, 3월이 되면 협의에 응할 용의가 있다. 그러기 위해 누군가가 (일본에) 오는가. 나는 정치 절충의 사전 준비는 도쿄에서 하는 편이 좋다고 생각한다.

김　　실무 절충으로는 결말이 나지 않으므로 책임자 간에 대승적 입장에 서서 정치 절충을 하고 싶다. 일본 국내에 난문이 있는 것은 알겠지만, 그렇기 때문에 기다린다면 차례차례 그 어려운 문제들이 수면 위로 올라오는 것은 아닌가.

이케다　　한국에는 국회가 없지만 일본에는 국회가 있다는 차이점이 있다. 정치적으로 정했다고 하는 것이 되면 그 근거를 명확히 하라고 할 것이다. 그런데 실제 문제는, 증거 서류가 없는 것이 많다는 것이다. 내가 들은 바로는, 우편저금은 어느 정도 서류가 갖추어져 있는 것 같은데, 징용 노무자는 살아있는지 죽었는지도 모르고 또한, 한국 측은 받는 돈을 본인에게 전달하는지 그렇지 않은지도 분명히 하지 않고 있으며, 은급에 관해 평화조약 발효 후에는 어찌할지에 관한 문제도 있다. 작년 11월의 이케다·박 회담에서 청구권은 법적 근거가 있는 것에 한한다고 하는 것이 확인되었는데, 실제 문제가 되면 무엇이 법적 근거가 있는지를 정하는 것이 매우 어렵다.

김 내가 동남아시아를 돌면서 현재의 국제 정세하에서는 한 나라만으로는 잘해 나갈 수 없다는 것을 마음 속 깊이 느꼈다. 미국이 거액의 돈을 각국에다 쓰는 것도 그렇기 때문이며, 아시아에서는 일본이 미국과 마찬가지의 입장에 있다고 생각한다. 일본 국민은 이러한 점을 알지 못할까. 따라서 한일 문제에 관해서도 하나하나 세세한 것은 말하지 말고 긴 안목으로 한국의 장래를 생각하면서 커다란 입장에서 고려해 주기 바란다. 이러한 의미에서 각하가 결심해 주기를 간절히 바라고 있다.

이케다 그렇게 하기 위해서는 단계가 있다. 일본에는 세계관을 달리하는 사람들이 있으며, 이러한 사람들을 힘으로 밀어붙일 수는 없으므로 가급적 모두를 납득시키면서 해 나가기를 원한다.

김 민주주의 원칙에 따르는 것은 좋은 일이나, 결국 사회당과 그 외는 죽지 않는 한 생각을 바꾸지 않을 것이다.

이케다 사회당과 그 외의 사람들이 생각을 바꾸는 것이 아니라 그들이 포기한다고 할까, 쓸데없는 반대를 하지 않도록 하고 싶은 것이다.

김 포기할 때까지라고 말씀하시지만, 현재의 긴박한 국제정세를 생각하면 그렇게 오래 기다릴 수는 없는 것 아닌가. 이에야스 식이 아니라 노부나가 식으로 하기를 바란다.[30]

이케다 나는 역시 이에야스 식이 좋다고 생각한다.

김 동남아시아를 걸으면서, 한 나라의 경제가 부흥하면 국민의 생활 수준도 높아지고, 공산 침략에도 견디어 낼 수가 있게 되지만, 그러기 위해서는 시간이 걸리며, 그 사이 공산주의는 기다려 주지 않는다는 것을 느꼈다.

이케다 '울 때까지 기다린다'라고 하는 것은 아무것도 하지 않고 손을 놀리는 것을 의미하지는 않는다. 빨리 울도록 손을 쓰는 것을 생각하는 것이다. 나는 1955년 공화당이 민주당에 대승한 직후, 뉴욕에 가서 재무부장관를 하던 슈나이

30 난관에 부딪혔을 때의 일 처리 방식을 일본의 전국시대를 통일한 오다 노부나가, 도요토미 히데요시, 도쿠가와 이에야스 3인이 두견새를 울리는 방식에 빗대어 한 말이다. 오다 노부나가는 "두견새가 울지 않으면 죽여 버려라", 도요토미 히데요시는 "울지 않으면 울게 하라", 도쿠가와 이에야스는 "울지 않으면 울 때까지 기다려라"라고 함으로써 각각의 성정(性情)을 표현한 것이다.

더를 만났는데, 그 때 슈나이더는 "선거에 이기고 새로운 공화당원이 많이 늘어났지만 그들은 투쟁심이 지나치게 강한 것 아닌가 걱정하고 있다"라고 말했다. 이 말을 듣고 일본에 돌아와 보니, 일본에서는 때마침 경직법(경찰관 직무집행법) 문제가 발생하였다. 거기서 나는 기시 총리(당시)에게 결단코 무리하게 강행하지 말라고 말했다. 나는 관용과 인내가 중요하다고 생각하고 있다.

김　　　정치 절충의 시기는 언제가 될 것인가.

이케다　　빠른 편이 좋다고 생각하나, 회담을 할 수 있는 정세를 만든 후가 아니면 안 된다. 그러나 회담을 늦추고자 하는 것은 아니다. 무리하지 않는 형태로 하고 싶다는 생각인데, 그 방법이 문제라고 생각한다. 따라서 도쿄에서 스기, 배 양 수석대표 간에 이야기를 하고 서울에 거물이 가지 않는 방식은 어떤가 생각하고 있다.

김　　　스기, 배 합의에 따르면 3월 10일까지 정치 절충을 하는 것으로 이해하고 있다. 만일 이것이 조금씩 늘어진다면 곤란하다.

이케다　　예산이 중의원을 통과하면 국회 심의는 고비를 넘기게 되므로, 협의를 시작할 수 있다. 그러나 그것은 3월 10일경에 시작할 수 있다는 의미로, 그때 결론을 낸다고 하는 것은 아니다. 회담은 어떠한 형태로 개최하는 것이 되는지.

최 참사관 정계의 거물이 누군가 실무자를 데리고 서울에 가는 것으로 되어 있다.

이케다　　반드시 서울에서 개최할 필요가 있는가.

김　　　반드시 서울이라고는 말하지 않겠다. 요는 너그러운 마음으로 할 작정이다. 따라서 형식, 방법에는 얽매이지 않을 작정이다.

오히라　　한국으로서는 서울 쪽이 좋다는 생각인가.

김　　　그렇다. 일본에서 거물이 와서 한국 국민이 일본 측에 성의가 있다고 생각토록 할 필요가 있다.

오히라　그렇다면 그 방향으로 생각해 보자.

김　　　박 의장은 이 정치 절충에 대단히 큰 기대를 하고 있다.

최　　　양 수석대표의 합의는 박 의장에게도 보여드렸으며, 의장도 읽어 잘 알고 있다.

이케다　　내가 생각하고 있는 것은 회담 전체를 잘 마무리하기 위해서는 어떻게 하는 것이 가장 좋을까 하는 것이다.

김 양 수석대표 합의에 있는 정치 절충을 시작하는 것을 재확인할 수 있겠는가.

이케다 그 점은 좋다. 그러나 거물이 서울에 가는 것은 문제가 아닌가 생각한다. 스기, 배 양 수석대표 간에 정치 절충이 불가능한가. 가능토록 하고 싶다. 현재의 실무급의 절충은 평행선을 달리고 있으며 지나치게 실무적이다. 따라서 양 수석대표가 정치적으로 절충했으면 하고 생각하는 것이다.

김 각하의 결심 여하에 따라 무엇이든 가능하다고 생각한다. 이제 결심해 줄 수 없겠는가.

이케다 할 수 있는 것은 할 수 있지만, 국내의 반응을 생각하고 있는 것이다.

김 일본의 신문 논조가 최근 90도 바뀌어, 회담하기가 매우 쉬어진 것은 아닌가. 시간을 끌면 차례로 선거라든지 무언가가 생기는 것은 아닌가.

이케다 정치 절충에 들어가는 것은 좋다. 그러나 그 방법이 문제라고 하는 것이다.

김 방법이 확실히 문제이긴 하다. 가는 사람이 거물이라면 정치 절충이 되고 그렇지 않으면 실무 절충이 된다.

스기 대표 총리의 말씀은 약간 더 기반을 다진 후라는 의미다

김 기반 다지기라고 해도 결국 양쪽이 자기 주장만 하고 결말이 나지 않는 상황이 될 뿐이다.

이케다 물론 큰 문제도 있지만, 예를 들어 평화조약 발효 후의 은급을 어찌할 것인가라든가, 징용 노무자에 대한 보상금을 본인에게 전달할 것인가 아닌가와 같은 실무적인 문제도 있다. 한편, 청구권뿐만 아니라 어업이나 법적지위도 함께 하기를 원한다.

김 그 점은 문제없다.

이케다 나로서는 처음은 도쿄가 좋다고 생각한다. 그리고 문제를 청구권에 국한시키지 않고 했으면 한다.

김 한국 측으로서는 청구권이라고 하는 명칭에는 반드시 집착하지 않는다.

이케다 예를 들어, 일한 양국 국민이 앞으로 사이좋게 되기 위해서의 자금으로 지

불한다고 하면 어떤가.

김　　　그렇게 되면 한국 국민은 납득하지 못할 것으로 생각한다. 단적으로 말해서 과거의 청산으로 반환한다고 하는 그런 어법이면 좋겠다.

이케다　그렇게 되면 일본이 한국에 놔두고 온 재산을 어찌할 것인가 하는 문제가 발생한다. 어떻게 하든 내가 생각하는 것은 현재의 실무 절충과는 다른, 마무리하기 위한 절충을 하고자 하는 것이며, 이것을 정치 절충이라고 부르면 되지 않겠는가. 물론 최후에는 이른바 거물들끼리 정치 절충을 할 필요도 있겠지만.

김　　　언제까지 마무리할 생각인가.

이케다　빠른 편이 좋은데, 결국 참의원 의원선거 전 정도가 되지 않겠는가.

최　　　합의에는 '5월 중에 마무리할 수 있도록 노력한다'로 되어 있다.

김　　　이번에 정치 절충이 시작되면 일본 측은 청구권의 금액 틀을 제시할 것인가.

이케다　그 금액 틀을 제시하기 전에 정해야 할 문제가 있다. 다시 말해 각 항목마다 지불할 것인가 지불하지 않을 것인가를 하나씩 차례대로 정리해 나가는 것이 좋을 듯.

배　　　스기 씨와 내가 정치 절충을 해도, 그러한 문제를 정리할 수는 없다. 나는 훈령을 받아 움직이는 것이고, 그러한 문제는 나에게 훈령을 보내는 사람이 하지 않으면 정리되지 않는다.

김　　　일본이 동남아시아 각국에 배상을 지불한 때에는, 하나하나 계산해서 금액을 낸 것이 아니다. 우리는 이번 정치 절충에 있어 일본 측이 금액의 틀을 제시할 것으로 생각했다. 틀이 정해진다면 세목은 금방 정해질 것으로 생각한다. 일본 측에 진심으로 마무리할 생각이 있다면 이 정도는 필요하다고 생각한다. 이번에는 어떻게 하든 틀을 제시해 주기를 바란다.

이케다　지금 당장 거물이 가서 이야기가 마무리되지 않는 것과 같은 것이 되어버리면, 그 후가 이어지지 않을 우려가 있다. 게다가 스기 씨는 거물이다. 재계에서는 최고 지위의 인물이며 정계에도 커다란 힘을 가지고 있다.

김　　　한국 측이 거물이 와 주었으면 하는 것은 거물이 오면 틀이 정해질 것이라는 의미가 있다는 것이다.

이케다　최후에는 그렇게 할 생각이다.

김　최후에는 이케다 총리와 박 의장 간에 정하면 어떨까 생각하고 있다.

스기　그리 도달하는 과정으로서 우선 손을 대자고 하는 것이 총리의 생각이라고 본다.

이케다　배 수석대표에게 의미있는 훈령을 보내주기 바란다. 우리 측은 스기 씨로 충분하다. 만약 스기·배 사이에 마무리가 안 되면 한국 측이 내게 직접 희망하는 금액을 제시해 주기 바란다. 그렇게 하면 내가 생각해 보겠다.

김　한국 측도 결단을 하지 않은 것은 아니다. 따라서 말할 수도 있겠지만, 그것을 말할 상대가 누구인가가 문제다. 그리고 일본 측에서 어찌했든 금액이 정해지지 않은 단계라면 한국 측도 말할 수 있는 단계는 아니다. 나는 회담은 대체적으로 마무리 지을 단계에 와 있다고 생각한다. 그러한 전제하에서 양국의 외무대신이 왕래하면서 교섭하는 것은 어떤가. 고사카 대신을 서울에 보내주시지 않겠는가.

이케다　고사카 대신은 국회 관계로 4월 10일경까지는 갈 수 없다. 한국 쪽에서 누군가가 도쿄에 오지 않겠는가.

김　그 때는 일본 측에서 금액을 제시하겠는가.

이케다　좋다. 내 결심은 섰다.

김　그렇다면 다음과 같이 이해해도 좋겠는가.

(1) 3월 10일에 정치 절충을 시작한다.

(2) 이 정치 절충은 현재의 양 수석대표 이외의 인물이 한다.

(3) 이 절충에서는 청구권의 금액 및 기타 문제를 다룬다.

(4) 장소는 도쿄로 한다.

(5) 회담을 5월 말까지 타결하도록 노력한다.

이케다　좋다. 나는 교섭을 반드시 마무리할 생각이다.

池田総理、金鍾泌韓国中央情報部長会談要旨

37.2.21
アジア局

本21日午前10時より1時間半にわたり総理官邸において行なわれた本件会談の概要次のとおり。(陪席者、日本側、大平官房長官、杉首席代表、伊関アジア局長、伊藤秘書官、韓国側、石正善中央情報部第二局長、裵大使、崔参事官)

金部長　朴議長よりくれぐれもよろしくとのことです。

池田総理　朴議長とお会いして非常によかつたと思つている。同議長は米国でも評判がいいようだ。自分は以前から韓国問題に非常な関心をもつている。昨年訪米の時も、ケネディ大統領に対しもつと韓国に関心をもつようにと話した。その時ケネディから、フルブライト議員やマンスフィールド議員にもあなた(池田)の考えを話しておいてくれといわれたが、

2

その時間がなかつたので、先日ロバート・ケネディが来日した時韓国問題にふれ、両議員にも自分の考えを伝えてくれと話したところ、ロバート・ケネディは、朴議長の訪米後米韓関係がよくなり、両議員の考え方も変つてきているから、改めて伝える必要はないと思うと答えていた。

金　朴議長の訪米は成功だつたが、出発前にはごたごたがあつた。すなわち、はじめ米側はとおり一ぺんの待遇を考えていたので、自分（金）は大いにおこつて、朴議長の滞米スケジュールをすつかり変えさせ、結局いい結果に終つたわけである。ところで、今日お目にかかつて何かおみやげがいただけますか。

池田　あなたの方から置きみやげはないのか。

金　自分も最近日本の事情をよくきいている。この結論は、すべて総理の決意如何にかかつているという感じがする。

池田　従来、日本内部にも、おれがやつているのだというような情報を流す人間もあつたが、最近はこのような人間がへり、日韓問題が政府対政府というような形で軌道にのつてきたと思つている。自分としては大いにやるつもりだが、お互いに国内事情があり、日本では、ガリオア問題、タイ特別円問題、日韓問題、春季賃上げ闘争等をからませて一部の者が騒ごうとしている。そこで、なるべく国内世論を刺激しないように進めて行きたいと思つている。

金　今度東南アジアを廻り、為政者はよくやつても国民がこれを理解せず、為政者と国民の間にギヤツプがあるように見うけられた。その点日本では青年層もよくものがわかつていると思う。

4

池田　一国が栄えるもとは教育である。教育が徹底すれば上下のギャップもなくなると思う。

金　ところで、政治折衝は予定どおり開けるものと期待しているが、どうか。

池田　政治折衝という言葉は、理屈ぬきでものをきめるような悪いひびきがある。

いろいろ難問とからむ点もあるが、3月になれば話合いに応ずる用意がある。そのために誰が来られるのか。自分は政治折衝の下ごしらえは東京でやつた方がいいのではないかと思う。

金　事務折衝ではらちがあかないから、責任者の間で大乗的立場に立つた政治折衝をやることにしたい。日本国内に難問があることはわかるが、だからといつて待つていれば次々に難問が出てくるのではないか。

池田　貴国には議会がないが日本には国会があるという相違がある。政治的にきめたということになると、その根拠を明らかにせよといわれる。ところが、実際問題としては、証拠書類のないものが多々ある。自分のきいたところでは、郵便貯金はある程度書類がそろうそうだが、徴用労務者は生きているのか死んでいるのかもわからずまた、韓国側はうけとつた金を本人に渡すのかどうかもはつきりせず、さらに、恩給について平和条約発効後をどうするかという問題もあり、昨年11月の池田・朴会談で請求権は法的根拠のあるものに限るということが確認されたものの、実際問題となると、何が法的根拠があるかをきめるのは極めて難しい。

金　自分は東南アジアを廻つて、現在の国際情勢下では一国だけでは立つて行けないということをしみじみと感じた。米国が巨額な金を各国につかつているのもそのためであり、アジアでは日本が米国と同じような立場にあると思う。日本国民はこういう点はわかるのではなかろうか。従つて日韓問題についてもい

6

ちいち細かいことはいわないで長い目で韓国の将来を考え、大きな立場から考慮してほしい。この意味で閣下が決心されることを切望する。

池田　それにはステップがある。日本には世界線を異にする人達がおり、これらの人を力でおしまくるわけにはいかないので、なるべく皆を納得させてやつて行きたい。

金　民主主義のルールに従うのはよいことだが、結局社会党その他は死なない限り考えを変えないだろう。

池田　社会党その他の人達の考えを変えるのではなく、それらの人々があきらめるというか、無茶な反対をしなくなるようにしたいと考えているのである。

金　あきらめるまでといわれるが、現在の緊迫した国際情勢を思えば、そう長く待てないのではないか。家康式でなく信長式にやつてほしい。

池田　自分はやはり家康式がよいと思う。

金　東南アジアをあるいて、一国の経済が復興すれば国民の生活水準も上り、共産侵略にたえられるようになろうが、これには時間がかかり、その間共産主義は待つていないだろうということを感じた次第である。

池田　「鳴くまで待つ」というのは無為に手をつかねているということではない。早く鳴くように手をうつことを考えているのである。自分は昭和32年に共和党が民主党に大勝した直後、ニューヨークに行き、財務部長官をやつたシュナイダーに会つたが、その時シュナイダーは「選挙に勝ち、新しい共和党員がたくさん出てきたが、彼らはどうも闘争心が強すぎるのではないかと心配である」と話していた。これをきいて日本に帰つたら、日本ではちようど警職法問題が起きていた。そこで自分は岸総理（当時）に対し、決して無理おしをしないようにと話した。自分は寛容と忍耐とが大事だと考えている。

金　政治折衝の時期はいつになるのか。

池田　早い方がよいと思うが、会談をやれる情勢を作つた上でなくてはならない。しかし会談を延ばすつもりではない。無理のない形でやりたいと思うので、やり方が問題だと思う。そこで東京で杉、裵両首席代表の間で行なうこととし、ソウルに大物が行くのではないやり方はどうかと考えている。

金　杉、要申合わせによれば3月10日までに政治折衝を行なうことになつていると了解している。もしこれがずるずる延びるようでは困る。

池田　予算が衆議院を通過すれば国会審議はやまを越すだろうから、話を始められる。ただそれは3月10日頃に始めるという意味で、その時結論をだすというのではない。さて、会談はどういう形でやることになつているのか。

崔参事官　政界の大物が誰か事務当局をつれてソウルに来てもらうということになつている。

10

池田　どうしてもソウルでやる必要があるのか。

金　是非ソウルというわけでもない。要するにおおらかな気持でやるつもりである。従つて、形式、方法にはこだわらないつもりである。

大平長官　韓国としてはソウルの方がよいというお考えか。

金　そのとおりである。日本から大物が来るということで、韓国国民に日本側に誠意があると思わせる必要があるわけである。

大平　ではその方向で考えよう。

金　朴議長はこの政治折衝に非常に大きな望みをかけている。

崔　両首席代表の申合わせは朴議長にも見せ、議長もよく読んで知つておられる。

池田　自分が考えていることは会談全体をうまくまとめるためには、どうやつたら一番いいかということである。

金　両首席代表申合わせにある政治折衝を始めるということを再確認していただけるか。

池田　その点はよろしい。ただし、大物がソウ

11

ルに行くことは問題ではないかと思う。杉、裵両首席代表の間で政治折衝がやれないのか。そして、もう少し問題を煮詰めた上で大物が出て行くようにしたい。現在の事務レベルの折衝は平行線を辿つており、事務的すぎる。そこで両首席代表が政治的に折衝してもらいたいと考えるわけである。

金　閣下の決心如何で何でもできるはずだと思う。この際肚をきめていただけないか。

池田　できることはできるが、国内の反応を考えているわけである。

金　日本の新聞論調は最近９０度位変り、非常に会談がやりやすくなつているのではないか。時間を延ばせば次々に選挙とか何かが起つてくるのではないか。

池田　政治折衝に入ることはよい。しかしそのやり方が問題だといつているのだ。

金　やり方が確かに問題である。行く人が大物ならば政治折衝になり、然らざれば事務折衝になる。

杉代表　総理のいわれるのはもう少し地ならしをしてからという意味である。

金　地ならしといつても結局水かけ論になるばかりだ。

池田　もち論大きな問題もやらせるが、たとえば、平和条約発効後の恩給をどうするかとか、徴用労務者への補償金を本人に渡すかどうかというような事務的問題もある。なお、請求権だけでなく、漁業や法的地位もいつしよにやることにしたい。

金　その点は結構である。

池田　自分としては、当初は東京がよいと考える。そして問題を請求権だけに限らないでやりたいと思う。

金　韓国側としては、請求権という名称には必ずしもこだわらない。

池田　例えば、日韓両国民が今後仲よくなるための金として払うというのはどうか。

金　それでは韓国民は納得しないのではないかと思う。端的にいえば、過去の清算として返還するというふうな言い方ならばよいのだが。

池田　そうなると日本が韓国に置いてきた財産をどうするかという問題が起る。いずれにせよ、自分が考えているのは、現在の事務折衝とは異るまとめるための折衝をやろうということであり、これを政治折衝とよべばよいのではなかろうか。勿論最後にはいわゆる大物同士の政治折衝をやる必要もあろうが。

金　いつまでにまとめるおつもりか。

14

池田　早い方がよいが、結局参議院議員選挙前位だろうか。

崔　申し合わせには「5月中にまとめるよう努力する」となつている。

金　今度政治折衝を始めれば日本側は請求権の枠を出すか。

池田　枠を出す前にきめる問題がある。すなわち、各項目毎に払うか払わないかを逐次片づけて行くのがよかろう。

裵大使　杉さんと自分とで政治折衝をしても、そういう問題を片づけることはできない。自分は指令をうけて動いているのであり、そういう問題は、自分に指令を出す人がやらなければ片づかない。

金　日本が東南アジア各国に賠償を払つた時には、いちいち計算して金額を出したのではない筈だ。われわれは今度の政治折衝において日本側から枠を示してもらうものと思つていた。枠さえできれば細目は早くきまると思う。

15

日本側に本当にまとめる気があるならば、これ位のことは必要だと思う。この際はどうしても枠を示してもらうようお願いする。

池田　今直ちに大物が出かけて話がまとまらないということになると、あとが続かなくなるおそれがある。それに杉さんは大物である。財界では最高地位の人だし、政界にも大きな力がある。

金　韓国側が大物に来てほしいというのは、大物がくれば枠がきまるという意味においていっているのである。

池田　最後にはそうするつもりである。

16

金　最後は池田総理と朴議長との間でおきめ願つてはと考えている。

杉　それらに至る過程として荒ごなしをやろうというのが、総理の考えだと思う。

池田　裵首席代表に相当の指令を出してもらえないか。わが方は杉さんで結構だと思う。もし杉・裵間でまとまらなければ、韓国側から直接自分に対し韓国の希望する金額を示してほしい。そうしたら 自分が考えよう。

金　韓国側としても肚がきまつていないわけではない。従つて、いえばいえるのだが、それを言う相手が誰であるかが問題である。それから、日本側で何れも枠がきまつていない段階では韓国側としても言える段階ではない。自分は会談は大詰めにきていると思つている。そういう前提の下に、両国の外務大臣が往来して交渉するのはどうだろうか。小坂大臣をソウルに寄越していただけないか。

池田　小坂大臣は国会の関係で４月１０日頃までは出かけられない。韓国の方から誰か東京

17

に寄越してくれないか。

金　その時は日本側から枠を示していただけるか。

池田　よろしい。自分の肚はきまつている。

金　それでは次のように了解してよろしいか。

(1)　3月10日に政治折衝を始める。

(2)　この政治折衝は現在の両首席代表以外の者で行なう。

(3)　この折衝では請求権の枠並びにその他の問題をとり上げる。

(4)　場所は東京とする。

(5)　会談を5月末までに妥結させるよう努力する。

池田　結構です。自分は交渉を必ずまとめるつもりである。

6. 김종필 중앙정보부장과 고사카 외상 간의 회담 내용, 1962. 2. 22

한국 외교문서 795, 김종필 특사 일본 방문, 1962. 2. 19–24

1962년 2월 22일 김종필 부장과 고사카 외상 간 회담 내용을 보고한 문서(전문)다.

대한민국 외무부

번 호: JW-02393
일 시: 221445
[62.2.22]

착신전보

수 신 인: 외무부 장관 귀하

금 22일 오전 9시 30분부터 약 1시간에걸쳐 일본 고사가 외상과 회견하였아옵기 이에보고하며 김종필 중앙정보부장이 별도로 박의장에 본건에관하여 보고가 있을것임을 첨언함.

일반문서로 재분류(1966.12.31)

- 기 -

출석자. 일본측: KOSAKA 외상.
TAKEUCHI RYUJI 외무차관.
KAWAMURA ZENHACHIRO 외무정무차관.
ISEKI YUJIRO 아세아 국장.

4, 6, 30

한국측: 김종필 중앙정보부장
배의환 주일대사.
최영택 참사관.
석정선 중앙정보부 제 2국장.

1. 본회담에서 김정보부장은 동남아 제국방문소감에대하여 말하였음.
2. 한일회담에관하여서는 고사가 외상은 정치회담을 서울에서 개최하는것에 이의가 없는것같이 말하였으며 이세끼 국장은 서울과 동경 양장소에서 할수있다고 하였음.
3. 고사가 외상은 독도문제를 국제사법재판소에 제소하고 한국측이 이에 응소할것을 원한다고 하였으며 김부장은 별 실질적 가치없는 섬문제를 일본이 그렇게 심하게할필요 없다고 생각한다고 말하고 일본의 희망을 박의장에게 전달하겠다고말하였음.

수신시간:

외 신 과

접 수

4. 미곡수출문제에관하여 문의하였던바 고사가 외상은 한국미를 수입하기로 결정된듯말하였으나 그수량에대하여서는 언급하기를 회피하였으며 작 21 일에 고노 농상은 국회에서 야당측으로부터 한국미 수입에대하여 심한 공격을 받았다고 말하였음.

주일대사

외 신 과

7. 재산청구권 문제에 관한 해결방안에 관한 검토, 1962. 2. 13

한국 외교문서 733, 제6차 한일회담 제1차 정치회담 도쿄,
1962. 3. 12－17, 전2권(V.2 최덕신－고사카 외상회담, 1962. 3. 12－17)

최덕신－고사카 외상회담(제1차 정치회담) 개최에 앞서 한국 측의 재산청구권 문제의 해결방안에 관한 검토 의견이 담긴 문서다.

財産請求權問題에 関한 解決方案에
関한 検討

I. 이 問題에 関한 日本側의 態度

(1) 日本側은 財産請求權問題의 解決을

a) 請求權에 對한 弁済

b) 無償援助

c) 長期低利借款 의 三方式으로 하려는

생각을 가지고 있다. 그리고 이 中 特히 経済協力 (主로 借款関係)에 関하여는 財産請求權問題의 解決이 있기 前에 行할 것을 希望하고 있다.

(2) 前記 三方式에 依한 解決을 為하여 日本側은 그 額數를 다음과 같이 생각하고 있다고 傳해져 있다.

가) 純弁済方式에 依한 것

所謂 個人関係 請求權을 中心으로 하여 外務省은 五千萬弗 乃至 七千萬弗, 大蔵省은 五千萬弗 乃至 六千萬弗線을 計算하고 있다고 하고 있다.

승인양식 1-1-2

을지)

나) 無償經濟援助 方式에 依한 것

이에 關해서는 아직껏 具体的인 數字는 報道되지 않고 있으나 日本側으로서는 前述 가)의 額數에 對한 韓國側의 不滿을 없애기 爲한 妥協手段으로서 請求權에 該當하는 特定項目은 이 無償援助의 形式으로 提供하여 韓國側과 日本國民을 撫摩하려는 것으로 짐작된다.

다) 有償經濟援助 方式에 依한 것

이것은 元來 對日請求權에 對한 辨濟와 性格上 無關한 것이나 日本側은 上記 가) 및 나)에서의 韓國側의 不滿額을 메꾸는 手段으로 생각하고 있는 바, 額數에 關하여는 二億弗 程度라는 說이 있다.

額數에 關하여 現在까지 報道된 것은 各種이 있어서 一定된 것이 없으나 이를 綜合하여 보면 總計 三億 乃至 五億弗로 豫想할 수 있다.

승인양식 1—1—2 (16절지)

II. 經濟開発五個年計劃 中 外資需要에 関한 検討

第一次 經濟開発五個年計劃가운데서 計劃遂行을 為하여 全期間中 所要되는 外資는 約二十四億弗로 되어 있다. 그런데 同外資의 獲得 "소-스"에 있어서 若干의 無理가 있는 것이 事實이다. 그러한 外資의 gap을 메우는 데는 結局 日本으로부터 온 資金으로서 充當하는 것이 가장 좋은 그리고 可能한 方法이라 하겠다. 이러한 点에서 볼때 五個年計劃遂行에 있어서 日本으로부터 財産請求權弁済額로 可能한限 많은 額數를 받는 것이 우리側에 有利하다는 것은 再言을 要치 않는다.

그러나 請求權에 對한 両側主張이 너무나 懸隔한 差異가 있으므로 우리側이 實質的으로 損을 보는 일이 없는 方法을 擇함이 必要하다고 생각된다.

이제 需要될 外資의 獲得可能性이라는 面에서 検討하여 보면 別表 I과 같다.

別表 I의 検討結果 約四億七千萬弗의 缺損予想額數가 나오는 바, 이 額數는 五個年計劃遂行上 絶対的으로 確保하여야 할 額數

승인양식 1-1-2 (16절지)

이다. 따라서 이것은 對日請求權 關係 交涉에 있어서 우리側 請求額數의 最低 라인 設定에 있어서 重要한 barometer가 되는 것이다.

그리고 同 請求額數를 지금 나누어 본다면 約 三億七千萬弗이 支拂援助와 無償關係로 나오는 것이고 나머지 約 一億弗이 借款關係로 나오는 것인데, 이러한 點은 前記 三方式에 依한 資金의 分割 配定에 있어서 參考가 되는 것이다.

III. 이 問題에 關하여 우리側이 取할 方案

(1) 于先 日本側 請求權問題 解決에 對한 基本方式에 關하여 日本側의 思考方式인 前記 3方式은 現在 우리側에서도 暗默的으로 이를 是認하고 있는 바인데, 交涉의 圓滑化, 그리고 우리나라 經濟開發의 基本이 되는 五個年計劃의 圓滑한 遂行 等 여러가지 觀点에서 三方式에 依하여 問題를 解決한다는 前提下에 交涉에 임하도록 한다.

(2) 三方式에 關하여는 具體的으로 다음과 같은 主張을

승인양식 1—1—2 (16절지)

取하도록 한다.

가) 法的根據가 強하고 必要한 證憑資料도 相當한 程度로 具備되어 있는 것은 끝까지 純辨濟의 立場을 固守한다. (例 遞信部 關係債權, 日本銀行券 等)

나) 法的根據가 強하나 證憑資料가 不完全한 것은(이것은 大部分 日本側에 資料가 있음) 證憑提出을 日本側에 強力히 要求하여 第一次的으로 純辨濟를 要求할 것이나 日本側의 態度를 보아 (特히 辨濟用意額數를 보아) 無償援助 方式으로 解決한다. (例 徵用者未收金, 補償金 等)

다) 其他 兩側間에 見解對立이 懸隔한 部分은 有償援助方式으로 解決토록 한다.

라) 特히 有償援助에 關하여는 条件이 問題되는 것인 바 對日請求權과의 關連的인 面을 強調하여 國際借款보다 顯著히 우리側에 好條件인 借款을

승인양식 1-1-2 (16절지)

提供받도록 한다. (借款條件에 關하여는 조금 더 具体的으로 後論한다.)

그리고 有償援助로서의 援助額數決定에 있어서는 財産請求權 內容에 根據하는 것보다 特히 五個年計劃 所要資金 또는 其他 計劃遂行 所要資金의 面을 더욱 重視하여 決定하도록 한다.

X (3) 財産請求權 內容에 關하여는 別表와 같은 範疇에 따라 請求를 提起키로 한다. 但 所謂 實務的인 面에 있어서 日本側의 具体的 態度表明이 없으므로 日本側에서 具体的인 見解의 開陳이 있는대로 (日本側은 近間 會談公式會議에서 意見을 開陳하겠다고 하였음) 再檢討後 調整키로 한다.

(4) 三方式 中 純辨濟方式에는 條件이 附帶될 餘地가 없으나 無償經濟援助 및 有償經濟援助에는 여러가지 條件이 附帶될 可能性이 있는 바, 다음과 같은 立場을 取하기로 한다.

승인양식 1—1—2 (16절지)

가) 無償援助

特히 資金의 使用方途에 關한 条件의 附帶은 日本側이 要求할 可能性이 많으나 原則的으로 同援助額 使用에 있어 我側이 実質的인 権限을 갖도록 하여야 함.

나) 有償援助

通常的으로 다음과 같은 条件이 附帶되는 바 別表 3 과 같은 国際的 慣例 等을 比較하여 条件別로 検討하여 보기로 한다.

ㄱ. 償還期間

援助機関 또는 国家에 따라 다르고 또한 事業에 따라 다르나 日本으로부터의 導入 最小限 20年 以上의 償還期間을 두도록 한다.

ㄴ. 据置期間

前記 償還期間에 準하여 적어도 五年동안을 据置期間으로 한다.

ㄷ. 利子率

이것 亦是 援助機關 또는 國家,
그리고 事業에 따라 여러가지 差異가
있으나, 國家間 借款의 境遇
通常은 年 3~5%로 되어 있으나
美國은 一般的으로 3~3.5%
蘇聯의 境遇는 2~2.5%의
例도 있고 또한 中共의 對 버마
借款같이 無利子의 例까지 있음에
비추어 事業別로 差異를 두어야
하겠지만 最高 年 3% 넘는 것이
없어야 한다.

ㄹ. 返濟通貨

援助는 主로 円貨 또는 生産物로
行하여질 것으로 생각되는 바,
返濟의 境遇 円貨, 圜貨, 生産品
中 好便한 것으로도 返濟할 수
있도록 한다.

ㅁ. 其他

其他 手數料나 担保나 하는 条件이
있을 수 있으나 그러한 条件은 一切
붙지 않도록 한다.

승인양식 1—1—2 (16절지)

(5) 民間人間의 援助는 如何한 境遇라 하더라도 財産請求權의 解決과 (具体的 金額調整에 있어서) 連関이 없어야 한다.

(6) 여기에 따라서 韓日間 貿易의 結果 現在 兩國間 淸算計定上 韓國側의 負債가 約 四千七百萬弗 있는 바, 이것은 財産請求權問題 解決時 包含되도록 한다.

승인양식 1—1—2 (16절지)

別表 1

外資需要額獲得豫想表(1)

單位: 億美弗

	計劃上外資需要額	計劃期間中獲得豫想額	缺損額
SA	6.72	(2) 5	1.7
PL 480	2.33	2.33	—
KFX (原資材)	7.64	9.5 (3)	2
KFX (施設材)	2.26		
ICA 施設材	0.23	0.23	—
借款	4.26	(4) 3	1
AID GRANT	0.09	0.09	—
民間援助	0.63	0.63	—
合計	24.16		(4.7)

승인양식 1-1-2 (16절지)

(別表 1에 関한 說明)

(1) 獲得豫想額은 어디까지나 槪略的인 豫想額數이므로 正確한 数字가 아니다. 따라서 『計劃期間中 獲得豫想額』과 『欠損額』을 合한 것이 반드시 『外貨需要額』과 一致하지 않는다. 그리고 本 豫想表는 經濟企劃院 関係官들과의 非公式会合의 結果 整理된것이다

(2) 美国의 支援 援助(SA)는 每年 減小하는 傾向에 있다. 따라서 五个年計劃에 있어서도 目標年度 까지 每年 減額計上하고 있으나 그래도 過重評価하고 있는 傾向이 若干 있다고 볼수있다. 조금더 堅実히 每年 援助를 平均 一億弗로 算定한다면 計劃期間을 通하여 約 五億弗의 援助만 있게 되는 것이며 따라서 約 一億七千萬弗의 欠損額이 発生하게 되는 것이다.

(3) KFX (Korean Foreign Exchange) 로 必要한 外貨는 表에서와 같이 約 九億九千萬弗이 된다. 그러나 KFX 또는 其他

승인양식 1—1—2 (16절지)

關係로 收入豫定인 外資는 約十一億五千萬弗이 되는바 그것을 細分하여 보면 다음과 같이 된다.

ITEM	金額
輸出	5億弗
UN軍軍納 및 其他收入	6.5億弗
UN軍 軍納	5.09 億弗
政府收入	0.4 〃
旅行者 收入	0.17 〃
運輸 및 保險關係	0.39 〃
各銀行 外貨保有	0.23 〃
其他	0.4 〃

그런데 輸出에 依한 收入이 若干誇張된 感이 있고 軍納 其他收入에 있어서의 差跌을 豫想하여 約二0%를 "리스크"로 본다면 約二億弗의 缺損額이 나오게 된다

(4) 約四億二千萬弗의 借款의 導入 "소-스"를 檢討하여 보면 다음과 같은데

승인양식 1-1-2 (16절지)

國家 또는 機關	額 數
美 國	1.64 億弗
西 独	1.09 〃
伊太利	0.43 〃
I D A	0.3 〃
其 他	0.8 〃
合 計	4.26 〃

그中 未確定部分인 其他의 八千萬弗을 餘裕있게 보아 一億弗의 欽損額을 본것이다。

승인양식 1-1-2 (16절지)

別表 2

財産請求權 問題 解決方案

請求內容 項	請求內容 內容	우리側 提示額(態度)	日本側 態度	앞으로의 解決方案 解決方式	第1案	第2案	第3案	備考
第一項	(地金銀) 地金 地銀	249屯 67屯	合法的인 賣買行爲에 依한 것이므로 請求根據 無	無償援助	5億	2億5千萬	1億5千萬 ~~3億5千萬~~	1. 第1案에서는 實質価額 全額請求 2. 第2案에서는 半額만 請求 3. 第3案 ~~第2案과 같이~~ 에서는 1億이 [illegible]
第二項	(通信部關係) 郵便貯金等 簡保 및 年金 海外為替,貯金 凍結送金	12億 1億3千萬 7千萬 4千萬	3億7千萬? 1億! (外)5百萬 態度 不明	請求權	10億	7億5千萬	7億5千萬 4億(請求) 3億5千萬(無償)	1. 第1案에서는 郵便貯金에서 韓,日人 比率을 6:4로 하여 7億8千萬円을 計上하고 남어지는 原案과 같이 하였음. 2. 第2案에서는 郵便貯金 5:5로 6億5千萬, 簡保 1億으로 計上하고 남어지는 [illegible] 追加要求로 할 수 있는 点에서 [illegible]. 3. 日本側은 十億은 [illegible] 十億을 請求權, 남어지는 無償으로 받음. (第3案)
第三項	(移替國債)	第5項 國債外 併合討議	左同		左同	左同	左同	
第四項	(在日支店財産) 閉鎖機關令 SCAPIN 1965號 關係	全財産 請求 (資料提示要求)	韓國人持分은 認定? (資料提示하겠음)	請求權	韓國人持分만 請求 (X)	左同	左同 △	1. 全財産請求는 法的根據로 보아 無理 2. 韓國人持分 는 請求權 [illegible] 數이 [illegible].
第五項	① 各種有価證券	87億	個人所有分은 現物提示條件으로 認定	請求權	6億	6億	6億 2億(請求) 4億(無償)	1. 第1案에서는 法人([illegible]), 通信部關係로 되어 現金保有額數를 合理 請求權으로 要求 2. 第2案은 第1案과 같으나 第3案에서는 6億中 2億(個人所有分)은 請求權으로 남어지 4億은 無償으로 받도록 함
(續)	2. 日本銀行券等	15億2千萬	北으로 燒却分, 華北 中央儲備銀行券等은 支拂困難	請求權	15億	15億	15億	北으로 燒却分 및 華北, 儲備銀行券等을 除外한 日本銀行券 主 燒却分 15億은 第3案에서까지 끝까지 維持

~2~

請求項目 項	內容	우리側 提示額(態度)	日本側 態度	앞으로의 解決方案 解決方式	第1案	第2案	第3案	備考
(繼續) 第五項	3. 被徵用者未收金	2億 3千萬	根據없는 額數[illegible] (要 資料 제출)	請求權 無償援助	2億	2億	1億(弗) (3.~5. 一括)	1. 資料 제출後 나온 數字가 基礎가 될 것이나 本項[illegible]의 最大限의 差額은 3千萬円으로 보았음 / 第3案에서는 日本側의 態度를 考慮해 三者를 綜合 1億弗을 無償援助로 要求함.
	4. 被徵用者補償金	3億 6千萬(弗)	1. 未收金과 同一取扱 2. 生存者分 不認定 3. 未收關係 資料 제출 必要	請求權 無償援助	1億8千萬(弗)	1億(弗)		1. 第一案에서는 生存者分 1億8千萬中[illegible] 1億8千萬弗만 請求. 2. 第二案에서는 5萬名×[illegible]으로 計算하여 1億弗로 하였음.
	5. 恩給	3億	1. 未收金은 認定 2. 國籍喪失과 [illegible]	請求權 無償援助	3億	3億		1. 第1案, 第2案에서 共히 請求權으로서 要求
	6. 歸還者寄託金	1億 1千萬円	朝鮮解放 關係分은 不認定	請求權	548百万	548百万	548百万	朝鮮解放 關係分은 撤回하고 오직 日本稅關[illegible] 請求하는 것.
	7. 生命保險	4億 54萬円	第6項과 같이 討議	請求權 無償援助	2億	2億	~~2億~~ [illegible]	2億까지라면 請求權 혹은 無償의 形式은 가리지 않음. ([illegible])
第六項	韓國人의 對日本 政府 또는 個人에 對한 請求	1. 5項까지 包含되지 않은 請求權 訴訟能力 認定 2. 時效의 中斷([illegible])	1. 具體的 態度表示 回避 2. 訴訟의 繁雜化를 憂慮		主張 貫徹	左同	左同	1. 이것은 個人權利保護上 반드시 貫徹해야 함. 2. 例示하면 戰爭中 [illegible] 個人損害, 南方에서 軍의 [illegible] 保險等이 있음. 3. 5項의 生命保險도 [illegible]
第七項	利息請求	元金에 對한 [illegible]까지의 利息請求	具體的 態度表示없이 否定的 態度		讓步	左同	左同	適當한 [illegible] 請求하여 [illegible] 考慮하여 讓步하는 것.
第八項	辨濟期間	兩側間 特別協議를 하자는 態度	左同	辨濟의 方式[illegible]	左同	左同	대강의 [illegible]에 關해서는 本文에서 言及하였음.
其他	韓日間 淸算計定 問題		淸算 要求	[illegible] 解決[illegible]	左同	左同	지금까지의 兩國間 貿易關係로 [illegible] ([illegible] 日本[illegible])

I 급 비밀

(외교비밀)

案	項目	金額		比率 / 合計
第一案	請求權	¥3.858百万 ≒ $257百万 $ 180百万	$437百万	(15:1)
	無償援助	¥ 500百万 ≒ $ 33百万 清算計定関係 日本側 抛棄		$470百万
第二案	請求權	¥3,608百万 ≒ $241百万 $ 100百万	$341百万	(15:1)
	無償援助	¥ 250百万 ≒ $ 17百万		$358百万
第三案	請求權	¥2.158百万 ≒ $ 143百万		(15:1)
	無償援助	¥1.200百万 ≒ $80百万 $ 100百万 ⊕請算計定関係. $ 46百万	$180百万	$323百万 + $ 46 = $369百万

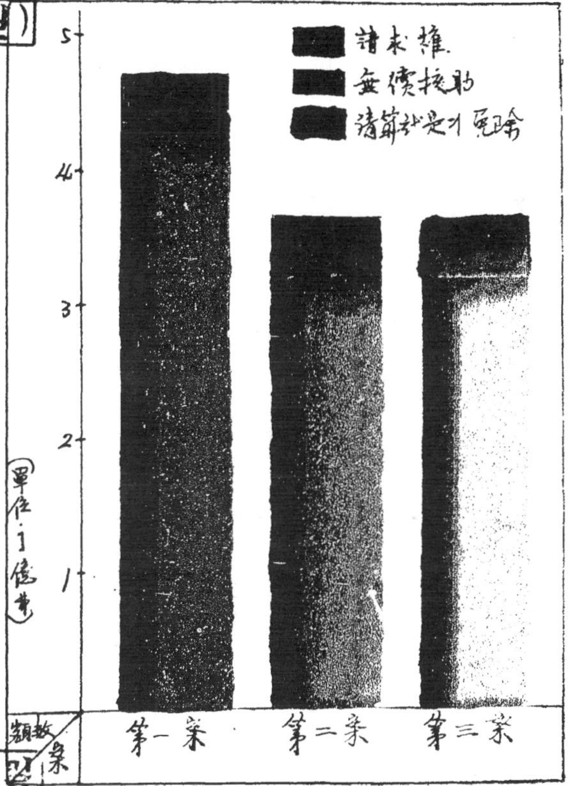

(외교비밀)

韓日 經濟關係에 關한 諸段階
(主로 經濟協力 問題와 關聯하여)

一. 現段階

1. 오늘날 歐洲共同市場의 劃期的 發展(英國의 加入에 따라 머지 않은 將來에 歐洲自由貿易聯合의 全加盟國의 加入이 豫想되며 阿弗利加 諸國도 이에 加入하려는 趨勢에 있음) 傾向과 南美諸國의 共同市場化 運動에 따르는 世界經濟의 地域化와 美國의 buy American 政策의 影響에 따라 日本은 貿易上의 市場 狹窄으로 因한 外貨保有量의 減少 傾向(每年씩 減少하고 있음)을 克服하려고 海外市場의 確保와 開拓에 無盡한 努力을 하고 있다.
이에 日本은 韓國을 自國의 經濟市場 進出地로서 注視하고 있다. 韓日會談 妥結로써 日本이 얻는 最大利益은 經濟的 進出에 있다고 하겠다.
日本으로서는 兩國의 懸案問題 解決前이라도 「經濟協力」을 推進시켜 所期의 目的을 達成하려는 눈치가 보이고 있다. 더욱 最近 우리나라와 西獨, 伊太利, 美國 等과의 民間 借款 契約이 活潑化 됨에 따라 日本側은 對韓經濟進出의 好機를 놓칠가 바 焦燥한 感을 갖게 되었음은

승인양식1-1-2 (16절지)

豫測할 수 있는 바이다

2. 한便 우리側으로 보아서는 經濟開發 5個年 計劃의 円滑한 進行을 爲해서라도 日本과의 經濟協力이 要望되는 바이지만 그렇다고 해서 「長期低利借款」을 骨子로 하는 經濟協力이 活潑化하여지면 그에 比例하여 請求權問題(純辨濟와 無償援助)의 比重이 弱化되어 우리側의 外交交涉에 不利한 結果를 가져오게 된다.

3. 따라서 現狀況下에서 우리로서는 經濟協力은 뒤에 미루는 立場을 堅持하여 日本側으로 하여금 早速히 會談 懸案問題를 解決하는 方向으로 나오도록 press 함이 可한 바, 적어도 財產請求權問題에 關한 双方間의 合意가 이루어질 때까지는 政府間 레벨의 經濟協力(여기서는 주로 借款)에 關한 交涉이 行하여 져서는 안됨은 勿論 民間 베이스의 投資(保稅加工貿易 또는 合弁會社等 包含)라 할지라도 政府의 支拂保證等을 前提로 하는 經濟協力도 行하여지지 않도록 留意하여야 할 것이다. 그러나 前述한 條件이 없는 民間 베이스의 經濟協力으로서 比較的 小規模의 것은 許容하여도 無妨할 것이며 그는 상관

승인양식1-1-2 (16절지)

兩國 國民間의 往來·交易도 許容하여도 可할 것이다.

二. 會談 懸案問題가 解決될 때까지

日本側의 態度로 보아 財産請求權問題를 純請求權, 無償援助, 借款의 三方式에 依하여 解決하려는 것은 避치 못할 原則일 것 같다. 따라서 앞으로 있을 政治的 交涉에 있어서는 無償援助와 借款에 關한 額數와 方式에 關하여도 原則的인 合意가 이루어지야 할 것이며 그後에는 合意된 原則에 따라 技術的인 實務討議와 함께 韓日經濟協力에 關한 導入態勢 問題도 具體的으로 論議될 것이다. 이期間中에는 同交涉을 效果的이고 迅速하게 進展시키기 爲하여 日本政府 또는 民間의 經濟使節團의 訪韓도 受諾함이 可할 것이며 經濟協力에 關한 交涉도 公開的으로 行함이 좋을 것이다.

三. 懸案問題 解決에 關한 合議後 國交正常化가 이루어질 때까지

懸案問題 解決에 關한 協定文에 署名이

승인양식1-1-2 (16절지)

되면 兩側이 各各 國內法節次에 따라
批准同意를 하게 되는데 이 期間은 最大限
二, 三개월 걸릴 것이다. 그런데 協定案에
署名이 行하여진 後라도 日本國會에서 拒否
當할 可能性도 全혀 없지 않으므로 우리로서는
署名과 同時에 經濟協力을 開始하다가
國交正常化로 나감은 賢明치 못한 일이다.
따라서 同期間中에는 經濟協力을 爲한 具體的
條項 乃至 細目 등 方案樹立과 準備를 爲하여
努力을 傾注하여야 할 것이다.

승인양식1—1—2 (16절지)

財產請求權 問題 解決方案

項	請求項目 項目	우리側 提示額(態度)	日本側 態度	解決方式	第一案	第二案	第三案	備考
第一項	(地金銀) 地金 地銀	249屯 67屯	合法的인 重要行爲에 依한 것이므로 請求根據 無	無償援助	5億	2億5千萬	1億5千萬	1. 第一案에서는 重量兩額 全額 請求 2. 第二案에서는 半額을 請求 3. 第三案에서는 1億5千萬円만 請求
第二項	(遞信部關係) 郵便貯金等 簡保 및 年金 海外爲替 및 貯金等 債券受取金	12億 1億3千萬 7千萬 4千萬	3億7千萬? 1億 ? 態度不明 ()5百萬 "	請求權	10億	7億5千萬	7億5千萬 { 4億(請求) 3億5千萬(無償) }	1. 第一案에서는 郵便貯金에서 韓,日人比率을 6:4로 하여 7億8千萬円을 計上하고 있어서는 余案이 같이 함. 2. 第二案에서는 郵便貯金 5:5로 6億5千萬 簡保 1億으로 計上하고 있어서는 韓國側에 有利한 追加要求도 할 수 있는 點에서 [illegible] 3. 日本側은 4億을 考慮하는 것 같으므로 4億은 請求權으로서는 無償援助로 對處함. (第三案)
第三項	(移管國債)	第5項 國債와 併合討議	左同		左同	左同	左同	
第四項	(在日支店 財產) 閉鎖機關令 SCAPIN 1965號 關係	全財產 請求 (資料提示要求)	韓國人持分은 認定? (資料提示要求)	請求權	韓國人持分만 請求 (4千萬円)	左同 (4千萬円)	左同 (4千萬円)	1. 全財產 請求는 法的根據로 보아 無理 2. 韓國人 持分 4千萬円은 第6項中에 包含시키도록 함
第五項(續)	1. 各種有價證券	87億	100%持分은 現物 提示條件으로 認定	請求權	6億	6億	6億 { 2億(請求) 4億(無償) }	1. 第一案에서는 法人(在外會社), 遞信部關係 등 合計 現物保有有價證券은 全額 請求權으로 要求 2. 第二案은 第一案과 같으나 第三案에서는 6億中 2億은 100%持分으로 請求權으로 보아서 4億은 無償援助로 보도록 함.
	2. 日本銀行券等	15億2千萬	[illegible] 本店, 中央銀行으로 朝鮮銀行券의 支拂困難	請求權	15億	15億	15億	[illegible] 本店, 殖産銀行券等을 除外한 日本銀行券 [illegible] 15億은 第三案까지 같이 維持하도록 함.

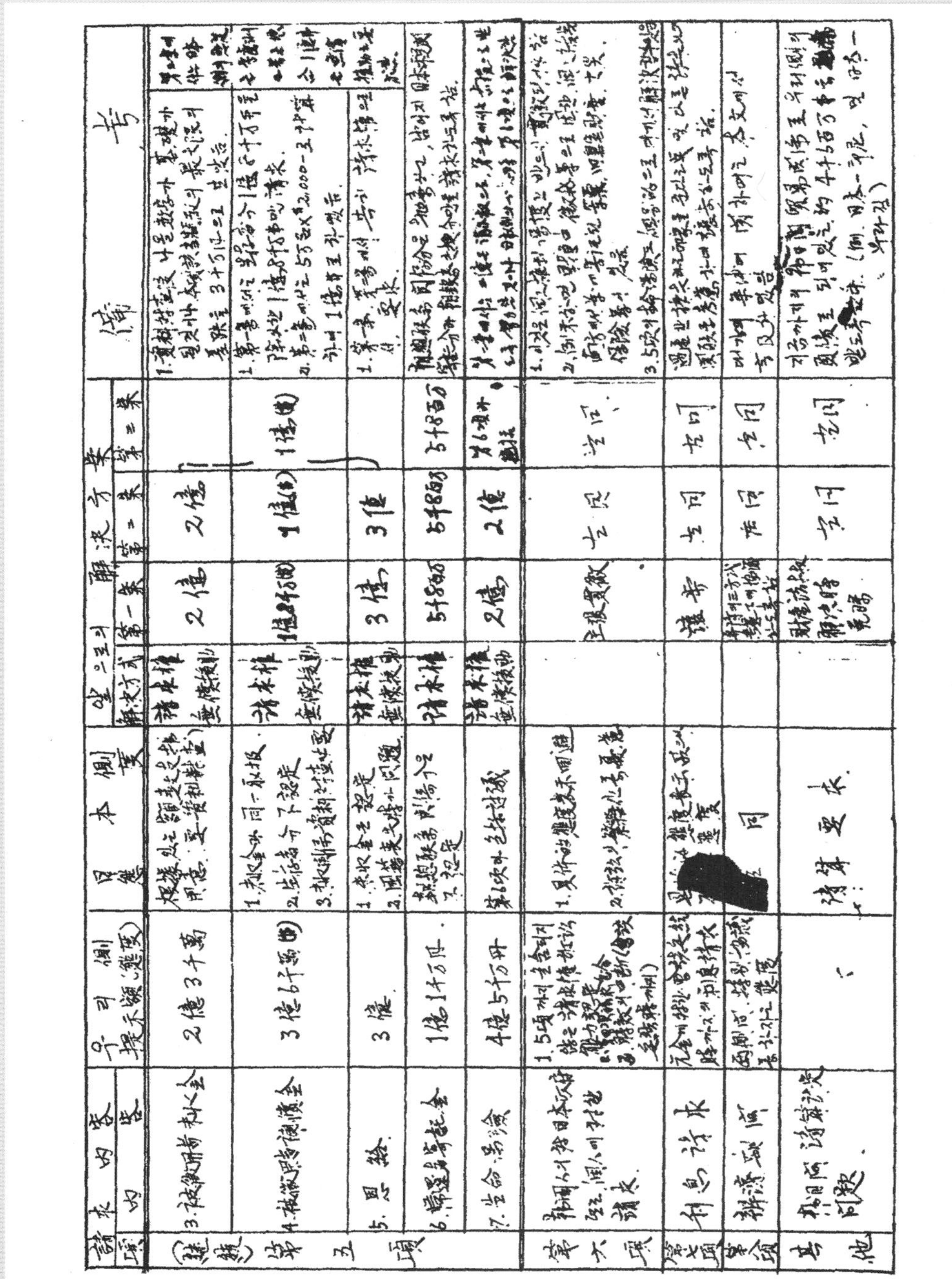

請求內容 項目	請求內容 內容	우리側 提示額(要求)	日本側 見解	앞으로의 解決方式	解決方案 第一案	解決方案 第二案	解決方案 第三案	備考
(建議) 第五項	3. 被徵用者 未收金	2億 3千萬	[illegible]	請求權 [illegible]	2億	2億		[illegible]
	4. 被徵用者 補償金	3億 6千萬(弗)	[illegible]	請求權 [illegible]	1億2千5百萬	1億(弗)	1億(弗)	[illegible]
	5. 恩給	3億	[illegible]	請求權 [illegible]	3億	3億		[illegible]
	6. [illegible]	1億 1千5百	[illegible]	請求權	5千8百万	5千8百万	5千8百万	[illegible]
	7. [illegible]	4億 5千万	[illegible]	請求權 [illegible]	2億	2億	[illegible]	[illegible]
第六項	[illegible]	[illegible]	[illegible]		[illegible]	左同	左同	[illegible]
[illegible]	利息 請求	[illegible]	[illegible]		讓步	左同	左同	[illegible]
[illegible]	[illegible]	[illegible]	同		[illegible]	左同	左同	[illegible]
其他	[illegible]	[illegible]	請求 要求		[illegible]	左同	左同	[illegible]

I급비밀

(외교비밀)

案	區分	金額	小計	合計
第一案	請求權	¥ 3,858百萬 ≒ $257百萬 $ 180百萬	$437百萬	$470百萬
	無償援助	¥ 500百萬 ≒ $33百萬		
	淸算計定	$ 46百萬		$46百萬
第二案	請求權	¥ 3,408百萬 ≒ $227百萬 $ 100百萬	$327百萬	(15:1) $357百萬
	無償援助	¥ 450百萬 ≒ $30百萬		
	淸算計定	$ 46百萬		$46百萬
第三案	請求權	¥ 2,158百萬 ≒ $143百萬		(15:1) $303百萬
	無償援助	¥ 900百萬 ≒ $60百萬 $ 100百萬	$160百萬	
	淸算計定	$ 46百萬		$46百萬
第四案	請求權	$ 100百萬		$260百萬
	無償援助	$ 160百萬		
	淸算計定	$ 46百萬		46百萬

I급비밀

(외교비밀)

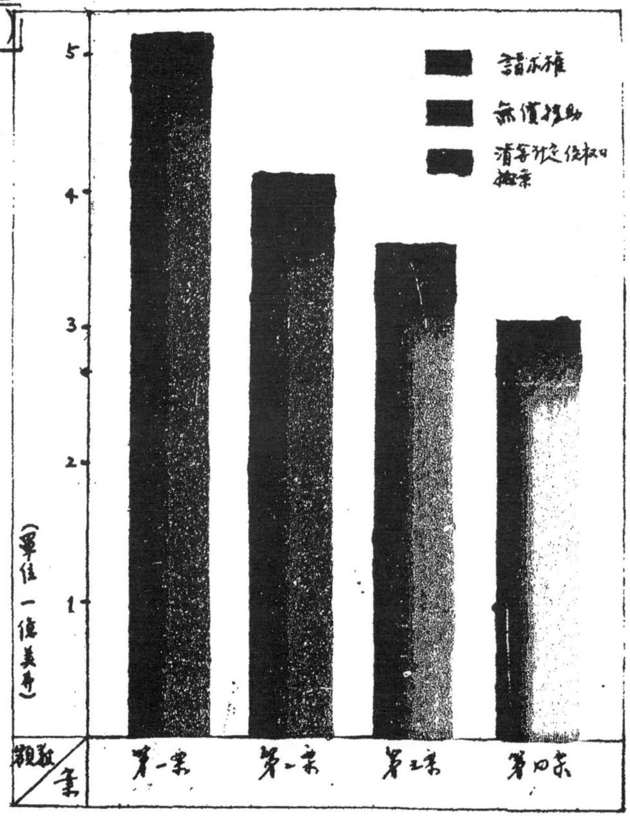

8. 한일 간 정치 교섭 시 재산청구권 문제에 관하여 우리 측이 취할 방안에 관한 건의(가제목: 태령로 1호)

한국 외교문서 733, 제6차 한일회담 제1차 정치회담 도쿄, 1962. 3. 12-17, 전2권(V.2 최덕신-고사카 외상회담, 1962. 3. 12-17)

한일 외상회담(제1차 정치회담) 개최를 앞두고 작성한 재산청구권 문제에 관한 한국 측 방안이 담긴 문서다.

<별첨 2>

기 안 용 지

자 체 통 제		기안처	외무부 정무국 아주과	전화번호 2-1862	근거서류접수일자
과장	국장		차관		장관
관계관 서명	경제협력과장 통상국장				
기안 년월일	1962. 2. 23	시행 년월일		보존 년한	정서 기장
분류 기호		전체 통제		종결	
경유 수신 참조	건 의		발신		

제목: 한일간 정치 교섭시 재산청구권 문제에 관하여 우리측이 취할 방안에 관한 건의 (가제목: 예봉로 1호)

오는 3월초에 있을 예정인 한, 일 양국간 정치적 교섭에 있어서 한일회담 현안문제 중 재산청구권 문제에 관하여 우리측이 취할 방안을 별첨과 같이 건의함. 끝

본 건 내용은 외무부 장관의 허가없이 누설함을 금함.

재분류 과장 최 광 수

II급 비밀로 재분류(정치적 교섭 종료후)

별첨물과 분리시 비밀이 아님

승인양식 1—1—3 (190mm × 260mm16절지)

정치적 교섭에 있어서 재산청구권 문제에

관하여 우리측이 취할 방안

1. 일본측의 태도

가. 일본측은 재산청구권 문제의 해결을

ㄱ. 청구권에 대한 변제

ㄴ. 무상 원조

ㄷ. 장기저리 차관의 3방식으로 하려는 생각을 가지고 있다.

그리고 이중 특히 경제협력 (주로 차관 관계) 에 관하여는 재산 청구권 문제의 해결이 있기전에 행할 것을 희망하고 있다.

나. 선기 3 방식에 의한 해결을 위하여 일본측은 그 액수를 다음과 같이 생각하고 있다고 전하여져 있다.

(1) 순 변제 방식에 의한것

소위 개인관계 청구권을 중심으로 하여 외무성은 5천만불 내지 7천만불, 대장성은 5천만불 내지 6천만불을 계산하고 있다고 하고 있다.

(2) 무상 경제원조 방식에 의한 것

이에 관하여는 아직까지 구체적인 숫자는 보도되지 않고 있으나 일본측으로서는 전술 (1) 의 액수에 대한 한국측의 불만을 없애기 위한 타협수단으로서 청구권에 해당하는 특정항목은 이 무상원조의 형식으로 제공하여 한국측과 일본국민을 무마하려는 것으로 짐작된다.

(3) 차관 방식에 의한것

이것은 원래 재산청구권에 대한 변제와 성격상 무관한 것이나 일본측은 상기 (1) 및 (2) 에서의 한국측의 불만액을 메꾸는 수단으로 생각하고 있는바, 액수에 관하여는 2억불정도라는 설이있다.

액수에 관하여 현재까지 토의된것은 각층에 있어서 통일된것이 없으나 이를 종합하여 보면 총계 3억 내지 5억불로 예상할수 있다.

다. 정치적 교섭에 있어서 일본측은 전기 3방식에 의한 액수를 종합한 총액만을 결정하고 그 총액을 다시금 구분하는것은 실무적인 토의로 넘기려고 하고 있다.

2. 경제개발 5개년 계획중 외자수요에 관한 검토

정치적 교섭에 의하여 일본측으로부터 받을 금액을 고려함에 있어서는 경제개발 5개년 계획에서 소요되는 외자의 사정이 중요한 고려 요소가 되어야 할것이다.

제 1 차 경제개발 5개년 계획 가운데서 계획 수행을 위하여 년기간중 소요되는 외자는 약 24억불로 되어 있는바, 동 외자의 획득 "소-스"를 보면 약간의 우리가 있는것이 사실이다. 그러한 외자의 Gap 를 메꾸는데 있어서는 결국 일본으로부터 올 자금으로서 충당하는것이 가장 좋은, 그리고 가능한 방법이라고 하겠다. 이러한 점에서 볼때 5개년 계획 수행에 있어서 일본으로부터 재산청구권 변제로서 가능한한 많은 액수를 받는것이 우리측에게 유리하다는 것은 재언을 필요로 하지 않는다. 그러나 청구권에 대한 양측 주장이 너무나 현격한 차이가 있으므로 우리측이 실질적으로 손해를 보는일이 없는 방법을 모색함이 필요하다고 생각된다. 이제 수요될 외자의 획득 가능성이라는 면에서 검토하여 보면 별표 (1) 과 같다.

별표 (1) 의 검토결과 약 4억 7천만불의 결손 예상액수가 나오는바, 그 액수는 5개년 계획 수행상 절대적으로 확보하여야 할 액수인 것이다. 따라서 이것을 대일 청구권 관계 교섭에 있어서 우리측 청구액수의 최저라인 설정에 있어서 중요한 "바로메타" 로 하도록 한다.

그리고 동 결손액수를 다시금 나누어 본다면 약 3억 7천만불이 지원원조와 무역관계로 나오는 것이고 나머지 약 1억불이 차관 관계로 나오는 것인바, 이러한 점을 전기 3방식에 의한 자금의 분할 배정에 있어서 참고하도록 한다.

3. 우리측이 취할 교섭 방안

가. 재산청구권 문제 해결 방식에 관하여 일본측의 사고 방식인 전기 3방식은 금번 우리측에서도 원칙적으로 시인하고 있는바, 정치적 교섭에 당할 때에는 교섭의 용이화, 그리고 우리나라 경제개발의 기본이 되는 5개년 계획의 원활한 수행등 여러가지 관점에서 3방식에 의하여 문제를 해결한다는것을 명확히 하도록 한다.

나. 원칙적으로 정치적 교섭에 있어서는 3방식에 의한 액수를 종합한 총액 및 그 내역과 지불원칙등만을 결정하고 구체적인 것은 그뒤의 실무적 교섭에 맡기도록 한다.

다. 3방식에 관하여는 구체적으로 다음과 같은 입장을 취하기로 한다.

(1) 법적 근거가 강하고 소요 증빙자료도 상당한 정도로 구비되어 있는것은 끝까지 순 변제의 입장을 고수한다. (예: 체신부 관계 채권, 일본은행권 등)

(2) 법적 근거가 강하나 증빙자료가 불완전한것은 (이것은 대부분 일본측에 자료가 있음) 증빙제출을 일본측에 강력히 요구하여 제 1차적으로는 순 변제로 요구할것이나 일본측의 태도를 보아 (특히 변제 용의 액수를 보아) 무상원조 방식으로 해결하도록 한다. (예: 징용자, 미수금, 보상금등)

(3) 기타 양측간에 견해 대립이 현격한 부분은 차관 방식으로 전환하여 해결토록 하는바, 재산청구권과의 관련적인 면을 강조하여 유상 원조는 국제 관례보다 현저히 우리측에 유리한 방향으로 제공받도록 한다(차관 조건에 관하여는 조금더 구체적으로 후술함)

라. 정치적 교섭에 있어서는 우리측이 최저선에서 받아야할 순 변제 (純辨濟) 및 무상원조 (無償援助) (차관을 제외함) 에 의한 액수는 별표2 의 4안에서 표시된 바와 같이 각각 최저 약 1억 불 및 1억 6천만불로 합계 2억 6천만불이고 청산계정상의 채권 4천 6백만불은 일본측이 포기한다는 것을 전제로 하여 총액 결정 교섭에 임하여야 할것인바, 우리측에서는 물론 총액 8억불로부터 시작하여 6억불선까지를 순차적으로 제시하여야할것이나

만약 일본측이 이에 응하지 않고 5억불선을 고집할 경우에는 동 액수 고섭하겠음으로 가하다고 생각하며 또한 최악의 경우 일본이 4억불선을 제시하고 끝끝내 양보하지 않고 회담 결렬의 가능성이 보일때에는 4억불선으로 타협하되 이때에는 4억불중 적어도 2억 6천만불이상은 순대로 변제 및 무상원조에 의한것이고 청산계정상의 일본측 채권 4천 3백만불은 일본측이 포기한다는 양해를 얻도록 최대한의 노력을 다하도록 한다.

4. 3방식에 의한 차금 수입 조건에 관한 검토

가. 순 변제에 의한 차금

이 방식에 의한 차금의 변제는 "현금 및 일시불에 의한 변제" 가 원칙일 것이나 일본측은 차금의 년차별 지불, 변제 자금에 관한 일본측의 부분적 "콘트롤" 을 주장할 것이다. 이에 대하여는 다음과 같이 주장하여 나가도록 한다.

(1) 차금의 년차별 지불 문제

제 1 차적으로는 차금의 일시불을 주장할 것이나 이의 관철은 난망일 것임에 비추어 년차별 지불에 응하되 완불 기간을 경제 5개년 계획과 관련하여 5년으로 하며 변제 액수에 관하여도 초년도가 가장 많고 완불 년도에 갈수록 적게하는 체감 (遞減) 방식을 택할것을 주장하도록 한다.

(2) 변제 자금의 통화 및 "콘트롤" 문제

첫재로, 변제 통화는 미불화가 최상일 것이나 이것은 거의 기대가 불가능하므로 원화로 받아도 좋다고 생각한다.

둘재로, 변제 자금에 관한 "콘트롤" 문제에 관하여 일본측은 극단의 경우 일본정부가 추천하는 업체로부터 일본측이 지정하는 상품을 구입하는데 동 자금을 사용하도록 주장할것으로 짐작되는바, 우리측은 이에 대하여 이자금은 어디가지나 우리가 당연히 받아야할 자금이라는 입장에서 다음과 같은 단계에 의하여 주장을 하여 나가도록 한다.

(가) 제 1차적으로 자금의 "콘트롤"은 한국측만이 행하고 물품의 구매 지역이나 대상에 제한을 받지 않도록 주장한다.

(나) 위가 관철되지 않는 경우라 하더라도 자금의 "콘트롤"은 완전히 한국측만이 하되, 단지 구매 지역을 일본에 국한한다는 정도 까지만 양보하고 그이상은 양보하지 않도록 한다.

나. 무상 원조에 의한 자금

이에 의한 자금의 성격은 순 변제에 의한 것과 또 다르므로 동 자금의 처리에 관하여 일본측은 여러면에서 상당한 "콘트롤"을 하려고 할것으로 짐작되는바, 우리측은 되도록 그러한 "콘트롤"이 최소한으로 국한되도록 다음과 같이 주장하여 나가도록 한다.

(1) 자금의 년차별 지불 문제

이에 관하여는 순변제에 의한 자금과 마찬가지로 년차별 지불로 하되 완불 기간을 5년으로하고 체감 방식을 택하도록 한다. (단, 이의 결정에 있어서는 액수의 크기에 따라 어느정도 신축성을 갖도록 한다)

(2) 자금의 "콘트롤" 문제

우리측은 무상원조에 의한 자금이 재산청구권의 해결과 심각한 관련을 가지고 있음을 지적하여 제 1 차적으로는 자금의 처리에 있어서 일본이 개입함을 반대할것이나 최저선으로서 "물품구입에 있어서 구매구역과 대상에 관하여 일본측과 협의한다"는 선까지만 양보하도록 한다.

다. 차관에 의한 자금

통상적으로 다음과 같은 조건이 부대되는바, 여러가지 국제적 관례를 비교하여 다음과 같이 주장하도록 한다.

(1) 상환 기간

원조기관 또는 국가에 따라 다르고 또한 사업에 따라 다르나 일본으로부터의 경우 최소한 20년 이상의 상환기간을 두도록 노력한다.

(3) 거치 기간

전기 상환기간에 준하여 적어도 5년 동안을 거치 기간으로 한다.

(3) 이자율

이것 역시 원조기관 또는 국가, 그리고 사업에 따라 여러가지 차이가 있고 국가간 차관의 경우는 통상년 3-5%로되어 있으나 미국은 일반적으로 3-3.5%, 소련의 경우는 2-2.5%의 예도있고 또한 중공의 대 버마 차관과 같이 무이자의 예까지 있음에 비추어 사업별로 차이를 두어야하겠지만 최고년 3% 넘는것이 없어야 한다.

(4) 변제 통화

차관은 주로 외화 또는 생산재로 행하여 질것으로 생각되는바, 반제의 경우 외화, 환화, 생산품중 여하한 것으로도 반제할수 있도록 한다.

(5) 기 타

기타 수수료니 담보니 하는 조건이 붙을수 있으나 그러한 조건은 일체 붙지 않도록 한다.

5. 한일간 청산계정상 미지불금 문제

양국간 무역관계로 청산계정상 우리측이 약 4천 6백만불의 부채를 가지고 있는바, 이것은 재산청구권 문제의 해결과 동시에 일본측이 포기하도록 한다.

외자 수요액 획득 예상표 (1)

단위 : 1억 미불

	계획상외자수요액	계획기간중획득예상액	결손액
S A	6.72	5 (2)	1.7
PL 480	2.33	2.33	--
KFX (원자재)	7.64	9.5 (3)	2
KFX (시설재)	2.26		
ICA (시설재)	0.23	0.23	--
차 관	4.26	3 (4)	1
AID GRANT	0.09	0.09	--
민간원조	0.33	0.63	--
합 계	24.16		4.7

상기에 관한 설명

(1) 획득 예상액은 어디까지나 개략적인 예상액수이므로 정확한 수자가 아니다. 따라서 "계획기간중 획득예상액" 과 "결손액" 을 합한 것이 반드시 "외자 수요액" 과 일치하지 않는다.

(2) 미국의 지원원조 (S A) 는 매년 감소하는 경향에 있다. 따라서 5개년 계획에 있어서도 목표 년도까지 매년 감액 계상하고 있으나 그래도 과중 평가하고 있는 경향이 좀 있다고 볼수 있다. 조금 더 견실히 매년 원조를 평균 1억불로 산정한다면 계획기간을 통하여 약 5억불의 원조만 있게되는 것이며 따라서 약 1억 7천만불의 결손액이 나오게 되는 것이다.

(3) KFX (Korean Foreign Exchange) 로 필요한 외자는 상기표에서와 같이 약 5억 5천만불이 된다. 그러나 KFX 또는 기타 관계로 수입 예정인 외자는 약 11억 5천만불이 되는바 그것을 세분하여 보면 다음과 같이 된다.

항 목	금 액
수 출	5억 불
유엔군 군납 및 기타수입	6.5억불
유엔군 군납	5.09 억불
정부 수입	0.4 "
여행자 수입	0.17 "
운수 및 보험관계	0.39 "
각은행 외화보유	0.23 "
기 타	0.4 "

그런데 수출에 의한 수입이 약간 과장된 느낌이 있고 군납, 기타 수입에 있어서의 차질을 예상하여 약 20%를 "risk"로 본다면 약 2억불의 결손액이 나오게 된다.

(4) 약 4억 2천만불의 차관의 도입 "소-스"를 검토하여 보면 다음과 같은데

국가또는기관	액 수
미 국	1.64 억불
서 독	1.09 "
이 태 리	0.43 "
I D A	0.3 "
기 타	0.8 "
합 계	4.26 "

그중 미확정 부분인 기타의 일반청구를 여유있게 보아 1억불의 금액을 예상한 것이다.

請求内容		解決方案	備考
項	内容	第一案	
第一項	(地金銀) 地金 地銀	六億	
第二項	(逓信部関係) 郵便貯金等 簡保및年金 海外為替및貯金等 凍結受取金	10億	
第三項	(移替関債)	(第五項関係外 (併合討議)	
第四項	(在日支店財産) 閉鎖機関・係 SCAPIN 関係.	韓国人持分만請求 (4千万円)	
第五項	1. 各種有価證券	6億	
	2. 日本銀行券等	15億	
	3. 被徴用者未収金	2億	
	4. 被徴用者補償金	1億8千万(弗)	
	5. 恩給	3億	
	6. 帰還者寄託金	5千8百万	
	7. 生命保険	2億	
合計	請求権	¥3,858百万=＄257百万 ＄180百万 } ＄437百万	} ＄470百万
	無償 債務	¥500百万=＄33百万	
	請計 算定	＄46百万	＄46百万

請求內容		解決方案	備考
項	內容	第一案	
第六項	韓國人의 對日本政府 또는 個人에 對한 請求	1. 五項까지 包含되지 않은 請求權 訴訟能力 認定 2. 第四項 請求 包含 3. 時效의 中斷(会談妥結時까지)	
第七項	利息請求	讓步	
第八項	辨濟期間	辨濟의 三方式考慮下에 協議	
其他	韓·日間 清算計定 問題	財產請求權解決時 免除.	

9. 日韓政治折衝に臨む日本側の基本方針, 1962. 3. 7
日本外交文書 718, 첫 번째 문서

1962년 3월 12일부터 개최 예정인 한일 외상회담(제1차 정치회담)에 임하는 일본 측 기본 방침이 수록된 문서다.

번역

일한 정치 절충에 임하는 일본 측의 기본 방침

1962. 3. 7

일한 정치 절충은 3월 12일부터 도쿄에서 고사카 외무대신, 최덕신 외무부 장관 간에 개시되는 것으로 되었다. 이 정치 절충에서 거론되어야 할 문제는 어업, 법적지위, 청구권의 세 가지인데, 이것들에 대해 일본 측으로서는 대략 아래의 방침에 따라 대처하는 것으로 한다.

1. 어업 문제

어업 문제는 실무 절충에서 최근 자원론을 일단 마치고, 3월 20일경부터 어업협정의 토의에 들어가는 것으로 되어 있는데, 현 단계에서는 구체적인 문제는 곧바로 정치 절충의 대상은 되지 않는다. 따라서 이번에는,

가) 일본 측으로서는 어업 문제와 청구권 문제는 동시에 해결되어야 한다고 생각하는 것

나) 일본 측으로서는 합리적인 어업협정의 체결에 의해, 한국 측의 일방적 선언에 의한 '이 라인'은 당연히 해소되어야 한다고 생각하는 것

의 2가지 점을 강조한다.

2. 법적지위 문제

법적지위 문제는 어떠한 범위의 재일한국인에게 영주권을 부여할 것인가가 문제의 초점이 되고 있다. 따라서 정치 절충에서는 이 문제를 토의하는 것으로 한다.

(단, 법적지위 문제를 거론하는 것은 정치 절충이 뒤의 3. 청구권 문제에 관해서만 행해진다는 비난을 피하기 위한 정치적 고려에 의한 것으로서, 이 문제에 관해서만 조속히 결론을 낼 의도는 아니다.)

3. 청구권 문제

가) 일반청구권

1) 우선, 한국 측 청구의 '8항목'에 관해 종래부터의 실무 절충에서 논의되어 온 주요 사항, 즉 군령 33호와 이른바 '미국 해석' 등을 둘러싼 법률론, 증거 서류의 유무, 남북한 문제, 환율 문제 등을 충분히 토의한다. (이것들을 충분히 토의하는 것에 의해 금액과 명칭에 관한 후술하는 일본 측 주장에 관해 한국 측을 납득시키기 쉬어질 것으로 생각된다.)

2) 청구권 문제는 (i) 사실관계의 확인이 극히 곤란할 뿐만 아니라, (ii) 관계 법규가 조선의 독립이라고 하는 것을 전제로 하지 않고 있으며, (iii) 남북한 청구권에서 남한분을 산출하는 방식은 개괄적일 수밖에 없고, (iv) 어떠한 형태로든 '미국 해석'을 적용할 필요가 있는 등의 사정이 있어, 법적 근거가 있는 청구권의 지불이라고 하는 명분을 관철시킬 경우 지불할 수 있는 것은 극히 소액이 될 수밖에 없다. 따라서 이러한 사정을 우선 한국 측에 충분히 납득시킨 후, 일본 측으로서는 충분한 입증자료가 없는 것이나 실정법상 근거가 빈약한 것이라도 조리나 국제관례에 비추어 타당하다고 인정되는 것에 관해서는 그것들을 가미하여 해결할 용의가 있다고 설명하고,

(i) 될 수만 있다면 한국 측이 청구권을 포기하도록 하고, 그렇게 되면 일본 측이 일정 금액을 증여하는 방식

(ii) (한국 측이 (i)에 응하지 않는 경우는) 일본 측이 일정 금액을 증여하고, 이것으로 한국 측이 청구권의 완전하고 최종적인 해결을 확인하는 방식

의 어느 것인가로 낙착되도록 한다.

3) 다음, 각 항목에 대해 상기 2)의 방식에 기초한 일본 측의 기본 견해를 분명히 하고, 그것과 함께 총액에 관한 일본 측의 숫자를 제시한다. (한국 측이 요구하면 총액 산정의 경위도 일단은 설명토록 하나, 상세한 산정 기초는 가능한 한 언급하지 않는다. 의견 교환의 결과로서 총액이 약간 증감할 수는 있다.) 총액으로 제시하는 숫자는 외무성 A 안(총액 약 1억 달러, 별첨 참조)을 사용하는 것으로 한다. 외무성 A 안을 사용하는 이유는, 이 안은 일본 국회나 국민에 대해 설명할 수 있는 합리적 근거를 지닌 최고의 안이며, 이 이상의 것은 국내적으로 설명이

안 되기 때문이다. (상기 2)와 같이 청구권이라고 하는 명칭을 피하여 본 건을 해결하는 경우에도 지불 금액에는 무언가 합리적 근거가 필요하다). 따라서 최초부터 이와 같은 안을 내고, 한국 측에 대해 이 이상은 양보할 수 없다는 뜻을 강하게 설명하며, 한국 측이 이에 응하지 않으면 언제까지고 기다린다는 방침으로 교섭을 행함이 득책이라고 판단된다. (외무성 A 안보다 작은 숫자를 제시하는 것도 가능하기는 하나, 그 경우는 이 이상 양보할 수 없는 숫자라고 하는 강한 태도를 보일 수 없기 때문에 그런 의미에서 설득력이 떨어지며, 다른 한편 군사정권의 성격을 감안할 때 작은 숫자부터 출발하여 순차적으로 올리는 교섭 방법은 적당하지 않은 것으로 생각된다. 또한 이케다 총리도, 텔레비전 대책 등에서 외무성 A 안과 같은 생각으로 본 건을 해결할 의향임을 이미 표명했다.)

한편, 교섭의 최후 수단으로는 대한 채권 4,573만 달러의 말소라고 하는 방법이 있으나, 이것은 교섭의 최종단계까지 유보하여 언급하지 않는 것으로 한다.

4) 지불 방법에 관해 한국 측이 질문이 있는 경우에는 증여분, 유상경제협력분 모두 일본의 생산재에 의한 방침임을 분명히 하고, 이와 함께 두 가지 합해 대체적으로 연액 5,000만 달러 정도를 한도로 하고자 한다는 뜻을 설명한다.

나) 선박

치적 선박에 관한 법률론을 전개하더라도 쌍방의 주장이 분명히 평행선을 그리게 될 것이며, 다른 한편 나포 일본 어선의 반환 문제도 있음을 지적하여 선박 문제는 양자의 상쇄에 의해 해결하도록 한국 측을 설득하는 노력을 할 것이며, 최종단계에서는 상당 톤수의 선박을 상기 가) 일반청구권의 해결의 일환으로 증여하는 것을 고려한다.

다) 문화재

추후 제기하도록 한다.

4. 경제협력 문제

장기저리(상환기한 20년, 그중 거치 5년, 금리 4퍼센트, 수은 및 기금의 공동 융자)의 경제협력 2억 달러를 최종안으로 하고, 우선 1.5억 달러부터 제시하는 것으로 한다. 대상 프로젝트로는 현재 한국 정부가 최우선적으로 거론하고 있는 (i) 발전, (ii) 교통,

통신, 항만, (iii) 광산, (iv) 시멘트, 비료, (v) 석유정제 등 가운데 적당한 것을 선택하는 것으로 한다.

5. 독도(竹島) 문제

본 건은 일한회담의 의제는 아니지만, 정부 절충에서는 일본 측의 국제사법재판소 제소 요청에 한국 측이 응소하도록 극력 설득 노력한다.

한국 청구권의 사정액(외무성 A 안)

	항목	금액(백만 엔)
I	지금 은	
II	체신국 관계(우저, 간보, 연금 등)	
III	송금 반환	
IV	폐쇄 기관, 재외회사의 한국인 주주분 배금	
V	(1) 유가증권	
	(2) 일본계 통화	
	(3) 징용 업무자 등의 미수금	
	(4) 피징용자 보상금	
	(내역)	
	노무자 위로금	
	복원 군인·군속 위로금	
	사망 군인·군속 조위금	
	사망 군속 연금	
	군속 장해 연금	
	(5) 은급 청구	
	(내역)	
	문관 은급	
	군인 은급	
	귀국 조선인 기탁금	
	합 계	

※ 이 사정액(외무성 A안)은 금액 부분이 모두 먹칠로 가려져 있으나, 일본 정부가 어떠한 내역을 선정했는지를 알 수 있으므로 중요하다.

日韓政治折衝に臨む日本側の
基本方針

37.3.7

日韓政治折衝は3月12日より東京において小坂外務大臣、崔徳新外務部長官の間で開始されることとなつた。この政治折衝においてとりあげられるべき問題は、漁業、法的地位、請求権の3つであるところ、これらにつき日本側としては概ね下記の方針で対処することといたしたい。

1. 漁業問題

漁業問題は、事務折衝において最近資源論を一応終了し、3月20日頃から漁業協定の討議に入ることとなつているので、現段階においては、具体的な問題は直ちには政治折衝の対象とならない。

よつて、この際は、

(イ) 日本側としては、漁業問題と請求権問題とは同時に解決されねばならないと考えること、

(ロ) 日本側としては、合理的な漁業協定の締結により、韓国側の一方的宣言による「李ライン」は当然解消すべきものと考えていること、

の2点を強調する。

2. 法的地位問題

法的地位問題は、如何なる範囲の在日韓国人に永住権を付与するかが問題の焦点となつている。よつて、政治折衝において、この問題を討議することとする。

（但し、法的地位問題をとりあげるのは、政治折衝が後記3.の請求権問題だけについて行なわれるとの非難を避けるための政治的考慮に基づくものであり、本問題だけにつき早急に結論を出す意図ではない。）

3. 請求権問題

(1) 一般請求権

(イ) 先ず、韓国側請求の「8項目」に関し従来よりの事務折衝において論議してきた主要な点、すなわち、軍令33号やいわゆる「米国解釈」等をめぐる法律論、証拠書類の有無、南北鮮の問題、為替レートの問題等を十分討議する。(これらを十分討議することにより、金額や名称に関する後述のわが方主張につき韓国側を納得せしめやすくなるものと思われる。)

(ロ) 請求権問題は、(i)事実関係の確認が極めて困難であること、(ii) 関係法規が朝鮮の独立ということを前提としていないこと、(iii) 全鮮分請求権から南鮮分を算出する方式は概括的ならざるをえないこと、(iv) 何らかの形で「米国解釈」を適用する必要があること等の事情があるため、法的根拠のある請求権の支払という建前を貫く限り、支払いうるものは極めて少額にならざるをえない。よつて、これらの事情をまず韓国側に十分納得せしめた上、日本側としては十分に裏付け資料のないものや実定法上の根拠が薄弱なものでも、条理や国際慣例に照らして妥当と認められるものについては、それらをも加味して解決する用意があると説明し、

(i)　できうれば韓国側をして請求権を放棄せしめ、これをうけて日本側から一定金額を贈与する方式

(ii)　（韓国側が(i)に応じない場合は）日本側より一定金額を贈与し、これをうけて韓国側が請求権の完全かつ最終的な解決を確認する方式

のいずれかに落付けることとする。

(ハ)　次に、各項目毎に、上記(ロ)の考え方に基づいた日本側の基本的見解を明らかにし、それとともに、総額についてのわが方の数字を示す。（先方が要求すれば、積算の経緯も一応は説明するが、詳細な積算基礎にはなるべくふれないこととする。なお、意見交換の結果として総額が

若干増減することはありうる。）総額として示す数字は外務省A案（総額約/億ドル、別添参照）を使用することとする。

外務省A案を使用する理由は、同案は日本の国会や国民に対して説明しうる合理的根拠をもつた最高の案で、これ以上のものは国内的に説明がつかぬものであるからである。（上記(ロ)の如く、請求権という名称を避けて本件を解決する場合も、支払う金額には何らかの合理的根拠が必要である）

従つて、最初からこのような案を出し、韓国側に対し、これ以上は譲ろうにも譲れない旨強く説明し、韓国側がこれに応じなければいつまでも待つという方針で交渉を行なうのが得策と判断される。(外務省A案よりも小さい数字を出すことも可能ではあるが、その場合は、これ以上譲れぬ数字であるとの強い態度がとれずその意味で説得力を欠き、他方、軍事政権の性格にかんがみ、小さい数字から出発して逐次引上げるという交渉の方法は適当と思えない。また、池田総理も、テレビ対談等において、外務省A案のような考え方で本件を解決する意向であることをすでに表明されている。)

なお、交渉の最後の切り札としては、対韓焦付債権457万ドルの棒引きという方法があるが、これは交渉の最終段階まで留保してふれないこととする。

(ハ) 支払い方法につき韓国側から質問があつた場合には、贈与分、有償経済協力分ともに日本の生産財による方針であることを明らかにするとともに、双方合わせて大体年額５０００万ドル程度を限度としたい旨説明する。

(2) 船舶

置籍船等に関する法律論を展開しても双方の主張が平行線を辿ることは明らかであり、他方、拿捕日本漁船の返還問題もあることを指摘して、船舶問題は両者の相殺により解決するよう韓国側の説得に努めるが、最終段階においては、相当トン数の船舶を上記(ハ)一般請求権の解決の一環として贈与することを考慮する。

(3) 文化財

後日とりあげることとする。

4 経済協力問題

長期低利（償還期限20年、うち据置5年、金利4パーセント、輸銀および基金の共同融資）の経済協力2億ドルを最終案とし、さし当り1.5億ドルからきり出すこととする。対象プロジェクトとしては、現在韓国政府が最優先的にとりあげている(i)発電、(ii)交通、通信、港湾、(iii)鉱山、(iv)セメント、肥料、(v)石油精製等のうちから適当なものを選択するものとする。

5 竹島問題

本件は日韓会談の議題ではないが、政府折衝においては、わが方の国際司法裁判所提訴申入れに韓国側が応訴するよう極力説得に努める。

韓國請求権の査定額 (外務省A案)

項目	金額（百万円）
I 地金銀	
II 逓信局関係（郵貯、簡保、年金等）	
III 送金返還	
IIII 閉鎖機関、在外会社の韓国人株主分配金	
V (1) 有価証券	
(2) 日本系通貨	
(3) 徴用業務者等の未収金	
(4) 被徴用者補償金	
（内訳）	
労務者見舞金	
復員軍人・軍属見舞金	

死亡軍人軍属
弔慰金

死亡軍属年金

軍属障害年金

(5) 恩給請求

(内訳)

文官恩給

軍人恩給

帰国朝鮮人寄託金

合　計

10. 외상회담 제1차 회의 회의록, 1962. 3. 12

한국 외교문서 733, 제6차 한일회담 제1차 정치회담 도쿄, 1962. 3. 12–17, 전2권(V.2 최덕신–고사카 외상회담, 1962. 3. 12–17)

1962년 3월 12일 도쿄에서 개최된 한일 외상회담(제1차 정치회담) 제1차 회의 회의록이다.

양측 장관의 인사말이 끝난 직후 일본 측은 애초 의제에 포함되어 있지 않던 독도 문제와 주한대표부 설치 문제를 제기하였다. 이로 인해 이 회담은 시작부터 냉각된 분위기 속에서 진행될 수밖에 없었다.

문서 말미에 고사카 외상의 발언 요지와 이에 대한 한국 측 견해가 함께 수록되어 있다.

번역 [본 문서의 별첨3]

한일 간의 청구권 문제에 관한 고사카 외무대신 발언 요지

1962년 3월 12일

1. 일본과 한국의 청구권 문제의 교섭은 평화조약의 규정에 의거하여 행해지는 것임은 말할 것도 없다.

평화조약 제4조 (a)항의 규정에 따르면, 일본이 청구권에 대해 특별교섭을 하는 것은 해당 제2조 지역에서 현재 시정을 행하고 있는 당국과의 사이이며, 특별교섭의 대상은 일본 측에 관해서는 '일본국 및 그 국민의 재산으로 해당 지역에 있는 것 및 이들 지역의 시정을 행하고 있는 당국 및 그 주민에 대한 일본국 및 그 국민의 청구권'이며, 한편 상대 당국 측에 대해서는 '일본국에서의 이들 당국 및 주민의 재산 및 일본국 및 그 국민에 대한 이들 당국 및 그 주민의 청구권'이다. 따라서 위의 규정을 현 상황에 적용한다면, 한일 양국 간에 체결되어야 할 특별협정의 대상은 한국이 현재 시정을 실시하고 있는 남한 지역에서의 당국, 즉 한국 정부와 남한 지역 주민의 청구권에 한정되는 것이다. 또한 이 조항에서 국민과 주민을 구분하여 사용하고 있는 점도 주목해야 할 것으로 보인다.

2. 평화조약 제4조 (b)항에서 일본국은 한국(남한)에서의 "미군 정부에 의해 또는 그 지시에 따라 이루어진 일본국 및 그 국민의 재산 처리의 효력을 승인한다"라고 되어 있다. 한국(남한)에서의 미군정은 남한에서만 권한을 가지고 있으며, 그 지령의 효력은 일본에도 북한에도 미치지 못한 것이다. 따라서 한국(남한)에서의 미군정 법령 제33호의 효력을 일본은 평화조약 제4조 (b)항에 의해 승인했지만, 이 처리의 효력은 북한에도 일본에도 미치지 않았다는 것은 말할 것도 없다. 또한 이 법령은 몰수법령이므로, 예를 들어, 한국에 본점 또는 주된 사무소가 있던 회사의 주식에 관하여 말하자면, 한 국가에 있는 회사의 주식 몰수의 효력은 그 국가의 영역 밖에 있는 해당 회사의 재산에는 미치지 않는다고 하는 것이 국제법상의 확립된 원칙이며, 따라서 한국 내에

있던 회사의 주식 몰수의 효력은 그 회사의 재일재산에는 미치지 못하는 것이다. 사실 연합국 최고사령관에 의한 이들 재일재산의 처리는 한국재산이 되었다는 입장에서 이루어진 것이 아니며, 법령 제33호와 전혀 무관하게 정리된 것이다.

3. 평화조약 제4조에 관해서는 1957년의 이른바 '미국 해석'이 존재한다. 한일 양국은 1957년 12월 31일 합의의사록에서 미국 해석에 나타난 견해와 같은 의견임을 밝히고 있다. 즉 "일본이 평화조약 제4조 (b)항에서 효력을 승인한 재한일본재산의 처리는 제4조 (a)항에 규정된 특별협정을 고려함에 있어 관련성이 있다"라는 것이며, 또한 "한일 간의 특별협정은 한국 내의 일본재산을 한국 정부가 인수한 것에 의해 일본국에 대한 한국의 청구권이 한국의 일본국에 대한 청구권이 어느 정도까지 소멸 또는 충족되었다고 인정할 것인가의 결정을 포함하게 될 것"이라는 것에 한일 양국이 모두 동의하고 있음을 표명하고 있다. 이는 일본 측에 대한 한국 측의 청구권이 어느 정도까지 소멸 또는 충족되었다고 인정할 것인지에 대한 결정은 한국이 일방적으로 결정할 것이 아니라 한일 양국 간 협상을 통해 결정되어야 함을 표명한 것에 다름 아니다.

본 건과 관련하여 다음 두 가지를 지적하고자 한다.

첫째, 전후 한국 측이 취득한 구 일본재산은 막대한 규모이며, 이는 한국 측의 청구 금액을 상회하는 것임은 주지하는 바와 같고, 둘째, 한국은 제2차 세계대전 중 일본과의 교전국도 아니며, 또한 평화조약 제14조의 배상청구권도 가지고 있지 않다는 점이다. 따라서 한국은 미국 해석의 개념을 고려하여 일본에 대한 배상청구서를 제출하지 않았으며, 따라서 소위 미국 해석은 이미 적용된 것이라고 일방적으로 주장하는 것은 일본 측으로서는 승복할 수 없는 부분이다.

또한 방금 지적한 두 번째 사항과 관련하여, 1948년 한미협정에 의해 한국으로 이전된 재산의 목록 제출을 이번 기회에 다시 한번 요청하고자 한다.

4. 제4조에서 거론된 재산과 청구권에 대해서는 모두 법률관계와 사실관계가 명백히 입증되는 것이 아니라면, 그러한 경우의 재산이라고 할 수 없고, 청구권이라고도 할 수 없음이 분명하다. 또한 이러한 입증 책임은 청구하는 측에 있음은 말할 필요도 없다. 다만 종전 후 16년 이상이 지난 오늘날, 또 종전 직후의 혼란이 있었고, 나아가 한국동

란이 있었던 사실을 고려할 때, 납득할 만한 정도의 추정의 요소가 들어오는 것은 어쩔 수 없다고 생각하지만, 본질적으로는 재산이라 할 수 있고, 청구권이라는 이상 법률관계와 사실관계가 모두 충분히 입증되어야 한다는 점을 지적하지 않을 수 없다.

5. 한국이 청구하고 있는 일본에 대한 기존 채권은 모두 엔화 표시 채권이며, 달러 또는 금 약관이 붙지 않은 것뿐이다. 금전채권에 관한 원칙에 비추어 볼 때, 계약 시 채무의 내용으로 정해진 엔화 표시 금액은 그대로 오늘날에도 유효한 것이며, 이를 변경할 어떠한 근거도 존재하지 않는다. 따라서 한국 측은 실무적 차원에서 1945년 당시 일본 엔 대 미 달러 환율로 환산, 구체적으로는 15엔을 1달러로 할 것을 제안하고 있으나, 이는 일본 측으로서는 도저히 승복할 수 없다. 실제로 전후 우리나라의 각국에 대한 동종의 청구권 문제 처리도 모두 전술한 금액채권의 원칙에 의해 해결되고 있는 것이다.

6. 한국 측이 제시한 각종 청구권 중 남한 지역 및 그 주민의 일본국 및 일본 국민에 대한 것으로서 사실 및 법률관계가 명백하게 입증된 것에 대해서는 일본이 지불해야 할 것이지만, 그 지불의 구체적 액수를 결정함에 있어서는 당연히 앞서 말한 '미국 해석'에 따라 일본이 재한일본재산 처리의 효력을 승인함으로써 한국의 일본에 대한 청구권이 어느 정도 소멸 또는 충족되었는지는 한일간에 협의 결정해야 할 것으로 생각한다.

7. 이상 요컨대, 그동안 한국 측이 청구했던 여러 항목 중 법적 근거가 있다고 인정되는 것은 적고, 그 금액도 소액에 불과하며, 게다가 '미국 해석'을 고려한다면 그 금액은 더욱 줄어들 것임을 분명히 하고 싶다.

[주] (제1항 말미에 삽입 발언함)

다만, 한일 양국의 특별협정의 대상이 남한 지역에서의 당국으로서의 한국 정부와 남한 지역 주민의 청구권에 한정된다는 점은 귀국의 국민감정도 있을 것으로 생각되므로 이를 협정 등에 명기하지 않고 끝낼 수 있는 방법이 있는지 여부는 충분히 연구해 보고자 합니다.

한 일 외상회담 제 1차 회의

회 의 록

1. 시일과 장소: 1962년 3 월 12 일 오전 9시 - 12 시

2. 참석자:

한국측: 외무부장관 최 덕 신
주일대사 배 의 환
외무부 정무국장 문 철 순
주일대표부 참사관 최 영 택
외무부 아주과장 엄 영 달

일본측: 외무대신 고사까 젠따로
수석대표 스기 미찌스께
외무성 아세아국장 이세끼 유지로
대장성 이재국장 미야가와 신이찌로
외무성 북동아과장 마에다 도시가즈

3. 회담 요록:

(1) 일본 외상의 인사 (별첨 1 참조)

(2) 한국 외무부장관의 인사 (별첨 2 참조)

(3) 회담 내용

고사가 외상: (개회 인사가 있은 다음) 한일 문제의 조속하고 원만한 해결을 위하여서는 일본국민의 감정을 복돋우워줄 필요성이 있는데 이 문제와 불가분의 관계가 있는것이 "독도" 문제와 일본의 대표부 설치 문제 이므로 이 점에 관하여 한국측의 특별한 배려가 요망된다.

최 장관: (인사말중에서 다음과 같은 점을 강조하였음)

가. 과거 10년간에 한일회담을 중심으로 하여 양국이 걸어온 길은 파란곡절의 것이었으며 그것은 양국 관계의 정상화를 위하여 불행한 일임.

나. 제 6차 한일회담의 개최와 함께 점차로 본연의 모습으로 돌아가기 시작했다.

다. 금번 외상회담은 우리의 장기간의 작업을 완성 시키기 위한 것임.

라. 현하의 외면적 국제정세는 양국의 제휴의 필요성을 일층더 요구하고 있음.

마. 국제공산주의자는 양국의 영원한 이간을 획책하고 있음.

바. 양국의 제휴에 대한 깊은 인식은 앞으로의 막대한 장애와 난관을 타개해 나갈수 있을것임.

사. 진정한 이웃이 될수 있는 계기를 마련하도록 노력하여야 할것임.

(인사가 끝난 다음 실질적인 토의에 들어가기 전에 "고사카" 외상은 독도 문제와 일본의 주한대표부 설치문제에 관하여 언급하였음)

고사카 외상: 독도문제에 관하여 이 자리에서 토의하여도 해결되지 않으리라고 생각하므로 우선 여기에서는 동 문제를 국제사법재판소와 같은 공정한 제 3자에게 조정을 의뢰하는것이 좋으리라고 생각한다.

최 장관 : 독도는 역사적으로나 국제법상으로나 아국의 영토임이 판명되어 있으며 이 문제는 여기에서 논의될 성질의 것이 아니다. 외상은 일본 국민의 감정을 북돋우기 위하여서도 독도문제를 토의의 대상으로 하자고 제의하나 오히려 이문제가 최종 단계에 온 현안문제 해결에 있어 지장을 초래할가 염려된다. 귀국은 귀국의 국민의 감정을 중요시한다고 하지만 우리 정부도 역시 국민의 감정을 무시할수 없으며 국민의 여론과 국민이 원하는 바에 따라 정책을 수행하여 나가야 할 의무가 있다.

고사카 외상: 여기에서 본 문제에 관해서 자료를 상호간에 제시하고 토의하자는 것은 아니다. 다만 양국이 제 3자인 국제사법 재판소에 이문제를 쌍방에서 제소하던지 또는 일본이 제소하면 귀국이 응소한다는 형식으로 서 이문제를 처리하자는 것이다. 현안문제가 해결되드라도 영토문제가 해결되지 않으면 국교정상화라는 무의미한 것이라고 생각한다.

최 장관: 이 문제를 가지고 왈가왈부하는것은 회담의 분위기를 저해하는 결과가 된다고 생각한다. 비록 적은 무인도라 할지라도 엄연한 아국의 영토인 이상 우리 정부는 이것을 수호하지 않으면 안된다.

고사카 외상: 한국은 독도가 자기 영토라고 주장하고 있으나 일본은 또한 역사적으로나 기타의 자료에 의하여 자기 영토라고 믿고있다.

이와 같이 양국은 상반되는 주장을 하고있으며 이 문제는 언젠가는 해결되어야 하며 이것 없이는 국교정상화도 진정한것이 되지 못하므로 그것을 미연에 방지하는 의미에서 국제사법재판소에 제소하자는 것이다.

최 장관: 지금 고사까 외상은 이 포인트에 대해서 깊은 관심을 갖고 이 문제가 해결되기 전에는 국교정상화를 하여도 무의미하다는 놀라운 말을 하였는데 피차가 대국적 견지를 가지고 이 적은 섬에 관하여 불필요하게 큰 관심을 갖지 않는것이 좋으리라고 생각한다. 물론 일본으로서는 그렇다면 왜 한국이 이 문제에 관하여 깊은 관심을 갖는가 하고 반문할지 모르나 동 섬은 사실상 우리의 수중에 있는것이므로 현재 일본이 남의 수중에 있는 영토에 관하여 왈가왈부하는 것은 납득하기 곤란하다. 정부가 응소한다면 국민에 대한 책임을 면치 못하고 중대한 과오를 지적 당할것이다.

고사까 외상: 한국은 독도가 자기 영토라 하지만 일본 국민은 그것을 시인하지 않고 자기 영토라고 주장한다. 양국이 제문제의 해결을 기하려는 차제에 이 문제를 해결해 놓지 않고서는 어디까지 어려운 문제가 남을것이다.

최 장관: 국교가 정상화된 이후에도 양국이 이문제를 외교경로를 통하여 교섭할수도 있는것이니만큼 지금은 더 중대한 문제의 토의를 시작하는것이 본인이 귀국을 방문하여 회담하는 목적에도 부합된다.

고사까 외상: 국제사법재판소에 제소하는 문제와 이 문제에 관한 결정을 내리는 문제와는 서로 별개의 것이다. 국제사법재판소의 판결이

내리기 까지에는 상당한 시간이 걸릴것이니 다만 국교정상화 전이라도 이 문제를 국제사법재판소에 제소한다는 원칙에 합의하자는 것이다.

최 장관: 본인은 이문제에 대한 구체적인 준비도 없고 확정된 훈령도 가지고 오지 않았으므로 다만 귀 의견을 본국정부에 보고하여 전달토록 하겠다.

고사까 외상: 한국의 주일대표부가 동경에 있는데 일본의 대표부는 서울에 없어 여러가지로 불편한 점이 있으니 이 문제에 대한 호의적인 배려를 하여주기 바란다.

최 장관: 재일교포는 60 여만에 달하고있는데 반하여 재한 일인은 1945년 이후 거의 전부 철수하였다. 우리 대표부의 주된 임무는 교포의 보호에 있고 이것은 곧 귀국이 우리 교포의 문제를 처리하는데 있어서도 도움이 될것이라고 생각한다. 따라서 우리의 대표부와 상대적으로 일본 대표부를 설치한다는 것은 충분한 이유가 되지못한다고 생각한다. 또한편 양국간의 국교는 앞으로 수개월 내에 정상화 될것인데 그후에 외교기관을 양측이 정식으로 설치할것이므로 앞으로 수개월도 남지 않은 오늘날에 와서 이문제를 새삼스러히 제기할 필요는 없으리라고 생각한다.

고사까 외상: 후단의 설명은 전에도 들은바 있지만 전단의 설명은 처음 듣는것이다. 교포수가 많다고 하여 대표부를 설치할 이유가 정당화 되는것이 아니라 서로가 친할때에 대표부를 설치하고 국교 정상화후에 정식 외교기관을 설치하는것이 외교적 통념이라고 생각한다. 또한 곧 국교가 정상화될것이니 구태여 현재 당장 대표부를 설치하지 않아도 좋으리라고 생각되지만 양국 관계를 더욱 호전시키고 외교관계 수립의 준비를 위하여서도 대표부의 설치는 요망된다. 양국간에 대표부를 설치한다는

원칙은 이미 평화조약 당시에 성립되어 있었으나 이승만 정권 당시 지안에 대한 책임을 지지 못한다고 하여 중지되었었는데 변금에는 그러한 염려도 없으니 하루속히 대표부가 설치되기를 희망한다.

<u>최 장관</u>: 국교정상화를 촉진시키기 위한 목적에서 일본 정부의 특정 인원을 보내는 문제에 대하여는 상부에 보고하여 선처할 생각이다.

<u>고사까 외상</u>: 특정 인원 파견문제에 관하여는 이미 귀국으로부터 양해를 받고있어 감사하게 생각하고 있다.

(이러한 토론이 끝난 다음 의제 제목에 관하여 다음과 같은 발언이 있었다.)

<u>최 장관</u> : 일본측은 의제로서 청구권 문제, 평화선 문제와 법적지위 문제를 들고있는데 그중 청구권 문제들에는 선박 및 문화재의 반환등의 2 개 문제가 포함되어 있다고 생각하는데 귀측은 이점을 고려에 넣었는가.

<u>고사까 외상</u>: 물론 청구권 문제는 일반청구권 문제 , 선박문제, 문화재 문제등이 포함되는데 이중 후자의 2 개 문제는 중요하지는 하나 일반청구권 문제의 중요성에 비추어 상기의 2 개 문제는 일반 청구권 문제의 진전에 따라 토론를 마치도록 하는것 이 가한것으로 생각한다.

<u>최 장관</u>: 좋다고 생각한다. 귀측 서면을 보면 평화선 철폐문제라고 되어있는데 "철폐" 라는 두 문자는 수락할수 없다. 의제로서는 "평화선 및 어업 문제" 또는 "평화선 문제" 라고 하기로 하자.

<u>고사까 외상</u>: 물론 의제명은 귀견대로 이다. 다만 우리의 기분을 "철폐" 라는 두 글자에 표시하였을 뿐이다. 토의에 있어서는 일반청구권 문제를 먼저 취급하고 다른 두 문제는 회담 도중에 결정하기로 하자.

최 장관: 좋다.

(청구권문제에 관한 일본측의 총괄적인 서면상의 의견 표시가 있었음) (별첨 3 참조)

최 장관: 귀하의 설명을 들으니 마치 실무 회담의 인상과 같은 감이 난다. 외상 회담은 실무자 간에서 해결하기 어려운 문제를 정치적인 고려하여 해결하자는데 그 목적이 있는 것이다. 그럼으로 그 내용에 대해서는 참고로서 자료를 받아 두는 것이며 귀 의견을 수락한다는 뜻은 아니다. 우리가 부끄럽고 불행하게 생각하는 것은 과거 우리에게 직접 관련된 문제를 처리하는데 참여하지 못하였다는 것이다. 대일 평화조약에 있어서 우리는 의사 표시의 기회가 없었다. 따라서 우리 양국 간의 문제 해결에 있어서 평화조약 안에 의해서 구애되어서는 안될 것이라고 생각한다. 다음으로는 우리는 그간의 정세 변화를 인식하여야 한다. 귀 설명 중에서 한국 정부의 행정 구역 또는 "남조선" 이라는 용어를 사용하고 있는데 이는 현하 국제 정세하에서는 통용되지 않는다. 생각컨대, 1948 년 유엔 결의 하에서 한국 전역에 걸쳐 민주주의 방식에 의하여 정부를 수립코저 하였을 때 38 이북은 공산주의자의 강점 하에 있어 유엔이 그곳으로 "감시"를 위하여 들어가지 못한 것으로 인하여 불행이도 남한에 있어서만 민주 선거가 시행되었던 것이다. 국제적 평화 기구이며 공산 국가도 가입하고 있는 유엔은 계속하여 평화적인 수단으로서 한국 정부의 행정권이 한국 전역에 미치도록 노력하였다. 불행이도 그 노력은 결실되지 못하고 오히려 한국 전역과 태평양 까지 침식하려는 공산측 야욕에 의하여 드디어 1950 년에 참변이 일어났던 것이다. 무방비 상태 하에서 기습적인 침략을 받은 한국은 미약한 군대를 가지고 적극적으로 또한 결사적인 노력을 하였으며 그 결과 유엔도 이 침략을

막기 위하여 결속하였던 것이다. 1950 년 10 월 1 일을 기하여 한국군과 연합군은 극동 총사령관인 "맥아더" 원수의 명령에 의하여 38 선을 완전히 돌파하였고 그 후 어떤 전선에 있어서는 국경선에 까지 도달하여 민족적인 숙원을 거의 이루었던 것이다. 그러나 그 후 중공이 대 병력을 투입하여 인해 전술을 전개함에 따라 한국 전쟁은 다른 방향으로 급전환하였던 것이다. 최초에 한국 내에서의 공산 분자에 대한 토벌 전쟁은 이리하여 국제전쟁으로 까지 진전되었던 것이다. 만약 이때에 "맥아더" 장군의 주장대로 중공을 저지하였더라면 금일의 분할은 없었을 것이다. 내가 이런 말을 하는 것은 유엔 헌장의 정신과 결의에 의하여 행동하는 한국 정부는 비록 그 행정력을 현재에 있어서는 이북 동포에게 까지 미치지 못하고 있지만 이북 동포에 대하여 도의적 및 법적인 보호의 책임이 있다는 것을 강조하기 위함이다. 일본은 독립 이전에 있어서는 38 선에 대하여 잠재적인 생각을 가지고 온것이지만 독립한 후에는 유엔에 가입하고 한국에 관한 유엔 결의에 있어 자유 진영을 지지하여 나왔는데 그 정신도 역시 이런 점에 기인한다고 생각한다. 끝으로 거듭 말하고 싶은 것은 외상 회의는 실무자 회의의 연장이 아니라 실무자 회의에서 해결하기 곤란한 문제를 정치적인 고려하에서 해결하려는데 있는 것이다.

<u>고사까 외상</u>: 일본 정부는 한일관계를 우호적인 기초 위에서 이끌어 나가려는 전제 하에 유엔의 행동을 강력히 지지하여 왔다. 그러나 그것과 청구권 문제에 있어서의 시정지역 문제와는 무관한 것이다. 외상 회의라 할지라도 법적 문제와 조약 상의 문제를 전혀 무시할 수 없다.

<u>최 장관</u>: 한국 정부가 한반도 전역에 걸쳐 책임을 지고 있다는 것을 인정하지 않는한 국교 정상화는 무의미한 것이다.

고사까 외상: 한일 국교 정상화를 열렬히 원한다는 것은 한국의 일방적인 말만을 무조건 들어야 한다는 것은 아닐 것이다.

최 장관: 이것은 좀 실례의 말이 될지도 모르나 일본은 이를테면 양쪽 편에 다리를 걸치고 일방으로는 한국과 또 다른 편에는 비합법적인 존재인 북한의 공산 괴뢰와 접촉을 하고 있다는 인상을 깊이 우리 국민에게 주고 있으며 자유세계에도 주고 있는 것이다. 이러한 관념 하에서는 국교 정상화가 되어도 좋은 일은 아니다. 한국이 반도 전역에 걸쳐 주권의 행사를 합법적으로 할 수 있는 책임을 인정치 않는 다면 차라리 중립 제국의 지도자들과 같이 남북한의 양단 상태를 인정하지 않을 수 없다고 솔직히 말하여주기 바란다.

고사까 외상: 정치적인 문제와 청구권에 있어서의 법적 문제와는 그 성질이 다른 것이다. 외상 회의라 할지라도 법적 근거, 조약 상의 해석을 전혀 무시할 수는 없다.

(그후 양측은 신문 발표에 관하여 다음과 같이 합의하였음)

1. 양측 외상의 개회 인사가 있었음.
2. 양측은 한일회담에 관한 제 현안 문제를 전반적으로 검토하고 그 문제점을 각각 "제시" 하였으나 구체적인 토의는 없었으며, 특히 일반 청구권 문제에 관하여 양측의 포괄적인 견해를 교환하였다.
3. 다음 회의는 수요일 (3월 14일) 오전 8시 30분에 개최키로 하였다.

끝.

별첨 1

<u>한일 외상회담 제 1차 회의에서의 고사까 외상의 인사</u>

1962년 3월 12일

작년 7월 한국 신정부의 첫번 사절단장으로 내일하셨던 각하를 오늘 외무부장관으로 맞이하여 이에 마음으로부터의 환영의 뜻을 표합니다.

도리켜 보건데 1952년 2월에 개시된 일한 전면회담은 회수를 거듭하기 6차에 달하고 그간 10년의 세월을 보낸셈이 됩니다마는 한국 신정부의 성립후 작년 10월 20일부터 시작된 금차 제 6차 회담에 있어서는 양국 정부가 공히 성의와 열의를 가지고 토의에 임한 결과 사무절충은 크게 진첩하고 특히 청구권 문제 및 재일한국인의 법적지위 문제에 관하여는 사무절충이 일단락하기에 이르렀으며 금일 각하를 맞이하여 정치적 관점에서 이러한 제문제의 해결을 촉진하기로 된것입니다.

본인으로서는 금번의 각하와의 토의에 큰 기대를 가지고 있으며 가능한 한 속한 기회에 제현안을 해결하여 일한 양국 국교의 정상화가 실현되도록 노력할 생각으로 있읍니다.

일한회담의 당면한 현안은 말씀 드릴것도 없이 소위 "평화선"을 철폐하고 어업협정을 체결하는 문제, 재일한국인의 법적지위 문제, 그리고 청구권의 문제 의 세가지 입니다. 아시고 계시는 바와 같이 일본측으로서는 평화선을 철폐하고 어업 협정을 체결하는 문제를 극히 중요하게 생각하고 있으며 적어도 청구권 문제와는 동시에 해결하여야 한다는 방침을 견지하고 있는것입니다. 또 재일한국인의 법적지위 문제도 다른 두개의 문제와 동시에 해결토록 하여야 한다고 생각합니다.

다음이 "독도" (독도) 문제와 재한국 일본정부 대표부 설치 문제는 금번 회담의 의제로는 되어있지 않은것이지만 우리나라로서는 국민감정의 문제도 있어 이 두 개의 문제에 대하여도 역시 금차 회담의 타결, 국교의 정상화와 동시에 원만한 해결을 보도록 하고 싶다고 강력히 바라고 있읍니다.

끝.

별첨 2

한일 외상 회담 제 1 차 회의에서의 최덕신 장관의

인　　사

~~존경하는~~ 고사까 외상 각하, 그리고 위원 여러분 !

오늘 여러분들과 자리를 같이 하여 양국 간 제 현안 문제를 솔직히 토의할 기회를 갖게 된 것을 영광으로 생각하는 바 입니다.

돌이켜 보건대 지난 10 년 동안 우리 양국이 한일회담을 중심으로 하여 걸어온 길은 파란과 곡절의 그것이었으며, 또한 전후 새로운 국가로 탄생한 우리 양국 관계의 정상화를 위하여 불행한 것이었읍니다.

그러나 이러한 파란과 곡절로서 왜곡된 과거의 역사는 작년 10 월 제 6 차 한일회담이 개최됨으로서 부터 점차 광명의 기운을 엿보이기 시작하였읍니다.

우리 양국 외상은 이러한 기운을 더 발전으로 하여 지금 까지 순조로히 진행되어온 긴 작업을 그 마지막 고비에서 완성시키려고 이자리에 모인 것입니다.

더욱이 지금 우리 양국이 공동으로 당면하고 있는 외연적 국제 정세는 한일 양국으로 하여금 과거의 그 어느 때 보다도 이러한 작업을 촉진시켜 상호 제휴하여야 할 필요성을 절실히 요구하고 있읍니다. 바로 우리 양국과 대치하고 있는 국제 공산 주의자는 한일회담의 결렬 나아가서는 우리 양국의 영원한 이간을 획책 기원하므로서 그들의 팽창주의 야욕을 실현할 기회만을 노리고 있다는 사실을 상기할 필요가 있읍니다.

본인은 상술한 바의 제 사실을 깊이 인식하고서 금번 외상회담이 10 년 동안이나 묵어온 양국 간 제 현안 문제를 해결하기 위한 결정적이며 최종적인 계기가 되어야 한다는 확고한 방침과 아울러 최대한의 성의를 가지고 이자리에 나온 것입니다.

한일회담의 타결을 위한 이 작업의 마지막 고비에 비록 막대한 장애와 난관이 개재해 있다고 하더라도 우리 양국이 이를 제거하여 기어코 그 작업을 완성시켜야 하겠다는 결심만 가지고 있다면 반드시 이것은 제거되고야 말것 입니다.

아무쪼록 일본측도 전술한 우리의 태도에 상응하는 확고한 결심과 최대한의 성의로서 우리와의 협의에 임하여 한일관계의 신기원을 획할 이 중대한 회담을 성공으로 이끌도록 노력해 주시기 바라는 바 입니다.

"이웃과 친하라"는 우리 동양의 고언에 따라 우리 양국은 이 회담을 고비로, 앞으로는 서로 참된 이웃이 될 것을 기원하면서 이만 인사 말에 대신하고저 하는 바 입니다. 감사합니다. 끝.

별첨3.

日韓間の請求権問題に関する
小坂外務大臣発言要旨

昭和37年3月12日

1. 日本と韓国との請求権問題の交渉は、平和条約の規定に基いて行なわれるものであることはいうまでもない。

平和条約第4条(a)項の規定によれば、日本が請求権について特別取極を行なうのは、当該第2条地域で現に施政を行なつている当局との間であり、特別取極の対象となるのは、日本側については「日本国及びその国民の財産で当該地域にあるもの、並びにこれら地域の施政を行なつている当局及びそこの住民に対する日本国及びその国民の請求権」であり、他方相手当局側については「日本国におけるこれら当局及び住民の財産並びに日本国及びその国民に対するこれら当局及びそこの住民の請求権」である。従つて、上記の規定を現

2

実の事態に当てはめるならば、日韓両国の間に締結されるべき特別取極の対象は、韓国が現に施政を行なつている南鮮地域における当局すなわち韓国政府と南鮮地域の住民の請求権に限られるのである。なお、この条文では国民と住民とを使いわけている点も注意しておかねばならないと考えられる。

2 平和条約第4条(b)項では、日本国は朝鮮における「合衆国軍政府により、又はその指令に従つて行われた日本国及びその国民の財産の処理の効力を承認」している。朝鮮における合衆国軍政府は、南朝鮮においてのみ権限を有し、その指令の効力は日本にも北朝鮮にも及び得なかつたものである。従つて、朝鮮における合衆国軍政府法令第33号の効力を日本は平和条約第4条(b)項により承認したが、この処理の効力は、北朝鮮にも日本にも及んでいないことはいうまでもない。また、この法令は没収法令であるので、例えば、韓国に本店又は主たる事務所のあつた会社の株式についていえば、一国内にある会社の株式没収の効果は、その国の領域外にある当該会社の財産には及ばないとするのが国際法上の確立した原則であり、従つて韓国内にあつた会社の株式没収の効果はその会社の在日財産に及び得ないものである。事実連合国最高司令官によるこれら在日財産の処理は、韓国財産となつたとする立場からは行われず、法令第33号とは全く無関係に整理されたのである。

3. 平和条約第4条については、1957年のいわゆる「米国解釈」が存在する。日韓両国とも、1957年12月31日の合意議事録で、米国解釈に示された見解と同意見であることを明らかにしている。即ち「日本が平和条約第4条(b)項において効力を承認した在韓日本財産の処理は、第4条(a)項に定められている特別取極を考慮するに当つて関連がある」ものであり、しかも、「日韓間の特別取極は韓国内の日本資産を韓国政府が引取つたこと

4

により日本国に対する韓国の請求権がいかなる程度まで消滅し、又は充足されたと認めるべきかの決定を含むこととなろう」ということに日韓両国とも同意見であることが表明されている。このことは、日本側に対する韓国側の請求権がいかなる程度まで消滅し又は充足されたと認めるべきかの決定は韓国が一方的に決定すべきことではなく、日韓両国間の交渉で決定されるべきことを表明したことに他ならない。

本件に関連して次の2点を指摘したい。その第一に、戦後韓国側が取得した旧日本財産は莫大なものであることは御承知のとおりであり、ゆうに、韓国側の請求額を上廻るものであること、第二の点は、韓国は第二次大戦中日本との交戦国でもなく、また、平和条約第14条の賠償請求権をも持たないのである。従つて、韓国は米国解釈の考え方を考慮に入れて日本に対する賠償的請求を提出しなかつた、よつて、いわゆる米国解釈は既に適用ずみであると一方的に主張されることは、日本側としては承服し得ないところである。

更に、ただ今指摘した第2点に関連して、1948年の「米韓協定」により韓国に移転された財産の目録の提出をこの際改めて要望したい。

4　第4条に掲げられた財産と請求権については、すべて、法律関係と事実関係とが明白に立証されるものでなくては、かかる場合の財産とはいえず、また請求権ともいえないことは明らかである。また、これらの立証責任は請求する側に存することもいうまでもない。ただ、終戦後16年以上も経つた今日、また終戦直後の混乱があり、更には朝鮮動乱のあつた事実を考慮するとき、納得のゆく程度の推定の要素が入つて来ることはやむを得ないだろうと考えるが、本質的には財産といい、請求権という以上法律関係と事実関係とがともに十分に立証されなければならないことを指摘せざるを得ない。

5. 韓国の請求されている日本に対する既存債権はいずれも円貨建債権であつて、ドルあるいは金約款の付せられていないもののみである。金銭債権に関する原則からして、契約時に債務の内容として定められた円表示の金額は、そのまま今日も妥当●するものであつて、これを変更する何等の根拠も存在しない。従つて韓国側は、事務レベルで、1945年当時の日本円対米ドルレートでの換算、具体的には15円を1ドルとすることを提案されているが、これは日本側として到底承服できない。現に戦後わが国の各国に対する同種の請求権問題処理も、すべて前述した金銭債権の原則によつて解決しているのである。

6. 韓国側の提示された諸請求のうち、南鮮地域及びそこの住民の日本国及び日本国民に対するものであつて、事実及び法律関係が明白に立証されたものについては日本として支払うべきものとなるのであるが、その支払いの具体的金額を決定するに当つては当然、前に述べた「米国解釈」に従つて、日本が在韓日本財産処理の効力を承認したことにより、韓国の日本に対する請求権がどの程度消滅し又は充足されたかを日韓間で協議決定すべきものと考えている。

7. 以上要するに、かねて韓国側より請求されていた諸項目のうち、法的根拠ありと認められるものは少なく、またその金額も少額にとどまり、しかもなお「米国解釈」を考慮に入れるならば、その額は、更に少なくなることを明らかにしておきたい。

〔注〕(최고차 말미에 삽입 발언함)

もつとも、日韓両国間の特別取極の対象が南鮮地域における当局としての韓国政府と南鮮地域の住民の請求権に限られるという点は、貴国の国民感情もあろうかと思われますので、これを協定等に明記せずに済ませる方法があるかどうかは、充分研究してみたいと考えております。

일측 문서에 대한 한국 측 견해

Imperial Hotel
Tokyo

日側 文書에 対한 我側見解

지난 三月十六日 첫 會合에서 貴側이 文書로서 「韓日間의 請求權問題에 關한 以坂外相의 發言要旨」는 잘 읽어보았다.

그런데 同書面에 言及된 内容은 지난 三月九日 財産請求權委員會에서 貴側의 首席委員인 宇川局長이 我側首席委員에게 書面으로 手交한 「日本側立場」과 實質的으로 同一한 것이었음을 發見하였다.

前述한 書面을 받았을때 我側首席委員은 卽席에서 두 서너가지 点에 걸쳐 意見表示가 있었다 하며 또한 必要하다고 생각될 境遇에는 그에 対한 我側의 立場을 具体的으로 表明하겠다고 한 事實이 있었다는 報告를 金融根首席委員으로부터 받은 바 있었다.

그런데, 實務者会議에서 提出된 文書와 實質的

Imperial Hotel
Tokyo

으로 同一한 것이 今般 外相會談에서 다시 提出되었다는
것은 前番 會議에서도 重復 指摘한 바와 같이, 本 政治會
談을 實務者會談의 單純한 延長으로 만들려는 意圖
에서 나온 것과 같은 印象을 받지 않을 수가 없다. 그렇다면
이는 外相會談 本然의 目的에도 違背될 뿐만 아니라,
會議의 圓滑하고도 效果的인 進行에 도움이 되지를 않는
다고 생각한다.

小坂 外相의 發言要旨 文에 言及된 諸問題에 對한 我
側見解는, 이미 實務者會談의 期間을 通하여
充分히 闡明되었음으로, 여기에서 그것을 되푸리
하여 말할 必要가 없다고 생각된다.

따라서 現段階에 있어서는, 財產請求權에 對한

Imperial Hotel
Tokyo

彼此의 意見과 立場은 全体的으로 表示되었고 判明되
었다고 믿는다. 그러나 ... 境遇에 따라서는 ... 韓國側

[illegible] 말한 여러가지 点에 비추어서, 本人은, 本会議에서 우리
들이 할 일은 다음 段階의 討議로 넘어가는데 있다고
본다. 그런 故로, 나로서는 來日부터라도 財産請求權
에 関한 具体的인 討議, 例컨데 請求權에 対한 日本의
支拂額 같은 것으로 (좀더 부드러운 雰囲気에서) 論議하는 것이 会議의 建設的
인 運営方法이 아닌가 하고 생각한다. 따라서 來日의
会議 運営에 関하여 我側으로부터 [illegible] 大使와 文政局長
...
이야기를 시킬 用意를

→ 뒷면계속.

까 있슴을 提議하고자 한다。

韓日間의 請求權問題에 關한 日本
小坂外務大臣의 1962年 3月 12日字
別途發言要旨에 對한 我側의 反駁

裵首席代表로부터 1962年 3月 12日午后 別途 日側의 發言要旨에 對한 反論要旨를 作成하되 同日開催된 政治會談에서 我側이 韓日間의 請求權委員會는 平和條約 第四條 (a) 項에 根據한 것이 아니라는 主張을 하였으니 同主張을 前提로하여 反論을 하라는 命에 依하여 이를 作成提出함.

ㄴ) 日本側은 本委員會가 平和條約 第四條 (a) 項에 根據를 둔것이므로 同條의 解釋上 大韓民國政府가 本會議 [illegible]

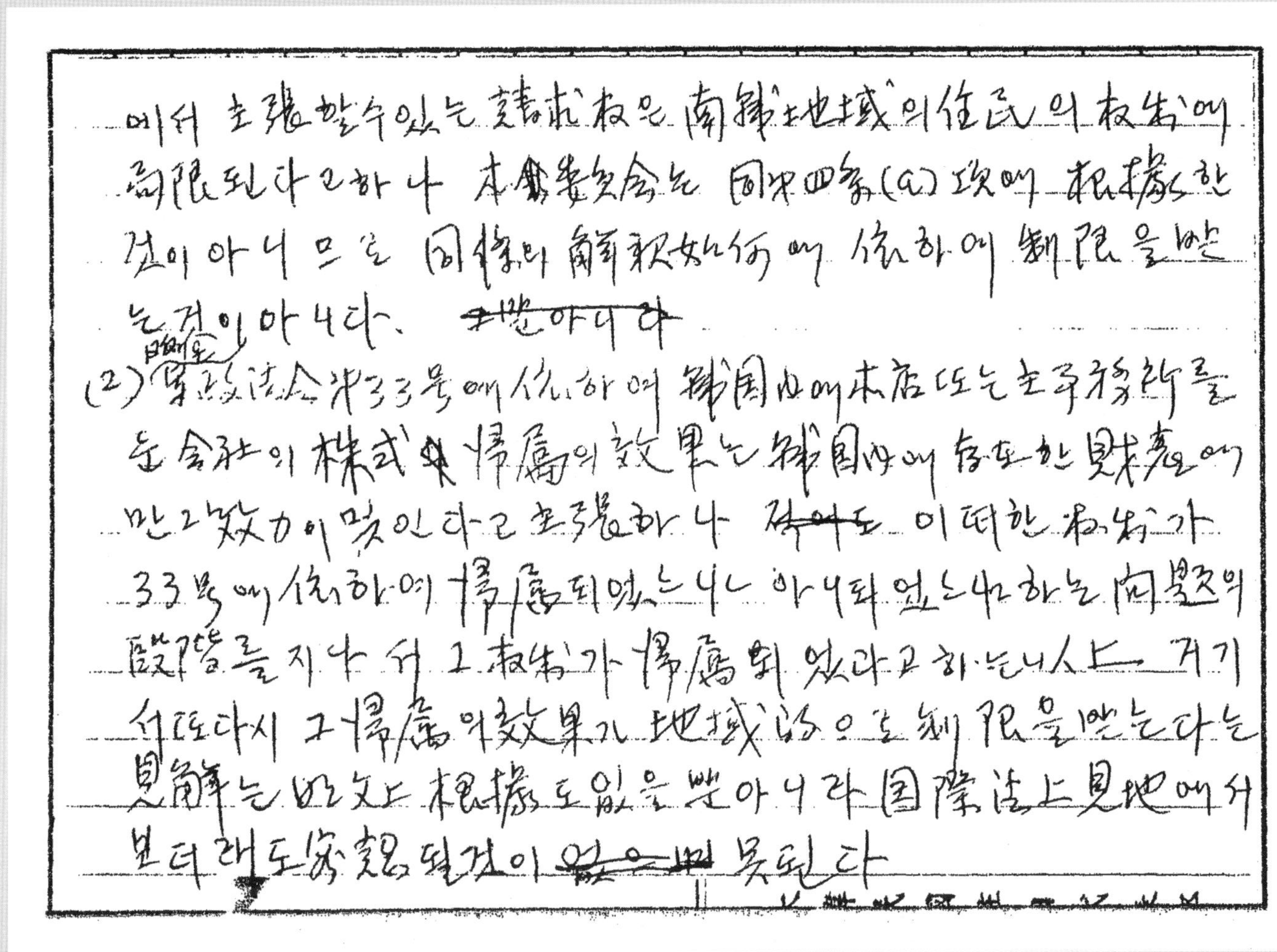
에서 主張할수있는 請求權은 南韓地域의 住民의 權利에
局限된다고하나 本委員會는 同第四條(a)項에 根據한
것이 아니므로 同條의 解釋如何에 依하여 制限을 받
는것이 아니다.
(2) 軍政法令第33號에 依하여 韓國內에 本店또는 主事務所를
둔 會社의 株式의 歸屬의 效果는 韓國內에 存在한 財產에
만 그 效力이 밋인다고 主張하나 이러한 權利가
33號에 依하여 歸屬되었느냐 아니되었느냐하는 問題의
段階를 지나서 그 權利가 歸屬되었다고 하는以上 거기
서 또다시 그 歸屬의 效果가 地域的으로 制限을 받는다는
見解는 何等의 根據도 없을뿐아니라 國際法上見地에서
보더라도 容認될것이 못된다

(3) 日本側은 Relevant Clause를 本委員會에서 討議中인 對日請求權과 關聯시키려고 하나 韓國側이 提議한 現在의 請求權은 韓國이 本國으로부터 蒙受한 또는 旧日本人의 在韓財産을 考慮하여 韓國이 日本에 對하여 主張할 수 있었던 많은 請求權中에서 現在의 것만을 提議한 것이다.

(4) (言及不要)

(5) 円貨의 価値変動이 極甚하였던 만큼 當然한 措處이다.

(6)(7) (返送不要)

1962年3月13日 金潤根

裵首席代表 貴下

用件 本書面의 內容乃至 骨子가 昨12日 政治會談에서 進行한 我側 答弁內容과 矛盾되는 点도 있을지 모른다는 点에 留意하시압.

11. 외상회담 제2차 회의 회의록, 1962. 3. 14

한국 외교문서 733, 제6차 한일회담 제1차 정치회담 도쿄, 1962. 3. 12 – 17, 전2권(V.2 최덕신 – 고사카 외상회담, 1962. 3. 12 – 17)

1962년 3월 14일 도쿄에서 개최된 한일 외상회담(제1차 정치회담) 제2차 회의 회의록이다.

한일 외상 회담 제 2차 회의

회 의 록

1. 시일 및 장소: 1962년 3월 14일 08:45 - 09:30
일본 외무성 외상 접견실

2. 참석자: 한국측: 외무부 장관 최덕신
주일 대사 배의환
외무부 정무국장 문철순
주일 참사관 최영택
외무부 아주과장 엄영달
일본측: 외무대신 고사까 젠따로
수석대표 스기 미찌스께
외무성 아세아국장 이세끼 유-지로
대장성 이재국장 미야까와 신이찌로
외무성 북동아과장 마에다 도시가즈

3. 토의 내용:

(금일 회의는 오전 8시 30분에 시작할 예정이었으나 "이께다" 수상이 작일 국회에서 행한 연설 가운데 38선 문제에 언급한데 대하여 본인은 외상 회담이 진행되고 있는 차제에, 또한 "이께다" 수상을 만난 바로 그날에 이와 같은 자극적인 발언을 한데 대하여 불안한 마음을 금치 못하여 수행원들과 이 문제를 여하히 다룰것인가를 긴급히 검절할 필요가 있어, 여러가지로 검토를 가하는 한편, 고의로 따로 회담 참석의 시간을 지연시키는것이 좋으리라고 생각되어, 사전에 연락한 다음 약 15분이 늦은 8시 45분에 회의 석상에 도착하였음. 또한 회의 벽두에 이 문제에 관한 일본측의 확실한 언질을 받아 둘 필요가 있어 우선 다음과 같은 내용의 발언을 한 다음 구체적인 문제의 토의로 들어갔음.)

<u>최 장관</u>: 오늘 아침 내 참모들의 보고에 의하면 귀국 수상이 국회에서 행한 대사 회담 답변에 있어, 우리 영토와 국권에 관련된 발언이 신문에 보도되었다고 하였는데 본인은 회의에 참석하기 위하여 이곳으로 오는 도중 불쾌한 감을 금치 못하였다. 우리 정부는 회담을 성공 시키기 위하여 좋은 분위기를 만들려고 무척 노력하여 왔다. 우리 정부는 일본의 국내 사정도 참작하여 가면서 최대한의 성의와 인내를 가지고 문제 해결에 임하여 왔던 것이다. 내가 지금 이 말을 하는 이유는 우리의 인내가 제한점에 까지 달하였다는 의미는 아니고 다만 정당한 외교 경로를 통하여 수상 발언에 답할것임을 알리기 위한것이다.

<u>고사까 외상</u>: 수상의 답변을 영토와 주권에 관하여 말한것이 아니라 다만 한국 정부가 현실적으로 그 지배를 38도선 이북 까지 미치지 못한다는 사실을 염두에 두고 청구권 문제를 진행시키고 있다는 뜻이라고 생각한다. 양국이 교섭을 하여 나가는데 있어서는 여러가지의 곡절이 있을것이지만 양국이 친한 우방국이 될수 있도록 노력하여야 할것이다.

<u>최 장관</u>: 여기에서 한가지 일본측의 관념을 수정 해둘 필요가 있다. 그것은 내가 전번 회의에서 이미 설명 한바와 같이 38도선은 이미 없어졌고 지금은 다만 정전선으로서 남아 있을 뿐이다. 더욱이 어떤 지점에 있어서는 그 선이 38도 보다 훨신 북쪽으로 올라 가고 있다. 한국 정부가 한 반도에 있어서 유일한 합법 정부라고 하는 점이 귀측의 설명 또는 기록에 나타나고 있으며 또한 일본은 유엔의 중요한 회원국으로서 그 결의 하에 행동하고 있는 만큼 현재에 있어서도 한국 정부가 유일한 합법 정부라는 엄연한 사실을 명백히 승인 하는 전제 하에 본 회담에 임하여야 할것이다.

<u>고사까 외상</u>: 비록 정전선이라고 할지라도 그것은 우리들이 일반적으로 말하는 소위 "38선" 이다. 그리고 대한민국 정부는 유일한 합법 정부라는 전제에는 변함이 없다. 다만 대한민국 정부의 지배력이 정전선 이북에

까지 미치지 못한다는 현실을 그대로 바라보고 있다는 뜻이다.

<u>최 장관</u>: 일본은 대한민국 정부가 한 반도에 대한 유일한 합법 정부라는 전제 하에서 본 회담에 임하고 있다고 생각하고 다음 문제로 들어가겠다. 지난 3월 12일 첫 회합에서 귀측이 문서로서 주신 "한일 간의 청구권 문제에 관한 고사까 외상의 발언 요지"는 잘 읽어 보았다. 그런데 동 서면에 언급된 내용은 지난 3월 9일 재산 청구권 위원회에서 귀측의 수석 위원으로 부터 아측 수석 위원에게 서면으로 수교한 "일본측 입장"과 실질적으로 동일한것임을 발견하였다.

전술한 서면을 받았을 때 아측 수석 위원은 즉석에서 두서너가지 점에 걸쳐 의견 표시가 있었다 하며 또한 필요하다고 생각될 경우에는 그에 대한 아측의 입장을 구체적으로 표명하겠다고 한 사실이 있었다는 보고를 김 윤근 수석 위원으로 부터 받은바 있다.

그런데 실무자 회담에서 제출된 문서와 실질적으로 동일 한것이 금반 외상 회담에서 다시 제출되었다는것은 전번 회의에서도 누차 지적 한바와 같이 본 정치 회담을 실무자 회담의 단순한 연장으로 만들려는 의도에서 나온것과 같은 인상을 받지 않을수가 없다.

그렇다면 이는 외상 회담 본연의 목적에도 위배될 뿐만 아니라 회담의 원만하고도 효과적인 진행에 도움이 되지를 않는다고 생각한다. 고사까 외상의 발언 요지문에 언급된 제 문제에 대한 아측 견해는 이미 실무자 회담의 기간을 통하여 충분히 천명되었으므로 여기에서 그것을 되풀이하여 말할 필요가 없다고 생각한다.

따라서 현 단계에 있어서는 재산 청구권에 대한 피차의 의견과 입장은 전체적으로 표시되었다고 판명되었다고 믿는다. 그러나 경우에 따라서는 청구권 위원회 한국측 수석 위원으로 부터 서면으로 답변을 할수도 있을것이다.

이상 말한 여러가지 점에 비추어 본인은, 본 회의에서 우리들이 할 일은 다음 단계의 토의로 넘어가는데 있다고 본다.

그러면 나로서는 내일 부터라도 재산 청구권에 관한 구체적인 토의, 예컨대 청구권에 대한 일본의 지불 액수 같은것을 좀 더 부드러운 분위기에서 논의하는것이 회의의 건설적인 운영 방법이 아닌가 하고 생각한다.

따라서 내일의 회의 운영에 관하여 귀측과 사전 "아렌지멘트"를 하기 위하여 아측으로 부터 배 대사와 문 정무국장으로 하여금 귀하가 지명하는 분과 이야기를 시킬 용의가 있음을 제의하고저 한다.

고사까 외상: 본인은 "스기" 수석 대표와 "이세끼" 국장을 지명하겠다.

(신문 발표 내용)

한국측은 3월 12일에 개최된 제 1차 회합에서 "고사까" 외상이 문서로서 제출한 "한일 간 청구권에 관한 설명 요지" 에 대하여 한국측의 입장을 설명하였다. 또한 양측 외상은 다음 회의의 진행 절차를 사전에 교섭시키기 위하여 각각 2명식 지명하였다.

끝

12. 차후 회담 진행 절차에 관한 협의 결과 보고 전문, 1962. 3. 14

한국 외교문서 733, 제6차 한일회담 제1차 정치회담 도쿄, 1962. 3. 12–17, 전2권(V.2 최덕신–고사카 외상회담, 1962. 3. 12–17)

제1차 정치회담이 두 차례 끝난 후 양측 회담 수석대표가 만나 정치회담의 진행 절차에 관해 협의한 내용을 보고한 문서(전문)다.

양측이 장관 외에 한일회담 수석대표만 참석한 소인수로 회담을 진행하는 데 합의하였다.

KOREAN MISSION IN JAPAN

OUTGOING TELEGRAM

TOKYO

担	아주과장	참사관	정무국장	대사	장관

CLASSIFICATION

NO. : JW-03262

DATE : 142100

To : 최고회의 의장 (참조 : 내각 수반, 외무부 차관)

3 월 14 일 1520 시 부터 1620 시 까지 약 1 시간 동안 외무성 직원 클럽인 "가유회관"에서 양측이 차후 회담 절차에 관하여 회담하였는 바, 그 결과를 아래와 같이 보고함.

1. 참석자 : 한국측 배의환 대사, 문철순 정무국장, 최영택 참사관.

   일본측 : 스기 수석대표, 이세끼 아세아 국장.

2. 합의된 회담 절차 :

   (가) 시일 및 장소 : 3 월 15 일 10:00 시, 외 상 접견실

   (나) 진행 방식 : 최장관은 배대사를, 고사까 외상은 스기 수석대표를 대동하고 회의를 진행.

   (다) 취급 내용 : 청구권 액수를 제시하지 않는 솔직한 의견 교환.

3. 기타 논의 내용 :

   이세끼 [illegible] 은 아래와 같은 말을 하였음.

   (가) 금번 회담시에 청구권 액수를 제시하겠다. 그러나 한국측에서도 동시에 제시하지 않으면 일본측도 제시하지 않겠다.

最終決裁　　　発信課（起案者）　　　発信済

年　月　日　時　分

(나) 비공식적인 말이지만 청구권 액수는 법적근거가 있는 범위에서 최대한으로 제시할것이나 그 이외는 경제 협력 명목으로 고려하되 무상원조라고 하면 일본국민은 청구권과 같이 해석하기 때문에 곤란하므로 장기 저이자 차관으로서 협력해줄 생각이다.

(다) 장기 저이자 차관의 조건은 [illegible] 대략 년 4부에 20년 기간으로 생각한다.

4. 참고사항:

(가) 우리측은 주로 일본측의 언동만 [illegible] 살폈으며, 청구권과 차관은 완전히 별개 문제라고 강조하였음.

(나) 따라서 회담 방식은 우선 3월 15일은 양측 외상간의 진지한 의견 교환 및 타진만 하고 그간 별도 건의안에 대하여 본국 정부의 지령을 기다[illegible] 렸다가 3월 16일 양측 외상간의 단독 회담시에 청구권 액수를 제시하고저 [illegible]하니 별도 건의안에 대한 조속한 조치를 앙망합니다. 끝.

외 무 부 장 관

예고: 일반문서로 재분류 한일회담 종결시

13. 외상회담 제3차 회의 회의록, 1962. 3. 16

한국 외교문서 733, 제6차 한일회담 제1차 정치회담 도쿄, 1962. 3. 12–17, 전2권(V.2 최덕신–고사카 외상회담, 1962. 3. 12–17)

1962년 3월 16일 도쿄에서 개최된 한일 외상회담(제1차 정치회담) 제3차 회의 회의록이다.

제3차 회의부터는 양측에서 한일회담 수석대표만 배석한 가운데 회의가 진행되었다.

한일 외상회담 제 3 차 회의

회 의 록

1. 시일 및 장소: 1962 년 3 월 15 일 오전 10:00 시 — 11:45 시
일본 외무성 외상 접견실

2. 참석자: 한국측: 외무부장관 최 덕 신
주일대사 배 의 환
일본측: 외무대신 고사까 젠따로
수석대표 스기 미찌스께

3. 회담 요록:

최 장관: 부하 직원으로부터 들은 바와, 또 일본 신문 지상에 보도된 바에 의하면, 일측에서는 청구권에 관한 액수가 매우 적으므로 차관 형식으로 한국의 요구액을 보충할 의도라고 하는데, 귀하가 이점에 관하여 직접 말해주기 바란다.

고사까 외상: 일본측 견지에서 청구권에 관한 금액을 산출하면, 그 액수가 매우 적어 진다. 청구권에 관한 지불액수에 관해서는, 일본 정부로서는 국민과 국회를 납득시킬 수 있는 숫자이어야 하므로, 그 액수가 적어질 염려가 있다. 한편, 한국에서는 경제 5 개년 계획이 시작되었는 바, 그 계획에 일본이 적극적으로 협조하고 참가할 생각이므로, 장기 저리 차관 형식으로 한국의 자금 수요에 응하고 싶은 생각이다.

최 장관: 차관이라는 점에 관해서는, 나로서는 우리나라 국민의 심정을 고려하지 않을 수 없다. 귀국에서 한국 경제 재건에 적극적으로 협조해 주겠다는 정신은 매우 감사한 일이다. 그러나, 본인은 귀국에 청구액을 받으러온 사람의 입장으로서, 귀국으로부터 빚을 짊어지고 돌아간다는 것은 불가능한

일이다. 우리 국민은 그것을 도저히 용서하지 않을 것이라고 생각한다. 이점을 귀국에서는 잘 양해하여 주기 바란다.

고사까 외상: 귀하가 말하는 한국 국민의 심정은 잘 이해하겠다. 한국 청구권의 제 항목을 법적 근거 유무의 입장에서 따져 보면, 그 액수가 매우 적다. 우리는 청구권을 지불할 때에 국민 및 국회를 납득시켜야 한다는 제약이 있으니 그 점을 양해하여 주기 바란다. 그런 처지에 있는 우리로서는, 귀국의 경제 재건에 협력하기 위하여 장기 저리 차관의 형식을 고려하고 있는 것이다.

최 장관: 귀국의 국회 및 국민을 납득시켜야 한다는 필요성에 관하여는 이해하겠다. 국회 및 국민을 납득시키는데에 도움이 될 자료를 나중에 말하기로 하겠다.

과거 부터 신문에 나타난 바를 보면, 청구권에 대한 지불, 소위 무상 원조, 그리고 차관의 3 개 방법이 있다고 하였는데, 부하 직원으로 부터 들은 바에 의하면, 요새는 무상 원조는 빠지고 청구권에 대한 지불과 차관만이 남어 있다고 하니, 이상하게 생각하는 바이다.

고사까 외상: 청구권에 관한 지불액은 법적 근거가 있어야 하며, 그 액수를 보충하기 위하여 무상원조도 고려해 왔는데, 무상원조 자체 역시 청구권에 대한 지불이라는 인상을 주게된다. 그러므로 무상원조를 고려치 않기로 생각한 것이다.

최장관: 한국 정부가 지금 까지 취해온 입장을 설명하겠다. 이승만 씨가 대통령으로 계실 때에는, 한일회담에서 우리측은 청구권만 주장했으나, 그때에 일본측에서는 증거가 부족하다든가 또는 법적근거가 박약하다는 이유등으로 청구권에 관한 지불액이 극히 적으므로 무상원조 형식으로 그

금액을 보충하겠다고 주장해왔다. 작년말에 박 의장께서 이께다 수상을 방문하였을때에, 이께다 수상은 일본국내 사정을 설명한후 역시 법적근거 또는 증빙서류가 부족한 등등의 이유로 무상원조 형식의 지불로 고려한다고 하였는데, 박 의장께서는 이께다 수상의 입장을 이해한다고 말씀하셨던것이다.

고사까 외상: 박 의장의 무상원조에 관한 의도에 관하여 약간의 오해가 있는것 같다. 박 의장과 이께다 수상과의 회담에는 참석치 않었지만 이께다 수상은 박 의장께서 한국의 위신이라던지 국민 감정의 비추어 보아 무상원조는 승인치 않는것 같이 이해하고 있는 모양이다. 그러므로 무상원조를 장기저리차관으로 변경한것이다.

최 장관: 본인도 그 자리에 참석하지 않었으므로 내용을 잘 모르지만, 최근의 우리정부의 태도는 일본 입장을 이해한다는 의미에서, 청구권 액수에 부족되는 부분을 보충하는데에는 어떤 명사를 쓰던간에 양측 국민에게 이해시킬수 있는 방법을 생각하기로 하고, 소위 무상원조라는 의미의 "가께고에"를 일본이 주장할 경우에는 이를 접수할 용의를 가지는 것입니다.

고사까 외상: 적당한 명사를 쓴다고 하지만 실지로 어떤 명의를 써야할려는지 대단히 어렵다.

최 장관: 어떤 명칭이던지 하나 생각해내서 거기에 증거가 부족한 것이라던지 또는 실무자간에 의견이 대립되고 있는것을 포함시켜 귀국의 지불액을 증가 시키는 것이 좋을 것으로 생각한다.

고사까 외상: 청구와 무상을 합치더라도 그 액수는 적다. 그런데 귀국은 경제재건등으로 자금이 많이 소요될것이니 이에 협조하는 의미에서

차관을 생각한것이다.

최 장관: 우리나라 경제사건에 대하여 관심을 두고 그러한 의사 표시를 한데 대하여는 감사하지만, 전에도 말한바와 같이 이 시기에 있어서는 차관 이야기는 할수 없는것이다.

(고사까 외상은 잠시 퇴장함. 최 장관과 스기 수석간에 아래와 같은 이야기가 있었음)

최 장관: 스기 수석대표가 한일문제 해결에 관하여 많은 노력을 경주하고 있는 점에 대하여 감사의 뜻을 표한다.

스기 수석: 본인은 지금 나이가 많어서 갈길도 멀지 않었다. 나로서는 죽기전에 한일문제라도 원만하게 해결되는것을 보고싶다. 전력을 다해서 노력하고저한다.

최 장관: 선생은 고령이므로 그런말을 하는 모양인데 고령이라하여 반드시 젊은 사람보다 먼저 가는것은 않이다. 선생이 늙을만큼 건강하시니 고령인 선생과 젊은 우리가 각기 자기 국민과 나아가서는 인류전체를 위하여 같은 정신으로 일해 나갔으면한다. 이것이 고대로부터 내려온 동양 철학이 아닌가 한다.

(고사까외상 미안한 표정으로 다시 입장함)

최 장관: 일본 국회와 사회당등의 사정으로 일본정부가 어려운 입장에 있다는 것을 이해하는 의미에서 본인은 한국국민의 일본에 대한 심정을 몇마디 말하겠다. 이러한 말을 하는 이유는 결코 한일간의 감정, 또는 귀하의 감정을 상케 할려고 하는 의미가 아니고 일본정부가 국민 또는 국회의원을 납득시키는 좋은 자료가 될것이라고 생각하므로 말하는것이다.

1. 청구권에 관한 증거자료에 관하여서는, 한국이 해방된것이 1945년 8월 15일이였고, 미군이 한국에 상륙한것이 동년 9월 17일이었다. 뿐만 아니라 미군은 상륙후에도 약 1개월간은 행정인수를 받지 못하였다는것이다. 그러므로 약 2개월여의 공백기간이 있었는데 그 기간중 일본관리들은 말할수 없이 귀중한 자료를 소각할수 있었다는 사실을 우리국민은 잘알고 있는바이다. 만약 해방되던날 즉시로 제3자면서 또는 우리자신이 귀측으로부터 관계문서를 전부 접수하였다고하면 우리가 지금 주장하는 청구액수에 대한 증거는 전부있을것이다. 귀하도 잘아는바와 같이 총독부에 파견된자는 능난한자들이었다. 그들은 장차에 있어서 무슨 서류가 증거가 될것인가를 잘알고 있었을것이나 그런 자료는 전부 소각했을것이다. 우리국민이 직접적으로 접수하려는 행동을 했을것 같으면 성공은 했겠지만 피를 흘렸을것이다. 피를 흘리는것을 면하기위하여 우리국민은 참었으며 미군의 상륙을 기다렸던것이다. 이 점을 잘 아러주기 바란다.

2. 우리는 청구권문제에 있어서 채권자이고 일본은 채무자이다. 채권자와 채무자가 평등한 입장에 있었은것 같으면 피차간에 충분한 증거를 가지고 있겠지만 평등한 입장에 없었다는것이 분명한 사실인것이다. 이 말은 채권자인 우리가 당연히 가지고 있어야할 증거가 채무자가 우월했기 때문에 최소한도의 것밖에 가지고 있지 못하다는 말이다.

3. 일측은 한국에 남겨논 재산이 막대한 수자에 달한다고 하여 그것을 염두에 두고 우리 청구권을 상쇄할려고 하는 모양인데 이에 관하여 설명하지 않을수 없다. 귀국 국민 또는 관헌이 우리나라에서 만들어 놓은 재산은 우리땅에서 우리사람의 피와 땀으로 싸놓은것이고, 그뿐 아니라 그의 몇배가 될지도 모르는 재산이 일본국내로 이동되었을 것이며, 일본

사람의 좋은 생활을 유지하기 위하여 소비되었을것이다. 아마 이 수자는 수자로 나타낼수 없는 정도의 막대한 것일것이다. 그러니 그런 재산을 머리에 두고 우리 청구권을 상쇄하려는 일본 생각은 우리 국민이 납득하지 않을 것이다.

4. 일측이 말하는 대동아전쟁은 금일의 역사가가 말하기로는 침략전쟁이라고 하는데 우리 한국국민은 그때에 본의가 아니면서도 귀측 전쟁에 종병, 강제노동등의 명목하에서 가담했던 사실이 있다. 이러한 사람들 또는 그들중에 나온 사망자에 대한 손해는 도저히 수자로 설명할수 없는것이다.

5. 화폐가치는 2차대전이 종료된 전후와 금일간에는 많은 변동이 있는것이 않인가. 가치의 저하는 의당 청구권 액수에 계산되어야 할것이다.

6. 청구 8개항목중에는 지금 지은이 있는데 일측 말로는 적당한 가격을 지불하고 사온것이라고 하지만 위에서 말한바와 같이 채권자와 채무자가 평등한 입장에 있지 않었다는 사실로보면 정말 적당한 가격이었는가 하는 것에 대하여는 의심되는 바이다. 이는 명약관화적인 사실이다.

7. 우리실무자가 제시한 수자가 귀측에는 막대한 것이라고 하지만 이상의 말로서 그것이 막대한 것이 아니고 이유에 맞는 수자라고 귀측은 인정하여야 할것이다.

8. 귀측이 역시 시인하고 들어가는 점은, 시간이 너무 경과 된것과 한국전쟁이 1950년부터 있었기 때문에 증거가 불충분 하다는점은 당연한 일이라고 시인하고 들어간 사실이 있지 않는가. 이상의 말을 한것은 이를 염두에 두고 청구권을 고려하여야 한다는 의미에서 말한것이며 또 귀 정부가 국회와 국민을 납득시키는데 필요하다고 생각되는 자료를 제공하자는 의미이다.

귀하는 항상 일본측의 국민감정을 이야기 하는데 그러면 우리측 국민의 심정도 알어 주어야 하지 않겠는가. 우리는 과거에 수자를 제시한바 있었으며 최근에 나타난 수자로는 김유택 경제기획원장이 제시한 8억불이 있다. 그런데 이 수자를 정치적인 고려하에서 본인은 인하할 용의를 가지고 온 것이다.

9. 만일 채무자 즉 일본이 그대로 궁핍상태에 있고 채무를 이행할수 없는 입장에 있을것 같으면 채권자인 우리는 구태어 꼭 받어 내겠다고는 하지 않겠다. 그러나 귀국은 금일에 있어서 경제적으로 윤택한 나라가 되었고 아세아에 있어서 가장 윤택한 나라가 되었다. 그리고 우리국민이 알기에 귀국이 "샌푸란시스코"평화 조약에 의하여 빠른시기에 독립하게 된것도 한국전쟁이 있었기 때문이라고 한다. 한국전쟁에 있어서 한국 국민은 막대한 인명과 재산의 손해를 받었으며, 심지어 외국의 군력까지 유엔 결의하에 한국에와서 그 전쟁을 수행한것이다. 전쟁을 수행하는 동안에 귀국은 지리적으로 좋은 조건을 가졌기 때문에 우리를 지원하는 군수 기지가 되었으며 그 점은 자유진영에 대한 공헌이라하여 고맙게 생각하는바, 동시에 그 기회가 귀국을 부흥시키는 좋은 기회로 된것도 사실이 않인가.

요컨데 귀국은 부한 나라가 되었으니 과거의 채무를 이행하여 달라고 지금 말하는것이다.

우리는 우리의 국민감정을 억제하는데에 최대한의 노력을 해왔으며 또 그러한 노력을 계속할것이다. 귀측도 귀국의 국민을 납득시키도록 하기 위하여 이상 장시간에 걸쳐 자료를 제공한것이다.

오늘 "자판 타임스"지를 보았는데 동지는 사설에서 공산당이 우리 양국간에 진행되고 있는 것을 파괴하고 양국관계를 분리 시킬려고 노력하고 있다고 지적하였다. "구자는 쾌오, 친자는 통" (仇者快 親者痛)이라는 고언의 사태가 이러나지 않게 하여야 할것이 않인가. 금일의 정세로는 우리한일간에 우호관계가 없는것을 적 즉 공산당은 통쾌히 생각할것이며 자유진영은 분통하게 생각할것이 않인가.

한국은 과거는 과거라고 생각한다. 지금 이야기 한것은 귀측에게 자료를 제공하기 위함에 그 목적이 있는것이다.

(이상 발언에 대하여 고사까 외상과 스기 수석대표는 수긍하는 태도 이었으며 중요점에 관하여는 외상이 직접 대보를 하였음).

고사까 외상: 귀하가 말한바는 잘 이해한다. 본인은 한국국민의 입장에서서 한일회담이 원만하게 해결되도록 노력하겠다. 과거 이 대통령때에는 반일감정이 성했지만 박 의장께서는 과거의 감정을 다 억제하고 앞을 내다 보면서 한일관계를 타개하고저 노력하시는데 대하여 경의를 표하는 바이다.

화폐가치 변동에 대한 고려문제는 난처한 점도 있다. 예를 들면 은급문제에 관해서 화폐가치 변동을 고려한다면 한국 사람에게 지불할 은급이 일본에게 지불할 은급에 비하여 많은 차이를 초래한다. 그런고로 은급지불을 일인과 동일하게 하지 않으면 안될것으로 생각한다.

최 장관: 화폐가치 변동에 관해서 말한바는 청구액에 관한 정치적 고려를 요구하는 의미에서이다.

고사까 외상: 증빙서류 문제에 관해서는 엄격하게 요구하지 않겠다. 그러나 우리정부안에서도 이 문제에 관하여 의견이 같지 않으므로, 그 점도 조정해가면서 처리하겠다. 군정 법령 33호의 해석과 적용문제에 관해서도 여러가지 어려운점이 있으니 그 점을 한국측에서 양해 해주기 바란다.

최 장관: 돈주머니를 가지는 대장성과 대국적인 견지에서는 외무성과의 대립은 귀국 뿐만 아니라 다른 나라에서도 일어난다. 그러나 모든 일은 대국적인 견지에서 처리되어야 한다.

고사까 외상: 한가지 물어 볼 말이 있다. 평화선에 관해서 한국측은 신축성이 있다고 하는 한편 국방상의 필요로 존속 시킨다는 말이 있는데 그 의미는 무엇인가.

최 장관: 국방상의 필요성은 그대로 존속한다. 우리는 공산당을 앞에 놓고 싸우고 있기 때문이다. 이선은 어디까지나 적에 대해서 필요하다는 입장에서 국방상 필요한 선이라고 하는것이다. 일본이 우리의 적이 아닌 이상 무엇을 그다지 염려하는가.

고사까 외상: 그러면 이선은 우리에게 적용되지 않는다는 것인가.

최 장관: 적이 아닌 이상 걱정할 필요는 없지 않는가.

(다음 회의는 금일 저녁에 배 대사 및 문국장과 이시끼 국장이 상의해서 결정하기로 한다는 것을 합의하고 회를 끝마침).

14. 외상회담 제4차 회의 회의록, 1962. 3. 16

한국 외교문서 733, 제6차 한일회담 제1차 정치회담 도쿄, 1962. 3. 12-17, 전2권(V.2 최덕신-고사카 외상회담, 1962. 3. 12-17)

1962년 3월 16일 저녁 시간에 도쿄에서 개최된 한일 외상회담(제1차 정치회담) 제4차 회의 회의록이다.

재일한인 법적지위 문제가 토의되었다.

한일외상회담 제4차회의

회 의 록

1. 시일 및 장소 : 1962. 3. 16일 17:40 시— 19:15 시

일본 외무성 외상 접견실

2. 참석자 :

한국측 :	외무부장관	최 덕 신
	주일대사	배 의 환
	대표	이 천 상
일본측 :	외무대신	고사까 젠따로
	수석대표	스기 미찌스께
	대표	다까세

3. 회의 요록 :

최 장관 : 법적지위 위원회의 문제에 관하여 몇가지 우리측의 입장을 밝히고저 한다.

첫째 영주권 부여 범위에 관한 문제인데 아측 대표단으로부터의 보고에 의하면 일측은 재일교포로서 평화조약 발효시까지 출생한 자에 한하여 협정상의 영주권을 부여한다고 하며 이것은 대단히 부당하다고 생각한다. 우리측은 과거에 영주권을 자자손손에 이르기까지 부여할것을 주장하여 오다가 금번 6차회담에 있어서 일본측의 입장을 존중하여 일단 협정발효후 상당 기간 즉 2, 30 년 까지 출생한 자에게는 동일하게 영주권을 주고 그 이후에 출생한 자손에 대하여는 그때에 가서 양국이 재검토하여 정하자는 지극히 합리적인 새로운 제안을 하였는데도 불구하고 아직 양측 실무자회담에서

합의를 보지못하고 있는데 이점에 대하여 한측의 솔직한 의견을 말해 달라.

고사까 외상: (다까가세 대표를 보고) 이점은 어떻게 되어 있는가.

다까가세 대표: (고사까 외상을 향하여) 이 문제는 한국측으로부터 제안이 있어서 그동안 수차에 걸쳐 상호 검토하여 왔는데 중요한 문제인 만큼 아직 결정을 보지못하고 있다.

고사까 외상: 앞으로 충분히 연구하여 결론을 내도록 하겠다.

최 장관: 다음 강제 퇴거 문제인데 우리측으로서는 폭력으로 일본정부를 전복하려고 한자로서 유죄의 판결을 받은 자와 흉악범으로서 10 년 이상의 형을 받은자에 국한하여 퇴거 사유로 하는것이 옳을것으로 본다.

고사까 외상: 이점은 어떻게 되어있는가. (다까가세 대표를 보고)

다까가세 대표: (고사까 외상을 향하여) 이문제는 한국측과 합의하에 양국의 친선을 현저히 저해하는 자는 퇴거시키도록 하자는 것을 기준으로해서 구체적으로 무엇이 이에 해당하는가는 양측의 법률 전문가로 하여금 관계 법규를 검토해서 결정하기로 했다.

최 장관: (이천상 대표에게) 설명 해보라.

이 대표: 지금 다까가세 대표가 말한대로 양측 전문가로 하여금 검토케 하여 결정하기로 하였고 그간 3, 4 차 전문가 회의를 열고 검토한 결과 우리측은 지금 최장관이 발언한 바와 같이 일본 정부 전복과 10 년 이상의 형을 받은 흉악범에 국한하는것이 옳다는 결론을 얻고, 일본측은 이외에 국교에 관한 죄, 마약취체법 위반자도 중한 자는 포함시켜야 된다고 주장하기 때문에 아직 결론을 보지 못하였다.

최 장관: 우리 정부도 교포를 더욱 지도하여 범법자는 없이할 생각이나 대단치 않은 범법자는 퇴거 시키게 된다면 우리 교포는 불안하여 일본에 안심하고 살수가 없는것이 아닌가.

고사까 외상: 물론 너무 범위는 넓히면 안될것으로 보나 이문제는 전문적인 것이니 좀더 실무자에게 검토케 하여 결론을 내는것이 좋지 않은가.

최 장관: 선처 해주기 바란다.

고사까 외상: 재일한인은 처음 조선인으로 등록하였는데 그후 한국인으로 등록을 변경할수 있게되어 현재 한국인으로 등록한 사람이 약 3분의 1, 그리고 조선인으로 등록되어 있는 사람이 약 3분의 2로 되어있는데, 금후 조선인으로 등록되어 있는 사람에 대한 귀국의 견해는 어떠한가.

최 장관: 한국인으로 등록되어 있거나 조선인으로 등록되어 있거나 동일한 민족이다. 공산주의에 의하여 국토가 양분되었기 때문에 생긴 불행한 결과이며 가슴 아픈 일이다. 한일회담이 성공하여 협정에 의한 새로운 영주권을 받게되면 그 기회에 대부분은 한국인으로 등록할것으로 본다.

고사까 외상: 나도 그렇게 생각한다. 더욱이 재일한인은 대부분 고향이 남한이기 때문에 그렇게 된것이다. 그러나 일부라도 조선인으로 남는 사람이 있을것이 아닌가.

최 장관: 얼마나 남을지 몰라도 그것은 예상된다. 미국에도

공산주의자는 있는것이 아니다. 우리는 그들을 선도하여 대한민국에 충성케 할것이다. 그렇게 하기 위하여 일정한 기간이 필요하다.

고사까 외상: 그러면 그들과 한국인으로 등록한 사람과 구별하여 대우하지 않는 의미인가.

최 참관: 대한민국에 충성을 하지 않는 자를 동일하게 대우한다는 말은 아니다. 우리는 그들을 선도하여 대한민국에 충성케 할것이다.

다음에 교육문제인데 한국인이 그 자녀교육을 위하여 설립한 학교를 그에 해당하는 일본의 정규학교로 인가하여 주기 바란다.

가사까 외상: (다까세 대표를 보고) 이문제는 어떻게 되는 것인가.

다까세 대표: 일본 교육법 제1조에 의한 정규학교로 인가하여 달라는 것인데, 일본은 국가경비로 한국인 자녀를 일본인 의무교육을 위한 소, 중학교에 아무 차별없이 받아주고 있고 상급학교에도 합격만 하면 진학할수 있는데 학교 인가를 하여달라는것은 교육법의 취지에도 어긋나며 문부성에서도 극력 반대하고 있다.

고사까 외상: 이점에 대하여는 일본측으로서는 응하기 어렵다.

최 참관: 외국인이 외국인을 위하여 설립한 학교라는 의미에서 일본측은 난색을 표하나 한국인은 특수한 입장에 있는 외국인이며 또한 그 교육 내용도 한국어나 한국 역사를 제외하면 일본인 학교와 동일하니, 학교 내용을 심사하여 기준에 적합하면 인가하는것이 당연하지 않는가.

고사까 외상: 일본측으로서는 교육법상 응하기 어렵다.

최 장관: 다음 재일교포로서 본국의 경제 부흥을 위하여 투자를 원하는 자에게 투자하는 길을 열어주어야 할것인데 귀측의 견해는 어떠한가.

고사기가 외상 : 이는 현재도 어느 정도 실시되고 있는것으로 알고 있으며 원칙적으로 찬성이다.

최 장관: 최후로 국적확인 문제인데 이문제는 앞서도 좀 논의하였지만 대한민국은 한반도의 유일한 합법정부이니 전 재일한인은 사상 여하에 불구하고 대한민국 국민이므로 일본은 이 당연한 사실을 확인하여야 할것이다.

고사기가 외상: 장관의 말은 잘 이해하겠으나, 유엔 결의의 해석상으로나 정치적으로 극히 곤란한 문제이므로 이자리에서 무어라고 말할수 없다.

최 장관: 시간 관계도 있어서 길게 말할수는 없으나 자유진영의 일원으로서 일본은 이 점에 관하여 특히 심심한 고려가 있기를 바란다.

15. JW-03332(제5차 외상회담 결과 전문 보고), 1962. 3. 17
한국 외교문서 733, 제6차 한일회담 제1차 정치회담 도쿄, 1962. 3. 12-17, 전2권(V.2 최덕신-고사카 외상회담, 1962. 3. 12-17)

1962년 3월 17일 도쿄에서 개최된 제1차 정치회담 제5차 회의 결과 보고 문서(전문)다. 보고서에는 제5차 회의가 제4차 회의로 잘못 기재되어 있다.

일본 측이 제시한 청구권 금액(7천만 불)과 차관 액수(2억 불)가 명기되어 있다.

대한민국 외무부

암호전보

종별

번호: JW-03332

일시: 17 1915

COPY

수신인: 최고회의 의장 (참조 내각수반, 외무부 차관)

금 3월 17일 오전 11,10시부터 오후 1시까지 일본 외무성 외상접견실에서 한일 외상회담 제4차 회의를 개최하고 곧 이어서 폐회를 위한 형식을 갖춘 회합을 갖었는바 그 내용을 아래와같이 보고 합니다.

1. 참석자

한국측 : 이 외무부 장관, 김 주일대사, 연 정무국장, 김 아주과장. (평화선 문제 토의시 지철근 대표가 임시 참석 하였음) (폐회를 위한 회합에는 지철근 대표, 최 주일참사관이 추가 참석함)

일본측 : 시이나외상, 스기 수석대표, 우시로꾸 아세아국장, 마에다 북동아 과장. (평화선 문제 토의시 와다 대표가 임시 배석 하였음) (폐회를 위한 회합에는, 와다, 미야가와, 양 대표가 추가 배석 하였음)

2. 토의내용

가) 문화재 문제에 관하여 아측은 작년에 동경에서 있었던 "유네스코" 아세아 지역 회의에서 문화재는 원산지에 반환되는것이 바람직 하다는 취지의 결의 및 대 이태리 평화조약 제 75 조에 언급하고 그러한 정신으로 문화재 문제를 조속한 시일내에 해결하는것이 좋겠다고 말하였던바 일본측은 국제법상으로나 국제관례로 보아 반환 해야 한다는 원칙이 확립된바 없으므로 반환해야할 법적의무는 없지만 문화협력이라는 견지에서 이문제를 호의적으로 해결할것을 도모하고 있다고 답변 하였음며 반환

수신시간:

외신과

형식에 관하여서는 쌍방이 더연구하여 결정 하기로 하였음.

나) 선박문제에 관하여서는 아측이 줄거나 또는 법적이론이나 하는것을 계속해서 논의 하여도 하등 해결이 될문제가 아니라고 생각하는데 일본측에서는 어떠한 해결방법을 구상하고 있는가 하고 물었던바 아구 일본측은 아국이 나포한 일 어선 188척 문제도 있으므로 이문제도 고려하여 정치적으로 해결하여야할것으로 생각한다고 말하였음, 이문제에 대하여서는 쌍방이 정치적으로 해결 하여야한다는점에 의견이 일치 하였음.

다) 어업 및 평화선 문제에 관하여 먼저 일본측은 어업문제에 관하여 아측의 의견을 물어왔는바 아측은 양국 어민의 공동이익과 한국어민을 위하여서도 신중히 고려하여 어업협정을 체결하여야 할것이라고 말하였음, 일본측은 어업협정이 되면 평화선으로 철폐되지 않는가라고 질문한데 대하여 아측은 평화선은 국방상 견지와 어업에 관하여 두가지의 목적이 있는바 국방목적에 관하여는 전일 이야기 한바와 같고 어업에 관하여는 양국이 합의한 어업협정이 체결되면 이에 따라갈것이라고 대답 하였음, 어업협정에 관하여 사무적 토의를 조속히 시작 하는데는 합의 하였으나 그 시기에 관하여는 다른 위원회와의 관련도 있으나 수석대표로 하여금 상의 하도록 하였음

라) 일반재산 청구권문제에 관하여 아측이 쌍방의 액수를 제시 하여 보는것이 좋겠다고 말하였던바 일본측은 이문제에 대한 기본적 사고방식에 상당한 거리가 있으므로 이 기본적 사고방식에 관한 재검토가 없이 수자를 제시 한다는것은 앞으로의 교섭에 오히려 지장이 될것이라고 말하며 수자 제시를 회피 하므로 아측은 일본측이 수자를 제시 한다는 약속하에 한국측이 이 회상회의에 응한것인데 일본측이 응하지 않는다면 약속 위반이 아니냐고 강력히 반론 하였던바 결국 일본측 참석자 일동은 별실에 가서 상의하고 돌아온후 양측 한일회담 수석대표간에서 수자를 교환 하도록

계 속 — 3 —

하고 외상 사이에 하는것은 피하자는 제안을 제의 하였음으로 아측은 부득이 이에 응하였음 이에하여 양측 수석대표와, 본 정무국장 및 이세끼 아세아 국장은 별실에 가서 상호 수자를 제시 하였음.

일본측이 제시한 수자는 청구권 7 (칠) 천만, 차관은 2 (이) 억, (차관은 아측이 수자 제시를 요구치 않았으나 일본측이 제시 하였음) 임.

3. 이상으로 일단 회의를 끝마치고 재회를 위한 회합을 갖었는바 동 석상에서 공동 "코뮤니케" 초안에 관하여 토의 하였으나 결론을 얻지 못하였으므로 이문제는 다시 연락 하여 결정 하기로 하고 산회 하였음.

외무부 장관 / 주일대표부

예고문 : 일반문서로 재분류 (한일 회담 종료시)

외 신 과

16. 외상회담 제5차 회의 회의록, 1962. 3. 17

733, 제6차 한일회담 제1차 정치회담 도쿄, 1962. 3. 12-17, 전2권(V.2 최덕신-고사카 외상회담, 1962. 3. 12-17)

1962년 3월 17일 도쿄에서 개최된 한일 외상회담(제1차 정치회담) 제5차 회의 회의록이다.

문화재 문제에 관한 토의가 있은 후, 한국 측의 주장에 따라 양측 회담 수석대표 및 주무국장 간에 별실에서 청구권 액수 교환이 이루어진 것으로 기록되어 있다. 이 회의록에는 금액 자체는 명기되어 있지 않다.

※ 문서 상태 불량으로 새로 타이핑한 내용을 아래 수록함.

한일 외상회담 제5차 회의 회의록

1. 시일 및 장소 : 1962. 3. 17, 11:40시 – 13:00, 일본 외무성 외상 접견실

2. 참석자 :

한국 측	외무부장관	최덕신
	주일대사	배의환
	외무부 정무국장	문철순
	외무부 아주과장	엄영달
	한일회담 대표	지철근
일본 측	외무대신	고사카 젠타로
	수석대표	스기 미치스케
	아세아국장	이세키 유-지로
	북동아과장	마에다 도시카즈
	대표	무라타

3. 회의 요록

고사카 외상 : '독도' 문제와 주한 대표부 문제에 관한 확실한 답변을 하여 주기를 바란다.

최 장관 : 그 문제는 마지막에 하기로 하자. 지금은 우선 문화재 문제를 말하기로 하자. 우리나라 국민이나 지식인 및 역사가들은 모두 문화재에 대하여 지대한 관심을 가지고 있다. 그런고로 지난 3월 28일 제7차 문화재위원회 회의에서 우리 측이 반환 요구 문화재 목록은 제출한 바 있는데, 지금은 이에 대한 일본 측 의견의 표시 단계라고 생각한다. 물론 실무자 회의에서 귀측은 여러 가지의 곤란점을 지적하신 모양이나, 본인은 여기에서 다음의 제 사실을 지적하고자 한다. 즉 1954년인지 또는 1956년인지는 확실히 기억하지는 못하지만 도쿄에서 유네스코 아세아지역회의에서 우리 측 수석대표인 김효직 씨가 결의안을 제출, 이를 통과시켰는바, 그 결의의 정신은 문화적 또는 역사적인 의미를 가진 문화재산은 그 원산지로 돌린다는 것에 있었으며, 더욱이 자진하여 반환할 것을 요망하는 문장도 삽입되어 있다. 또한 조약 관계에서 볼 때, 미

이 평화조약 제7조는 이탈리아가 타국으로부터 불법 내지 부적[절]하게 반출하여 간 문화재를 원산지로 반환하라는 규정도 있다. 이상과 같은 몇 가지 실례를 들어 일본 측이 하루속히 한국 문화재를 반환하여 주기를 요망한다.

우리 문화인, 역사가 및 지식인들은 이에 대하여 다대한 관심을 가지고 있다. 찾을 수 있는 것은 최대한으로 노력하여 하루속히 가지고 와야 한다고 한다. 그렇지 않으면 일본이 한국의 문화재를 가지고 갔다는 시비를 시간을 두고두고 반박할 것이 아닌가.

고사카 외상 : (이세키 국장 발언) 한국 측은 반환을 요구하고 있으나 일본으로서는 국제법상으로나 국제관례상으로나 반환할 하등의 의무도 없다. 민형사상으로 보더라도, 일본인이 제멋대로 발굴하여 왔다고 하더라도 이미 시효가 지나갔으므로 역시 이런 점에서도 반환의 의무는 없다. 다만 한국과의 문화적 학술적으로 서로 협력한다는 의미에서는 이를 호의적으로 고려할 수 있지만.

최 장관 : 일본이 반환 의무를 부정한다면 비록 일시적으로 정상화가 되더라도 문화재 문제로서 우리 국민의 감정을 해할까 봐 염려된다. 따라서 상술한 유네스코 정신 하에 일본이 조속히 이를 반환하여 그러한 불행이 없도록 노력하자.

고사카 외상 : (이세키 국장 발언) 문화재 문제에 관하여는 위원회에서 양측 수석위원 간에 이미 비공식적인 양해가 성립되어 있다. 장관으로서는 이런 자리에서는 그 결과를 확인하는 것이 기대되었었는데 오히려 그러한 발언을 하여 문제 해결을 후퇴시키고 역행한다는 데 놀라지 않을 수 없다.

최 장관 : 실무자들이 얻은 결론은 뒤집으려는 의도에서가 아니라 다만 본인은 전술한 '정신' 면을 강조한 따름이다.

고사카 외상 : (이세키 국장 발언) 그 정신은 잘 알겠다. 이 문제의 해결은 협력의 형식이라면 몰라도 권리 의무의 형식으로는 결코 안 된다.

최 장관 : 귀측은 협력 형식이라 하나 우리로서는 어디까지나 '반환'이다.

고사카 외상 : (이세키 국장 발언) 반환 의무라면 한 점도 반환할 의사가 없다.

최 장관 : 이와 같이 평행되는 주장을 되풀이하기를 원치 않는다. 다만 그 해결 방법을 좀 더 연구하자는 것이며, 유네스코 결의 정신에 의하여 해결해 달라는 것이다.

다음은 선박 문제로 넘어가자. 이 문제에 관하여는 이미 법 이론이나 증거 문제에 관한 토의가 일단락되었으니 단시일 내에 우리 측에 반환하여 줄 수 있는 선박의 톤수를 제시하여 주기 바란다.

고사카 외상 : 일반청구권 문제가 해결되면 이런 문제는 간단히 해결될 수 있을 것이라고 생각한다.

최 장관 : 일본은 과거 10여 년 동안 차등 선박을 사용하여 왔을 것이므로 지금은 대부분은 노후선이 되고 말았을 것이다. 더욱이 일본은 세계에서도 우수한 조선국인 만치 노후선으로서가 아니라 우리에게 도움이 될 수 있는 방법으로서 반환을 연구해 주기 바란다.

고사카 외상 : (이세키 국장 발언) 일본 어선으로서 나포된 것이 180척이 있다. 이 문제는 그와 관련하여 정치적으로 해결되어야 할 것이다.

최 장관 : 정치적으로 해결하여야 한다는 데 동의한다. 단 이것은 나포된 180척과는 전연 별개 문제이다.

다음에는 청구권 문제인데, 우리는 일본 측이 금차 회담에서 청구 지불액을 제시할 것으로 이해하고 있었는데 지금 그것을 들어보고 싶다.

고사카 외상 : 외상회담에서 정치적으로 해결을 짓기 위하여는 이 문제에 관한 양측의 법적 견해를 서로 사전에 명백히 하고 조절할 필요가 있다고 생각하여, 일본 측은 전번 회의에서 일본 법적 해석을 구체적으로 표명한 바 있다. 그런데 법 이론에 관한 양측의 견해의 차가 너무나 큰 것을 알았으며 그 후 장관을 만날 때마다 그 견해는 더욱 크다는 인상을 가지게 되었다. 장관의 의견 중에는 입장을 바꾸어서 생각하면 이해할 수 있는 점도 있으나, 또한 이해할 수 없는 점도 많다. 따라서 우리 양측은 앞으로 이 문제를 좀 더 연구한 다음 정치적 절충을 하는 것이 필요하다고 생각된다. 그 후에 액수를 제시하는 것이 문제의 해결을 촉진하는 좋은 방법이 될 것이라고 믿는다.

최 장관 : 그것이 외상의 결론인가.

고사카 외상 : 좀 더 토의를 하고 이해를 가진 다음에 이 문제에 들어가는 것이 좋겠다.

최 장관 : 아 측 수석대표 배 대사의 보고에 의하면 일본은 금차 회담에서 액수를 제시할 약속을 하였다고 하였으며 우리 측도 그 말을 믿고 구체적인 준비를 하여 가지고 왔다. 지금 당신의 말을 들으니 대사의 보고가 잘못된 것이었는지 그렇지 않으면 일본 측이 일단 약속한 것을 변경한 것인지를 알아두어야 하겠다.

고사카 외상 : 대사의 보고는 정확하다. 그러나 장관과 회담하여 보니 역시 그러한 기초 위에서는 액수를 제시하여도 문제 해결에 아무런 도움이 되지 않을 것 같다.

최 장관 : (배 대사 발언) 일본은 우리의 입장도 잘 이해할 필요가 있다. 한국 측이 지금까지 얼마나 양보하여 왔는지를 잘 알고 있을 것이다. 양국 국민은 액수의 제시를 다 같이 기대하고 또한 원하고 있다. 그 이유는 양측의 견해 차를 알아야만 문제의 해결 방법을 구체적으로 모색할 수 있는 것이 아닌가?

고사카 외상 : 문제의 조속한 해결의 필요성을 본인은 잘 인식하고 있다. 그러나 그것을 위하여는 방법과 순서가 있다. 따라서 지금 금액수를 제시하는 것보다 양측 견해의 불일치점을 조정한 다음에 제시되어야 한다고 생각한다. 그렇지 않으면 제시의 결과는 양측의 관계를 더욱 어색하게 만들어 버릴 것이라고 생각한다.

최 장관 : 본인은 여기에서 작별 인사를 하여야 되겠다. 그러나 나는 본국에 돌아가면 일본이 액수를 제시할 것을 약속했고 또 우리도 구체적인 숫자를 가지고 왔었는데도 불구하고 일본이 약속을 이행치 않았기 때문에 아무런 결론도 얻지 못하고 돌아왔다고 국민 앞에 보고드리지 않을 수 없다. 우리들의 참모는 액수 제시의 단계가 왔다고 하는데 일본 측이 고집을 계속하면 분위기만 악화된다고 생각한다.

고사카 외상 : 분위기가 악화될 이유가 없다. 다만 액수 제시 단계에 도달치 않았다는 것뿐이다. 그리고 장관은 일본이 약속을 어겼다고 말하는데 외상이란 일국을 대표하는 것이니 단지 그렇게 단순하게 생각하지 말아 주기를 바란다.

최 장관 : (문 국장 발언) 국민들은 액수 제시 단계에 왔다고 믿고 있다. 견해의 차이가 크다고 하더라도 과연 그것은 얼마나 큰 것인가를 더욱 알고 싶어 할 것이니 그 점 충분히 고려하여 주기 바란다.

고사카 외상 : 액수 제시의 분위기가 못 된다. 우리가 제시하면 한국 정부는 일본이 무시한다고 생각할 것이다.

최 장관 : 지금 나는 솔직히 다시 한번 일본 측의 액수 제시를 건의한다. 이것에 응하면 좋아도 그렇지 않으면 본인은 아까 말한 바와 같은 태도를 취하겠다. 다만 액수 제시는 쌍방이 동시에 하여도 좋고 이를 비밀에 부하여도 좋다. 그리고 그 숫자는 정부의 참고서로만 사용하기로 하자. 나의 개인적인 감정만이라면 일본이 약속을 이행치 않더라도 아무 말 없이 가겠다. 그러나 외상이란 국민을 대표하는 것이므로 본인은

최대의 인내를 가지고 이와 같이 말하는 바이다.

고사카 외상 : 그러면 이 자리에서는 안 내놓더라도 후일, 즉 장관이 귀국하기 전까지는 스기 대표와 배 대사 간에 서로 제시하기로 하자.

최 장관 : 지금 이 회의에서 하기로 하자. 귀하가 이것을 제시하기 위해 막료 등과 상의할 필요가 있다면 그렇게 하여도 좋다.

(약 10분 이상 이 문제로 논의한 끝에)

고사카 외상 : 그러면 잠깐 동안 휴회하자.

(퇴장하여 약 10분간 의논함)

고사카 외상 : 그러면 스기 대표와 배 대사 간에 서로 제시하기로 한 그 숫자는 일체 발표치 않기로 하자.

최 장관 : 물론이다. 다만 정부에 보고할 뿐이다. 그리고 발표는 하되 숫자는 발표치 말자.

(이리하여 양측 수석대표와 주무국장이 비밀리에 액수를 제시하고 이를 각각 자 측 외상에게 보고함.)

(그 동안 양측 외상은 다음과 같은 비공식적인 말을 주고 받았음)

고사카 외상 : 본인은 오늘 1시 30분부터 N.H.K. 방송국에 나가서 '가리오아. 에로아'에 관하여 말하기로 되어 있으므로 후의 일은 스기 대표에게 맡기고 먼저 실례하였으면 좋겠다.

최 장관 : 폐회식도 있어야 한다고 들었으며 공동성명 안도 합의하여야 하므로 시간이 없더라도 좀 참아주기 바란다.

고사카 외상 : 그러기로 하자. 그런데 '죽도' 문제와 대표부 설치 문제에 관한 귀견을 말해다오.

최 장관 : 시간이 없다고 하니 그 이야기는 그만두기로 하자.

(웃음소리)

폐 회 식

(양국 외상과 수행원 일동 '그린 테이블'에 참석. 외상 간의 악수가 있은 다음 고사카 외상 무언으로 퇴장, 최 장관도 격분하여 퇴장)

이세키 국장 : 공동성명 안(별첨) 중 회담 일자와 장소는 고사카 외상이 찬성치 않으므로 이를 삭제하고 다음 '조속한 시일 내에'라고 기입하자.

문 국장 : "양측이 일응 합의하였다"라고 하였으므로 이것은 구체적인 약속도 아니고 하니 그대로 두기로 하자.

이세키 국장 : 대신이 절대로 안 된다고 한다.

스기 대표 : 4월부터 5월 초까지는 국회 기간 중이니 절대로 불가능하다.

(이리하여 약 30분간 의견 교환이 있었으나 구체적인 결론을 얻지 못하고 후에 전화로 연락하기로 하고 폐회)

(그 후 오후 3시경 전화 연락을 통하여 별첨 내용과 같은 공동성명서가 합의 발표되었음.)

끝.

한일외상회담 제2차 회의

회 의 록

1. 시일 및 장소 : 1962. 3. 17. 11:40시 -- 13:00

일본 외무성 외상 접견실

2. 참석자 :

한국측 :	외무부장관	최 덕 신
	주일대사	배 의 환
	외무부 정무국장	문 철 순
	외무부 아주과장	엄 영 달
	한일회담 대표	이 경 근
일본측 :	외무대신	고사까 젠따로
	수석대표	스기 미찌스께
	아세아국장	이세끼 유—지로
	북동아과장	마에다도시오
	대표	무라다

3. 회의 요록 :

고사까 외상 : "독도"문제와 주한대표부 문제에 관한 확실한 답변을 하여주기를 바란다.

최 장관 : 그 문제는 마지막에 하기로 하자. 지금은 우선 문화재 문제를 말하기로 하자. 우리나라 국민이나 지식인 및 역사가들은 모두 문화재에 대하여 지대한 관심을 가지고 있다. 그런 고로 지난 2월 28일 제7차 문화재

위원회회의에서 우리측이 반환 요구 문화재 목록을 제출한바 있는데, 지금은 이에 대한 일본측 의견의 표시 단계라고 생각한다. 일본 실무자회의에서 귀측은 여러가지의 곤란점을 지적하신 모양이나, 본인은 여기에서 다음의 몇 사실을 지적하고저 한다. 즉 1958년인지 또는 1960년인지는 확실히 기억하지는 못하지만 동경에서 "유네스코" 아세아지역회의에서 우리측 수석대표인 "김재원"씨가 결의안을 제출, 이를 통과 시키었는데, 그 결의의 정신은 문화적 또는 역사적인 의미를 가진 문화 재산은 그 원산지로 돌린다는 것에 있었으며, 더욱이 자진하여 반환한 것을 요망하는 문장도 삽입되어있다. 또한 외교관계에서 본다면, 만이 귀국측의 재보는 이에니가 타국으로부터 불법 내지 부정하게 반출하여간 문화재를 원산지로 반환하라는 규정도 있다. 이상과 같은 몇가지 실례를 들어 일본측이 하루 속히 한국 문화재를 반환하여주기를 요망한다.

우리 문화인, 역사가 및 지식인들은 이에 대하여 다대한 관심을 가지고 있다. 찾을 수 있는것은 최대한으로 노력하여 하루 속히 가지고 와야 한다고 한다. 그렇지 않으면 일본이 한국의 문화재를 가지고 갔다는 사실을 시간을 두고 두고 반박 할것이 아닌가.

고사까 외상: (이세끼 국장 번역) 한국측은 반환을 요구하고 있으나 일본으로서는 국제법상으로나 국제관례상으로나 반환할 하등의 의무도 없다. 민법사상으로 보드래도, 일본인이 서맺대로 반출하여 왔다고 하드래도 이미 시효가 지나 갔음으로 역시 이런 점에서도 반환의 의무는 없다. 다만 한국과의 문화적 학술적으로 서로 협력한다는 의미에서는 이를 호의적으로 고려할수 있지만.

최 장관: 일본이 법률 의무를 부인한다면 비록 일시적으로는 [illegible]가 되더라도 문제에 있어서 우리 국민의 감정은 영원까지나 남게된다. 따라서 상호간 "유니소코니" 정신하에 일본이 조속히 이를 변상하여 그러한 분쟁이 없도록 노력하자.

고사까 외상: (이세끼 국장 발언) 문화재 문제에 관하여는 위원회에서 양측 소위원간에 이미 비공식적인 합의가 성립되어 있다. 장관으로서는 이번 자리에서는 그 결과를 확인하는 것이 기대 되었었는데 오히려 그러한 발언을 하여 문제 해결을 후퇴시키고 역행한다는데 놀라지 않을수 없다.

최 장관: 실무자들이 얻은 결론을 뒤집을려는 의도에서가 아니라 다만 본인은 상호간 "정신"만을 강조한 따름이다.

고사까 외상: (이세끼 국장 발언) 그 정신은 잘알겠다. 이 문제의 해결은 증여의 형식이라면 몰라도 권리 의무의 형식으로는 결코 안된다.

최 장관: 귀측은 증여 형식이라 하나 우리로서는 어디까지나 "반환"이다.

고사까 외상: (이세끼 국장 발언) 반환의무라면 한점도 반환할 의사가 없다.

최 장관: 이와 같이 평행되는 주장을 되풀이하기를 원치 않는다. 다만 그 해결 방법을 좀더 연구 하자는 것이며, "유니소코니" 것의 정신에 의하여 해결 해나가는 것이다.

다음은 선박문제로 넘어가자. 이 문제에 관하여는 이미 법이론이나 증거문제에 관한 토의가 일단락 되었으니 단시일내에 우리측에 반환하여 줄수 있는 선박의 톤수를 제시하여 주기 바란다.

고사까 외상: 이번청구권 문제가 해결나면 이외 문제는 간단히 해결 될수 있는것이라고 생각한다.

V 최 실장: 일본은 과거 30여년 동안 우수 선박을 사용하여 왔은 것이므로 지금은 대부분은 노후선이 되고 말았을 것이다. 더욱이 일본은 세계에서도 우수한 조선국인 만치 노후선으로서가 아니라 우리에게 도움이 될수 있는 방법으로서 방안을 연구 해주기 바란다.

고사까 외상: (이세끼 국장 발언) 일본 어선으로서 나포된것이 100척이 된다. 이 문제는 그와 관련하여 정치적으로 해결되어야 할것이다.

최 실장: 정치적으로 해결하여야 한다는데 동의한다. 단 이것은 나포된 100척과는 전연 별개 문제이다.

다음에는 청구권 문제인데, 우리는 일본측이 금차 회담에서 청구 지불 태도를 표시할 것으로 기대하고 있었는데 지금 그것을 들어 보고 싶다.

고사까 외상: 외상회담에서 정치적으로 해결을 짓기 위하여는 이 문제에 관한 양측의 법적 견해는 서로 상당히 틀리다고 솔직한 견해가 있다고 생각하여, 일본측은 헌법해석에서 일본 법적 해석을 구체적으로 표명한바 있다. 그런데 법이론에 관한 양측의 견해의 차가 너무나 큰것을 알았으며 그후 장관을 만났을때 마다 그 견해는 더욱 좁히는 인상을 가지게 되었다. 장관의 의견 중에는 입장을 바꾸어서 생각하면 이해할수 있는 점도 있으나, 또한 이해할수 없는 점도 많다. 따라서 우리양측은 앞으로 이 문제를 좀더 연구 한 다음 정치적 해결을 하는 것이 좋으니라고 생각한다. 그후에 액수를 제시하는 것이 문제의 해결을 촉진 하는 좋은 방법이 될것이라고 믿는다.

최 실장: 그것이 외상의 결론인가.

고사까 외상: 좀더 연구한 다음 이해한 것인 다음에 이 문제에 들어 가는

것이 좋겠다.

최 장관: 나의 수석 대표 배 대사의 보고에 의하면 일본은 금번 회담에서 액수를 제시할 방침은 아니라고 하였으며 동시에 일측도 그 액을 밝고 구체적인 근거를 가져 가지고 왔다. 지금 당신의 말을 듣으니 대사의 보고가 잘못 된것이었는지 그렇지 않으면 일본측이 일단 약속한것을 변경한것인지를 알아 두어야 하겠다.

고사까 외상: 대사의 보고는 정확하다. 그러나 장관과 회담하여 보니 역시 그러한 기초 위에서는 액수를 제시하여도 문제 해결에 아무런 도움이 되지 않을것 같다.

최 장관: (배 대사 발언) 일본은 우리의 입장도 잘 이해할 필요가 있다. 한국측이 지금까지 얼마나 양보하여 왔는지를 잘 알고 있을것이다. 한국 국민은 액수의 제시를 다 같이 기대하고 또한 원하고 있다. 그 이유는 양측의 견해 차를 알아야만 문제의 해결 방법을 구체적으로 모색할수 있는 것이 아닌가?

고사까 외상: 문제의 조속한 해결의 필요성은 본인은 잘 인식하고 있다. 그러나 그것을 위하는 방법과 순서가 있다. 따라서 지금 금액수를 제시하는것 보다 양측 견해의 분리지점을 조정한 다음에 제시되어야 한다고 생각한다. 그렇지 않으면 제시의 결과는 양측의 관계를 더욱 어색하게 만들어 버릴것이라고 생각한다.

최 장관: 본인은 여기에서 작별 인사를 하여야 되겠다. 그러나 나는

한국의 [illegible] 그 이하인 수치를 가지고 나와는데 [illegible] 일본이 약속을 [illegible] 때문에 [illegible] 없이 돌아와 [illegible] 수가 없다. 우리들의 입장은 액수 제시의 순서가 [illegible] 일본측이 그것을 계속 하면 분위기만 나빠진다고 생각한다.

고사까 외상: 분위기가 나빠질 이유가 없다. 다만 액수 제시한 것에 놀라서 앉아있는 것 뿐이다. 그리고 차관은 일본이 약속을 어겼다고 말하는데 외상이란 입장은 체면을 중시하는 것이니 만치 그렇게 간단하게 생각 해서 말해 주기를 바란다.

최 장관: (문 국장 발언) 국내에서는 액수 제시한 것이 와다고 알고 있다. 근래의 차가 크다고 하여서도 같은 [illegible] 그것은 얼마나 큰 것인가를 알고 싶어 한 것이니 그 점 충분히 고려하여 주기 바란다.

고사까 외상: 액수 제시의 분위기가 못된다. 우리가 제시하면 한국정부는 일본이 무시한다고 생각할 것이다.

고사까 외상: (소기 수석대표) 우리가 약속을 어긴것이 아니라 다만 양측의 입장이 너무나 차가 있다.

최 장관: 지금 나는 솔직히 다시 한번 일본측의 액수 제시를 건의한다. 이것에 응하면 좋아도 그렇지 않으면 본인은 아까 말한바와 같은 태도를 취하겠다. 다만 액수 제시는 쌍방이 동시에 하여도 좋고 이를 비밀에 부하여도 좋다. 그리고 그 숫자는 정부의 참고로서만 사용하고자 한다. 나의 개인적인 감정만이라면 일본이 약속을 이행치 않더라도 아무 말없이 가겠다. 그러나 외상이란 국민을 대표하는 것이므로 본인은 최대의 인내를 가지고 이와 같이 말하는 바이다.

고사까 외상: 그러면 이 자리에서는 안에 놓더라도 한일 각 상간에 귀국하기 전까지는 소기 대표와 배 대사간에 서로 제시하기로 하자.

최 장관: 지금 이 회의에서 하기로 하자. 귀하가 이것을 제시하기 위해 만든 문건과 상의한 ~~취지~~가 있다면 그렇게 하여도 좋다.
(약 15분 이상 이 문제로 논의한 끝에)

고사까 외상: 그러면 참고로만 유의하자.

(회담장에서 약 1분간 퇴장)

고사까 외상: 그러면 소기 대표와 배 대사간에 서로 제시하기로 하고 그 숫자는 일체 발표치 않기로 하자.

최 장관: 물론이다. 다만 정부에 보고할 뿐이다. 그리고 발표는 하되 숫자는 발표치 말자.

(이리하여 양측 수석대표와 차석 공사가 비밀리에 액수를 제시하고 이를 각각 자측 외상에게 보고함)

(그 동안 양측 외상은 다음과 같은 비공식적인 말을 주고 받았음)

고사까 외상: 본인은 오늘 1시 30분부터 "N.H.K." 방송국에 나가서 "가미오까" 여론대에 관하여 말하기로 되어 있으므로 후의 일은 소기 대표에게 맡기고 먼저 실례하였으면 좋겠다.

최 장관: 폐회식도 있어야 한다고 들었으며 공동성명안도 합의하여야 하므로 ~~차관~~ 시간이 없더라도 좀 참아 주기 바란다.

고사까 외상: 그러기로 하자. 그런데 "죽도"문제와 대표부 설치 문제에 관한 귀견을 말해다오.

최 장관: 시간이 없다고 하니 그 이야기는 그만 두기로 하자.
(웃음소리)

속 기 록

(양국 외상과 수행원 일동 12명. 11시11분에 착석. 외상간의 악수가 있은 다음 고사까가 외상 모두으로 회담. 이 상관도 주관하여 회담)

이세끼 국장: 공동 성명안 (각서)중 ○남 인사와 장소는 고사까가 외상이 관심이 없으므로 이를 삭제하고 다음 11월 속개 시일내에게 하고 기입하자.

문 국장: 11월 속개 인용하였다고 하였으므로 이것은 구체적인 약속도 아니고 하니 그대로 두기로 하자.

이세끼 국장: 대신이 그대로 알렸다고 한다.

소기 대표: 십일월 11월초 7가지는 국회 기간중이니 현대로 불가능하다.

(이리하여 약 20분간 의견교환이 있었으나 구체적인 결론을 얻지 못하고 후에 전화로 연락하기로 하고 폐회)

(그후 오후 3시경 전화 연락은 통하여 별첨 내용과 같은 공동 성명서가 합의 발표되었음) 끝

공동 코뮤니케, 1962. 3. 17

O. R. D.

JW-03331

171910

수신: 최고회의 의장 (참조: 내각수반, 외무장관)

금 3월 17일 18시 30분에 한일 양측은 금번의 외상회담에 관하여 아래와 같은 공동 코뮤니케를 발표하였압기 보고합니다.

아주과장 참사관 정무국장 대사 장관

3/17

KOREAN MISSION IN JAPAN
RECEIVED
MAR 17 1962
BY.
COMM. SEC.

JOINT COMMUNIQUE

March 17, 1962
Tokyo

Minister of Foreign Affairs of the Republic of Korea Choi Duk-Shin and Minister for Foreign Affairs of Japan Zentaro Kosaka conducted political negotiations in Tokyo, Japan from March 12 through March 17, 1962 with a view to expediting settlement of the problems which had been on the agenda of the Korea-Japan Overall Talks. At the Ministers' Conference, they were accompanied by Chief Delegates to the Sixth Korea-Japan Talks and other officials concerned of the two Governments.

The Conference was carried out in a friendly and cordial atmosphere, and the two Ministers noted that, by exchanging frank views and deepening the understanding of mutual positions, foundation for the amicable and reasonable solution of the problems pending between the two countries has been made.

The Ministers agreed that the next conference would be held as soon as possible and that other necessary arrangements for the conference would be announced later.

OUTGOING
~~INGOMING~~
TELEGRAM

KOREAN MISSION IN JAPAN

TOKYO

CLASSIFICATION

NO. :

DATE :

担当課長	総領事	参事官	公使	大使

To :

외 상 회담 공동 코뮤니케

최덕신 대한민국 외무부장관과 고사까 젠따로 일본국 외무대신은 한일회담의 의제로 되어있는 제문제의 해결을 촉진하기 위하여 1962년 3월 12일 부터 18일 까지 일본국 동경에서 정치회담을 행하였다.

양 외상회담에는 제 6차 한일회담 양측 수석대표 및 양국 정부 관계관이 배석하였다.

회담은 우호적이고 정중한 분위기에서 진행되었으며 양 외상은 솔직하게 의견을 교환하고 상호 입장에 대한 이해를 깊이 하므로서 양국간 현안을 우의적이고 합리적으로 해결할수 있는 토대가 이루어졌음을 인정하였다.

양 외상은 다음 회담을 가급적 속히 개최할것과 동 회담에 관한 기타 필요한 절차에 관하여는 추후 발표할것에 합의하였다. 끝.

외무부장관

TIME RECEIVED/BY

17. JW-05211, 이세키 국장과의 면담 보고, 1962. 5. 15

한국 외교문서 734, 제6차 한일회담 제1차 정치회담 이후의 교섭, 1962. 3-7

1962년 5월 14일 배의환 대사가 이세키 일 외무성 아시아국장을 만나 제2차 정치회담 개최 가능 일정 등에 관해 협의한 내용을 보고한 문서다.

일본 측은 7월 일본의 주요 정치 일정(7월 1일 참의원 선거, 7월 중순 자민당 총재선, 7월 말 내각 개조 등)이 마무리 된 연후에나 다음 정치회담 개최를 고려할 수 있을 것이라고 하였다.

COPY

대한민국 외무부

번 호: JW-05211

일 시: 151208

62. 5/15

착신전보

수신인: 외무부장관 귀하

건명: 이세끼 국장과의 면담보고.

본인은 작 14일 이세끼 아세아국장과 가유 회관에서 오찬을 같이하면서 약 2시간 면담하였는바 그내용을 아래와같이 보고함.

1. 우파베 참사관 파한문제에대하여,

대사 - 금번 귀국시에 본국정부의견을 물어보았는데 일본관리의 장기출장은 허가 할수있으나 전신시설을 호텔방에 설치하는것은 불가하다는 의견이였다.

이세끼 - 전신 시설을 설치하는것이 불가면 보고를 암호로 작성하여 상업통신망을 통하여 보낼수있게하여주고, 또 암호를 보관할수있는 금고를 지참하여주면 되겠다. 한국정부에서 우파베 참사관을 장기출장 허가한다면 곧 정식절차를 밟어보내겠다.

대사 - 지금 서울 호텔은 대단히 복잡하다. 언제가든지 사전에 통지하여주기바란다.

이세끼 - 5월 20일경이 될것이라고 생각한다.

대사 - 그때도 호텔사정은 계속 복잡할것이다.

이세끼 - 알겠다. 결정되는 때로 이문제에관하여 연락하겠으며 호텔예약등을 부탁하게 될런지도 모르겠다.

2. 한일회담에관하여. 이세끼

이세끼 - 청구권의 지불형식에관하여 (순변제). 무상원조 및 차관에 3개형식을 고려 할수있다고 자기는 생각한다. 한국 측은 무상으로 받은 금액 (주. 순변제 및 무상원조의 합계) 에 총액수에 관심을두고있을것으로 생각되는데, 일본정부 입장으로서는 이를

외신과

청구권과 무상의 명목으로 나누어 지불할용의가 있지마는 일본 국민에게 청구권을 지불하는 이유를 납득시키기 곤란할뿐만아니라 무상의 명목으로 지불한다하드라도 역시 청구권에대한 지불이라는 인상을 주지않을수없으니 청구권이라는 문구를 없애고 무상 경제원조라는 명목으로한국측이 만족할만한 금액을 지불할수있게된다면 그것은 일본측입장으로서는 용의할것이라고 생각되며 한국측이 청구권이라는 문구를 쓰지 않도록할수없는지 알고싶다. 지불액수에관하여는 일본정부는 그다지문제시 하지않을 것이다. (주: 액수를 문제시하지않는다는말은 그다지 믿어지지않는데, 이는 우리측에게 청구권이라는 문구를 철회해달라는 저의에서 나온 술책이 아닌가하고 생각됨).

대사 - 일본측 의도는 잘알겠지만 한국정부 입장에서는 청구권이라는 문구를 없애는 것은 국민감정에 비추어보더라도 불가능할것이다. 일본국민을 납득시키기 어렵다고하나 그러한 사정은 한국측에게도있는것으로 결국 일본정부는 일본국민을납득시키는 책임을 져야하고, 한국정부는 한국국민을 납득시키는 책임을 져야할것으로생각하니 양국정부가 적당한 이유를 발견하여 자기국민을 납득시키면될것이다. 한일양국이 국교정상화시키고 양국의 국민감정을 융화시킬려는 도상에있어서 너무 군정법령 33호 또는 미국각서상의 법적 근거만을 위주로 청구권문제를취급하고 국교정상화에 기초를 삼을려고하는것은 쌍방이 주장하는 법적이론으로보아 논의가 항상 평행선으로전개될뿐이고 양국 국민 감정을 해결지을수있을 원만한 국교정상화는 불가능할것이다.그러므로 국교정상화문제에 관하여는 정치적견지에서 쌍방의국민감정을 완화시키는방책이 가장 적절하다고생각한다

3. 회담시기 및 진행방식에관하여

이세끼 - 7월 1일에 참의원 선거가 있고 7월중순에는자민당총재선거가 있을것이며 이어서 7월말에는 내각개조가 있을것이니 차기 정치회담은 7월말 이후에나 개최할수 있게된다.

3

대사 - 자기 정치회담개최전이라도 청구권액수등에 관하여 위원회을 보게되면 조약상의 문제을 추진 시켜놓았다가 이케다 수상이 방한해서 정치회담을 완결짓도록 함이 어떤가.

이세끼 - 그럴수도 있겠다 생각해서 추진해볼수있는 문제다 "스기" 수석대표는 현재 대판에 있는데 필요시에는 언제든지 동경와로 오기로 되어있오니 자주 접촉하기로 하자.

4. 기타문제

가) 이세끼 국장은 불원간에 구라파 지역 대사로 전출할것이라고 전해지고 있는바 언제쯤 발령될것이냐고 물은즉 6 월말 또는 7월초에 발령될것이나 8 월까지는 일본에 있겠다고 하였음, 후임에 관하여 "우야마" 심의관이 되겠느냐고 물었든바 그러치않을것이라고 하였음.

나) 이세끼는 내각개조시에 고사까외상이 갱질될것이라고 하였음.

다) 이세끼는 "오노" 자민당부총재 및 "고노" 농림장관이 한일문제에 관하여 신중태도을 취하고 있는데 이는 차기 총재 후보인 "사토" 통산상에 관한 반대태도 때문이다 라고 하였음.

라) 이세끼는 산업계는 현재 설비되어있는 기계를 새로운것으로 대치하고있는데 일본측이 쓰든 기계를 한국측이 염가로 받어 드릴수없는가라고 말하였음 이에대하여 본인은 절대로 안될것이며 그것이 바로 우리나라 최고회의가 걱정하고있는점이라고 설명하였음.

마) 이세끼는 3 월에 있었든 어선나포에 관하여 언급하고 한국측이 이번에 3 척을 나포하였오니 앞으로 2-3개월간은 다시 나포하지 않어도 되지않겠는가 라고 농담조 말하였음 이에 대하여 본인왈 일본어선이 평화선을 침범하는한 이을 나포하지않을수없오니 이를 피하기위하여서라도 회담을 속히 타결시켜야할것이아니겠는가라고 말하였음.

주일대사

예고문 : 일반문서로 재분류 (한일회담 종료시

1965. 12. 31. 에 예고문에 의거 일반문서로 재분류됨

18. 한일회담에 관한 앞으로의 교섭 방식, 1962. 7. 24

한국 외교문서 734, 제6차 한일회담 제1차 정치회담 이후의 교섭, 1962. 3-7

일본의 정치 일정 등을 감안하여 새로이 구상한 한국 측의 한일회담 교섭 방식에 관한 보고서다.

한국 측은 그간의 교섭에서 일본과 합의된 점 및 대립된 점을 구분하여 이를 일본과 확인하고, 8월 말 또는 9월 초부터 고위급 예비절충 회의를 거쳐 여기서 이루어진 양해를 토대로 정치회담을 개최하는 방안을 수립하였다

기 안 용 지

자체 통제		기안처	동북아과 이 활용	전화번호	근거서류접수일자

과장	국장	보좌관	차관		장관

관계관 서명	기획조정관

기안 년월일	62. 7. 24.	시행 년월일		보존 년한		정서	기장
분류 기호	외정무837	전체 통제	1962. 7. 25 종결				

경유 수신 참조	주일대사	발신	장관

제목	한일회담에 관한 앞으로의 교섭 방식

일본의 참의원 선거, 자민당 총재 공선 및 내각 개조와 그 이후의 제반 정세의 발전 등의 검토를 토대로 하여 정부로서는 한일회담에 관한 앞으로의 교섭 방식을 다음과 같이 구상하고 있으니 이를 참고하시기 바랍니다.

1. 일측의 구상 :

가. 주한 일본 대표부 설치를 추진하되, 그 실현이 여의치 않을 경우에는 공사급의 외무성 관리와 약간명의 보좌관을 서울에 상주케 하고 교섭선으로서 동경에서의 주일 한국대표부와 일본 외무성 간 및 주한 일본 관리와 아국 정부간의 두가지 선을 유지토록 한다.

나. 일본 외무성 아세아 국장이 거물정객을 업고 한국을 방문하고 (8월 하순경) 우리정부의 고위 당국과 접촉하며 (별첨 1 참조) 이를 통하여 현안문제에 관한 어느 정도의 양해가 성립되면 제 2차

승인양식 1—1—3 (1112—040—016—018) (190mm×260mm16절지)

정치회담에 들어 가기로 한다. (9월말 또는 10월 경)

2. 일측 구상에 대한 검토 :

가. 교섭선을 서울 및 동경에 동시에 두게 되면 이중적인 교섭 경위로 인하여 혼선을 이르킬 우려가 있다.

나. 일측은 서울에 ~~설치하는~~ 일본 사무소를 ~~통하여~~ 설치하고 실무자선을가지 일본의 정치 또는 경제인을 발판케 함으로서 ~~직접~~ 한국정부의 최고위 ~~당국과~~ 총리 직접 접촉시키는 예비교섭 방식을 추진하고자 기도할 것이다. 이러한 기도에는 일측이 상당한 성의를 표시함이 없이 아측의 실질적인 양보를 얻어 볼려는 저의가 있는것이며, 또한 일본측 견해에 아국측이 접근치 않을 경우에는 정치회담 자체의 개최가 실현되지 않을 가능성이 있을뿐 아니라 이러한 경우에는 "한국측의 불합리한 주장" 또는 "비협조적 태도"로 인하여 정치회담이 개최되지 못하였다고 책임전가 선전을할 계산이 내포되어 있는것으로서 극히 경계를 요한다.

3. 아국측이 구상하는 교섭 방식 :

우리정부에서는 제 1차 정치회담의 전철을 밟지 않도록 신중을 기하는 동시, 일측이 구상하는 것으로 보이는 교섭 방식의 일방성을 미연에 방지 하기 위하여 다음과 같은 교섭 방식을 구상하고 있다. (별첨 2 참조)

가. 일측이 말하는 8월말 이전에 주일대표부와 일본 외무성간의 접촉을 통하여 각현안 문제별로 현재 가지 합의된 점과 대립된점을 구분 정리하고 상호 확인하도록 한다.

나. 8월말 또는 9월초에 양국 정부가 지명하는 실무자 아닌 상당한 고위층의 대표와 소수의 보좌관으로서 예비교섭을 한국 또는

승인양식 1-1-2 (1112-040-016-017) (190mm × 260mm 16절지)

일본에서 갖도록 하고, 이 예비교섭에서는 전기 가. 항에서 말한

확인된 문서를 토대로 비공식이고 자유로운 분위기 에서 정치적인

접촉을 가짐으로서 미합의 점을 극소로 축소하고 이 접촉에 의해서

소기의 진전을 보았을 경우에만 여기에서 이루어진 결과와 양해 밑에서

정치회담을 개최한다.

다. 이 기간중에 양국의 영향력 있는 인사에 의한 상호 상대국

방문은 교섭으로서가 아니라 분위기를 조성하는 의미에서 이를 상호

받아 드리기로 한다. (예를들면 이세기국장이 정치인을 엎고 방한 하는것은 이범주이며 나항의 교섭선과 혼동하여서는 아니될것이다)

유첨: (1) 일측의 구상

(2) 아국의 구상. 끝

직권으로 재분류 (196 DEC 31 1966)
과장 최광수

검토필 (1964. 6. 30.)

보통문서로 재분류 (한일회담 종료후)
66.12.31

극비
CONFIDENTIAL

승인양식 1-1-2 (1112-040-016-017) (190mm × 260mm 16절지)

별첨 1.

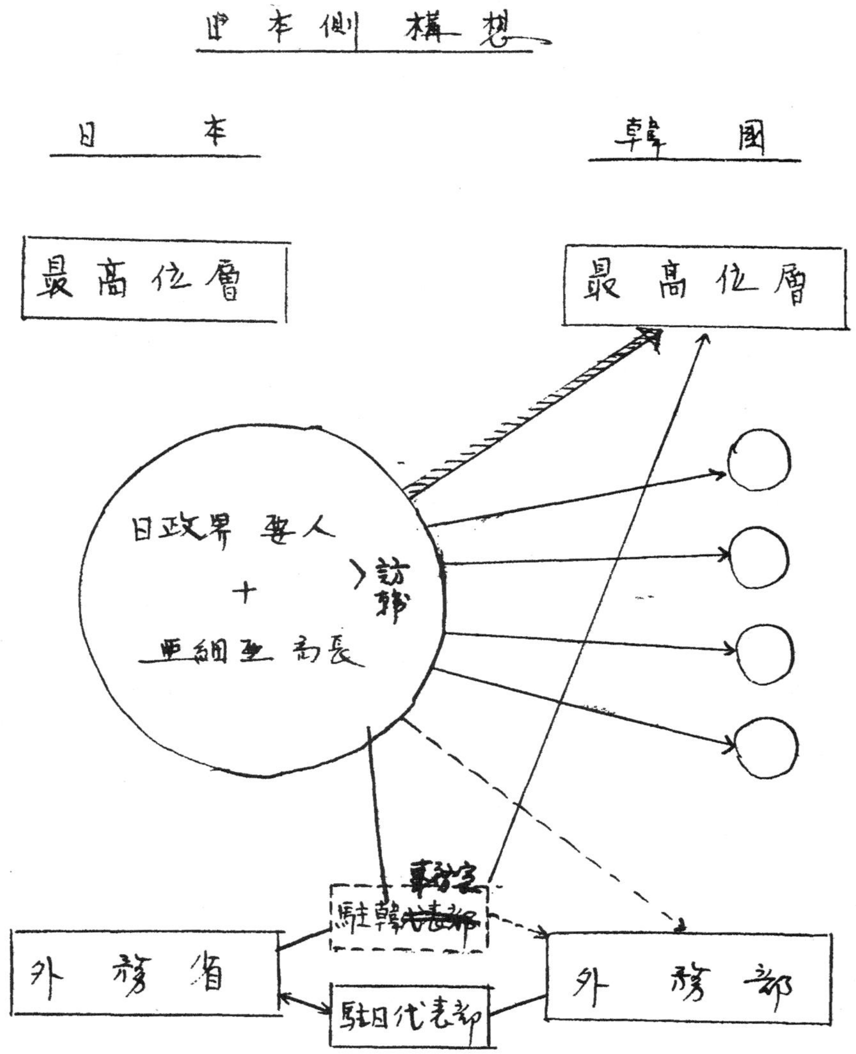

별첨 2.

韓國側 構想

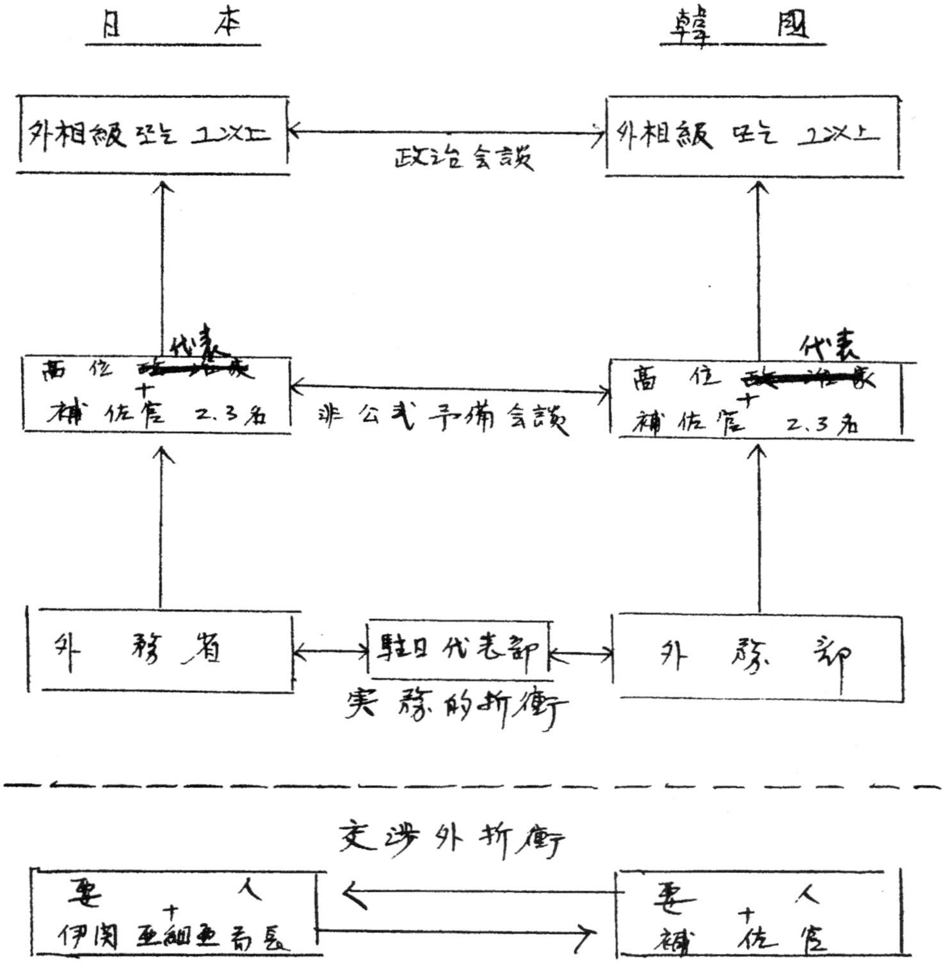
日本
韓國
外相級 또는 그 以上
政治会談
外相級 또는 그 以上
高位 代表
+
補佐官 2.3名
非公式予備会談
高位 代表
+
補佐官 2.3名
外務省
駐日代表部
外務部
実務的折衝
交渉外折衝
要人
+
伊関亜細亜局長
要人
+
補佐官

19. WJ-07213, 한일회담에 관한 앞으로의 교섭 방침, 1962. 7. 25

한국 외교문서 734, 제6차 한일회담 제1차 정치회담 이후의 교섭, 1962. 3-7

1962년 7월 24일 작성한 '한일회담에 관한 앞으로의 교섭 방식'을 주일 대표부에 통보하는 문서다.

대한민국 외무부

III급비 대지급

III 급 비 밀
CONFIDENTIAL

번호: WJ-07213
일시: 251800

수신인: 주일대사

관리번호 1512

한일회담에 관한 앞으로의 교섭 방침

일본의 참의원 선거, 자민당 총재 공선 및 내각 개조와 그 이후의 제반 정세의 발전 등의 검토를 토대로 하여 정부로서는 한일회담에 관한 앞으로의 교섭 방식을 다음과 같이 구상하고 있으니 이를 참고하시기바랍니다.

1. 일측의 구상 :

가. 주한 일본 대표부 설치를 추진하되, 그 실현이 여의치 않을 경우에는 공사급의 외무성 관리와 약간명의 보좌관을 서울에 상주케하고 교섭선으로서 동경에서의 주일 한국 대표부와 일본 외무성 간 및 주한 일본관리와 아국정부간의 두가지 선을 유지토록 한다.

나. 일본 외무성 아세아국장이 거물정객을 업고 한국을 방문하고 (8월 하순경) 우리정부의 고위당국과 접촉하며 이를 통하여 현안문제에 관한 어느정도의 양해가 성립되면 제 2차 정치회담에 들어가기로 한다. (9월말 또는 10월 경)

2. 일측 구상에 대한 검토:

가. 교섭선을 서울 및 동경에 동시에 두게 되면 이중적인 교섭경위로 인하여 혼선을 이루게 될 우려가 있다.

나. 일측은 서울에 일본 사무소를 설치하고 일본의 정치 또는 경제인을 방한케 함으로서 실무자선을 가지고 한국정부의 최고위층과 직접 접촉시키는

대한민국 외무부

번 호 :

일 시 :

발신전보

종 별

수신인 : III급 비밀 CONFIDENTIAL

예비교섭 방식을 추진하고저 기도할것이다. 이러한 기도에는 일측이 상당한 성의를 표시함이 없이 아측의 실질적인 양보를 얻어보려는 저의가 있는 것이며 또한 일본측 견해에 아국측●● 이 접근치 않은 경우에는 정치회담 자체의 개최가 실현되지 않을 가능성이 있을뿐 아니라 이러한 경우에는 "한국측의 불합리한 주장" 또는 "비협조적 태도" 로 인하여 정치회담이 개최되지 못하였다고 책임전가 선전을 할 계산이 내포되어 있는것으로서 극히 경계를 ●●● 요한다.

3. 아국측이 구상하는 교섭방식 :

우리정부에서는 제 1차 정치회담의 전철을 밟지않도록 신중을 기하는 동시 일측이 구상하는것으로 보이는 교섭방식의 일방성을 미연에 방지하기 위하여 다음과 같은 교섭방식을 구상하고 있다.

가. 일측이 말하는 8 월말 이전에 주일대표부와 일본외무성간의 접촉을 통하여 각 현안 문제별로 현재까지 합의된 점과 대립된 점을 구분 정리하고 상호 확인하도록 한다.

나. 8 월 말 또는 9월 초에 양국 정부가 지명하는 실무자 아닌 상당한 고위층의 대표와 소수의 보좌관으로서 예비 교섭을 한국 또는 일본에서 갖도록 하고 이 예비교섭에서는 전기 (가) 항 에서 말한 확인된 문서를 토대를 비공식이고 자유로운 분위기에서 정치적인 절충을 가지므로서

대한민국 외무부

번 호:
일 시:

발신전보

종 별

극비 CONFIDENTIAL

수신인:

미합의점을 극소로 축소하고 이 접촉에 의해서 소기의 진전을 보였을 경우에만 여기에서 이루어진 결과와 양해 밑에서 정치회담을 개최한다.

다. 이 기간중에 양국의 영향력 있는 인사에 의한 상호 상대국 방문은 교섭으로서가 아니라 분위기를 조성하는 의미에서 이를 상호 받아드리기로 한다. (예시하면 이세끼 국장이 정치인을 업고 방한하는것은 이 범주이며 (나) 항의 교섭 선과 혼동하여서는 아니될것이다)

4. 상세한 내용은 다음 파우치 편으로 송부하겠음. (동북아)

장 관

일반문서로 재분류 (~~한일회담 종결시~~) 66. 12. 31

~~극비 CONFIDENTIAL~~

직권으로 재분류 DEC 31 1965
과장 최광수

접수 1295 7. 25 외무부 외신과

20. 日韓會談の進め方に關する件, 1962. 7. 26
日本外交文書 1338, 두 번째 문서

제1차 정치회담 이후 일본 측이 작성한 한일회담 진행 방식에 관한 문서다.

일본 측은 상당액을 한국에 무상원조로 제공할 수밖에 없다는 인식 위에 9월 말 또는 10월 초 한국과 제2차 정치회담을 개최하여 청구권 문제에 합의하고 이를 토대로 어업, 재일한인 법적지위, 선박, 문화재 등에 관한 협의도 가속시켜 나간다는 입장을 수립하였다.

번역

일한회담의 진행방식에 관한 건

1962. 7. 26, 외무성

1. 제6차 일한회담은 작년 10월 개시이래 금년 3월 상순까지 실무급 토의는 어느 정도의 단계까지는 도달하였고, 그 후 3월 중순에는 고사카 외상, 최 외무부 장관 간에 제1차 정치 절충이 개최되었으나 청구권 문제에 관해 쌍방이 기본적인 입장을 주장함에 따라 견해차가 좁혀지지 않았으며, 그 후 오늘까지 회담은 사실상 정지상태에 있다.

한국 측은 제1차 정치 절충이 소기의 성과를 거두지 못함에 따라, 곧바로 4월 중에 서울에서 제2차 정치 절충을 개최할 것을 강하게 요망했으나, 일본 측은 이에 대해 제2차 정치 절충이 충분한 성과를 거두기 위해서는 청구권 문제에 관해 우선 실무급에서 쌍방의 생각하는 바를 충분히 조정할 필요가 있다고 했다. 한국 측도 최근에 이르러 이러한 일본 측 생각에 동감의 뜻을 표하기에 이르렀다. 또한 한국 측이 조속히 예비 절충으로부터 제2차 정치 절충으로 나아갔으면 하는 것에 대해 일본 측은 참의원 선거, 자민당 총재선거, 내각 개조 등의 국내 사정을 설명하고 신내각 성립 후 신속하게 협의를 재개하고자 한다는 뜻을 밝힌 뒤 오늘에 이르고 있다.

2. 이상의 경위를 감안할 때, 이 시점에서 일본 측이 재차 협의 재개의 시기를 늦춘다면 한국 측은 일본 정부의 회담 조기 타결의 진의에 관해 중대한 의문을 품을 것이고, 일본 측에 성의가 없다고 하면서 회담의 중단에 나설 가능성이 있을 뿐 아니라 최악의 경우 한국 측에 의한 일본 어선 대량 나포라고 하는 사태마저 예상된다. 따라서 일본에서 신내각 성립 후의 이 시기에 일본 정부의 기본 방침을 확정 짓고 신속하게 한국 측과의 협의에 들어가, 한국 측이 뒤에 나오는 일본 측의 생각에 동의한다면, 늦어도 금년 말까지 회담을 타결 지었으면 한다. 연말까지 회담 타결이 어려울 경우는 현 군사정권을 상대로 한 회담은 거의 불가능해 질 것이며, 회담의 재개는 한국에서 민정 이양 후 빨라도 내년 가을, 아마 내후년 이후가 될 것으로 판단된다.

3. 일한회담의 현 정체 상태를 타개할 방법은, 청구권 문제에 관한 쌍방의 대립을 푸는 데 있는데, 한국 측은 현재도 공식적으로는 일본이 큰 금액을 청구권의 해결로서 지불할 것을 요구하는 태도를 견지하고 있으나 비공식적으로는 청구권으로 지불이 곤란한 것에 관해서는 그 외의 다른 명목(예를 들어 '무상원조')에 의하더라도 상관없으며 어쨌든 그것들을 합해서 상당액을 지불할 것을 요구하고 있다. 이에 대해 일본 측은, 시종일관 일본이 지불에 응할 수 있는 것은 충분히 법적 근거가 있는 청구권에 한한다는 태도를 견지하고 있으며, 이제까지의 검토 결과에 의하면 종전 후 십수 년 경과한 지금, 사실 관계의 확인은 극히 곤란하며, 또한 은급법 등 관계 법규가 조선의 독립이라고 하는 것을 전제하지 않고 있고, 전 조선(한반도) 분의 청구권 가운데 남한 분을 정확히 산출하는 것은 지난한 일인 등의 사정이 있어, 일본 측으로서 엄밀히 법적 근거가 있는 청구라고 확인할 수 있는 것은 극히 소액에 불과하다는 것이 판명되었다. 이에 더하여, 평화조약 제4조에 관한 '미국 해석'에 의해, 재한일본재산에 대한 일본 측의 청구권 주장 철회라고 하는 사실이 한국 측의 대일청구권 처리에서 고려해야 하는 것으로 되어 있어 일본 측의 지불액은 더욱 소액이 될 수밖에 없다(일본 측이 비공식적으로, 최대한 좋게 사정한 숫자가 한국 측 요구액의 약 10분의 1에 불과하다).

이러한 난관을 타개할 하나의 방법으로 한국 측이 시사하는 것과 같이 '청구권' 플러스 '무상원조'의 두 기둥에 의한 방식도 일단은 생각해 볼 수 있으나, 이러한 방식으로 할 경우 무상원조는 경제협력의 한 방법이라기보다는 청구권의 변형 또는 위장으로, 청구권으로 지불할 수 없는 것을 무상원조라고 하는 개념을 도입해서 지불하는 것이라는 점이 아무래도 명료해지고, 그렇게 되면 국민의 납득을 얻기가 어려워 질 것이며 국회에 대한 설명도 쉽지 않을 것으로 생각된다.

(한편, 본 건을 전반적으로 하건, 부분적으로 하건 청구권으로 해결할 경우 하나의 큰 어려움은, 위에 언급한 '미국 해석'에 의해 재한일본재산에 대한 일본 측의 청구권 철회라고 하는 사실이 한국 측의 대일청구권 처리시 고려해야만 하는 것이 되어 구 재외자산 보상 요구를 자극할 우려가 있다.)

따라서, 지금 생각할 수 있는 유일한 실제적 해결 방법은 한국 측이 청구권을 포기하든가, 아니면 주장하지 않는 대신에 일본 측이 상당액을 무상원조로 공여하는 방식이다. 일본 측으로서는 이 방식에 의하면 청구권이라고 하는 개념에 제약받지 않고 금액도 정치적 배려에 따라 결정할 수 있게 되며, 한국 측 요구액과의 타협을 도모할 수도 있다. 또한 국내, 국회 등에 대한 설명도 작은 것에 구애되지 않고 할 수 있을 것이며, 또한 한국 측에 대해서는 명목에 구애되지 않는 결과로서 청구권의 해결을 고집하는 경우에 비해 더 큰 금액의 공여를 받게 되는 실익이 있다고 설득함으로써 이 방식을 수락하도록 할 수 있는 것이 아닌가 판단된다.

4. 일본 측은, 청구권 문제의 처리에 관해, 상기 3. 말단의 방식으로 임한다는 기본 방침을 결정할 경우는, 8월 중에 도쿄에서 스기, 배 수석대표 간에 예비 절충을 시작하고 또한 유효하다고 인정될 경우에는 서울에서도 협의를 하여 큰 틀에서 1개월간에 이와 같은 사전 조정 작업을 완료한 후 9월 말이나 10월 상순경 서울에서 제2차 정치 절충을 개최하는 것이 적당한 것으로 여겨진다.

제2차 정치 절충에서 청구권 문제에 관해 원칙적 합의가 성립되는 경우는 곧바로 각 위원회를 재개하고 어업협정 체결을 위한 토의를 시작하며 재일한국인 법적지위, 선박, 문화재 등에 관해서도 필요한 협의를 진행, 늦어도 연내에 조약협정 등을 마무리하여 회담의 전면적 타결을 도모하고자 한다.

(한편, 일한 국교 정상화는 이러한 조약 협정의 비준 완료 후 실현하는 것이 된다.)

1

日韓会談の進め方に関する件

37.7.26
外務省

1. 第6次日韓会談は、昨年10月開始以来本年3月上旬までの間に事務レベルの討議は一応の段階にまで到達し、その後、3月中旬には、小坂外相、崔外務部長官間に第1回政治折衝が行なわれたが、請求権問題に関し双方が基本的立場を主張しただけで歩み寄りがみられず、その後今日まで会談は事実上停止状態にある。

韓国側は、第1回政治折衝が所期の成果をあげえなかつたので、直ちに4月中にソウルにおいて第2回政治折衝を行なうことを強く要望したが、日本側は、これに対し、第2回政治折衝が十分の成果をあげるためには、請求権問題に関し、先ず事務レベルで双方の考え方を十分調整する必要がある旨述べた。韓国側も、最近に至り、この日本側の考え方に同感の意を示すに至つている。また、韓国側が早急に予備折衝から第2回政治折衝へ進みたいと要望したのに対しては、日本側より、参議院選挙、自民党総裁公選、内閣改造等の国内事情を説明、新内閣成立後速かに話合いを再開したい旨述べて今日に至つている。

2. 以上の経緯にかんがみ、今日に至つて日本側が再び話合い再開の時機を遅らせれば、韓国側は日本政府の会談早期妥結の真意につき重大な疑問を抱き、日本側に誠意なしとして会談打切りの挙に出る可能性があるのみならず、最悪の場合、韓国側による日本漁船大量拿捕という事態すら予想されないわけではない。よつて、日本における新内閣成立後のこの時機において、日本政府としての基本方針を確定し、速やかに韓国側との話合いに入り韓国側が後記日本側の考え方に同意すれば、遅くも本年末までに会談を妥結させることとしたい。年末までに会談妥結を見ない場合は、

3

現軍事政権を相手とした会談は殆んど不可能となり、会談の再開は、韓国における民政移管後の、早くとも明年秋、恐らく明後年以降にならざるをえまいと判断される。

3. 日韓　談の現在の停滞状態を打開する方法は、請求権問題に関する双方の対立をときほぐすことにあるところ、韓国側は、現在でも公式には、日本が大きな金額を「請求権」そのものの解決として支払うことを要求するとの態度をとつているが、非公式には、「請求権」そのものとして支払困難な分についてはそれ以外の名目（例えば「無償援助」）によつても差支えなく、ともかくそれらを合計して相当額を支払うことを要求するとの意向を示している。これに対し、日本側は、終始一貫、日本が支払いに応じうるものは十分に法的根拠のある請求権に限られるとの態度を堅持しているが、これまでの検討の結果によれば、終戦後十数年を経過した今日、事実関係の確認は極めて困難であり、また、恩給法等関係法規が朝鮮の独立ということを前提としていないこと、全朝鮮分の請求権のうちから南鮮分を正確に算出することは至難なこと等の事情もあり、日本として厳密に法的根拠のある請求と認めうるものは極めて少額にすぎないことが判明するに至つている。加うるに、平和条約第4条に関する「米国解釈」により、在韓日本財産に対する日本側の請求権主張の撤回という事実が韓国側の対日請求権処理にあたつて考慮に入れられることになつているので、日本側の支払額は一層少額とならざるをえない。（日本側が、非公式に、極力あまく査定した数字ですら韓国側要求額の約10分の1にすぎない）

このような行き詰りを打開する一つの方法として、韓国側の示唆する如く、「請求権」プラス「無償援助」の2本立ての方式も一応は考えうるが、このような方式では、「無償援助」は経済協力の一方法というよりは「請求権」の変形ないし偽装であり、請求権として支払えないものを「無償援助」という概念を導入して支払うのであるということがあまりにも明瞭となり、国民の納得をうることはむずかしく、国会への説明も容易でないものと思われる。

(なお、本件を全般的にせよ部分的にせよ「請求権」として解決した場合の一つの大きな困難は、上述の「米国解釈」により在韓日本財産に対する日本側の請求権撤回という事実が韓国側の対日請求権処理にあたつて考慮に入れられることになつているので、旧在外資産補償要求を刺激するおそれのあることである。)

よつて、この際考えうる唯一の実際的解決方法は、韓国側が「請求権」を放棄するか、あるいは、主張しない代りに、日本側としては相当額を「無償援助」として供与するという方式である。日本側としては、この方式によれば「請求権」という概念に制約されることなく、金額も政治的配慮に従つて決定しうることとなり、韓国側要求額との妥協を図ることもでき、また、国内、国会等に対する説明も大所高所論でおしとおすこともでき、さらに、韓国側に対しては、名目にこだわらない結果として請求権そのものの解決を固執する場合に比してより大きな金額の供与をうけうる実益を説くことにより、この方式を受諾せしめる可能性もあるのではないかと判断される。

4. 日本側として、請求権問題の処理に関し、上記3.末段の方式で臨む基本方針を決定した場合は、8月中に東京において杉・裵両首席代表の間で予備折衝に入り、また有効と認められる場合にはソウルにおいても話合いを行ない、おおむね1カ月間でこのような事前調整の作業を完了した後、9月末か10月上旬頃ソウルにおいて第2回政治折衝を開催するのが適当と認められる。

第2回政治折衝において請求権問題につき原則的合意が成立した場合は、直ちに各委員会会合を再開し、漁業協定締結のための討議をはじめ、在日韓国人の法的地位、船舶、文化財等についても所要の話合いを進め、遅くも年内に条約協定等を仕上げ、会談の全面的妥結をはかることとしたい。

（なお、日韓国交の正常化はこれら条約協定の批准完了後実現することになる。）

21. 한일회담 양국 수석대표 간의 회담 내용 보고, 1962. 7. 26

한국 외교문서 734, 제6차 한일회담 제1차 정치회담 이후의 교섭, 1962. 3-7

일본의 내각 개조 후 한일회담 진행과 관련하여 1962년 7월 26일 양국 수석대표가 협의한 내용을 보고한 문서다.

양측은 제2차 정치회담의 준비 차원에서 예비회담을 개최하기로 의견을 모았다.

극 비
CONFIDENTIAL

관리번호 1073

한일대(정) 제 289호

1962. 7. 26.

수 신: 외무부 장관

제 목: 한일회담 양국 수석 대표간의 회담 내용 보고

배대사는 금 26일 12:30시 부터 "기시" 수석 대표와 오찬을 같이 하면서 약 1시간 30본 동안 면담하였는바, 그 내용을 아래와 같이 보고합니다.

동 석상에는 최 참사관과 이세끼 국장이 동석하였읍니다.

기

1. 금후 한일 회담의 진행 방법.

한국측: 이제 내각 개조도 끝났으니, 일본은 한일 회담의 진행에 관하여 어떤 방침을 수립하였는가 ?

일본측: 지난 7월 24일 저녁에 "스기" 수석대표, "다께우찌" 차관, "이세끼" 국장등이 "오오히라" 외상에게 한일 회담에 관한 "부리핑"을 하였는바, 일측은 아직 한일 회담에 대한 신정부의 방침을 수립하지 않았다. 그 이유는 이 문제에 관하여 "오오히라" 장관이 구체적으로 수상에게 건의할 기회가 없었으며, 또 이께다 수상도 정부 내 각 관계성 및 자민당 내 각 관계자들과 이 문제를 협의하여 정부의 기본 방침을 세울 기회가 없었기 때문이다.

외무성의 사무진으로서는, 오오히라 장관에게, 한국 군정과 타결을 기도한다면 이번이 최종 기회임을 설명했으며, 또한 그러기 위하여는 조약문이 명년 초의 일본 국회에 상정되도록 준비를 마쳐야 하는데, 이로 부터 역산하면 금년 말 또는 내년 초에 최종적인 타결을 지워야 하며, 사무적 처리 (조약문의 작성등)를 위하여 2,3개월이 소요될것이므로, 정치 회담은 늦어도 9월 말 또는 10월 초에 성립되어야하며, 따라서 예비교섭은 8월 하순 또는 9월 초순에 실현되어야 한다고 본다.

한국측: 일본 정부가 기본 방침을 수립하는데 얼마나 시일이 요하는가 ?

일본측: 빠르면 1주일, 늦어도 3주일이면 결정될것 같다.

한국측: 일본은 내년 8월이면 한국에 민정이 수립한다는것을 예상하고, 그때 가지 기다려서 민정과 회담을 타결하겠다는 의도를 갖지는 않았는가 ?

일본측: 군정, 민정하는 문제는, 이께다 수상이 기자 회견 시에 발언한바와 같이, 일본 정부로서는, 민정까지 기다려야 하겠다는 생각은 없다.

한국측: 전번에 "스기" 대표는 신 외상과 이께다 수상에게 한일 회담 추진 의욕의 유무를 타진해 보겠다고 말한바 있는데, 이를 타진해 보았는가 ? 이께다 수상은 한일 문제를 타결할 결심이 섰다고 생각하는가 ?

일본측(스기): 아직 이께다 수상에게 그 결심 여부를 물어 볼 기회가 없었다. 그러나 이께다씨는 적극 타결할 생각을 가진것으로 믿는다.

한국측: 예비회담은 어디서 할것이며, 무엇에 중점을 두고 추진할 생각인가 ? 청구권 문제, 어업 문제, 재일 한인 법적 지위

문제들이 있는데, 일측의 예비 교섭에 대한 사고 방식은 어떠한가 ?

일본측: 예비 교섭은 우선 동경에서 "배-스가" 간에서 시작하고, 교섭 진행에 따라 필요하면 서울에서 하는데 그때에는 양측 수석 대표도 서울로 가기로 할것이며, 제일 난점은 청구권에 관한 해결이므로 그 문제에 중점을 두고 합의점을 발견하도록 해야 되겠다. 그리고 청구권 이외에도 여러가지 문제가 있으므로, 이것들 역시 쌍방의 의견을 조절하여 조약문을 만들려면 최소 2개월은 소요할것으로 본다.

2. 합의, 미합의점에 대한 상호 확인

한국측: 제 현안 문제의 조속 해결을 촉진하기 위하여, 지금 가지 행하여 온 사무적 절충에 대한 합의점, 미합의점을 쌍방이 정리, 대조하는 작업을 지금 부터 시작하는것이 어떻겠는가 ?

일본측: 그 방식도 좋겠다. 이것은 회담 대표단의 각 위원회를 통하여 하는 방법도 있겠으나, 우선 외무성 북동아과의 실무 담당자와 대표부 담당자 간에 하는것이 좋다고 생각하며, 정리에 있어서는 공식 회의에서의 합의, 미합의점과 비공식 회의에서의 그것을 구별 정리하는것도 좋겠다. 이 문제에 관하여 대표부 담당자와 연락하여 작업을 시작할수 있도록 "마에다" 과장에게 지시하겠다.

3. "오오노"씨의 방한 문제

한국측: 전번에 오오노씨의 방한 문제에 관하여 말이 있었는데, 지금도 그의 방한을 노력중인가 ?

일본측 : 당시는 회담이 중단 상태에 있었기 때문에 분위기 조성을 위하여 오오노씨의 방한을 고려한바 있으나, 현재는 일본이 기본 방침만 정하면, 예비 절충을 개시할 단계에 있으므로, 이제 그의 방한을 불필요 하다고 생각한다.

4. 오오히라 외상의 "메께비" 발언 문제

일본측 : (이세끼) 오오히라 외상의 "메께비" 발언에 관하여 최 장관이 오해를 하고 있는듯하며, 한국 신문기자들에게 매우 강경한 발언을 한것 같아 일본 외무성측은 걱정하고 있다. 내 자신은 그 발언을 직접 듣지 못하여 구체적으로 무슨 말을 하였는지 알수 없으나, 그때 질문자가 한사람은 친한적인 입장에서, 또 한사람은 그 반대의 입장에서 상호 반대되는 질문을 하였기 때문에, 오오히라 외상은 국내 여론을 고려하여 중간적인 답변을 한것 같으나, 외상의 동 발언이 정부의 외교정책을 의미하는것은 아니니, 한국측을 "용어"에 너무 신경을 쓰지 말기 바란다.

한국측 : (최참사관) 본인은 "메께비" 방송을 직접들었는바, 오오히라 장관은, 한일 회담은 한국의 사활문제이므로 한국측이 더 적극적인 태도를 보여야 한다고 발언하였다. 한일 문제는 한일 양국이 상호 성의를 가지고 해결해야 할문제인데, 이에 대하여 한국측의 일방적인 성의만을요구 하는것은 부당하며, "한일 문제가 한국의 사활 문제 운운" 은 한국의 국내 문제에 대한 간섭이 아닌가 ?

- 5 -

일본측(소기) : 본인도 "에에비" 방송을 들었는바, 좀 초점이 맞지 않는 발언이라고 생각한다. 특히 한국의 국내 문제를 간섭하는것 같은 인상을 주었다. 그러나 이것은 청중에게 한 발언이며 외교 정책과는 관계가 없다. 한국측도 이점을 이해하고, "에에비" 방송이나 신문 기사를 가지고 일본의 외교 정책을 논평하지 말고, 이에 대한 의문은 직접 외무성 당국에 문의해주었으면 좋겠다.

5. 외무성의 인사 문제

한국측: "이세끼" 국장의 거취 문제는 어떻게 되는가 ?

일본측: 8월 말 까지는 그대로 있을것이며, 그 후 전임이 된다면 화란으로 갈것 같다. 그러나 한일 회담 기초는세운 후에 떠날것이다. 후임에 대하여는 아직 아는바 없다.

한국측: 차관의 갱질은 ?

일본측: "다께우찌" 사무 차관은 금년 말 까지는 현직에 있을것이며, "가와무라" 정무 차관은 곧 갱질될것인바, 그 후임은 아직 모르겠다.

끝

예고문: 일반문서로 재분류 (한일회담 종료후)

FMP

주 일 대 사 배 의 환

22. JW-0847, 이세키 국장 면담 결과 보고, 1962. 8. 3

한국 외교문서 736, 제6차 한일회담 제2차 정치회담 예비절충: 본회의, 제1-65차, 1962. 8. 21-64. 2. 6, 전5권, V.1, 1-3차, 1962. 8. 21-29

1962년 8월 3일 최영택 참사관과 이세키 아시아국장 간 면담 결과를 보고하는 문서(전문)다.

양측은 제2차 정치회담 준비 차원에서 청구권의 금액 등을 조정하기 위한 예비 절충 회의를 개최하기로 하였다.

대한민국 외무부

착신전보

III 급 비 밀
CONFIDENTIAL

번 호: JW-0847
일 시: 031755
62. 8/3

수 신 인: 외무부장관 귀하

관리번호 1342

제목: 이세끼 아세아국장과의 면담결과보고

4630 ...

8월 3일 11:00 시부터 12:00 시까지 최참사관은 외무성으로 이세끼 국장을 방문하고
한일회담에관하여 협의하였는바 그결과를 아래와같이 보고함.

최: 내주초에 일시 귀국하게됨으로 인사겸 귀국시에는 한일회담에관한보고로 자연 하게 되니 그를위하여 의견교환을 하려고 방문했다.

이세끼: 귀국하게되면최외무장관과 김부장, 박의장도 만나는 기회를 갖게되는가.

최: 만나게될것이다.

이세끼: 그렇게되면 물론 최장관에게도 보고하겠지만 김부장과 박의장에게도 잘보고해 주기바란다. 즉 이전에도 말한바와같이 일국가의 실정을보아 한국군정과 한일회담을 타결할려면 조인이 금년말 아니면 늦어도 명년도에는 완료되어야하고 그렇지않으면 명년 중순에 민정으로 이양하게될때 신정부수립초에 한일회담을 끄집어내는 실정이못되니 부득이 2-3년후에 다시 시작하게된다. 그래서 일본도 신중히 생각하고있으며 금반 예상되는 예비교섭이 군정과의 최종시기인동시에좋은 시이니 만큼 타결하고저 결심하고 타결 가능한방향으로 방침결정을위해 추진중에있다. 그러니 오히라 외상의 예비비존회견시 발언은 혹시 여론에 악영향을주지않을까하는 조바심에서 신중한 태도로한것임으로 오해 없기를 바란다.

최: 잘알겠다. 한국도 역시 금번기회를 상당히 신중한 태도로서 대하고있다. 그런데 무엇보다도 일본의 외교는 이께다수상과 오히라 외상이 직접 책임지고하고있음으로

정무, 정보, 비서실

수신시간:

검 인 488

외 신 과

그 당사자의 확고한 태도가 관건이라고본다. 즉 이께다수상이 소극적인데 아무리 오시다 및 기시 전수상과 케네디 대통령이 권고한들 시간만 소비되고 좋은기회만 놓질것이다. 따라서 이께다수상과 오히라 외상자신이 필히 타결하겠다는 태도로서 소극적인 정경계 여론을 이끌고나가는것이 중요한것이라고 본다. 그런데 왜그런지 일본사회의 각계 각층의 여론을 보면 80 퍼센트 이상이 이께다수상과 오히라 외상이 별로 타결할 의사가 없는것같다는 여론이다. 따라서 그말은 한국을 왕래하는 일본인, 한국인을통해서 자동적으로 본국의 지도자들에게로 전달된다. 그러던중 오히라 외상의 ㅁㅁ비방송같은 발언내용이 나올때 현 일본내각의 태도를 의심하지않을수없지않는가. 그리고 방침결정을 위해 적극 추진중에있다고하는데 어떻게하고있고 또한 언제쯤 결정될예상이며 예비 교섭은 언제쯤 시작할 복안인가.

이께끼: 여론은 여러가지 복선에나오는 뜬소문이니 믿지말라. 확실히 오히라 외상은 한일회담을 금청과 타결하겠다고 태도를 우리들에게 밝혔다. 그러니 이께다수상도 마찬가지인것이다. 그럴기위해서는 예비회담을 늦어도 8 월하순 내지 9 월 초순에 시작하여야만한다. 그럼으로 방침결정은 8 월 20 일 내외에는 결정할예정이다. 현재 오히라 외상은 추진을위해 관계지도자들과 1 대 1 로 교섭중에있다. 그리고 금반 예비교섭은 절충이 80 퍼센트 이상의 과정으로 생각하고 남어지 20 퍼센트이내는 형식적으로 정치회담에서정리하고저한다. 그럼으로 금반 예비교섭은 상당히 중요한 과정이다. 따라서 예비교섭의 성과가 정치회담 실현 및 타결을 좌우하게된다.

최: 예비교섭의 방법 및 장소는 어떻게하고저하는가. 그리고 예비교섭시 청구권의 액수까지 말할려는것인다.

이께끼: 우선 동경에서 스기 - 배 양 수석대표간에 시작하여 내 일일히 설명하겠다. 그때는 기록이 필요함으로 아나기야 북동아과 부과장을 배석시길 예정이다. 그 때는

외 신 과

계 속 — 3 —

최참사관은 물론참석하지만 우리측은 우라베 참사관을 더 참석시켰으면한다. 예비교섭시는 주로 청구권문제인동시에 숫자까지 말하고저한다. 그리고 3 월 외상간 회담시것은 최종안은 아니였으니 현재 방침결정을 하는데는 그때안보다 좀더 가감의생각을 하고있는데 아직결정은 안되였다.

최: 예비교섭시 기록을위해 야나기야 북동아과 부과장을 참석시키겠다면 아측은 김정태 서기관을 배석시켜서 기록시키겠으나 일방적으로 우라베참사관을 1 명 많이 참석시키는 것은 곤난하다. 그리고 이와같은 구체적은 그때가서 하기로하자.

이세끼국장은 언제 전임하게되는가. 그리고 이께다수상과 오히라외상의 해외여행의 스케쥴은 어떻게되는가. 이것이 모두 절충하는데 참고가되기때문이다.

이세끼: 나는 8 월 하순경 예비절충을 시작하여 전망이 좋으면 시초를 잡어놓고 9 월 하순 내지 10 월초순에 출발하겠다. 만약 전망이 좋지않으면 9 월중순경에 출발하게될것이다. 9 월 초순경 후임자가 도착하게됨으로 인계를 해주고 국장자리를 떠나서 대사의 명의로서 예비교섭에 임하게될것이다.

후임자는 최참사관의 유도심문에의해 현 태국공사 우시로구 씨를 시인하였음.

이께다수상은 영국에서 11 월 12 일에 초청을 받었음으로 그때를 전후하여 독일, 불란서 화란, 백의의등을 예방하게될것이나 아직 구체적으로 결정되지않었다. 오히라외상은 9 월 중순에 뉴욕으로떠나서 2 - 3 일간 유엔총회에 참석 및 와싱톤방문후 귀로에 구라파를 들려서 9 월하순경에 귀국할예정이다. 그럼으로 예비교섭의 기본방향은 8 월 하순에시작하여 계속하여서 9 월 중순에는 대략 결정되여야할것이다.

최: 부흥재 및 아마찌씨, 우에무라씨의 방한문제는 어떻게되는가.

이세끼: 예비교섭을 중대시하고있음으로 필요성이 상실된것으로 생각한다, 따라서 현재로서는 당분간 생각을하고있지않다. 그러나 예비교섭을 착수하여 한국의 지도자층의 선 9까지

계 속

— 4 —

에서 일본의 의사를 직접 타진할 필요성이 생길때나 또는 일본이 반대로 느꼈을때는 그때가서 그와같은 방한형식을 가지고 내가 수행을 하고저한다.

최: 나로서 중대한시기를 앞둔것인만큼 일본측의 신중한 태도의 뜻과 일본정세를 보고할것이니 우리가 현재 이야기한방향대로 실현되도록 쌍방 적극 추진하기를 바란다.

추기: 회합도중 기따자와 중의원 의원으로부터 전화가 있는것을 모청한즉 8일에 일한간담회에서 간담회를 개최하게된다고하며 외무성에서는 마에다 북동아과장을 참석시키겠다고하였음.

주일대사

예고: 한일회담종료시 일반문서로 재분류

외 신 과

23. 예비교섭에 있어서의 청구권 해결에 관한 교섭 방침 지시, 1962. 8. 9

한국 외교문서 736, 제6차 한일회담 제2차 정치회담 예비절충: 본회의, 제1-65차, 1962. 8. 21-64. 2. 6, 전5권, V.1, 1-3차, 1962. 8. 21-29

제2차 정치회담 예비절충 회의에 앞서 청구권 문제 해결을 위한 교섭 방침을 지시하는 문서(내부재가 문서)다.

청구권 금액에 관한 복수의 안이 담겨 있다.

기 안 용 지

자체 통제		기안처		전화번호	근거서류접수일자
과장	국장	차관보	차관	장관		

관계관 서명		관리번호 1514
기안 년월일	62. 8. 9.	시행 년월일		보존 년한	갑	정서	기장
분류 기호	외정무 268	전체 통제		종결	
경유 수신 참조	주일대사			발신	장관
제목	예비 교섭에 있어서의 청구권 해결에 관한 교섭 방침 지시

재분류(1965. 6. 30.)

검토필(1964. 6. 30.)

1. 귀 대표부 최영택 참사관의 구두 보고에 의하면 일측은 청구권 해결 방안으로서,

가. 8월 하순으로 예상되는 예비 절충에서는 순변제 1 억불, 무상원조 1.5 억불, 장기차관 2억불, 계 4.5 억불 정도를 최후선으로 제시하여 그 선으로 교섭하다가 적당한 시기가 오면

나. 정치 교섭에서는 순변제 1억불, 무상원조 2억불, 장기차관 2억불, 계 5억불 로 최종적인 해결을 시도할것이 예상된다고 하는바,

2. 이에 대한 우리의 대응책을 다음과 같이 지시함.

기

다음 5개안은 교섭을 결렬에 이끌지 않는 한도내에서 교섭 기술상 가장 실리적이라 생각되는 방법으로 일측과 교섭하되, 만일에

승인양식 1—1—3 (190mm×260mm16절지)

최악의 경우 결렬되게 되더라도 그 책임을 우리가 받게 되지 않도록 성의 있는 태도를 표시할것. 이에 있어서는 청구권 문제 해결에 있어 한국측은 그 액수와 명목에 있어 신축성 있는 태도로 임할것이라고 전언하고, 그러나 이것은 일본측의 성의 여하에 달린것이니 일본측이 총액과 세부면에 있어 조건을 먼저 제시하여야 한다고 주장할것.

(제 1 안)

순변제 3억불, 무상조지불 3억불, 계 6억불 (이경우 차관은 불포함)

(제 2 안)

순변제 2억불, 무상조지불 3.5억불, 계 5.5억불 (이경우 차관은 불포함)

가. 제 1 및 제 2 안에 있어 차관조를 포함치 않으면 교섭이 결렬될 것이라고 일측이 말하는 한이 있더라도 우리의 청구권은 배상의 성질의 것이 아니라, 개인의 사법상 권리에 근거를 둔 청구가 주된 것이므로 그러한 청구권을 해결할 결과가 후손에게 채무로 남겨지게 되는 해결 방식은 국민에게 납득시키기어렵다는 점을 지적하여 우리의 주장이 결코 타당성을 잃은 무리한 것이 아니라는 점을 강조한다. 그러나 제 1 및 제 2 안을 제시하고 교섭함에 있어서는 차관조를 전적으로 고려치 않는다기 보다는 우리국민을 납득시킬수 있을 정도로 액수면에서 일측이 성의를 표시하면 차관조를 포함할 것을 고려할수도 있을것이라는 신축성 있는 태도를 암시할것.

나. 일측이 총액 4 - 4.5 억불 선을 제시하여 오고 우리측으로서 차관조를포함하는 안을 제시할때가 왔다고 판단될 경우에는 차관조를 포함하는것은 한국측의 원칙 변경이니 본부에 청훈할것.

(제 3 안)

순변제 2억불, 무상조지불 2억불, 차관 2억불, 계 6억불

승인양식 1-1-2 (190mm×260mm 16절지)

(제 4 안)

순변제 1 억불, 무상조지불 2.5억불, 차관 2.5억불, 계 6억불

마. 제 3 안 및 제 4 안으로 교섭할때에는 차관조를 포함하는 면에서우리측이 양보하는 것이므로 일측에게 총액과 차관의 세부조건 (지불방식, 시기, 조건등)을 먼저 제시할것을 요구하고, 또한 동 차관에는 소요경을 부치지 않는 면에서 일측이 양보하도록 교섭할것.

바. 이상 교섭에 있어 지불 금원은 원칙적으로 미화로 할것을 주장하고, 최악의 경우에도 순변제 해당 부분만은 미화로 할것을 강력히 주장할것.

(제 5 안)

순변제 1억불, 무상조지불 2억불, 차관 2.5억불, 계 5.5 억불

마. 제 5 안으로 교섭할때에는 사전에 본부 지시를 다시받고 하도록 할것. 끝

196[6].12.31.에 예고문에 의거 일반문서로 재분류됨

66.12.31

보통문서로 재분류(한일회담중요문서)

승인양식 1-1-2 (190mm×260mm 16절지)

24. 예비교섭에 있어서의 청구권 해결에 관한 교섭 방침 지시, 1962. 8. 14

한국 외교문서 736, 제6차 한일회담 제2차 정치회담 예비절충: 본회의, 제1-65차, 1962. 8. 21-64. 2. 6, 전5권, V.1, 1-3차, 1962. 8. 21-29

예비절충 회의에 앞 청구권 금액 관련 입장을 수정, 추가한 문서다.

기 안 용 지

자체 통제		기안처	동북아과 이활웅	전화번호	근거서류접수일자
과장	국장	보좌관	차관		장관

관리번호 C416

관계관 서명							
기안 년월일	62. 8. 14.	시행 년월일	62. 8. 16.	보존 년한	기밀	정서	기장
분류 기호	외정무278.	전체 통제		종결			
경유 수신 참조	주일대사			발신	장관		
제목	예비교섭에 있어서의 청구권 해결에 관한 교섭 방침 지시						

(참조 : 62. 8. ■ 외정무 268) [재분류 1966. 6. 30.]

참조 공한으로 지시한 교섭 방침중 다음과 같이 수정 및 추가 지시함.

기

1. 제 3 안중 "순변제 2억불, 무상조지불 2억불, 차관 2억불, 계 6억불" 을 "순변제 2억불, 무상조지불 3억불, 차관 1 억불, 계 6억불" 로 수정한다.

2. 제 4 안중 "순변제 1 억불, 무상조지불 2.5억불, 차관 2.5 억불, 계 6억불" 을 "순변제 1억불, 무상조지불 3억불, 차관 2억불, 계 6억불" 로 수정한다.

3. 제 5 안중 "순변제 1억불, 무상조지불 2억불, 차관 2.5억불, 계 5.5 억불" 을 "순변제 1억불, 무상조지불 3억불, 차관 1.5억불, 계 5.5 억불" 로 수정한다.

승인양식 1-1-3 (190mm×260mm16절지)

4. 아측은 62. 7. 25. 외정무 837로 지시한 교섭 방식이 가장 현실적이고 효과적인 교섭 방식이라고 생각하는 바이나, 일측이 양 수석대표 타협에 의한 교섭을 희망함으로 일응 일측의 방식에 응하는 것임. 그러나 종전의 경험에 비추어 그러한 방식으로는 제한된 시일 내에 만족할만한 성과를 걷우지 못할 우려도 있음. 따라서 8월 20일경에 예비교섭이 개시되면, 약 2 주일간의 기한부로 ~~청구권 액수등에 관하여 의견차의 조정을 시도하지고 일측이 제의하는 동시~~, 만약에 동 기간중에 교섭이 예기한바 진전을 보지 못하는 경우에는, [illegible] 상당한 고위층의 대표와 소수의 보좌관에 의한 예비 교섭으로 지체없이 대체하여 비공식이고 자유로운 분위기에서 정치적인 절충을 가짐으로써 미합의 점을 단시일에 극소로 축소시키는 방식 (즉 전기 외정무 837의 제 3 항 아측이 구상하는 교섭 방식중 나. 항의 방식)으로 변경할것을 일측에 제의하여 사전에 동의를 얻어 놓도록 노력할것.

5. 일본측은 과거의 예로 보아 성실성이나 신의성 보다도 외교적 기교에 치우치고 항상 성의를 가장하는 술책을 농함으로써 회담의 진전을 천연시킨바 있음으로 이러한 사실에 격별 유의 하시고 금차 교섭에 있어서는 일측의 이러한 기교를 충분히 경계하여 그들의 계략에 [illegible] 없도록 신중을 기하실것.

6. 기타 사항에는 수정이 없음. 끝

1966.12.31 에 예고문에 의거 일반문서로 재분류됨

66.12.31

보통문서로 재분류

승인양식 1-1-2 (190mm × 260mm 16절지)

25. 예비절충 제1차 회의 회의록, 1962. 8. 21

한국 외교문서 736, 제6차 한일회담 제2차 정치회담 예비절충: 본회의, 제1-65차, 1962. 8. 21-64. 2. 6, 전5권, V.1, 1-3차, 1962. 8. 21-29

1962년 8월 21일 개최된 제6차 한일회담 제2차 정치회담 예비절충 회의 제1차 회의 회의록이다.

양측은 이 회의를 통해 상대방이 생각하고 있는 청구권 금액이 대략 어느 정도인지 파악하게 되었다

제 6차 한일회담
제 2차 정치회담 예비절충
제 1 차 회의
회 의 록

1. 일 시 : 1962년 8월 21일 14:30 시 — 16:20 시

2. 장 소 : 일본 외무성 제 707 호 실

3. 참석자: 한국측 : 배의환 대사
최영택 참사관
김정태 1등 서기관 (통역 및 기록)

일본측 : 스기 미찌스께 수석대표
이세끼 유지로 아세아 국장
야나기야 겐스께 아세아국 북동아과 사무관 (기록)

4. 토의 내용 :

스기 수석 : (별첨 1과 같은 개회 인사를 낭독)

배 대사 : (별첨 2와 같은 개회 인사를 낭독)
잘 알겠다. 우리측 김정태 서기관은 기록과 통역을 겸하여 이자리에 참석하는 것이니 양해 하기 바란다.

스기 수석 : (별첨 3과 같은 청구권 지불 명목에 관한 일측 제의문서를 수교하고 이를 낭독)

이세끼국장: 스기 수석 대표가 말한데에 대하여 보충 설명을 하겠다. 스기 수석의 발언 중에는 두개의 중요한 포인트가 있다. 첫째는 청구권 지불 명목에 관한 말인데 청구권 지불 명목으로는 순 청구권, 무상공여, 의 2개 명목을 사용하는것과 또 하나는 청구권 명목을 사용하지 않고 무상공여의 명목만을 사용하는

방법이 있다. 전번 외상 회담시에 양측의 청구권에 관한 주장은 10 대 1이 었었는데 한국측은 청구권 명목외에 차관에는 흥미가 없다고 하고 청구권 액수가 적으면 무상 공여를 첨가하여 양측의 차이를 축소 시키자고 하였는데 이것은 일측에는 곤란한 것이다. 왜냐하면 청구권과 무상 공여를 동시에 고려하면 청구권을 엄격하게 하지 않으면 안되기 때문이다. 청구권 명목만을 사용한다면 외상 회담에서 말한 바와 같이 7천만불이 되는데 이 수자도 대장성은 1천 5백만불 밖에 되지 않는다는 것을 외무성이 여러가지 이유를 부쳐서 고려한 수자를 낸것이다. 한국측에서는 이 수자를 가지고는 안되겠다하여 청구권과 무상 공여를 동시에 고려하자고 하였던것인데, 청구권 하나만이라면 외무성으로서는 어떻게 해서든지 수자를 노릴 수 있겠지만 무상 공여가 들어가게 되면 청구권에 있어서는 추정적인 수자를 가미할수 없으며 엄격하게 따지지 않으면 안된다. 청구권에는 여러가지의 사실 관계가 명백하지 않어 엄격하게 따지게 되면 액수가 지극히 적어지는바, 은급 관계를 보더라도 일측은 인원수에 관한 자료로서는 1942년 까지의 자료가 있지만 기재정분에 관하여는 1945년 까지의 자료 밖에 없으며 그후의 변동 상황에 관한 자료도 없으므로 추정적인 수자를 가미하지 않을수 없는데, 그것을 못하게 되니 액수가 적어지게 된다. 청구권 관계는 거이 전부 사실관계가 명확하지 않으므로 추정 수자를 넣을수 밖에 없는데 만일 청구권과 무상 공여를 동시에 사용할 경우에는, 청구권에는 추정 수자를 넣을수 없으므로 그 액수가 지극히 적어 질것이며 3-4천만불 밖에 되지 않는데, 이것은 한국측으로서도 곤란한 것이라고 생각한다.

또, 청구권 명목을 사용하게 되면 일측은 국회 대책상 말하고 싶지 않은 문제도 말하지 않으면 안되게 되는 것이다.

소기 수석 발언중 둘째 번째로 중요한 것은 무상 공여 명목으로 처리할때에는 동 처리로 말미아마 한국의 대일 청구권이 해결되었다고 한국이 말하지 않으면 안된다. 그러한 말을 한국측이 하지 않으면은 법적으로는 대일 청구권은 그대로 남어 있는 것이 되기 때문이다. 따라서 일본이 무상 공여로 지불하면은 한국은 청구권을 포기한다던가 또는 앞으로 청구권을 주장하지 않는다 라고 말하여야 한다. 이것이 둘째로 중요한 포인트 이다.

이상 말한것을 요약하면 청구권 명목과 무상 공여 명목을 동시에 사용하는 것에는 난점이 있다는 것이고 만일 두개의 명목을 동시에 사용할 경우에는 청구권의 각 세목을 엄격히 산출하지 않으면 안되는 것이다. 전번 외상 회담시에 일측은 7천만불을 제시하였는데 청구권 명목과 무상 공여 명목을 동시에 사용하면 청구권 명목의 액수는 7천만불을 훨신 하회하게 되는 것이다.

최 참사관 : 소기 수석의 발언을 듣고, 또 이에 첨가하여 이세기 국장의 설명은 잘 들었는바, 일본은 일본으로서의 사정이 있고 난점이 있겠지만, 한국은 법적 근거가 확실하고 사실이 명백한 청구권을 포기한다던가 이에 대한 주장을 변경한다는 등의 입장을 취할수는 없다. 제 6차 한일회담이 개최된후 허다한 회의가 개최되었으며, 한국측은 어떠한 회의에서 과거 어느때보다도 성실한 태도와 신축성있는 태도를 취해 왔는바, 아무리 신축성있는 태도를 취한다하더라도 법적근거가

업연한 청구권을 포기한다는 것은 전혀 생각할수 없다.

예비절충은 지금까지 대표부와 외무성이 이야기한 결과로 시작하게된 것인데, 법적 견해에 관하여는 전에 상당한 기간 동안 논의한바 있어 피차의 입장이 서로 알려져 있으니, 이번 기회에는 법적 논의를 되풀이하여 격론하는 일이 없도록 하고, 최종 최선의 기회라는 인식하에 과거의 경험을 토대삼어 결론에 가차운 이야기를 하여야 할 것이다. 특히 각 현안 중에서도 가장 중요한 청구권에 있어서는 법이론을 되풀이 하지 말고 본론에 들어가는 것이 좋다는 정신하에서 토의를 진행시켜야 할것인바, 한국측으로서는 지금 일본이 제의한 청구권의 포기는 고려할수 없는 문제임을 다시 말하는 바이다.

이세기국장 : 청구권의 포기가 어렵다고 하면 청구권 명목으로 하여야 하겠는데, 이 경우에는 사실관계를 일일히 규명하여야 하니 국회에 설명할때에 난점이 많다. 또 청구권 명목 하나만을 사용한다면 국가간의 교섭이라 하여 대체적인 추산을 하여 금액을 산출할수도 있는데, 무상원조의 명목을 동시에 사용하게 되면 청구권은 법률적인 것인만큼 엄격히 산출하고 추산이 필요한 부분은 무상원조로 처리하라는 말이 나오게 되어 청구권 명목의 금액이 적게 되는데, 이것은 한국측에 곤란할 것이라고 생각한다. 청구권의 포기가 어려우면 일본으로 부터 무상원조를 받었는데, 이것으로 대일 청구권이 해결되었다 라는 식으로 해도 좋을 것이다.

장개석 총통은 배상을 포기 했는바, 한국은 사정이 다를줄 알지만, 포기가 어려우면 조약상의 용어를 적당한 것으로 선정하여 해결하면 되지 않겠는가

배 대사 : 일본측 말을 듣고 놀랬다. 이세끼 국장이 잘 알고 있드시, 우리는 일본측과 비공식으로 최근 까지 이점을 논의해 왔는데, 한국측이 도달한 결론은 청구권 명목을 쓰지 않을수 없다는 것이었다. 청구권에 관하여 법적 견해가 틀린다고 하는데, 사사로운 문제라면 국내 재판소에 걸을수도 있겠지만, 국제 문제이니 그렇게 할수도 없는것이 아닌가. 일본은 사회당의 반대 등으로 어렵다고 하는데 그러면 한국은 10년 간이나 주장해온 청구권을 지금 포기할수 있다는 말인가. 작년 10월에 처음으로 일본에 왔을때에 이세끼 국장이 청구권으로 지불할수 있는 액수는 적으니 무상지불로 보충하겠다고 말한바 있으므로 본국에서는 청구권 지불 만으로 해결하라 하는것을 여러가지 사정을 설명하여 청구권과 무상 지불의 두개의 명목을 쓰기로 한것이다. 그런데 지금에 와서 우리에게 서면을 내놓고 무상 지불하나로 하자고 하면 문제의 해결이 어려워지게 되는 것이니, 일측은 신중 고려하여야 한다.

이세끼 국장 : 그때에는 우리도 막연히 무상공여 명목을 동시에 사용해 보자고 했는데, 실지로 청구권 항목을 검토해보니 대장성과 외무성 간에는 커다란 차이가 나왔으며 대장성은 납득이 가는 이유를 부칠수 있는 액수는 1,500만불 정도라고 말하고 있다. 청구권 명목 하나만을 사용한다면 수자를 늘여 7,000만불 정도로도 할수 있겠지만 무상공여를 동시에 사용한다면 청구권은 적어지지 않을수 밖에 없다.

배 대사 : 우리로서는 청구권은 청구권으로 해결하여야 한다는 것이 원래의 주장이지만 사정을 고려하여 무상조 지불이라는 명목을 동시에 사용하여도 좋다는 것이며 이 두개의 명목으로 대일 청구권의 처리가 가능할 것으로 생각한다.

이세끼 국장 : 처리가 안된다는 것은 아니다. 그러나 그렇게 처리하면 어려운 점이 있다는 것이며 예를 들면 남북한 문제도 나오게 된다는 말이다.

배 대사 : 이번 기회에 한국 전체의 청구권을 해결하는것이 나중에 문제가 없어서 일본 측으로는 좋지 않겠는가.

이세끼 국장 : 남북한을 따지면 북한의 청구권이 미해결로 남지만, 일본은 북한에 있는 재산을 포기한바 없으므로 받을 것이 있으니 이번에 전부 해결하는 것이 반드시 좋은 것은 아니다.

스기 수석 : 청구권 명목을 쓰지 않어도 한국에게 곤난한 점이 없다고 본다. 무슨 이유로 무상공여의 명목이 나왔는가의 경위를 설명하면 한국민도 청구권 명목을 쓰지 않는데에 대하여 납득할 것으로 생각한다.

배 대사 : 무상 조 지불로 해결하라고 일측은 말하고 있는데, 일본 국회 내의 한일 회담 반대 세력인 사회당이 법률근거가 있는 청구권을 지불하는 것은 불가피하겠지만 법률 근거가 없는 무상조 지불을 하는 이유는 무엇이냐고 역습하면 오히려 곤난하지 않는가.

이세끼 국장 : 한국의 독립을 축하하고, 국교 정상화를 기념하고, 한국 경제 안정에 기여한다는 등의 이유를 부쳐 설명하면 된다. 청구권 명목으로는 작은 수자 밖에 나오지 않고 또 불필요한 법률론을 하게되어 남북한

문제 같은 것이 나오게 되니 고려할 점이 많다. 한국은 일본에 대한 배상 청구권이 없으므로 한국측 요구에는 법률 근거가 있어야 한다. 한국측이 일본에 많은 액수를 청구하는 기분은 과거 36년간의 일본 통치에서 연유되는 것이므로 잘 이해할수 있다. 이승만 씨가 일본이 나쁘다고 비난한 기분도 알수 있지만, 어마어마한 대일 청구권이 있다고 국민에게 그릇된 인상을 주어온 것은 지금으로서는 불행한 일이다.

스기 수석 : 청구권 명목을 쓰지 않는 이유는 한국 정부가 사정을 잘 설명하여 국민에게 납득시킬수 있지 않겠는가.

배 대사 : 그것은 어려운 일이다.

스기 수석 : 좌우간 본국 정부에 신중 검토하여 달라고 해 주기 바란다.

최 참사관 : 청구권 명목을 삭제 할수 없다는 본국 태도에는 변동이 없다.

이세끼 국장 : 본국이 태도를 변경하도록 잘 보고 해 달라

스기 수석 : 청구권 명목을 없애고 지불 액수를 크게 할려고 하는 것이 일측 의도인 것이다.

최 참사관 : 이번 예비교섭에서는 본과 위원회에서 행한바와 같은 법률론은 하지 않어야 할것이며, 그런 논의를 한다면 본과 위원회와 다름이 없는 회의가 되고 말것이다. 여기서는 결론적인 이야기를 하여야 할 것인데 지난 외상회담시에는 한국 측이 7억불을 제시했고 일본은 7천만불을 제시하여 결론에 도달함이 없이 헤여졌으니, 이번에는 상대방의 입장을 서로 참작 존중하여 결론에 도달토록하여야 할 것이다. 한국은 7억불을 주장하였는데, 일본에게를 양보하라고 하여도 일본이 듣지 않을 것이며

반대로 일본은 7천만불선을 고수하고 한국에게만 양보하라고 하여도 안될 것이다.

일측이 청구권 명목을 사용하면 액수가 적어 진다고 하는데, 청구권 문제에 있어서 가장 중요한 것은 명목 문제외에 액수 문제도 있으며, 명목과 액수를 따로 따로 다룰수는 없는 것이나 일측이 명목 문제 만을 가지고 나오는 것은 이해하기 어렵다.

일본은 일본 대로의 국내 사정이 있어 어려운 문제가 있기 때문에 청구권 명목을 없애자고 하겠지만, 한국측 청구권에는 충분한 법적 근거가 있는것이니 청구권 명목을 사용하지 않을수 없는 것이며 사실관계가 명확하지 않다던가 또는 법률해석이 다르므로 인하여 지난 외상 회담시에는 양측 주장액이 10 대 1이 였으니 양측의 차이를 무상조 지불 명목으로 메꾸는 방향으로 나가야 한다. 일측은 청구권으로는 액수가 적으니 무상 명목 하나로 하라하지만 그러한것이 그렇게 간단히 될수 있는 것은 아니다. 서로 국내 실정을 참작하여 무상 지불의 명목을 동시에 사용하여 해결하는것이 좋을것이다.
일측이 청구권 명목으로 처리 하면 액수가 적으니 청구권 명목을 쓰지 말자 또는 청구권을 엄격히 따지면 1,500만불 밖에 되지 않는다 하고 만 주장하면 논의는 출발점으로 되돌아 가는 것이 아닌가.

이세끼 국장: 일측으로서는 청구권과 무상공여의 명목을 동시에 사용하면 청구권은 적어지며, 청구권 명목하나 만을 사용하면 7,000만불 밖에 안된다는 사정이 있으므로 고려하여야 한다하는 것이다.

배 대사 : 일측은 청구권 명목을 사용하면 엄격한 계산을 하여야 하므로 액수가 적어진다고 하는데 외상 회담시에 일측이 제시한 7,000만불을 만일

한국이 청구권으로 받어드린 다고 가정하면 일측은 일본국회에서

어떻게 설명할 것인가.

이세끼 국장: 청구권 명목 하나만을 사용한다면 국가와 국가간의 교섭인 만큼

세밀한 계산을 피하고 그런 수자를 내게 된것이라고 설명할수 있다.

최 참사관 : 무상 명목만으로 처리한다면 일측은 액수를 어느정도 생각하고 있는가.

소기 수석 : 무상 명목 만으로 한다면 액수를 많이 노피도록 할 것이다. 한국측이

청구권 명목을 고집하면 일측이 수자를 노리는데 곤난이 있게 되니

이런 실정을 고려해 달라고는 것이다.

최 참사관 : 한국측이 요구하는 청구권은 법적 근거가 있는것인 만큼 이를 끝까지

주장하지 않을수 없는 입장이다.

소기 수석 : 청구권 명목으로 한다면 일측으로서는 남한 분만을 계산한 것이라고

하지 않을수 없는 것이다.

최 참사관 : 남북한 문제는 처음부터 내세울 필요는 없는 것이고 액수 문제가

해결된 후에 일측은 일측 사정에 맞도록 적이 처리하면 될 것이 아닌가.

소기 수석 : 우리는 문제를 해결하기 위하여 이자리에 온것이니 정치적인 고려를
하여야 하며 이유만을 따질것은 아니다.
무상 명목으로 처리하더라도 무상 명목이 나오게된 경위가 있는 것이니

이해될수 있는 일이라고 생각한다.

이세끼 국장: 한국으로서는 청구권을 포기했다고 하지 말고 일측으로부터 무상공여를

받었으니 청구권이 실질적으로 해결되었다고 하면 될것이라고 생각

되는바, 명목의 문제는 서로 상의해서 국교 정상화를 축하한다면가

또는 한국의 번영을 바라고 한일 친선을 기원하여서 라는 등의 명목으로

일측이 지불하는 것이라고 하고 한국은 이를 수령한후 청구권이 해결되었다고 하면 될것이다.

최 참사관 : 지금까지 일측입장을 들었는데, 한국측 입장은 배대사도 말한바와 같이 일측 제의를 받어드리기 어려운 입장이다.

배 대사 : 일측 제안을 동의할수는 없는 것이지만 우선은 본국에 전달하여 지시를 받은후 다시 우리 입장을 천명하겠다. 그런데 일측이 생각하는 무상조 지불의 명목 만을 사용하면 일측은 도대체 얼마만한 금액을 낼수 있다는 것인가.

이세끼 국장: 금액을 낼수 없는 것은 아니지만 현재로서는 청구권의 사고 방식 즉 명목에 관하여 교섭하려는 것이다. 한국측이 청구권 명목을 쓰지 않을수 없다면 그러한 기초 위에서 다시 생각해 나가도록 하겠다.

최 참사관 : 본국에서는 일측이 청구권 명목을 사용하지 말자고 제의하였다는 보고를 받으면 실망할 것이다. 우리측 입장으로서는 청구권 명목을 쓰지 않으면 안됨다는 것이니 그러한 기초에서 생각해 나가도록 하자 그리고 청구권에는 명목 문제와 아울러 액수 문제가 있는데 이를 분리하면 토의를 진행시키는 것이 어려우니 동시에 생각하기로 하자.

소기 수석 : 본국의 생각이 동시에 생각하자는 것이라면 그렇게 해도 좋다.

최 참사관 : 내가 받어온 훈령을 통하여 보면 청구권 명목을 쓰지 말자는 등의 논의는 하지 않는것이 시간을 절약하는 방법이라고 생각된다.

이세끼 국장: 기초적인 문제이니 논의하지 않을수 없다. 액수는 언제던지 낼수 있는 문제이다.

배 대사 : 오늘 논의에 관하여는 다음 회의시에 다시 우리측 입장을 말하겠다.

그리고, 이번 예비절충이 앞으로 2주일 동안에 소기의 성과를 나타내지 못할 경우에는 좀더 높은 "레벨"의 회담으로 옮기는 것이 어떤가.

소기 수석 : 그렇게 하는것도 좋겠다.

이세끼 국장 : 그때에 가서 결정하기로 하자. 소기 수석이 다른 고위층의 인사와 같이 서울에 가서 교섭하는것도 하나의 방법인데 이것은 회의를 좀더 해본 후에 정하기로 하자. 다음 회의는 언제 개최할 것인가.

최 참사관 : 다음 금요일로 하자.

이세끼 국장 : 그러면 다음 금요일 오후 3시로 정하자. 신문 발표는 어떻게 할 것인가.

배 대사 / 최 참사관 : 회의 내용을 자세히 발표하여 일측이 청구권 명목을 사용하지 말자는 제의를 하였다고 알려지면 한국측은 국민 감정으로 보아 여론이 불등하게 된다. 뿐만 아니라 예비절충은 조용한 방법으로 진행시키는 것이 좋으니 간단히 하기로 하고 "14:30시부터 16:30 시 까지 회의가 개최었는바, 쌍방 인사가 있은 후에 청구권 문제에 관한 의견을 교환하였다" 라고 발표하는 것이 어떤가.

이세끼 국장 : 좋다.

별첨 : 1. 일측 인사문

2. 한국측 인사문

3. 소기 일측 수석대표의 발언 내용

※ 문서 상태 불량으로 새로 타이핑한 내용을 아래 수록함.

한국 측 인사문

1962년 8월 21일

오늘 이 자리에 스기 수석대표 및 이세키 아세아국장과 회동하여 예비절충을 시작하게 되었음을 본인은 기쁘게 생각합니다.

돌이켜 보건대 작년 제6차 한일회담이 시작될 때에 우리는 한일 간에 개재하는 제 현안을 해결하기 위하여 6차 회담을 마지막 회담으로 한결같이 굳은 결의를 표명하였던 것이며, 작년 말과 금년 초에 걸쳐 우리는 사무 절충을 대체로 끝마치는바 이 사무 절충만으로는 타결하기 어려운 차이가 있어서 고위정치회담을 통하여 이를 해결하고자 지난 3월에 한일 외상회담이 개최되었던 것입니다.

그러나 불행히도 이와 같은 회담도 소기의 성과를 달성함이 없이 끝나게 되어 한일 간의 제 현안은 아직도 그 해결을 보지 못하고 있는 것입니다.

이제 우리는 회담 타결이 새로운 노력으로서 예비절충을 시작하려고 하고 있습니다. 우리는 과거 오랜 동안에 걸쳐 계속되었던 사무 절충과 지난번의 외상회담의 경험을 토대로 하여 대국적인 견지에 호양의 정신으로 문제를 해결해 나가도록 노력하여야 할 것입니다.

재론할 것도 없이 과거의 한일 관계를 청산하기 위한 현안의 해결과 이에 따르는 국교 정상화는 비단 우리 양국의 이익뿐만이 아니라 자유세계의 안전과 번영을 위하여 중대한 의미를 가지는 것으로 우리는 이와 같은 인식 밑에 이번 절충을 통하여 제 현안의 실질적 해결이 있도록 노력하기를 바라며 인사에 대하고자 하는 바입니다.

1962年8月21日

오늘 이자리에 韓日兩國代表 및 [illegible] 關係者가 會同하여 予備折衝을 始作하게 되었음을 [illegible] 기쁘게 생각합니다.

[결재 : 64.6.30 [illegible]]

돌이켜 보건데 1961年10月 第六次韓日會談이 始作될 때에 우리는 韓日間에 介在하는 諸懸案을 解決하기 爲하여 六次會談을 마즈막 會談으로 하라는 한결같은 굳은 決意를 表明하였던 것이며, 昨年末과 今年初에 걸쳐 우리는 事務折衝을 大体로 끝마쳤는바, 이 事務折衝만으로는 妥結하기 어려운 문제가 있어서 高次的政治會談을 通하여 이를 解決하고저 지난 三月에 韓日外相會談이 開催되었던 것입니다.

그러나 不幸히도 이와 같은 會談도 所期의 成果를 達成함이 없이 끝나게되어 韓日兩國의 諸懸案은 아직도 그 解決을 보지 못하고 있는 것입니다.

이제 우리는 會談妥結의 새로운 努力으로서 予備折衝을 始作할려고 하고 있읍니다. 우리는 過去 오랜 동안에 걸쳐 継續되였던 事務折衝과 지난번의 外相會談의 經驗을 土台로 하여 大局的인 見地에 立脚의

精神으로 問題를 解決해나가도록 努力하여야 할것입니다.

再論할것도 없이 過去의 韓日關係를 清算하기 爲한 懸案의 解決과 이에 따르는 國交正常化는 非但 우리 兩國의 利益뿐만이 아니라 自由世界의 安定과 繁榮을 爲하여 重大한 意味를 가지는 것으로 우리는 이와 같은 認識 밑에 이번 折衝을 通하여 諸懸案이 實質的 解決이 있도록 努力하기를 바라며 人事에 代하려 하는 바입니다.

번역

8월 21일 회담에서의 스기 수석대표 인사말

제가 한일회담의 수석대표가 된 것은 작년 10월 이후입니다만, 실제로 회담 내용에 들어가 보면 참으로 복잡다단하고, 또 문제 하나하나가 매우 어려운 것들로서 외부에서 상상했던 것보다 훨씬 더 어렵습니다.

그러나 지난 수개월 동안 이러한 복잡다단하고 어려운 각 문제에 대해 상당 부분 실체를 파악할 수 있었고, 그리고 이 기간 동안 각 문제에 대한 양측의 입장도 어느 정도 밝혀진 것은 냉정하게 생각하면 다행이라 할 수 있습니다. 왜냐하면 어떤 교섭이든 서로 양보하는 정신이 없으면 원만한 타결의 가능성이 없는데, 서로 양보한다고 해도 서로의 입장을 알지 못하면 어디를 양보해야 할지 알 수 없기 때문입니다.

한일회담은 그 내용이 복잡다단할 뿐만 아니라, 원만한 타결을 최대한 방해하려는 세력이 존재하는 것은 잘 아시는 바와 같습니다. 우리는 이 세력에게 한일회담 반대 논거를 제공하지 않도록 최대한 노력하는 한편, 이 세력에게 회담 반대에 총력을 결집할 기회를 주지 않도록 배려해 나가야 한다고 생각합니다.

다행히도 앞서 말씀드린 대로 한일회담을 타결시키기 위한 전제조건은 어느 정도 충족되어 있습니다. 저는 이런 상황하에서 열리는 이번 예비교섭의 의의를 매우 중요하게 생각하고 있습니다. 귀 대표도 이 점 전적으로 같은 마음일 것으로 믿습니다. 따라서 서로 불필요한 말장난을 버리고 대담하게 한일회담을 어떻게 하면 조속히 타결시킬 수 있는지에 대한 생각을 허심탄회하게 이야기하여 양측이 모두 만족할 만한 결과가 도출될 수 있도록 최선을 다하고자 합니다.

물론 이 과정에서 각자의 입장에서는 듣기 싫은 말을 할 수도 있겠지만, 우리의 근본적인 목적이 무엇인지를 잃지 않도록 노력하고자 합니다.

적어도 저는 이 마음으로 이번 예비교섭을 성공으로 이끌고자 하는 마음가짐을 가지고 있으니, 귀 대표께서도 이 마음을 충분히 헤아려 주시기를 바랍니다.

※ 뒤의 인사말을 타이핑한 것임.

八月二十一日の會談における衫首席代表の挨拶

私が日韓會談の首席代表となりましたのは昨年十月以來のことでありますが`實際に會談の內容に立ち入って見ますと`誠に複雜多枝にわたっており`しかも問題のどれもが極めて難かしいこと外部にあって想像していたところを遙かに超越しております｡

しかしながら`過去10か月の間に`これら複雜多枝でしかも困難な各問題について`相当程度にその実体を突きとめることが出來`そして`この間にこれら各問題についての双方の立場もおのずからある程度明らかになったのは`冷情に考えれば倖せだと存じます｡何となれば`如何なる交渉でも互いに讓り合う精神がなければ圓滿妥結の見込みがないわけですが`互いに讓り合うといっても`互いの立場なり考え方がわからなくては`何處を讓るべきかの見当が 付かないからであります｡

日韓會談は`その 內容が複雜多枝困難なばかりではなく`その圓滿妥結を極力妨害しようとする勢力が存在することは御承知のとおりであります｡私たちは`この勢力に対し`日韓會談に 反對する論據をできるだけ与えないよう努力するとともに`この勢力に會談反對の總力を結集する機會を与えないよう配慮して行かねばならにと 存じます｡

幸いにして`前に申しましたとおり`日韓會談を妥結させるための前提條件はある程度滿たされおります｡私は`このような狀況の下に開かれる今度の予備交渉の意義を極めて重要なものと考えております｡貴代表もこの点全 同じお氣持であると信じます｡つきましては`お互いに無用なかけひきはぬきにして`大膽率直に日韓會談を如何に早急に妥結させるかの方法についての考えを腹藏なく述べ会い`もって双方に滿足すべき結果がでるよう全力を傾けたいと 存じます｡

もとより`この間において`お互いの立場上`聞き辛いと思われることも言わねばならぬこともありましょうが`しかも私たちの根本目的は何であるかを見失わないよう心がけたいと存じます｡

少くとも私はその氣持で今次予備交渉を成功に導きたい考えでありますので`貴代表におかれても`この私の氣持ちを十分お汲みと願いたいと存ずる次第であります｡

八月二十一日の会議における
杉首席代表の挨拶

私が日韓会議の首席代表と成りましたのは昨年十月以来のことでありますが実際に会議の内容に立ち入って見ますと それは誠に複雑多岐にわたっておりしかも問題のどれもが極めて難かしいことを外部にあって想像していたところを遥かには超越しております。

しかしながら過去十ヶ年の間に、これが複雑多岐でしかも困難な各問題について、相当程度にその実体を突きとめることが出来、そして、この間にこれら各問題についての双方の立場もおのずからある程度明らかになったのは、冷静に考えれば偉とせねばと存じます。何となれば 如何なる交渉でも互いに譲り合う精神がなければ円満妥結の見込みがないわけですが、互に少し譲り合うことといっても、互いの立場なり考え方がわからなくては何処を譲るべきかの見当が付かないからであります。

日韓会談はその内容が複雑多岐困難なものばかりではなく、その円満妥結を極力妨害しようとする勢力が存在することは御承知のとおりであります。私たちは、その勢力に対し、日韓会談に反対する論議をできるだけ与えないよう努力すると共に、その勢力に会談反対の総力を結集する機会を与えないよう配慮して行かねばならないと存じます。

幸いにして、前に申しましたとおり、日韓会談を妥結させるための前提要件はある程度満たされております。私は、このような状況の下に開かれる

今度の予備交渉の意義を極めて重要なものと
考えております。貴代表もこの点全く同じお気持
であると信じます。つましてはお互いに無用な
かけひきはぬきにして、大胆率直に日韓会談を
如何に早急に妥結させるかの方法についての考えを
腹蔵なく述べ合い、もって双方に満足すべき結果が
でるよう全力を傾けたいと存じます

もとより この間において、お互いの立場上 聞き辛り
と思われることも言わねばならぬこともありましょうが
しかも私たちの根本目的は何であるかを見失わないよう
心がけたいと存じます。少くとも私はその気持で今次
予備交渉を成功に導きたい考えでありますので
貴代表におかれても、この私の気持を十分お汲みとり
願いたいと存ずる次第であります。

번역

8월 21일 회담에서 스기 수석대표의 발언

다음으로 일반청구권 문제에 대해 말씀드리겠습니다.

일반청구권 문제에 대해서는 작년 11월 박 의장, 이케다 총리 회담에서 상당히 심도 있는 의견 교환이 이루어졌고, 결국 한국 측이 지불을 청구하고 일본 측이 지불에 응할 수 있는 것은 충분한 법적 근거가 있는 청구에 한정된다는 것, 즉 한국 측의 청구권 중에는 배상적 성격은 포함되어 있지 않다는 것이 확인되었습니다. 그리고 이후의 청구권위원회 논의는 무엇이 충분한 법적 근거가 있는 청구인지를 결정하기 위한 목적으로 한국 측에서 각 청구 항목에 대해 청구 내용, 근거 등에 대한 설명이 있었고, 이에 대해 일본 측에서는 일반적인 법리론과 함께 각 항목에 대한 일단의 견해를 표명하였습니다.

그러나 이러한 논의의 결과 일본 측이 도달한 결론은 지난 3월의 외상회담 1일 차에 고사카 외상이 발언하고 서면으로 한국 측에 전달한 내용에 상세히 논하고 있으므로 여기서는 반복하지 않겠습니다만, 요컨대, 평화조약 제4조의 규정에서 명백히 나타나 있는 바와 같이 청구권에 관하여 한일 양국 간에 체결되어야 할 특별협정의 대상은 한국이 현재 시정을 실시하고 있는 남한 지역 및 그 주민의 일본국 및 일본 국민에 대한 청구권에 한정되며, 또한 청구권이라고 하는 이상 법률 관계와 사실 관계가 모두 충분히 입증될 필요가 있고, 그 입증 책임은 청구권을 주장하는 측에 있습니다. 또한, 이른바 '미국 해석'에 따라 일본이 재한일본재산 처리의 효력을 승인함으로써 한국의 일본에 대한 청구권이 어느 정도 소멸 또는 충족되었는지는 한일 간에 협의 결정하게 되어 있으므로, 이러한 몇 가지 요소를 종합적으로 고려한다면, 청구권으로서 일본 측이 지급을 인정할 수 있는 것은 전후의 혼란과 6. 25 전쟁 등으로 관련 서류가 소실되었다는 등의 사정을 고려하여 납득할 수 있는 한도 내에서 추정의 요소를 감안하더라도 기껏해야 수천만 달러에 불과하며, 한국 측에서 기대하는 것으로 전해지는 수억 달러와는 거리가 멀다고 할 수 있습니다.

일본 측에서는 청구권 문제의 해결을 중시하고, 상당한 금액을 청구권으로 수령할 것을 요구하는 한국 측의 입장과 지금 말씀드린 한일회담을 궤도에 올리는 것에 대해 지난 몇 달간 진지한 검토를 해왔습니다. 그 과정에서 우리는 미래 지향적인 한일 우호친선 관계의 확립과 양국 간 정치, 경제, 기타 제반 측면에서의 협력 증진이 아시아, 나아가 세계의 평화 유지에도 기여한다는 대국적인 의미에 대해서도 충분히 고려하였습니다.

이러한 검토 결과 일본 측이 내린 결론을 한마디로 말하면, 청구권 해결이라는 측면에서는 어쩔 수 없이 수천만 달러밖에 지급할 수 없지만, 청구권 해결과는 별개로 한국의 독립을 축하하고 한국의 민생 안정과 경제발전에 기여하기 위한 무상 또는 유상 경제원조의 형태라면 상당한 금액을 공여하는 것에 대해 일본 국민들의 납득을 얻을 수 있을 것이라고 하는 것입니다. 만약 한국 측이 청구권을 한일 양국의 미래 우호 친선 관계 구축이라는 큰 틀에서 청구권을 '포기'하거나 청구권을 주장하지 않겠다는 입장에 선다면, 청구권이라는 틀 안에서 낼 수 있는 금액 이상의 금액을 낼 수 있다는 것입니다.

일본 측이 여기에 이러한 방식을 제시하는 가장 큰 이유는 위에서 언급한 바와 같이 청구권 해결이라는 입장을 견지하는 이상 일본 측에서 지급을 인정할 수 있는 것은 아무리 눈감아도 기껏해야 수천만 불에 불과하다는 제약이 있기 때문에, 이 제약에서 벗어나 조금이라도 한국측의 요구액에 근접하기 위해서는 이 이 방식밖에 없기 때문입니다.

이러한 방식으로 문제가 해결될 경우, 우리는 일본 국민들에게 한일 국교 정상화의 대국적 의미를 설명하고 그 이해와 지지를 얻기 위해 노력할 생각입니다. 또한 청구권이라는 명칭을 사용하지 않는 결과, 법률 관계나 사실 관계가 애매한 것에 대해 지불을 한다는 식의 비난도 피할 수 있을 것으로 생각합니다. 한편, 한국 측에 있어서 이 일본으로부터 받는 금액을 어떻게 설명할 것인지는 별도로 고민해 주시면 무방할 것입니다. 그리고 청구권 해결로서 일본으로부터 수령할 수 있는 금액이 극히 적은 금액에 그칠 수밖에 없었다는 것이 한국 국민들에게 전달된다면, 결국 한국 정부가 취한 수단이 최선이었다고 인정받을 수 있지 않을까 생각됩니다.

한국 측에서는 청구권 개념을 그대로 두고 여기에 무상원조를 더한 2원칙(또는 유상원조를 더한 3원칙)으로 하면 어떨까 하는 생각도 있지만, 일본 측으로서는 이 방식을 채택하는 것은 기본적으로 곤란합니다. 왜냐하면, 청구권 개념을 남겨두는 이상, 거기에 무상원조를 더하는 경우, 이 무상원조는 청구권의 변형 내지 위장이며, 청구권으로 지불할 수 없는 것을 무상원조라는 개념을 도입하여 지불한다는 것이 너무 명백해져, 경제협력의 한 방법이라고 설명해도 일본 국민들이 납득할 수 없기 때문입니다. 즉, 청구권이라는 개념을 남겨둔 이상 무상원조 개념을 도입하는 것은 어렵고, 기껏해야 수천만 달러 정도밖에 지급을 인정할 수 없다는 입장을 유지할 수밖에 없는 것입니다.

오늘 일본 측이 시사한 해결 방식에 대해서는 이것이 한일 관계 정상화라는 대국적 관점에서 다각도로 검토한 최선의 방법이라고 생각하므로, 귀 대표께서도 본국 정부에 충분히 신중하게 검토해 주도록 해주실 것을 요청드리며, 이에 대한 답변을 부탁드리는 바입니다.

또한, 오늘 일본 측에서 말씀드린 내용에 대해 질문이 있으시면 언제든지 답변해 주시기 바랍니다. 또한 오늘 일본 측이 제안한 방식으로 문제를 해결하게 될 경우, 그 표현이나 형식에 대해서는 다시 한번 협의하여 양측에 모두 유리한 것을 만들어 내고자 한다는 점을 말씀드립니다.

8月21日の会談における杉
首席代表の発言

次に一般請求権問題について申上げます。

一般請求権問題については、昨年11月の朴議長、池田総理会談の際にかなり突込んだ意見の交換が行なわれ、結局、韓国側が支払いを請求し日本側がその支払いに応じうるものは、十分に法的根拠のある請求に限られること、言いかえれば、韓国の請求の中には賠償的性格のものは含まれていないことが確認されました。そして、その後の請求権委員会の討議は、何が十分に法的根拠のある請求かを決定することを目的として、韓国側から各請求項目につき請求の内容、根拠等の説明があり、これに対し、日本側からは一般的な法律論とともに各項目についての一応の見解を表明して参りました。

しかるに、このような討議の結果、日本側が到達した結論は、去る3月の外相会談の第1日に、小坂外務大臣より発言し、書き物として韓国側にもお渡ししたところに詳しく論じてありますので、ここでくり返すことは避けますが、要するに、平和条約第4条の規定から明らかなように、請求権に関し日韓両国間に締結さるべき特別取極の対象は韓国が現に施政を行なつている南鮮地域およびそこの住民の日本国および日本国民に対する請求に限られ、かつ、請求権と称する以上、法律関係と事実関係が共に十分に立証される必要があり、しかもその立証責任は請求する側にあり、加うるに、いわゆる「米国解釈」により、日本が在韓日本財産処理の効力を承認したことにより、韓国の日本に対する請求権がどの程度消滅しまたは充足されたかを日韓間で協議決定することになつていますので、これらいくつかの要素を総合して考えるならば、請求権として日本側が支払いを認めうるものは、戦後の混乱や朝鮮動乱などで関係書類が亡失したというような事情を考慮して納得の行く限度内で推定の要素を加味したとしても、精々数千万ドルにとどまり、韓国側で期待しておられる

3

やに伝えられる数億ドルとははるかに隔りがあるのであります。

日本側におきましては、請求権問題の解決を重視し、相当多額のものを請求権として受領することを要求する韓国側の立場と只今申上げました日本側の立場とをどのように調整し、もつて日韓会談を軌道に乗せるかにつき、過去数カ月にわたり真剣な検討を加えました。その際、われわれは、将来永きにわたる日韓友好親善関係の確立と両国間の政治、経済、その他あらゆる面における協力増進が、アジアひいては世界の平和維持にも寄与するとの大局的意義についても十分の考慮を払つた次第であります。

このような検討の結果、日本側が到達した結論を一言にして申せば、請求権の解決ということではどうしても数千万ドルしか支払い得ない、しかしながら、請求権の解決とは離れ、韓国の独立を祝い韓国における民生安定と経済発展に寄与するための無償あるいは有償の経済援助という形でならば、相当の金額を供与することについて日本国民の納得が得られるだろうということであります。もし、韓国側が、請求権を日韓両国の将来の友好親善関係樹立の大局的見地から「放棄」する、あるいは請求権の主張を行なわないという立場に立つて下さるならば、請求権という枠内で出し得る以上の金額が出し得ることになるというわけであります。

日本側がここにこのような方式を示唆する最大の理由は、上述のように請求権の解決という立場を貫く以上、日本側で支払いを認めうるものはどんなにあまく見積つても精々数千万ドルにとどまるという制約があるので、この制約を脱却して、少しでも韓国側の要求額に近づくためにはこの方式によるほかはないからであります。

このような方式で問題が解決した場合には、われわれは、日本国民に対し、日韓国交正常化の大局的意義を説いてその理解と支持を得ることに努めるつもりであります。また、

5

請求権という名称を用いない結果、法律関係や事実関係が曖昧なものに支払いを行なうというような非難をも避けることができると考えるのであります。他方、韓国側におかれて、この日本から受取る金額を如何ように説明せられるかは別途工夫していただいて差支えない次第であります。そして、請求権の解決として日本から受領し得る金額は極めて少額にとどまらざるを得なかつたことが韓国国民に伝えられれば、結局は、韓国政府のとつた手段が最適のものとして是認されるのではないかと思うのであります。

なお、韓国側には、請求権という概念をそのまま残し、これに無償援助を加えた2本立て(ないしはさらに有償援助を加えた3本立て)の方式ではどうかというお考えがあるかとも思いますが、日本側としては、この方式を採用することは甚だ困難であります。何となれば、請求権の概念を残す以上、それに無償援助を加えた場

6

合、この無償援助は請求権の変形ないし偽装であり、請求権として支払いえないものを無償援助という概念を導入して支払うのであるということがあまりにも明瞭となり、経済協力の一つの方法だと説明しても、日本国民の納得を得られないからであります。すなわち、請求権という概念を残す以上、無償援助の概念を持ち込むことは難かしく、どうしても精々数千万ドルしか支払いを認めえないという立場を維持せざるをえないのであります。

今日日本側より示唆した解決方式については、これが日韓関係正常化の大局的見地に立って凡ゆる角度から検討した最善の方法だと信ずるものでありますので、貴代表におかれても、本国政府に十分慎重に御研究を求められ、何分の御回答をいただきたいと存じます。

なお、本日日本側から申上げたことについて御質問があれば何なりとお答えしたいと存じます。また本日日本側から提案した方式で問題を

7

解決することになつた場合は、その表現や形式についてはあらためて御相談し、双方に都合のよいものをつくり上げたいと考えていることを申し添えます。

26. 예비절충 제2차 회의 회의록, 1962. 8. 24

한국 외교문서 736, 제6차 한일회담 제2차 정치회담 예비절충: 본회의, 제1-65차, 1962. 8. 21-64. 2. 6, 전5권, V.1, 1-3차, 1962. 8. 21-29

1962년 8월 24일 개최된 제6차 한일회담 제2차 정치회담 예비절충 제2차 회의 회의록이다.

제 6차 한일 회담

제 2차 정치회담 예비절충

회 의 록

1. 일 시 : 1962년 8월 24일 15:00시— 16:30 시

2. 장 소 : 일본 외무성 707 호실

3. 참석자 : 한국측 : 배의환 대사

최영택 참사관

김정태 서기관 (기록 및 통역)

일본측 : 스기 미찌스께 수석대표

이세끼 유지로 아세아국장

야나기야 겐스께 북동아과 사무관 (기록)

4. 토의 내용 :

스기 수석 : 본국 정부로부터 회답이 있었는가.

배 대사 : 있었다. 일측 제의에 대한 아측 입장은 다음과 같다.

(별첨과 같은 문서를 수교한 후 이를 낭독)

최 참사관 : 배 대사가 지금 말한 바와 같이, 8월 21일에 스기 수석이 제시한데에 대하여 본국 정부에 보고하고 지시를 받은후 지금 우리 입장을 말한 것인데, 한국은 청구권을 주장하지 않을수 없는 입장에 있음을 다시 밝히고저 한다. 지난 3월의 외상회담에서는 양측 입장에 현저한 차이가 있었는데, 이번 회담에서는 정치적인 고려를 가하고 호양의 정신으로 임하여 타결로 이끌어 가자는 것이니, 양측 입장에 차이가

있더라도 서로가 연구하여 해결토록 해야 할 것이다. 청구권 문제를 해결함에 있어서 일본은 일본 대표의 사정이 있어 전번 회의 시에 제시한 바와 같은 안을 낸 것으로 생각하는데, 한국도 한국 대표의 사정이 있는 것이다. 한국은 청구권 문제를 청구권 명목만으로 해결하여야 할 입장에 있으나, 그렇게 하는데에는 일측에 난점이 있으므로 양측의 차이를 무상조 지불로 해결하는 것이 좋다고 생각하여 양보적인 정신으로 지금 한국안을 제시하였는바, 청구권 문제는 명목만을 분리하여 고려하는 것은 어려운 것이니 수자를 같이 고려하는 것이 좋겠고, 그렇게 함으로서 회의 분위기가 조성될 것이며 또 해결 방법도 서로 연구해 나갈수 있을 것이다.

이세끼국장 : 지금 한국측이 말한 가운데에는 장기 저리 차관에 관한 이야기가 없는데...

최 참사관 : 없다. 우리는 청구권을 포기하는 것은 국민에 대한 설명도 있어 곤란하나 그렇다고 청구권 명목만으로 해결한다는 것도 어려우니 무상조 지불의 명목을 동시에 사용하여 해결하자는 입장을 표시한 것이다.

이세끼 국장 : 최근에 외무부 성명이라하여 차관은 국교 정상화후가 아니면 안된다고 하는데 정말 그런가.

최 참사관 : 현재의 국내법으로는 경제협력은 국교가 없는 나라와는 할수 없게 되어 있다.

스기 수석 : 한국측의 사정은 알었는데, 문제를 해결하기 위하여서는 국교 정상화 후에 실시한다는 전제하에서 차관을 논의하여도 좋은 것이 아닌가.

배 대사 : 오늘은 청구권 문제에 대한 해결에 관하여 얘기 할것이다. 전번 회의에서 일측이 제의한데에 대하여 아측으로서 이를 검토

하였으나 청구권 명목은 주장하지 않을수 없는 것이며, 그렇다고 청구권 명목만으로 해결하는 것도 난점이 있다하므로 무상조 지불로 보충하자고 한것이다. 이 청구권 문제 해결에 관한 여러가지 문제는 호양의 정신으로 연구 토의해 나가면 되지 않겠는가.

소기 수석 : 전번 회의에서 일측이 말한 것은 조금이라도 더 많은 금액을 내기위한 것이며, 그런 의미로 여러가지를 말했던 것이다. 한국 국내법에 난점이 있으면 그것은 문제를 해결해 나간다는 정신으로 어떻게 해서던지 조리를 마추어 갈수 있지 않겠는가.

이세끼 국장: 우리는 전번 회의시에 무상공여와 차관을 말했는데 차관에 관하여는 흥미가 없다는 말인가 또는 지금은 그런 것을 말할 단계가 아니라는 말인가.

배 대사 : 일본이 무상조 하나의 명목으로 해결하자고 한데에 대하여 한국 입장을 말하였으니, 이번에는 일측이 해결안으로서 명목별의 금액을 제시한다면 그것을 보고 고려해 본다던가 또는 고려 않한다던가 가 정해질 것이다.

이세끼 국장: 지금 한국측이 전혀 차관에 관하여 언급하지 않는 점이 재미 있는 점이다.

최 참사관 : 전번 회의시에 일측이 한 말은 청구권과 무상조 명목을 동시에 생각하면 청구권 액수가 적어지니 청구권 명목은 빼고 무상조 명목만을 사용하자고 한데에 중점이 있었던 것이므로 우리도 이에 중점을 두고 오늘 이야기 한것이다. 지금은 아직 차관을 논의할 단계가 아니다.

소기 수석 : 한국측은 일본이 청구권 문제를 무상공여 명목 하나로 해결하자고 한데에

대하여 대답하였는데, 국민 감정이 예민한 문제라고 하지만 차관에 관하여도 이야기 하는 것이 좋지 않는가.

최 참사관 : 일측이 생각하는 바를 말해주면 우리측에서도 생각을 이야기 할 것이고, 이것을 기초로 하여 다시 이야기 해나가면 되지 않는가.

소기 수석 : 금액을 말하는 것인가. 한국측도 금액을 가지고 왔는가.

배 대사 : 우리도 금액을 가지고 왔다. 일측이 말한 후에 말하겠다.

이세끼 국장 : 일측은 하나의 명목 만을 생각하고 있으므로 금액도 하나인데, 그 액수는 1억 5천만 불이다. 이것 이외에 장기 저리 차관도 생각하고 있는데 한국측은 권리로서 받을 수 있는것을 차용하고 또 나중에 이를 변제하게 된다는 것이라 하여 이상하게 생각할련지 모르지만, 차관에는 거치기간이 있으며 이것은 대단히 유용한 것이다. 한국은 지금 경제 건설 도상에 있고 또 5개년 계획을 가지고 있는데, 장기 저리 차관은 거치기간이 있게되므로 한국에 유익할 것이다. 거치기간이 5년으로 되면 이 5년 동안은 무상으로 받는 돈과 동일한 효과가 있는 것이다. 돈을 빌린다는 것은 않된 일이라고 생각할련지 모르지만, 일본은 여러나라로 부터 차관 교섭을 받고 있음에도 불구하고 이에 응하지 않고 있는 형편이다. 일본은 일본의 국민 감정으로 말미암아 적게 되는 지불액수를 보충한다는 의미에서 차관을 고려한다는 것이다. 오늘은 차관 이야기를 할 단계가 아니겠지만, 앞으로 한국이 차관에 관하여 흥미가 있다고 할 때에는 용의가 있다는 점을 말하기 위하여 이야기 하였다.

대하여 대답하였는데, 국민 감정이 예민한 문제라고 하지만 차관에 관하여도 이야기 하는 것이 좋지 않는가.

최 참사관 : 일측이 생각하는 바를 말해주면 우리측에서도 생각을 이야기 할 것이고, 이것을 기초로 하여 다시 이야기 해나가면 되지 않는가.

소기 수석 : 금액을 말하는 것인가. 한국측도 금액을 가지고 왔는가.

배 대사 : 우리도 금액을 가지고 왔다. 일측이 말한 후에 말하겠다.

이세끼 국장 : 일측은 하나의 명목 만을 생각하고 있으므로 금액도 하나인데, 그 액수는 1억 5천만 불이다. 이것 이외에 장기 저리 차관도 생각하고 있는데 한국측은 권리로서 받을 수 있는것을 차용하고 또 나중에 이를 변제하게 된다는 것이라 하여 이상하게 생각할런지 모르지만, 차관에는 거치기간이 있으며 이것은 대단히 유용한 것이다. 한국은 지금 경제 건설 도상에 있고 또 5개년 계획을 가지고 있는데, 장기 저리 차관은 거치기간이 있게되므로 한국에 유익할 것이다. 거치기간이 5년으로 되면 이 5년 동안은 무상으로 받는 돈과 동일한 효과가 있는 것이다. 돈을 빌린다는 것은 안된 일이라고 생각할런지 모르지만, 일본은 여러나라로 부터 차관 교섭을 받고 있음에도 불구하고 이에 응하지 않고 있는 형편이다. 일본은 일본의 국민 감정으로 말미암아 적게 되는 지불액수를 보충한다는 의미에서 차관을 고려한다는 것이다. 오늘은 차관 이야기를 할 단계가 아니겠지만, 앞으로 한국이 차관에 관하여 흥미가 있다고 할 때에는 용의가 있다는 점을 말하기 위하여 이야기 하였다.

배 대사 : 우리측 수자를 말하겠는데, 일측 수자인 1억 5백만불은 너무 적은 것이다. 일본측은 청구권 명목을 따로 생각하고 있지 않으므로 근본적으로 우리 입장과 다르다.

이세기 국장 : 오늘 한국측이 이야기 한데 대하여서는 다음 회의에서 말하겠다.

최 참사관 : 한국측과 일본측 간에 근본적인 견해의 차이가 있다.

이세기 국장 : 그것에 관하여는 다음 회의에서 상의하기로 하자. 오늘 처음 들은 것이니 나중에 말하기로 하자.

스기 수석 : 한국측 수자가 일본측 수자와 많이 틀리더라도 말하여 달라.

배 대사 : 한국측 수자는 청구권 순 변제 명목으로 3억불, 무상조 지불로 3억불 이다.

스기 수석 : 무상이란 무슨 뜻인가.

배 대사 : 회의 초에 이야기한 무상을 의미한다.

스기 수석 : 알겠다.

이세기 국장 : 한국측의 제시 수자는 전연 양보가 없는 수자이다. 예비절충을 한다고 굉장히 떠들은 후에 7억불에서 6억불 밖에 안된다고 하면 앞으로 교섭을 계속할 용기가 나지 않지 않는가.

최 참사관 : 교섭할 용기가 나지 않는다고 하지만, 우리는 청구권 명목을 인정하지 않는 1억 5천 만불에 대하여, 두 개의 명목을 사용하여 각각 3억불 식으로 해서 냈는데, 이것은 일측보다 더 양보한 것이다.

이세기 국장 : 이런 수자를 내면 이 7계다 수상도 말이 안된다고 할것이다. 한국측은 다를 훈령을 가지고 있으면서도 그런 수자를 낸것이 아닌가.

최 참사관 : 일측이 청구권과 무상을 한데 해서 수자를 냈는데, 우리가 처음 부터

어떻게 양보만을 할수 있겠는가.

이세끼 국장 : 아무리 처음 단계라 하지만 그렇게 숫자가 무리해서야 되겠는가.
명목은 지금 부터 다시 이야기 해 나가겠지만, 일본이 제시한 숫자는
전에 비하면 두배가 되었는데 한국은 7억에서 6억으로 되었으니 전혀
이야기가 되지 않는다.

배 대사 : 일본이 올리는 비율에 따라 한국도 내려야 한다는 것은 말이 안된다.
일측이 두배 올렸으니 한국측도 7억에서 3억으로 내리라는 것은
있을수 없다.

이세끼 국장 : 한국측은 신축성 있는 태도로 임한다고 했는데 "축"이 아니고 "신"이
아닌가 (웃으면서)

소기 수석 : 우리가 무상공여 하나로 하자는 정신은 청구권이 적어지니 그렇게
하자는데 있다. 그리고 아까 말한 유상 경제협력은 제가 통한 것으로
은행에서 돈을 빌려 내오는 것과는 다르다.

배 대사 : (화제를 돌리기 위하여) 최근 한국 신문에 회담에 관하여 여러가지
보도되고 있는데 이것은 국내 소비를 위한 목적도있는 것이니 과히
신경을 쓰지 말기 바란다.

최 참사관 : 일측은 입장을 바꿔서 생각해 보기 바란다. 한국은 청구권 문제는
청구권 명목을 중심으로 하여 생각하고 있는데, 청구권 액수를 7억에서
3억으로 내린 것이니 큰 양보인 것이다.

이세끼 국장 : 그런 말은 일본에게는 통하지 않는다. 전체 숫자가 7억에서 3억으로
되었다면 좋겠지만, 거기에다 무상 명목으로 또 3억을 부치고 있으니
마찬가지 이야기이다. 진지한 숫자를 내야 할것이 아닌가.

어떻게 양보만을 할수 있겠는가.

이세끼 국장: 아무리 처음 단계라 하지만 그렇게 수자가 무리해서야 되겠는가.
명목은 지금 부터 다시 이야기 해 나가겠지만, 일본이 제시한 수자는
전에 비하면 두배가 되었는데 한국은 7억에서 6억으로 되었으니 전혀
이야기가 되지 않는다.

배 대사 : 일본이 올리는 비율에 따라 한국도 내려야 한다는 것은 말이 안됩다.
일측이 두배 올렸으니 한국측도 7억에서 3억으로 내리라는 것은
있을수 없다.

이세끼 국장: 한국측은 신축성 있는 태도로 임한다고 했는데 "축"이 아니고 "신"이
아닌가 (웃으면서)

소기 수석 : 우리가 무상공여 하나로 하자는 정신은 청구권이 적어지니 그렇게
하자는데 있다. 그리고 아까 말한 유상 경제협력은 재가 통한 것으로
은행에서 돈을 빌려 내오는 것과는 다르다.

배 대사 : (화제를 돌리기 위하여) 최근 한국 신문에 회담에 관하여 여러가지
보도되고 있는데 이것은 국내 소비를 위한 목적도있는 것이니 과히
신경을 쓰지 말기 바란다.

최 참사관 : 일측은 입장을 바꾸어서 생각해 보기 바란다. 한국은 청구권 문제는
청구권 명목을 중심으로 하여 생각하고 있는데, 청구권 액수를 7억에서
3억으로 내린 것이니 큰 양보인 것이다.

이세끼 국장: 그런 말은 일본에게는 통하지 않는다. 전체 수자가 7억에서 3억으로
되었다면 좋겠지만, 거기에다 무상 명목으로 또 3억을 부치고 있으니
마찬가지 이야기이다. 진지한 수자를 내야 할것이 아닌가.

— 8 —

배 대사 : 일본은 8천만불을 올렸으나 한국은 1억불을 내렸는데, 이점은 왜 고려하지 않는가. 우리는 빠른 속도로 내려오는데 일측은 늦은 속도로 올려오고 있지 않는가.

이세끼 국장: 그것은 한국측이 이박사 때부터 방대한 숫자를 내왔던 것이니 문제가 되지 않는다.

배 대사 : 한일 간의 관계는 역사상 특이한 관계가 있지 않는가.

이세끼 국장: 새로 독립한 인도, 버—마 등과 어디가 틀리는가. 인도, 버—마는 독립할때에 청구권을 받어 낸일이 없다.

배 대사 : 인도가 독립한 경위와 한국이 독립한 경위는 전혀 다르지 않는가.

이세끼 국장: 한국측의 숫자가 밖에 나가면 나의 감상으로는 여당 내에서도 회담을 즉시 중단 하라는 말이 나올것 같다.

최 참사관 : (긴장된 회담 분위기를 완화하기 위하여) 배대사가 내일 본국으로 가는데 대체적인 면에서 할말이 있는가.

배 대사 : 최 참사관이 하는말은 한국 고위층에 회담 전반에 걸쳐 전할 말이 있으면 하라는 뜻이다.

스기 수석 : 지난 회의부터 일측이 말하고 있는 진의와 또 차관에 관한 이야기를 잘 설명하여 주기 바란다.

최 참사관 : 차관의 내용은 무엇인가.

이세끼 국장: 한국측의 숫자를 보아서는 아직 그런 이야기를 하는 것은 빠르다. 좀더 타결의 가망성이 보일때에나 이야기 할수 있을 것이다. 다음 회의일자는 본국에 다녀온 후에 정하기로 할 것인가.

배 대사 : 다음 월요일에 돌아올 예정이니 지금 정하여도 좋다.

이세끼 국장 : 그럼 8월 29일 오후 3시로 하자. 전번 회의에서 한국측이 고급 회담으로 옮긴다는 말을 하였는데, 어느정도의 레벨로 하겠다는 등의 구체적인 생각이 있는가.

배 대사 : 우리가 이야기 한것은 이 예비절충에서 문제가 해결되면 좋지만 그렇지 않으면 좀더 높을 레벨의 회담을 하자는 것으로 구체적인 생각은 아직 정하고 있지 않다. 이번에 본국에 가면 이점에 관하여도 상의하고 오겠다.

이세끼 국장 : 신문 발표는 어떻게 하겠는가. "청구권에 관한 서로의 입장을 설명하였고, 금액에 관하여도 이야기가 나왔다" 하고 함이 어떤가.

배 대사 : 오늘 제시된 금액에 관하여는 언급하지 말기로 하자.

최 참사관

끝

8月 24日의 會談에서의
裵首席代表의 發言

지난 8月 21日의 會談에서 貴代表가 行하신 發言에 対하여 其間 韓國側으로서는 慎重한 檢討를 加한 바 있으므로, 이제 이에 対한 韓國側의 見解와 立場을 밝히고저 합니다.

一般請求權問題에 関하여서는, 1960年10月에 열린 第五次 韓日會談 予備會談에서 韓國側 提出의 対日請求要綱 8個項目이 具体的으로 討議되면서 부터, 韓國側은 本請求의 沿革과 根據에 関한 詳細한 説明을 해 내려 왔읍니다. 請求權委員會에서 이와 같은 討議가 進行되는 過程에서 나타난 몇가지 問題点에 対하여서는 이미 韓國側의 説明을 通하여 그 立場이 明確히 밝혀졌으므로 새삼스럽게 이를 反復할

必要는 없을줄 압니다. 그러나 貴代表께서 日本側의 立場을 陳述하신바 있으므로 本人으로서도 韓國側의 立場을 簡明하게 말슴드리고저 합니다.

韓國의 対日請求要綱이 法的根據에 基礎를 두고 関係證據 또는 合理的인 方法에 依하여 算出된 것이라는 것은 再言을 要치 않는 바입니다. 本請求權은 大韓民國政府가 國際聯合에 依하여 認定된 韓國의 唯一한 合法的政府인 만큼 當然히 韓半島全域에 旦하는 것이며, 또 懸案의 請求要綱이 1952年 2月 21日에 韓國側에 依하여 最初로 提出될때 韓國側은 1951年 9月 8日에 調印된 対日平和條約의 第四條(b)項에서 日本이 在韓日本財産處分의 効力을 認定한 事實을 充分히 考慮에 넣어 그 対日請求를 最少限으로 局限하였던 것이므로

1957年 12月 31日字 美覺書에서 言及된 "考慮가 이미 行하여진 것입니다.

이와 같은 基本的 立場에 서서 韓國側은 이제까지 請求要綱의 項目別로 그 法律關係와 事實關係를 詳細히 說明한 바 있는데, 이에 關聯하여 添加할 말씀은, 日本側도 認定하고 있는 바와 같이, 終戰直後부터 美軍이 韓國에 進駐할 때까지의 空白期間中 일어난 混亂과 또 韓國動亂으로 일어난 混亂等의 不可抗力의 情況으로 많은 證憑資料가 逸失되었고 더욱이 終戰後 이미 17年이 經過한 事實을 加味하여 考慮할 때 證憑資料의 保全이 不可能하였던 部分에 對하여서는 當然히 條理에 依한 推算으로 補完되어야 할 것이며 이것이 韓國과 日本이 外交交涉에 依하여 本請求權의 解決을 圖謀하고 있는 하나의 所以인 것입니다.

法理論을 떠나서라도 오랜 時日에 걸친 日本의 韓國占領과 이로 因한 兩國經濟의 過度한 相互聯關關係에 鑑하여 日本이 対韓請求權을 가지고 있지 않은 오늘날 韓國이 日本에 対하여 厖大한 額數의 請求權을 保有하리라는 것은 明白한 것입니다。 그럼에도 不拘하고 日本側이 어떠한 根據와 方法에 依하여 算出한 것인지 알수 없으나 韓國에 対하여 請求權으로서 支拂할수있는 總額이 기껏 數千万弗에 不過하다고 發言하신것은 本人으로서 意外라 하지 않을수 없읍니다

韓國의 対日請求額은 要綱의 項目別 討議를 通하여 日本側이 이미 그 輪郭을 아실것으로 생각 합니다만 이러한 請求는 法的根據에 依한 合理的인 것이며 妥當性이 있는것이라는 点을 다시 한번 强調해 두고저 하는 바입니다。

韓國의 对日請求權의 解決은 韓日兩國間에 存在하는 請求額을 清算한다고하는 意味以外에 또하나의 커다란 意義가 있는것입니다. 그것은 韓國國民의 마음으로는 이 請求權의 解決가 韓日間의 不美스러운 過去를 清算한다는 하나의 象徵이라는 것입니다. 韓國側이 지난 10余年에 걸친 韓日會談에서 本請求權의 解決을 重要視하여 왔고 韓國民이 또한 이를 커다란 關心을 가지고 注視하여온 緣由가 여기에 있는것입니다. 따라서 韓國의 对日請求權은 그 本質로 보나 또는 그 緣由로 보나 請求權一元으로 解決을 期하지 않으면 안될 絶对的理由가 있는것입니다.

그러나 本請求權을 包含하는 諸懸案의 解決을 爲하여 日本側과 交涉함에 있어 韓國側은 하나의 커다란 原則을 念頭에 두어왔던 것입니다. 8月21日의 會談에서 本人도 말씀드린

바와 같이 韓國側은 韓日兩國間에 介在하는 諸懸案을 早速히 解決하고 國交를 正常化하여 兩國間의 關係를 信賴와 協助의 土台위에 놓는 것이 兩國의 앞으로의 共同繁榮과 極東地域의 平和와 安全을 圖謀하는데 重大한 要素가 된다는 것입니다. 韓國側은 이제까지의 日本側과의 交涉에 있어 이러한 配慮에서 떠난 적이 없었으며 請求權問題에 關하여서도 이를 "政治的 折衷"을 通하여 解決하는데도 異議가 없었던 것이며 지난 3月의 外相會談이 臨하였던 韓國側의 立場은 이와 같은 配慮에 立脚하였던 것입니다. 또한 그 後에도 韓國側은 本問題의 解決을 爲하여 努力을 아끼지 않았던 것입니다.

特히 韓國의 現革命政府는 大局的인 見地에서 韓日兩國의 國交를 早速히 正常化하여야 하겠다는 確固한 方針을 세우고 政府

要人들이 여러차례에 걸쳐 日本을 訪問하므로써 相互意見交換 및 雰囲気 造成에 努力하여 왔던 것입니다.

이제 지난 8月21日에 貴代表께서 提示하신 構想은 本人이 予期하였던 것과는 相當한 距離가 있는 것이였읍니다. 그러나, 韓國側으로서는 本交涉을 進捗시키자는 眞摯한 意図下에, 韓國內의 國民輿論 等의 어려운 國內事情과 対日請求權이 갖는 独特한 意義 및 그 理論 等으로 보아 그 解決이 純辨済 支拂方式 以外의 것으로는 到底히 될수 없는 것임에도 不拘하고, 日本側事情이 請求權에 対한 純辨済 만으로는 韓國側이 満足할만한 額数를 支拂하기 困難하다는 事情을 考慮하여 日本側이 請求權 解決이라는 테두리 안에서 純辨済와 無償條支拂이라는 名目下에 各各 그 額面에서 最大

限의 誠意를 보일것을 前提로 두리므로서는 하기 어려운 讓步를 하여서 까지 本問題 解決을 爲한 하나의 建設的方案으로 이제 이와 같은 構想을 示唆하는 바입니다.

이에 關聯하여 서言코저 하는 點은 日本側은 日本國民을 納得시켜야 할 事情이 있겠지만 日本側에 事情이 있듯이 韓國側에도 國內輿論과 國民感情等 더 어려운 問題와 事情이 있다는 것을 日本側도 認識하시기를 바란다는 것입니다.

끝으로, 韓國側으로서는, 請求權問題에 있어서 가장 重要한것은 支拂名目과 金額인 것이므로 支拂名目은 金額과 分離하여 論議할 性質의 것이 아니며 同時에 檢討하는것이 本問題 解決을 促進하는 方途라고 생각합니다.

以上 말씀드린바에 對하여 日本側이 愼重한 考慮를 하여, 貴代表도 말씀하신 바와 같이 互讓의

精神으로 本交涉에 커다란 進展이 速히 이루워지기를 바라는 바입니다.

27. 한일 예비교섭에 있어서 청구권 문제 해결에 관한 정부 훈령, 1962. 8. 28

한국 외교문서 736, 제6차 한일회담 제2차 정치회담 예비절충: 본회의, 제1-65차, 1962. 8. 21-64. 2. 6, 전5권, V.1, 1-3차, 1962. 8. 21.-29

제2차 정치회담 예비절충 제1차 및 제2차 회의 개최 결과를 검토한 후 작성한 청구권 문제 해결에 관한 한국 정부의 훈령 문서다.

청구권 액수 및 명목에 관한 구체적인 지시가 담겨있다.

외 무 부

외정무 299 - 299 1962. 8. 28.

수 신 : 주 일 대 사

제 목 : 한일예비교섭에 있어서 청구권 문제 해결에 관한 정부 훈령

(연 : 외정무 268 및 278)

한일예비교섭 제 1 차 및 제 2 차 회의의 결과를 검토한후, 청구권 문제 해결을 위한 교섭 지침으로서 다음과 같이 지시 합니다.

" 아 래 "

1. 청구권의 교섭 방침 및 방법

가. 청구권 해결의 명칭 :

(1) 경제협력이라는 범주하의 무상 공여 방식에는 응할수 없으며, 어디까지나 청구권 문제 해결이라는 테두리 안에서 순변제와 무상조 지불의 두가지 명목하에 지불 해결함을 원칙으로 하고, 순변제와 무상조 지불의 각각 명목하에 액수 제시를 요구하되 부득이한 경우에는 순변제와 무상조를 포함하는 명칭으로 그 총액수의 제시를 요구한다.

(2) 이와 같이하여 다음 나. 항 방법에 의한 액수 조정에 있어서 성공적으로 진전을 보았을시에는 최종 해결안으로서 " KOREA 와 일본국간의 재산 청구권 문제 해결에 있어서 일본국은 대한민국에 순변제와

외정무 200　　　　　　　　　　　　　　　　　　　1962. 9. 28.

무상조 지불을 위하여 00 불을 지불한다. 이로서 KOREA 와 일본국간의 청구권 문제는 최종적으로 완전히 해결된것이다" 라는 선을 해결 방식으로 한다.

나. 액수 조정 방법 :

액수 조정은 다음표에 의한다. (단위 억불)

일 측	한 국 측	
	총 액	(순변제 무상조지불)
1.5	6.0	(3.0 + 3.0)
2.0	5.0	(2.2 + 2.8)
2.5	4.5	(1.8 + 2.7)
3.0	4.0	(1.4 + 2.6)

즉 일측이 1.5 억불을 제시한데 대하여 아측이 총 6억불 (순변제 3 과 무상조 3) 을 제시하였는바, 우리측의 최종액을 4억불로 하고 우리가 최종액수 4억불을 제시하는 것은 일측이 3억불을 제시할때에만 행한다는 전제하에서, 각각 상기 기준에 따라서 일측이 2억불 선을 내기 전에는 우리는 5.0 억불 (순변제 2.2 억불과 무상조 2.8 억불) 이하를 제시할수

외정무 200 1962. 8. 28.

없으며, 일측이 2.5 억불선 이상을 제시하기 전에는 아측은 4.6 억불 (순변제 1.8 억과 무상조 2.7억) 이하는 제시할수 없다는 기준하에 그 중간의 액수를 일측이 제시할시에는 그 비례에 따르는 아측안을 대표부가 작성함으로서 액수 조정작업을 진행하도록 한다.

이상의 요는 어디까지나 하나의 기준이나 실제 교섭에 있어서는 이상의 선 이내에서 적의 조정한 액수를 제시할수 있을 것임.

다. 전기 나. 항의 액수 조정이 진전되어 일본측이 상당한 액수를 제시하여 왔을때에는 그 지불 방식 및 절차에 관한 일본측 복안 (예컨대 몇년불로 어떠한 화폐로, 어떤 비율로 지불할것인가 등에 관하여) 에 대하여 설명하여 줄것을 요청한다.

2. 차관에 관한 방침 :

교섭 기술면의 이유로 차관 문제는 청구권 문제 해결가는 별도로 국교정상화 후에 순전히 경제적인 기반위에서 고려되어야 한다는 원칙을 지키고, 차관에 관하여는 전기 나. 항에 언급한 액수 조정 작업이 일정한 한도까지 진행되기 전에는 논의하지 않기로 하되, 이 작업이 원만히 진전되어 상당한 액수 (예컨대 총액이 2.5 억불) 에 달하여 차관 문제의 논의에 들어 감이 필요하다고 판단되는 때에는 본부의 지시를 받은후에 교섭에 들어가도록 할것이로되, 참고로 그 액수에 관하여는 그시에 대표부가

외정무 288 1962. 8. 28.

일본측이 응할 것이라고 추정되는 액수로서 족할것임으로 우선 귀관의 액수 조정 문제는 제 2 차 적인 문제라고 본다.

3. 이 훈령의 내용과 종전의 훈령중에 상치되는 점에 관하여는 이 훈령에 따른다. 외정무 268 호 및 외정무 278 호 훈령중 제 2, 3, 4 및 5 안은 이 훈령의 1 의 나. 항으로서 대체한다. 끝.

66.12.31

보통문서로 재분류 (~~한일회담 공개후~~)

1966.12.31.에 예고문에 의거 일반문서로 재분류됨

외 무 부 장 관 최 덕 신

28. 예비절충 제3차 회의 회의록, 1962. 8. 29

한국 외교문서 736, 제6차 한일회담 제2차 정치회담 예비절충: 본회의, 제1-65차, 1962. 8. 21-64. 2. 6, 전5권, V.1, 1-3차, 1962. 8. 21-29

1962년 8월 29일 개최된 제6차 한일회담 제2차 정치회담 예비절충 제3차 회의 회의록이다.

한국 측 배의환 수석대표는 일시 귀국해 본부에서 새로이 수령한 훈령을 토대로 이 회의에 임했으며, 양측은 청구권 금액과 명목에 관한 이견을 좁히지 못했다.

제 6차 한일회담

제 2차 정치회담 예비절충

제 3 차 회의

회 의 록

1. 일 시 : 1962년 9월 20일 15:30 시 — 16:35 시

2. 장 소 : 일본 외무성 제 707 호실

3. 참석자 : 한국측 : 배 의 환 대 사

최 영 택 참사관

김정태 1등 서기관 (통역 및 기록)

일본측 : 스기 미찌스께 수석대표

이세끼 유지로 아세아 국장

야나기야 겐스께 아세아국 북동아과 사무관 (기록)

4. 회의 내용 :

배 대사 : 본국에 일시 귀국하였다가 돌아왔는데, 회담을 타결할려는 본국 정부의 열의와 성의는 변함 없음을 보고 왔으며, 청구권 문제 해결에 관한 훈령도 받어 가지고 왔다. 스기 수석도 작년부터 이야기 하듯이 서로 솔직하게 이야기하여 성의와 열의로 이번에는 반드시 문제를 해결할수 있게되기를 바란다.

스기 수석 : 이쪽 형편에 관하여 본국 정부에 전하였으리라고 생각하는데, 청구권 문제에 관하여 구체적으로 어떻게 하자는 말이 있었는가.

배 대사 : 청구권의 해결이라는 테두리 안에서 양측 사정을 고려하여 해결하여 나가자는 의견이었다. 일본측은 청구권과 무상의 두개 명목으로 해결하면 청구권 명목의 액수가 적어질 것이니 무상 명목 하나로 해결하자는 것인데, 한국측으로서는 청구권을 해결한다는 테두리 안에서 순 변제와 무상조 지불을 한데 합치는 총액으로 해결하여도 좋다는 견해이다.

이세끼 국장 : 액수를 두개로 나누지 않고 하나로 한다면 그 액수의 명칭이 문제가 되겠다.

배 대사 : 청구권 문제의 테두리 안에서 순 변제와 무상조 지불을 합치는 총액으로 해결하면, 일측은 일측대로 국회나 국민에게 설명할수있고, 한국은

한국 대로 국민을 납득 시킬수 있을것이다.

이세끼 국장 : 그러면 일측이 제의한대로 일본은 무상 명목으로 일정 금액을 지불하고 한국측은 이것을 수령한 후에 청구권이 해결되었다고 하는 식으로 해도 좋다는 말인가.

배 대사 :그렇지 않다. 일본은 청구권 명목으로 지불하기 어렵다고 주장하고 있으며, 한국측은 순 변제와 무상조 지불의 두개 명목으로 나누어 지불할것을 요구하고 있는데, 서로 상이하는 입장을 조정하고 문제를 해결한다는 견지에서 청구권의 해결이라는 테두리 안에서 명목에 의한 금액의 세분을 함이 없이, 한데 합쳐서 해결하여도 좋다는 것이다.

스기 대표 : 일측 입장으로는 표면에 " 청구권 " 이라는 말을 쓸수 없다.

배 대사 : " 코리아 "가 요구하는 청구권의 해결로 일본은 순 변제와 무상조 지불을 합쳐서 00불을 낸다는 식으로 하고, 이것으로서 한일간의 청구권 문제가 해결된다고 하면, 일본은 일본대로 적이 국민에 대하여 설명할수 있고, 우리는 우리대로의 설명을 할수있을 것이다.

이세끼 국장 : 그러나 이를 문장화 할때에는 청구권이라고 쓰지는 못한다. 일측 입장으로는 국교정상화를 기념하여 운운등의 문구로 하지 않으면 안된다.

배 대사 : 문장화 할때에 청구권이라는 말을 쓰지 않겠다는 것은 안되겠다. 일본측이 일본 국회나 국민에 대하여 정상화를 기념 운운으로 지불한다고 하는 것은 상관이 없겠지만 문장화 할때에는 청구권이라는 말을 써야 한다.

스기 수석 : 청구권이라는 말을 문장 속에 넣는다면 결국 마찬가지다.

이세끼 국장 : 청구권 문제를 해결하기 위하여서라고 하면 의미가 없는 것이다.

배 대사 : 일본은 제 1 차 회의에서 무상공여 하나의 명목으로 해결하자고 하였고 이에 대하여 한국측은 청구권과 무상지불 두개의 명목으로 하자고 한 것인데, 이번에는 하나의 명목으로 해결하자고 하는것이다. 스기 수석이 전번에 말한바와 같이, 일본은 한국에 대하여 청구권 때문에 무상 지불을 한다는 것이며, 오히려 외상도 그런 입장에서 해결 방법을 토의

하고 있는 것이라고 말한바 있다. 이런 점에서 보면 양측이 같은 내용을 가지는 하나의 명목을 주장하고 있는 셈이 되는 것이다.

이세끼 국장 : 문장으로 표현한다면 어떻게 되는가.

최 참사관 : 배대사 말한 것을 일측이 잘 이해하지 못하여 문장으로 표현하면 어떻게 되는 가라고 질문한 것 같으니 간단히 보충 설명하겠다. 한일문제의 해결에 있어서는 우선 현안을 해결하여야 하는데, 그 중에서도 청구권문제에 관하여 이 예비절충에서 논의하고 있으며, 이 문제가 해결되면 다른 문제도 해결케 될것이다. 지금 7가지의 논의에서 양측으로 부터 수자에 관한 이야기도 나왔지만, 아직도 사고 방식에 차이가 있는바, 이는 서로가 해결 방법을 연구해 나간다는 태도로 다루어야 할것이다. 일측은 21일 회의에서 청구권 명목을 사용하면 금액이 적어질것이며, 한국측은 그러한 적은 수자를 납득하지 않을 것이니, 액수를 크게하고 또 일본 국민을 납득시킬수 있도록 하기 위하여 무상공여의 명목으로 처리하자고 하였다. 이에 대하여 한국측은 국민감정들도 있으므로 청구권 명목 만으로 해결하여야 하지만, 그런 주장을 하는것은 일방적인 태도라고 하므로 무상조 지불로 차이를 메꾸자고 한 것이다. 한국측 제안에 대한 일측의 대답을 아직 듣지 않었지만 지금 배대사가 좀더 진보한 새로운 제안을 한 것으로, 이의 골자는 청구권 명목으로 얼마, 무상조 지불로 얼마라고 하지 말고 청구권 문제의 해결이라는 테두리 안에서 두 개의 액수를 합쳐서 처리하여도 좋다는 것이다.

이세끼 국장 : 청구권과 무상을 합쳐서 총액이 얼마다 라는 식으로 하자는 것인가.

최 참사관 : 그렇다.

소기 수석 : 그런 점은 문장으로 표시하지 않고 말로 해결하여도 좋지 않은가.

배 대사 : 일측이 낼려고 하는 금액은 청구권과 무상을 합친것이 아닌가.

소기 수석 : 명목이 무상만이 아니고 청구권도 들어가게 되면 적과 동일한 것이다.

이세끼 국장 : 한국측의 제의는 금액으로는 하나지만 결국 두개의 명목을 사용하자는 것이다. 진보한것 같지만 결국 전과 동일하다. 우리는 일측에서 보면 무상공여이고 한국측에서 보면 청구권이라는 견지에서 전번 제안을 낸거이다.

배 대사 : 결국은 조약문서등에서 어떻게 표현하는가의 문제가 되겠지만, 과거 10 년 동안 우리는 청구권의 금액을 따저온 것으로 보아 일측 주장은 한국측 입장과 많이 다르다.

소기 수석 : 그점은, 개인 관계에 있어서 보수를 지불할 때에 적당한 명칭 (예를 들면 " 물품 대금 ")으로 하는 것과 같이 하면 되지 않는가.

배 대사 : 여기서 논의되고 있는것은 개인 관계가 아니다. 일측은 여사 여사한 목적으로 지불한다고 한국은 이를 접수한다는 식으로 하여야 할 것이다.

이세끼 국장 : 여사 여사한 목적이라고 하였지만 거기에는 청구권 해결 목적이라고는 쓸수 없는 것이다.

최 참사관 : 입장을 바꾸어서 생각해 보자. 한국측은 30여억불 요구하는 입장에서 7억불로 내려왔다. 이런 입장에서 보면 더욱이 법적 근거가 있는 청구권을 해결함에 있어서 청구권 명목을 쓰지 않는다는 것은 어려울 뿐만 아니라 그러한 명목을 반드시 써야 할 필요성이 있는 것이다. 서로의 입장을 연구한다는 입장에서 말하면, 한국이 명목에 관한 일본측의 생각을 받는다 하더라도, 요구액의 10분의 1 밖에 되지 않는 1억 5천만불이라는 일측 제시액으로는 문제도 되지 않는 것이며, 이런 수자를 국민에게 납득 시킬수 있는 정치가는 없을 것이다. 솔직하게 말해서 청구권이라는 명목도 쓰지 않고 금액은 1억 5천만불 밖에 내지 않겠다고 하면 문제가 해결 되겠는가. 일측 입장을 비난하기 위하여 말하는 것이 아니고 연구적인 견지에서 말한 것이다.

소기 수석: 일측은 청구권이라는 말을 쓰지 말자고 하는 것은 아니다. 한국측은 일측이 지불하는 것을 수령하고 청구권이 해결되었다고 하면 되지 않는가.

배 대사 : 일측은 청구권 명목으로 처리하면 국회 또는 국민에게 설명하기 어려우며 또 증거 자료를 따져야 하므로 액수가 적어지게 되니 무상의 명목으로 처리하자고 주장하고 있는데, 그러한 무상 명목 안에는 청구권이 이미 들어가 있는 것이 아닌가.

이세끼 국장 : 그렇지만 표면에 나타낼수는 없다.

배 대사 : 우리는 원래 청구권 문제를 해결하기 위하여 토의를 시작한 것이 아닌가.

이세끼 국장 : 한국측이 지금 주장하는 방식으로 처리하는 것 보다는 차라리 청구권 명목과 무상 명목을 구분하는 것이 좋을 것이다. 그런 경우에는 일일히 증거를 받어야 하며 따라서 청구권 명목의 액수는 적게 될 것이다. 증거를 받지 않으면, 증거도 없이 왜 지불하느냐 하는 말이 나오게 된다.

최 참사관 : 나에게 일본 국채를 가지고 와서 받어 달라는 사람도 있다. 이렇게 확실한 근거가 있는데 청구권 명목을 쓰지 않을수 있겠는가.

이세끼 국장 : 국채라고 하면 전부 한인이 가지고 있던 것인가. 일본인이 한국에서 몰수 당한것도 있을것인데 그런것은 지불할수 없지 않는가. 한국측의 기분은 알겠지만 법율적으로 따져 보면 여러가지로 문제가 있는 것으로 위원회에서 이는 이미 논의된바 있는 것이다.

(다음 면에 계속)

최 참사관: 법률적인 난점은 있겠지만 한국이 청구권을 가지고 있는 것은 사실이며 또 국민 들도 그렇게 알고 있는 것이다.

이세끼 국장: 국민의 인식을 바꾸게 하여야 할 것이다. 국채를 예로 든다면 일본인이 한국에서 몰수 당한 것은 지불할 수 없으며, 우편저금에 관하여 말한다면, 통장이 있는 것 만이 지불 대상으로 될 것인 바, 그렇게 하면 통장을 잃어 버린 사람은 억울하게 된다는 사정을 알아야 한다. 한국에 청구권이 있다는 것은 사실이지만 계산을 할 도리가 없는 것이다. 청구권으로 따지게 된다면 은급 정도 만을 계산 해 낼수 있는 실정이다.

최 참사관: 그렇다고 해서 한국이 청구권을 포기할 수 있는 것은 아니다.

이세끼 국장: 한국이 청구권을 가진다는 것은 알고 있지만 계산을 할 수 없다는 것이다.

배 대 사: 우리는 10 년 간을 회담하여 왔으며 또 지난 3 월 달에는 외상회담 까지 하였지만 성과를 거두지 못하였다. 이번 예비접촉의 목적은 문제를 어떻게 해서던지 해결하자는데에 있다. 이러한 자리에서 사무적인 논쟁을 하는 것은 적당하지 않다.

이세끼 국장: 사무적인 논쟁을 할 의도는 없다. 다만 청구권을 계산할 도리가 없다는 것을 말하고저 한 것이다.

배 대사: 일본은 하나의 명목으로 하자고 하였고 한국측은 두 개의 명목으로 하자고 한 것인데, 이번에 한국측도 한께 합쳐서 해결하자고 말한 것이니 일측이 생각하여 주기 바란다.

우기 수석: 청구권에 관한 경위를 문서로 표시하지 않어도 좋지 않은가.

배 대사: 결국은 일본 제안에도 청구권이 들어가 있는 것이 아닌가.

이세끼 국장: 청구권이 들어가 있기는 하지만 표면에는 이를 나타낼수 없다.

배 대 사: 한국은 근거가 없는 청구권을 내세우는 것은 아니며 근거가 있는 것 만을 내세우고 하고 있는 것이다. 지금 한국에서는 이승만 씨 시대에 요구했던 금액을 받으라는 강경한 여론도 있다. 서로가 상대방의 사정을 고려하여 해결하여야 할 것이 아니겠는가. 일측이 청구권 명목을 사용하면 금액이 적어지니 무상 명목으로 하자고 했는데,

이 두개의 명목을 한데 합쳐서 해결하면 되지 않는가.

이세끼 국장: 두개의 명목을 문장 속에 나란히 실을수는 없다. 좌우간 잘 생각해 보겠다.

배 대사: 신중 고려하여 이 문제가 해결되기 바란다.

이세끼 국장: 한국측은 청구권 푸러스 무상 형식으로 하자고 하는데, 한국측이 말하는 바와는 다소 틀리지만, 일본은 무상 명목으로 일정한 금액을 지불하는데 그 금액 안에는 청구권 명목이 포함되어 있다는 것을 밝히는 방식으로 하면 어떨가.

배 대사: 명칭을 무상으로 하면 안된다. 청구권 문제를 해결하는 테두리 안에서 하는 식으로 하여야 한다.

이세끼 국장: 무상으로 하는데, 그 안에는 청구권으로 지불하는 부분이 있음을 적당한 곳에서 표시하면 되지 않는가.

최 참사관: 우리가 말하고 있는것은 청구권 문제의 해결이라는 테두리 안에서 순변제와무상을 합쳐서 해결하는 방법이다.

이세끼 국장: 지금까지 청구권의 사고방식 (명목)에 관하여 양측의 생각이 나왔는데 조금은 진보가 있었다고 할수 있을런지도 모르겠다.

최 참사관: 액수에 관하여는 어떤가.

이세끼 국자: 한국측의 수자가 최초에 내놓은 것으로는 너무 컸었다. 한국측이 액수를 내리면 이께다 수상에게 가서 한국측의 수자가 이러니 어떻게 하겠느냐고 상의할것 밖에는 없다. 한국측이 전번에 제시한 수자를 가지고는 이께다 수상에게 상의 할수 없다.

최 참사관: 한국측 입장에서 보면1억5천만불로는 박의장도 이해하지 않을 것이다.

스기 수석: 차관을 같이 생각할 의향은 없는가.

최 참사관: 지금은 그 단계가 아니다.

배 대사: 나중에 단계가 오면 토의할수도 있을 것이다.

이세끼 국장: 차관을 같이 합쳐서 생각하면 일측 제의를 한국측이 받어드리기 쉬울 것이라고 생각하여 차관 이야기를 하는 것이다.

최 참사관: 차관 액수는 얼마가량 되는가.

이세끼 국장: 차관은 지불 총액과 합쳐서 생각하여야 하며, 또 한국측의

액수가 내려와야 일측은 ■ 차관 액수를 제시할수 있다.

최 참사관 : 솔직하게 이야기한다는 견지에서 스기 수석이 말해 달라

스기 수석 : 차관에 관하여 액수를 이야기할 단계는 아닌바 청구권 문제는 차관과 합쳐서 이야기 하면 토의가 쉽게 진행될것이다. 일측이 제시한 1억 5천만불은 현재 훈령으로서는 최고 액인데 한국측에서 차관에 관한 것도 합쳐서 토의한다면, 이야기 하는 동안에 진전을 보게 될것이다.

배 대사 : 차관에 관한 이야기를 이야기 하지 않는다고 청구권 액수에 관한 토의가 진전되지 않는다는 것은 안될 말이다. 일측이 가지고 있는 생각을 말하고 그것을 한국측이 검토한후 한국측의 견해를 표시하여가는 식으로 하여야 할것이 아닌가. 1억 5천만불이 최고 액수라고 하지말고 새로운 수자를 내기 바란다.

이세끼 국장 : 한국측이 에누리를 많이 하고 있으니 에누리한 부분을 없애고 다시 내도록 하는 것이 좋겠다.

최 참사관 : 한국측이 어떤 정도의 수자를 내면 적당한가. 그리고 어느정도 내려오면 일측은 어느정도 올라오겠는가. (웃음소리)

이세끼 국장 : 그거야 한국측이 알어서 할일이 아니겠는가. (웃음소리)

배 대사 : 한국측 만이 언제든지 탄력적으로 하라는 말인가. (웃음소리)

이세끼 국장 : 솔직히 말해서 현재 가지고 있는 훈령으로는 1억 5천만불이 최고 한도 이다. 새로운 수자를 내놓을려면 다시 상부와 상의하여야 한다.

최 참사관 : 신문에는 일본이 무상과 차관을 합쳐서 3억불이라고 떠들고 있는데 차관 액수는 얼마인가.

이세끼 국장 : 일측이 제시한 무상액수와 같은 정도의 수자이다.

최 참사관 : 그러면 무상 2억불에 차관 2억불이라는 말인가.

이세끼 국장 : 아니다. 그리고 차관 액수는 총액에 비추어 본 비율에 따라 다를 것이며, 또 한국측에서도 비율 문제에 있어서는 이자등의 조건을 고려하여 차관이 많은 것이 좋다면가 또는 적은 것이 좋다면가 하는 의견이 있을 것이 아닌가.

배 대사 : 그 말은 알겠다. 한국측으로서는 물론 차관이 차지하는 비율이 적은 것이 좋겠다.

최 참사관 : 청구권 수자에 관한 이야기를 해보기로 하자.

이세끼 국장 : 한국과 일본은 출발점이 다른데 어떻게 일본이 이야기를 하겠는가.

소기 수석 : 서로 접근할수 있는 수자로 이야기 하여야 할것이 아닌가. 한국측에서 액수를 이만큼 내리니 일본도 액수를 노리라고 하여야 말이 되지 않는가.

최 참사관 : 일측이 올리면 우리도 내리겠다.

이세끼 국장 : 출발점이 틀린다. 한국측은 일본측이 제시한 액수를 보고 수자를 제시하였는데, 그렇게 큰 수자를 냈으니 문제가 되지 않는다.

최 참사관 : 전에는 일측이 1억 5천만불, 그리고 한국측이 3억불과 3억불을 냈는데 이번에는 새로운 수자를 서로 내면 되지 않는가.

이세끼 국장 : 일측은 한국측의 수자가 내려오는것 만을 기다리고 있다.

최 참사관 : 그러면 우리측이 내려오는 훈령을 받아오겠으니 일측도 올라오는 훈령을 받아 오라. 그리고, 오늘 한국측이 말한것을 다시 되푸리하면 전번 회의에서는 순변제와 무상조 지불로 구분하여 액수를 내자고 한 것인데, 이번 회의에서는 둘을 구분하지 말고 청구권과 무상조 지불을 합친 액수로 해결하자고 한것으로, 이는 청구권 문제를 해결하기 위한 성의에서 제의하게 된 것이다.

이세끼 국장 : 어떻게 표현하는가가 문제이다.

배 대사 : 다음에 금액을 제시할때에 일측은 하나의 수자를 낼것인가 또는 두개의 수자를 낼것인가.

이세끼 국장 : 하나의 수자를 낼것이다.

배 대사 : (농담조로) 우리는 청구하는 편이니 일측이 이번 금액으로는 어떻겠는가 라고 물어오기 바란다.

이세끼 국장 : 전번에는 일본측이 먼저 제시하였으니 이번에는 한국측에서 제시하라.

배 대사 : 다음 회의는 언제로 할것인가.

이세끼 국장 : 한국측의 요구 액수인 6억불이 그대로 있는한 회의를 할수 없다.

최 참사관 : 그러면 한국측이 6억불에서 내려오지 않으면 회의를 하지 못한다는 이야기 인가.

소기 수석 : 순번을 따지면 이번에는 한국측이 이야기할 차례이다 라는 말이다.

이세끼 국장 : 일측의 1억 5천만불이라는 액수는 이게다 수상이 여러모로 생각한 후에 내놓게된 수자인데 한국측에서 제시한 6억불을 가지고서는 상의할수 없다. 출발점에 있어서 한국측은 너무 예누리 한 것이다.

최 참사관 : 그러면 동시에도 못내겠다는 말인가.

이세끼 국장 : 그렇게 성급히 할 필요는 없지 않은가.

배 대사 : 우리가 서로 입장을 밝혀야 진전이 있을것이 아닌가.

최 참사관 : 같은 회의 석상에서 한국측이 먼저 액수를 제시한다면 모르지만 떼어놓고 먼저 내라는 것은 어렵다.

스기 수석 : 한국측은 탄력적인 태도로 그렇게 하면 되지 않는가.

배 대사 : 한국측은 탄력적이므로 어느 한도까지는 액수를 내리겠는데 일측도 이에 따라 올라와야 할것이 아닌가.

최 참사관 : 한국측 만이 액수를 내린다는 것은 안될것이다. 한국측의 3억불과 3억불이 많다고 하면 일측의 1억 5천만불로 적은 것이다. 다음 회의는 8월 31일에 하기로 함이 어떠한가.

이세끼 국장 : 그렇게 할수 없다. 우리측은 상부와 상담을 하여야 하겠다.

최 참사관 : 그러면 다음 회의 일자를 예측할수 없다는 말인가.

이세끼 국장 : 예측할수 없다. 질질 끌려는 것은 아니지만 한국측이 제시한 6억불로는 수뇌측에서 검토를 하지 않을것이다. 출발점에서 차이가 있는 것이다.

최 참사관 : 회의 일자조차 결정하지 못하였다고 하면 밖에서는 이상하게 생각하지 않겠는가.

이세끼 국장 : 그러면 다음 월요일 (9월 3일) 오후 3시로 정하자. 다음회의에서 할말이 없으면 잡담이라도 하자.

최 참사관 : 다음 회의시에 액수를 내겠는가.

이세끼 국장 : 모르겠다. 외상과 상담한 후가 아니면 알수 없다.

최 참사관 : 신문 발표는 어떻게 하겠는가.

이세끼 국장 : 서로 자기측 주장을 되푸리 하였다고 하면 어떻겠는가.

최 참사관 : 배 대사가 본국에 갔다 올때에 새로운 훈령을 받아가지고 왔다고 신문이 떠들어 놓았는데 그렇게 발표하면 되겠는가.

이세끼 국장 : 그러면 "청구권" 문제에 관하여 논의하였는데 사고 방식에

있어서 다소 접근할수 있는 여지가 있는것 같이도 느껴 졌다." 라고 발표하기로 하자.

29. 최 참사관과 이세키 국장 간의 비공식 절충 결과 보고, 1962. 8. 30

한국 외교문서 736, 제6차 한일회담 제2차 정치회담 예비절충: 본회의, 제1-65차, 1962. 8. 21-64. 2. 6, 전5권, V.1, 1-3차, 1962. 8. 21-29

1962년 8월 30일 최영택 참사관과 이세키 아시아국장 간 비공식 교섭 결과에 대한 보고 문서다.

최영택 참사관은 이 비공식 교섭에서 청구권 액수에 관한 일본 측의 진의를 파악, 서울에 보고하였다. 일본 측은 예비절충의 최종안으로 일본 측 2. 25억과 한국 측 3.5억으로 끝내고, 정치회담을 통해 2.5억 내지 3억으로 타협을 보아, 무상 2.5억+차관 2.5억(계 5억) 또는 무상 3억+차관 2억(3억) 계 5억(6억)을 고려 중이라는 내용이었다. 3개월 후 김종필-오히라 마사요시 합의는 최영택 참사관의 보고대로 이루어졌다.

한일대 (정) 제 347 호

1962. 8. 30

수신 : 외무부 장관

제목 : 최 참사관과 "이세끼" 국장간의 비공식 절충 결과 보고

8월 30일 14시부터 15시 30분까지 "가유회관"에서 최 참사관은 "이세끼" 국장과 한일회담에 관한 의견 교환을 하였으므로 그 결과를 아래와 같이 보고함.

** 상기 절충은 29일 제 3차 예비회담을 한 결과 청구권의 사고 방식 및 액수 등 실질적인 진첩이 없으므로 일본측의 실지적인 태도와 복안을 알아내고 또한 회담의 진첩을 도웁기 위해서 최 참사관이 요청하여 마련된 기회였음.

아 래

1. 이세끼 국장의 발언 내용

(가) 청구권의 사고 방식에 있어 29일 제 3차 회담시의 한국측 제안 즉 순변제와 무상조 지불을 각각 명목 및 그 액수를 구별하지 않고 명칭은 그대로 이든가 혹은 아직 확정하지는 않더라도 하나로 한다는 것은 일본측도 생각해 볼 여지가 있고 또한 연구해서 타협할수 있다고 본다.

(나) 청구액수 제시에 있어서는 거짓말을 보태지 않고 1.5억불이 현재 받은 훈령에서는 최종안이다. 다음 회담시 수자를 올려서 제시할려면 다시 외상과 총리에게 청훈하여야 하는데 그때 한국측의 6억불 안에 대한 보고만 [illegible]리기 곤란하다. 그러니 다음 제 4차 회담시 한국측에서 6억불에서 [illegible] 내린 수자를 내 놓으면 그것 가지고 보고하면서 청훈하겠다.

2. 최 참사관 발언 내용

(가) 1.5억불의 수자도 한국측에서는 거리가 먼 수자이다. 일단 1.5억불과

6억불을 제시했으니 다음 회담시에는 서로가 많든 적든 접근하는 수정액을 내놓아야 할것이다. 이런 문제를 가지고 왈가왈부 하다가는 회담의 성과는 아무것도 없고 타결의 기회를 놓지고 말것이다.

(나) 오늘 본인이 만나고저 한것은 이와같은 따위의 말을 하고저 하는것이 아니고 "이세끼" 국장에게 금번 예비회담을 일임했다는 말을 들은것도 있으니 우리둘이서 툭 털어놓고 종이한장 가리지 않고 진지한 의견 교환을 하여서 타결에 상호 연구하여 노력을 하고저 하는 것이다. 만약 일본측의 진실한 태도와 생각을 말하면 다시 본국에 자세히 보고하거나 또는 회담 진첩의 큰 효과를 위한 청훈이 필요하게 되면 본인이 다시 일시 귀국까지 해 볼 용의가 있다. (일본측의 진지한 태도와 복안을 말하게 하기 위한 발언임)

(다) 그리고 막연하게 한국측만 액수를 내라고 하지 말고 현재 우리가 말하는것은 정식 회담이 아니니 한번 솔직하게 말이라도 해주기 바란다. 즉 한국측이 어느정도 수자로 내려오면 일본측은 어느정도 올릴수 있는가 그리고 현재 논의할 단계가 되지 못하나 참고로 들어서 본국에서 관계 지도자에 참고로 알리고저 하니 차관을 고려하고 있는것 같은데 액수와 조건을 어떻게 생각하느냐 다음 회담시 3억불 정도로 올릴수 있지 않는가. (유도 하기 위한 것임)

3. "이세끼" 발언

(가) 다음 회담시가 아니라 예비회담의 최종시도 3억불을 염두에도 두지 않고 있다. 정치 회담의 최종안으로서는 어떻게 건의해서라도 납득시킬수나 있을까 할 정도이다. 최종 타결의 수자 선으로서는 고려해 볼 여지가 있다. 다음 회담시 한국측에서 4억불을 낼수 있느냐. 그러면 일본측도 올릴수 있으나

5억불 정도로 내리면 1.7억불 정도로 올라간다. 이렇게 말하면 일본측을 야박하다고 하겠으나 한국측이 6억불의 출발이 나쁘었기 때문이다.

(나) 차관은 한국이 흥미가 있다면 얘기를 할려고 한다. 만약 흥미가 없다면 구태여 얘기를 꺼내지 않겠다. 그러나 차관은 전체가 일률적인 것은 아니나 일부는 거이 무상과 같다는 인상의 조건도 고려하고 있다. 그리고 액수의 비율은 대략 무상의 액수와 동등의 액수가 될 것이며 따라서는 그 이상의 액수도 될수가 있다.

4. 최 참사관 발언

(가) 현재 한국측으로서는 일본의 나오는 태도에 달려서 신축성 있는 수자를 내놓을것은 틀림없다. 그러니 일본측에서 다음 회담시 수정액을 먼저 내놓으라. 그러면 한국측은 그에 대응하는 수자를 내놓겠다. (즉시 이번만은 한국측이 먼저 내 놓을차례라고 나옴. 그래서) 그러면 어제 회담시에는 한국측이 내놓은것을 보고서 그 다음 회담시 일본측이 고려하여 수정액을 내 놓겠다고 하였는데 그러지 말고 다음회담시 같은 시간에 헤어지기 전에 쌍방이 내놓으면 되지 않느냐. 그러나 그렇게 되어도 분위기는 딱딱하고 회담 진첩이 잘 않되니 오늘 솔직한 기분을 말해주기 바란다.

(나) 차관 액수가 무상하고 동등 비율이라면 거저 주는것을 만약 일본측이 3억불로 생각한다면 차관도 3억불 계 6억불을 고려하고 있는가. 그리고 차관의 조건은 대략 어떻게 생각하고 있는가.

(다) 청구권 해결을 위한 무상표 지불은 현금 즉 딸라로 준비하고 있는가 그렇지 않으면 일본 원으로 생각하고 있는가. 한국은 미불로 고려한다.

5. 이세끼 발언

(가) 현재 받은 훈령의 최종액이 1.5억불이므로 다음 회담시 수정액수 제시

문제는 상부하고 협의 및 청훈한후에야 되니 현재 결정적인 말을 할수 없다. 다음 회담전에 연락을 하겠다. 다음 회담시는 사고 방식 및 액수표등 및 연구 관계상 회담 준비가 만약 완전치 못할 경우에는 개념적인 회담이라도 하고 9월 5일 수요일 정도에 준비를 완료시켜 실질적인 회담을 하여 그 결과를 보고 최 참사관이 본국에 일시 귀국해서 회담 진첩의 효과있는 역활을 해 주기 바란다.

(나) 일본측은 총액을 5억불 정도까지로 보고 거저주는것을 2억 5천불 정도로 최종 정치회담시의 생각인것 같은데 총액이 6억 정도라면 곤란할것 같다. 하여튼 그 정도의 선이라면 타협의 여지가 있지 않는가 하고 생각된다. 그런데 사회당의 맹렬한 공세를 앞두고 한국측안만 고려해서 타결해 달라고 주장하면 "이께다" 수상이 다시 용기를 잃고 말것 같으니 박의장에게 이 실정을 꼭 전해 주기 바란다.

(다) 차관의 조건은 아직 구체적 연구는 완료되지 않었다. 즉, 금주중에 해외 경제협력 기구에서 회의할 예정이었으나 감연이 있어서 내주 수요일 (9월 5일) 경에 회의가 있으니 그 결과를 보아야 알겠다. 그런데 해외 경제협력기구에서의 것은 상환 기간이 장기간은 물론이고 금리는 년 3푼 5리가 제일 싸다고 하여 이것은 국가 보증인 공공사업이여만 하고 일반 민간 사업에 대한 차관은 수출입 은행에서 차관해 주는데 상환기한은 길지만 금리는 년 5푼 5리이다.

(라) 청구권 해결로서 거저주는 액수는 현금 지불이 아니다. 일본은 2차대전 후 외국에 현금 지불을 한 예가 없다. 그러므로 현물로 생각하고 있다. 신문에 보도되고 있는 역무라는 것은 허위이다. 현물은 대부분이 기계 및 자본재 일것이다.

** 이외에 면담중 참고가 될 내용은 다음과 같음.

가. "오히라" 외상이 해외 여행시는 "이께다" 수상이 외상을 겸하므로

11오히라 외상의 부재중 한일회담 휴무상태라는 감명은 전연 없다고 함.

나. 9월 중순가지 일본 2억대 한국 4억으로 수자 제시를 해 놓오라고 하기에 앞됩다묘 하였음. 대략 어느선이든 수자 제시의 차이를 1억정도로 남겨놓고 정치회담에서 5천불 정도로 절충시키는 선을 만들자고 하였음.

마. 대략 외견 교환하면서 판단해 본결과 (ㄱ) 9월 중순에 2억과 4억을 제시해놓고 10월 초순에 예비회담의 최종안으로서 2,25억과 3,5억으로 끌내고 정치회담시 2,8억 내지 3억으로 타협을 보아서 무상 2,5 + 차관 2,5억 계 5억 아니면 무상 3억 + 차관 2억 (3억) = 5억 (6억) 을 고려하고 있는 것 같음. (ㄴ) 따라서 일본측을 2억으로 올릴려면 그에 대응하는 현재의 훈령안 6억을 가지고는 곤란하고 최소한도 4.5억을 가지고서야만 타협이 될것 같음.

끝

예고: 한일회담 종료시 일반문서로 재분류

주 일 대 사 배 의 환

30. 日韓請求権問題の解決方法について, 1962. 8. 31
日本外交文書 1766

이세키 일본 외무성 아시아국장이 1962년 8월 30일 최영택 참사관과의 회의를 통해 한국이 최종안으로 생각하는 청구권과 무상원조의 합계 금액이 얼마인지를 파악한 뒤, 이를 토대로 일본 측의 청구권 문제 해결 방법을 정리해 작성한 문서다.

번역

일한 청구권 문제의 해결 방법에 관해

1962. 8. 31, 아시아국장

1. 8월 30일 아시아국장은 최영택 주일한국대표부 참사관과 비공식회담을 하고, 현재 한국 측이 받고 있는 훈령의 최하한의 숫자를 물은 바, 최 참사관은 순 청구권과 무상원조로 총액 3.5억 달러가 된다고 답했으며, 좀 더 압박하면서 묻자 금후의 협의 진행 상황에 따라서는 본국 정부는 3억 달러까지 내릴 수도 있을지 모르겠다고 답하였다. 또한 어떤 경우든 무상분과 대개 같은 액수의 장기 저리 유상원조를 기대하고 있다고 부언했다.
상기 한국 측의 숫자는 예전에 버거 주한 미국대사나 라이샤워 대사 이하 주일미대사관 관계자가 미국 측이 볼 때 청구권 문제의 최종 해결액으로 적당한 숫자라고 생각한다고 한 것과 완전히 부합하고 있으며, 이 점을 생각하면 상기 숫자는 한국 측의 속내를 솔직히 나타낸 것이라고 판단해도 좋다고 생각된다.

2. 금후 일본 측이 제시해야 할 숫자로는 다음 3가지 안을 생각해 볼 수 있다.

제1안	무상 원조	2억 달러	유상 원조	2억 달러
제2안	동	2.5억 달러	동	2억 달러
제3안	동	3억 달러	동	2억 달러

3. 금후의 교섭에서는 상기 3안을 대략 다음과 같은 순서로 사용하기로 한다.
(1) 예비교섭에서 한국 측이 (현재의 6억 달러로부터) 4억 달러까지 내린다는 것을 확인할 경우는 일본 측은 제1안을 제시한다.
(2) 예비교섭에서 한국 측이 3. 4억 달러까지 내린다는 것을 확인할 경우는 일본 측은 제2안을 제시한다. 이 제2안의 제시로 예비교섭은 종료한다. 그 시기는 오히라 대신 방미 출발일인 9월 15일까지를 목표로 한다.
(3) 대신 귀국(10월 7일) 후에 정치 절충을 개최하여 제3안으로 최종 타결하는 것

으로 한다.

4. 한편, 상기 방법에 의한 청구권 문제의 해결에서 다음 두 가지 점을 명확히 한다.
   (1) 일본의 대한 채권 약 4,570만 달러는 무상원조의 내수로 한다. (예를 들어 무상원조 2.5억 달러의 경우는 그중에 4,570만 달러를 제하고 실제 지불액은 2억 달러 약간 넘는 것이 된다.)
   (2) 선박 문제(한국 측의 한국 등록선 및 치수선 반환 요구와 일본 측의 나포 일본 어선 반환 요구와의 문제)도 일본의 무상원조액 결정에 따라 함께 해결된 것으로 확인한다.

日韓請求権問題の解決方法
について

37. 8. 31
アジア局長

1. 8月30日、アジア局長は、崔英沢駐日韓国代表部参事官と非公式に会談し、現在韓国側が受けている訓令の最下限の数字を質したところ、崔参事官は純請求権と無償援助との総額3.5億ドルなりと答えたが、さらに厳しく追及したところ、今後の話合いの進み具合によつては、本国政府は3億ドルまで下りることもあり得るかもしれないと答え、さらに、いずれの場合にも、無償分とほぼ同額の長期低利の有償援助を期待していると付言した。

上記韓国側の数字は、かねてバーガー駐韓米大使やライシヤワー大使以下の駐日米大使館関係者が、米側からみて請求権問題の最終解決額として適当な数字と思われると示唆しているものと完全に符合しており、この点を考えると、上記数字は韓国側の肚を卒直に示したものと判断してよいと思われる。

2. 今後わが方より提示すべき数字としては次の3案が考えられる。

才1案	無償援助	2億ドル	有償援助	2億ドル
才2案	同	2.5億ドル	同	2億ドル
才3案	同	3億ドル	同	2億ドル

3. 今後の交渉においては、上記3案を、概ね次のような順序で使用することとする。

(1) 予備交渉において、韓国側が(現在の6億ドルから)4億ドルまで下がることを確認した場合は、わが方より才1案を提示する。

(2) 予備交渉において、韓国側が3.5億ドルまで下がることを確認した場合は、わが方より才2案を提示する。この才2案の提示をもつて予備交渉は終了とする。その時期は大平大臣訪米出発の9月15日までを目途とする。

(3) 大臣帰国（10月7日）後に、政治折衝を開き、才3案により最終的に妥結することとする。

4 なお、上記方法による請求権問題の解決にあたつては、次の2点を明確にすることにする。

(1) 日本の対韓焦付債権約4,570万ドルは無償援助の内数であること。（例えば、無償援助2.5億ドルの場合は、そのうちから4,570万ドルを棒引きするから、実際の支

払額は2億ドル強となる）

(2)　船舶問題（韓国側の韓国置籍船及び置水船返還要求と日本側のだ捕日本漁船返還要求との問題）も、日本の無償援助額決定により併せ解決されたものとされることを確認すること。

31. 제8차 회의 회의록, 1962. 9. 26

한국 외교문서 737, 제6차 한일회담 제2차 정치회담 예비절충: 본회의, 제1-65차, 1962. 8. 21-64. 2. 6, 전5권, V.2 4-21차 1962. 9. 3-12. 26

1962년 9월 26일 개최된 제6차 한일회담 제2차 정치회담 예비절충 제8차 회의 회의록이다.

이 회의에서 이세키 국장은 김종필 부장의 10월 중순경 방일 예정 사실을 먼저 거론하면서 이케다 총리와의 회담을 제안하였다.

제 6 차 한일회담

제 2차 정치 회담 예비 접촉

제 8차 회의

회 의 록

1. 일시 : 1962년 9월 26일 15:00—16:00

2. 장소 : 일본 외무성 제 235호 실

3. 참석자 : 한국측 : 배 의 환 대사

최 영 택 참사관

김 정 태 1등서기관 (통역 및 기록)

일본측 : 스기 미찌스께 수석대표

이세끼 유지로 아세아국장

야나기야 겐스께 아세아국 북동아과 사무관 (기록)

4. 회의 내용 :

스기 수석 : 어업 문제와 법적 지위 문제에 관한 전문가는 언제 도착하는가.

배 대사 : 금주 말에 도착할 예정이다. 어업 관계 전문가로 "지철근" 및 "남상규"씨가 올 것이며, 법적지위 관계 전문가로 "이천상" 씨가 올것인바, 외무부에서 사무관 1명이 오게 되므로 합계 4명이 오게 된다.

스기 수석 : 그러면 내주 어느날에 회의를 개최하는 것이 좋겠는가.

최 참사관 : 10월 2일 (화요일) 오후 3시에 개최하기로 하자.

배 대사 : "우에무라" 씨로부터 방한 여행에 관한 이야기를 들었는가.

이세끼 국장 : 약 1시간 동안 이야기를 들었다.

최 참사관 : 한국에서 얻은 인상에 관하여 무어라고 말하던가.

이세끼 국장 : 인상이 좋았다고 하더라.

최 참사관 : 회담에 관하여는 무어라고 말하던가.

이세끼 국장 : 한국측도 회담 타결을 열심히 바라고 있다는 느낌을 얻었으며, 이번 기회에 한일 문제를 반드시 타결시켜야 한다고 말하더라. 회담에 관하여 적극적인 태도를 가지고 있으며 "이께다" 수상에게도 상세히 보고 하였다고 들었다.

배 대사 : 방한 일정이 짧아서 충분한 시찰을 하지 못하였을 것인데 유감으로 생각된다.

이세끼 국장 : 시간이 없어서 경제 관계 시찰은 하루 반,에 하지 못하였다고 하더라.

배 대사 : 시간이 있었더라면 대구, 부산 등의 산업 시설과 울산의 건설 상황을 시찰하는 동시에 경제인과도 많은 간담을 가졌을 것인데 그렇게 하지 못한 모양이다. "안도오 도요로꾸" 오노다 세멘트 사장은 "삼척" 지대에 가지 못한것을 유감으로 생각하고 있더라.

이세끼 국장 : "우에무라" 일행의 방한 여행은 많은 효과가 있었던 것 같이 생각된다.

배 대사 : "안도오" 사장은 전에 약 20년간 한국에 거주한 모양인데 이번에 가보니 생각하고 있던것과는 딴판이더라고 소감을 말하더라.

최 참사관 : 법적지위 문제 및 어업 문제에 관하여 일측은 준비를 하였는가.

이세끼 국장 : 관계 각성과 협조 중에 있다. 법적지위에 관하여는 내일 법무성 측과 다시 상담하기로 되어 있다.

최 참사관 : 신문 보도에 의하면 러스크 장관과 오히라 외상 간의 회담에서는 상당히 깊은 의견 교환이 있었다고 하는데 사실인가.

이세끼 국장 : 외무성에 들어온 전문 보고에 의하면 그다지 깊은 의견 교환은 없었으며 다만 원칙적인 이야기가 있었는바 (가) 이번 기회에 회담을 타결시켜야 한다 (나) 국교가 정상화되면 일본으로 부터 한국에 돈이 지불될 것인바, 지금 까지의 미국 원조는 낭비된 경향이 있었으니, 앞으로는 미 일 양국이 긴밀히 협조하여 가장 유효하게 사용되도록 하자는 정도의 이야기가 있었다고 한다.

배 대사 : 일본으로 부터 무상 또는 차관으로 지불을 받으면, 지불 금액은 기업체의 설립 예를 들면 발전소 또는 철도 등의 건설에 사용될 것이며 따라서 형체가 남게될 것이다. 전번에 자민당 국회의원과 이야기 할 때에 일본은 동남아에 배상 등으로 많은 돈을 지불하고 있는데 형체도 남은 것이 없다는 불평을 들은바 있다. 지난번에 공관장 회의 때문에 일시 귀국 하였을때에 이야기가 있었지만, 일본으로 부터 받는 돈은 가령 발전소 라면가 또는 철도 등의 건설에 사용될 것이라고 하며 따라서 낭비는 없을 것이다.

?

이세끼 국장 : 현 군사정부에는 낭비가 없지만 이승만 정권 때에는 낭비가 많었다는 말이 보편적이다.

최 참사관 : 그것은 쌍방에 책임이 있는 것이다. 자유당과 민주당

시절에는 일반인이 은행에 예입하는 저금, 미국으로부터의 원조 등이 정치목적을 위하여 사용되어 낭비가 많았는바, 한편 미국측 원조에는 산업 건설을 위한 원조는 없었고 소비재 원조가 많았다. 그러므로 지금 형체가 남은 것이 과히 많지 않은 것이다.

소기 수석 : 미국 원조에도 결함이 있었다.

배 수석 : 미국 원조는 주로 소비재 이었으므로 결함이 많었다.

이세끼 국장 : 미국이 소비재를 위주로 한데에는 민생안정을 기하여야 한다는 이유가 있었으므로 불가피한 면도 있었을 것이다.

배 대사 : 예를 들어 말하겠는데, 대만에 있는 비료 공장과 동일한 규모의 비료 공장이 충주에 건설되었는바, 대만은 2천 만불 정도로 건설하였는데 충주는 4천 8백만불 정도가 들었다고 한다. 전에는 이러한 낭비가 있었던 것이다.

이세끼 국장 : 미국 회사가 공장 건설을 담당하였는가.

배 대사 : 그렇다. 건설비가 너무 많어졌으므로 소송 문제도 일어났는바, 미국 국회에서도 문제가 되었다고 한다. 이번에 나주에 동일 규모의 비료 공장이 건설되었는데, 이 공장의 건설비는 싸게 들었다고 한다.

이세끼 국장 : 전번에 주한 독일 대사를 만났는데, 나주 비료 공장의 건설 비용이 싸게 들었다고 자랑하는 말을 들었다.

배 대사 : 한국은 매년 2천 8백 만불 가량의 유류를 소모하고 있는데, 이 돈을 가지면 제유 공장을 설립할 수 있다고 한다. 전에 정유 공장을

설립할려고 하였으나 "유솜" 측이 반대하여 실현되지 않았다고 하는데 이런 것이 전부 낭비에 속하는 것이다.

최 참사관 : "유솜"의 비용도 원조 금액에서 지불되는데, 혁명 후에 교섭을 한 결과 "유솜"의 인원을 줄이게 되어 경비를 절약하게 되었다. 감원되어 본국에 돌아간 직원은 한국 부임후 돈을 번 사람을 골랐던 것이다.

배 대사 : 전에는 근본적인 면에서 잘못된 점이 있었던 것이다.

최 참사관 : 최근 신문을 보면, "우시로구" 심의관의 방한에관하여 외무성은 회담과 하등의 연관이 없다고 말하고 있지만 한국에 도착하면 외무부 장관 또는 김종필 부장과 회담하게 될 것이라고 보도되고 있어 많은 한국측 기자가 사실 여부를 문의하여 오고 있다. 인사를 하기 위하여 한국측 인사와 만나는 일은 있겠지만 회담은 없을 것이라고 대답하고 있는 바, 일본 신문이 너무 과도한 보도를 하면 본국에서 의아스럽게 생각할 것이다.

이세끼 국장 : 외무성으로서는 회담과 관련이 없다고 말하고 있는데 신문이 마음대로 추측하여 기사를 쓰고 있다. 아마 그러한 추측이 들어가지 않으면 기사가 재미 없어진다고 생각하는 모양이다.

청구권 액수에 관하여 한국측은 5억대 2억을 주장하고 있는데, 이러한 상태 하에서는 하등의 진보도 없을 것이다. 김종필 부장이 10월 중순에 내일 한다고 하는데, 이께다 수상에게 만나 보겠는가 라고 문의한즉, 만나겠다고 한다. 19일에 내일하여 20일 (토요일) 오전에 만나도록 하는 것이 어떤가. 대단히 좋은 기회라고 생각한다. 21일에 만난다는 것도 생각할 수 있으나 그날은 일요일이므로 이께다 수상이 하꼬네에서 휴양하므로 적당하지 않다.

최 참사관 : 김종필 부장이 도일하는 기회에 이께다 수상과 만나 본다는 점에 관하여는 나도 지시를 받고 있는데, 이세끼 국장이 먼저 말하였다. 우리는 일요일에 하꼬네에서 만나는 것도 좋다고 생각하는데 어떤가.

이세끼 국장 : 이께다 수상이 하꼬네에서 특별한 일을 하는 것이 아니므로 만날수 도 있지만, 지금까지 하꼬네에서 외국 정부 요인과 만난 일이 없으므로 이번에 김부장을 만나게 되면 선례를 남기에 되어 곤난할런지도 모르겠다.

최 참사관 : 김부장과 이께다 수상의 회담은 "후리—토킹"의 형식을 생각하고 있으며, 또 단독 회담을 생각하고 있는데 어떤가.

이세끼 국장 : 단독으로 만나면 박의장과의 회담의 경험으로 보아 나중에 착오가 있을 염려가 있다. 오히라 외상을 동석 시키는 것이 어떤가.

최 참사관 : 우리는 이께다 수상과 오히라 외상과 각각 단독으로 만날 것을 생각하고 있었는데 일측의 의견이 그렇다면 동석하여도 무방할 것으로 생각한다.

이세끼 국장 : 20일 토요일에 만나고 다시 만날 것을 서로가 희망하면 다음날인 일요일에 만나도록 하는 것이 여유가 있어 좋을 것이다.

최 참사관 : 김부장은 대단히 사무가 분주한바 되도록 19일 금요일에 도일토록 건의 하겠다.

이세끼 국장 : 이께다 수상과 김부장이 서로 만나서 흉금을 헐어 놓고 이야기 함으로서 실질적인 결정을 짓게 하는 것이 좋으며, 그후의 정치회담은 의례적인 것으로 하면 될 것이다. 현재의 형편으로는 이자리에서 아모리 이야기하여도 진전이 없을 것 같다.

최 참사관 : 회담을 타결할 준비를 가지고 만나기로 하고 이것이 좋은 의미의 최종의 기회가 되기를 바란다.

배 대사 : 이께다 수상이 방한할 가능성은 없는가.

이세끼 국장 : 구라파 여행 전에는 어려울 것이다.

최 참사관 : 청구권의 명목 문제는 어떻게 되었는가.

이세끼 국장 : 지금 조약국에서 검토하고 있다. 좀더 시간이 걸릴 것이다.

최 참사관 : 신문에 의하면 오히라 외상은 일본이 대한국 집단 원조에 참가할 용의가 있다고 말하였다고 하는데, 이것은 국교 정상화 후의 문제를 말한 것으로 그 정도까지 말이 진전이 되었다면 이번에 있었던 메스코와의 회담에서 청구권 문제에 관한 전망이 세워진 것이 아닌가.

스기 수석 : 그런일은 없다. 10월 20일에 김 부장이 일본에 오게되면 그때에 전망이 세워질 것이다. 이께다 수상과 김부장이 만나도 전망이 세워지지 않는다면 그때에는 할수 없는 일이다.

(1시간 가령 회의를 하였으니 폐회하여도 좋을 것이라는 말이 있은후)

최 참사관 : 신문 발표는 어떻게 할 것인가.

이세끼 국장 : "청구권 문제를 계속 토의하였는 바, 구체적으로 지적해서 말할 내용은 없으며, 어업 및 평화선 문제와 법적 지위 문제에 관한 토의의 개시는 다음 회의로 연기 하였다" 라고 하는 것이 어떤가.

최 참사관 : 좋다.

끝

32. 제10차 회의 회의록, 1962. 10. 10

한국 외교문서 737, 제6차 한일회담 제2차 정치회담 예비절충: 본회의, 제1-65차, 1962. 8. 21-64. 2. 6, 전5권, V.2 4-21차 1962. 9. 3-12. 26

1962년 10월 10일 개최된 제6차 한일회담 제2차 정치회담 예비절충 제10차 회의 회의록이다.

양측은 10월 20~22일로 예정된 김종필 부장의 방일 시 오히라 외상과의 회담을 통하여 청구권 금액에 관한 최종적인 타결을 추진해 나가기로 하였다.

1. 일시: 1962. 10. 10. 15:00 — 16:10

2. 장소: 일본 외무성 제 505 호실

3. 참석자: 배의환 대사

최영택 참사관

김정태 일등서기관 (통역 및 기록)

· · · · · · ·

스기 미찌스께 수석대표

이세끼 유지로 일본외무성 아세아국장

야나기야 겐스께 일본외무성 북동아과 사무관 (기록)

4. 회의 내용:

이세끼 국장: "우시로꾸" 심의관이 방한하였을때에 각계로 부터 환대를 받어 감사하였다고한다. 사의를 표명한다.

배 대사: 방한 인상이 어떻다고 하던가.

이세끼 국장: 대단히 좋았던 모양이다. 한국측의 "우시로꾸" 심의관에 대한 인상도 좋았던 모양이다. 나와는 달리 점잖은 사람이라는 인상을 받은 모양이며 신문에도 그렇게 보도되어있더라. (웃음소리)

김종필 부장의 자세한 체일일정을 경비관계가 있으니 알려주기 바란다.

최 참사관: (김 중앙정보부장의 체일일정을 말함)

이세끼 국장: 한국신문에 의하면 김종필 부장은 방일을 끝마치고 미국을 방문하는데 경우에 따라서는 귀로에 다시 일본을 방문하여 회담을 가질 예정이라고하는데 사실인가.

— 2 —

최 참사관: 그런 지시는 없었다. 근래에는 신문이 외교를 하고있는 격이다.

배 대사: 요새 신문은 적당히 외누리를 하여가면서 읽고있다. 오늘 아침 신문에 의하면 일측은 2.5 억도 어렵다는 말이 있는데 오히라 외상이 귀국한후 금액이 올라가지 않었는가.

스기 수석: 오—히라 외상과는 잠간 인사만 하였지 아직 만나지 못하였다.

배 대사: 현재의 양측 액수에는 거리가 많은데 김부장과 오히라 외상이 회담하기 전에 좀더 접근 시켜놓을 필요가 있다고 보지않는가.

이세끼 국장: 오히라 외상과 상의하여 보았는데, 서로가 상대방의 복안을 알고있는 처지이므로 중간적인 수자를 지금 내놓더라도 별로 의미가 없지 않겠느냐는 의견이였으며, 중간수자를 내지않는 대신 오히라 외상과 김부장과의 회담에서는 서로 최종수자를 내놓고 이야기하면 되지않는가라는 의견이였다. 일본측으로서는 신문기자들이 예비절충에서는 이 이상의 진전이 없을것으로 모두 알고있으므로, 현재의 상태로 오히라외상과 김부장이 회담하더라도 이를 이해 할것이다.

최 참사관: 김부장과 오히라 외상간의 회담이 잘되면 정치회담을 하게될 것인바, 정치회담은 언제 개최하게 될것인가.

이세끼 국장: 오히라 외상과 김부장간의 회담에서 합의에 도달하더라도 그 내용은 표면에 나타내지 않고, 예비절충 또는 정치회담에서 결정되는 형식을 취하여야한다. 그런데, 정치회담을 할때에 이께다 수상이 국내에 없으면 좋지않은것인바, 이께다 수상은 11 월 4 일에 구라파로 떠나게 되므로 10 월 말까지는 정치회담을 하여얄하는데 만일 준비가 되지않으면 (대표선정등의)

11 월 말에 개최하지않으면 안될수도 있다. 김부장과의 회담에서 합의가 이루어지면 정치회담은 언제하여도 무방할것인바, 남보기에는 10 월말에 하는것이 좋다고 생각한다.

최 참사관: 어업문제와 법적지위 문제도 정치회담으로 올리는것이 어떤가.

이세끼 국장: 정치회담에 올리더라도그면 문제는 전문적인것이므로 잘 모를것이다.

최 참사관: 기본적이고 정책적인 문제라면 모를것도 없지않은가.

이세끼 국장: 법적지위문제는 이야기할수도 있겠지만 어업문제는 전문적인 것이므로 이야기하기 어려울것이다.

최 참사관: 원측적인 이야기를 한다면 그리 어렵지도 않을것이다.

이세끼 국장: 어업문제에 관한한 원칙문제를 논의한다 하더라도 역시 전문적인 논의가 포함되지 않을수 없으므로 어려울것이다.

최 참사관: 어렵다 하더라도 역시 원칙문제를 논의하지 않을수 없지 않겠는가.

이세끼 국장: 원측 문제의 예를 들면 평화선은 철폐하여야한다는 등의 이야기를 하게될른지 모르겠지만 세세한 부분은 전문가가 하지않으면 안될것이다. 예를 들면 규제수역의 범위, 규제의 방법등이 그러한 것인바, 이는 어업협정에 있어서 가장 중요한 문제점일것이며, 정치회담에서는 이야기 하기 어려운 문제일것이다.

~~최 참사관: 어렵다 하더라도 역시 원측문제를 논의하지 않을수 없지 않겠는가.~~

최 참사관: 어업관계 회의로 하여금 정치회담에서 이야기할수 있다록 준비를 시키면 될것이 아니겠는가.

이세끼 국장: 그러한 방향으로 준비를 시킬수도 있겠지만, 지난번의 어업관계회합에서 지 대표는 추상적인 이야기를 하자는의도의 말을 한것같은 인상을 일본측은 받았다. 한국측이 구체적인 안을 내면 상당히 쉽게 결정될수도 있을 것인데 3월달에 구체안을 내기로 하였음에도 불구하고 내지 않으므로일측에는 의구심이 생기게 되었다. 이번에 한국측이 구체안을 내면 토의가 신속히 진행될수있은것인데 협정요강 같은것을 논의하자고 한국측이 제의하였기 때문에 일측은 의구심을 갖게되는것이다.

배 대사: 지 대표가 이야기한것은 한국측의 안과 일측의 안에는 상당한 거리가 있을것이 명백하므로 우선 쉬운 문제부터 토의하고 쌍방의 거리가 먼 문제는 뒤에 하자는 것이였다. 지 대표는 어려운 문제에 관하여서는 토의를 회피하겠다는 의도에서 이야기한것은 아닐것이다.

이세끼 국장: 그러한 의도로 이야기 하였다면 일본측의 오해이다. 일측으로서는 어업협정에서 문제될 항목을 나열하고 원측론만을 한다는식으로 이해하였던 것이다.

최 참사관: 지난번에 있었던 어업 및 법적지위 관계 회의에는 다수의 인원이 참석하였다고하는데, 회의 분위기를 부드럽게 하기위하여는 참석인원을 주리는것이 좋겠다.

이세끼 국장: 참석 인원수를 되도록 주리는것은 좋은일이다. 그러나 인원수를 너무 줄이므로서 참석하여야 할 사람이 참석하지 않으면 좋지않게 생각하는 사람이 나오게 될것이니 되도록이면 줄인다는 원칙으로 하자.

최 참사관: 쌍방 참석 인원수를 4 명 이하로 하는것이 좋겠다.

이세끼 국장: 기계적으로 인원을 제한하게되면무리가 있게 될것이므로 그러한 제한은 가하지 않는것이 좋겠다.

최 참사관: 우리측으로서는 어업문제와 법적지위 문제의 토의를 촉진 시키자는 의도이므로 되도록 빈번한 회의를 갖도록 하자.

배 대사: 매주 2 회의 공식회합을 갖도록하고 이에 첨가하여 비공식 회의도 개최한다는 식으로 하는것이 좋겠다.

이세끼 국장: 매주 2 회의 회합을 갖도록 하라고 이야기 해두겠다.

최 참사관: 김부장이 방일하여 일측과 회담할시에는 청구권 문제만을 이야기 하게되는가.

이세끼 국장: 그렇다. 어업문제에 관한 구체적인 이야기를하기는 어려울 것인바, 원칙적인 이야기는 할수있은것이다. 예를 들면 어업을 포함한 모든 현안을 동시에 해결하여야한다는 등의 이야기는 나오게 될른지 모르겠다.

최 참사관: 김부장의 방일이 있은후에는 정치회담이 있게 될것인바, 이께다 수상이 11 월 4 일에 구라파로 떠나기전에 정치회담이 있게될것인가.

이세끼 국장: 시간이 너무 촉박하므로 반드시 정치회담을 가지게 될 것인지는 확언할수 없다. 그리고 실질적인 합의가 김부장 방일시에 이루어지더라도 그 내용을 외부에 발표하지않고 예비절충 또는 정치회담에서 합의가 이루어졌다는 식으로 하여야할것이다.

최 참사관: 신문에 흔히 ~~보도~~ 보도되기로는 이께다 수상의 결심이 문제를 좌우하게될것이라고하는데 언제쯤 결심하게 되는가.

이세끼 국장: 그야 김부장이 방일하기전에 결심하도록 추진하고있다.

배 대사: 결심할 때에는 좀직한 결심을 하여주기 바란다. (웃음소리) 그런데 이께다 수상이 결심하기전에 소기 수석과 이세끼 국장이 우선 결심하여야할것으로 보는데 좀직한 결심을 하여주기 바란다. (웃음소리)

신문에 의하면 이께다 수상은 청구권 액수를 지불기한과 관련시켜서 고려하고있다고 하는데 외무성에서도 그런 고려를 하고있는가.

이세끼 국장: 물론 외무성도 그런 고려를 하고있으며 다른 나라와의 선례도 고려하지않으면 안된다고 생각하고있다.

배 대사: 일측은 한국의 수입태세가 마련되는것인가 를 생각하고있는것 같이 들리고 있는데, 한국측으로서는 될수있는한 속히 산업건설을 하고저하는것이니 일측도 이에 호응하기 바란다.

이세끼 국장: 그점에 관하여서는 일측도 일측이 지불하는 금액이 한국경제에 실질적인 도움이 되도록 하여야한다고 생각하고있다.

배 대사: 신문에 의하면 일측은 회담이 타결되어 조약을 체결하게되면 국회회기를 연장하게 될련지도 모른다고하는데, 앞으로의 국회 심의 특히 회담 결과에 관한 심의는 어떻게 진행될것인가.

이세끼 국장: 국회 소집은 12월 하순에 있을것이나 소집후 1월 말까지 휴회하였다가 재개하게되면 중의원은 2월중에 참의원은 3월중에 예산안을 심의하게된다. 국회가 예산안을 심의하고있는중에는 회담결과를 심의할수 없을 것이며 4월달에는 지방선거가 있을것이므로 그때에도 심의를 진행시키기는 어려울것이다. 따라서 회담결과를 심의하게되는 시기는 5월부터 인바, 국회에서 반대당이 맹렬한 반대공작을 할것이므로 심의가 길게 끌수도 있을것이며 어떠면 6월 하순 또는 7월달에 들어가서 국회 승인이 있게될런지 모른다.

최 참사관: 한국으로서는 민정이 가까워지면 사정이 복잡하여지므로 되도록 속한것이 좋다.

회의시간이 그 시간을 넘었으니 오늘 회의는 이만 하면 어떤가.

오늘 회의 신문발표는 어떻게 할것인가.

이세끼 국장: 어업 및 법적지위 관계회합의 토의를 촉진하는 방안과 청구권 문제를 토의하였다고 하자.

다음 회의는 언제 할것인가. 10월 18일 오후 3시로 하는것이 어떤가.

최 참사관: 좋다. 끝

33. 김 부장과 일본 수뇌와의 회담, 1962. 10. 12

한국 외교문서 796, 김종필 특사 일본 방문, 1962. 10 – 11

1962년 10월 20~22일로 예정된 김종필 중앙정보부장의 일본 방문과 관련하여 작성된 준비 자료다.

※ 문서 상태 불량으로 아래와 같이 새로 타이핑한 내용을 수록함.

김 부장의 방일 문제에 관하여

1. 김 부장 방일의 시기와 한일회담에 미치는 영향

김 부장의 방일 및 일 수뇌부와의 회담은

(1) 김 부장이 한국 정부 내에서 차지하고 있는 위치로 보나

(2) 한일회담의 현 교섭 시기, 특히 혁명정부로서 최후의 기회가 될 수 있다는 점으로나

(3) 일본 국내의 김 부장과 일 수뇌 회담에 대한 믿음과 지대한 기대가 보도 면으로 대대적으로 유포되어 있다는 점

등 제반 사정으로 보아 금반 방일이 청구권 지불 액수 교섭을 위요하고 답보 상태를 거듭하고 있는 한일회담에 지대한 영향을 미칠 것이 예측 됨.

김 부장이 일 수뇌와 회담하는 방식으로는,

(1) 한일 국교 정상화 톤을 중심으로, 일반적이고 의례적인 우호 언사만을 교환하여 침체 상태에 놓여 있는 현 예비절충의 분위기 호전을 시도, 내지는 박.이케다 정치회담을 위한 교량적 역할을 함에 그치는 방식도 있을 것이며, 반면

(2) 현안 문제 해결을 위한 구체적 방안을 제시하여 직접적인 타결 계기 마련을 시도할 수도 있겠음. 현재 분위기로 보아서는 한일 양측의 여론이 김 부장 방일에 많은 기대를 갖고 있는 만큼 전기 (1)의 경우에 그치게 되면 필히 타개될 것을 바라고 있는 한일 쌍방 국민 일반에 주는 실망과 한일 국교 정상화를 요망하고 있는 미국을 비롯한 자유 세계 국가들의 실망이 또한 클 것이 예상됨으로 전기 (2)를 고려하여야 할 것임.

2. 청구권 문제 교섭 현황과 전망

(1) 현 예비 절충에서 공식적으로 나타난 금액의 한일 대치선은 6억 대 1.5억인바,

(2) 정부는 9월 12일 자로 케네디 대통령에게 한일 문제에 관한 박 의장의 친서를 통하여 우리 측의 최종 양보선이 3.5억 불임을 통고한 바 있으며,

(3) 현재까지의 수석대표의 보고 및 기타 제 정보를 종합하여 보면, 일 측 최종선은 1.5억 불 정도이며, 더 이상의 가능성으로는 청산계정 분 4천 5백 7십여만 불의 청산을 포기할 수도 있을 것이나 이렇게 되더라도 최대의 가능 총액이 2억 불에 약간 미만임.

(4) 미 측은 한국 측에 대해서는 "일측이 3억 선에 오르기 곤란하다"고 말하고, 추측컨대 일 측에 대해서는 "한국이 3억 선 이하로는 불응할 것"이라고 전하여 미 측은 은근히 3억 선을 타결선으로 주장하는 듯한 인상을 주고 있음.

(5) 그러나 우리는 이미 명목에 있어서 순 변제의 입장을 불만한 대로 양보하여 왔고, 국민 여론의 추세를 고려할 때 3억 선 이하에서의 타결을 수용하기에는 난점이 많을 것 같음.

(6) 여기에서 남는 문제는 우리의 기본선인 3.5선을 견지하여 최선을 다하다가 끝내 일본 측이 불응할 시에는 타결을 단념하고 민정 이양 후로 미루는 사태까지도 각오하던가, 다시 한번 대국적인 입장에서 아 국 최종선을 재조정하여 3-2.5선으로 타결을 모색하던가 두 가지 중 하나일 것임.

만약에 후자를 택할 경우에는 현 청구권 조정 교섭 기준에 관한 주일대사 앞 훈령을 수정하여야 할 것이며, 김 부장 앞 대일 절충에 관한 훈령 전문을 배 대사에게 송부하여 참고토록 함이 가할 것임.

김 부장의 이케다, 오히라와의 면담 시 논의 요점

1. 국교 정상화의 필요성에 관하여

   [문서 상태 불량으로 생략]

2. 청구권 문제에 관하여

   (1) 현 예비 절충이 진전을 보이지 못하고 있는 원인은 한국 측이 우선 5억 대 2억 선에의 대안을 밝히고 있음에 대하여 일 측이 4억 대 2억 선 입장을 고수하고 있는 결과라고 보는바 이러한 근소한 상호 차로써 이 한일 국교 정상화의 중요한 기회를 멸실한다는 것은 서로가 현명치 못하니 한일 쌍방이 예비절충 최종 단계에서 서로 양보하여 액수 차의 접근을 이룩하고 이 선을 최종 정치회담에 올려 3-2.5억 선에서 타결을 보도록 하고 3억에 대한 차액은 무상조 지불에 가까운 조건(무이자 또는 저리 장기차관- 거치기간 5년 이상, 상환기간 5년 이상, 이율 3.5% 이하의 조건인 '해외경제협력기금'으로부터의 차관)의 정부 간 특수차관으로 보충함으로써 해결하자 하고 일측의 결단을 촉구한다(이 문제에 관하여는 대미 교섭을 통하여 미 측으로 하여금 일 측이 아 측 안을 승락토록 노력한다).

   (2) 지불 명목에 있어서도 한국 측의 지대한 양보로 국민의 불만을 가져온 현상에서 금액에 있어서 다시 3-3.5 이하로 하강한다는 것은 혁명정부로서도 도저히 승낙할 수 없는 일이니 이 사실을 참조하기 바란다고 말한다.

   (3) 이상의 선에서 타결하는 것으로 해 가조인한 후 현 배-스기 대표로 하여금 공식 회합에서 상호제시 및 확인을 하고 그 기초 위에서 이케다 수상의 결단으로 최종적인 타결 절차를 필하도록 하는 것이 좋을 것이라고 말하고 중견급 정치인의 방한도 무방하다고 암시한다.

3. (어업 및 평화선 문제, 법적지위 문제, 선박 문제, 문화재 문제, 기본관계 문제 등에 관한 아 측 입장은 별도로 상술)

4. 이상의 제 사항에 합의를 보고 타결에 대한 전망이 서면 이케다 수상에 대한 박 의장 방한 초청을 구두로 전달한다.

각 현안 문제에 대한 우리의 입장

1. 대일청구권 문제

가. 명목

우리의 청구권은 법적 근거에 기한 것이므로 조리와 형평의 원칙에 따라 순 변제로서의 해결을 주장하여 왔으나 일본 측이 국회와 국민에 대한 설명에 난점이 있어 순 변제라는 명목만으로는 한국 측 요구 액수를 만족시키기 곤란하다는 입장을 말하여 오므로 그러한 사정을 고려하여 청구권 문제 해결이라는 테두리 안에서 순 변제의 무상조 지불을 합한 총액 지불을 받아들이기로 양보한 것임.

나. 액수

(1) 우리의 최종 양보 타결 액수를 3.5억 불로 정하였으며, 이를 케네디 대통령에게 박 의장 친서를 통하여 통보한 바 있음.

(2) 전기 최종 액수까지 도달하기 위한 교섭의 기술 편리 상 아래와 같은 액수 조정 기준을 설정하고 주일대사로 하여금 대일 절충에 있어서 이에 따를 것을 지시하고 있음.

(8월 28일)

액수 조정 방법

일본 측	한국 측	
	총액	(순 변제 무상조 지불)
1.5	6.0	(3.0 3.0)
2.0	5.0	(2.2 2.8)
2.5	4.5	(1.8 2.7)
3.0	4.0	(1.4 2.6)

다. 전기 방법에 의하여 액수가 4억 대 3억 선에 도달하면 이 선을 정치회담에 옮겨서 최종 타결선에서 합의가 이루어지도록 하자는 것임.

라. 차관 문제에 관하여는 청구권으로 최대 액수를 확보하기 위한 교섭 기술상 이유로 토의를 보류하되 청구권액에 있어 일측이 2.5억 선까지 접근되고 차관 문

제 토의에 들어감이 필요하다고 판단되면 정부의 제 지시를 받아 교섭에 들어가도록 방침을 정하고 있었음.

2. 평화선 및 어업 문제

가. 일본은 평화조약에 규정된 어업협정 체결 의무에 감하여,

(1) 일본이 제3국과 체결한 어업협정의 선례

(2) 연안국의 인접 해양에 대한 특수권익을 인정하는 국제적 경향

(3) 한일 양국 간의 어업의 특수성

등을 고려하여 대국적으로 양보해야 할 것임.

나. 한일 양국이 공동 이익 관계를 가지는 수역에 있어서의 어로 규제를 위하여서는 양국 간에 어업협정을 체결함으로써 사실상 현재의 우리 측 배타적 어업수역의 범위에 관해서 양보할 용의를 가지고 있음.

다. 이러한 근본 양해에 입각하여 어업협정을 위한 세 원칙 요강에 관하여 우선 합의를 보도록 하고, 가능하면 국교 정상화와 동시에 협정을 체결하도록 노력할 것이로되 협정 안 심의에 따르는 기술적 및 전문적인 토의로 인하여 상당한 시간을 요하게 될 것이므로 우선 잠정적인 협정을 체결하기로 하고 그 기간 중 쌍방의 전문가에 의한 과학적 공동 조사를 진행시키고 그 결과에 따라 어업자원의 만한 도달 여부를 판정한 후 자료에 입각한 공식 협정을 체결하도록 한다.

라. 어업상 목적을 위한 평화선이 이와 같은 협정 체결로써 사실상 없어지게 되더라도 공산 간첩 방지 등의 국방상 목적을 위한 평화선은 그대로 존치될 것이지만 이는 실질적으로 반공을 의미하는 국방선이 될 것이므로 일본 정부가 공산 간첩이 일본 국토를 이용하여 한국 국토에 침입하는 것을 방지한다면 사실상 국교 정상화 후에는 한일 양국 간의 관계에 있어서는 아무런 영향이 없게 될 것임.

3. 재일 한인 법적지위 문제

가. 이것은 제2차 대전 종전 이전부터 일본에서 계속 거주하여 오고 있는 한인 교포 및 그 자손들의 지위 및 처우에 관한 문제인바,

나. 그들이 일본에 정착하게 된 특수한 배경에 감하여 2차 대전 종전 이후에 일

본에 입국한 한인이나 혹은 기타 외국인보다는 특별한 지위와 처우를 주어야 한다는 원칙에 대하여는 일측도 동의하고 있다.

다. 구체적으로 합의에 도달하지 못하고 있는 중요한 문제점은 협정의 대상에 관한 것으로서 우리는 제2차 세계대전 종전 전부터 일본에 거주하여 오고 있는 전체 한인에 있어 사상 또는 기타의 이유에 의해서 그 일부가 협정 대상으로부터 배제되는 일이 없기를 주장하고 있는바, 이 문제에 대하여 합의를 보면 여타 문제의 타협은 그다지 어렵지 않을 것이다.

라. 선박 반환 문제

이 문제는 청구권 중 현물 반환 요구에 속하는 것인바 군정법령 33호를 위시한 기타 SCAP 지령 등 법적 근거에 입각하여 증거가 명확한 선박과 조리에 의하여 추정되는 선박의 총 톤수를 기초로 반환을 요구하고 있는데 그동안 장구한 연한의 경과로 인하여 해당 선박의 상호 확인이 곤란하고 또한 그 대부분이 노후화로 인하여 폐박된 사실 등에 감하여 법령과 조리에 의한 응분의 톤수의 신조선을 한국에 반환하면 되는 것으로 일본 측의 성의 여하에 따라 청구권 문제의 해결과 밀접한 관련하에 원만한 해결을 볼 수 있을 것이다.

마. 문화재 반환 문제

이것도 청구권 중 현물 반환 요구에 속하는 것으로서 1957년 12월 31일 자로 이루어진 당시의 한국 주일대사와 일 외무대신 사이의 Oral Statement로서 합의된 바에 따라 일본 정부 및 공공 단체가 현재 점유하고 있는 한국의 중요 문화재와 일부 일본인 개인 소유 한국 중요 문화재만을 한국 측으로 인도함으로써 문제는 용이하게 해결될 것이며 일본 측도 원칙적으로는 동일한 사고를 하고 있는 것으로 보인다.

바. 기본 관계 문제

(1) 제 현안 문제가 원만히 해결되면 한일 양국 간의 불미스러운 과거 관계의 청산을 규정하고 상호 신의의 토대 위에 한국 정부가 한반도 내에서 유일한 합법정부라는 전제 위에 건전한 선린적 관계를 설정하는 단계에 들어갈 것이다.

(2) 전기 두 가지의 본질적인 내용을 확실하게 규정하기 위하여는 기본조약의

형식으로 체결하는 것이 가장 적절한 방법이며 일본도 종래에 있어서 '우호조약' 형식을 취하여 왔던 것이다.

(3) 그런데 금차 교섭에 임하여 일본 측은 돌연 소위 오히라 구상이라고 전하는 공동선언 방식으로서 이 기본관계를 해결할 것을 시사하고 있는바, 아직 구체적인 제안은 하지 않고 있으므로 논평의 단계가 아니다.

상기한 두 가지 본질적 요건이 그 내용으로서 구비된다면 기본관계 규정의 형식에 있어서는 융통성을 가지고 임할 것이다.

주일대사 앞 훈령 안

외정무 254 1962년 10월 16일

수신: 주일대사

제목: 김 정보부장의 대일 절충에 관련한 훈령

1. 김 부장이 방미 도중 일본 정부 고위 당국자와 회담함에 당하여 별첨과 같은 최고회의 의장의 훈령이 있었기 동 사본을 하시하오니 참고 하시압.

2. 김 부장과 일본 정부 수뇌와의 회담 결과에 따라서는 앞으로의 교섭에 영향되는 바 클 것이 예기되므로 동 회담 결과를 즉시 보고 하시압.

3. 앞으로 진행될 청구권 문제를 위시한 각 현안 문제 해결에 대한 교섭 방침에 관하여는 전기 김 부장의 일본 정부 수뇌와의 회담 결과에 따라 새로이 제시할 것이니 현지 관찰을 포함한 귀견을 참고로 보고 하시압.

별첨: 김 부장의 대일 절충에 관한 박 의장 훈령 사본.

외무부 장관 최 덕 신

1952년 10월 15일

수신 : 중앙정보부장

제목 : 한일 절충에 관한 훈령

귀관의 방미 도중 일본 정부 고위 당국자와 회담함에 있어서는 별첨 자료를 참조하여 하기에 의하여 절충을 시행 하시압.

기

1. 국교 정상화에 관하여

   양국 간의 장래 번영, 극동에 있어서의 평화와 안정의 유지, 자유 진영의 일원으로서의 반공 결속의 강화 등 대국적인 견지에서 한일 국교를 조속히 정상화할 필요성과 제 현안 문제의 해결로 한일 간의 과거를 청산하고 새로운 평등한 우호관계를 수립할 필요성을 강조한다.

2. 청구권 문제에 관하여

   가. 지불 명목에 있어서 과거 8차에 걸친 한국 측의 지대한 양보로 국민의 불만을 초래하고 있는 현상에서 청구권 해결을 위한 총액이 3억 불 이하로 하강한다는 것은 혁명 정부로서도 도저히 받아들일 수 없는 것이다.

   다음에 청구권 해결을 촉진하기 위하여 차관의 조건이 특별히 유리한 것이라면(무이자 또는 최저이자) 우리는 또다시 양보하여 이와 같은 차관을 청구권 해결에 포함시킬 용의가 있는데, 이러한 경우에 있어서는 차관의 액수와 순 변제 + 무상조 지불 액수의 비율에 있어서 후자가 전보다는 다액이어야 한다.

   나. 지불 명목에 관하여는 우리 국민으로 하여금 청구권에 대한 변제 내지 보상으로서 지불된 것이라는 점을 납득시킬 수 있는 표현이 되도록 할 것.

   다. 이상의 선에서 타결하는 원칙에 양해가 서면 이를 공식화하는 절차는 현재 진행 중인 예비교섭 및 그 뒤에 따를 정치회담에서 취하여 지도록 하고 정치회담의 일 측 대표로서는 이케다 수상 또는 그가 지명하는 고위 정치인도 무방하다고 암시할 것.

3. 평화선 및 어업 문제에 관하여

가. 한일문제를 대국적 견지에서 해결하기 위하여 청구권 문제에서 일 측이 성의를 표시하면 아 측은 평화선 문제에서 신축성 있는 태도로 임할 것인바,

나. 한일 간 어업 문제는 기술적이고 전문적인 조사 토의가 완료될 때까지 우선 잠정적인 어업협정을 체결함으로써 해결하되 일본 측은

(1) 연안국의 특수권익을 손상하는 국제법의 경향을 존중할 것.

(2) 일본이 제3국과 타결한 어업협정에 있어서의 선례를 십분 고려하고,

(3) 한일 간 어업의 특수성을 고려하여 실질적인 공평을 기할 수 있도록 하기 위하여 모든 선의를 표해야 할 것임을 강조할 것.

다. 이와 같은 협정이 체결된 후 현존 평화선은 순수히 대공 투쟁에 있어서의 국방상 목적을 위하여서만 존치될 것을 알려줄 것.

4. 재일교포의 법적지위 문제에 관하여

가. 그들이 일본에 정착하게 된 특수한 배경에 관하여 제3국인보다는 특별한 지위와 처우를 주어야 하며,

나. 제2차 대전 종전 전부터 일본에 거주하여 오고 있는 전 한인(All Korean residents of prewar category)에 있어서는 사상 또는 기타 이유에 의하여 그 일부가 협정 대상에서 배제될 수 없음을 주장할 것.

5. 선박 문제에 관하여

선박 문제에 있어서는 형평과 조리의 원칙에 의하여 반환 대상 선박 총 톤수에 기준을 둔 응분한 신조선을 인도함으로써 원만 타결토록 할 것.

6. 문화재 반환 문제에 관하여

문화재는 1957년 12월 31일의 Oral Statement에 의거한 문화재(일본 정부 및 공공 단체 점유 중요 문화재와 일부 일본인 개인 소유 한국 중요 문화재)를 한국 측에 인도함으로써 해결토록 할 것.

7. 기본관계 문제에 관하여

기본조약 체결의 형식으로 해결하되 한일 양국 간의 불미스러운 과거 관계를 청산한다는 것과 한국 정부가 한반도 내의 유일한 합법정부라는 전제하에서 건전한 선린관계를 설정한다는 점을 강조할 것.

8. 이케다 수상에 대한 구두 방한 초청

이상의 제 사항에 합의를 보고 타결에 대한 전망이 서면 이케다 수상에 대한 박 의장의 방한 초청을 구두로 전달한다.

추이 :

1. 각 현안 문제에 대한 아 측 입장에 관한 상세한 것은 별첨 '각 현안 문제에 대한 우리의 입장' 참조할 것.
2. 이케다 수상과 회담 시 별첨 친서를 전달할 것.　끝.

김 부장의 신문 기자회견 요지

1. 출국 시

생략

2. 일본 도착 시

(1) 금반 방미 도중, 일본에서 개최되는 MRA 회의에 참석하는 기회에 일본 정부 고위 당국자와도 면담할 기회를 갖게 된 것을 기쁘게 여기는 바입니다.

(2) 본인은 한일 양국의 상호 번영, 극동에서의 평화와 안전의 유지, 자유 진영의 일원으로서의 반공 결속의 강화 등 대국적인 견지에서 한일 양국이 과거를 청산하고 하루속히 국교를 정상화하여야 한다는 필요성을 쌍방이 다같이 인식하고 있는 줄 알고 있습니다.

현재 이를 위한 현안 해결을 위하여 쌍방 대표 간에 예비절충이 꾸준히 계속되고 있음을 볼 때, 본인은 이 예비절충이 성공리에 종막되어 하루속히 원만한 타결이 이루어지도록 큰 기대를 걸고 주시하고 있는 것입니다.

(3) 본인이 수일 간 체일하는 동안 일본 정부 수뇌자와 회담하게 되어 있으나, 이 회담은 양국 간에 개재되고 있는 여러 현안 문제에 관하여 어떠한 정치적 흥정을 하기 위한 것은 아닙니다. 단 한 가지 목적이 있다면 그것은 현재 진행 중인 배, 스기 양 대표 간의 예비절충을 솔직하고도 진지한 의견교환을 통하여 측면에서 돕고, 분위기를 호전시켜 회담 진전을 위한 촉진제의 역할을 하려는 것입니다.

(4) 따라서 본인은 양국 간에 개재하는 여러 문제를 원만 타결하여 국교를 조속히 정상화하기 위하여 본인과 똑같은 진정과 성의로써 일측이 임하여 줄 것을 진심으로 기대하는 바입니다.

3. 이임 시

(1) 본인이 수일 전 도착 시에 말한 바와 같이 이케다 수상, 오히라 외상과의 회담에서 한일 국교 정상화를 중심으로 한 여러 문제에 관하여 쌍방이 솔직, 진지한 의견교환을 하게 될 것을 매우 기쁘게 생각하며, 이 회담에서 쌍방이 모두 국교 정상화 조속 실현의 필요성을 강력히 인식하고 있음을 확인하게 된 것을 흔쾌

히 여기고 있습니다.

(2) 본인과 이케다 수상, 오히라 외상과의 회담이 현재 진행 중에 있는 예비 절충의 앞으로의 진전에 도움이 될 것을 희망하며, 동 예비절충에서 하루속히 원만한 해결이 이룩되기를 간절히 바라는 바입니다.

(3) 체일 중, 귀국 정부 및 민간 인사 여러분이 본인에게 베풀어주신 환대에 대하여 충심으로 감사합니다.

최고 회의

외무국방위원회 의장

기 안 용 지

위원 위원장

자체통제		기안처	동북아주과	전화번호 2-1962	근거서류접수일자

과장	국장	보좌관	차관	장관	내각수반
			홍창종		

관계관 서명					
기안 년월일	1962.10.12	시행 년월일		보존 년한	정서 / 기장
분류 기호		전체 통제		종결	
경유 수신 참조	품 의 안		발신		

제목	김부장과 일본 수뇌와의 회담

김부장의 방미도중 일본정부 고위 당국자와의 회담문제에 관하여 이를 별첨과 같이 검토하여 건의하오니 재가하여주심을 바랍니다.

별첨 : 1. 김부장의 방일문제에 관한 전말

2. 김부장의 이께다, 오히라와의 면담시 논의요점

3. 각현안문제 해결에 대한 우리의 입장

✓ ④ 주일대사앞 훈령안

5. 김부장의 신문기자 회견요지

6. 박의장의 이께다수상앞 친서초안

7. 박의장 — 케네디 대통령간 왕복 친서 사본

12.31

승인양식 1-1-3 (190mm×260mm16절지)

김 부장의 방일 문제에 관하여

1. 김부장 방일의 시기와 한일회담에 미치는 영향

김부장의 방일 및 이 수뇌자와의 회담은,

(1) 김부장이 한국 정부내에서 차지하고 있는 위치로 보나

(2) 한일회담의 현 교섭 시기, 특히 역사적 시점으로서 최후의 기회가 될수 있다는 점으로 보나

(3) 일본 국내의 김 부장과 이 수뇌 회담에 대한 관심과 지대한 기대가 보도 면으로 대대적으로 유포되어 있다는 점.

등 제반 사정으로 보아 금번 방일이 청구권 기타 제반 교섭을 위요하고 답보 상태를 계속하고 있는 한일회담에 지대한 영향을 미칠 것이 예측됨.

김 부장이 이 수뇌와 회담하는 방식으로는,

(1) 한일 국교 정상화 문제 중심으로 일반적이고 원칙적인 우호 친선관을 교환하여 침체 상태에 놓여 있는 현 예비 절충의 분위기 호전을 시도, 내지는 박. 이께다 정치회담을 위한 준비적 역할을 함에 그치는 방식도 있을 것이며, 한편

(2) 현안 문제 해결을 위한 구체적 방안을 제시하여 직접적인 타결 계기 마련을 시도할수도 있겠음. 현재 분위기로 보아서는 한일 양측의 여론이 김부장 방일에 많은 기대를 갖고 있는 만큼 전기 (1) 의 경우에 그치게 되면 타결 하게될것을 바라고있는 한일 쌍방 국민 일반에 주는 실망과 한일 국교정상화를 요망하고 있는 미국을 비롯한 자유 세계 국가들의 실망이 또한 클것이 예상됨으로 전기 (2) 를 고려하여야 할것임.

2. 청구권 문제 교섭 전망과 건의

(1) 금번 예비 절충에서 공식적으로 나타난 금액의 한일 대치선은 6억 대 1.5억이며,

(2) 미측은 8월 12일자로 케네디 대통령에게 한일 문제에 관한 주한대사의 친서를 통하여 우리측의 최종 양보 선이 2.5억불임을 보고한바 있으며,

(3) 현재까지의 수석 대표의 보고 및 기타 제 정보를 종합하여 보면, 일측 최종선은 2.5억불 정도이며, 더 이상의 가능성으로는 청산 계정분 4천 5백 7십여만불의 청산을 포기할수도 있을것이나 이렇게 되더래도 최대의 가능 총액이 3억불에 약간 미달임.

(4) 미국은 한국측에 대해서는 "일측이 3억선에 오르기 곤란하다"고 말하고, 후측편에 일측에 대해서는 "한국이 3억 선 이하는 불응할것" 이라고 전하여 미측은 은근히 3억선을 타결선으로 구상하는듯한 인상을 주고 있음.

(5) 그러나 우리는 이미 수차에 있어서 순번제의 인상을 불문한대로 양보하여 왔고, 국민 여론의 추세를 고려할때 3억 선 이하에서의 타결을 수용하기에는 난점이 많을것 같음.

(6) 여기에서 남는 문제는 우리의 기본선인 2.5 선을 견지하여 최선을 다하다가 끝내 일본측이 불응할시에는 교섭을 단념하고 민정 이양후로 미루는 사태까지도 각오하던가, 다시한번 대국적인 입장에서 아국 최종선을 재조정하여 3 - 2.5 선으로 타결을 모색하던가 두가지중 하나일것임.

만약에 후자를 택할 경우에는 대 청구권 교섭 기준에 관한 주일대사앞 훈령을 수정하여야 할것이며, 김부장 앞 대일교섭에관한

훈령 사본을 배 대사에게 송부하여 참고토록 하기 바라는것임.

[illegible]

1. [illegible]에 관하여

양국간의 현재 관계, 극동에 있어서 [illegible], [illegible] 국가로서의 양국 결속의 [illegible] 양국 국민 [illegible] 한일 국교를 조속히 정상화할 [illegible] 필요성은 강조하는 동시에 [illegible] 우리가 [illegible] 국가에 [illegible] 하고 있다는 사실에 관하여 [illegible] 하여야 [illegible] 것이라는 것은 지적한다.

2. 청구권 문제에 관하여

(1) 현재의 정부의 [illegible] 보이지 못하고 있는 원인은 한국측이 우선 6억 대 3억 선에의 타결을 [illegible] 있음에 대하여 일측이 1억 대 2억선 [illegible] 수 하고 있는 [illegible] 이번의 근소한 [illegible] 이 한일국교 [illegible] 중요한 [illegible] 원치 않는 것은 [illegible] 한일 [illegible] 회담 최종 단계에서 서로 양보하여 [illegible] 이 선을 최종 조치 이하여 오려 3 - 3.5억 선에서 타결을 보도록 하고 3억에 대한 차액은 무상에 가까운 조건 (무이자 또는 저이장기차관 - 거치기간 5년 이상, 상환기간 20년 이상, 이율 1.5 % 이하의 조건인 [illegible] 경제협력 기금 [illegible] 의 차관) 의 [illegible] 특수조관으로 보충함으로서 해결하자라고 일측의 결단을 촉구한다. (이 문제에 관하여는 대미 교서를 통하여 미측으로 하여금 일측이 이 수단을 쓰도록 노력한다)

(2) 지불 [illegible]목에 있어서도 한국측의 [illegible] 양보로 국민의 불만을 가져온 현상에서 금액에 있어서 다시 3 - 3.5 이하로 하강한다는 것은 [illegible] 정부로서는 도저히 수락할 수 없는 일이니 이 사정을 감안하기 바란다고 강조한다.

(3) [illegible] 순[illegible] 하고하는 것은 [illegible]가서면 [illegible] 스기[illegible]으로 [illegible]였고 7차회의에서 사오 제시된 [illegible] 하고 그 기초위에서 [illegible]게나 수석의 가면으로 [illegible] 나게 [illegible] 하는 것이 좋은 것이라고 [illegible] 생각하다고 말하였다.

3. (어업 및 평화선 문제, 재일교포의 법적지위 문제, 선박 문제, 문화재 문제, 기본 관계 문제 등에 관한 의견 내용은 별도로 상술)

4. 이상의 제 사항에 합의를 보고 양국에 대한 [illegible] 서면 [illegible] 수상에 대한 [illegible]의 [illegible] 구두로 전달한다.

12. 청구권 문제 해결에 관한 우리의 입장

1. 대일 청구권 문제

가. 경 위

우리의 청구권은 법적근거에 기한 것임으로 조리와 형평의 원칙에 따라 순변제로서의 지급을 주장하여 왔으나 일본측이 국회와 국민에 대한 설명에 난점이있어 순변제라는 명목만으로는 한국측 요구 액수를 만족시키기 곤란하다는 입장을 밝혀 옴으로 그러한 사정을 고려하여 청구권 문제 해결이라는 테두리 안에서 순변제와 무상조 지불을 합한 총액지불을 받아 드리기로 양보한것임.

나. 액 수

(1) 우리의 최종 양보 타결 액수를 3.5 억불로 정하였으며, 이를 "케네디" 대통령에게 박의장 친서를 통하여 통보한바 있음.

(2) 상기 최종 액수까지 도달하기 위한 교섭의 기술 편의상 아래와 같은 액수 조정 기준을 설정하고 주일대사로 하여금 대일 절충에 있어서 이에 따를것을 지시하고 있음. (8월 28일)

액수 조정 방법

일 측	한 국 측		
	총 액	(순변제	무상조지불)
1.5	6.0	(3.0	3.0)
2.0	5.0	(2.2	2.8)
2.5	4.5	(1.8	2.7)
3.0	4.0	(1.4	2.6)

라. 근거 [illegible] 액수가 [illegible] 타결시 이선을 정치회담에 옮겨서 최종 확정선에서 상의가 이루어지도록 하는 것임.

마. 이관 문제에 관하여는 청구권으로서 최대 액수를 확보하기 위한 교섭 기술상 이유로 토의를 보류하되 청구권액에 있어 일측이 2.5억선까지 접근되고 이관 문제 토의에 들어감이 필요하다고 판단되면 정부의 재지시를 받아 교섭에 들어 가도록 방침을 정하고 있었음.

2. 평화선 및 어업 문제

가. 일본은 평화조약에 규정된 어업 협정 체결 의무에 감하여,

(1) 일본이 제3국과 체결한 어업 협정의 선례

(2) 연안국의 인접 해양에 대한 특수권익을 인정하는 국제적 경향

(3) 한일 양국간의 어업의 특수성

등을 고려하여 대국적으로 양보해야 할것임.

나. 한일 양국이 공동 이익 관계를 가지는 수역에 있어서의 어로 규제를 위하여서는 양국간에 어업 협정을 체결함으로서 사실상 현재의 우리측 배타적 어업수역의 범위에 관해서 양보할 용의를 가지고 있음.

다. 이러한 근본 양해에 입각하여 어업 협정을 위한 세 원칙요강에 관하여 우선 합의를 보도록 하고, 가능하면 국교정상화와 동시에 협정을 체결하도록 노력할것이로되 협정 안 심의에 따르는 기술적 및 전문적인 의론으로 인하여 상당한시간을 요하게 될것임으로 우선 잠정적인 협정을 체결하기로 하고 그 기간중 쌍방의 전문가에 의한 과학적 공동조사를 진행시키고 그 결과에 따라 어업자원의 남획 또는 여부를 판정한후 그

수로에 입국한 공식 경영은 금지토록 한다.

라. 어업상 목적을 위한 공해선이 이와같은 평화선 제정으로서 사실상 없어지게 되어버리므로 공산 관계 당국들의 국방상 목적을 위한 공해선은 그대로 존치된것이기란 이는 실질적으로는 단종을 의미하는 국방선이 될것인으로 일본 정부가 공산 관계에 있는 국토를 이용하여 한국 국토에 침입하는것은 방지한다면 사실상 국교정상화후에는 한일양국간의 관계에 있어서는 아무런 영향이 없게 될것임.

3. 재일 한인의 법적지위 문제

가. 이것은 제 2 차 대전 종전 이전부터 일본에서 계속 거주하여 오고 있는 한인 교포 및 그 자손들의 지위 및 처우에 관한 문제이다.

나. 그들이 일본에 정착하게된 특수한 배경에 감하여 2차 대전 종전 이후에 일본에 입국한 한인이나 혹은 기타 외국인보다는 특별한 지위와 처우를 주어야 한다는 원칙에 대하여는 일측도 동의하고 있다.

다. 구체적으로 합의에 도달하지 못하고 있는 중요한 문제점은 협정의 대상에 관한 것으로서 우리는 제 2 차 대전 종전 전부터 일본에 거주하여 오고 있는 전체 한인에 있어 사상 또는 기타의 이유에 의해서 그 일부가 협정 대상으로 부터 배제되는 일이 없기를 주장하고 있는바, 이 문제에 대하여 합의를 보면 여타 문제의 타결은 그다지 어렵지 않을 것이다.

라. 선박 관한 문제

이 문제는 청구권중 현물 반환 요구에 속하는 것인바 군정법령 33 호를 위시한 기타 SCAP 지령등 법적근거에 입각하여 증거가 명확한 선박과 증언에 의하여 추정되는 선박의 총톤수를 가능한 반환을 요구하고 있는바 그동안 [illegible]구한 논의의 결과로 신하여 대한 선박의 상호 확인이 곤란하고 또한 그 대부분이 노후화로 인하여 격파된 사실등에 감하여 결국 소위에 의한 동순의 본수의 신조선은 한국에 반환하게 되는 것으로 일본측의 성의 여하에 따라 청구권 문제의 해결과 밀접한 관련하에 원만한 해결을 볼수 있을 것이다.

나. 문화재 반환 문제

이것도 청구권중 현물 반환 요구에 속하는 것으로서 1957년 12월 31일자로 이루어진 당시의 한국 주일대사와 일 외무대신 사이의 Oral Statement 로서 합의된바에 따라 일본 정부 및 공공단체가 현재 점유하고 있는 한국의 중요 문화재와 일부 일본인 개인 소유 한국중요 문화재만을 한국측으로 인도함으로서 문제는 용이하게 해결될것이며 일본측도 원칙적으로는 동의한 사고를 하고 있는 것으로 보인다.

바. 기본 관계 문제

(1) 제 현안문제가 원만히 해결되면 한일양국간의 불미스러운 과거 관계의 청산을 규정하고 상호 신의의 토대위에 한국 정부가 한반도 내에서 유일한 합법정부라는 전제위에 건전한 선린적 관계를 설정하는 단계에 들어간 것이다.

(2) 전기 두가지의 본질적인 내용을 확실하게 규정하기 위하여는 기본조약의 형식으로 해결하는 것이 가장 적절한 방법이며 일본도 종래에 있어서 우호조약의 형식을 취하여 왔던 것이다.

(3) 그런데 금차 교섭에 임하여 일본측은 돌연 소위 오히라 구상이라고 전하는 공동선언방식으로서 이 기본관계를 해결할것을 시사하고 있는바, 아직 구체적인 제안은 하지 않고 있으므로

는 협의 단계가 아니다.

시기와 조건이 본질적 요건이고 내용으로서 구비된다면 기타 관계 규정의 방식에 있어서는 융통성을 가지고 임할 것이다.

1962 년 10 월 16 일

외정무 254

수 신 : 주 일 대 사

제 목 : 김 정보부장의 대일 방문에 관련한 훈령

1. 김부장이 방미 도중 귀로 일본 정부 고위 인사와 회담함에 관하여 별첨과 같은 최고회의 의장의 훈령이 있었기 동 사본을 송부하오니 참고 하시압.

2. 김부장과 일본 정부 수뇌와의 회담 결과에 따라서는 앞으로의 교섭에 영향 되는 바 큰 것이 예기되므로 동 회담 결과를 즉시 보고 하시압.

3. 앞으로 진행될 청구권 문제를 위시한 각현안 문제 해결에 대한 교섭 방침에 관하여는 전기 김부장의 일본 정부 수뇌와의 회담결과에 따라 새로이 지시할것이니 현지 관찰을 포함한 귀견을 참고로 보고 하시압.

별첨 : 김부장의 대일 교섭에 관한 의장 훈령 사본.

1966, 12, 31 에 예고문에 의거 일반문서로 재분류됨

외 무 부 장 관 최 덕 신

1962년 10월 12일

수신 : 중앙정보부장

제목 : 한일 회담에 관한 훈령

귀관의 금번 도일 중 일본정부 고위당국자와 회합함에 있어서는 별첨 자료를 참고하여 다음에 의하여 절충을 시행하시압.

기

1. 국교 정상화에 관하여 :

양국간의 상호 번영, 극동에 있어서의 평화와 안전의 유지, 자유진영의 일원으로서의 반공결속의 강화 등 대국적인 견지에서 한일국교를 조속히 정상화할 필요성과 제 현안문제의 해결로 한일간의 과거를 청산하고 새로운 평등한 우호관계를 수립할 필요성을 강조한다.

2. 청구권 문제에 관하여 :

가. 지불명목에 있어서 과거 8차에 걸친 한국측의 지대한 양보로 국민의 불만을 초래하고 있는 현상에서 청구권해결을 위한 총액이 3억불 이하로 하강한다는것은 혁명정부로서도 도저히 받아드릴수 없는 것이다.
다음에 청구권 해결을 촉진하기위하여 차관의 조건이 특별히 유리한것이라면 (무이자 또는 최저이자) 우리는 또다시 양보하여 이와같은 차관을 청구권 해결에 포함시킬 용의가 있는 바, 이러한 경우에 있어서는 차관의 액수와 순변제+무상조 지불 액수의 비율에 있어서 후자가 전자보다는 다액이어야한다.

나. 지불 명목에 관하여는 우리 국민으로 하여금 청구권에 대한 변제 내지 보상으로서 지불된것이라는 점을 납득시킬수 있는 표현이 되도록 할것.

다. 이상의 선에서 타결하는 원칙에 양해가 서면 이를 공식화 하는 절차는 현재 진행중인 예비 교섭 및 그뒤에 따를 정치회담에서 취하여 지도록 하고 정치회담의 일측 대표로서는 이께다 수상 또는 그가 지명하는 고위 정치인도 무방하다고 암시할것.

3. 평화선 및 어업 문제에 관하여

가. 한일문제는 양국의 관계에서 해결되기 위하여 모든 문제에 있어 일측이 성의를 표시하면 아측은 평화선 문제에 있어서 신축성 있는 태도로 임할 것인바,

나. 한일간 어업 문제는 기술적이고 전문적인 조사 토의가 완료될때까지 우선 잠정적인 [illegible] 협약으로서 해결하되 기본원칙은,

(1) 연안국의 특수 권익을 존중하는 국제어업의 경향을 존중할것.

(2) 일본이 제3국과 체결한 어업협정에 있어서의 선례를 십분 고려하고,

(3) 한일간 어업의 특수성을 고려하여 실질적인 균형을 기할수 있도록 하기위하여 모든 성의를 표해야 할것임을 강조할것.

다. 어업협정이 체결된후 현존 평화선은 순수히 대공 주장에 있어서의 국방상 목적을 위하여서만 존치될것을 양해할것.

4. 재일 교포의 법적지위 문제에 관하여

가. 그들이 일본에 거주하게된 특수한 배경에 비추어 제3국인보다는 특별한 지위와 대우를 주어야 하며,

나. 제2차 대전 종전 전부터 일본에 거주하여 오고 있는 전 한인 (All Korean residents of pre-war category) 에 있어서는 사상 또는 기타 이유에 의하여 그 일부가 규정 대상에서 제외될수 없음을 주장할것.

5. 선박 문제에 관하여

선박 문제에 있어서는 형평과 조리의 원칙에 의하여 반환대상 선박 총 톤수에 기준을 둔 우수한 신조선을 인도함으로서 원만 해결토록 할것.

6. 문화재 관계 문제에 관하여

문화재는 1957년 12월 31일의 Oral Statement 에 의거한 문화재 (일본 정부 및 공공 단체 소유 중요 문화재와 일부 일본인 개인 소유 한국 중요 문화재) 를 한국측에 인도함으로서 해결토록 할것.

7. 기본 관계 문제에 관하여

기본 조약 체결의 형식으로 해결하되 한일 양국간의 불미스러운 과거 관계를 청산한다는 것과, 한국 정부가 한반도 내의 유일한 합법 정부라는 전제하에서 건전한 선린 관계를 수립한다는 점을 강조할것.

8. 이께다 수상에 대한 구두 방한 초청

이상의 제 사항에 합의를 보고 해결에 대한 전망이 서면 이께다 수상에 대한 박의장의 방한 초청을 구두로 전달한다.

주의 :

1. 각 현안문제에 대한 아측 입장에 관한 상세한 것은 별첨 "각현안 문제에 대한 우리의 입장" 을 참조할것.
2. 이께다 수상과 회담시 별첨 친서를 전달할것. 끝.

5. 김 대사 이취임시 기자회견 요지

1. 출국시

생 략

2. 일본 도착시

(1) 금번 방미도중, 일본에서 개최되는 회의에 참석하는 기회에 일본 정부 고위 당국자와도 면담할 기회를 갖게 된 것을 기쁘게 여기는 바입니다.

(2) 본인은 한일 양국의 친선 관계, 극동에서는 평화와 안전의 유지, 자유진영의 일원으로서의 관건, 견지에서 기와 그 내국의 관계에서 한일 양국이 과거를 청산하고 하루 속히 국교를 정상화 하여야 한다는 점은 서로 쌍방이 다같이 인식하고있는 줄 알고 있읍니다.

현재 이를 위한 협상 개최를 위하여 쌍방 대표간에 예비절충이 꾸준히 계속되고 있는 바인데, 본인은 이 예비 절충이 성공리에 종결되어 하루속히 원만한 타결이 이루어 지도록 큰 기대를 걸고 주시하고 있는 것입니다.

(3) 본인이 수일간 체일하는 동안 일본 정부 수뇌자와 회담하게 되어 있으나, 이 회담는 양국간에 개재되고 있는 여러 현안문제에 관하여 어떠한 정치적 흥정을 하기 위한 것은 아닙니다.

단 한가지 목적이 있다면 그것은 현재 진행중인 한, 일 양 대표간의 예비 절충을 촉진하고도 진지한 의견 교환을 통하여 측면에서 도웁고, 분위기를 호전시켜 회담진전을 위한 촉진제의 역할을 하려는 것입니다.

(4) 따라서 본인은 양국간에 개재하는 여러문제를 원만 타결하여 국교를 조속히 정상화하기 위하여 일본측에서도 본인과 똑같은

[illegible] [illegible] 것을 [illegible] 기대하는 바입니다.

3. 이 인 사

(1) 본인이 수일간 [illegible] 이케다 수상, 오히라 외상과의 회담에서 한일 국교정상화를 중심으로 한 여러 문제에 관하여 쌍방이 솔직, 진지한 의견 교환을 하게 된것을 매우 기쁘게 생각하며, 이 회담에서 쌍방이 모두 국교정상화 조속 실현의 필요성을 강력히 인식하고 있음을 확인하게 된 것을 흔쾌히 여기고 있읍니다.

(2) 본인과 이케다 수상, 오히라 외상과의 회담이 현재 진행중에 있는 예비 절충의 앞으로의 진전에 도움이 된것을 희망하며, 동 예비 절충에서 조속히 원만한 타결이 이룩되기를 간절히 바라는 바입니다.

(3) 체일중, 귀국 정부 및 민간 인사 여러분이 본인에게 베풀어 주신 환대에 대하여 충심으로 감사합니다.

박정희 의장의 이케다 수상 앞 친서 〈한글본 친서〉

친애하는 이케다 수상 각하

본인은 한국의 중앙정보부장 김종필 대령이 도미 도중 잠시 일본에 머무르는 기회에 각하에게 본인으로부터의 간곡한 인사의 뜻을 전하도록 부탁하였습니다.

본인은 극동의 안녕 평화와 자유 진영의 단결이라는 견지에서 한일 양국의 국교 정상화가 조속히 이룩되어야 한다는 요망이 증대해감에 따라 양국 간의 제 현안 문제 해결을 위한 호전된 기운이 마련되고 있음을 보고 이를 흠쾌(欽快)히 생각하는 바입니다.

본인으로서는 이와 같이 이룩된 좋은 분위기를 현재 진행 중인 국교 정상화 회담을 상호 만족할 수 있는 타결로 이끌도록 하는데 최대한으로 이용하는 것이 우리들의 의무일 것으로 생각합니다.

이러한 견지에서 본인은 김 부장이 각하 및 각하의 보좌관들과 양국의 관심사가 되어 있는 제반 문제를 기탄없고 진지하게 토의할 기회를 가지게 될 것만은 상기한 목적 달성에 있어 큰 성과 있는 것이 되기를 희원(希願)하여 마지않는 바입니다.

끝으로 각하의 건강과 행복을 빕니다.

1962년 10월 19일
대통령 권한대행
국가재건최고회의 의장
박정희

일본국 수상
이케다 하야토 각하
도쿄, 일본

TRANSL 4710 AU

~~DRAFT~~

Dear Mr. Prime Minister:

I have asked Col. Chong Pil Kim, Director of the Central Intelligence Agency of Korea, who is to make a brief visit to Japan on his way to the United States, to convey to you my cordial personal greetings.

It is gratifying to note that the growing urge for an early normalization of the relations between Korea and Japan in the interest of the peace and security of the Far East and the unity and solidarity of the free nations has created a favourable mood for the settlement of the pending problems between our two countries. I think it is our duty to make utmost use of this prevailing atmosphere by bringing the current normalization talks to a mutually satisfactory conclusion.

In this regard, it is my hope that Col. Kim will have opportunities to exchange frank and candid views with you and your associates on various matters of our mutual concern and that his visit, though very brief, may prove useful in attaining the above goal.

With warmest personal regards and esteem, I am,

Sincerely yours,

(Chung Hee Park)
Acting President of the
Republic of Korea

His Excellency
Mr. Hayato Ikeda
Prime Minister
Tokyo, Japan

번역

케네디 대통령의 박정희 의장 앞 친서

백악관

워싱턴

1962년 8월 23일

친애하는 박 장군님:

작년 11월 워싱턴에서 귀국과 일본 사이의 관계 정상화 문제를 논의한 이래로 이 문제를 종종 생각하였습니다. 나는 8월 21일에 재개된 협상의 진행 상황을 계속 알려달라고 요청했습니다.

나는 귀하와의 대화를 통해 귀하가 한국과 일본, 미국, 그리고 자유세계를 위하여 일본과의 문제 해결의 중요성을 충분히 이해하고 있다는 것을 알고 있으며, 두 이웃 국가 간의 정상적인 관계를 수립하려는 귀하의 노력에 가장 따뜻한 소망을 보냅니다.

많은 장애물이 귀하 앞에 놓여 있지만, 저는 귀하가 합의를 이끌어 내기 위해 모든 노력을 다할 것이라고 확신합니다. 저는 귀하의 지도력 아래, 우리가 훗날 위대한 정치인의 행동으로서, 그리고 한국과 일본, 그리고 태평양 유역의 모든 국민들을 위한 새로운 시대의 시작으로서 되돌아볼 수 있는 합의를 달성할 수 있기를 기대합니다.

진심으로,

/존 F. 케네디

박정희 장군 각하

대한민국 대통령 권한대행

서울

THE WHITE HOUSE

WASHINGTON

August 23, 1962

Dear General Park:

Since our meeting in Washington in November last year when we discussed the problem of normalization of relations between your country and Japan, this subject has often been in my thoughts. I have asked to be kept informed currently on the course of the negotiations which were resumed on August twenty-first.

I know from talking with you that you fully graspt the importance of a settlement to both Korea and Japan, to the United States, and to the Free World, and my warmest wishes go out to you in your efforts to establish a normal relationship between two neighboring countries.

Many obstacles lie before you, but I am convinced that you will do everything in your power to bring about a settlement. I look forward to the achievement, under your guidance, of an agreement on which we can look back in years to come as an act of great statesmanship and the beginning of a new era for the people of Korea, Japan, and all the great Pacific basin.

Sincerely,

/s/ John F. Kennedy

His Excellency
General Chung Hee Park
Acting President of the Republic of Korea,
Seoul.

번역

박정희 의장의 케네디 대통령 앞 답서

1962년 9월 12일

케네디 대통령님께,

버거 대사를 통해 저에게 전달된 8월 23일 자 귀하의 서한을 받은 것에 대해 깊은 감사를 표하고 싶습니다. 작년에 제가 워싱턴을 방문했을 때 귀하와 한미 관계의 중추적인 문제와 양국의 공통 관심사인 기타 국제 문제에 대해 솔직한 의견을 교환하는 기쁨을 누렸던 이래, 귀하가 한일 관계 정상화라는 중요한 문제에 대해 큰 관심을 갖고 있으며 현재 도쿄에서 진행되고 있는 우리의 협상 상황을 예의 주시하고 있다는 사실에 대해 매우 기쁘게 생각했습니다.

과거의 불명예스러운 관계에서 비롯된 여러 가지 미해결 문제를 정의롭고 신속하게 청산하고 한일 관계를 정상화함으로써 미래의 정의롭고 공정한 관계의 기반을 확고히 하는 것이 한일 양국의 공동 이익에 부합할 뿐만 아니라 자유세계 전체의 단합과 극동 지역의 안보 강화에도 크게 기여할 것이라는 것이 저의 개인적인 신념입니다. 저는 이러한 신념을 가지고 이 고질적인 문제의 조기 해결을 가장 중요한 과제로 오랫동안 생각해 왔습니다. 자유세계의 지도자 역할을 하는 미국 대통령으로서 귀하께서 한일 관계 정상화의 중요성을 이렇게 강조해 주시는 것은 저에게 큰 격려가 아닐 수 없습니다.

그러나 혁명 정부가 당면한 여러 가지 엄중한 과제와 어려움 속에서도 한일 관계의 조기 정상화 문제를 외교 분야의 여러 문제 중에서도 최우선 과제로 삼고 성실과 성의를 다해 노력해 왔음에도 불구하고 지금까지의 성과가 만족스럽지 못했음을 유감스럽지만 인정할 수밖에 없습니다.

귀하께서 서신에서 지적하신 바와 같이, 이 문제의 조속한 해결을 가로막는 장애물이 많이 있으며, 그 중 다음과 같은 것들이 귀하께서 참고할 수 있을 것입니다.

첫째, 공산주의에 대항하여 공동 번영과 불가침의 단결을 도모하기 위한 건전한 미래 관계를 수립하기 위해서는 양국이 과거 관계에서 발생한 미해결 문제를 만족스럽게 해결하고 이를 통해 상호 신뢰감을 조성하는 것이 필수적입니다. 그러나 일본은 과거 관계에서 비롯된 우월감에서 벗어나지 못하고 있으며, 이러한 감정은 현재 협상 과정에서도 끊임없이 반영되어 한국 국민의 일본에 대한 불신감을 자극하고 있습니다.

둘째, 일본은 한국과의 공정한 문제 해결을 통해 반공 전선의 단결과 공고화를 지향하는 대국적 관점을 취하기보다는 눈앞의 이기적 이익에 집착하면서 '두 개의 한국'을 내세워 장래의 북괴 괴뢰정권과의 관계에 대해서도 문을 열어두려고 안간힘을 써왔다는 점입니다. 또한 우리 민족의 분단이라는 엄혹한 현실을 협상의 흥정거리로 삼아 이를 이용하려 하고 있으며, 특히 청구권 문제와 관련하여서는 관계 정상화로 인한 경제적 실익이 크지 않을 것이라는 전제하에 우리의 모든 협상 노력에 소극적으로 대응해 왔습니다.

셋째, 한국 지식인들 사이에서는 일본의 이러한 소극적이고 부정적인 태도가 결국 한일 관계 정상화 이후 미국이 한국에 대한 전통적인 군사적, 경제적 역할을 점차 일본으로 이전할 수 있다는 일본 측의 계산에서 비롯된 것이 아닌가 하는 우려가 커지고 있는 것으로 보입니다.

저는 위에서 어려움에 대한 예를 들었는데, 이는 우리의 상호 관심사이며 귀하도 그 성격을 잘 알고 있기 때문입니다. 나는 이 문제에 대해 적극적인 협조를 표명하는 귀하의 탁월한 정치력이 이러한 장애물을 극복하는 데 큰 도움이 될 것이라고 굳게 확신합니다. 저는 한국 국민들이 일본에 대한 뿌리 깊은 불신감을 조속히 해소할 수 있도록 대승적 견지에서 한국 국민들을 계몽하는 데 최선을 다하는 것이 저의 의무라고 생각합니다.

참고로, 미해결 현안 해결을 위한 마지막 양보 사항을 담은 우리 측 입장문을 동봉합니다.

진심으로,

박정희

존 F. 케네디 각하
미합중국 대통령

September 12, 1962

Dear President Kennedy,

I would like to acknowledge with deep apprecia-tion the receipt of your letter dated August 23, which was transmitted to me through Ambassador Berger. Since my visit to Washington last year, during which I had the pleasure of exchanging candid views with you on the pivotal questions of relations between the Republic of Korea and the United States, and on other international issues that are of common concern and interest to both countries, it has been deeply grati-fying for me to note that you are greatly interested in the vital problem of the normalization of relations between Korea and Japan, and that you are closely following the development of our current negotiations in Tokyo with a keen interest.

It is my personal conviction that a just and speedy liquidation of various outstanding issues ari-sing from the past dishonorable relations, followed by a normalization of relations between Korea and Japan, and the laying thereby of firm foundation for a just and fair relations of the future, will not only serve the common interests of Korea and Japan but also greatly contribute to strengthening the unity of the entire free world as well as the security of the Far East. With this conviction I have long regarded the early solution of this perennial problem as a matter of utmost importance. Indeed, it cannot but be a strong encourage-ment to me to note that, as the President of the United States playing the role of the leadership for the free world, you stress so much on the importance of the normalization of Korea-Japan relations.

I regrettably admit, however, that the results so far have been far from satisfactory, despite the fact that, with all other exacting tasks and difficulties faced by the revolutionary Government, the question of the early normalization of Korea-Japan relations has been given the first priority among a multitude of problems in the field of foreign affairs, and that the Government has been making its utmost efforts in sincerity and good faith.

As you noted in your letter, there are many obstacles to a speedy settlement of this question, of which the following may be enumerated for your reference.

First, in order to establish sound future relations with a view to promoting common prosperity and indestructible unity against Communism, it is essential for both countries to settle satisfactorily the outstanding issues arising from their past relations, and to foster thereby a feeling of mutual trust between them. But, the Japanese have not been able to get rid themselves of a superiority complex derived from the past relations, a complex which is constantly reflected in the course of current negotiations, provoking thereby the distrustful feeling of the Korean people toward Japan.

Second, instead of taking a broad point of view oriented toward strengthening the unity and consolidation of the anti-Communist front through a fair settlement of issues with Korea, the Japanese have been preoccupied with the consideration of their immediate and selfish interest, and have been making strenuous attempt to leave the door open, on the basis of "two Koreas," for possible future relations with the north Korean puppet regime. Moreover, they try to capitalize upon the hard reality of our national division by using it as a bargaining point in negotiations, and have been passive and inactive in their response to all of our negotiation efforts, particularly in connection with the claims issue, on the presumption that their prospective economic advantage resulting from the normalization of relations would be not significant.

Third, among the Korean intellectuals, there seems to be a growing fear that such passive and negative attitude of Japan is, in the final analysis, derived from the calculation on the part of the Japanese that the United States might, after the normalization of Korea-Japan relations, gradually transfer to Japan her traditional military and economic roles in Korea.

I have given here the above examples of difficulties as they are matters of our mutual concern, the nature of which you are well aware of. I am firmly convinced that your distinguished statesmanship in rendering positive cooperation in this regard will be of great value in overcoming such obstacles. On my part, I regard it my duty to do the utmost in enlightening the Korean people from a broad standpoint of view so that their yet deep-rooted feeling of distrust toward Japan may speedily be alleviated.

For your reference, I am enclosing herein our position paper covering the last line of concessions for the settlement of outstanding issues.

Sincerely,

Chung Hee Park

His Excellency
Mr. John F. Kennedy
President of the United States of America

34. 김종필 부장-오히라 외상 회담 내용 보고, 1962. 10. 21
한국 외교문서 796, 김종필 특사 일본 방문, 1962. 10-11

1962년 10월 21일 일본을 방문한 김종필 중앙정보부장이 오히라 마사요시 외상과 회담한 내용을 보고한 문서다.

1962. 10. 21.

관리 번호 1457

수 신: 외무부장관

제 목: 김종필 부장- 오히라 외상 회담 내용 보고

지난 20일 김종필 부장이 일본의 오히라 외상과 회견한 내용에 대하여, 김부장이 박 의장 각하에게 보고한 사본을 별첨 송부 합니다.

예고문: 한일회담 종요후 일반문서로 재분류

대리.

주일대사 배의환

2045

담 당	과 장	국 장	차관보	차관	장 관	공람

1962. 10. 21.

의장 각하

예정 보다 1시간 늦게 하네다 공항에 도착하였을 때, 저는 수백명 교포들로 부터 열렬한 환영과 격려를 받았읍니다. 예상과 달라서 조련계 반대 데모는 삼엄한 일경들의 경계 때문이었는지 그림자 조차 나타내지 않았읍니다. 저는 이세끼 아세아 국장과 일본 국회 반공 지도자들의 영접을 받은 후 공항 귀빈실에서 기자 회담을 가졌읍니다. 기자들의 질문은

1) 새로운 제안을 갖고 있는가

2) 의장 친서를 갖고 왔는가

3) 도미 목적은 무엇인가. 한일회담과 관련이 있는가

4) 귀국시 일본에 다시 들리는가

5) 서울에서 말한 현실적인 이익 추구이란 무엇을 뜻하는가

들이었읍니다.

숙소 오꾸라 호텔에서 배대사를 비롯한 회담 대표들로 부터 약 30분간에 걸쳐 그 동안의 예비절충 내용에 관한 설명을 듣고 직시 일본 외무성으로 오히라 외상을 방문했읍니다.

전후 약 2시간 반 (16:05-18:35)에 걸친 단독 회담에서 다음과 같은 의견 교환이 있었는데, 이 회담에서는 우선 오히라 외상이 한일회담에 관한 일본측 입장을 설명하였는바,

첫째로 일본은 과거 어느 때 보다도 정부는 물론 당내의 각파 지도자들 까지 회담 성공을 위한 열의를 가지고 있다는것,

둘째 사회당의 반대 또는 일부 국민들의 반대에 대해서는 눌러서 진행시킬 생각이라는것,

셋째 이제 까지 진행된 예비절충은 사실상 정돈 상태에 빠져있으며 새로운 계기를 마련할 필요성을 인식하고 있다는것,

넷째 청구권 문제에서 너무나 구애되고 있는것 같으나 일본측 생각으로서는 현안 문제 즉 청구권 문제, 재일 교포 법적 지위 문제, 평화선 및 어업 문제, 기본 조약 문제, 독도 문제등 5개 문제를 1괄 해결해야된다는것 등 기본 태도를 밝히면서, 현재의 자기의 입장은 관방 장관으로 있을 때 보다

오히라 이께다 수상과 면접하는 기회가 없으며 주로 전화로 업무 타합을 하고 있다고 말했읍니다. 그러나 외견상으로 또는 일반적인 관측으로는 자기 자신이 이께다 수상과 모든 정책이나 생각에 있어서 완전히 동일시 되고 있지만 한일 문제에 관한 한 약간의 의견 차이가 있다고 말하고, 특히 청구권에 있어서는 액수의 차이가 현저하다고 하면서, 표면상 그 이유는 아직도 이께다 수상이 확실히 결심을 하고 있지 못한 탓이라고 말했읍니다.

이어 오히라 외상은, 그러나 자기는 이번 기회가 절호의 기회라는 생각 밑에서 좀 무리가 있다는 치더라도 타결점으로 이끌어 나가겠다고 그의 결의(?)를 표명하면서, 다음과 같이 현안 문제에 대한 설명을 계속했읍니다.

첫째. 청구권 문제:

오히라 외상은 지난번 방미 시에 러스크 장관과 만났을 때에 장관으로부터 한일 회담을 가급적 빠른 시일에 성취시키도록 종용을 받았으며, 청구권 액수에 대하여 일측의 생각을 문의한데 대하여 2억 5천만불을 암시한바, 그것으로는 한국이 응하지 않으리라는 이야기 였다. 그러나 자기는 말을 좌우하며 확정적인 언질을 주지 않았다고 말했읍니다. 또한 지난번 귀국했던 버거 대사가 귀국 도상 및 귀임 도상에 이세끼 아세아 국장을 만나서 3억불 정도면 한국측도 응하지 않겠는가라는 이야기가 있었다고 밝히고, 자기로서도 그런 선이며는 노력할만 한 조건이 아니겠는가라고 생각한바 있다고 말하고 이것을 이께다 수상에게 이야기 한즉 2.5 이상은 고려할수 없다는 대답을 하드라고 말했읍니다. 그러나 이께다 수상으로 부터 받은 자기의 인상은 2.5로는 어려울 것이라는 말투로 첨가하는것입니다.

여기 까지 이야기를 하는데 제가 받은 인상은 이께다 수상이나 오히라 외상이

첫째, 라이샤워 주일 대사와 접촉이 많다는 것

둘째, 주미 일본 대사의 활동이 많다는 것
버거 대사가 두번이나 이세끼 아세아 국장과 금액 까지도 논의했다는 점.

셋째, 케네디 대통령에게 보낸 의장의 친서 내용을 띠엄 띠엄 인용

하고 있었다는것. 또 신문이라는것이 의외로 잘 알아낸다고 이야기하고 있었다는것.

넷째, 서로 배짱을 알고 있는 문제이니 털어놓고 이야기 하자므로 말을 하는것으로 보아서 확실이 그는 우리의 최종안을 알고 있다고 판단되는것.

그러나 이와 같은 설명을 듣고 저와 일본 일답한 내용을 열거하면 다음과 같읍니다.

문: 서로 뱃장을 알고 있으니 시간을 허비할 하지 말고 허심 탄회하게 이야기 하자는데 대하여 전적으로 동감이다. 우리 상호 인격을 존중하고 신뢰를 갖고 이야기를 진행시키자. 오히라 외상은 확정한 금액을 이야기 해줄수 있는가?

답: 대체로 3억불을 고려하고 있다.

문: 3억불을 고려하고 있다면 기간은 어느정도로 보는가

답: 년 2,500만불 정도로 12년 기간을 고려하고 있다.

문: 2,500만불 12년이라는 기준은 여하히 계산한것인가?

답: 일본은 태평양 전쟁시 일본이 피해를 입혔던 비율빈, 인도네시아, 월남, 태국, 버마, 중국등에게 도합 7,600만불을 매년 배상으로 지불해 왔다. 그 중에서 가장 다액을 지불하는 나라가 비율빈 인바, 이것이 2,500만불이다.

이와 같은 문답이 진행되다가 저는 반대의견을 표시하기 시작했읍니다.

첫째, 3억불선은 도저히 한국측으로서는 응할수 없는금액이다. 또한 년간 비율빈이 2,500만불이라고 해서 그에 따를 필요가 있겠는가. 비율빈의 경우와 한국의 경우는 근본적으로 그 성질이 상이하다.

또한 12년 기간이라는 기간은 너무나 길다. 우리는 그 반 이하의 기간에 이루어 질것을 희망한다. 당신네 경우에 있어서도 예산 할당에 있어서 다른 지방과는 달리 북해도에는 예산을 중점적으로 배당하고 있지 않는가. 그러므로 한국의 경우 여타국가와의 조건을 같이 할 필요는 없다고 본다. 우리는 6억불선을 견지하여야 한다. 우리 국민들은 자유당 때, 민주당 때, 혁명 정부에 이르는 동안 계속해서 교섭액수가 감소되고 있는데 대하여 크다란 불만을 표시하고 있다. 사실 6억 선 까지 하강시킨데 있어서도 혁명정부로서는 어려운 결단을 내린것이다.

이에 대하여 오히라 외상은 사실상 일본도 공적으로 내놓았던 1억 5천만 불에서 3억불이라는 선까지 끌어올리는데 있어서 무수한 어려움이 있는것인데 6억은 도저히 있을수 없는 이야기다. 더구나 3억이라는 그 선 자체도 아직 이께다 수상과는 합의를 보지 못한 숫자이며, 이 선 까지 끌어 올리는데도 자기로서는 모든 수단 방법을 다하지 않으면 어려운것으로 생각하고 있는것이다. 그래서 대 국회, 대 국민에게 합리적으로 납득될수 있는 어떤 방안을 검토하고 있는데이다. 예를 들면 조선은행에서 매년 특별계정으로 일본은행이 차입해를 였던 금액 현시가로 약 6억원, 미화 약 2,000만불 같은것을 보탠다던지 또는 2차 대전 후 서구의 여러 나라들이 각각 식민지를 독립시킬 때 XX공여했던 독립축하금 또는 원조XX금등의 선례를 인용하여 보태서 해결하는 방식등 여러 각도로 이유를 만들어 부쳐보려고 까지하고 있는것이다. 그래서 청구권이라는 어휘자체도 많은 일본 국민은 아직도 왜 그런것을 한국에 주지않으면 안되느냐는 정도로 억지쓰는 친구들이 많기 때문에 무상공여라던지 혹은 독립 축하금이라던지 하는 어휘를 안출발설하기에 이르렀던것을 이해해 달라. 그러기 때문에 6억이란 도저히 안될 소리다.

문: 그러면 당신은 오픈 아카운트는 어떻게 생각하고 있는가

답: 그것은 청구권과 별도로 고려하고 있다.

문: 그것은 무슨 뜻인가

답: XX 한국 사업인들이 오픈아카운트를 명년 1월 부터 분할해서 갚기로 하고 그 대신 민간 차관을 고려해달라고 요청이 있어서 한국정부의 내락이 있는것으로 알고 있기 때문에 현재 오픈 아카운트는 별도로 취급할려는것인XX. 그래서 청구권에는 포함시키지 않고 이야기하고 있는것이다.

문: 그렇다면 그런 문제는 가능성이 있는가

답: 현재 가능성 여부를 검토중에 있다.

이와 같은 문답에 대해서 저는 확실히 한국 정부로서는 오픈 아카운트를 청구권에 포함시켜서 일괄해결하는것을 고려하고 있으며 별도 취급이란 있을수 없다고 알고 있다고 말한즉, 오히라 외상은, 한국측으로서는 오픈 아카운트를 청구권 문제에 포함해서 해결하는것이 유리할것이라고 생각한다고 말했읍니다 그리고 반문을 하기 시작했읍니다.

문: 그러면 한국측은 도대체 무상공여(청구권)를 얼마면 된다고 주장하는가

답: 6억불 이하로 내려갈수는 없다.

이에 대하여 오히라 외상은 결정적으로 그것은 되지않는 답이라고 하고 3억불선이 가장 가깝지 않느냐고 되물이하면서 한국의 입장은 이해할수 있으나 일본측 입장도 말한바 있으니 재고해줄수 없겠는가?

이상과 같은 문답이 끝나고 이야기가 진전되지 않아서 잠시 잡담으로 시간을 보내다가 제가 다시 문제의 핵심으로 끌고 들어갔읍니다.

문제 해결을 위해서 딴 방안을 모색해볼 용의는 없겠는가한즉, 오히라 외상은 민간 베이스 차관문제를 끄냈읍니다. 즉 청구권은 3억으로 하고 그외의 민간 차관 또는 은행 차관등에서 보탤수 있는 방안도 있지않겠는가. 그러나 자기 생각으로는 청구권 문제에 이런 민간 차관 문제를 결부시켜서 해결할려고 하는 것 보다는 청구권 문제만을 똑 떼서 해결하고, 민간 차관문제는 한국정부의 기본 방침대로 국교 정상화 후에 액수에 구애됨것없이 자유롭게 협조하는것이 좋지 않겠는가. 그리고 대체로 자기는 천장을 만들어 놓고 거기에 달토록 교섭하는 방식은 현명하지 못하다고 생각한다. 앞으로 얼마든지 그런 협조는 이루어질수 있다고 보기때문이다.

그래서 저는 그러면 청구권의 범위 내로 해석될수있 는 해외 경제협조기금 같은것을 확언하면 정부대 정부 차관 정칠의 무이자 또는 저이자의 장기 차관을 고려할수 있지 않는가라고 한즉 오히라 외상은 그러지 않아도 그런 문제가 나올 것을 예상하고 현재 대장성과 외무성에서 검토를 하고 있으나 사실 현재로서는 그 기금이 4,000만불정도 밖에 없다. 물론 이 기금은 증액되어서 매년 실시되겠지만그러한 여지는 충분이 있다고 본다. 그러므로 문제는 청구권을 얼마를 요구하는것인지 거기에 있다. 그래서 저는 말하기를 청구권을 얼마라고 정확하게 이야기는 않겠다. 앞서 말한바와 같이 3억선은 불가능 하다. 또한 오픈 어카운트를 청구권 금액에다가 보태져야한다. 그리고 아7가 고려할수 있다면 정부대 정부 차관을 포함해서 6억선이 확보되어야 한다. 이에 대하여 오히라 외상은 매우 문제의 핵심에 도달되었다고 말하면서 자세를 고쳐앉으면서 이 문제를 좀더 구체적으로 이야기하자고 나왔읍니다. 저는 이 이상 구체적으로 이야기 하는것 보다 이런 정도의 합의를 볼수 있다면 양측 예비회담 대표들에게 그 범주안에서 토의시키는것이 좋지 않겠는가라고 한즉, 오히라 외상은 그것도 좋지만 그러한 차관이 고려될 때 청구권 액수를 감축시킬수 있는 융통성을 주겠는가라고 나왔읍니다. 이에 대하여 저는 우리가 생각하고 있는 선에 접후해서융통성을 가질수 있는문제라고 말할것/ 수 있겠느냐, 거듭 말하거니와 3억불선은 않된다고 한즉 이에 대하여 오히라 외상은 기천만불 때문에 회담이 타결되지 않는경우라는것은 양국을 위해서 피해야되지 않겠는가라고 하기에 저는 특히 지불해야 하는 당신네 나라에 있어서는 더욱그렇다고 말하였읍니다. 여기에서 오히라 외상은 그러면 청구권 문제에 있어서 귀국의 요구대로 어느정도 충족되었을 때 평화선과 어업문제에 양보할수는 없겠는가라고 말했읍니다.

이에 대하여서는 문제의 핵심이 청구권에 있기 때문에 약한/ 만약 청구권에 있어서 좋은 결과를 가져왔을 때 여타문제의 해결은 폭을 가지고 이야기 할수 있는 여지가 마련될수 있지않겠는가라고 이야기하자, 오히라 외상은 미국에 갔을 때 한일 문제를 미국 요로와 이야기 할 계획이 있는가라고 물어왔읍니다. 저는 현재로서 별다를 계획은 없지만 내가 알기에는 한일 문제 타결에 대한 관심이 많기 때문에 설명하게 될 가능성은 있다고 말한즉, 오히라외상은 그러면 미국으로부터 돌아오는 길에 다시 만나서 이 문제를 구체화하자고 제의하므로 재차만난다는것을 비밀로 한다는것을 전제로 하여 이에 동의했읍니다.
그래서 11월 12일 전후에 다시 만나게 되겠읍니다.

둘째. 어업 및 평화선 문제:

오히라 외상은 평화선 (리 라인) 문제는 철폐해서 자원은 한일 공동 조사반에 의한 협정을 체결하고 공동 이익을 강구하는 한편, 마음대로 어로작업이 될수 있도록 하여야 할것이며 어선 문제를 비롯한 제 문제를 폭있게 다루어주기 바란다고 말했읍니다.

이에 대하여 저는 평화선은 한국의 방위 선이다. 휴전이 된지 10년이 가까우나 현재 한국의 휴전선상에서는 매월 2건 내지 4건 이상의 교전 충돌이 계속되고 있으며 많은 인원이 살상당하는 예가 비일 비재하다. 그러나 이상하게도 많은 외국사람들은 그러한 사실에 대하여 너무나 무관심할뿐더러 전쟁이 완전히 종식된것으로 인식하고 있다. 만일 한국이외의 다른 나라의 국경에서 이런 일이 일어난다면 그것만으로서 상당한 분쟁을 이르킬만한 정도의것인것이다. 바꾸어서 말하면 한국은 일견 전쟁이 종식된것 같으나아직도 전쟁상태를 지속하고 있다는 것을 의미한다. 뿐만 아니라 한국의 해안에는 부단히 간첩등이 상륙하고 있으며 정체 불명의 잠수함까지도 빈번히 출몰하고 있다. 이러한 모든 상황은 특히

3면이 바다로 싸여있는 한국으로서 해상방위에 중요성을 매우 강조하고 있다. 그러므로 평화선은 한국의 안전보장상 불가피한 방위선인것이다. 이 선은 일본에 대한 선이 아니라 한국의 적인 공산군에 대한 방위선임을 인식해주어야겠다. 그러므로 어업문제나 기타 이에 관련된 문제들은 정당한 협정에 의해서 해결될수도 있는 문제이며 이 문제에 대한 소 위원회는 비교적 잘 진행되고 있다고 보고있기 때문에 거기에서 해결되는것이 좋다고 말했읍니다.

이에 대하여 오히라 외상은 동의하였고 평화선이 한국의 국방 상 필요한 방위선이라는것에 대하여는 더 이상 질문을 하지 않았읍니다.

셋째, 기본조약 문제, 법적지위 문제

이에 관해서는 예비절충 의 소위원회에서 진행시키도록 일임하고 별로 논의를 하지 않았읍니다.

넷째. 독도 문제:

오히라 외상은 독도 문제는 사회당의 대 정부 공격 자료로서 끌고 늘어지는 난 문제의 하나이기 때문에 일본이 제기한 국제 사법재판소에 응소해주기 바란다고 한데 대하여, 저는 그것은 할수 없다. 왜냐하면 독도문제는 회담으로부터 한일회담과는 관계 없었던것을 일본측에서 공연히 도중에 끄집어낸 문제이기 때문에 별문제라고 본다. 그러므로 독도 문제는 양국의 국교가 정상화 된 후에 서서히 시간을 가지고 해결해나가는것이 현명한줄로 안다. 그것으로서 이야기는 끝났읍니다. 그러나 제가 받은 인상으로서는 미국의 거중조정이 강력한것으로서 일본으로서도 타결을 어느정도 서두르고 있는것 같이 감취되었읍니다.

마즈막으로 앞으로 회담을 이끌어 갈 시간 계획에 대하여서도 대체로 합의를 보았는데,

첫째, 금년 내로 정치회담을 종결한다.

둘째, 명년 봄 까지 정식 조인한다.

셋째, 명년 6,7월에 국회 인준을 득한다. 6, 7월의 시기를 택한 이유는 일본은 명년 6월 이전에 지방 선거가 완료되고 예산 심의를 위한 국회도 일단락 될것으로 판단되기 때문이라고 합니다.

이상과 같은 내용이 오히라 외상과 이야기 한 전부입니다. 그래서 오히라 외상과 저는 신문 기자들에게 발표 내용 까지도 상호 합의하에 다음과 같이 하기로

합의했읍니다.

1. 예비 교섭은 템포를 올려서 촉진하고 회수를 거듭할수록 현안의 처리에 대한 쌍방의 주장을 실효적으로 조여들어갈것.

2. 청구권에 관해서는 쌍방의 주장에 아직도 상이가 있으나 이 문제는 쌍방 공히 한층 더 성의를 가지고 상호입장을 고려하면서 그 타결을 꾀한다. 그리고 기타 논의된 내용에 대해서는 일체 비밀을 유지하기로 하였던것입니다.

그러나 일본측은 즉각 정략 보도를 전개했는데, 물론 거기에는 일본 국민들 안에 알려져있는 1.5억불이라는 ~~[illegible]~~ 3억불선 까지 이끌어올리기 위한 단계적 "피.알"을 전개하는것이라고 보이나 이것이 그대로 국내에 파급될 때 좋지 않은 영향을 고려하여 국내 "피.알"의 정략활동이 요망됩니다. 그래서 동경에 와 있는 특파원으로 하여금 대략적인 자료를 제공하고 기사를 발송하였으므로 그대로 게재될것으로는 보입니다만 공보실장으로 하여금 조종을 지시해주셨으면 합니다.

명일은 이께다 수상을 만난 후 이임하게되겠읍니다만, 이께다 수상과도 오히라 ~~[illegible]~~ 외상과 고담한 정도에 그치고 이 방향을 밟는것이 좋겠다고 보여집니다.

오늘은 "엠.알.에이" 센타에서 세계 30여개국에서 온 근 1,000명 정도가 참집한 가운데 제가 주빈이되어 엄청난 환대를 받았읍니다만 이는 곧 우리 정부의 신뢰도를 표시하는것으로 눈물겨운 하루를 보냈으며, 고노 이찌로 건설상, 기다자와 나오기찌, 등 자민당 중견들과도 만나 의견 교환한바 있으며, 특히 가또 시스에라는 사회당 여성 의원이 솔선 한일회담을 추진시키는 선두에 서겠다는등 매우 좋은 의욕을 보여주었읍니다.

명조, 즉 22일 아침에는 오오 반보꾸씨 와 조반을 같이하게 되었고, 점심은 기시 노부스께, 이시이 미쓰지로등과 같이하기로 하였읍니다.

그러면 이상 우선 보고드리고 제 2차 보고는 22일의 "엠.알.에이" 본 회의와 이께다 수상을 비롯한 세계 각국 지도자들과 만난것을 보고드리겠읍니다.

각하의 건승하시기 기원하오며, 이만 끝입니다. 특히 말씀올릴것은 10월 20일 저녁 에 자민당의 오노 부총재, 가와지마 행정관리청 장관, 고노 건설상, 후지야마 아이이찌로 의원등 당인파 4자회담에서는 아까기 총무회장, 시게마사 농상, 후나가미 이사무, 에마끼 진도의 제시다// 참석리에 한일 회담은 조속히 타결되어야 한다는 4명 1치의 의견이 되었다다는 성명 발표는 앞으로의 일본국내에 적지 않은 영향을 줄것으로 봅니다.

끝

중 앙 정 보 부 장 김 종 필

35. 大平大臣·金鍾泌韓國中央情報部長會談記錄要旨, 1962. 10. 21

日本外交文書 1824, 다섯 번째 문서

1962년 10월 21일 김종필 중앙정보부장과 오히라 마사요시 외상 간 회담 결과를 기록한 일본 측 문서다.

번역

오히라 대신·김종필 한국 중앙정보부장 회담 기록 요지

1962. 10. 20, 아시아국

1. 일시: 10월 20일 오후 4시 05분부터 6시 35분까지
2. 장소: 외무성 대신 응접실
3. 회담 요지

(1) 모두에, 김 부장은 회담에 대한 일본 측의 생각은 대체 무엇인가를 물었으며, 이에 대해 대신은 우선, 청구권 문제에 관해서는 과거의 역사 등에 기초하여 세세하게 청구권의 내용을 토의해도 의미가 없으며, 한국의 독립에 대한 축하금 및 구 종주국의 신 독립국에 대한 경제 자립을 위한 협력이라고 하는 의미로 제공하는 제안을 한 것에 대해, 한국 측은 아직 공식적으로 yes도 no도 말하지 않고 있다면서, 일본 측으로서는 이 문제가 교섭의 성부(成否)를 결정하는 하나의 고비라고 생각하고 있다고 했다.

이에 대해, 김 부장은 구체적인 표현에 관해서는 나중에 협의하겠으나, 기본적으로는 일본 측의 생각이 크게 문제 되지는 않는다고 답한 뒤, 금액에 관해서는 어떻게 되는 것인가 반문해 왔다.

대신은 축하금의 성질상 '이것 이하로는 절대 받아들일 수 없다'고 하는 최저액은 있을 수 없다고 생각한다면서, 솔직히 말하자면 미국 측으로부터 3억 달러라고 하는 숫자가 나오고 있는데, 이에 대한 한국 측의 의향은 어떻하냐, 일본 측으로서는 이미 각국에 대해 10억에 가까운 배상을 떠안고 있고 연액 8,000만 달러를 지불하고 있다, 또한 필리핀에 대한 연간 지불액은 2,500만 달러이므로 이것을 크게 넘어서는 지불은 타국으로부터 배상의 재검토 요구를 불러일으킬 위험도 있다, 따라서 나로서는, 가급적 3억 달러의 희망에 근접하기 위해 노력은 하겠지만, 국민감정이나 연간 지불액을 고려에 넣을 필요도 있으므로 일본 정부로서 구체적인 숫자는 아직 결정하지 않았다, 나는 청구권의 액수는 이른바 교섭 전체를 오뚜기 그림에 비유한다면 최후에 그 눈을 그리는 것과 같은 성질

의 것이라고 이해하고 있다, 따라서 우선 예비교섭에서 청구권 이외의 모든 현안을 정리해 가는 것이 선결이라고 생각하고 있다고 말했다.

김 부장은 한국 측으로서는 애초의 18억 달러로부터 순차적으로 6억 달러까지 내리느라 대단히 고생을 많이 했다, 군사정권이 아니었다면 이것은 불가능했다고 생각되는 실정에 이르렀으며, 이 이상 내리는 것은 극히 어렵다고 답했다. 대신은 미국 측은 3억 달러라고 말하고 있는데, 이 숫자에 관해서는 이미 한미간에 상담을 마친 것 아니냐고 묻자, 김 부장은 미국이 3억 달러로 내리라고 주장하고 있는 것은 사실이나 한국으로서는 이것에 동의할 수 없다고 말했으며, 또한 무상공여 3억 플러스 알파에 더해 경제협력기금도 활용해서 가능한 한 6억의 숫자에 근접하도록 하는 것은 가능하지 않냐고 타진해 왔다.

이에 대해 대신이 그렇다면 경제협력기금에서 장기 저리의 자금을 융통해서 전체의 숫자가 커진다면 무상공여의 액은 3억 밑으로 내려도 괜찮은 것 아니냐고 묻자, 김 부장은 그건 곤란하다고 답하고 이에 연관시켜 오픈 어카운트의 빌린 돈은 어찌 되는가 질문했다. 대신이, 한국은 1월에 이 빌린 돈을 지불하겠다는 뜻을 알려오지 않았느냐고 응대하자, 김 부장은 그것은 정부의 공적인 견해가 아니었다고 답했다.

결국, '(i) 청구권에 관해서는 상호의 주장 사이에 현재 약간의 상위가 있는데, 금 후 일층 성의를 가지고 쌍방의 입장을 고려해 가면서 타개하도록 한다. (그동안 숙제로 놔두자는 뜻), (ii) 그 외의 현안에 관해서는 예비교섭에서 핏치를 올려 회를 거듭할수록 효과가 나도록 한다'로 하기로 서로 양해하였다. 또한, 금일 회담에 관한 신문 발표에 관해서는, 앞의 양해에 추가하여 대신·김 부장 간에 기탄없는 의견교환을 하였으며, 유익했다는 취지를 언급하는 것으로 하기로 했다. (추기. 한편, 경제협력기금으로부터의 융자 문제에 관해, 대신은 일본 측으로서는 1억 5,000만 달러의 무상공여에 더하여 1억 5,000만 달러의 장기저리차관을 생각한 적이 있는데, 한국 측이 흥미를 보이지 않았음을 지적한 뒤, 사리에 비추어 볼 때 일본 국내에서 3억이라고 하는 숫자가 널리 알려져 그 결과 생겨난 국민 여론의 관점에서 말하더라도 차관의 이야기는 무상공여의 문제와는 떼어놓는 편이 적당하다고 주장했다. 이에 대해 김 부장은 한국 측으로서는 표면상의 숫자를 6억 달러로 올리기 위한 수단으로서도 차관 문제를 생각하고 있다고 답했다.)

(2) 어업 문제에 관해 대신은 이 라인과 같은 일방적 제한은 철폐하고 과학적인 조사에 기초한 협정을 체결해야 한다고 말했다. 이에 대해 김 부장은 한국 측으로서는 국방상의 경계 태세를 엄중히 유지할 필요가 있고, 어업과는 관계가 없는 방위적인 의미를 갖는 선을 유지하기를 원하며, 어선은 별도 체결되는 어업협정에 따라 조업하게 되므로 나포 등의 우려는 없다고 말했다. 이에 대신은 이 문제는 상세하게 기술적인 견지에서 검토할 필요가 있다면서 유보해 놓았다.

(3) 독도(竹島)에 관해서는 대신이 국제사법재판소에 대한 일본 측의 제소에 대해 한국 측이 응소하는 것을 약속함이 절대 필요하다고 강조한 데 대해, 김 부장은 이 문제를 그다지 중시하지 않는 듯한 모습을 보이면서 관련된 문제는 방치해 놓아도 관계없는 듯한 말을 흘렸다. 이에 대신은 다시 한번 응소의 중요성을 주장했으며, 이에 대해 부장은 명시적으로는 승낙의 의향을 표명하지 않았다. (절대적으로 부정의 태도를 보이지도 않았다.)

(4)(i) 교섭 전반의 문제로서 김 부장은 한국의 현 정권은, 마치 영국의 처칠 수상이 제2차 대전을 완수한 후 총선거에서 패하여 재야로 돌아간 것과 마찬가지로, 장기 현안인 일한 교섭을 완수하는 것 자체를 최고의 목적으로 삼고 있다면서, 이것을 가지고 현 정권의 선거 공작 혹은 정권의 보강 공작에 기여토록 하는 것과 같은 고려는 하지 않고 있으며, 자신을 비롯하여 모두가 이 교섭에 목숨을 걸고 종사하고 있음을 강조한 뒤, 이케다 총리가 본 건 교섭에 대해 열의를 가지고 있는지 아닌지에 대해 물었다. 대신은 총리의 경우, 재한 재산의 접수 등의 문제도 있고 해서 청구권 문제 등에 관해 떨떠름한 태도인 것만은 사실이지만 대국적 견지에서 일한 국교를 정상화할 필요에 관해서는 진지하게 생각하고 있으며, 따라서 이번 교섭에 대해 강한 열의를 가지고 있다고 답했다.

또한, 대신은 나는 일한 교섭은 이미 고비를 넘었다고 생각하고 있다, 그것은 한국 측에서도 청구권 지불 방식 및 금액에 관해 접근해 오고 있고, 일본 측의 교섭 타결에 관한 여론도 단단해 지고 있기 때문이다, 앞으로는 어떻게 해서 교섭 전반의 마무리를 할까가 문제라고 말했다. 이에 대해 김 부장은 교섭의 마무리를 위해 고위급 정치회담의 개최를 시사하였으며, 대신은 우선 예비교섭에서 현안을 정리하는 것이 필요하다고 강조했다. 김 부장은 현안을 정리하여 해결안을 도출하는 것도 청구권의 금액이 얼마로 정해지느냐에 따라 해결안의 내용도 달라지는 것은 아닐까라고 했다.

(ii) 조인의 시기에 관해 대신은 조약의 조문화에 필요한 시간 및 박 의장의 대통령 취임 후의 시기를 고려하여 조인 시기는 봄(4월경)으로 하는 것을 시사하였으며, 김 부장도 이에 이의 없다고 답했다. 또한 국회에 의한 승인의 시기에 관해서는, 대신은 예산안 심의, 지방선거 등의 관계도 있으므로 6월 중 아니면 7월경이 될 것이라고 말했다.

(iii) 한편, 김 부장은 미국으로부터의 귀도에 다시 대신과 회담하고 싶다고 말했다.

(이상)

大平大臣・金鍾泌韓国中央
情報部長会談記録要旨

37.10.20
アジア局

1. 日時　10月20日午後4時05分から6時35分まで

2. 場所　外務省大臣応接室

3. 会談要旨

(1) 冒頭、金部長より、会談に対する日本側の考えは一体どうであるかと質したのに対し、大臣より、先ず請求権の問題については、過去の歴史等に基づいて細かく請求権の内容を議論しても意味がなく、韓国の独立に対する祝い金及び旧宗主国の新独立国に対する経済自立のための協力という意味で提供するという提案をなしたのに対し、韓国側からは未だ公式に yes とも no ともいつて来ないが、われわれとしてはこの問題が交渉の成否を決する一つのやまと考えていると述べた。

右に対し、金部長は、具体的な表現については追つて協議することとなるが、基本的には日本側の考え方で差支えないと思うと答えた上、金額については如何なるやと反問してきた。

大臣より、祝い金の性質上「これ以下では絶対に承知できぬ」というような最低額はありえないと思うが、ざつくばらんに言つて、米国側より3億ドルという数字が出ているが、右に対する韓国側の意向は如何であるか、日本としては、すでに各国に対

2

し10億に上る賠償をかかえており、年額8.000万ドル近くを支払つている、また、フィリピンに対する年間支払額は2500万ドルであるから、これを大きく上廻るような支払いは他国からまた賠償再検討の要求を起す危険もある、従つて、自分としては、できるだけ3億ドルの希望に近づけるために努力はしているけれども、国民感情や年間支払額を考慮に入れる必要もあるので、日本政府として具体的数字はまだ決定しておらない、自分としては、請求権の額はいわば交渉全体をだるまの絵に例えれば最後にその目を入れるが如き性質のものであると了解しており、従つて先ず予備交渉で請求権以外の凡ての懸案を片付けて行く

3

のが先決であると考えていると述べた。

金部長は、韓国側としては当初の18億ドルから逐次6億ドルまで下げるのに非常に苦労したものであり、軍事政権でなくては右は不可能であつたと思われる実情につき、これ以上下りることは極めて難しいと答えたので、大臣より、米国側は3億ドルといつているので、この数字についてはすでに米韓間で相談ずみのものではないかと突込んだところ、金部長は、米国が3億ドルに下りろと主張していることは事実であるが、韓国としてはこれに同意できぬと述べた上、さらに、無償供与3億プラス・アルファの上に経済協力基金でも活用してできるだけ6億の数字に近づけることは可能ならざるやと打診してきた。

4

右に対し、大臣より、しからば経済協力基金より長期低利の資金を融通して全体の数字が大きくなれば、無償供与の額は3億を下廻つても差支えないと了解して可なりやと質したところ、金部長は、それでは困ると答えた上、右に関連しオープン・アカウントの借越額は如何なりやと質問し来つた。大臣より、韓国は1月に右借越額を支払う旨述べたではないかと応じたるところ、金部長は、右は政府としての公的な見解ではない旨答えた。

結局、「(1)請求権に関しては相互の主張の間に今なお若干の相違があるが、今後一層の誠意をもつて双方の立場を考慮しつつ打開を図ることにする。（その間宿題にし

5

ておくの意）(ii)その他の懸案については予備交渉においてピッチをあげ、回を重ねるごとに実効があがるようにする」ことに了解を遂げた。また、本日の会談に関する新聞発表については、右了解の趣旨に加うるに、大臣・金部長間で忌憚のない意見の交換をし、有益であつた趣旨を述べるにとどめることにした。

（付―― なお、経済協力基金よりの融資の問題について、大臣より、日本側としては一時1億5000万ドルの無償供与の上に1億5000万ドルの長期低利借款を考えたこともあるが、韓国側が興味を示さなかつたことを指摘した上、筋途からいつても、また日本の国内で3億という数字が広

6

く伝えられており、その結果生じた国民世論の点からいつても借款の話は無償供与の問題ときりはなす方が適当であると主張したのに対し、金部長は、韓国側としては表面上の数字を6億ドルに引き上げるための手段としても借款の問題を考えていると答えた。)

(2) 漁業問題について、大臣より、李ラインの如き一方的な制限は撤廃し、科学的な調査に基づいて協定を結ぶことにすべき旨述べたのに対し、金部長は、韓国側としては、国防上の警戒態勢を厳重に維持する必要があるので、漁業とは関係がない防衛的な意義をもつたラインを維持することにしたく、漁船は別途締結せられる漁業協定に従つて

7

操業することとなるから拿捕される等の心配はない旨述べたので、大臣より、この問題は詳細に技術的な見地より検討する要がある旨留保しておいた。

(3) 竹島については、大臣より、国際司法裁判所に対する日本側の提訴に対し韓国側が応訴することを約束することが絶対必要である旨強調したのに対し、金部長は、本問題をさほど重視しておらぬ様子であり、かかる問題は放置しておいて差支えなきが如き口吻を当初もらしていたので、大臣より、重ねて応訴の要を主張したのに対して、部長は、明示的には承諾の意向を表明しなかつた（絶対的に否定の態度でもなかつた）。

8

(4)(i)　交渉全般の問題として、金部長は、韓国の現政権は、あたかも英国のチャーチル首相が第二次大戦を完遂した後、総選挙に破れて野に下つた如く、長期の懸案たる日韓交渉を完遂すること自体を最高の目的としており、これをもつて現政権の選挙工作ないし政権の補強工作に資するが如き考慮はなく、同部長をはじめとし、この交渉に命をかけて従事している旨強調するとともに、池田総理が本件交渉に対し熱意を有するや否やを質したので、大臣より、総理としては、在韓財産の接収等のこともあり、請求権問題等につきしぶい態度であることは事実であるが、大局地見地より日韓国交を正常化す

9

る必要については真剣に考えておられ、従つて今次交渉に対して強い熱意をもつておられる旨答えた。

また、大臣からも、自分は日韓交渉はすでにやまを越したと思つている、それは、韓国側においても請求権支払方式及び金額について歩みよつてきておるし、日本側の交渉妥結に関する世論も固まつてきているからである、あとは如何にして交渉全般の仕上げをするかが問題である旨述べた。

右に対し、金部長より、右交渉の仕上げのために高級政治会談を開くことを示唆したが、大臣より、まず予備交渉において懸案を詰めることが必要である旨強

10

調したところ、金部長は、懸案を詰めて解決案をうち出すに当つても、請求権の金額がいかにきまるかによつて解決案の内容も異つてくるのではないかとの趣旨をもらしていた。

(ii) 調印の時期に関し、大臣より、条約のドラフティングに要する時間及び朴議長の大統領就任後の時期をえらぶ考慮よりして、調印時期は春(4月頃)にすることを示唆したのに対し、金部長も右に異議なき旨答えた。また、国会による承認の時期に関しては、大臣より、予算案の審議、地方選挙等の関係もあり、6月中か遅ければ7月頃になろうと述べておいた。

11

(iii) なお、金部長は、米国より帰国の途次再び大臣と会談したい旨述べた。

（以上）

12

36. 김 부장과 이케다 수상 간의 회담 회의록, 1962. 10. 23

한국 외교문서 796, 김종필 특사 일본 방문, 1962. 10-11

일본을 방문한 김종필 중앙정보부장이 1962년 10월 22일 이케다 수상과 회담한 회의록이다.

※ 문서 상태 불량으로 아래와 같이 새로 타이핑한 내용을 수록함.

김종필 부장-이케다 수상 회담 회의록

1. 일　시 : 1962년 10월 22일 16:00－17:30시

2. 장　소 : 수상 관저

3. 참석자 : 한국 측 : 김종필　부장
　　　　　　　　　배의환　대사
　　　　　　　　　최영택　참사관
　　　　일본 측 : 이케다　수상
　　　　　　　　　구로가네　관방장관
　　　　　　　　　우시로쿠　심의관

4. 토의 내용 :

1. 박 의장의 친서 수교

회담을 시작하기 전에 먼저 김 부장이 박 의장의 친서를 이케다 수상에게 수교하였음. 이케다 수상은 친서를 즉석에서 개봉하여 일독한 후 친서를 주어서 고맙다고 인사를 한 다음, 관방장관에게 보관하라고 주었음.

2. 청구권 문제

이케다 수상은 먼저 전후에 일본 정부가 필리핀, 파키스탄, 버마, 인도네시아, 베트남 등에 지불한 배상에 관하여 수입국에서 이를 효과적으로 사용하지 않았다는 점을 길게 역설하였음. 한일 간 문제에 관하여는, 국교 정상화가 주요 목적이며, 한국이 경제 재건에 절실히 필요하다면, 액수에 구애되지 않고 제공할 수 있으나 무상조 지불은 사실상 법적 근거에 의거한 순 변제액은 아무리 후하게 계산하여도 7,000만 불에 불과하지만 타결하고자 상당한 고려를 하여서 금번 예비회담에서 1.5억 불을 제시한 것이며 무상조로 그 이상을 지불하는 것은 일본 국민이 납득하기 어려운 문제이므로, 지극히 어려운 일이나 꼭 타결할 수 있게 된다면 1.5억 불에 고집은 않겠고 좀 더 고려할 수는 있다[고 하였음].

3. 차관 문제

가. 이케다 수상의 의견으로서는 정부 대 정부 차관으로 정부를 대표하는 금융기관을 통하여 특별히 좋은 조건으로 필요한 금액을 제공할 수 있을 것이라고 하였음.

나. 이케다 수상은 일본은 전후 미국으로부터 약 10억 불의 원조를 유효적절하게 활용해서 패전국의 경제를 현재와 같이 부흥시킨 것을 예를 들면서 한국도 경제 재건이 절실할 것인바, 박 의장과의 회담 시에도 좋은 의견 교환이 있었는데 법적 근거가 있는 것만은 청구권으로 받고 경제 재건에 필요하다면 유리한 조건으로 협력해 줄 터이니 일본의 고충도 알아 주어서 순 변제조는 적게 받고, 차관조로 많이 받는 방향으로 고려해 주기를 바란다고 하였음.

4. 독도 문제

이 문제에 관하여서는 이케다 수상은 국제사법재판소에 제소, 한국이 응소할 것을 요망하였음. 이에 대하여 김 부장은 독도 문제는 한일회담과는 별개 문제임을 역설하였음.

5. 어업 문제

가. 어업 문제에 관하여서는 이케다 수상은 일본은 일.미.가[캐나다] 어업협정 및 일.소 어업협정을 체결한 바 있으니 그러한 선례에 따라 자원보호를 위주로 한 어업 시기, 어획량 제한 등을 규정하는 어업협정을 체결함으로써 해결하는 것이 좋겠다고 말하였음. 이케다 수상은 특히 평화선을 침범한 어선을 나포하지 말고 발견하는 시 추방하는 조치를 취해 줄 것을 요망하는 동시에 제5 다이요 마루(495톤)의 조속 석방을 요구하였음.

나. 이케다 수상은 외상으로부터 보고 받았다고 하면서 국방선의 필요성을 한국 측에서 고려한다고 하는데 일본에 대해서 국방선이 필요 없지 않느냐고 하므로, 김 부장은 일본에 대한 것이 아니라 한국은 아직 준 전쟁 상태이며 현재도 휴전선에서는 수시 충돌사건이 발생하고 또한 해상으로 간첩 등의 침투가 많으므로 공산 측에 대해서 필요하다고 하였음.

6. 법적지위, 기본조약, 선박, 문화재 문제

이러한 제 현안 문제도 현재 진행 중인 예비회합을 더 촉진시켜 조속히 일괄 타결한 후 국교를 정상화하도록 하자고 이케다 수상은 말하였음.

7. 회담 타결, 조인 및 비준 시기

가. 이케다 수상은 연내에 회담의 실질적 타결을 희망한다고 하고 쌍방 비밀을 유지하면서 내년 초의 국회에서 예산안을 통과한 후인 4월경에 조인토록 하며, 6월 또는 7월에 국회에서 비준을 받기를 희망하였음.

나. 이케다 수상은 정치회담은 언제하고 그 대표로 누구를 보낼 것인가에 대해서는 구체적인 답변을 모호하게 피하고, 일본 국내 사정에서 석탄 노동자 19만 명에서 7만 명을 줄여서 12만 명으로 하는 문제를 12월에 실천하여야 하고 자민당과 정부에서 63년도 예산 편성을 금년 내에 하여야 하며 거기에다 한일문제를 덧붙이면 사회당은 탄광 노동자 문제에서 한일 문제를 이용하여 안보 소동 때와 같은 사태를 전개하고자 하니 내막적인 진행은 적극 추진하되 표면적인 것은 내년으로 미루자고 하였음.

다. 미얀마에서는 배상 문제를 해결하고자 미얀마 군사혁명으로 말미암아 중단되었던 교섭을 다시 하기 위하여 현 부수상이 12월경에 방일하겠다고 하는데 일본으로서는 지불 대상이 그렇게 되면 2개 국가가 되므로 더욱 곤란해진다, 부담을 한 번에 2개 국가를 동시에 줄 수 없다, 따라서 1개 국가만을 우선 해결하여야 하는데 중공은 가까운 일본과의 무역보다 떨어져 있는 영국이나 독일과 무역을 하고 있으나 일본은 그렇지 않고(일본의 격언을 인용하면서) 가까운 나라부터 먼저 하고자 한다, 뿐만 아니라 미얀마는 전후 배상액을 받아서 성과 있게 쓰지 못하였고 중공으로부터 8,000만 불 원조를 받게 되어 있다, 그래서 버마와 한국을 고려할 때 일본은 한국을 먼저 해결하려고 한다고 하였음.

라. 12월에 탄광 노동자 문제가 해결되고 명년 초부터 3월까지에는 예산이 국회에서 해결되면 아무런 일이 없는 4월에 조인하고 국회에서 비준을 얻고자 한다, 이렇게 되면 한국이 민정으로 이양하기 전이므로 쌍방 국내 사정을 고려해서 좋을 것으로 생각한다[고 하였음].

마. 정치회담은 연내에 대략 결론을 보도록 하고 조인 전인 명년 3월 이전에 적당한 시기를 고려하자고 하였음.

8. 기타 문제

1) 김 부장과 이케다 회담은 본래부터 오히라 외상의 회담 결과를 확인하고 또한 이케다 수상의 구상과 태도를 타진하고자 함에 있었음. 따라서 결과는 오히라 외상과

회담 범위 내에서 이케다 수상의 얘기만을 듣고자 하고 한국 측의 기본적인 태도를 알리고자 함에 있었음.

2) 이케다 수상은 청구권 문제에 있어서 구체적인 화제를 피하고자 하고 한국 측이 받아들일 수 없는 일본 측의 요구를 설명은 하였으나, 오히라 외상은 20 내지 30년 전부터 이케다 수상과 같이 살다시피 하면서 데리고 일해 왔고 현재도 자주 접촉이 있으며 고생을 하면서 공부를 했기 때문에 건실하기 때문에 김 부장과의 보고를 받는 데서는 오히라 외상을 전적으로 신임하니 오히라 외상을 믿고 회담을 잘 해 달라고 하는 것을 볼 때 오히라의 구상을 양승한다는 암시를 주고 있음.

3) 이케다 수상은 민정이 이양된다 해도 현재 한국을 재건하려면 박 의장이 계속 정권을 잡아야 된다고 하면서 그래 주기를 원하면서 그래야만 도리어 일본이 한일회담 타결에 신뢰성과 적극성이 나오게 된다고 하고, 항간에는 자기가 한일회담에 있어서 배짱이 약하고 신중론자라고들 하지만 일본은 사정이 복잡하므로 어떤 사람은 적극, 어떤 사람은 소극적인 것이라는 태도를 보이는 것이 전략상 그렇다고 하면서 사실은 이번 기회에 꼭 해결하려고 결심했으니 박 의장에게 전해달라고 하였음.

4) 이케다 수상은 김 부장이 미국에서 귀국 시 일본에 들르게 되는데 그때는 자기도 한번 더 만나고 싶지만 해외 여행으로 부재중이니 오히라 외상과 다시 꼭 만나서 한일회담에 좋은 성과가 있기를 원한다고 하므로 김 부장은 그렇게 하겠다고 하였음.

끝.

한일대4(정) 제 448 호　　　　　　　　　　1962. 10. 23

수신 : 외무부 장관

제목 : 김 부장과 이께다 수상 간의 회담 회의록 송부

10월 22일 에 있었던 김종필 중앙정보부장과 이께다 일본 수상간의 회담에 관한 회의록을 별첨 송부 합니다.

별첨 : 회의록 2

끝

예고 : 일반문서로 재분류 (한일회담 종료시)

주 일 대 사　　　　배 의 환

김종필 부장—이께다 수상 회담

회 의 록

1. 일 시 : 1962년 10월 22일 16:00—17:30 시

2. 장 소 : 수상 관저

3. 참석자 : 한국측 : 김 종 필 부장

배 의 환 대사

최 영 택 참사관

일본측 : 이께다 수상

구로가네 관방장관

우시로구 심의관

4. 토의 내용 :

1. 박의장의 친서 수교

회담은 시작하기 전에 먼저 김부장이 박의장의 친서를 이께다 수상에게 수교 하였음. 이께다 수상은 친서를 직석에서 개봉하여 일독한후 친서를 주어서 고맙다고 인사를 한다음, 관방 장관에게 보관하라고 주었음.

2. 청구권 문제

이께다 수상은 먼저 전후에 일본 정부가 비율빈, 파키스탄, 버어마, 인도네시아, 월남 등에 지불한 배상에 관하여 수입국에서 이를 효과적으로 사용하지 않았다는 점을 깊게 역설하였음. 한일간 문제에 관해서는, 국교 정상화가 주요 목적이며, 한국이 경제 재건에 절실히 필요하다면, 액수에 구애되지 않고 제공할수 있으나 무상조 지불은 사실상 법적 근거에 의거한 순변제액은 아무리

후하게 계산하여도 7,000만불에 불과하다면 타결하고저 상당한 고려를 하여서 금번 여비 회담에서 1.5억불을 제시한 것이나 무상으로 그 이상을 지불하는것은 일본 국민이 납득하기 어려운 문제이므로, 귀국이 어려운 일이나 꼭 타결할수 있게 된다면 1.5억불에 고집은 않겠고 좀더 고려할수는 있다.

3. 차관 문제

가. 이께다 수상의 의견으로서는 정부대 정부 차관으로 정부는 대표하는 금융기관을 통하여 특별이 좋은 조건으로 필요한 금액을 제공할수 있을 것이라고 하였음.

나. 이께다 수상은 일본은 전후 미국으로부터 약 10억불에 원조를 유효 적절하게 활용해서 패전국의 경제를 오늘과 같이 부흥시킨것을 예를 들면서 한국도 경제 재건이 긴급한 것인바 박의장과의 회담시에도 좋은 의견 교환이 있었는데 법적 근거가 있는 것만은 청구권으로 받고 경제 재건에 필요하다면 유리한 조건으로 협력해 줄터이니 일본의 고충도 알아주어서 순 변제 또는 적게 받고 차관으로 많이 받는 방법으로 고려해 주기를 바란다고 하였음.

4. 독도 문제

이 문제에 관하여서는 이께다 수상은 국제사법 재판소에 한국이 응소할것을 요망하였음. 이에 대하여 김부장은 독도 문제는 한일회담과는 별개 문제임을 역설하였음.

5. 어업 문제

가. 어업 문제에 관하여는 이께다 수상은 일본은 일.미.가.어업 협정 및 일소 어업 협정을 체결한 바 있으니 그러한 선례에 따라 자원 보조를 위주로 한 어업 시기, 어획량 제한등을 규정하는 어업 협정을 체결하므로서 해결하는 것이 좋겠다고 말하였음. 이께다 수상은 특히 평화선을 침범한 어선을

나포하지 말고 방면하는 시 송환하는 조치를 취해 줄것을 요망하는 동시에 제 5 다이요마루 (400톤)의 조속 석방을 요구하였음.

나. 이께다 수상은 외상으로부터 보고받았다고 하면서 국방선의 필요성은 한국측에서 고집한다고 하는바 일본에 대해서 국방선이 필요없지 않느냐고 하므로 김부장은 일본에 대한 것이 아니라 한국은 아직 준 전쟁상태이며 휴전선에서는 수시 충돌 사건이 발생하고 또한 해상으로 간첩들의 침투가 많으므로 공산측에 대해서 필요하다고 하였음.

6. 법적지위, 기본 조약, 선박, 문화재 문제

이러한 제 현안 문제도 현재 진행중인 예비회합을 더 촉진시켜 조속히 일괄 타결한후 국교를 정상화 하도록 하자고 이께다 수상은 말하였음.

7. 회담 타결, 조인 및 비준 시기

가. 이께다 수상은 연내에 회담의 실질적 타결을 희망한다고 하고 쌍방 비밀을 유지하면서 내년 초의 국회에서 예산안을 통과한후인 4월경에 조인토록 하며, 6월 또는 7월에 국회에서 비준을 받기를 희망하였음.

나. 이께다 수상은 정치회담은 언제하고 그 대표로 누구를 보낼 것인가에 대해서는 구체적인 답변을 모호하게 피하고 일본국내 사정에서 석탄 노동자 19만명에서 7만명을 줄여서 12만명으로 하는 문제를 12월에 실천하여야 하고 자민당과 정부에서 63년도 예산 편성을 금년내에 하여야 하며 거기에다 한일문제를 덧부치면 사회당은 탄광 노동자 문제에서 한일문제를 이용하여 안보소동때와 같은 사태를 전개하고저 하니 내막적인 진행은 적극 추진하되 표면적인것은 내년에로 미루자고 하였음.

다. 버마에서는 배상 문제를 해결하고저 버마 군사혁명으로 말미아마 중단되었던 교섭을 다시 하기 위해서 큰 부수상이 12월중에 방일하겠다고 하는데 일본으로서는 지불 대상이 그렇게 되면 2개국가가 되므로 더욱 곤란해진다. 부담은 한번에 2개국가를 동시에 할수없다. 따라서 1개국가 만을 우선 해결하여야 하는데 중공은 가까운 일본과의 무역보다 떨어져 있는 영국이나 독일과 무역을 하고 있으나 일본은 그렇지 않고 (일본의 격언을 인용하면서) 가까운 나라부터 먼저 하고저 한다. 뿐만 아니라 버마는 전후 배상액을 받어서 성과 있게 쓰지 못하였고 중공으로부터 8,000만불 원조를 받게 되어 있다. 그래서 버마와한국을 고려할때 일본은 한국을 먼저 해결하려고 한다고 하였음.

다. 12월에 탄광 노동자 문제가 해결되고 명년초부터 3월까지에는 예산이 국회에서 해결되면 아무런 일이 없는 4월에 조인하고 국회에서 비준을 얻고저 한다. 이렇게 되면 한국이 민정으로 이양하기 전이므로 쌍방 국내 사정을 고려해서 좋을 것으로 생각한다.

마. 정치 회담은 년내에 대략 결론을 보도록 하고 조인전인 명년 3월 이전에 적당한 시기를 고려하자고 하였음.

8. 기타 문제

1). 김부장과 이께다 회담은 본래부터 오히라 외상의 회담 결과를 확인하고 또한 이께다 수상의 구상과 태도를 타진하고저 함에 있었음. 따라서 결과는 오히라 외상과 회담 범위내에서 이께다 수상의 얘기만을 듣고저 하고 한국측의 기본적인 태도를 알리고저 함에 있었음.

2). 이께다 수상은 청구권 문제에 있어서 구체적인 화제를 피하고저 하고 한국측이 받어들일수 없는 일본측의 요구를 설명은 하였으나 오히라 외상은 20 내지 30년전서부터 이께다 수상과 같이 살다싶이 하면서 다리고 일해왔고

현재도 자주 접촉이 있으며 구상을 하면서 몸부름 했기때문에 건실하기 때문에 김부장과의 보고를 받았는데 저는 오히라 외상을 전적으로 신임하니 오히라 외상을 믿고 회담을 잘 해 달라고 하는것을 볼때 오히라의 구상을 양승한다는 암시를 주고 있음.

3). 이께다 수상은 민정이 이양된다해도 현재 한국을 재건하려면 박의장이 계속 정권을 잡어야된다고 하면서 그래 주기를 원하면서 그래야만 도리혀 일본이 한일회담 타결에 신뢰성과 적극성이 나오게 된다고 하고 항간에는 자기가 한일회담에 있어서 뱃장이 약하고 신중론자라고들 하지만 일본은 사정이 복잡하므로 어떤 사람은 적극, 어떤 사람은 소극적인 것이라는 태도를 보이는 것이 전략상 그렇다고 하면서 사실은 이번 기회에 꼭 해결하려고 결심했으니 박의장에게 전해 달라고 하였음.

4). 이께다 수상은 김 부장이 미국에서 귀국시 일본에 들리게 되는데 그 때는 자기도 한번 더 만나고 싶지만 해외 여행으로 부재중이니 오히라 외상과 다시 꼭 만나서 한일회담에 좋은 성과가 있기를 원한다고 하므로 김부장은 그렇게 하겠다고 하였음.

끝

37. 김종필 부장과 오히라 외상 회담에 관한 건, 1962. 10. 28
한국 외교문서 796, 김종필 특사 일본 방문, 1962. 10 - 11

김종필 - 오히라 회담(1962. 10. 20)의 기록과 관련해서 주일한국대표부 최영택 참사관과 일본 외무성 이세키 아시아국장 간에 진행된 대사 작업 결과를 보고한 문서다.

※ 문서 상태 불량으로 아래와 같이 새로 타이핑한 내용을 수록함.

한일대(정) 제458호 1962. 10. 28

수신 : 외무부 장관

제목 : 김종필 부장과 오히라 외상 회담에 관한 건

연 : JW-10423, 62. 10. 26

1962년 10월 26일 최 참사관은 김정태 서기관을 대동하고 일본 외무성에서 이세키 아세아국장 및 야나기야 북동아과 사무관과 같이 1962년 10월 10일에 있었던 김종필 중앙정보부장과 오히라 일본 외상 간의 회담에 관하여 쌍방이 파악하고 있는 바를 대사하였아온 바, 그 내용을 아래와 같이 보고 합니다.

아 래

1. 대사의 방법은 김 부장, 오히라 회담에서 논의된 바를 문제점별로 이야기해 나가는 방법을 취하였는 바 그 결과는 아래와 같음.

(1) 청구권 문제 :

(가) 명목 문제 : 일 측은 오히라 외상이 일본은 한국의 독립을 축하하는 명목 또는 구 종주국이 신생 독립국에 대하여 제공하는 경제자립을 위한 원조금의 명목으로 지불하겠다고 하였는 바, 김 부장은 구체적인 표현에 관하여는 추후에 협의하기로 하겠지만, 기본적으로 일 측 생각에 반대가 없다고 말하였다고 기록되어 있다고 말하였음.

이에 대하여 아 측은 최고회의 의장에 대한 김 부장의 보고서에 따라, 일 측이 금액을 늘리기 위하여 무상공여금, 독립 축하금 또는 어휘를 안출 발설하기에 이르렀다는 설명은 있었지만 김 부장이 이에 대하여 반대가 없다는 말을 하였다는 기록은 없다고 하였는 바, 일 측은 다시 확인해 보겠다고 하였음.

(나) 금액 : 일 측은 오히라 외상이 미국으로부터 3억이라는 숫자가 나와 있는데, 이에 대하여 한국 측이 어떻게 생각하고 있는지를 알고 싶으며, 일 측으로서는 너무 많은 금액은 낼 수는 없지만, 자기로서는 되도록 한국 측 요구에 접근하려 하는 바, 정부로서는 아직 구체적인 액수를 정하지 않았다고 말하였으며 또 '오뚜기'(일어로 다루마)를 그릴 때에 눈은 몸체를 그린 후에 그려 넣듯이 회담 전체를 '오뚜기'라고 하면

눈에 해당하는 청구권의 금액을 다른 현안 문제가 해결되었을 때에 확정하자고 말하였는 바, 김 부장은 미국 측이 3억을 종용하고 있는 것은 사실이지만 한국 측으로서는 그러한 액수를 받아들일 수 없으며 되도록 3억을 좀 더 초과하여야 한다고 말하였으며, '오뚜기'의 비유한 말에 관하여는 청구권 문제가 해결되지 않으면 다른 현안의 해결이 어려울 것이라고 대답하였다라고 기록되어 있다고 말하였음.

이에 대하여 아 측은 김 부장의 보고서에 근거하여 액수에 관한 논의의 경과를 설명하였는 바 특히 오히라 외상이 3억 불을 고려하고 있다고 언명한 데 대하여 그러한 액수는 받아들일 수 없는 것으로 한국 측은 6억 선을 견지하지 않으면 안 된다고 말하였으며, 또 '오뚜기'에 비유한 말에 관하여는 기록에는 없으나 김 부장으로부터 직접 들은 바에 의하면 금액에 관한 쌍방의 의도가 타진되었으며 양측의 차이가 그리 크지 않으니 '눈'만을 그려 넣는 작업이 남아 있는 식으로 들었다고 설명하였음.

(다) 차관 : 일 측은 오히라의 차관 문제는 청구권 문제와 떨어뜨려서 생각하는 것이 좋으며, 만일 차관을 첨가하여 전체 액수를 크게 할 경우에는 무상 액수가 줄어드는 데 그래도 좋으냐고 말하였는 바, 김 부장은 무상 액수가 줄어들어서는 안 되겠다고 말하였다고 기록되어 있다고 말하였음.

이에 대하여 아 측은 김 부장 보고에 나타난 차관에 관한 논의를 설명하고, 특히 김 부장이 정부 대 정부 차관, 즉 해외경제협력기금에 의한 차관에 관하여 말하였던 바 오히라 외상은 한국 측으로부터 제의하여 올 것을 생각하여 대장성과 외무성에서 검토하고 있는 바 현재로서는 기금이 4천만 불밖에 없다는 이야기까지 하였다는 점을 지적하여 두었음.

이상의 아 측 말에 대하여 일 측은 오히라 외상이 그런 말을 하였을지도 모르지만, 오히라 외상의 기본적인 사고방식은 차관과 청구권은 분리해서 생각하자는 것으로 청구권을 해결할 때에 차관 액수에 관하여도 약속한다는 것은 피하여야 한다는 생각이라고 말하였음.

(라) 오픈 아카운트 : 일 측은 오히라 외상의 오픈 어카운트는 어떻게 할 것이냐는 김 부장 질문에 대하여 한국 측은 1월부터 상환하겠다는 말을 듣고 있다고 말하였던바, 김 부장은 그것은 정부의 공식 견해가 아니다라고 대답하였다고 기록되어 있다고 말하였음.

이에 대하여 아 측은 오히라 외상이 오픈 어카운트는 별도 취급을 고려하고 있다고 말한 데 대하여 김 부장이 청구권 문제에 포함시켜서 연관하여 해결하자는 것은 고려하고 있으며 별도 취급은 있을 수 없다고 알고 있다고 말하였다고 설명하였음.

(마) 지불 기한 : 일 측은 오히라 외상이 비율빈과 같은 기준에 따르게 될 것이라고 말했다고 기록되어 있다고 말했음.

이에 대하여 아 측은 오히라 외상이 연간 2,500만 불 12년 기한이라고 말한 데 대하여, 김 부장은 12년의 절반 이하의 기간을 희망한다고 말했다고 설명하였던바, 일 측은 자기 측 기록에 그렇게 구체적인 말이 없는데 비율빈과 같은 기준이라는 말은 연간 2,500만 불이라는 말이니 양측 기록에 차이가 없다고 말하였음.

(2) 어업 문제 및 평화선 문제 :

일 측은 오히라 외상이 어업협정을 체결하여야 하며 평화선을 철폐하여야 한다고 말하였는 바, 김 부장이 방위선으로서의 평화선을 유지하고 싶다고 말하였으므로 방위선이 무엇인가에 관하여는 기술자에게 검토시켜야 할 것이라고 말하였다고 기록되어 있다고 말하였음.

이에 대하여 아 측은 김 부장이 방위선의 필요성을 이야기하였고 어업 문제는 정당한 어업협정에 의하여 해결될 수 있는 문제이며, 이 문제에 대한 관계 회합이 잘 진행되고 있다고 보고 있으니 동 회합에 일임하자고 말하였다고 설명하였음.

본 문제에 관하여는 양측의 기록 간에 중대한 차이가 없음을 확인하였는 바, 일 측은 방위선의 성격, 일본과의 관계에 관하여 예비 절충의 장소 또는 기타의 장소에서 설명을 요구하게 될 것이라 하였음.

(3) 독도 문제 :

일 측은 오히라 외상이 국제사법재판소에 일본이 제소하면 한국이 응소하는 것이 절대로 필요하다고 말하였던바, 김 부장은 명백한 대답을 하지 않았으며, 가부를 말하지 않았다고 기록되어 있다고 말하였음.

이에 대하여 아 측은 김 부장이 독도 문제는 회담과 관련이 없는 것을 일 측이 공연히 꺼낸 것으로 이 문제는 국교 정상화 후에 서서히 시간을 가지고 해결해 나가는 것이 좋다고 말하여 오히라 외상의 요청을 거절한 것으로 기록되어 있다고 설명하였음.

(4) 기본조약, 법적지위 문제 :

본 문제에 관하여는 양측 기록에 특별한 차이가 없었음.

(5) 회담 타결 시기 :

조인 시기 및 일본 국회의 비준 시기에 관하여는 양측 기록에 차이가 없었는 바, 정치회담 개최 시기에 관하여는 일 측은 오히라 외상이 현안 문제 전부가 정해진 후에 개최하자고 말한 것으로 기록되어 있으며 오히라 외상은 내년 2, 3월경에 개최하는 것을 의도하고 있는 것 같이 이해하고 있다고 말하였음.

이에 대하여 아 측은 김 부장으로부터 직접 들은 바를 설명하여 11월 하순 또는 12월 중순에 정치회담을 개최하는 것으로 알고 있다고 말하고 이 문제는 합의된 것으로 알고 있다고 말하였음.

비고 : 이상과 같이 각 문제점에 대한 양측 기록에는 차이가 많았는 바, 일 측은 자기들의 기록은 회담이 있었던 날에 약 10분간에 걸쳐 오히라 외상으로부터 들은 바를 기초로 하여 작성한 것으로 불완전한 것이라고 말하고, 상이하는 부분에 관하여는 오히라 외상에게 다시 물어보겠다고 하였음.

주일대사 배 의 환〈직인〉

한일대 (정) 제 458 호　　　　　　　　　　1962. 10. 28

수신 : 외무부 장관

제목 : 김종필 부장과 오히라 외상 회담에 관한 건

관리번호 1500

연 JW-10420, 62. 10. 26

1962년, 10월 26일 최 참사관은 김정태 서기관을 대동하고 일본 외무성에서 이세키 아세아 국장 및 야나기야 북동아과 사무관과 같이 1962년 10월 20일에 있었던 김종필 중앙 정보부장과 오히라 일본 외상 간의 회담에 관하여 쌍방이 파악하고 있는 바를 대사하였아온 바, 그 내용을 아래와 같이 보고 합니다.

아 래

1. 대사의 방법은 김부장, 오히라 회담에서 논의된 바를 문제점 별로 이야기해 나가는 방법을 취하였는 바 그 결과는 아래와 같음.

(1) 청구권 문제 :

(가) 명목 문제 : 일측은 오히라 외상이 일본은 한국의독립을 축하는 명목 또는 구 종주국이 신생 독립국에 대하여 제공하는 경제 자립을 위한 원조금의 명목으로 지불하겠다고 하였는 바, 김 부장은 구체적인 표현에 관하여는 추후에 협의하기로 하겠지만, 기본적으로 일측 생각에 반대가 없다고 말하였다고 기록되어 있다고 말하였음.

이에 대하여 아측은 최고 회의 의장에 대한 김 부장의 보고서에 따라, 일측이 금액을 늘리기 위하여 무상 공여금, 독립

측나름 나오는 어휘를 만족 반성 하기에 이르렀다는 설명은 있었지만 김 부장이 이에 대하여 반대가 없다는 말을 하였다는 기록은 없다고 하였는바, 일측은 다시 확인해 보겠다고 하였음.

(나) 금액 : 일측은 오히라 외상이 미국으로부터 3억이라는 수자가 나와 있는데, 이에 대하여 한국측이 어떻게 생각하고 있는지를 알고 싶으며, 일측으로서는 너무 많은 금액은 낼수는 없지만, 자기로서는 되도록 한국측 요구에 접근하려 하는바, 정부로서는 아직 구체적인 액수를 정하지 않었다고 말하였으며 또 "옷두기" (일어로 다루마)를 그릴때에 눈은 몸체를 그린후에 그려 넣드시 회담 전체를 "옷두기"라고 하면 눈에 해당하는 청구권의 금액을 다른 현안 문제가 해결되었을때에 확정하자고 말하였는 바, 김 부장은 미국측이 3억을 종용하고 있는 것은 사실이지만 한국측으로서는 그러한 액수를 받어 드릴수 없으며 되도록이면 3억을 좀더 초과하여야 한다고 말하였으며, "오두기"의 비유한 말에 관하여는 청구권 문제가 해결되지 않으면 다른 현안의 해결이 어려울 것이라고 대답하였다, 라고 기록되어 있다고 말하였음.

이에 대하여 아측은 김부장의 보고서에 근거하여 액수에 관한 논의의 경과를 설명하였는바 특히 오히라 외상이 3억불을 고려하고 있다고 언명한데 대하여 그러한 액수는 받어드릴수 없는 것으로 한국측은 6억선을 견지하지 않으면 안된다고 말하였으며, 또 "옷두기"에 비유한 말에 관하여는 기록에는 없으나 김 부장으로부터 직접 들은 바에 의하면 금액에 관한 쌍방의 의도가 타진되었으며 양측의 차이가 그리 크지 않으니 "눈"만을 그려 넣는 작업이 남어 있는 식으로 들었다고 설명하였음.

(다) 차관 : 일측은 오히라의 차관 문제는 청구권 문제와 떨어트려서 생각하는 것이 좋으나, 만일 차관을 첨가하여 전체 액수를 크게 할 경우에는 무상 액수가 줄어드는데 그래도 좋으냐고 말하였는 바, 김 부장은 무상 액수가 줄어 들어서는 안되겠다고 말하였다고 기록되어 있다고 말하였음.

이에 대하여 아측은 김부장 보고에 나타난 차관에 관한 논의를 설명하고, 특히 김부장이 정부 대 정부 차관 즉 해외 경제 협력 기금에 의한 차관에 관하여 말하였던 바 오히라 외상은 한국측으로부터 제의하여 올것을 생각하여 대장성과 외무성에서 검토하고 있는 바 현재로서는 기금이 4천만불 밖에 없다는 이야기 까지 하였다는 점을 지적하여 두었음.

이상의 아측 말에 대하여 일측은 오히라 외상이 그런 말을 하였을지도 모르지만, 오히라 외상의 기본적인 사고 방식은 차관과 청구권은 분리해서 생각하자는 것으로 청구권을 해결할때에 차관 액수에 관하여도 약속한다는 것은 피하여야 한다는 생각이라고 말하였음.

(라) 오픈 아카운트 : 일측은 오히라 외상이 오픈 아카운트는 어떻게 할것이냐는 김부장 질문에 대하여 한국측은 1월부터 상환하겠다는 말을 듣고 있다고 말하였던바, 김부장은 그것은 정부의 공식 견해가 아니다 라고 대답하였다고 기록되어 있다고 말하였음.

이에 대하여 아측은 오히라 외상이 오픈 아카운트는 별도 취급을 고려하고 있다고 말한데 대하여 김부장이 청구권 문제에 포함시켜서 일괄하여 해결하려는 것은 고려하고 있으며 별도 취급은 있을수 없다고 하고 있다고 말하였다고 설명하였음.

(마) 지불기한 : 일측은 오히라 외상이 비율빈과 같은 기준에 따르게 될것이라고 말했다고 기록되어 있다고 말했음.

이에 대하여 아측은 오히라 외상이 년간 2,500 만불 12년 기간이라고 말한데 대하여, 김 부장은 12년의 절반 이하의 기간을 희망한다고 말했다고 설명하였던바, 일측은 자기측 기록에 그렇게 구체적인 말이 없는데 비율빈과 같은 기준이라는 말은 년간 2,500만불이라는 말이니 양측 기록에 차이가 없다고 말하였음.

(2.) 어업 문제 및 평화선 문제 :

일측은 오히라 외상이 어업 협정을 체결하여야 하며 평화선을 철폐하여야 한다고 말하였는바, 김부장이 방위선으로서의 평화선을 유지하고 싶다고 말하였으므로 방위선이 무엇인가에 관하여는 기술자에게 검토 시켜야 할 것이라고 말하였다고 기록되어 있다고 말하였음.

이에 대하여 아측은 김 부장이 방위선의 필요성을 이야기 하였고 어업 문제는 정당한 어업 협정에 의하여 해결될수 있는 문제이며, 이 문제에 대한 관계회합이 잘 진행되고 있다고 보고 있으니 동회합에 일임하자고 말하였다고 설명하였음.

본 문제에 관하여는 양측의 기록 간에 중대한 차이가 없음을 확인하였는바, 일측은 방위선의 성격, 일본과의 관계에 관하여 예비절충의 장소 또는 기타의 장소에서 설명을 요구하게 된것이라 하였음.

(3) 독도 문제 :

일측은 오히라 외상이 국제 사법 재판소에 일본이 제소하면 한국이 응소하는 것이 상대로 필요하다고 말하였던바, 김부장은 명백한 대답을 하지 않었으며 가부를 말하지 않었다고 기록되어 있다고 말하였음.

이에 대하여 아측은 김부장이 독도 문제는 회담과 관련이 없는것을 일측이 공연히 끄낸 것으로 이 문제는 국교 정상화후에 서서히 시간을 가지고 해결해 나가는 것이 옳다고 말하여 오히라 외상의 요청을 거절한 것으로 기록되어 있다고 설명하였음.

(4) 기본조약, 법적지위 문제 :

본 문제에 관하여는 양측 기록에 특별한 차이가 없었음.

(5) 회담 타결 시기 :

조인 시기 및 일본 국회의 비준 시기에 관하여는 양측 기록에 차이가 없었는 바, 정치회담 개최시기에 관하여는 일측은 오히라 외상이 현안 문제 전부가 정리된 후에 개최하자고 말한 것으로 기록되어 있으며 오히라 외상은 내년 2, 3월 경에 개최하는 것을 의도하고 있는 것 같이 이해하고 있다고 말하였음.

이에 대하여 아측은 김부장으로 부터 직접 들은 바를 설명하여 11월 하순 또는 12월 중순에 정치회담을 개최하는 것으로 알고 있다고 말하고 이 문제는 합의된 것으로 알고 있다고 말하였음.

비고 : 이상과 같이 각 문제점에 대한 양측 기록에는 차이가 많었는바, 일측은 자기들의 기록은 회담이 있었던 날에 약 30분간에 걸쳐

오히라 외상으로부터 들은 내용을 기초로 하여 작성된 것으로 보완한다 것이라고 말하고, 상이한 부분에 관하여는 오히라 외상에게 다시 물어 보겠다고 하였음.

예고: 일반문서로 재분류 (한일회담 종료시)

주일대사 배의환

38. 김종필 부장과 오히라 외상 회담에 관한 건, 1962. 11. 1

한국 외교문서 796, 김종필 특사 일본 방문, 1962. 10–11

김종필–오히라 회담(1962. 10. 20) 기록에 관한 최영택 참사관과 이세키 국장 간 2차 대사 작업 결과를 보고한 문서다.

한일대(정) 제 473 호 1962. 11. 1

수신 : 외무부 장관

제목 : 김종필 부장과오히라 외상 회담에 관한 건

연 : 한일대(정) 제 458호. 62. 10. 28.

관리번호 1501

1. 1962년 11월 1일 최영택 참사관은 김정태 서기관을 대동하고 일본 외무성에서 우시로구 아세아 국장 및 야나기야 북동아과 사무관과 같이 1962년 10월 20일에 있었던 김종필 중앙 정보부장과 오히라 일본 외상 간의 회담에 관하여 쌍방이 파악하고 있는 바를 다시 대사하였읍니다.

2. 대사 작업에 들어가기 전에 우시로구 국장은 양측 기록의 차이는 서로가 자기측 기록이 정확하다고 주장한들 해결되는 것이 아니며, 김부장이 재차 방일하여 오히라 외상과 회담하였을 때에 다시 논의하는 수 밖에 없는 것이니 일측으로서는 지난번 대사 결과에 대하여 오히라 외상이 지적한 몇가지 사항을 전달하는 것으로 하여 두겠다고 설명하였읍니다.

3. 대사 결과는 아래와 같습니다.

... 06.20.3 51

아 래

1. 청구권 문제 :

(1) 명목 문제 : 일측은 오히라 외상이 일본의 지불금은 한국의 독립을 축하 하는 명목 또는 원조금의 명목으로 하지 않을 수 밖에 도리가 없다고 설명하였는 바, 김부장은 이에 대하여 좋다고 하지는 않었지만 절대로 안되겠다는 말도 없었다고 오히라 외상이 말하더라고 하였음.

이에 대하여 아측은 오히라 외상이 말한 바에 대한 김부장의 찬부 태도가 기록에 나와 있지 않는 것은 동 부분이 기록에서 누락된 것이 아니라 다른 화제로 넘어 갔기 때문이었음을 설명하는 동시에 김부장으로서는 오히라 외상이 말하고저 하는 의도와 기분을 이해할 수 있었으므로 특별한 반응을 보이지 않고 다른 화제로 넘어간 것으로 이해하고 있다고 하였음.

(2) 금액 : 일측은 오히라 외상이 빅스코 장관으로부터 3억이라는 수자가 나왔을 때에 일본에는 2억불을 말하는 사람도 있고 또 2.5억불을 말하는 사람도 있다고 말하였으며, 또 김부장에 대하여는 정확한 액수에 관하여는 정부가 아직 결정한 바 없다고 말하였다고 하였음.

이에 대하여 아측은 오히라가 3억불을 고려하고 있다고 말하게 된 경위를 다시 상세하게 설명하였는 바, 일측은 특별█히 강한 태도로 이를 부인하려 하지 않었음.

(3) 차관 : 일측은 오히라 외상이 강조한 점은 국교 정상화 후에 상업 베이스에 의하여 처리하는 것이 좋으며 그때에는 차관 액수에 관한 "씨이링" 을 정함이 없이 한국측의 사업 계획만 좋으면 얼마던지 제공할 수 있다는 점이 었다고 하였음.

이에 대하여 아측은 일본의 해외 경제 협력기금에 의한 차관█ █ 이야기 까지 나오게 된 경위를 설명하였는 바, 일측은 오히라 외상과 이께다 수상이 김부장에게 말한 차관에 관한 이야기를 비교하면서 (이께다 수상과 오히라 외상 간에도 차이가 있는만큼) 지금 정부 내의 의견을 통일하기 위하여 조정중이라고 말하였음.

(4) 오픈 아카운트 : 일측은 오픈 아카운트에 관하여는 양측 █기록에 커다란 차이가 없는 것 같다고 말하는 동시에, 한국측 기록이 더욱 정확한 것으로 생각한다고 말하였음.

(5) 지불 기간 : 일측은 오히라 외상이 년간 2,500만불을 고려하고

하고 있다고는 말하였지만 12년 이라는 구체적인 기한을 언급하지 않었다고 하였으며, 이 문제는 년간 지불액과 총액이 결정되면 자연히 결정되는 문제 이므로 그다지 중요하지는 않다고 하였음.

이에 대하여 아측은 기록에는 없으나 김부장으로 부터 직접 들은 바에 의하면 오히라 외상이 년간 지불액 2,500만불을 기준으로 하여 총액 3억불을 지불하는 경우에 지불 기간은 12년이 된다는 것을 오히라 외상이 동이 주로 직접 계산을 하여 가면서 설명하였다고 말하는 동시에, 오히라 외상이 말한 년간 지불 액수와 지불 기간으로 보아 오히라 외상이 3억불을 고려하고 있다고 말한 것이 확실함을 재차 지적하여 두었음.

2. 회담 타결 시기 :

정치회담 개최 시기에 관하여, 일측은 김부장이 고조된 분위기를 그대로 유지하기 위하여 년내 개최를 희망한데 대하여 오히라 외상은 ■■■ 반드시 년내 개최의 필요는 없지만 결론은 년내에 내기로 하자고 말하여 정치회담의 개최 시기를 년내로 하자고 확실히 말하지는 않었다고 말하는 동시에 이문제는 앞으로의 예비절충의 결과 특히 청구권에 관한 절충의 결과에 따라 결정될 것이며, 또 이께다 수상이 김부장에게 년내에 실질적 타결을 보기로 하자고 말하였는 바 실질적 타결을 본후에 형식 면에 있어서 어떠한 형식을 취할 것인가는 그다지 문제가 되지 않는 것이라 하였음.

이에 대하여 아측은 아측기록에 년내 개최가 합의되었다고 되어 있다고 말하는 동시에 , 김부장으로 부터 직접 들은 바에 의하면 년내 개최가 확실히 합의된 것으로 이해한다고 말하였는 바, 일측은 김부장이 11월 10일에 다시 일본에 돌리게 되는 만큼 그때에 조절되기를 바란다고 하였음.

끝

예고 : 일반문서로 재분류 (한일회담 종료시)

주 일 대 사　　　배 의 환

39. 대일 절충에 관한 훈령, 1962. 11. 8

한국 외교문서 796, 김종필 특사 일본 방문, 1962. 10 - 11

1962년 11월 12일로 예정된 오하라 외상과의 제2차 회담에 앞서 박정희 국가재건최고회의 의장이 김종필 중앙정보부장에게 보낸 훈령 문서다.

※ 문서 상태 불량으로 새로 타이핑한 내용을 아래 수록함.

1962년 11월 8일

수신 : 중앙정보부장

발신 : 국가재건최고회의 의장

제목 : 대일 절충에 관한 훈령

지난 10월 20일부터 22일까지의 귀하의 대일 절충의 성과를 치하하며, 아울러 귀국 도중 11월 12일로 예정되어 있는 오히라 외상과의 재차 회담에서는, 전반적으로 지난 10월 17일 자의 훈령에 따르되 속히 다음 사항에 유의하여 절충하시기 바람.

기

1. 전반회의 내용의 확인

지난 10월 20일의 귀하와 오히라 외상과의 회담 내용을 확인하기 위하여 그 후 주일 대표부와 일본 외무성 간에 대사 작업을 실시하였는바, 쌍방의 기록에 차이가 있으므로, 대사 결과를 주일대사로부터 보고 받은 후, 금반 회담에서는 차이점에 대하여 오히라 외상의 확실한 복안을 다짐할 것.

2. 청구권에 관하여

가. 명목을 독립 축하금 또는 경제협력으로 한다는 것은 도저히 용납할 수 없는 것이며, 어디까지나 우리 국민으로 하여금 청구권에 대한 변제 내지 보상으로서 지불될 것이라는 점을 납득시킬 수 있는 표현이 되어야 할 것임을 강조할 것.

나. 지불 액수에 있어서 아 측은 순 변제와 무상조의 합계액이 차관액보다 다액이어야 하며, 또한 이들의 총액이 6억 불이어야 한다는 입장에서 다시 양보하기 어려운 실정임을 강조하고, 지난번에 오히라 외상이 시운한 무상공여 3억 불은 과거의 일 측 제시액보다 훨씬 진보된 액수이며, 논의의 대상이 될 수 있는 선까지 도달되었다고 인정되니 이 액수를 우선 일 측이 회담에서 공식으로 제의하는 것이 앞으로의 회담을 촉진시키는 계기가 될 것임을 강조할 것. 실제 교섭에 있어서는 다음과 같은 선을 기준으로 교섭할 것.

2 내지 2.5억 불(순 변제 + 무상조) + 2.5 내지 3억 불(차관) = 6억(총액)

단, 이 경우에 있어서 무상조가 3.5 이하로 내려올 때에는 다음과 같은 조건을 제시할 것.

(1) O.A 부채액을 일 측으로 하여금 포기시킬 것.

(2) 지불 기간을 최단으로 하고 이자율, 거치기간, 상환기간 등을 가장 특혜적인 (특별히 유리한) 조건으로 할 것.

(3) 지불기한이 길어질 경우에는 무상조의 적어도 반액을 현금(미불)으로 지불할 것을 요구할 것.

다. 지불기한에 있어서는 5년 이내로 할 것을 주장할 것. (제2안 6년 내지 10년)

라. 청구권 해결에 있어서는 오픈. 어카운트의 미불금을 포함하는 것이 쌍방 간의 금액 차이를 조정하는 데 용이할 것임을 강조할 것.

마. 차관에 관하여는 당초에 한국 측이 국교 정상화 이후에 논의하자는 입장이었는데 대하여 일 측에서 금액을 올리는 데 필요하며 또는 특별히 유리한 조건이니 받으라고 하기에 한국 측은 회담의 타결을 촉진하기 위한 성의에서 원래의 입장을 양보하여 차관을 고려하겠다는 의사를 지난번 오히라 외상에게 표시하였는데, 일 측은 지금에 와서는 차관은 별도로 국교정 상화 후에 취급하겠다느니 또는 실링을 정하지 말자느니 말하고 있는데 이는 이해하기 곤란한 태도임을 지적할 것. 동시에 아 측으로서는 상업 베이스에 의한 차관이 아니라 청구권을 해결하기 위한 하나의 보충적 방법으로서 정부 대 정부 차관을 고려하는 것이니 그 액수가 분명히 결정되어야 함은 물론, 조건도 특혜적으로 유리한 것이어야 함을 강조할 것. (이자율, 무이자 또는 3.5% 이하, 거치기간 5년 이상, 상환기간 25년 이상, 수입기간 5년 내지 10년 이내)

3. 어업 문제에 관하여

가. 일본이 청구권 문제에서 성의를 표시하면 한국은 어업 문제에서 신축성을 보이겠다는 기본방침에 변함이 없음을 밝히고, 현재 이러한 방침에 입각한 협정안을 작성 중인데 10년 이상을 두고 지켜온 평화선에 관하여 신축성을 보이자니, 관계 기관이나 수산계의 의견을 조정하는 데 다소의 시일을 요하고 있음을 설명할 것.

나. 더욱이 우리 국민이나 관계 기관에서는 아직 청구권 문제에 있어서 일본이 성

의를 보였다고 보고 있지 않으며 오히려 한국 측이 부당히 양보하고 있다고 불만을 표시하고 있는 실정임으로 일본 측이 청구권 문제에 있어서 성의를 보이는 것은 어업 문제의 해결도 촉진하는 결과가 될 것임을 지적할 것. 이에 관하여 일 측에서는 지난번 오히라 외상이 귀하에게 시사하였던 무상공여 액수를 확인하기를 꺼리는 듯한 인상을 주고 있는데, 이것이 일 측이 한국 측으로 하여금 어업 문제에 있어서의 양보를 촉진시키기 위한 것이라면 한국 내의 관계자의 태도를 더욱 경화시키는 효과를 낼 것임을 지적할 것.

다. 일본 측은 제5 다이요 마루가 석방된 예를 지적하면서 다른 나포 어선의 석방도 요구할 가능성이 있는데, 이러한 요구가 있으면 제5 다이요 마루 석방 결정이 특별한 고려에서 이루어진 것임을 강조하고 일본 측의 요구가 과도한 것임을 지적할 것. 회담 진행 중에는 분위기를 저해하는 행동을 삼가야 할 것이므로 일본 어선이 평화선을 침범하지 않도록 노력할 것을 요구하고 금후로도 침범선이 발견될 시에는 나포할 것임을 설명할 것.

4. 독도 문제

일본에서 독도 문제를 다시 제기하는 경우에는 동 문제가 한일회담의 현안 문제가 아님을 지적하는 동시, 일 측이 이 문제를 제기하는 것은 한국민에게 일본의 대한 침략의 경과를 상기시킴으로써 회담의 분위기를 경화시킬 우려가 있음을 지적할 것.

5. 기타

오히라 외상과의 회담 결과 여하에 따라서 만약 귀하가 일본에 더 머물 필요가 있을 경우에는 체일 기일을 연장하여도 가함. 끝.

1962년 11월 [illegible]일

관리번호 1503

수 신 : 중앙 정보 부장

발 신 : 국가재건 최고회의 의장

제 목 : 대일 절충에 관한 훈령

외정무 2294에 의한 修正

지난 10월 20일 부터 22일 까지의 귀하의 대일 절충의 성과를 치하하며, 아울러 귀국도중 11월 12일로 예정되어 있는 오히라 외상과의 재차 회담에서는, 전반적으로 지난 10월 17일 자의 훈령에 따르되 특히 다음 사항에 유의하여 절충하시기 바람.

기

1. 전반회의 내용의 확인

지난 10월 20일의 귀하와 오히라 외상과의 회담 내용을 확인하기 위하여 그후 주일대표부와 일본 외무성 간에 대사 작업을 실시하였는바, 쌍방의 기록에 차이가 있으므로, 대사 결과를 주일대사로 부터 보고 받은후, 금반 회담에서는 차이점에 대하여 오히라 외상의 확실한 확언을 다짐할것.

2. 청구권에 관하여

가. 명목을 독립 축하금 또는 경제협력으로 한다는 것은 도저히 용납할수 없는 것이며, 어디까지나 우리 국민으로 하여금 청구권에 대한 변제 내지 보상으로서 지불될 것이라는 점을 납득시킬수 있는 표현이 되어야 할것임을 강조할것.

4. 지불 액수에 있어서 아측은 순변제와 무상조의 합계액이 차관액보다 다액이어야하며, 또한 이들의 총액이 6억불 이어야 한다는입장에서 다시 양보하기 어려운 실정임을 강조하고, 지난번에 오히라 외상이 시윤한 무상 공여 3억불은 과거의 일측 제시액보다 훨씬 진보된 액수이며, 논의의 대상이 될수 있는 선까지 도달되었다고 인정되니 이 액수를 우선 일측이 회담에서 공식으로 제의하는것이 앞으로의 회담을 촉진시키는 계기가 될것임을 강조할것.

실제 교섭에 있어서는 다음과 같은 선을 기준으로 교섭할것.

2 내지 2.5억불 (순변제 +무상조) +2.5 내지 3억불

(차관) = 6 억 (총액)

단, 이 경우에 있어서 무상조가 3.5 이하로 내려올때에는 다음과 같은 조건을 제시할것.

(1) O.A 부채액을 일측으로 하여금 포기 시킬것.

(2) 지불 기간을 최단으로 하고 이자율, 거치기간, 상환기간 등을 가장 유리적인 (특별히 유리한) 조건으로 할것.

(3) 지불 기한이 길어질 경우에는 무상조의 적어도 반액을 현금 (미불) 으로 지불할것을 요구할것.

다. 기술 기간에 있어서는 5년 이내로 할것을 주장할것.

(제 2 안 5년 내지 10 년)

라. 청구권 해결에 있어서는 오픈.어카운트의 미불금을 포함하는 것이 상반 간의 금액 차이를 조절하는데 용이한것임을 강조할것.

마. 차관에 관하여는 당초에 한국측이 국교 정상화 이후에 논의하자는 입장이었는데 대하여 일측에서 금액을 올리는데 필요하며 또는 특별히 유리한 조건이니 받으라고 하기에 한국측은 회담의 타결을 촉진하기 위한 성의에서 일측의 입장을 양보하여 차관을 고려하겠다는 의사를 지난번 오히라 외상에게 표시하였는데, 일측은 지금에 와서는 차관은 별도로 국교 정상화 후에 취급하겠다느니 또는 시일을 정하지 말자느니 말하고 있는데 이는 이해하기 곤란한 태도임을 지적할것. 동시에 아측으로서는 상업 베이스에 의한 차관이 아니라 청구권을 해결하기 위한 하나의 보충적 방법으로서 정부대 정부 차관을 고려하는 것이니 그 액수가 분명히 결정되어야 함은 물론, 조건도 특혜적으로 유리한 것이어야 함을 강조할것. (이자율, 무이자 또는 3.5 % 이하, 거치기간 5년 이상, 상환기간 25년 이상, 수입기간 5년 내지 10년 이내)

3. 어업 문제에 관하여

가. 일본이 청구권 문제에서 성의를 표시하면 한국은 어업문제에서

신축성을 보이겠다는 기본 방침에 변함이 없음을 밝히고, 한편 이러한 방침에 입각한 평화선을 설정한지 10년 이상을 두고 지켜온 평화선에 관하여 신축성을 보이자니, 관계기관이나 수산계의 의견을 조정하는데 다소의 시일을 요하고 있음을 설명할것.

나. 대측의 우리국민이나 관계 기관에서는 아직 청구권 문제에 있어서 일본이 성의를 보였다고 보고 있지 않으며 오히려 한국측이 부당히 양보하고있다고 불만을 표시하고 있는 실정임으로 일본측이 청구권 문제에 있어서 성의를 보이는것은 어업문제의 해결도 촉진하는 결과가 될것임을 지적할것. 이에 관하여 일측에서는 지난번 오히라 외상이 귀하에게 시사하였던 무상공여 액수를 확인하기를 꺼리는 듯한 인상을 주고 있는데, 이것이 일측이 한국측으로 하여금 어업문제에 있어서의 양보를 촉진시키기 위한 것이라면 한국내의 관계자의 태도를 더욱 경화시키는 효과를 낼것임을 지적할것.

다. 일본측은 제 5 다이요마루가 석방된 예를 지적하면서 다른 나포 어선의 석방도 요구할 가능성이 있는데, 이러한 요구가 있으면 제 5 다이요마루 석방 결정이 특별한 고려에서 이루어진 것임을 강조하고 일본측의 요구가 과도한것임을 지적할것.

회담 진행중에는 분위기를 저해하는 행동을 삼가하여야할것이므로 일본 어선이 평화선을 침범하지 않도록 노력할것을 요구하고 금후로도 침범 선이 발견될시에는 나포할 것임을 천명할것.

4. 독도 문제

일측에서 독도문제를 다시 제기하는 경우에는 동 문제가 한일회담의 현안문제가 아님을 지적하는 동시, 일측이 이 문제를 제기하는것은 한국민에게 일본의 대한 침략의 결과를 상기시킴으로서 회담의 분위기를 경화시킬 우려가 있음을 지적할것.

5. 기 타

오오히라 외상과의 회담 결과 여하에 따라서 만약 귀하가 일본에 더 머물 필요가 있을 경우에는 체일 기일을 연장하여도 가함. 끝.

40. 제2차 김 부장·오히라 외상 회담록, 1962. 11. 12
한국 외교문서 796, 김종필 특사 일본 방문, 1962. 10 - 11

1962년 11월 12일 개최된 김종필 중앙정보부장과 오히라 마사요시 외상 간 제2차 회담 기록이다.

이 회의에서 양인은 청구권 금액과 명목에 관하여 합의하였는데, 회담 기록에는 그 합의 내용이 적혀 있지 않으며, 별도의 메모에 합의 내용을 기재하였다. 이 회담 기록에는 제반 현안에 관한 토의 내용이 적혀 있으며, 오히라 외상이 주장한 내용들이 별첨 문서로 첨부되어 있다.

Conf 6AA-05

한일대경제 485 호 1962. 11. 13

관리번호 1505

수 신 : 외무부 장관

제 목 : 제 2 차 김부장. 오히라 외상 회담록

1962 년 11 월 12 일 15:00 시 부터 18:30 시까지 일본 외무성 대신실에서 개최된 제 2 차 김종필 중앙정보부장과 오히라 외상과의 회담 내용에 관하여 김종필부장께서 회담후 설명하신바를 아래와 같이 보고하는 동시에 우선 필요한 사항을 건의합니다.

검토필(1964. 6. 30.)

아 래

1. 회담시간은 원래 15:00 시부터 18:00 시까지 3 시간이 예정되었는바 30 분을 초과하여 3 시간 반이 걸렸으며 그중 약 2 시간 반이 청구권 문제로 소비되었음.

2. 오히라 외상은 각문제 토의에 있어 별첨과 같은 메모를 기준삼어 설명하였음.

3. 현안문제 별 토의내용은 아래와 같음.

(1) 청구권 문제

(가) 금액 및 조건 (지불 기한 등)

본 문제에 관하여서는 양국 최고수뇌에 보고건의하여 결정을 볼때가지는 극비에 부치기로 하였으며 회담수석대표에게도 알리지 않기로 하였음. 따라서 김부장이 직접 최고회의 의장에게 보고할것임.

(나) 명목 문제

오히라 외상은 별첨문서 제 2 페이지에 적힌바와 같이 국교 정상화를 축하하고 우호친선을 기원하고 한국의 민생안정과 경제발전에 기여하기 위하여라는 명목을 사용할것을 주장하였음.

이에대하여 김부장은 반대를 제기한후 대안으로서 한일간의 청구권 문제를 해결하고 한일간의 경제협력을 증진하기위하여 일본정부는 한국정부에 000불을 지불하며 또 000불의차관을 제공한다는 방법으로 해결하는동시에 이로서서 양국간의(3) 청구권 문제가 해결된것으로 간주하기로 하자고 하였던바, 오히라 외상은 연구해볼만한 안이라고 말하면서 전문가에게 연구시키겠다고 하였음.

(2) 어업 및 평화선 문제

오히라 외상은 일측으로서는 구체안이 완성되어 언제던지 제출할 용의가 있으니 한국측에서도 즉시 구체안을 작성 제출하여달라고 하였음.

이에대하여 김부장은 아측이 구체안는 제출할 용의는 가지고 있으나 청구권 문제가 진첩을 보지못하고 있었던 만큼 제출하지 않은것이라고 말하는 동시에, (1) 아측의 3개원측을 설명하였으며, (2) 자원조사가 완료될때까지 잠정적인 협정을 체결할것을 시사하였으며, (3) 평화선은 국방선으로 남게 된다는 점을 자세히 설명하였음.

양측은 어업문제에 관한 토의를 예비절충에서 촉진시키기로 하였음.

(3) 법적지위 문제

오히라 외상은 회담 전체의 공기를 일층 좋게하는 취지에서라도, 법적지위 협정의 토의를 더욱 촉진하고 합의에 도달하면 다른 협정에 앞서 본 협정의 가조인을 행할 용의가 있다고 말하였음.

김부장은 법적지위 문제에 있어서는 ,

(가) 재일교포의 특수한 배경에 감하여 제 3 국인보다 특별한 지위와 처우를 주어야하며,

(나) 선전범주의 판인은 사상 기타 이유에 의하여 그 일부가 협정에서 배제될수없음을

주장하였던바, 오히라 외상은 법을가에게 연구케 하겠다고 하였으며, 양측은 토의를 촉진하여 조속 해결할것에 합의하였음.

(이하 다음 페이지에 계속)

(4) 선박 문제:

오히라 외상은 (1) 한국측에 나포된 일본 어선이 있으므로 이를 상쇄하자 (2) 법율 해석에 차이가 있고 사실 관계의 확인도 곤난하니 정치적인 해결을 하자는 등을 주장하였음.

이에 대하여 김 부장은 상쇄할 있을 수 없는 것이며 일본은 한국이 요구하는 톤수에 해당하는 신조 선박을 반환하라고 하였음.

(5)문화재 문제:

오히라 외상은 일측에 반환 의무가 없으나 양국 간의 문화 교류 촉진의 일환으로 어느 정도의 국유 문화재를 증여하겠다고 하였으며, 김 부장은 1957 년 12 월 31 일자 "오랄 스테이트멘트" 의 선례에 따라 반환할 것을 주장하였음.

(6) 기본관계:

김 부장이 조약 형식에 의할 것을 주장하였던 바, 오히라 외상은 조약 형식을 취할 경우에는 영토 조항에 난점이 있다고 말하였음. 이에 관련하여 현재 행정적 지배 하에 있는 지역 및 앞으로 행정적 지배 하에 들어올 지역으로 하는 등의 표현 방법이 이야기 되어 서로 연구 하기로 하였음.

(7) 독도 문제:

오히라 외상은 국제 사법 재판소에 일본이 제소하겠으니 한국측이 이에 응소할 것이라는 것을 국교 정상화 시에 약속하여 달라고 강력히 주장하였으며, 김부장은 한일 회담의 현안 문제가 아니며 한국민의 감정을 경화시킬 뿐이라 하여 반대하였음.

이에, 오히라 외상은 본 문제의 해결이 중요함을 설명하고 다른 해결

방안이 없겠는가라고 하였는 바, 김 부장이 제 3국의 조정에 맡김이 어떻겠는가라고 시사함에, 오히라 외상은 생각해볼 만한 안이라고 하면서 제 3국으로는 미국을 지적하고 연구해 보겠다고 하였음.

(김 부장의 의도는 국제 사법 재판소 제소를 위한 일측의 강력한 요구에 대하여 몸을 피하고 사실상 독도 문제를 미해결 상태로 유지하기 위한 작전 상의 대안으로 시사한 것이라고 생각됨.)

(6) 정치회담:

회담의 연내 타결이 요망되는 바, 정치회담은 필요한 때에 언제든지 개최하기로 하였으며 개최시기는 앞으로의 예비절충의 진전 여하로 결정될 것이라는 것을 상호 양해하였음.(조인 및 일본국회 인준 시기는 전에 합의한 것을 재확인하였음.)

4. 건의:

(1) 금번 회담으로 청구권 문제가 완전히 결말을 본 것은 아니지만 결말에 가까운 접근이 있었다고 보이는 만큼 타 현안의 토의를 촉진하여야 할 것으로 생각되므로, 현재 토의가 개시되어 있지 않은 선박 및 문화재 등의 기타 현안에 관하여도 준비를 갖출 것을 건의함.

(2) 문인구 대표는 11월 15일 일시 귀국하게 되는 바, 법적지위 문제의 토의를 중단시키지 않고 나아가서는 촉진하기 위하여 이천상 대표를 즉시 파견할 것을 건의함.

(3) 청구권의 해결과 회담의 전반적 촉진을 위하여 어업 문제의 토의를 촉진시켜야 되는 만큼, 지철근 대표가 "한일 잠정 어업 협정 안(가칭)"을 단시일 내에 작성하여 가지고 올 것을 건의함.

유 첨: 오히라 외상이 회담 시에 사용한 메모 사본 1

주 일 대 사 배 의

별첨 4

1962년 11월 12일에 개최된 제2차 김종필 중앙정보부장과 오히라 외상 회담에서 일 측이 수교한 메모

1. 일반청구권 문제

(1) 금액

(2) 방식

국교 정상화에 관한 협정 등 가운데 다음과 같은 취지의 조항을 두는 것으로 해결할 것을 제안한다.

제1항 일본은 한일 국교 정상화를 축하하고 양국 간의 우호친선을 기원하며 한국에서의 민생안정과 경제발전에 기여하기 위하여 ○억 달러에 상당하는 엔화 가치를 가진 일본인의 용역 및 일본국의 자본재를 제공하기로 한다.

제2항 양 체약국은 평화조약 제4조에 근거한 한국 또는 한국 국민의 일본국 또는 일본 국민에 대한 모든 청구권이 완전하고 최종적으로 해결되었음을 확인한다.

2. 어업 문제

일본 측에서는 구체적인 협정안을 완성하고 언제든지 제출할 준비가 되어 있으므로 한국 측에서도 즉시 구체적인 협정안을 작성하여 제출해 주길 바란다.

(일본 측으로서는 일본과 제3국과의 어업 관계에 나쁜 선례가 되거나 악영향을 미칠 수 있는 방식은 채택할 수 없으나, 그러한 우려가 없는 한도 내에서 가능한 한 한국 측의 입장을 존중할 용의가 있다).

3. 재일한인의 법적지위 문제

(청구권 문제의 논의가 마무리 단계에 접어들고, 또한 어업 문제에 관해 양측으로부터 구체적인 협정안이 제출되어 논의가 본격화된 단계에서는) 회담 전체의 분위기를 더욱 좋게 하는 취지에서도 일본 측으로서는 법적지위 협정의 논의를 더욱 촉진하고, 논의가 마무리되면 다른 협정에 앞서 본 협정의 가조인을 할 용의가 있다.

4. 선박 문제 및 문화재

(1) 선박 문제

한일 양측의 법적 주장이 엇갈리고, 사실관계 확인도 매우 어렵기 때문에 정치적 해결을 모색하는 것이 타당하다고 본다.

(2) 문화재 문제

일본 측에서는 문화재를 출토국에 반환해야 한다는 국제법상의 원칙이나 관례가 없기 때문에 일본에 있는 한국 문화재를 '반환'할 의무는 없다고 생각한다. 그러나 권리, 의무의 관계를 떠나 양국 간 문화교류 촉진의 일환으로 어느 정도의 국유문화재 '증여'를 고려할 용의가 있다.

5. 독도 문제

이런 종류의 법적 분쟁은 국제사법재판소의 공정한 판단에 의해 해결하는 것이 가장 타당할 뿐만 아니라, 국교 정상화 교섭 시 양국이 체면을 유지하면서 어려운 문제를 일시적으로 뒤로 미루는 효과도 있기 때문에 한국 측도 "국교 정상화 후 본건의 국제사법재판소 제소에 응하겠다"는 것만은 일단은 꼭 예약해 주었으면 좋겠다. (제소 및 응소는 국교 정상화 이후가 될 것이다.)

영토 분쟁 등에 관한 이런 종류의 선례(별지 참조)에서도 알 수 있듯이 제소부터 판결까지 적어도 2년 내외는 걸리기 때문에 독도 관련 판결이 내려지는 것도 국교 정상화 후 상당 기간 경과한 후에나 가능한 것이므로 당장은 양측의 국민감정을 자극할 우려가 없다는 사실을 이해해 주셨으면 한다.

별첨 4

1962年 11月 12日에 開催된 第2次 金鍾泌 中央情報部長과 大平外相 會談에서 日側이 手交한 메모

1. 一般請求權問題

(1) 金額

(2) 方式

國交正常化に關する取極等のうちに下記の趣旨の條項をおくことにより解決することを提案する。

第一項　日本國は、日韓國交の正常化を祝し兩國間の友好親善を記念し韓國における民生安定と經濟發展に寄与するため○億ドルに等しい円の価値を有する日本人の役務および日本國の資本財を供与することとする。

第二項　兩締約國は平和條約第十條に基づく韓國または韓國國民の日本國または日本國民に對するすべての請求權が完全にかつ最終的に解決されたことを確認する。

2、漁業問題

日本側においては具体的な協定案を完成しており いつでも提出する用意があるから 韓国側においても速に具体的な協定案を作成提出されたい。

(日本側としては 日本と第三国との漁業関係に悪い先例となったり悪影響を及ぼすような方式は採用できないが かかるおそれのない限度においては できる限り韓国側の立場をも尊重する用意がある。

3、在日韓国人の法的地位問題

(請求権問題の討議が大詰めに近づき、また、漁業問題に関し双方から具体的な協定案が提出されて討議が本格化した段階においては) 会談全体の空気を一層よくする趣旨からも 日本側としては法的地位協定の討議をさらに促進し 話し合いがまとまれば 他の協定に先んじて本協定の仮調印を行う用意がある。

4. 船舶問題及び文化財

(1) 船舶問題

日韓双方の法律上の主張には隔りがあり、また事実関係の確認も極めて困難なので政治的な解決を図ることが適当であると考える。

(2) 文化財問題

日本側としては文化財を出土国に返還しなければならないという国際法上の原則や慣例はなく、従って日本にある韓国文化財を「返還」する義務はないと考えている。

しかしながら、権利義務という関係をはなれ両国間の文化交流促進の一環としてある程度の国有文化財の「贈与」を考慮する用意がある。

5. 竹島問題

この種の法律的紛争は国際司法裁判所の公正な判断によって解決するのが

最も適当であるのみならず国交正常化交渉の際双方が面子を保ちつつ困難な問題を一時棚上げする効果もあるので韓国側も国交正常化後に本件の国際司法裁判所への提訴に応ずる、ということだけはとりあえず是非承認してほしい。(提訴及び応訴は国交正常化後となる)

領土紛争等に関するこの種裁判の先例(別紙参照)でも明らかなとおり提訴から判決まで少なくとも四年内外はかかるので竹島に関する判決が下るのも国交正常化後相当期間経過してからとなるわけであり差し当り双方の国民感情を刺激するおそれはないという点を了解せられたい。

41. 大平大臣·金鍾泌韓國中央情報部長第2回會談記錄, 1962. 11. 12

日本外交文書 1826, 아홉 번째 문서

1962년 11월 12일 김종필-오히라 제2차 회담에 관한 일본 측 기록이다.

일본 측 기록에도 청구권 금액과 명목에 관한 합의 내용은 적혀 있지 않다.

번역

오히라 대신·김종필 한국 중앙정보부장 제2차 회담 기록

1962. 11. 12, 아시아국

일시 : 11월 12일 오후 3시 10분부터 6시 40까지

장소 : 외무성 대신 응접실

의사 내용 :

모두에 대신이 미리 준비한 별첨 말씀자료(talking paper)를 제시한 후, 다음 개요와 같이 토의했다.

1. 청구권 문제

(1) 방식

한국 측 안으로, "한일 간의 청구권 문제를 해결하고, 또한 한일 간의 경제협력을 증진하기 위하여 다음의 조치를 취하는 것으로 한다. ...." 와 같은 제안이 있었으며, 예비절충에서 이에 대한 토의를 진행하기로 했다.

(2) 금액

(한국 측 제안은, 진지한 것임은 인정받았으나, 본 건에 관해서는 아직 피차간에 상당한 격차가 있으므로 일한 쌍방에서 각각 총리 및 의장의 지시를 기다리기로 하되, 그때까지는 대신 및 김 부장 간의 숙제로 하고 쌍방의 대표에도 내용을 알리지 않는 것으로 약속했다.)

2. 법적지위

법적지위에 관한 협정의 내용으로, 한국 측은, 1) 재류 한국인의 특수한 배경적 사정을 고려하여 일반 제3국인에 비해 특수한 지위와 대우를 부여받는다, 2) 사상 상 그 외의 다른 이유에 의해 협정에서 배제되지 않는다는 두 가지 조건을 확보하기를 원한다고 말했다.

3. 선박 문제

김 부장은, 선박에 관해 일한 쌍방이 인도를 요구하는 톤수를 비교하면 한국 측이 받을 몫이 있다는 전제하에, 그 받아야 할 몫의 적어도 일부를 신조선으로 공여받기를 원한다고 말했으며, 이에 대해 대신은 그 요구는 부당하다고 반박했다.

4. 어업

한국 측은 신속하게 협정안을 제출하기로 약속하였고, 체결되어야 할 협정의 내용에 관해 다음과 같은 희망을 표명했다.

(1) 어업협정은 일단 관련 어족에 관한 조사, 토의가 완료될 때까지 잠정 협정이라는 형식을 취한다.

(2) 연안국의 특수권익과 어업에 관한 국제법상의 최근의 경향을 존중한다.

(3) 일본이 제3국과 체결한 어업협정의 선례를 고려한다.

(4) 한일 간의 특수성을 기초로 하여 한일간에 실질적인 공평성을 확보한다.

(5) 평화선을 국방선으로 인정한다.

이 가운데 (4)항까지의 항목에 대해서는 전문가가 검토하도록 할 것을 약속하고, 국방선 문제에 관해서는 어업과는 관계가 없는 것이라고 일단 반박해 놓았다.

5. 독도(竹島)

김 부장은, 본 건을 국제사법재판소에 제출할 때에는, 예를 들어 2, 3년 정도는 걸리겠지만, 승패의 구분이 확실한 판결이 나오는 것이 되어 적당하지 않으며, 오히려 제3국(김 부장은 미국을 염두에 두고 있는 것 같았다)의 조정에 맡기는 것을 희망한다, 그렇게 함으로써 이 제3국이 일한 간의 관계를 고려하면서 조정의 타이밍 및 내용을 탄력적으로 결정할 수 있을 것이라고 말했다.

본 건도 예비교섭에서 검토하는 것으로 했다.

6. 기본조약의 형식

김 부장은, 기본조약에 관해, 다음 두 항목을 분명히 할 것을 희망했다.

(1) 일한 간의 과거의 사태를 청산하는 것

(2) 한국 정부가 유일한 합법 정권이라는 전제하에 한국 정부와 우호 관계를 맺는 것

이에 대해, 대신은, 대한민국이 현재 지배하는 영역을 기본조약의 적용 지역으로 하는 것을 시사했으며, 한국 측은, 장래 지배할 가능성이 있는 지역에 관해서도 언급하기를 희망했다.

7. 교섭의 금후 진행 방식

요컨대, 청구권의 금액 문제 이외의 사항은 모두 예비교섭에서 교섭을 촉진하고, 연내에 전 문제의 대강에 관해 합의에 도달하는 것을 목표로 하기로 했다.

大平大臣・金鍾泌韓国中央情報
部長第2回会談記録

37.11.12
アジア局

日時　11月12日午後3時10分より6時40分まで

場所　外務省大臣応接室

議事次第

冒頭、大臣より、予め準備した別添トーキング・ペーパーを提示した後、概要つぎのような討議を行なつた。

1. 請求権問題

(1) 方式

韓国側の案として、「韓日間の請求権問題を解決し、かつ、韓日間の経済協力を増進するため、次の措置をとるものとする。、、、、、、、、、、、」との提案があり、予備交渉において討議を進めることとなつた。

(2) 金額

（韓国側の提案は、真面目なものである

とは認められたが、本件に関しては未だ彼我の間に相当の懸隔があるので、日韓双方において各々総理および議長の指示を待つこととし、それまでは大臣および金部長間限りの宿題とし、双方の代表にも内容を明かさないことを約束した。)

2. 法的地位

法的地位に関する協定の内容として、韓国側は、(イ)在留韓国人の特殊の背景的事情にかんがみ、一般第三国人に比し、特殊の地位と待遇を付与せられること、(ロ)思想上その他の理由により協定より排除されないようにすること、の2条件を確保されたき旨述べた。

3. 船舶問題

金部長より、船舶に関する日韓双方の引渡し要求トン数を比較して韓国側に取り前があるとの前提に立つて、その取り前の少くとも一部を新造船をもつて供与されたき旨述べたのに対し、大臣より、その要求の不当なる旨反駁しおいた。

4. 漁業

韓国側は、速かに協定案を提出すべき旨約束するとともに、締結されるべき協定の内容につき、つぎの如き希望を表明した。

(1) 漁業協定は一応関係魚族に関する調査、討議が完了するまでの間の暫定的な取極であるとの建前をとること。

(2) 沿岸国の特殊権益と漁業に関する国際法上の最近の傾向を尊重すること。

(3) 日本が第三国と締結した漁業協定の先例を考慮すること。

(4) 韓日間の特殊性を基礎とし、韓日間に実質的な公平を確保すること。

(5) 平和線を国防線として認めること。

右のうち(4)までの諸項目については専門家をして検討させることを約束するとともに、国防線の問題については漁業とは関係なき旨一応反駁しおいた。

5. 竹島

金部長は、本件を国際司法裁判所に提出するときは、たとえ2、3年後といえども、勝敗の別がはつきりした判決が出ることとなり、適当でなく、むしろ第三国(金部長は米国を念頭においているようであつた)の調停に任すことを希望する。かくすることにより、右第三国が日韓間の関係を考慮に入れつつ調停のタイミングおよび内容を弾力的に取計らうことができようと述べた。

本件も予備交渉において検討することとした。

6. 基本条約の形式

金部長は、基本条約に関し、次の2項目を明らかにすることを希望した。

(1) 日韓間の過去の事態を清算すること。

(2) 韓国政府が唯一の合法政権たることを前提としてこれと友好関係を結ぶこと。

これに対し、大臣より、基本条約の適用地域としては、大韓民国が現に支配する領域とすることを示唆したのに対し、先方は、将来支配する可能性のある地域についても言及することを希望した。

7. 交渉の今後の進め方

要するに、請求権の金額問題以外の事項はすべて予備交渉において交渉を促進し、年内に全問題の大綱について合意に到達することを目標にすることとなつた。

42. 「김종필-오히라 메모」, 1962. 11. 12

한국 외교문서 796 김종필 특사 일본 방문, 1962. 10 - 11

한국 외교문서에 보관되어 있는 '김종필 - 오히라 메모'다.

김종필 씨는 중앙일보 연재 회고 글에서 이 '메모'는 진본이 아니라고 증언한 바 있다. 일본 오히라 외상이 보관하고 있던 '메모'의 내용과 약간 다른 부분이 있으며, 특히 마지막 "건의할 것을 양 수뇌에게 건의한다"는 문장은 일본 메모에는 "추진할 것을 양 수뇌에게 건의한다"로 되어 있는 것으로 보아 정서하면서 오기한 것으로 추정된다.

번역

김종필-오히라 메모

1. 무상을

한국 측은 3.5억(O.A. 포함)

일본 측은 2.5억(O.A. 불포함)

을 양자가 3억 불(O.A. 포함)을

10년 기간, 단 기간 단축 조건(6~10년까지는 가능)으로 양국 수뇌에게 건의한다.

2. 유상(해외경제협력기금)을

한국 측은 2.5억 불

(이자는 3% 이하 7년 거치 20~30년)

일본 측은 1억 불

(이자는 3.5%, 5년 거치, 20년)

을 양자가 2억 불, 10년 기간, 이자는 3.5%, 단, 기간 단축이 가능한 조건(6~10년)

거치 7년, 20년으로 양 최고 수뇌에게 건의한다,

3. 수출입은행 1방에 관해

한국 측은 별도 취급을 희망

일본 측은 1억 불 이상

프로젝트에 따라 신장 가능하다.

이상을 양자가 합의하고 국교 정상화 이전 가능한 한 곧바로 건의[31]할 것을 양자 수뇌에게 건의한다.

1962. 11. 24~11. 30 사이에

양측의 의견을 교환한다.

31 한일회담 한국 측 문서철에 남아있는 이 '김-오히라' 메모에는 "건의할 것을 건의한다"("추진할 것을 건의한다"가 올바른 표현)와 같은 기재상의 오류가 있는 점 등으로 미루어 원본이 아니며, 나중에 외무부 직원에 의해 정서된 문서로 추정된다.

Top Secret 62. 11. 12.

1. 無償ヲ

Korea側ハ 3.5億 (O.A.含)

Japan側ハ 2.5億 (O.A. 不包含)

之ヲ両者デ 3億弗 (O.A 包含) ヲ

10年期間, 但 繰上條件デ (6~10年

マデハ可能) 両首脳ニ建議スル

2. 有償ヲ (海外経済協力基金)

Korea側ハ 2.5億弗

(利子ハ 3分以下 7年据置 20~30年)

Japan側ハ 1億弗

(利子ハ 3.5分, 5年据置, 20年)

之ヲ両者デ 2億弗, 10年期間,

利子ハ 3.5分, 但 繰上可能條件 (6~10年)

据置 7年, 20年デ 両最高首脳ニ

建議スル

Top Secret

Top Secret

3, 輸出入銀行ノ方ニツキテ

Korea側ハ別個ニ取扱フコトヲ希望

Japan側ハ1億弗以上

プロジェクトニヨリ伸長デキル

之ヲ両者デ合意シ國交正常化以前

ト云ヘドモ直チニ協力スルヨウ建議

スルコトヲ両者首脳ニ建議スル

1962. 11. 24～11. 30間ニ
両側ノ意見ヲ交換スル.

1963. 6. 27에 [illegible] 직권
으로 III급 비밀로 재분류 됨

Top Secret

43. 金-大平 メモ, 1962. 11. 12
日本外交文書 1882-2,「日韓國交正常化交渉の記錄總說 IX」

오히라 외상이 보관하고 있다가 1965년 가을 외무성 구로다 미즈오 북동아과장에게 전달한 김-오히라 메모다.

오히라 외상은 1963년 2월 2일 국회 중의원 예산위원회에서 '김-오히라 메모'에 관한 질문을 받고, "나와 김종필 씨와의 사이에 합의문서는 없다. 메모랜덤을 교환한 기억이 없다. 우리의 협의 내용을 상대방이 어떻게 메모했는지 나는 모른다"로 답변함으로써 '메모'의 존재를 부인한 바 있다.

「1、無償ハ

Korea ハ 3.5億弗（O.A.ヲ含ム）

Japan ハ 2.5 〃（O.A.ヲ含ム）

之ヲ両者デ 3億弗（O.A.ヲ含ム）

デ両最高首脳ニ建議スル

10年、但シ繰上ゲ可能

2. 有償ハ（海外経済協力基金）

Korea 2.5億弗

（3分以下、7年据置、20年～30年）

Japan ハ 1億弗

（3.5分、5年据置、20年）

~~海外協力基金ト輸銀ヲ通ジ~~

之ヲ両者デ 2億弗（3.5分、7年据置、20年）デ両（最高）首脳ニ建言スル。

（10年、但シ繰上ゲ可能）

3、輸銀ノ方ニ付テハ Korea ハ別個ニ取扱ブコトヲ希望

（Japan ハ 1億ドル以上 プロジェクトニヨリ伸張デキル）

之ヲ両者デ合意シ、日韓国交正常化以前ト雖モ、直ニ協力スル様推進スルコトヲ両首脳ニ建言スル。」

44. 김종필-오히라 메모(1992. 6. 22 『동아일보』 게재)

1992년 6월 22일 『동아일보』가 '메모'라고 하는 문서를 단독 입수하였다고 하면서 공개한 김종필-오히라 메모다.

『동아일보』는 '메모'의 사진과 함께 내용을 보도하였으며, '김종필 오히라 합의' 시 주일대사였던 배의환 씨가 김종필의 필체가 맞다고 증언한 내용도 보도하였다.

이 '메모'는 현재 어디에 있는지 확인할 수 없다.

1. 無償ヲ
Korea側ハ 3.5億弗
(O.A 包含)
Japan側ハ 2.5億弗
(O.A 不包含)
之ヲ両者ガ 3億弗(O.A包)
デ 10年期間供與ト云フ線
デ両首脳ニ建議スル。

2. 有償ヲ(海外経済協力基金)
Korea側ハ 2.5億弗
(利子3分以下, 7年据置, 20~30年)
Japan側ハ 1億弗
(利子3.5分, 5年据置, 20年)

之ヲ両者ハ 2億弗 10年期間
デ 期間上ノ短縮可能, 据置7年,
利子3.5分 20年デ 両首脳ニ
建議スル。

3. 輸出入銀行ノ分ニツイテ
Korea側ハ 別個ニ取扱フ
コトヲ希望
Japan側ハ 1億弗以上
プロジェクトニヨリ伸長デキル
之ヲ両者デ合意シ 国交正常化
以前デモ 早速ニ協力スル
ヨウ 推進スルコトヲ両首脳ニ
建議スル。

'김-오하라 합의' 이후의 청구권 세목 교섭

일본의 '김-오하라 합의' 수정 시도와 한국의 대응

양국 정상의 승인을 전제로 했던 '김-오히라 합의'에 대해, 한국의 박정희 의장은 합의가 훈령을 토대로 이루어졌기 때문에 이를 곧바로 수용하였다.[1] 일본의 경우는 애초 11월 28일 이케다 총리와 오히라 외상 간 회합에서 이케다의 최종 승인이 이루어질 것으로 예상되었다. 그러나 이케다는 이 자리에서 합의 내용을 승인하지 않았다. 이케다가 승인을 보류한 이유에 관해서는 국내 정치적인 이유 등 여러 가지 관측이 있었으나,[2] 오히라 외상은 1965년 가을 구로다 미즈오(黑田瑞夫) 북동아과장과의 한일회담 회고 대담에서, 이케다 총리가 금액을 너무 많이 제시한 데 대해 불만이 있었다고 밝혔다. 오히라 외상은 이케다 총리와의 담판을 통해 결국 금액은 동의를 얻었으나, 금리, 상환기한, 채권(OA)의 처리 등에 대해서는 재고하라는 지시를 받았다.[3]

오히라는 김종필 부장과의 합의 시 11월 말까지 양 수뇌에게 건의하고 그 결과를 서로 알려주기로 한 약속에 따라, 11월 29일 김종필에게 "이케다 총리와 다나카 대장상으로부터 금액은 대체적으로 동의를 얻었으나, 대한 채권(4,573만 불) 처리 방법과 대한 경제협력의 방법 등에 관하여 이견이 있으며, 12월 8일 미국에서 귀국하는 대로 일본 안을 작성하여 전달하겠다"는 요지의 서한을 보냈다.[4] '김-오히라 합의'에 대한 일본 측의 수정 제의를 시사하는 내용이었다.

이케다가 '김-오히라 합의'에 대한 승인을 보류하고 있는 동안, 오노 반보쿠(大野伴睦) 자민당 부총재가 1962년 12월 10~13일 간 자민당 내 각 파벌의 중진 국회의원

1 김동조, 『회상 30년, 한일회담』, 서울: 중앙일보사, 1986, 236쪽.

2 한국 외교문서 737, 제6차 한일회담 제2차 정치회담 예비절충: 본회의, 1-65차, 1962. 8. 21-64. 2. 6, 전5권(V. 2, 4-21차, 1962. 9. 3-2. 26), JW-11421, 주일대사의 외무부 장관 앞 보고, 1962. 11. 29, 270쪽.

3 日本外交文書 1882, 「日韓國交正常化交渉の記錄總說」 IX. 日韓會談豫備交渉-請求權處理大綱の 決定と漁業問題等の進展, 3. 大平外務大臣·金鍾泌中央情報部長會談, (4) 大平·金合意事項に対する池田總理の態度, 140쪽.

4 한국 외교문서 796, 김종필 특사 일본 방문, 1962. 10-11, 오히라 외상의 김종필 부장 앞 서한, 1962. 11. 29, 2206-2209쪽.

30명을 대동하고 한국을 방문하였다. 이세키 대사(전 아시아국장)가 이 방한단을 수행하였다. 오노 부총재는 12월 11일 박 의장과의 회담에서 '김-오히라 합의'를 평가한 뒤, 귀국 후 이케다 총리에게 방한 결과를 충분히 설명하여 현안 타결이 이루어지도록 최대의 노력을 하겠다고 약속하였다.[5] 그는 김종필 부장과의 회담에서는 외무성이 준비한 '한일회담에 관한 일본 측 입장'을 김 부장에게 전달하였다. 여기에는 '김-오히라 합의'의 내용을 일부 수정하여 협정형식으로 작성한 '일본국과 대한민국 간의 청구권 해결 및 경제협력에 관한 협정 요강 안'(발췌)도 포함되어 있었다.[6] 이 안은 12월 11일 이세키 대사에 의해 한국 외무부 간부들에게도 전달되었다.[7] 수정된 부분은 '무상'을 '무상협력'으로, '유상'을 '유상협력'으로 하고, '대한민국의 경제의 개발, 발전에 기여하는 것을 희망하며'라는 문구와 "본 협정의 체결에 의해 샌프란시스코에서 서명된 일본국과의 평화조약 제4조의 문제가 최종적으로 해결되었음을 인정한다"는 문구가 새로이 추가되었다. 1962년 11월 12일의 '김종필-오히라 2차 회담'에서 오히라가 별도로 제시했던 메모의 내용이 그대로 담긴 것이었다. 이 협정 요강 안은 추후 청구권 협정의 기초가 되었는데, 그 내용을 살펴보면 아래와 같다.

일본국과 대한민국 간의 청구권 해결 및 경제협력에 관한 협정 요강(발췌)(안)

(1962년 12월 10일)

(전문) 일본국 정부 및 대한민국 정부는 샌프란시스코에서 서명된 일본국과의 평화조약 제4조 (a)항에 규정된 청구권 문제를 최종적으로 해결할 것을 희망하고, 또한 일본국 정부는 대한민국의 경제의 개발, 발전에 기여하는 것을 희망하며 다음과 같이 협정하였다.

---

5 「朴議長, 大野氏와 單獨會談」, 『동아일보』, 1962. 12. 11, 석간.

6 한국 외교문서 737, 한일회담에 대한 한국 측 입장에 관한 문서, 1962. 12. 12, 376-377쪽.

7 한국 외교문서 737, 외무부 간부와 이세키 유지로 일본 주 화란대사와의 한일 문제에 관한 면담, 1962. 12. 18, 404-418쪽.

(제1) 일본국은 … 아메리카합중국 달러에 대등한 엔의 가치를 갖는 일본국의 생산물 및 일본인의 역무를, 본 협정의 효력 발생일로부터 … 년의 기간 내에 무상경제협력으로 대한민국에 공여하는 것으로 한다.

(제2) 일본국은 … 아메리카합중국 달러에 대등한 엔의 액수의 대부를, 본 협정의 효력 발생일로부터 … 년의 기간 내에 유상경제협력으로 대한민국에 공여하기로 한다.

(제3) 일본국 및 대한민국은 본 협정의 체결에 의해 샌프란시스코에서 서명된 일본국과의 평화조약 제4조의 문제가 최종적으로 해결되었음을 인정한다.

㈜ 협정문 작성의 단계에 있어서는 상기 각 항 이외에 공여 방식의 세목 규정과 비준 조항 등을 포함한 법률, 기술상의 소요 사항을 추가한다.

이어서 일본은 12월 18일 개최된 예비절충 제19차 회의에서 오히라 외상의 김종필 부장 앞 두 번째 서한[8]을 전달하였다. 이 서한에는 '김-오히라 합의'에 대한 일본 측의 두 번째 수정 제의 내용이 담겼는데, '김-오히라 합의'에서 상당히 벗어난 것이었다. 무상 3억 불을 현금이 아닌 '생산물' 또는 '노무'로 하고, OA를 3년간 현금으로 지불토록 하였으며, 2억 불 정부 차관을 해외경제협력기금 1억 불, 수은 1억 불로 변경하고자 하는 것이었다.[9]

한국은 예비절충 제20차 회의(1962년 12월 21일)에서 일본 측 수정 제의에 대해 김종필 부장의 의견이 반영된 대안을 제시하였다. '무상협력'과 '유상협력'의 표현을 삭제하고, 유상차관 2억 불을 '해외경제협력에 의한 것'으로 못 박았으나, 무상 3억 불을

8 日本外交文書 1828, 大平·金書翰について, 1962. 12. 18[한국 외교문서에서는 1962년 12월 18일 자 오히라 외상의 김종필 부장 앞 서한이 발견되지 않는다. 12월 18일 자 서신에 첨부되어야 할 일본 측 안은 12월 27일 자 서신의 첨부물로 잘못 편철되어 있다].

9 한국 외교문서 737, 제19차 회의 회의록, 1962. 12. 18, 420-425쪽.

'생산물'과 '역무'로 한다는 점과 '청구권 문제의 해결'에 관한 문구는 일본 측의 수정 제의를 받아들였다.[10] 한국 측은 김 부장이 직접 회신코자 하였으나 오히라 외상과의 우의를 고려하여 이를 보류하였으며, 이케다 총리가 이 문제를 재고하여 애초의 '김-오히라 합의'를 승인할 것을 기대하고 있다고 하면서[11] 일본 측을 압박하였다.

이케다 총리는 계속된 한국 측의 압박과 고노 이치로(河野一郎) 건설상, 오노 자민당 부총재 등의 설득으로 1962년 12월 23일 '김-오히라 합의' 내용을 승인하였다.[12] 일본 측은 예비절충 제21차 회의(12월 26일)에서 이케다 총리가 '합의'를 승인하였음을 한국 측에 공식 통보하였다. 청구권뿐만 아니라 어업 등 다른 현안들에 대한 입장도 함께 통보하면서, 한국 측이 모든 현안에 대한 일본 측 입장에 동의해 주기를 희망했다.[13] 오히라 외상도 12월 27일 자로 김종필 부장에게 세 번째 서한을 보내 동일한 요청을 하였다.[14] 이케다 총리가 승인한 내용에는, 유상차관이 2억 불로 되었으나 공여 방식은 여전히 '무상경제협력'과 '유상경제협력'으로 되어 있었고, OA를 3년 균등 상환한다는 내용도 남아 있었다. 상업 차관의 총액 상한은 명기되지 않았다.[15]

박정희 의장은 이케다 총리의 '김-오히라 합의'에 대한 승인 후, 12월 27일 향후 정치 일정을 설명하기 위한 내외신 기자회견에서 청구권 문제와 관련하여 일본 측과 합의된 내용도 함께 설명하였다. 정부는 현실적인 여러 가지를 고려하여 원칙적으로 이에 동의하였으나, 양국의 세부적인 견해 차이로 인해 아직 신중히 검토할 문제점이 남아 있다는 내용이었다.[16] 이 한국 측 입장은 1963년 1월 21일 자 김종필[17]의 오히라

---

10 한국 외교문서 737, 제20차 회의 회의록, 1962. 12. 21.

11 위의 문서, 455-461쪽.

12 위의 문서, JW-12426, 주일대사의 외무부장관 앞 전문 보고, 196. 12. 24, 479쪽.

13 위의 문서, 제21차 회의 회의록 1962. 12. 26, 495-496쪽.

14 한국 외교문서 796, 오히라 외상으로부터 김종필 부장에게 보내는 서한 전달요청, 1962. 12. 27', 2196-2205쪽.

15 한국 외교문서 737, 제21차 회의 회의록, 1962. 12. 26, 510-512쪽.

16 「多少 不滿있더라도 韓日國交를 成就」, 『동아일보』, 1962. 12. 27, 석간.

17 김종필은 이때 중앙정보부장직을 사임하고 정치를 하기 위한 준비 중이었으며, 아무런 직책이 없는 상태였다.

외상 앞 답신[18] 형태로 1962년 1월 23일 제23차 예비절충 회의에서 일본 측에 전달되었다.[19] 김종필의 답신 요지는 다음과 같다.

① 청산 계정의 채무 상환에 관해서는 그 상환기간을 무상 공여액 3억 불의 지불기간과 동일하게 하여 매년 일본으로부터의 공여액으로부터 균등하게 공제함.
② 정부 대 정부 차관은 거치기간 7년 후 20년간 상환이라는 조건을 명백히 함.
③ 수출입은행의 차관은 '가장 유리한 조건으로 1억 불 이상'이라고 하는 표현으로 그 하한을 정할 필요가 있음.

일본 측은 1월 28일 개최된 예비절충 제24차 회의에서 '7년 거치 20년 상환'과 관련, 일본의 금융기관 관습상 이는 7년 후 제8년부터 13년에 걸쳐 상환함을 의미하며 한국 측의 7년 이후 20년간 상환한다는 제안은 받아들일 수 없다는 입장을 표명하였다.[20]

김종필 부장과 오히라 외상 간에 청구권 금액에는 합의가 이루어졌으나, 일본이 공여하기로 한 자금의 명목, 유상차관의 상환기간, OA의 처리 방안, 상업차관의 금액 등과 관련한 양국의 입장 차를 모두 해결하기까지는 이후에도 많은 시일이 소요되었다.

---

18 동 서한은 한국 외교문서 796, 2212-2214쪽에 편철되어 있다.
19 한국 외교문서 738, 제6차 한일회담 제2차 정치회담 예비절충-본회의, 제1-65차, 1962. 8. 21-64. 2. 6, 전5권, V. 3, 22-32차, 1963. 1. 11-3. 28, 제23차 예비절충 회의 회의록, 1963. 1. 23, 603쪽.
20 한국 외교문서 738, 제24차 예비절충 회의 회의록, 1963. 1. 28, 625쪽.

한국 외교문서	일본 외교문서
1. 737, 제6차 한일회담 제2차 정치회담 예비절충: 본회의, 1-65차, 1962. 8. 21-64. 2. 6, 전5권, V.2 4-21차, 1962. 9. 3-2. 26, JW-11421, 주일대사의 외무부장관 앞 보고, 1962. 11. 29	
	2. 1882, 일한 국교정상화 교섭의 기록 총설 IX 일한회담 예비교섭-청구권 처리 대강의 결정과 어업 문제 등의 진전, 3. 오히라 외무대신·김종필 중앙정보부장 회담, (4) 오히라·김 합의사항에 대한 이케다 총리의 태도(日韓国交正常化交渉の記録総説 IX. 日韓会談予備交渉-請求権処理大綱の決定と漁業問題等の進展, 3. 大平外務大臣·金鍾泌中央情報部長会談, (4) 大平·金 合意事項に対する池田総理の態度)
3. 796, 김종필 특사 일본 방문, 1962. 10-11, 오히라 외상의 김종필 부장 앞 서한, 1962. 11. 29	4. 1828 네 번째 문서, 오히라·김 서한에 관해(大平·金書翰について), 1962. 11. 29
5. 737, 제6차 한일회담 제2차 정치회담 예비절충: 본회의, 1-65차, 1962. 8. 21-64. 2. 6, 전5권, V.2 4-21차, 1962. 9. 3-2. 26, 한일회담에 대한 한국 측 입장에 관한 문서, 1962. 12. 12	
6. 737, 제6차 한일회담 제2차 정치회담 예비절충: 본회의, 1-65차, 1962. 8. 21-64. 2. 6, 전5권, V.2 4-21차, 1962. 9. 3-2. 26, 외무부 간부와 이세키 유지로 일본 주 화란대사와의 한일문제에 관한 면담, 1962. 12. 18	
7. 737, 제6차 한일회담 제2차 정치회담 예비절충: 본회의, 1-65차, 1962. 8. 21-64. 2. 6, 전5권, V.2 4-21차, 1962. 9. 3-2. 26, 제19차 회의 회의록, 1962. 12. 18	
	8. 1828 일곱 번째 문서, 오히라·김 서한에 관해(大平·金書簡について), 1962. 12. 18
9. 737, 제6차 한일회담 제2차 정치회담 예비절충: 본회의, 1-65차, 1962. 8. 21-64. 2. 6, 전5권, V.2 4-21차, 1962. 9. 3-2. 26, 제20차 회의 회의록, 1962. 12. 21	

한국 외교문서	일본 외교문서
10. 737, 제6차 한일회담 제2차 정치회담 예비절충: 본회의, 1-65차, 1962. 8. 21-64. 2. 6, 전5권, V.2 4-21차, 1962. 9. 3-2. 26, JW-12426, 주일대사의 외무부장관 앞 전문 보고, 1962. 12. 24	
11. 737, 제6차 한일회담 제2차 정치회담 예비절충: 본회의, 1-65차, 1962. 8. 21-64. 2. 6, 전5권, V.2 4-21차, 1962. 9. 3-2. 26, 제21차 회의 회의록, 1962. 12. 26	
12. 796, 김종필 특사 일본 방문, 1962. 10-11, 오히라 외상으로부터 김종필 부장에게 보내는 서한 전달 요청, 1962. 12. 27	
13. 796, 김종필 특사 일본 방문, 1962. 10-11, 김종필의 오히라 앞 서한, 1963. 1. 21	
14. 738, 제6차 한일회담 제2차 정치회담 예비절충-본회의, 제1-65차, 1962. 8. 21-64. 2. 6, 전5권, V. 3, 22-32차, 1963. 1. 11-3. 28, 제23차 회의 회의록, 1963. 1. 23	
15. 738, 제6차 한일회담 제2차 정치회담 예비절충-본회의, 제1-65차, 1962. 8. 21-64. 2. 6, 전5권, V. 3, 22-32차, 1963. 1. 11-3. 28, 제24차 회의 회의록, 1963. 1. 28	

1. JW-11421, 주일대사의 외무부 장관 앞 보고, 1962. 11. 29

한국 외교문서 737, 제6차 한일회담 제2차 정치회담 예비절충: 본회의, 1-65차, 1962. 8. 21-64. 2. 6, 전5권, V.2 4-21차, 1962. 9. 3-12. 26

이케다 총리가 '김-오히라 합의' 내용을 승인하지 않은 이유에 관한 주일대사의 관찰 보고서(전문)다.

대한민국 외무부

번 호: JW-11421
일 시: 291458

관리번호 1614

수 신 인: 외무부장관 귀하

연: JW-11410

1. 연호로 보고한바와같이 오히라외상은 작 28일 17:00 - 18:00 시에 이께다수상과 회담하여, 제 2 차 김 - 오히라 회담내용에관하여 협의하였으며 그 내용을 오히라외상이 김부장앞 문서로 아측에 통지하기로되어있음.

2. 이께다 - 오히라 협의의 내용이 어떠한것인지는 오히라외상이 김부장에게 보내는 서신에 밝혀졌을것이며 그것을 보기전에는 확실한 판단을 내릴수 없는바, JW -11412 호로 보고한바와같이 당지 신문은 일제히 이께다수상이 오히라가 미국으로부터 돌아오는 12월 8일 이후로 재단을 보류하였다고 보도하고있음.

3. 이께다수상이 신문에 보도된바와같이 최종결정을 12월 8일 이후로 미루고 우선 재단을 보류하였다고하면 그이유로서는 아래와같은것이 있을것이라고 생각됨.

(1) 이께다가 화란에서 기자회견시에 청구권문제에관하여 서둘을것은 없으며 신중을 기하여야한다고 말한것에 비추어볼때 (JW -11345 보고참조) 우선을 신중한 태도를 취한 후에 재단을 내리는것같이보이는것이 국내정치상 좋다는 판단을 하였다.

(2) 12월초에 미국에서 열린 일미 경제합동위원회에서 미국에대한 "바게인 포인트"로 사용할려는것.

(3) 12월 8일부터 약 2주일동안 임시국회가 소집됨으로 국회가 개회될때가지 태도결정을 보류하는것이 국회운영상 좋다고 판단하였다.

(4) 다른 현안, 특히 어업문제에관한 ~~[illegible]~~ 토의의 진도에 비추어보와

수신시간:

정무, 정보, 비서실

청구권문제에대한 최종 해도결정을 서두를필요가 없다볼/ 고 판단했다는것.

(5) 김 - 오히라회담의 내용에대하여 불심한점을 느끼고 더 상세히 검토해볼필요가 있다고 생각했다는것.

4.. 이러한 상태하에서 당대표부는 각방으로 일측의 저의를 타진하여보고위계인바 회담운영에있어서는 우선 어업문제의 토의속도를 예정하였던것보다 늦출생각임.

주일대사

예고 : 회담종료시 일반문서로재분류

2. (4) 大平·金合意事項に対する池田總理の態度

일본 외교문서 1882,「日韓國交正常化交渉の記録總説」IX.
日韓會談豫備交渉-請求權處理大綱の決定と漁業問題等の進展,
3. 大平外務大臣·金鍾泌中央情報部長會談

이케다 총리가 '김-오히라 합의' 내용에 대한 승인을 보류한 이유 등에 관해 오히라 외상이 회고 기록을 통해 언급한 내용이 기재되어 있는 문서다.

오히라 외상은 자신이 금액을 너무 많이 제시한 데 대하여 이케다 총리가 불만이 있었다고 토로하였다.

번역

(4) 오히라·김 합의사항에 대한 이케다 총리의 태도

오히라 외상이 김종필 부장과의 합의에 대해 이케다 총리의 양해를 구한 것은 1962년 11월 28일이었는데, 바로 양해를 얻진 못했다. 오히라 외상은 이튿날인 11월 29일 김종필 부장에게 그 이유를 적은 다음의 서한을 보냈다.

근계

지난번에는 두 차례에 걸쳐 귀하와 친하게 만날 기회를 갖고, 일한 양국 관계의 미래를 전망하면서 격의 없는 의견 교환을 할 수 있었던 것을 영광스럽고 기쁘게 생각하고 있습니다.

저는 지난번 귀하와 제가 청구권 문제의 '마지막 목표'로서 합의한 안과 관련해 그 후의 일본 국내의 심리 상황을 보고하고 양해를 얻고자 합니다.

귀하의 귀국 직후에는 다나카 대장상과, 지난 28일에는 이케다 총리와 각각 협의한 결과, 두 대신 모두 귀하와 제가 고심한 바를 충분히 알겠다면서 대체적인 규모에 대해서는 특별히 이견이 없지만, (1) 대한국 채권(4,573만 달러) 처리 방법, (2) 한국에 대한 경제협력 방법 등과 관련된 재정 처리 및 제3국과의 관계 등을 감안한 고구(考究)를 더해 귀하와 협의하고 싶다고 했습니다.

본 건과 관련해서는 제가 방미한 후 12월 8일에 귀국해 서둘러 우리 측 안을 작성하고 귀하에게 내시(內示)하여 협의하는 것으로 했으면 합니다

또 다른 현안에 대해서는 예비교섭 자리에서 논의를 촉진시키고 싶습니다. 이것도 아울러 양해를 얻고 싶습니다.

마지막으로 귀하의 건승과 발전을 빕니다.

경구

11월 29일

오히라 마사요시(大平正芳)

김종필 부장 각하 옥안하(玉案下)

전기한 구로다 북동아시아과장의 「내가 관련된 일한 교섭의 역사」는 "이케다 총리는 오히라 외상과 김 부장이 양해한 합의의 선을 승인하는 데 상당히 저항을 보여, 오히라 대신은 총리를 설득하기 위해 고심했다고 한다"고 말하면서, 야스카와 다케시(安川 武) 총무참사관의 「일한 교섭에 관한 이케다 총리와 오히라 대신의 관계에 대한 추억」(1969년 7월, 주필리핀대사 당시의 수기)을 게재했다.

오히라 대신과 김종필 부장의 회담 이전인 것은 확실하지만, 분명한 시기는 기억이 나지 않는다. 당시 한국에 대한 무상원조는 1.5억 달러를 한도로 한다는 것이 일본 측의 기본입장이었다고 기억하고 있다. 무슨 목적이었는지는 잊어버렸지만, 당시 총리 관저에서 이케다 총리와 오히라 대신 이하 외무성의 간부회의가 있어, 나(당시 관방총무참사관)도 동석했다.

그 자리에서 오히라 대신이 "무상원조에 대해서는 일본 측이 좀 더 탄력적인 태도를 취해야 한다"는 의견을 말하자, 이케다 총리는 즉각 좋지 않은 표정을 지으며 "그런 일은 안 된다"고 답했다. 이에 대해 오히라 대신은 "화내지 마세요 총리[이곳에서는 아버지라는 표현을 사용함]. 그런 말을 하면 나도 협상할 수 없지 않습니까"라고 응수했었던 것이 지금도 강하게 인상에 남아있다.

이것도 확실한 시기는 기억나지 않지만, 오히라 대신과 김종필 부장이 회담을 한 이후인 것은 확실하다. 오히라 대신과 김 부장의 회담 결과에 대해 오히라 대신이 이케다 총리의 승인을 얻기 위해 이주 고생했던 사례로서 다음과 같은 경험이 떠오른다.

어느 날 급하게 볼 일이 있어 국회의 대신실에 오히라 대신을 만나러 갔는데, 대신 혼자서 넓은 대신실 한쪽에 있는 전화기로 이케다 총리와 의논을 하는 중이었다. 통화 내용이 오히라 대신과 김 부장의 회담 건이었던 것은 확실했지만, 나는 조심스럽게 밖으로 나왔다 전화가 끝날 때까지 옆의 비서관실에서 30분 정도 기다렸던 것을 기억하고 있다.

오히라 대신은 내각 개조로 이임하기 전날 대신설에서 나에게 외무대신은 어떤 자격을 가져야 하는지 자신의 경험에 비추어 여러 다양한 감상을 말했던 적이 있었다. 그중에서 외무대신과 총리대신의 관계는 문제가 있으면 언제든지 전화로 직접 이야기를 할 수 있어야 한다는 말이 상기의 일과 관련해서 떠오른다.

오히라 외상 자신은 이 일에 대해 "게다가 이번에는 이케다 총리가 돌아왔다. 그는 재정 전문가로 커왔기 때문에 다나카 씨보다 상대하기가 벅차다. 그래서 이케다 총리에게 조심스럽게 회담 내용을 보고했는데 느낌이 안 좋았다. '너는 정말 무른 녀석이다', '뭐야, 그 딴짓' 하고 잔뜩 야단을 맞았다. 그래서 온갖 수단과 방법으로 '이 정도가 싼 것입니다. 나중에 가면 더 비싸질 것입니다. 이쯤에서 타협하십시다'라고 자꾸 재촉했다. 기본적인 틀은 분명히 인정해 줬지만, 금리, 상환기한, 회수불능채권의 처리 등 일부분에 대해선 주의를 환기했으므로 '그것은 고려해서 처리하겠습니다'라고 했다. 이케다 씨는 '잘했다'고 칭찬해 주지 않았고, 시종 기분이 안 좋았지만, 결국은 마지못해 해줬다"고 말했다.

오히라 외상과 김종필 중앙정보부장의 제2차 회담이 끝나고 열린 첫 번째 일한 예비교섭 [제15차(11월 16일)]에서 청구권 문제 해결 방식의 대강 내용과 관련해서는 이케다 총리와 박 대통령의 재단(截斷)을 기다리는 금액 이외는 예비교섭에서 논의하기로 결정했다. 연내에 11월 16, 22, 28일, 12월 4, 18, 21, 26일 일곱 차례에 걸쳐 오히라 외상과 김 부장의 합의사항에 대한 논의를 계속했다.

9-135

(4) 大平・金合意事項に対する池田総理の態度

大平外務大臣が金鍾泌部長との合意について池田総理の了解を求めたのは11月28日であったが、了解が得られず、大平外務大臣はその翌11月29日に金鍾泌部長あてにその理由を記して次の書簡を送った。

「謹啓

先般は2回にわたり、貴下と親しくお目にかかる機会に恵まれ、韓日両国関係につき、その将来を展望しつつ、隔意なき意見の交換ができたことを光栄に存じ且つ喜んでおります。

さて先般貴下と私との間で、請求権問題につき『仕上げ目標』として合意した案につき、その後の日本国内の心理状況を御報告申上げ御了解を得たいと存じます。

貴下の御帰国直後、田中大蔵大臣と去る28日には池田首相とそれぞれ協議し、貴下と私の苦心の存するところは両大臣とも十分これを了とし、大体の規模については特に異存なきも、なお(1)対韓債権(4573万ドル)処理の方法(2)対韓経済協力の方法等につき、財政処理並びに第3国との関連等から考究を加え、貴下と打合わせられたいとのことでありました。

本件については、小生が訪米から12月8日帰国し、取急ぎ当方の案を作成し、貴下に御示申上げ、御協議申上げることに致したいと存じます。

なお、その他の懸案については、予備折衝の場で、討議の促進を計らせたいと存じますので、右も併せて御了承を得たいと存じます。

GA-6 外務省

9-137

終りに、貴下の御健勝と御発展をお祈り致します。

敬具

11月29日

大平正芳

金鐘泌部長閣下 亜案下」

前記黒田北東アジア課長「私の関係した日韓交渉の歴史」には「池田総理は大平・金了解の合意の線を承認することに相当な抵抗を示し、大平大臣は総理を説得するため苦心したそうである」とて、安川官房総務参事官の「日韓交渉に関しての池田・大平

GA-6 外務省

9-138

関係の思い出」（1969年7月、在フィリピン大使当時の手記）を掲記した。

「大平・金鍾泌会談の前であることは確かであるが、はつきりとした時期は記憶しない。当時韓国に対する無償援助は1.5億ドルを限度とするというのが日本側の基本的立場であつたと記憶している。何の目的であつたか忘れたが、当時総理官邸で池田総理と大平大臣以下外務省幹部の打合せがあり、小生（当時官房総務参事官）も同席した。

その席上大平大臣が「無償援助については日本側がもう少し弾力的態度をとるべし」との意見を述べたのに対し、池田総理は言下に不機嫌な顔をして、『そんな事はまかりならぬ』と答えた。これに対し大平大臣は『怒らないで下さいよ親父さん。そんな事をいわれたんでは、わしは交渉なんかできんじやないですか』と応酬していたのが今でも強く印象に残つている。

これも確かな時期は記憶していないが、

G… 務省

大平・金鍾泌会談の後であることは確実で、大平・金会談の結果について大平大臣が池田総理の承認をとる為に大分苦労していた例として小生自身次の様な経験を思い出す。

ある日急用があつて、国会内の大臣室に大平大臣に会いに行つたところ、大臣は一人で広い大臣室の片隅の電話で池田総理と話合中であつた。内容は大平・金会談の件であつた事は確かであるが、小生は遠慮して室外に出た。電話の終る迄隣りの秘書官室で30分位待たされたことを記憶している。

大平大臣が内閣改造で離任する前日、大臣室で同大臣は小生に対し、外務大臣は如何なる資格をもつべきかについて、自分の経験に徴して種々感想を洩らした事がある。その中で外務大臣と総理大臣との間柄は、問題があれば何時でも電話で直接話しができなければいけないと云う言葉が前述の事と関連して思い出される。」

GA-6 外務省

9-140

大平外務大臣自身は、このことについて

「そこに今度は池田総理が帰つてきた。これは財政家ときているから田中君より手ごわいんだ。それで池田総理に恐る恐る報告したら気嫌が悪い。『お前はなんて甘いやつだ』『なんだ、そんなこと』としこたま絞られた。それで、あの手、この手で『こんなもの安いもんです。もつと先に行けばもつと余計になりますよ。ここらあたりで手を打ちましようや』としきりにせつついて、基本はどうやら認めてくれたのだが、金利、償還期限、焦付債権の処理等若干のことについて注意を喚起され、それは『考慮して処置します』ということにした。池田さんは『よくやつた』なんてほめてくれず、終始不気嫌で、最終的には渋々OKしてくれた。」

と語つた。

GA-6 外務省

9-141

大平外務大臣・金鍾泌中央情報部長の第２回会談が終った最初の日韓予備交渉［第15回（11月16日）］では請求権問題解決方式の大綱については、池田総理・朴大統領の裁断をまつ金額以外は予備交渉で行なうことを定め、年内には11月16、22、28日12月4、18、21、26日と7回にわたり大平・金合意事項の討議を続けた。

GA-6 外務省

3. 오히라 외상의 김종필 부장 앞 서한, 1962. 11. 29

한국 외교문서 796, 김종필 특사 일본 방문, 1962. 10 - 11

오히라 일본 외상이 1962년 11월 29일 자로 김종필 중앙정보부장에게 보낸 서한이다.

오히라 외상은 이 서한에서 이케다 총리와 다나카 대장상으로부터 금액은 대체적으로 동의를 얻었으나, 대한 채권(4,573만 불) 처리 방법과 대한 경제협력의 방법 등에 관하여 이견이 있으며, 12월 8일 미국에서 귀국하는 대로 일본 안을 작성하여 전달하겠다는 뜻을 전하였다.

※ 이 서한의 한국어 번역문은 다음 문서의 번역문을 참조 바람.

오히라 → 김종필 부장 62. 11. 29

謹啓

先般は、二国にわたり、貴下と親しくお目にかかる機会に恵まれ、韓日両國関係につきその将来を展望しつつ、隔意なき意見の交換ができたことを光栄に存じ且喜んでおります。

偖て、先般貴下と私との間で、請求権問題につき「仕上げ目標」として合意した案につき、その後の日本國内の審理状況を御報告申上げ御諒解を得たいと存じます。

貴下の御帰國直後田中大蔵大臣と去る二十八日には池田首相と夫々協議し、その判断を求めたところ、貴下と私の苦心の存するところは両大臣共十分これを諒とし、大体の規模については特に異存なきも、なお(1)対韓債権(四五七三万ドル)処理の方法(2)対韓経済協力の方法等につき、財政処理並びに第三國との関連等から考究を加え、貴下と打合せられたいとのことでありました。

本件については、小生が訪米から十二月八

日帰国し、取急ぎ当方の案を作成し、貴下に内示申上げ、御協議申上げることにいたしたいと存じます。

なお、その他の懸案については、予備折衝の場で、討議の促進をはからせたいと存じますので、右も併せて御諒承を得たいと存じます。

終りに、貴下の御健勝と御発展をお祈りいたします。

敬具

十一月二十九日

大平正芳

金鍾泌 部長閣下

玉案下

4. 大平·金書翰について, 1962. 11. 29
일본 외교문서 1828, 大平·金書翰について(照會) 네 번째 문서

일본 외교문서에 수록된 오히라 외상의 김종필 부장 앞 1962년 11월 29일 자 서한이다.

일본 측은 서울에 체재하고 있던 마에다 사무소장 앞 전문을 통해 이 서한을 송부하였다.

번역

오하라 외상의 김종필 부장 앞 첫 번째 서한, 1962. 11. 29

근계

최근 두 차례에 걸쳐 귀하와 친근하게 뵐 수 있는 기회를 갖고 한일 양국 관계의 장래를 전망하면서 격의 없는 의견교환을 할 수 있게 된 것을 영광으로 생각하며 기쁘게 생각합니다.

아울러 최근 저와 귀하가 청구권 문제에 대해 '마무리 목표'로 합의한 방안에 대해, 그 후 일본 국내의 심리 상황을 보고드리고 양해를 구하고자 합니다.

귀하의 귀국 직후 다나카(田中) 대장대신, 지난 28일에는 이케다(池田) 총리와 각각 협의하여 귀하와 저의 고심이 있었던 부분에 대해 두 대신 모두 충분히 이를 이해하였으며, 대장의 규모에 대해서는 특별히 이견은 없으나, (1) 대한 채권(4,573만 달러) 처리 방법 (2) 대일 경제협력의 방법 등에 대해 재정 처리 및 제3국과의 관계 등에 관한 검토를 추가하여 귀측과 협의하고 싶습니다.

본 건에 대해서는 제가 방미에서 12월 8일 귀국하여 서둘러 저희의 안을 작성하여 귀하께 내시하여 협의하고자 합니다.

또한 기타 현안에 대해서는 예비절충의 장에서 논의를 촉진시키고자 하오니, 위의 사항을 포함하여 양해해 주시기 바랍니다.

끝으로 귀하의 건승과 발전을 기원합니다.

경구

11월 29일

오히라 마사요시

김종필 부장 각하 옥안하

注 意
1. 本電の取扱いは慎重を期せられたい。
2. 本電の主管変更その他については検閲班に連絡ありたい。

電信写

総番号(T A) 37815 亜北

65 年 10月 30日 15時 56分 ソウル 発

65 年 10月 30日 17時 11分 本 省 着

外務大臣殿 前田所長 ~~大使・総領事・領事~~

大平・金書簡について

第 783 号 平 略 (暗) 至急

往電オ782号別電

謹啓

先般は2回にわたり、貴下と親しくお目にかかる機会に恵まれ、韓日両国関係につき、その将来を展望しつつ、隔意なき意見の交換ができたことを光栄に存じ且つ喜んでおります。

さて先般貴下と私との間で、請求権問題につき「仕上げ目標」として合意した案につき、その後の日本国内の心理状況を御報告申上げ御了解を得たいと存じます。

外 務 省

注　意

1. 本電の取扱いは慎重を期せられたい。
2. 本電の主管変更その他については検閲班に連絡ありたい。

電信写

貴下の御帰国直後田中大蔵大臣と去る28日には池田首相とそれぞれ協議し、貴下と私の苦心の存するところは両大臣とも十分これを了とし、大体の規模については特に異存なきも、なお(1)対韓債権(4573万ドル)処理の方法(2)対韓経済協力の方法等につき、財政処理並びに第3国との関連等から考究を加え、貴下と打合わせられたいとのことでありました。

本件については、小生が訪米から12月8日帰国し、取急ぎ当方の案を作成し、貴下に内示申上げ、御協議申上げることに致したいと存じます。

なおその他の懸案については、予備折衝の場で、討議の促進を計らせたいと存じますので、右も併せて御了承を得たいと存じます。

外務省

注　意
1. 本電の取扱いは慎重を期せられたい。
2. 本電の主管変更その他については検閲班に連絡ありたい。

電信写

終りに、貴下の御健勝と御発展をお祈り致します。

敬具

11月29日

大平正芳

金鍾泌部長閣下 玉案下

(J)

外務省

5. 한일회담에 대한 한국 측 입장에 관한 문서, 1962. 12. 12

한국 외교문서 737, 제6차 한일회담 제2차 정치회담 예비절충: 본회의, 1-65차, 1962. 8. 21-64. 2. 6, 전5권, V.2 4-21차, 1962. 9. 3-2. 26

일본 측이 '김-오히라 합의' 내용을 수정한 데 대해 한국 측의 대응 입장을 수립하기 위한 내부재가 문서다.

1962년 12월 10~13일 간 자민당 내 각 파벌의 중진 국회의원들을 이끌고 오노 반보쿠 자민당 부총재가 한국을 방문하였다. 동 인은 12월 11일 김종필 중앙정보부장을 만난 자리에서 '김-오히라 합의'에 관한 일본 측 수정 내용이 담긴 문서를 전달하였다.

이 문서에는 일본 측의 수정 내용과 청구권 해결 및 경제협력에 관한 협정요강안 등이 첨부되어 있다.

기 안 용 지

자 체 통 제		기안처	동북아과 이봉웅	전화번호	근거서류접수일자
과장	국장	보좌관	차관	장관	
12			대결		
관계관 서명					
기안 년월일	62. 12. 12.	시행 년월일		보존 년한	정서 기장
분류 기호		전체 통제		종결	
경유 수신 참조	건의			발신	
제목	한일회담에 대한 한국측 입장에 관한 문서				

1. 1962. 12. 10. 내한한 일본 자민당 부총재 오오노 반보꾸 씨는 한일회담에 대한 일본측 입장에 관하여 별첨 (2) 와 같은 문서를 김 중앙정보부장과의 회담시에 제시하였음.

2. 동 문서에 입각하여 양측 입장의 차이를 비교하면 별첨 (3) 과 같으며, 전반적으로 볼 때 청구권의 명목 문제에 관하여는 일측이 상당히 접근을 시도한것으로 보이나, 기타 현안문제, 특히 어업문제와 선박문제에 있어서는 아직도 아측과 상당히 거리가 있는 입장을 취하고 있음.

3. 한국측으로서는 이 기회에 한국측의 입장을 일측에 대하여 분명히 하여둘 필요가 있다고 생각됨으로 별첨 (1) 과 같은 문서를 일측에 제시할것을 건의함.

4. 동 문서의 제시는 현재 방한중인 오오노 씨의 귀국시에 전달할수도 있을것이며, 또한 오오노 씨의 귀국후에 주일대사를 통하여

승인양식 1—1—3 (190mm×260mm16절지)

재시할수도 있을 것임.   끝.

1966, 12 31, 에 예고문에
의거 일반문서로 재분류됨

보통문서로 재분류(한일회담종료후)

승인양식 1-1-2   (190mm×260mm 16절지)

別添(1)

한국측은 한일회담 타결의 기운이 과거 어느때보다도 성숙되었다고 생각하며, 이기운을 충분히 이용하여 이기회에 한일 양측이 각 현안 문제를 대국적 견지에 입각하여 원만히 해결하고 그 기초위에 앞으로의 건전한 선린 관계를 수립하는 것이, 양국의 공동 번영을 위하여서는 물론, 극동에 있어서의 자유진영의 안전과 전 자유세계의 결속 강화를 위하여 긴요한 일이라고 생각한다.

이에 관하여 한국측은 과거 10여년을 끈 한일회담의 경과와, 특히 일본측이 각 현안문제에 있어서 표시하여온 입장을 충분히 고려에 넣는 동시에, 또한 한국측이 양보할수 있는 점을 최대한도로 양보하여 이제 그 기초위에서 한일회담을 최종적으로 해결할수 있다고 생각하는 안을 별첨과 같이 일측에 제시한다. 일본측의 신중한 검토를 기대하는 바이다.

1. 일반 청구권 문제

가. 일반 청구권 문제를 해결하기 위한 공여 및 정부 차관의 금액과 지불 조건에 관하여는 과반의 김부장 및 오히라 외상간의 제 2 차 회담에서 합의한 최종 목표에 대하여 현재 쌍방 최고 수뇌에 의한 재가를 기다리고 있는 중이다.

나. 청구권 문제 해결의 명목과 형식에 관하여는 다음과 같이 한국측 안을 제시한다.

" 1. 한일 양국은 제 2 차 세계 대전 종결에 따라 발생된 양국간의 청구권 문제를 해결하고, 한일 양국간의 경제협력을 증진하기 위하여 다음과 같은 조치를 취할 것에 합의한다.

(1) 일본국은 별도 합의하는 세목 협정에 따라 총액 ________ 미합중국 불과 동등한 원의 가치를 가지는 일본국의 자본재 및 일본인의 역무를 이 조약의 발효일 부터 ____ 년의 기간내에 대한민국에 공여한다.

(2) 일본국 정부는 별도 합의하는 세목 협정에 따라 ________ 미합중국불과 동등한 원의 차관을 이 조약의 발효일 부터 ____ 년의 기간 내에 대한민국에 제공한다.

2. 대한민국과 일본국은 전항에 규정한 조치로서, 제 2차 세계대전의 종결에따라 발생된 양국 또는 양국민간의 청구권이

최종적으로 해결되었음을 확인한다."

다. 전항의 한국측 안은 일본측 안의 내용을 세밀히 검토하고, 또한 일본의 국내 사정에 기인하는 일본측 입장을 충분히 고려한것으로서 일본측이 이 안에 동의할것을 기대하는 바이다.

라. 또한 한국측은 전기 "나" 항에서의 청구권 문제 해결을 위한 명목 표현을 기본관계 조약안에 삽입하는 것이 적당하다고 생각하는 바이다.

2. 어업 문제

가. 어업문제에 관하여 한국측은 이 기회에김부장이 오히라외상에게 제시한 5개 원칙을 다시 한번 제시하고저 한다. 즉, (1) 연안국의 특수권익을 인정하는 국제법의경향을 존중하고, (2) 일본이 제 3국과 체결한 어업협정에 있어서의 선례를 존중하고, (3) 한일양국의 어업이 처해 있는 특수사정을 고려에 넣어서, (4) 공동자원 조사가 완료될때까지 실시될 잠정적인 어업협정을 체결하고, (5) 평화선은 대륙붕에서의 해저 및 지하자원의 관할과 국방상 목적을 위하여 존속한다는 것인데 이 5개 원칙은 일본측에서도 그 타당성을 인정하여야 할것으로 생각하는 바이다.

3

나. 이에 관하여 한국측은 지난 12. 5. 일측이 제시한 어업협정에 관한 일측안을 검토하고, 어업문제 해결에 관한 일측의 성의를 의심치않을수 없었으며, 동 안은 전술한 한국측의 기본 입장이 전혀 고려 안된것으로서 한일간에 원만한 어업 협정을 체결하는데 있어서의 토의의 기초가 될수 없다는 결론에 도달하였다. 어업문제에 관하여 일본이 세계 각국과 이해 관계를 가지고 있음은 한국도 지실하고 있는 바이나, 일본이 이미 제 3국에 대하여 협정으로서 인정한바 또는 인정 받은바 있는 연안국의 특수권익의 범위 ~~까지~~는 한국에 대하여서도 당연히 인정되어야하는것이라고 생각한다. 또한 한일 양국간의 공해에 있어서의 어업규제의 필요성을 인정치 않는다는 일본측 견해는 "공해에 있어서의 어업규제 및 제한과 어업자원의 보호 및 개발을 위한" 협정을 체결할것을 규정한 평화조약 제 9 조의 정신에 명백히 배치되는 것이라고 생각한다.

다. 12월 5일 자로 제시한 한국측 안은, 상술한 5개 원칙에 입각한 것으로서 한국 연안에 있어서의 자원을 보호하는 동시에 한일 양국간의어업 분쟁을 미연에 방지하기 위한 것이며, 관할구역과 규제 구역의 범위나 또는 구체적 방법등에 관하여는 앞으로 쌍방간의 접근 노력 에 의하여 어느정도의 신축성을 보일수도 있을 것으로 본다. 그러나 공해에 있어서의 어업규제를 전적으로 부정하고 12 마일 이내에서만 연안국의 독점 어업 관할수역을 인정할뿐 아니라 그안에서도 앞으로 10년간은 일본 어선에 의한 조업을 인정하여야 한다는 입장으로서는 한일 양국간에 어업 협정을 체결할수 있는 가능성은 전적으로 배제되는 것과 동일한 것이라고 생각한다. 이와 같은 점을 충분히 고려에 넣고 일측은 일측안을 재검토하여 토의의 대상이 될수 있는 안을 다시 제출할것을 희망하며, 또한 한국측으로서도 호양의 정신에 따라 한국측 안을 재 검토할수 있을 것이다.

라. 12월 5일자의 한국측 안은 관할 수역에 관하여 한국측 분만을 제시한것이지만 이는 일본측에서도 동일한 성질과 범위의 관할 수역을 설정할수 있는 가능성을 배제하는 것이 아님을 이 기회에 밝히고자 한다.

마. 국방 목적을 위한 평화선 이라는 것은 북괴와 중공의 부단한 침략위협하에 있는 한국으로서 방공과 안전을 유지하기 위한 선이며, 한일간에 원만한 어업협정이 체결된 후에 있어서는 어업에 제한을 가하는 의미는 없어지는 것이며, 명실공히 반공선으로서만 관할될것이~~라는 말이~~다.

3. <u>법적지위 문제</u>

가. 법적 지위 문제에관한 한국의기본 입장 즉, (1) 그들이 일본에

정착하게된 특수 배경에 감하여, 제 3국인보다도 특별한 지위와 처우를 주어야하며, (2) 제 2차 대전 종전 이전 부터 일본에 거주하여 오고 있는 전 한인과 그 자손은 사상 또는 기타의 이유에 의하여 그 일부가 협정 대상에서 배제 될수 없다는데 변함이 없다.

나. 지난번의 김부장과 오히라 외상간의 회담에서 법적지위 문제의 토의를 특히 촉진시키기로 합의한바 있는데 그후의 토의 경과를 보면, 일측은 아직 종전의 입장에서 진보된 안을 제시 하지 않고 있다. 따라서 현재의 속도로는 양측이 합의한 조속한 가조인이 어려울것으로 우려됨으로 양측에서 보다 진보된 안을 제시하여 토의를 촉진시킬것을 제의한다.

4. <u>선박 문제</u>

가. 선박 문제는 일반 청구권 문제와 별도로 해결하여야 한다는것이 한국의 입장이다. 한국측으로서는 형평과 조리에 입각하여 산출된 응분의 톤수의 신조선을 반환할것을 요구한다. 응분의 톤수가 구체적으로 어떠한 규모가 되는 것이며, 또한 신조선은 어떠한 종류로 할것인가는 쌍방이 정치적인 고려를 가함으로서 결정할수 있을 것이다.

나. 나포 어선에 관하여는, 한국의 법률에 의거하여 나포 및 처리된 것이며, 따라서 한국측으로서는 일본측에 소위 반환 청구의 권리가있다고 인정하지 않는 바이지만, 일본 정부의 입장과 선박문제의 해결을 촉진하기 위한 특별한 고려로서, 전항의 정치적 고려를 할때에 염두에 둘수 있는 문제라고 생각한다.

5. 문화재 문제

명목에 있어 "반환" 과 "기증" 으로 다시 대립되고 있는데 이 문제는 1957. 12. 31. 자의 "오랄 스테이트멘트" 의 표현 즉 "turn over " 의 명목으로 공공기관 및 개인이 점유하고 있는 중요한 문화재를 반환 함으로서 해결할수 있을 것으로 생각한다.

6. 기본 관계

가. 한국측은 원칙적으로 기본관계 조약을 체결할것을 구상하고 있다. 이에 있어서 양측 입장을 현실적으로 조절하기 위하여서는 영토 조항을 "현재 행정적 지배하에 있는 지역 및 앞으로 행정적 지배하에 들어올지역" 으로 표현하는 방법이있을것이다. 또한 기본조약에는 1910년 이전의 구 한국 정부와 일본 제국 정부간의 모든 조약협정의 무효 선언이 포함되어야 할 것이다.

또한 대일 평화조약 제 4 조 C 항에 따라서 한일 양국간에 있는 해저 전선의 귀속을 규정하여야 할 것이다.

나. 기본조약에서는 또한 청구권, 어업 및 법적지위 문제에 관하여서도 그 해결 원칙을 규정하고 구체적 사항을 개별협정에서 규정하도록 하는것이 좋을 것이다.

7. 독도에 관하여

독도는 원래가 한국 영토임이 분명하고, 또한 한일회담의 현안문제도 아니었는데, 최근 일본측은 기회마다 이를 제기하여 문제를 더욱 복잡하게 만들고 있음을 한국측은 유감으로 생각한다. 그러나, 일측이 국내 정치의 이유로 그 해결이 없이는 회담의 타결이 없다고 주장함으로, 국교정상화를 위한 대국적 견지에서 지난번에 김정보부장이 제 3국에 의한 조정안을 언급하였던 것이다. 한국측으로서는 제 3국에 의한 거중 조정이라는 방법 이외에 별다른 방법이 없을줄로 생각한다. (mediation)

번역

김종필-오히라 합의사항에 관한 일본 측 수정 내용

한일회담도 점차 막바지에 다다랐고, 특히 청구권 문제에 대해 거의 해결의 실마리가 보이는 이 기회에 회담의 중요한 제반 문제에 관한 일본 측의 기본적 생각을 밝히고자 한다.

이 안은 한국 측의 기존 주장도 충분히 반영되어 있고, 일본 측이 양보할 것은 충분히 양보했기 때문에 일본 측에서는 이를 기초로 해당 제반 문제를 일괄적으로 해결하고자 하며, 한국 측의 동의를 얻고자 한다.

I. 청구권 문제

(1) 무상제공 및 차관의 금액 및 지급조건에 대해서는 앞서 오히라 대신이 김 부장에게 보낸 서한의 내용대로 이제 최종적인 해결에 가까워지고 있다.

(2) 청구권 문제 처리의 '명목'에 관해서는 제2차 오히라-김 회담에서 제시된 양측의 안을 기초로 최근 진행된 예비협상의 경위를 감안하여 별지 기재의 '청구권 해결 및 경제협력에 관한 협정요강'(안)을 제시한다. 동 요강(안)은 한국 측의 주장도 충분히 반영하고 있다고 확신하며, 우리 측의 국내 사정을 고려하여 이 안을 통해 '명목' 문제를 해결하고자 한다.

(3) 선박 문제와 관련하여 한국 측은 한국 국적 선박 및 1945년 8월 9일 또는 같은 날 이후 한국수역에 소재한 선박의 반환을 청구하고 있으나, 일본 측으로서는 이미 일반청구권 문제 논의 시 밝힌 군령 제33호라는 몰수법규의 기본적 성격을 고려하여 이들 선박을 반환할 국제법상의 의무는 없다는 결론에 도달했다. 따라서 이번에 한국에 대해 막대한 무상, 유상경제협력이 주어지는 것을 감안하여 한국의 대일 일반청구권 문제를 해결하는 협정 중에 선박 문제도 포함한다고 규정함으로써 선박 문제를 최종적으로 해결하는 것이 가장 적절하다고 생각한다. 한편, '이 라인' 수역에서 한국 측에 나포되어 아직 귀환하지 않은 일본 어선은 백 수십 척, 1만 톤 이상에 달하며, 그 피해는 막대한 금액에 달한다. 일본 측으로서는 이들 나포 어선에 대한 정당한 반환청구권을 보유하고 있으나, 한국

측의 입장과 감정을 고려하여 한국 측이 한국의 대일 선박 청구권 문제 해결에 관한 상기 일본 측 제안에 동의하는 것을 조건으로 나포 일본 어선에 대한 반환 청구를 향후 주장하지 않을 것을 약속할 준비가 되어 있다.

(4) 문화재 문제에 관해 일본 측에서는 이미 밝힌 바와 같이 국제법상 문화재 반환 의무는 없다고 생각하지만, 한국 측의 마음도 이해할 수 있기 때문에 권리, 의무의 관계를 떠나 양국 간 문화학술상의 협력 촉진의 일환으로 어느 정도의 국유 문화재 증여를 통해 이 문제를 해결하고자 한다.

별지

일본국과 대한민국 간의 청구권 해결 및 경제협력에 관한 협정 요강(발췌)(안)

(전문)

일본국 정부 및 대한민국 정부는 샌프란시스코에서 체결된 일본국과의 평화조약 제4조 (a)항에 규정된 청구권 문제가 최종적으로 해결되기를 희망하며, 또한 일본국 정부가 대한민국 경제의 발전, 성장에 기여하기를 희망하여 다음과 같이 협정한다.

(제1조)

일본국은 ______ 미국 달러에 상당하는 엔화 가치를 가진 일본국의 생산물 및 일본인의 용역을 이 협정의 효력 발생일로부터 ______ 년의 기간 내에 무상경제협력으로 대한민국에 제공하기로 한다.

(제2조)

일본국은 이 협정의 효력 발생일로부터 ______ 년의 기간 내에 유상경제협력으로 대한민국에 ______ 미국 달러에 상당하는 금액의 엔화의 차관을 제공하기로 한다.

(제3조)

일본국 및 대한민국은 본 협정의 체결로 인해 샌프란시스코에서 체결된 일본국과의 평화조약 제4조의 문제가 최종적으로 해결되었음을 인정한다.

(주) 협정문 작성 단계에서는 상기 각 항 외에 공여 방식의 세부 규정 및 비준 조항 등을 포함한 법률 기술상의 요구사항을 추가하게 된다.

II. 어업 문제

(1) 일본 측으로서는 한일 간의 여러 현안 중 어업 문제 해결에 가장 큰 관심을 가지고 있으며, 본 문제가 일본 국민이 납득할 수 있는 합리적인 형태로 해결되지 않는 한 한일회담을 타결하는 것은 불가능하다. 그러나 어업 문제 논의는 다른 현안 논의에 비해 현저히 늦어지고 있는 것이 현실이므로, 한국 측에서도 향후 본 문제의 논의 촉진에 최우선 순위를 두기를 희망한다.

(2) 12월 5일 예비협상 어업 관계 회의에서 일본 측이 제시한 일본 측 어업협정 안은 그때 동시에 서면으로 드린 '설명'에서 상세히 설명한 바와 같이 이른바 제네바 방식이나 최근의 국제조약 등을 기초로 하고, 동시에 가능한 한 한국 어업의 이익도 고려하기 위해 노력한 결과물이다. 특히 일본 측이 그 국제법적 입장에서 가능한 한 양보하고 제시한 것이 일본 측 협정안에 담긴 연안국 어업전관수역이다. 한국에게 공해상의 어업전관수역을 인정하는 것은 수산업에서 세계적으로 활약하고 있는 일본으로서는 매우 큰 희생을 의미한다. 또한, 한편으로는 한국과의 경제협력 추진을 약속하는 일본이 다른 한편으로는 한국 어민을 파국으로 몰아넣을 생각이 없는 것은 분명하며, 이를 위해 이 희생을 치르기로 한 것이지만, 만일 그래도 불안하다면 어업에 관한 협력에 대해서도 충분히 협의할 준비가 되어 있다. 따라서 한국 측에서 이러한 점을 충분히 이해해 주시고, 일본 측 협정안을 신중하게 검토해 주시기를 바란다.

(3) 이에 반해, 한국 측이 제시한 한국 측 어업협정안은 사실상 '이 라인'을 거의 그대로 존속시키자는 제안과 다름 없으며, 일본 측으로서는 도저히 고려의 대상이 될 수 없는 내용이라는 것은 한국 측에서도 쉽게 이해할 수 있을 것이다.

일본 측으로서는 청구권 문제가 해결의 실마리가 풀리고 한일회담 타결의 실마리가 보이기 시작한 이 시기에 한국 측이 어떤 의도를 가지고 그러한 내용의 안을 제시했는지 도저히 이해할 수 없는 부분이다. 그동안 일본 측은 청구권 문제에서 일본 측이 양보하면 한국 측도 어업 문제에서 탄력적인 태도를 취하겠다는 한국 측의 전향적인 약속을 믿고 청구권 문제 해결을 위해 최대한의 노력과 양보를 해왔다. 이번 회담에서는 한국 측에서 이러한 일본 측의 노력에 부응하여 일본 측 제안을 기초로 하여 어업 문제의 합리적 해결을 위해 노력해 줄 것을 강력히 요청한다.

(4) 제2차 오히라-김 회담에서 김 부장은 어업협정 내용에 담아야 할 항목으로 5가지를 제시하였는데, 그 중 제1점부터 제4점까지는 지난 12월 5일 일본 측 어업협정안을 제시할 때 서면으로 전달한 '설명'에서 상세히 설명한 바와 같이, 일본 측으로서는 한국 측의 입장도 최대한 고려하여 작성한 것이 이번 일본 측 어업협정안이기 때문에 동 안에 의해 한국 측의 입장도 충분히 충족되었다고 확신한다. 김 부장께서 말씀하신 5번째 사항, 즉 '이 라인'을 국방선으로 인정하는 것에 대해서는 일본 측으로서는 이러한 국방선은 전적으로 북한이나 중공을 대상으로 하는 것으로 우방국인 일본과는 무관한 것으로 알고 있지만, 일본 측으로서는 우방국인 일본과 무관한 것으로 알고 있지만, 만약 이 라인이 일본에도 어떤 영향을 미치는 성격의 것이라면 일본 측으로서는 용납할 수 없음을 분명히 하고 싶다.

III. 독도 문제

제2차 오히라·김 회담에서 김 부장이 제안한 제3국의 중재에 맡긴다는 생각은 본 사안의 원만한 해결을 위한 한국 측의 진전된 노력의 표현으로 일본 측도 긍정적으로 평가하고 있으나, 한편으로는 중재에 맡기는 것만으로는 중재가 언제까지나 이루어지지 않고 현 상태가 지속될 우려가 있다고 판단하여 일본 국민의 불안을 해소할 수 없기 때문에 양국의 주장을 절충한 형태로 (1) 국교 정상화 후 예를 들어 1년간 한일 양측이 합의하는 조정기관에 의한 조정에 맡기고, 이에 의해 문제가 해결되지 않을 경우, (2) 본 문제를 국제사법재판소에 회부하는 것이 가장 적절하다고 생각한다.

別添(2)

日韓会談も次第に大詰に近づき、とくに請求権問題についてほぼ解決の目途がつくに至つたこの機会に、会談における重要な諸問題に関する日本側の基本的な考え方をここに明らかにしたい。

この案は、韓国側の従来よりの主張も十分おり込み、また日本側として譲歩すべきものは十分譲歩し尽しているので、日本側としては、これを基礎として当該諸問題を一括して解決したいと考えており、韓国側の同意をえたい。

I　請求権問題

(1)　無償供与および借款の金額および支払条件については、先に大平大臣より金部長に送られた書簡の内容の線で今や最終的解決に近づいている。

(2)　請求権問題処理の「名目」に関しては、第2回大平・金会談において提示された双方の案を基礎として行なわれた最近の予備交渉の経緯にかんがみ、別紙記載の「請求権解決および経済協力に関する協定要綱(案)」を提示する。同要綱案は、韓国側の主張をも十分反映していると確信するので、わが方における国内事情を考慮し、この案により「名目」問題を解決することとしたい。

(3)　船舶問題に関し、韓国側は、韓国置籍船および1945年8月9日または同日以降韓国水域に所在した船舶の返還を請求しているが、日本側としては、既に一般請求権問題討議の際明らかにした軍令33号という没収法規の基本的性格にかんがみ、これら船舶を返還する国際法上の義務はないとの結論に達した。よつて、今般韓国に対し甚大な無償、有償の経済協力が与えられることになるのにもかんがみ、韓国の対日一般請求権問題を解決する協定の中に、船舶問題も含む旨規定することにより、船舶問題を最終的に解決することとするのが最も適当だと考える。他方、「李ライン」水域において韓国側に拿捕され未だ帰還していない日本漁船は百数十隻、1万トン以上に達しており、その損害は甚大な額に上つている。日本側としては、これら拿捕漁船に対する正当な返還請求権を保有するものではあるが、韓国側の立場や感情も考慮し、韓国側が韓国の対日船舶請求問題解決に関する上記日本側提案に同意されることを条件として、拿捕日本漁船に対する返還請求を今後主張しないことを約束する用意がある。

(ﾊ) 文化財問題に関し、日本側としては、かねて明らかにしているとおり、文化財を返還する国際法上の義務はないと考えているが、韓国側の気持も理解できるので、権利、義務という関係をはなれ、両国間の文化学術上の協力促進の一環としてある程度の国有文化財の贈与をなすことにより本問題の解決をはかりたい。

別紙

日本国と大韓民国との間の請求権解決及び経済協力に関する協定要綱（抜萃）（案）

（前文）

日本国政府及び大韓民国政府は、サン・フランシスコで署名された日本国との平和条約第4条(a)項に規定された請求権問題を最終的に解決することを希望し、また日本国政府が大韓民国の経済の開発、発展に寄与することを希望して、次のとおり協定した。

（第1）

日本国は、－－－－アメリカ合衆国ドルに等しい円の価値を有する日本国の生産物及び日本人の役務を、この協定の効力発生の日から－－－－年の期間内に無償経済協力として大韓民国に供与するものとする。

（第2）

日本国は、－－－－アメリカ合衆国ドルに等しい円の額までの貸付を、この協定の効力発生の日から－－－－年の期間内に有償経済協力として大韓民国に供与するものとする。

（第3）

日本国及び大韓民国は、本協定の締結により、サン・フランシスコで署名された日本国との平和条約第4条の問題が最終的に解決されたことを認める。

（注）　協定文作成の段階においては、上記各項のほか、供与方式の細目規定や批准条項等を含め法律技術上の所要事項を書き加えることになる。

Ⅱ　漁業問題

(1)　日本側としては、日韓間の諸懸案中、漁業問題の解決に最も大きな関心を有しており、本問題が日本国民の納得できるような合理的な形で解決しない限り、日韓会談を妥結することは不可能である。しかるに、漁業問題の討議は、他の懸案の討議に比して著しく遅れているのが現状なので、韓国側におかれても今後は本問題の討議促進に最重点をおかれることを希望する。

(2)　12月5日の予備交渉漁業関係会合において日本側より提示した日本側漁業協定案は、その際同時に書面をもつて差しあげた「説明」に詳しく述べたとおり、いわゆるジュネーヴ方式や最近の国際条約等を基礎とし、しかもその反面出来得る限り韓国漁業の利益をも顧慮すべく努力した所産である。特に、日本側がその国際法上の立場において可能な限りの譲歩を行ない踏み切つたものが、日本側協定案に盛られた沿岸国の漁業専管水域である。韓国に対し公海上に漁業専管水域を認めることは、漁業で広く世界に活躍している日本としては極めて大きな犠牲を意味する。なお、一方で韓国との経済協力推進を約束する日本が、他方韓国漁民を破局に追いつめる如き考えなきことは明白で、そのためにこの犠牲を払うことにしたのであるが、もしこれでもなお不安であるならば、漁業についての協力についても十分相談する用意がある次第である。ついては、以上の点を韓国側において十分理解された上、日本側協定案を慎重に検討していただきたい。

(3) これに反し、韓国側より提示された韓国側漁業協定案は、実質的には「李ライン」をほとんどそのまま存続せしめようと提案しているに等しいものであつて、日本側として到底考慮の対象にもならないものなることは韓国側においても容易に理解されると思う。

日本側としては、請求権問題が煮詰まり日韓会談妥結の目途が見えだしたこの時期において、韓国側がいかなる意図をもつてかかる内容の案を提示されたか全く理解に苦しむところである。これまで、日本側は、請求権問題で日本側が歩み寄れば韓国側も漁業問題において弾力性ある態度をとる旨の韓国側の屢次の約束を信頼して、請求権問題解決のため最大の努力と譲歩を尽してきた。この際は、韓国側において、このような日本側の努力に呼応して、日本側提案を基礎として漁業問題の合理的解決に努力されるよう強く要望する。

(ハ) 第2回大平・金会談において、金部長は、漁業協定の内容に盛るべき項目として5点をあげられたが、そのうち第1点から第4点までについては、12月5日に日本側漁業協定案を提示した際に書面をもつて差しあげた「説明」に詳しく述べたとおり、日本側としては、韓国側の立場もできる限り考慮した上で作成したのが今次日本側漁業協定案なので、同案により韓国側の立場も十分に満たされているものと確信する。金部長のあげられた第5点、すなわち、「李ライン」を国防ラインとして認めることについては、日本側としては、このような国防ラインは専ら北朝鮮や中共を対象とするものであり、友好国たる日本とは無関係のものと了解しているが、もしこのラインが日本にもなんらかの影響のある性格のものであるならば、日本側として容認し得ないことを明らかにしておきたい。

Ⅲ 竹島問題

第2回大平・金会談において金部長が提案された第三国の調停に任すという考えは、本件の円満解決に対する韓国側の歩み寄りの努力の現れとして、日本側としても多とするところであるが、他方、調停に任すというだけでは、調停がいつまでも成り立たず現状が継続するおそれがあるとの日本国民の不安を解消することができないので、いわば両国の主張を折衷した形で(イ)国交正常化後例えば1年間日韓双方の合意する調停機関による調停に付し、これにより問題が解決しない場合には、(ロ)本問題を国際司法裁判所に付託することとするのが最も適当と考える。

6. 외무부 간부와 이세키 유지로 일본 주네덜란드대사와의 한일 문제에 관한 면담, 1962. 12. 18

한국 외교문서 737, 제6차 한일회담 제2차 정치회담 예비절충: 본회의, 1-65차, 1962. 8. 21-64. 2. 6, 전5권, V.2 4-21차, 1962. 9. 3-2. 26

1962년 12월 10~13일간 한국을 방문한 오노 자민당 부총재 일행을 수행한 이세키 유지로 주네덜란드 일본대사(전 아시아국장)가 한국 측 외무부 간부와 면담한 기록이 수록된 문서다.

이세키 대사도 오노 부총재가 김종필 부장에게 전달한 것과 동일한 김-오히라 합의에 대한 수정 내용을 한국 측에 전달했다.

62.12.18

외무부 간부와 이세끼 유지로 일본 주 화란대사와의 한일문제에 관한 면담

1. 일시 및 참석자

1. 1962. 12. 10. 내한한 일본 자민당 부총재 오오노 반보꾸 씨를 수행하여온 일본의 주 화란대사 이세끼 유지로 씨 (전 아세아 국장) 는 1962. 12. 11. 15:30 시 부터 17:00 시까지 외무부 기획조정관과 정무국장을 방문하고 한일회담에 관하여 면담하였다. 동 면담 석상에는 외무부 측에서, 심명원 통상국장, 최영택 주일 대표부 참사관 및 황호을 동북아주과장이 배석하였다.

II. 이세끼 대사의 발언 요지

2. 이세끼 대사는 일본측의 입장에 관한 문서 (12. 10. 의 김. 오오노 회담시에 이미 한국측에 제시된것) 의 사본을 제시하고 이에 따라 구두로 일본측의 입장을 다음과 같이 설명하였다.

3. 청구권 문제 : 명목 문제에 있어서 일측은 "일본국과 대한민국간의 청구권 해결 및 경제 협력에 관한 협정 요강" 안 (번역문 별첨) 을 제시하는바, 그 전문에 있어서는 "일본국정부와 대한민국 정부는 샌. 프랜시스코에서 서명된 일본국과의 평화조약 제 4 조 (a) 항에 규정된 청구권 문제를 최종적으로 해결할것을 희망하며, 또한 일본국 정부는 대한민국의 경제의 개발, 발전에 기여하는 것을

희망하여" 라는 표현을 하고, 본문에 있어서는 제 1 에 "무상경제협력" 을 규정하고, 제 2 에 "유상 경제협력" 을 규정한 다음 제 3 에서 "이것으로서 평화조약 제 4 조의 문제가 최종적으로 해결되었다는것을 인정" 하도록 하는 것이 좋다고 생각한다.

4. <u>선박 문제</u> : 한국측은 한국 치적선 및 1945. 8. 9. 또는 동일 이후 한국 수역에 소재하였던 선박의 반환을 청구하고 있는데 일본측으로서는 이미 일반 청구권 문제 토의시에 명백히 한바 있는 군정법령 33 호라는 몰수법규의 기본적 성격에 감하여 이들 선박을 반환할 국제법상의 의무는 없다는 결론에 도달하였다. 따라서 금반 한국에 대하여 방대한 유상 및 무상의 경제협력을 제공하게 되는 점에도 감하여, 한국의 대일 일반 청구권 문제를 해결하는 협정안에 선박 문제도 포함하는 뜻을 규정함으로서 선박 문제를 최종적으로 해결하도록 하는 것이 가장 적당하다고 생각한다. 한편 평화선 수역에 있어서 한국측에 나포되어 아직 귀환하고 있지 않은 일본 어선은 백 수십척, 1만톤 이상에 달하고 있으며, 그 손해는 방대한 액수가 되고 있다. 일본측으로서는, 이들 나포 어선에 대한 정당한 반환 청구권을 보유하고 있기는 하나 한국측의 입장이나 감정도 고려하고 한국측이 한국의 대일 선박 청구 문제에 관한 상기 일본측 제안에 동의하는 것을 조건으로하여 나포 일본 어선에 대한 반환 청구를 금후 주장하지 않을

것을 약속할 용의가 있다.

5. 문화재 문제에 관하여 : 일본측으로서는 종전부터 명백히 하고 있는 바와 같이, 문화재를 반환할 국제법상의 의무는 없다고 생각하고 있으나, 한국측의 기분도 이해할수 있으므로, 권리, 의무라는 관계를 떠나, 양국간의 문화 학술상의 협력 촉진의 일환으로서 어느정도의 국유 문화재의 증여를 함으로서 본 문제의 해결을 도모코저 한다.

6. 어업문제 :

가. 일본측으로서는, 일한간의 제 현안중, 어업문제의 해결에 최대의 관심을 가지고 있으며, 본 문제가 일본 국민이 납득할수 있는 합리적인 형태로서 해결되지 않는한, 일한회담을 타결하는 것은 불가능하다. 그런데도, 어업 문제의 토의는 타 현안의 토의에 비하여 현저히 늦어지고 있는것이 현상이므로, 한국측에 있어서도 금후에는 본 문제의 토의 촉진에 최중점을 둘 것을 희망한다.

나. 12월 5일의 예비 교섭 어업관계 회합에 있어서 일본측으로부터 제시된 일본측 어업협정안은 그때 동시에 서면으로서 드린 "설명"에서 상세히 말씀드린바와 같이, 소위 제네바 방식이나 최근의 국제 조약 등을 기초로 하고, 더욱이 그 반면 될수 있는한 한국 어업의 이익까지도 고려하도록 노력한 소산이다. 특히 일본측이 그의 국제법상의 입장에 있어서

가능한 한의 양보를 하여 결단을 내린것이 일본측 협정안에 실려 있는 연안국의 어업 전관 수역이다. 한국에 대해서 공해상에 어업전관수역을 인정한다는 것은 어업에 있어서 널리 세계적으로 활약하고 있는 일본으로서는 극히 커다란 희생을 의미하는 것이다. 더욱이 일방으로는 한국과의 경제협력 추진을 약속하는 일본이 타방 한국어민을 파국으로 몰아넣으려는 그러한 생각을 가지고 있지 않다는 것은 명백한 것이며, 그때문에 이러한 희생을 지불하기로 한것이지만, 만약 그것으로서도 불안하다고 한다면, 어업에 있어서의 협력에 관하여도 십분 상담할 용의가 있는 바이다. 그러므로 이상의 점을 한국측에서 십분 이해하고 일본측 협정안을 심중히 검토해 주기 바란다.

다. 이에 반하여, 한국측으로 부터 제시된 한국측 어업협정안은, 실질적으로는 "리 라인" 을 거의 그대로 존속시키려고 제안하고 있는것과 같은 것으로서 일본측으로서는 도저히 그 례의 대상도 되지 않는다는 것은 한국측으로서도 용의하게 이해할 것으로 생각한다. 일본측으로서는, 청구권 문제가 조절되고 일한 회담 타결의 전망이 보이기 시작한 이 시기에 있어서, 한국측이 어떠한 의도를 가지고 여사한 내용의 안을 제시하셨는지 전혀 이해 할수 없는 바이다. 지금까지 일본측은 청구권 문제에서 일본측이 양보하면 한국측도 어업문제에 있어서 탄력성 있는 태도를 취한다는 뜻의 한국측의 누차의 약속을 신뢰하고, 청구권 문제 해결을 위하여 최대의 노력과 양보를 기우려 왔다. 이제는 한국측에서 이와같은 일본측의 노력에 호응하여 일본측 제안을 기초로하여 어업문제의 합리적 해결을 위해 노력해 줄것을 강력히 요망한다.

라. 제 2 회 오오히라. 김 회담에 있어서, 김부장은 어업협정의 내용에 규정할 항목으로서 5개의 점을 예거하였는데, 그중 제 1 점 부터 제 4 점 까지에 관해서는 12월 5일에 일본측 어업 협정안을 제시하였을시 서면으로 드린 "설명" 에서 상세히 말씀드린바와 같이, 일본측으로서는 한국측의 입장도 될수 있는한 고려한 나머지 작성한것이 금차 일본측 어업 협정안이므로, 동 안에 의하여 한국측의 입장도 십분 충족되어 있는것으로 확신한다. 김부장이 예거한 제 5 점, 즉 "리. 라인" 을 국방선으로서 인정하는 문제에 관해서는 일본측으로서는, 이와같은 국방선은 단지 북한이나 중공을 대상으로 하는 것이며, 우호국인 일본과는 무관계한 것이라고 이해하고 있으나, 만일 이 선이 일본에 대해서도 어떠한 영향이 있는 성격의 것이라고 한다면, 일본측으로서 용인할수 없다는 것을 명백히 해 두고 싶다.

7. 독도 문제 : 제 2 회 오오히라. 김 회담에 있어서 김부장이 제안한 제 3 국의 조정에 마낀다는 생각은, 본건의 원만 해결을 위해 접근하려는 노력의 표현으로서, 일본측으로서도 고맙게 생각하는 바이나, 타방, 조정에 마낀다는것 만으로서는, 조정이 언제까지나 성립되지 않고 현상이 계속할 우려가 있다는 일본국민의 불안을 해소할수가 없으므로, 말하자면 양국의 주장을 절충한 형태로 (1) 국교 정상화후 예컨데 1년간 일한 쌍방이 합의하는 조정기관에 의한 조정에 부하고, 이것으로서 문제가 해결되지 않을 경우에는, (2) 본 문제를 국제사법재판소에 부탁하기로 한다는 것이 가장 적당 하다고 생각한다.

III. 외무부측 발언 요지

8. 이상의 이세끼 씨의 발언에 대하여 외무부 정무국장은 각현안에 공한 일본측 입장을 들건데 어느문제에 있어서는 약간의 진보를 본것 같은 점도 있으나 전반적으로 평하여 종래의 일본측 주장의선 그대로 또는 후퇴된 면도 있고 하여 우리측 입장과는 아직도 상당한 거리가 있으며, 이세끼 대사는 또한 그 거리에 대하여 누구보다도 숙지하고 있는 입장이니 더욱 노력하여줄 것을 부탁한후 다음과 같이 한국측의 입장을 설명하고 일측에서 재 검토할것을 요청하였다.

9. 청구권 문제 : 청구권의 명목에 관한 일측안은 과거의 일측주장

보다는 진보된 것이라고 생각되나, 아직도 경제협력의 개념에 지나치게 기우린 것으로서 한국측에서 수락하기 곤난한 점이 많다. 특히 일측안의 제 1. 의 "무상경제 협력으로서" 라는 표현과 제 2 의 "유상경제 협력으로서" 라는 표현은 수락할수 없는 것이다. 한국측의 개념은 청구권의 해결을 위한다는 것이며, 일본측의 개념은 경제협력을 위한다는 것인데, 이것은 쌍방의 입장을 충분히 고려한것이라고는 볼수 없으며, 이러한 의미에서 한국측이 김 - 오오히라 회담시 그리고 예비교섭에서 제시한 표현은 쌍방의 입장을 같은 평면우게 포함한것으로이보다 더 원만한 표현이 있을수 없을 것이다. 또한 한국측으로서는 청구권 문제 해결을 위한 명목의 표현을 기본관계 조약 안에 삽입하는 것이 적당하다고 생각한다.

10. <u>어업 문제</u> :

가. 어업문제에 관하여 한국측은 이 기회에 김부장이 오히라 외상에게 제시한 5개 원칙을 다시 한번 제시하고저 한다. 즉, (1) 연안국의 특수권익을 인정하는 국제법의 경향을 존중하고, (2) 일본이 제 3 국과 체결한 어업 협정에 있어서의 선례를 존중하고, (3) 한일 양국의 어업이 처해 있는 특수 사정을 고려에 넣어서, (4) 공동자원 조사가 완료될때77가지 실시될 잠정적인 어업협정을 체결하고, (5) 평화선은 대륙붕에서의 해저 및 지하자원의 관할과

국방상 목적을 위하여 존속한다는 것인데 이 5개 원칙은 일본측에서도 그 타당성을 인정하여야 할것으로 생각하는 바이다.

나. 이에 관하여 한국측은 지난 12. 5. 일측이 제시한 어업 협정에 관한 일측안을 검토하고, 어업문제 해결에 관한 일측의 성의를 의심치 않을수 없었으며, 동 안은 전술한 한국측의 기본 입장이 전혀 고려안된것으로서 한일간에 원만히 어업 협정을 체결하는데 있어서의 토의의 기초가 될수 없다는 결론에 도달하였다. 어업문제에 관하여 일본이 세계 각국과 이해 관계를 가지고 있음은 한국도 지실하고 있는 바이나, 일본이 이미 제 3 국에 대하여 협정으로서 인정한바 있는 연안국의 특수권익의 범위까지는 한국에 대하여서도 당연히 인정되어야 하는 것이라고 생각한다. 또한 한일 양국간의 공해에 있어서의 어업 규제의 필요성을 인정치 않는다는 일본측 견해는 "공해에 있어서의 어업규제 및 제한과 어업자원의 보호 및 개발을 위한" 협정을 체결 할것을 규정한 평화조약 제 9 조의 정신에 명백히 배치되는 것이라고 생각한다.

다. 12월 5일자로 제시한 한국측 안은, 상술한 5개 원칙에 입각한 것으로서 한국 연안에 있어서의 자원을 보호하는 동시에 한일 양국간의 어업 분쟁을 미연에 방지하기 위한 것이며, 관할구역과 규제구역의 범위나 또는 구체적 방법등에 관하여는 앞으로 상방간의 접근 노력에 의하여 어느정도의 신축성을 보일수도 있을 것으로 본다. 그러나 공해에 있어서의 어업 규제를 전적으로 부정하고 12마일 이내에서만 연안국의 독점 어업관할수역을 인정할뿐아니라 그안에서도 앞으로 10년간은 일본 어선에 의한 조업을 인정하여야 한다는입장으로서는 한일 양국간에 어업 협정을 체결할수 있는 가능성은 전적으로 배제되는 것과 동일한 것이라고 생각한다. 이와같은 점을 충분히 고려에 넣고 일측은 일측안을 재 검토하여 토의의 대상이 될수 있는 신축성 있는 안을 다시 제출할것을 희망하며 그리함으로서 한국측으로서도 호양의 정신에 따라 한국측 안을 재 검토할수 있을 것이다.

라. 12월 5일자의 한국측 안은 관할수역에 관하여 한국측 분만을 제시한것이지만 이는 일본측에서도 동일한 성질과 범위의 관할 수역을 설정할수 있는 가능성을 배제하는것이 아님을 이 기회에 밝히고자 한다.

마. 국방 목적을 위한 평화선 이라는 것은 북괴와 중공의 부단한 침략 위협하에 있는 한국으로서 반공과 안전을 유지하기 위한

선이며, 한일간에 원만한 어업 협정이 체결된 후에 있어서는 어업에 제한을 가하는 의미는 없어지는 것이며, 명실공히 반공선으로서만 관할될 것이다.

11. <u>법적지위 문제</u> :

가. 법적지위 문제에 관한 한국의 기본 입장 즉, (1) 그들이 일본에 정착하게된 특수 배경에 감하여, 제 3 국인보다도 특별한 지위와 처우를 주어야 하며, (2) 제 2 차 대전 종전 이전부터 일본에 거주하여 오고 있는 전 한인과 그 자손은 사상 또는 기타의 이유에 의하여 그 일부가 협정 대상에서 배제될수 없다는데 변함이 없다.

나. 지난번의 김부장과 오히라 외상간의 회담에서 법적지위 문제의 토의를 특히 촉진시키기로 합의한바 있는데 그후의 토의 경과를 보면, 일측은 아직 종전의 입장에서 진보된 안을 제시하지 않고 있다. 따라서 현재의 속도로는 양측이 합의한 조속한 가조인이 어려울 것으로 우려됨으로 양측에서 보다 진보된 안을 제시하여 토의를 촉진시킬것을 제의한다.

12. <u>선박 문제</u> :

가. 선박 문제는 일반 청구권 문제와 별도로 해결하여야 한다는 것이 한국의 입장이다. 한국측으로서는 형평과 조리에 입각하여 산출된 응분의 톤수의 신조선을 반환할것을 요구한다. 응분의 톤수가 구체적으로 어떠한 규모가 되는 것이며, 또한

신조선은 어떠한 종류로 할것인가는 상방이 정치적인 고려를 가함으로서 결정할수 있을 것이다.

13. <u>문화재 문제</u> : 명목에 있어 "반환"과 "기증"으로 다시 대립되고 있는데 이 문제는 1957. 12. 31. 자의 "오랄 스테이트멘트"의 표현 명목으로 공공기관 및 개인이 점유하고 있는 중요한 문화재를 반환 함으로서 해결할수 있을 것으로 생각한다.

14. <u>기본 관계</u> :

가. 한국측은 원칙적으로 기본관계 조약을 체결할것을 구상하고 있다. 기본조약에는 1910년 이전의 구 한국 정부와 일본 제국 정부간의 모든 조약 협정의 무효 선언이 포함되어야 할 것이다. 또한 대일 평화조약 제 4 조 C 항에 따라서 한일 양국간에 있는 해저 전선의 귀속을 규정하여야 할 것이다.

나. 기본조약에서는 또한 청구권, 어업 및 법적지위 문제에 관하여서도 그 해결 원칙을 규정하고 구체적 사항을 개별 협정에서 규정하도록 하는 것이 좋을 것이다.

15. <u>독도에 관하여</u> : 독도는 원래가 한국 영토임이 분명하고, 또한 한일회담의 현안문제도 아니었는데, 최근 일본측은 기회마다 이를 제기하여 문제를 더욱 복잡하게 만들고 있음을 한국측은 유감으로 생각한다. 그러나, 일측이 국내 정치의 이유로 그 해결이 없이는

회담의 따결이 없다고 주장함으로, 국교 정상화를 위한 대국적 견지에서 지난번에 김 정보부장이 제 3 국에 의한 조정안을 언급하였던 것이다. 한국측 으로서는 제 3 국에 의한 조정 이라는 방법 이외에 별다른 방법이 없을 줄로 생각한다.

일본국과 대한민국간의 청구권 해결 및
경제협력에 관한 협정 요강 (발췌) (일본측 안)

(안)

(전문)

일본국 정부 및 대한민국 정부는, 샌. 프랜시스코에서 서명된 일본국과의 평화조약 제 4 조 (a) 항에 규정된 청구권 문제를 최종적으로 해결할것을 희망하며, 또한 일본국 정부는 대한민국의 경제의 개발, 발전에 기여할것을 희망하여 다음과 같이 협정하였다.

(제 1)

일본국은, --------- 미합중국 때라에 대등한 원의 가치를 갖는 일본국의 생산물 및 일본인의 역무를, 본협정의 효력 발생의 날로부터 -------- 년의 기간내에 무상 경제협력으로서 대한민국에 공여하는 것으로 한다.

(제 2)

일본국은, --------- 미합중국 때라에 대등한 원의 액수의 대부를, 본 협정의 효력 발생의 날로부터 -------- 년의 기간내에 유상경제협력으로서 대한민국에 공여하기로 한다.

(제 3)

일본국 및 대한민국은, 본 협정의 체결에 의하여 샌. 프랜시스코에서 서명된 일본국과의 평화조약 제 4 조의 문제가 최종적으로 해결되었음을 인정한다.

(주) 협정문 작성의 단계에 있어서는, 상기 각항 외에, 공여
방식의 세목 규정이나 비준 조항등을 포함한 법률 기술상의
소요 사항을 첨가하게 된다.

7. 제19차 회의 회의록, 1962. 12. 18

한국 외교문서 737, 제6차 한일회담 제2차 정치회담 예비절충: 본회의, 1-65차,1962. 8. 21-64. 2. 6, 전5권, V.2 4-21차, 1962. 9. 3-2. 26

1962년 12월 18일 개최된 제2차 정치회담 예비절충 제19차 회의 회의록이다.

일본 측은 이 회의에서 오히라 외상의 김종필 부장 앞 두 번째 서한을 한국 측에 전달하였다. 이 서한에는 '김-오히라 합의'에 대한 일본 측의 두 번째 수정 제의 내용이 담겼는데, 애초의 합의에서 상당히 벗어난 것이었다. 무상 3억 불을 현금이 아닌 '생산물' 또는 '노무'로 하고, OA를 3년간 현금으로 지불토록 하였으며, 2억 불 정부 차관을 해외 경제협력기금 1억 불, 수은 1억 불로 변경하고자 하는 것이었다.

제 6 차 한일회담
제 2 차 정치회담 예비절충
제 19 차회의 회의록

1 . 일시 : 1962 . 12 . 18 . 15:00 — 17:00

2 . 장소 . : 일본외무성 회의실

3 . 참석자 : 한국측 : 배의환 대사
최영택 참사관
박상두 서기관
일본측 : 스기 수석대표
우시로구 국장
야나기야 사무관

4 . 회의 내용 :

스기 : 이것은 오히라 외상이 김부장에게 보내는 문서이니 적절히 전달해 주기 바란다 . (봉함 문서 수교) 내용은 지금 우시로구국장이 설명하겠는바 , COPY 를 주기는 곤란하다 .

우시로구 :
지난번에 오히라 외상이 김부장에게 보낸 문서에 청구권중 OA 문제와 차관의 조건에 관하여는 검토중이라고하였었는바 , 오늘 전달을 요청한 문서에는 OA 문제와 차관의 조건에 관한 일측 의견이 기록되어 있는데 , 그 내용은 다음과 같다 .

2

1. 일본정부는 무상으로 3억$에 해당하는 일본 생산물 및 모역을 10년간에 균등하게 한국에 공여한다. 단. 일본의 재정형편이 좋아지면 공여기간은 단축될수있다.

2. 한국은 OA 약 0.45억$을 현금으로 3년간에 균등하게 일본에 지불한다. 단. 이자는 없다.

배대사: 무상과 OA를 별도취급한다는것인가

우시로구: 그렇다.

배대사: 제2차 김-오히라 회담시에 OA는 무상에 포함시키기로 합의한것으로 알고 있는데, 무상과 OA를 별도 취급한다는것은 부당하다. 그리고 수일전 우시로구국장이 내게, 이세끼국장이 방한시 김부장에게 수교한 문서의 사본을 주었을때, 내가 OA에 관하여 문의한즉, 우시로구국장은 OA를 현금으로 상환하라는것이 아니라고 분명히 말한바 있다.
또한 한국측으로서는, OA는 무상 3억불에서 상쇄되는것으로 알고, OA를 내자로서 이용할 계획을 세우고 있으며, 이것을 현금으로 지불할수는 없다.

우사로구: 김-오히라 회담시 OA를 무상에 포함시키자고 한것은 사실이나, 일측으로는 그것이 반드시 상쇄를 의미하는것이라고는 생각하지 않은것 같다. 솔직히 말하면 일본측은 무상3억$을 주고 OA도 모기하게될것을 우려하였던 것이므로 OA를 무상에 포함한다는것은 일본이 실절적으로 공여할 금액이 3억$이 아니라 2.5억$이라는 뜻으로 해석했다. 그리고 전번 내가 배대사를

3

만났을때에 OA는 현금 상환이 아니라고 확언을 한 기억은 없다.

다음으로, OA를 현금으로 상환하게되면, 상환기간 3년간은 한국측으로서 재정상 곤란이 있을것이니, 그동안 차관액수를 그만침 증액할수있다.

앞에서 말한것처럼, 무상도 일본재정사정에 따라 증액할수있다.

최참사관: 김-오히라 회담시에 토의내용을 상호 memo로하여 교환한바있는데, 그곳에는 오히라외상은 OA가 무상에 포함한다는것을 분명히 양승하고있다. 오노 부총재와 이세기대사가 김부장과 면담시, 김부장이 이세기 대사에게, 한국측은 돈이 필요해서 청구권을 받자고하는 것인데 OA를 현금으로 지불할수는 없다고 말하자, 이세기 대사는 OA는 문제가 없다고 말한바있다. 이세기 대사가 문제없다고 말한것도 OA는 무상에 포함 상쇄된다는것을 생각에서일것이다.

우시로구: 무상 3억에서 OA 0.45억$을 상쇄하면 2.55억$을 공여하게되는바, 인도네시야와의 배상협정시 그런 방법을 취했는데, 그시에, 국회에서 무역상의 계산을 상쇄하는것을 부당하다는 강한 비난을 받은바 있어, 이번에는 그런 처사를 되풀이하지 않겠다는 것이 수상의 생각인것같다. 그리고 대장성에서는 무역상의 계산을 상쇄하면 앞으로의 신용거래가 곤란해진다하여 반대하고있다.

4

배대사 : 만일 일측 입장이 그렇다면 무상중 OA에 해당하는 액수는 현금으로 한국에 지불함으로써 형식상을 별도 취급이라고, 사실상은 상쇄가 되게하는 방법을 고려할수있다.

스기 : 한국은 내자가 언제 필요한가. OA를 2년간 거치하고 3년부터 시작하여 3년간 지불하면 어떻겠는가.

우시로구 : 이께다 수상으로서는 OA를 지금까지 미해결로 둔것도 부당하다고 생각하고 있는데, 다시 2년 거치는 어려울것이다.

배대사 : 한국측으로서는 OA를 무상에 포함시켜 상쇄하고 2.5억을 받는것으로 알고있으니, 이점을 상부에 보고하여 일측안을 재고해주기 바란다.

스기 : 그렇게하겠다. 귀측도 일본측 입장을 상부에 보고하고 한국측 입장을 재고해주기 바란다.

최참사관 : 일측이 여사한 안을 낸것은, 오히라 외상이 김-오히라 회담시에 양해된 내용을 오해하고있기 때문인가, 혹은 오히라외상은 "상쇄"하기로 하였음을 알고있으나, 앞에서 우시로구국장이 말한 일본국내사정을 고려하여, 그렇게 한것인가.

스기 : 이께다수상은 김-오히라 회담시의 양해 내용을 특히 고려한것같지 않으며, 일본국내사정은 고려한것같다. 그러나, 일측은 김-오히라 회담시에 양해된 "포함"이란 말이 반드시 "상쇄"라고 해석하지는 않았다.

우시로구: 다음정부차관은 2억불인바, 김-오히라 회담시에는
그전액을 해외경제협력기금에서 공여하겠다고 하였는바,
이번문서에는 동기금에서 1억불, 수출입은행에서 1억불로
나누어 각각 가장유리한 조건으로 공여할것을 제안하고
있다. 각각 가장 좋은 조건으로하면 기금은 3.5부에
20년상환이고, 수은은 4부에 15년 상환이된다.
그다음으로 정부는 관계없이 상업상의 차관을 1억공여
할것인바, 차관의 조건은 정부가 간섭하지 않을것이며,
지금 출처로 수은 또는 일반은행등이 될것이다.
그런데 무상2억$과 정부차관2억$은 국고정상화후에
시작되지만 이민간 차관은 청구권만 타결하면 곧시작
할수도있다.

최참사관: 김-오히라 회담시 정부차관 2억$은 "기금"에서
내기로 한것인데, 그중 1억불을 조건이 나쁜 "수은"
에서 낸다는것은 부당하다. 그러면 결국 3+1+1+1
가 되지 않는가. 그리고 민간차관은 1억$이 아니라
1억$이상이있다.

배대사: 정부차관을 "기금"에서 1억$, "수은"에서 1억불로
하자는것은 자금 때문이냐, 조건 때문이냐.

우시로구: 둘 다 고려하였다.
첫째 "수은"에서 2억$을 제공하면 "수은"전액을
한국에 대한 사관에 써야한다.
둘째, 원칙문제인바, "기금"은 도로, 저수지등 공공
으로서 저이윤사업을 위하여 공여하고, "수은"은 방직,

비료공장등 고이윤사업을 위하여 공여한다는것이 원칙이며, 따라서 그조건도 "수은"은 "기금"보다 불리하다.

배대사: 동일하게 3.5부에 20년 상환이라면 어떤기금에서 제공되어도 상관없다.

우시로구: 나 개인 생각이지만 "수은"은 "기금"과 비슷한 조건이 된것이다.

최영택참사관: 한국측으로서는 이께다 수상이 김-오히라 회담에서 합의된 3+2+1 (OA는 3에서 공제)를 재가 할것으로 알고, 다른 현안도 촉진할 생각을 하고있었으므로 오늘 설명한 일측안을 받아드릴수없다. 귀측이 재고려해주기 바란다.

우시로구: 3+(1+1)+1 이며 3+1+2는 아닌것이 확실하니 원칙은 차가없다.

그리고 오히라 외상은 수상으로부터 김-오히라 회담의 내용을 그대로 재가를 얻겠다고 약속한것은 아니니, 3+2+1이 3+(1+1)+1이되었다고해서, 실언을했다고 할수는없다.

최참사관: 최근 오노 부총재 방한에 관한 일본신문 기사에 몇가지 오보가 있으므로, 참고로 말한다.

첫째 한국이 국교정상화전이라도 일본의 주한대표부 설치를 인정한다고 한것처럼 보도하였는데 그것은 오보다. 한국정부로서는 국교정상화후에 외교사절을 교환하자는 종래의 방침대로 오노씨에게 말하였다.

다음은 독도문제에 관하여 제3국의 조정에 의한 해결에 실패하면 국제사법재판소 제소에 응한다고한것 처럼 보도했는데 이것도 그렇지않다. 한국정부로서는 제3국에 의한 조정에 실패하면 그때 다시 검토하자고 말했다.

우시로구: 우리도 이세끼 대사에게 최참사관이 한말과 같은 이야기를 들었고, 신문보도는 오보인것을 안다. 신문은 서로 경쟁하여 기사를 "스꾸쁘"하느라고 추측 기사를 쓴것 같다.

최참사관: 다음회의는 21일 15.00로 했으면 좋겠다. 오늘 토의한 내용에 대하여 그날 재토의할수있는 준비는 될지모르나, 그날은 전번 이세끼씨가 방한시 제시한 일측 입장에 관한 문서에 대한 한국측 대안을 제출할 생각이다.

스기 : 좋다.

최참사관: 어업문제는 상호 제1안을 내바있으나 의견간격이 큰데, 그것은 청구권 문제에 대한 일본방침이 결정 되지 전이므로 부득이 하였는바, 앞으로 청구권이 해결되면 어업문제로 추진해야 할것이므로, 년내에 상호 제2안을 제시하는것이 좋겠다. 그것이 한국측 으로서는 최종안이 될지 모르지만.

스기: 그렇게하도록 노력하겠다.

배대사: 연말휴회는 어떻게 하겠는가. 한국측은 12월 29일까지 회의를 할수있다.

우시로구 : 일본은 12월 27일까지 가능하다. 그러나 4차 예비 회담은 필요에 따라 그후도 가질수있다.
신문발표는.
"일측이 청구권문제에 관한 이께다 — 오히라 회의의 결과를 설명하였고, 한국측은 이에대하여 의견을 진술하였다 기타문제도 토의하였다"로하자.

최참사관: 좋다.

배대사 : 공보관 설치문제에 관하여 좀 이야기 하겠다. 일본 정부는 공보관을 대표부의 일부로 인정안한다고하나, 우리로서는 같은 기관으로 해석한다.
소재지도, 현재는 별도로 있으나, 내년에는 대표부 내로 들어오게될지모른다. 그러나 일본으로서는 동일 취급을 할수 없는 입장이라니 — 그들의 "스테이타스"는 별문제로 하고라도, 우선 입국을 신청한 4명 전원에 대하여 입국허가를 발급해주기바란다. 현재 공보관에 근무하는 직원 1명과 대표부의 이규현 공보관은 본부근무발령이 났고, 공보관에 있는 나머지 1명도 곧 갈것이니, 결국 지금보다 1명이 는다는 결과가 된다. 일측은 인원을 2명으로 제한하고 있으나, 60만의 교포를 가진 한국으로서는, 미국이나 영국 이상으로 공보활동이 필요하고 따라그 양도 많은데, 인원을 2명으로 제한 한다는것은 곤란하다.

9

허참사관: 일본정부의 구술서에 의하면 첫째 호혜주의에 따라 한국에 일본 공보관을 설치할것을 한국정부가 인정할 것을 조건으로하고 있는데, 이것은 국교가 정상화되면 문제될것 없다.

둘째로 공보관직원에 대하여는 원칙적으로 외교관의 특권과 면제를 인정 할수없다고 하고, 마에다 과장이 박상두 서기관에게 구두로, 그러나 관장은 외교관 겸입을 인정한다고 하였는데, 미국이나 영국등 외국의 같은 기관 직원에도 그러한 취급을하고 있는것이라면, 한국만 특수대우하라고 고집하지는 않겠다.

셋째 인원은 2명만 인정한다 했는데, 이것은 안된다. 미영등 제3국과 차별취급하니 부당하며, 또 우리는 60만의 교포를가지고 있고, 북한괴뢰가 대규모적인 선전활동을 전개하고 있기때문에 이것과 대항해야하는 특수성이 있다. 2명은 인정하니 4명은 곤난하다는 것은 이해하기 곤란하다.

우시로구: 사실 공보관문제는 상당히 신중히 고려하여 그런 결론이 나온것인데, 간부회의에서 수차 토의결과 많은 반대의견을 극복하고 인원을 2명으로 제한하는 조건으로 양승된것이다. 내부에서는 한국이 일본의 주한 대표부를 인정하겠다는 당초의 약속을 이행치 않고 있는 차제 공보관의 설치도 인정할수 없다는 의견이 강하다.

8. 大平·金書翰について, 1962. 12. 18
日本外交文書 1828, 大平·金書翰について(照會), 일곱 번째 문서

일본 측의 김-오히라 합의에 대한 두 번째 수정 내용이 담긴 오히라 외상의 김종필 부장 앞 1962년 12월 18일 자 서한이다.

번역

오히라 외상의 김종필 부장 앞 두 번째 편지, 1962. 12. 18

진작부터 염려해 오시던 청구권 문제의 처리에 관해, 미국 방문으로부터 귀국 후 이케다 수상 및 다나카 대장대신과 협의한 결과, 금번 별지 기재와 같이 제안하게 되었습니다. 그리고 귀하와 협의를 통해 마무리 짓지 못한 대한 채권의 처리와 함께, 유상 경제협력에 관해 해외 경제협력기금이 제도상 비상업적 프로젝트에 대한 금액이 제한되어 있는 관계로 수은도 함께 사용하지 않으면 안 되게 되었음을 제안하게 되었습니다.

귀하께서는 일본 측의 사정을 포함하여 청구권 처리의 명목 문제와 선박 문제 처리에 관한 일본 측 최근의 제안과 함께 일괄해서 동의해 주신다면 기쁘겠습니다. 또한 청구권 문제 외에 어업, '다케시마(독도)'를 포함한 다른 여러 현안에 관해서도 이 기회에 한국 측에서 더욱 탄력적인 태도를 보여줌으로써 예비교섭을 진척시켜 일한 쌍방이 수락할 수 있는 합리적인 타결안을 조속히 작성할 수 있도록 귀국 대표에게 지시해 주시길 바랍니다.

아시는 바와 같이 저는 본 청구권 문제와 함께 다른 모든 현안에 관해 타결안의 성립을 본 후에 교섭 전반의 최종적 타결에 관해 일본 정부의 확정적인 의사 결정을 해 나가고 싶습니다.

귀하의 건승과 발전을 빌며 지난번 귀국을 방문한 오노 반보쿠 씨와 그 일행에 대한 마음에서 우러나오는 후의를 베풀어주신 데 대해 심심한 사의를 표명합니다.

경구

1962년 12월 18일

외무대신

김종필 부장 각하

별지

1. 무상 경제협력

   총액 3억 달러로 하고, 매년 3,000만 달러씩 10년에 걸쳐 생산물 및 용역의 무상 공여를 한다. 단, 재정 사정에 따라 쌍방 합의하에 조기 시행할 수 있다.

2. 대한 채권(4,573만 불)의 상환

   한국 측은 위 금액을 3년간 균등하게 상환한다.

   한국 측이 위 지급으로 인해 그만큼 대외 기대자금 부족에 직면할 경우, 이 기간 동안 우리 측의 장기저리차관(후술 3)을 조기 실행하는 것을 고려한다.

3. 유상경제협력(정부가 관여하는 부분)

   유상경제협력으로 총 2억 달러의 장기저리차관을 10년간에 걸쳐 제공한다. 그중 1억 달러는 해외 경제협력기금에서, 나머지 1억 달러는 수출입은행에서 지출하기로 하고, 각각 현행 규정에 의한 가장 유리한 조건으로 제공하기로 한다.

4. 순수 민간 차관

   민간 기반의 적정한 프로젝트를 대상으로 하며, 금액, 조건 등은 모두 민간 협의 결과에 맡기되, 계약이 성립된 것에 대해서는 일본 정부는 한일 국교 정상화 이전에도 실행이 가능하도록 조치한다.

十二月十八日の予備交渉第19回会合において、杉代表より裵代表に封かんのまゝ伝達

かねて御心配を煩わしていました請求権問題の処理につき、訪米から帰朝後、池田首相並びに田中大蔵大臣と協議いたしました結果、今般別紙記載のとおり提案をすることとなりました。私としては、請求権問題が日韓交渉全般を打開するための鍵であるとの韓国側の立場、心情を念頭に置きつつ、貴下と打合せた基本線を貫くべく最善を尽したところであります。

そして、貴下との打合せで詰めていなかつた対韓債権の処理とともに、有償経済協力に関し、海外経済協力基金が制度上非商業的プロジェクトに対する金融に限られているので、輸銀をも併せて使わざるを得ないことを提案申し上げることにいたしました。

貴下におかれては、日本側の事情をお含みいただき、請求権処

一括して御同意いただければ幸甚に存じます。また、請求権問題の他、漁業、竹島を含む他の諸懸案についてもこの機会に韓国側において一層弾力的な態度を示されるとともにより予備交渉を進捗し、以て日韓双方の受諾し得る合理的な妥協案を早急に作成し得るよう貴国代表に御高示の程併せてお願いいたします。

御高承のとおり、私の方といたしましては、本請求権問題とともに他のすべての懸案につき妥結案の成立を見た上で、交渉全般の最終的妥結について日本政府の確定的な意思決定をする段取りにいたしたい所存であります。

貴下の御健勝と御発展を祈るとともに、過般貴国を訪問された大野伴睦氏とその一行に対する心からの手厚い御接遇につき、深

甚なる謝意を表明いたします。　　　　敬具

昭和三十七年十二月十八日

外務大臣

金　鍾　泌　部長　閣下

別紙

一、無償経済協力

総額三億ドルとし、毎年三〇〇〇万ドルずつ十年間にわたり生産物および役務により無償供与する。ただし、財政事情によつては、双方合意の上繰上け実施することができる。

二、対韓債権（四五七三万ドル）の償還

韓国側は右金額を三年間に均等償還する。

韓国側が右支払いによりそれだけ対外期待資金の不足に直面する場合は、この期間におけるわが方よりの長期低利借款（後記三）を繰上け実行することを考慮する。

三、有償経済協力（政府の関与する部分）

有償経済協力として総額二億ドルの長期低利借款を十年間に

わたり供与する。そのうち、一億ドルは海外経済協力基金より、他の一億ドルは輸出入銀行より支出することとし、それぞれ現行規則による最も有[illegible]な条件により供与する。

四　純粋の民間借款

民間ベースによる適当なプロジェクトを対象とし、金額、条件等はすべて民間の話し会いの結果に委ねるが、契約が成立したものについては、日本政府は日韓国交正常化前でも実施が可能なよう措置する。

9. 제20차 회의 회의록, 1962. 12. 21

한국 외교문서 737, 제6차 한일회담 제2차 정치회담 예비절충: 본회의, 1-65차, 1962. 8. 21-64. 2. 6, 전5권, V.2 4-21차, 1962. 9. 3-2. 26

1962년 12월 21일 개최된 제6차 한일회담 제2차 정치회담 예비절충 제20차 회의 회의록이다.

이 회의에서 한국 측은 일본 측의 김-오히라 합의사항 수정 제의에 대해 김종필 부장의 의견이 반영된 대안을 제시하였다. '무상협력'과 '유상협력'의 표현을 삭제하고, 유상차관 2억 불을 '해외 경제협력에 의한 것'으로 못 박았으나, 무상 3억 불을 '생산물'과 '역무'로 한다는 점과 '청구권 문제의 해결'에 관한 문구는 일본 측의 수정 제의를 받아들였다.

제 6 차 한일 회담
제 2차 정치 회담 예비절충
제 20회 회의 회 의 록

1. 일시: 1962. 12. 21. 15:00-16:45 시

2. 장소: 일본 외무성 회의실

3. 참석자: 한국측: 배 의환 대사

최 영택 참사관

박 상두 서기관

일본측: 스기 수석 대표

우시로구 아세아 국장

야나기야 아세아국 사무관

4. 회의 내용:

배 대사: 오늘은, 지난번 회의 때에 말한것 처럼, 지난 12월 10일 우시로구 국장이 본인에게 수교한 한일 회담에 관한 일측 입장을 설명한 문서에 대한 한국측의 의견을 제시한 문서를 수교하고저 한다.

이 문서는 한국어로 작성되어 있으니, 후에 번역하여 잘 검토해주기 바라는바, 그 내용은 다음과 같다.

(청구권 및 어업 문제에 관하여 문서의 내용을 설명)

청구권 문제 및 어업 문제 이외에도 법적지위 문제, 선박 문제, 문화재 문제, 기본 관계, 독도 문제등에 관하여 한국측 입장이 설명되어 있다.

최 참사관: 이 문서는 공식적으로는 지난번 이세기 대사가 방한시

한국측에 수고한 문서(12월 10일 우시로구 국장이 배대사에게 동 문서 사본을 수교)에 대한 회답이다. 그러나, 이 문서에는, 12월 18일에 청구권 문제에 관하여 오히라 외상이 김 부장에게 보낸 서한에 대한 김 부장의 의견도 반영되어 있다.

김 부장으로서는, 이께다 수상이 김-오히라 라인, 즉, 무상 3억 (OA 상쇄), 해외 경제 협력 기금에 의한 차관 2억, 수출입 은행에 의한 차관 1억을 승인할것으로 기대하고, 박 의장에게도 그 승인을 요청중에 있었는데, 오히라 외상으로 부터 이께다 수상이 김-오히라 라인을 수정 재단하였다는 통지를 받고, 기대에 어그러져, 오히라 외상에게 회신을 보내는것을 보류하고 있는것으로 생각된다. 김 부장은 다만 수일내로 이께다 수상이 이 문제를 재고하여 김-오히라 라인을 그대로 승인할것을 바라고 있을뿐이다.

박 의장도 또한 22일에 예상하였던 기자 회견을 27일로 연기하였는데, 박 의장으로서는 21일에 이께다 수상이 김-오히라 라인을 승인할것을 예상하고, 22일에 기자 회견을 가질려고 한것으로서, 동 기자 회견을 27일로 연기한 원인의 하나는 이께다 수상이 김-오히라 라인을 수정 재단한데 있는것으로 생각되며, 이께다 수상이 27일 이전에 이 문제를 재고할것을 희망하고, 27일에 기자 회견을 할것을 정한것으로 보인다.

어업 문제에 있어서는, 이께다 수상이 청구권 문제에 있어 김-오히라 라인을 수정 재단했기 때문에, 그 진첩에 영향을 주고 있는데, 지난번 회의시에 말한것 처럼, 년내에 쌍방이 제 2안을 제시하여, 의견을 좀더 접근 시키는것이 좋겠다.

(계속 법적 지위, 선박, 문화재, 기본 관계, 독도 문제에 관하여 문서의

내용을 설명함)

배 대사: (한국측 문서를 스기 수석 대표에게 수교함)
별첨과 같은

우시로구: 김 부장은 오히라 외상의 12월 18일의 서한에 대하여 별도 회답은 하지 않는가?

배 대사: 지금 수교한 문서가 오히라 외상의 서신에 대한 김 부장의 정식 회답은 아니지만, 김 부장의 의사는 표명되어 있다. 김부장으로서는, 오히라 외상의 서신에 대하여 불만을 표명하는 회답을 할수도 있겠으나, 오히라 외상과의 우의를 고려하여, 불만 표시의 회답을 보류하고, 이께다 수상이 이 문제를 재고하여 결국은 김-오히라 라인을 승인할것으로 기대하고 있는것이다.

우시로구: 이께다 수상이 김-오히라 라인을 수정 재단한것은 사실이나, 오히라 외상은 이께다-박 의장 라인이 최종 라인이란 양해 아래, 김부장과 그러한 선을 합의한것이므로, 오히라 외상이 김부장이나, 한국 정부를 속인 것은 아니다.

배 대사: 물론 그점은 이해한다.

우시로구: 귀측이 제시한 문서에 청구권 문제는 김-오히라 라인에 따라 처리되어야 한다고 했는데, OA 를 청구권에 "포함" 시킨다는 "포함"의 해석에는 상호 의견이 다르다. 귀측은 "포함"이 "상쇄"라고 하고 있지만 일본측은 반드시 "상쇄"를 뜻한것은 아니라고 생각하고 있다.

지난번 회의 시에 귀측은, OA 는 내자로서 사용할 계획이기 때문에 일본에 현금으로 지불할수 없다고 했는데, 만일 무상 3억불 중 OA 해당액을 일본에서 소비재로 받아, 이것을 한국 국민에게 매각한다면, 한국 정부는 필요한 내자를 획득할수 있지 않겠는가?

배 대사: 그것을 안된다. 한국은 지금 일반 무역에 있어서도 소비재의 수입을 금지 내지 제한하고 있으며, 특이 일본 소비재의 국내 범람은 다른 의미에서도 이를 용허할수 없다.

그런데, 한국 정부는 OA 의 외화를 한국 상인에게 매각하게 될것이며, 상인들은 이 외화를 대외 무역에 사용할것인바, 현재의 한일 간 무역 바란스로 보면, 이 외화의 대부분은 대일 무역에 사용될 가능성이 많다. 그렇게 되면, 결국, OA 는 "루트" 는 다르나 일본에게 지불하게 되는것이다.

소기: 이게다 수상은 대국적 정책을 우려하고 있는것 같다.

최 참사관: 청구권 문제는 기본선이 김-오히라 간에 합의되어 양국 수뇌의 승인만을 기다리고 있었던것이므로, 이곳에서 이것을 수정한다거나 보충한다거나 할수는 없을것이다.

소기: 수정할려고 하는것이 아니라, 이게다 수상의 재단이 달라졌으니, 그 타결책을 강구하자는것이다.

우시로구: OA 문제는 "표현" 의 해석인데, 이것은 수속상의 문제이니 니 간단히 해결될수 있을것으로 생각한다.

다음 차관 문제는, 한국측으로서는, 조건만 같으면, 기금이거나 수은이거나 상관 없는가

배 대사: 조건만 "기금"과 같다면 자금의 출처야 상관할바 없다.

우시로구: 수은에서 기금과 거의 같은 조건으로 낼수 있을지 연구해 보겠는바, 꼭 동일한 조건이 되기는 어려울것 같다. 현행 규정에 의하면, 기금은 최저 3부 5린이라고 되어 있고, 수은은 적자가 안나는 운영을 해야 한다고 규정되어 있는바, 실적을 보면 수은은 4-7부로 되어 있다.

배 대사: 한국에 대한 차관은 청구권 해결의 한 방안으로서 제공하는 것이므로 그 성격이 일반 차관과는 다르다. 따라서 일반 차관 시의 이자률을 가지고 논의할 문제는 아니다. 일본의 모 고위층은 기금의 이자는 2부라고 말한바도 있다.

우시로구: 물론 한국에 대한 차관이 특수한 성격이라는것은 잘 안다. 그렇지 않고 일반의 경우에도 3.5부로 내면 기금은 파산할것이다.

최 참사관: 앞에서 말한바와 같이, 이 문제를 이곳에서 논의해도 무용한 일이니, 이께다 수상이 조속히 재고하여 김-오히라 라인을 승인할것을 요청할 뿐이다.

우시로구: 이께다 수상에게 재고를 요청중인바, 물론 수상이 한국측에게 만족할만한 재단을 하면 제일 좋으나, 그렇지 않을수도있을것인데, 귀측이 *all or nothing*이라고 하면 곤란하니, 귀측도 타협안을 고려해보아주기 바란다.

최 참사관: 오늘 오전의 어업관계 회의에서, 일측은, 19차 예비 절충에서 한국측만이 제2안을 내기로 했으니, 한국측만 2안을 내라고 말하였다는데, 이것은 19차 예비 절충에서 합의한 내용과 다르다.

우시로구: 물론 귀측만 1방적으로 제 2안을 내라고는 하지 않겠는바, 솔직히 말하면 아직 청구권 문제가 귀측에게 만족할만 한 결론이 나 있지 않는 현 단계에, 제 2안을 내어 보아도, 그것이 제 1안에서 많이 진보된 안이기를 기대하기 어려울것이니, 청구권 문제에 관한 이께다 수상의 재고 결과를 기다려 제 2안 제출 문제를 협의하는것이 오히려 좋지 않을가 생각한다.

최 참사관: 현재 어업 문제에 관한 쌍방의 의견 간격이 상당이 큰데, 청구권 문제가 해결되었다고, 당장에 합의선에 도달하기는 어려울것 같으니, 그 중간 단계로서, 상호 제 2안을 내는것이 좋을지 모르겠다.

배 대사: 박 의장의 기자 회견이 27일에 있으니, 26일 10:00시에 다음 회의를 열고, 그 때 가지 이께다수상의 재고 결과를 알려주었으면 좋겠다.

스기: 좋다. 일측의 재고 결과는 그 전이라도 우시로구 국장이 배대사에게 비공식으로 통지하도록 하고, 어업 협정에 관한 제 2안의 제출 문제도 그 때에 협의 결정하자.

배 대사: 내년 초에는 언제 부터 회의를 재개할것인가? 1월 10일 부터가 어떤가?

스기: 좋다.

최 참사관: 김-오히라 메인으로서 양국간의 청구권 문제를 최종적으로 해결하기로 한점을 이해하고 있는데, 최근 한국 국내에서는, 8개 항목 청구권 중 제 6항, 즉, 종전 당시 한국 법인 또는 개인이 가지고 있었던 일본 법인의 주를 계속 인정하라는것은, ~~[illegible]~~ 포함시켜서는 안된다는 의견이 상당이 강하다. 즉, 청구권 문제 해결에 있어서, 전기 "주"의 효력을 인정한다는것을 합의 의사록등에서 규정해야 한~~[illegible]~~ 다고 생각하는 의견이 많다. 일측도 이 문제에 관하여 연구해 보아 주기 바란다.

우시로구: 6항의 내용은 잘 모르나, 내용 여하를 불문하고, ~~[illegible]~~ 별도 처리는 있을수 없으며, 고려해 볼 여지가 없다고 생각한다.

최 참사관: 신문 발표는 어떻게 할것인가?

우시로구: "청구권 문제에 관하여 계속 의견을 교환하였으며 (한국측이 문서를 제시한것은 언급치 않음) 다음 회의는 26일에 열기로 했다"고만 하자

최 참사관 : 좋다.

1. 일반 청구권 문제

가. 일반 청구권 문제를 해결하기 위한 재공, 해외 경제 협력 가금에 의한 자금 및 수출입 은행에 의한 자금의 금액과 지불 조건에 관하여는, 과반 김 부장과 오히라 외상 간의 제 2차 회담에서 합의한 내용대로 결정되어야 한다.

나. 1962년 12월 10일 우시로꾸 아세아 국장으로부터 배 대사에게 수교된 일본측의 청구권 문제 해결의 경륙과 형식에 관한 일본측 안에 대하여 한국측은 다음과 같은 수정 안을 제시 하고저 한다.

(제목)

"대한민국과 일본국 간의 청구권 해결 및 경제 협력에 관한 협정" (발췌) (안)

(협정 제목은 일본측 안을 수락 함)

(전문)

대한민국과 일본국은, 제 2차 세계대전 종결에 따라 발생된 양국 간의 청구권 문제의 해결과, 양국 간의 경제 협력의 증진을 희망하여, 다음과 같이 협정 한다.

제 1 조

대한민국 정부와 일본국 정부는 다음과 같은 조치를 취할것에 합의 한다.

(1) 일본국은 —— 아메리카 합중국 불 과 동등한 엔의 가치를 갖는 일본국의 생산물 및 일본인의 역무를, 본 협정의 효력 발생일로부터 —— 년의 기간 내에 대한 민국에 제공 한다.

(2) 일본국은 —— 아메리카 합중국 불과 동등한 엔의 액수의 자금을 본 협정 발효일로부터 —— 년의 기간 내에 대한민국에 제공 한다. (해외 경제 협력 기금에 의한 것) — (2억불 분)

(3) 일본국은 —— 아메리카 합중국 불 과 동등한 엔의 액수 이상의 자금을 본 협정 발효일부터 —— 년의 기간 내에 대한민국에 제공 한다. (수출입 은행에 의한 것) — (1억불 이상 의 분)

(4) 대한민국과 일본국은 본 협정의 체결에 의하여 제 2차 세계 대전 종결에 따라 발생된 양국 또는 양 국민 간의 청구권 문제가 최종적으로 해결된 것을 인정 한다.

(주)

1. 청구권 및 경제 협력 문제 해결의 원칙이 "기본 관계 조약" 중에 삽입 되어야 한다.
2. 제 1조 (1) 항의 "생산물" 은, 주로 자본재를 의미하는 것이며, 한국 정부가 요청하는 경우에는 일본의 기타 생산물로 할수도 있다는 것을 본 협정의 다른 조항에서 규정 한다는 조건 하에 "일본국의 자본재" 대신 "일본국의 생산물" 이라는 표현을 수락 한다.
3. OA 잔액 문제는 본 협정 내에나, 합의 의사록 또는 교환 공문으로 규정하기로 한다.

4. 협정문 작성의 단계에 있어서는, 상기 각항 이외에, 제공 방식의 세목 규정, 기타 조항 등을 포함하는 법률 기술 상의 소요 사항 등을 첨가 한다.

5. 한국측 안의 "제공" 이라는 표현은 일본측에서는 "공여"로 하여도 가함.

2. <u>어업 문제</u>

가. 한국측은 김, 오히라 회담에서의 5개 원칙과 그후의 어업 관계 회합에서 표시한 한국측 입장에 입각하여 지난 12월 5일 일본측이 제시한 어업 협정에 관한 일측 안을 검토하고, 어업 문제 해결에 관한 일측의 성의를 의심치 않을수 없었으며, 동 안은 전술한 한국측의 기본 입장이 전혀 고려 않된 것으로서 한일 간에 원만한 어업 협정을 체결하는데 있어서의 토의의 기초가 될수 없다는 결론에 도달 하였다. 어업 문제에 관하여 일본이 세계 각국과 이해 관계를 가지고 있음은 한국도 지실하고 있는 바이나, 일본이 이미 제 3국에 대하여 협정으로서 인정한 바 또는 인정 받은 바 있는 연안국의 특수권익의 범위는 한국에 대하여서도 당연히 인정되어야 하는 것이라고 생각 한다. 또한 한일 양국간의 공해에 있어서의 어업 규제의 필요성을 인정치 않는다는 일본측 견해는 "공해에 있어서의 어업 규제 및 제한과 어업 자원의 보호 및 개발을 위한" 협정을 체결할 것을 규정한 평화조약 제 9조의 정신에 명백이 배치되는 것이라고 생각 한다.

나. 12월 5일 자로 제시한 한국측 안은, 상술한 5개 원칙에 입각한 것으로서 한국 연안에 있어서의 자원을 보호하는 동시에 한일

반공 선으로서만 관할 될 것이다.

3. <u>법적 지위 문제</u>

가. 법적지위 문제에 관한 한국의 기본 입장 즉, (1) 그들이 일본에 정착하게된 특수 배경에 감하여, 제 3국인 보다도 특별한 지위와 처우를 주어야 하며, (2) 제 2차 대전 종전 이전부터 일본에 거주하여 오고 있는 전 한인과 그 자손은 사상 또는 기타의 이유에 의하여 그 일부가 협정 대상에서 제제 될수 없다는데 변함이 없다.

나. 지난번의 김 부장과 오히라 외상 간의 회담에서 법적 지위 문제의 토의를 속히 촉진 시키기로 합의한 바 있는데 그후의 토의 경과를 보면, 일측은 아직 종전의 입장에서 진보된 안을 제시하지 않고 있다. 따라서 현재의 속도로는 양측이 합의한 조속한 가조인이 어려울 것으로 우려 됨으로 일측에서 보다 진보된 안을 제시하여 토의를 촉진 시킬것을 제의 한다.

4. <u>선박 문제</u>

가. 선박 문제는 일반 청구권 문제와 별도로 해결하여야 한다는 것이 한국의 입장이다. 한국측으로서는 협정과 조리에 입각하여 산출된 응분의 톤수의 신 조선을 반환할것을 요구한다. 응분의 톤수가 구체적으로 어떠한 규모가 되는 것이며, 또한 신 조선을 어떠한 종류로 할것인가는 쌍방이 정치적인 고려를 가함으로서

결정할수 있을 것이다.

나. 나포 어선에 관하여는, 한국의 법률에 의거하여 나포 및 처리된 것이며, 따라서 한국측으로서는 일본측에 소위 반환 청구의 권리가 있다고 인정하지 않는 바이지만, 일본 정부의 입장과 선박 문제의 해결을 촉진하기 위한 특별한 고려로서, 전항의 정치적 고려를 할때에 염두에 둘수 있는 문제라고 생각한다.

5. <u>문화재 문제</u>

명목에 있어 "반환"과 "기증" 으로 다시 대립되고 있는데 이 문제는 1957년 12월 31일 자의 "오랄 스테이트멘트" 의 표현, 즉 " Turn over " 의 명목으로 국가와 공공기관 및 개인이 소유하고 있는 중요한 문화재를 반환 함으로서 해결 할수 있을 것으로 생각한다.

6. <u>기본 관계</u>

가. 한국측은 원칙적으로 기본관계 조약을 체결할 것을 구상하고 있다. 이에 있어서 양측 입장을 현실적으로 조정하기 위하여서는 영토 조항을 "현재 행정적 지배하에 있는 지역 및 앞으로 행정적 지배하에 들어 올 지역" 으로 표현하는 방법이 있을 것이다. 또한 기본 조약에서 1910년 이전의 구 한국 정부와 일본제국 정부 간의 모든 조약 협정의 무효 선언이 포함되어야 할 것이다.

또한 대일 평화 조약 제 4조 C 항에 따라서 한일 양국간에 있는 해저 전선의 귀속을 규정하여야 할 것이다.

나. 기본 조약에서는 또한 청구권, 어업 및 법적지위 문제에 관하여서도 그 해결 원칙을 규정하고 구체적 사항을 개별협정에서 규정하도록 하는 것이 좋을 것이다.

7. <u>독도에 관하여</u>

독도는 원래가 한국 영토임이 분명하고, 또한 한일회담의 현안 문제도 아니 었는데 최근 일본측은 기회마다 이를 제기하여 문제를 더욱 복잡하게 만들고 있음을 한국측은 유감으로 생각 한다. 그러나 일측이 국내 정치의 이유로 그 해결이 없이는 회담의 타결이 어렵다고 주장함으로 국교 정상화를 위한 대국적 견지에서 지난번에 김 정보부장이 제 3국에 의한 조정안을 언급하였던 것이다. 한국측으로서는 제 3국에 의한 거중 조정 (Mediation) 이라는 방법 이외에 별다른 방법이 없을줄로 생각한다.

10. JW-12426, 주일대사의 외무부 장관 앞 전문 보고, 1962. 12. 24

한국 외교문서 737, 제6차 한일회담 제2차 정치회담 예비절충: 본회의, 1-65차, 1962. 8. 21-64. 2. 6, 전5권, V.2 4-21차, 1962. 9. 3-2. 26

이케다 총리가 '김-오히라 합의사항'을 승인했다는 주일대사의 보고(전문)다.

대한민국 외무부

번 호: JW-12426

일 시: 242132

수 신 인: 외무부장관 귀하

1. 오오노 부총재, 고오노 건설상, 가와지마 행정청장관, 후지야마 아이이찌로, 의 당인파 4 자는 23, 24 일 낮 양일간에 2 차에걸쳐서 회담을 개최하고 오오노씨가 방한시 실천약속한것을 이행시키기위하여 결의를보고, 전권대표로 고오노 건설상이 23 일 이께다 수상을 직접 면접하여 김부장 - 오히라외상 양해선대로 이께다수상이 재단내리라고 강력히 권고했는바 결과 이께다수상이 동의하였음.

2. 이께다수상의 동의한통지는 26 일 오전에 열리는 제 21 차 예비회담에 한국측에 동의하리라고함.

3. 금일 오전에 오오노 부총재는 역시 이께다수상을 면접하여 상기 사실을 실천에 옮기는데 적극 추진하였으며 그결과를 고오노씨는 최참사관을통하여 김부장에게 조속 보고하도록 통지왔었음으로 보고함.

4. 이상의 결과는 최참사관과 최참사관이 조종하는 KDC 가 배후에서 계속적인 공작추진에 의한것임. 26 일경 최참사관은 김부장의 답례형식으로 고오노 건설상을 직접 방문하고저함.

5.

주일대사

예고 : 한일회담종료시 일반문서로 재분류

11. 제21차 회의 회의록, 1962. 12. 26

한국 외교문서 737, 제6차 한일회담 제2차 정치회담 예비절충: 본회의, 1-65차, 1962. 8. 21-64. 2. 6, 전5권, V.2 4-21차, 1962. 9. 3-2. 26

1962년 12월 21일 개최된 제6차 한일회담 제2차 정치회담 예비절충 제20차 회의 회의록이다.

이 회의에서 일본 측은 이케다 총리가 '김-오히라 합의'를 승인했음을 정식으로 통보하였다. 그러나 이케다 총리의 승인 내용에는 유상차관이 2억 불로 되었으나 공여 방식은 여전히 '무상경제협력'과 '유상경제협력'으로 되어 있었고, OA를 3년 균등 상환한다는 내용도 남아 있었다. 상업차관의 총액 상한은 명기되지 않았다. 일본 측은 청구권 문제 외에도 일본 측의 제 현안에 대한 입장에도 동의해 줄 것을 희망하였다.

제 6차 한일 회담

제 2차 정치 회담 예비절충

제 21회 회의

1. 일시: 1962. 12. 26. 10:00-12:30시

2. 장소: 일본 외무성 회의실

3. 참석자: 한국측: 배 의환 대사

최 영택 참사관

박 상두 서기관

일본측: 스기 수석 대표

우시로구 국장

야나기야 외무 사무관

4. 토의 내용:

스기: 지난 21일의 회의에서 한국측으로 부터 문서를 받고, 이를 검토한 결과, 청구권 문제에 있어서는 한국측 요청대로, 거의 김-오히라 라인 대로 할것에 이께다 수상의 승인을 받았다. 이께다 수상이 이러한 결단을 함에 있어, 수상은 오노, 이시이, 후지야마등 당 실력자들로 부터 김-오히라 라인대로 승인하라는 강력한 요청을 받은바 있다.

일본측이 이와 같이 청구권 문제에 있어서 양보를 하였으므로, 한국측도 어업 문제에 있어서 대폭 양보하여, 한일 문제가 조속히 타결되도록 협력해주기 바란다. 늘 이야기 해온것 처럼, 제 현안 문제는 일괄 해결되어야 한다는것이 일본측의 기본 입장이므로, 이점 양지해주기 바란다.

우시로구: 지금 수교하는 문서에 일본측 제안은 하나의 Package

Proposal로서, 각 현안 문제가 각각 integral part 라고 할수 있으므로, 한국측이 이 제안 중 유리한것만 수락하고, 불리한것은 수락할수 없다고, 예컨대, 청구권 문제는 수락 하나 어업 문제는 수락할수 없다고 하면 곤란하니, 전체적으로 검토하여, 일본측 제안에 동의해주기 바란다.

(문서를 한국측에 수교한후, 문서에 따라 청구권 문제에 관하여 설명함. 한일대(정) 제 586호로 동 문서는 송부하였음)

최 참사관: 청구권 문제에 관한 일측 제안에 대하여는 이자리에서 수락 여부를 말할수는 없을것이므로, 곧 본국 정부에 보고하겠는바, 몇가지 김-오히라 라인과 다르다고 생각되는점이 있어 질문하겠다.

1. 제 1항의 제목을 "무상 경제 협력"이라고 하였는데, 이것은 "무상 제공(혹은 공여)"으로 되어야 할것으로 본다.

2. OA에 관하여, 한국측은 무상 3억불에서 OA 0.45억불을 공제한 2.55억불을 10년 간에 제공 받는것으로 알고 있었는데, 일측 안에는 OA를 3년 간에 균등으로 무상에서 상쇄하게되어 있다.

3. 경협 기금 차관의 상환은 7년 거치로 하기로 되어 있었는데, 일측 안에는 이에 대한 언급이 없다.

4. 동 차관의 상환 기간을 "20년 이내"로 한다고 했는데, 이것은 "20년"으로 고쳐야 한다.

5. 상업상의 차관은 수은에서만 제공하기로 했는데, 일측 안에는 수은 및 기타 민간 금융 기관이라고 되어 있다.

6. 동 수은에 의한 차관의 액수는 1억불 이상이라고 했는데, 일측안에는 금액에 대한 언급이 없다.

우시로꾸: (전기 한국측 질문에 대하여, 우시로꾸씨는 한일대(정) 586호로 송부한 문서([illegible])와 같이 설명함. 그리고 동 문서에

기록된것 이외에 다음과 같은 설명을 하였음)

1. 의 명목 문제는 별도 협의한다.

2. 의 OA 문제는 김-오히라 회담시 무상에 포함시키기로는 했으나, 상환 기간에 관하여는 논의한바 없는데, 만일 한국측이 OA를 10년간에 걸쳐 무상에서 공제하는것으로 생각하고 있었다면, 이 문제는 한국측 생각과 다르게 되었다. 이것은 솔직한 이야기인바, 만일 OA 0.45억불을 10년에 상환한다고 할 경우, 그 이자를 복리로 계산하면 0.1억불이 된다. 수상은 이점도 고려했을지 모른다.

3. 의 상업상의 차관은 현재 수은에서 80%, 일반 은행에서 20%의 협조 융자를 하고 있기 때문에 이점을 고려한것이지, 수은에서 제공한다는 것을 의미하려는것은 아니다.

배 대사: 그러면 일측 제안은 OA 문제 만이 김-오히라 라인과 약간의 차이점이 있고, 그 이외는 동일하다고 보아도 좋은가.

우시로구: 그렇다. 그러나, 그것을 김-오히라 회담에서 OA는 10년간에 걸쳐 무상에서 상쇄하기로 했다고 가정할 경우에, OA 문제는 김-오히라 라인과 약간의 차이가 있다고 할수 있으나, 앞에서 말한바와 같이 김-오히라 회담에서는 OA를 무상에 포함시키기로는 해도, 상쇄 기간에 관하여는 결정한바 없었으므로, 일측 생각으로는 OA 문제도 김-오히라 라인대로 하고 생각한다. 따라서 명 27일의 박 의장 기자 회견 시는 일측이 김-오히라 라인대로 할것을 수락했다고 해도 좋을것이다.

그러면, 다음, 청구권의 명목 문제, 선박, 문화재, 어업, 독도, 법적 지위, 기본 관계 문제에 관한 일측 입장을 설명하겠다.

(한일대(정) 제 586호로 송부한 문서에 의하여 설명함)

다음으로, 이것을 회담과 직접 관계된 문제는 아니나, 한가지 말하고저 한다. 즉, 한국에 나포한 어선 4척과 그 선원을 석방해 달라는것이다. 년말도 되었으니, 가족과 같이 신년을 보내고 싶어 하는 그들의 심정을 이해해주기 바라며, 또 이번에 일본측이 청구권 문제에 있어, 한국측 요청대로 김-오히라 라인을 승인 했으니, 이점도 고려하여, 명 27일의 박 의장 기자 회견등의 기회에 전기 어선의 석방을 결정해 주었으면 좋겠다. 한국 정부가 동 어선을 석방하면, 명년 년초에는 양측간의 분위기가 훨신 더 좋아질것이다.

배 대사: 일본측의 요청을 본국 정부에 보고하겠는바, 최근 일본 어선의 평화선 침범이 증가한 감이 있으니, 일본 어선들이 평화선 내에 들어 가지 않도록 단속해주기 바란다.

그리고, 지금 설명한 제 현안 문제에 대한 일측 견해는 충분히 검토한후 차후 이에 대한 한국측 의견을 제시하겠는바, 예컨대 어업 문제등은 일본측이 6마일을 계속 고집하고 있으니, 해결의 전망이 보이지 않는다.

우시로구: 일본측이 자기안을 고집하겠다는것이 아니고, 일측안을 기초로 하여 상호 오의 해나감으로서 타결점을 발견하자는것이다. 그러니, 한국측도 일측 안을 기초로 하여, 일측안에 반대가 있으면 대안을 내는등으로 타결점을 찾자는것이다.

최 참사관: 어업 문제는 한국 어업의 특수성과 어업 자원 보호의 필요성을 충분히 고려하고, 국제 관례를 참작하여 어업 협정을 체결함으로서 해결되어야 할것이다.

우시로구 : 일본으로서는, 12 마일을 인정할려는것은 선례가 없는 처음의 일로서, 이것을 한국의 특수 사정을 충분히 고려하여 한 제안이다. 그리고, 어업 자원을 보호하자는것은 일본도 그 필요성을 느끼고 있으므로, 차후 곧 자원 상태를 조사하여, 그 결과에 따라 필요한 보존 조치를 취하자고 제안하고 있는것도 그런 뜻에서 행한것이다.

최 참사관 : 총독부 때에 어업 금지 구역을 설치한것을 어업 자원의 보호 필요성을 느꼈기 때문이 아니겠는가. 이러한 전례를 충분이 고려하여 어업 자원 보존 조치를 강구해야 할것이다.

전번 회의시에도 말했지만, 한국측으로서는 년말 까지에 쌍방이 제2안을 제출하고, 신년에는 타결을 기도하는것이 어떨까 생각한다.

우시로구 : 지금 제 2안을 내어도 그것이 만족할만 한 안이 되기는 어려울 것으로 예상된다. 그렇게 되면, 청구권의 원칙적 타결로 좋아진 분위기가 어업 문제로 나빠질 우려도 있으니, 어업문제에 관한 제 2안을 년내에 내는것 보다, 휴회중 좋은 분위기 속에서 양보선을 충분히 검토하여, 신년에는 타결이 가능한 대폭 양보한 안을 내기를 희망한다.

배 대사 : 그러면 내일의 어업 회의에서는 쌍방의 제 2안 제출은 그만 두고, 서로 자유로히 의견 교환을 하기로 하자.

우시로구 : 신문 발표는 "청구권 문제에 관하여 일측이 안을 제시하였고, (내용은 설명하되, 문서 제시는 언급치 않음) 한국측은 이것을 본국에 보고하기로 했다" 는 정도로 하자. 그리고, 예비 회담은 금년에는 이것으로 끝을 맺고, 앞으로 필요할 시는 배대사와 내가 만나기로 하자.

배 대사 : 좋다.

번역

12월 26일 한일 예비교섭 제21차 회의에서 일본 측 발언 요지

12월 21일 예비교섭 제20차 회의에서 한국 측이 각 제안에 대한 한국 측의 생각을 제시하였는데, 이에 대한 일본 측의 구체적인 견해를 밝히기 전에 다시 한번 강조하고 싶은 것이 있다. 그것은 앞서 일본 측이 제출한 문서는, 그 문서에도 명시되어 있는 바와 같이, 관련 제반 현안을 일괄적으로 해결한다는 취지에서 일본 측으로서 양보할 수 있는 것은 대폭 양보하는 한편, 부득이하게 양보할 수 없는 선을 명확히 하고 이에 대한 한국 측의 이해와 양보를 기대하며 작성된 것이라는 것이다. 따라서 한국 측에서도 이러한 일본 측의 취지를 충분히 이해하고, 청구권, 어업을 포함한 모든 현안 문제 해결이라는 방향으로 더욱 신중하게 검토해 주시를 바란다.

1. 청구권 문제

(1) 무상공여 및 차관 금액 및 지급조건별로 구분된 메모를 통해 일본 측의 입장을 알리고 싶다.

(2) 청구권 해결의 명목 및 형식

본 건에 관해서는 앞서 일본 측이 제출한 협정요강안이 한국의 입장도 충분히 반영하고 있다고 판단되므로 동 안을 통해 해결할 것을 다시 한번 제안한다.

특히 일본 측이 실질적 측면인 금액 및 조건에 대해 한국 측의 요청을 대폭 수용하기로 한 만큼, 명목상으로는 한국 측이 일본 측 제안을 수용해 줄 것을 강력히 요청한다.

(3) 선박 문제

본 건에 관한 일본 측의 법적 견해를 상세히 설명할 필요가 있다면 일본 측으로서는 언제든지 할 준비가 되어 있지만, 어쨌든 이번에 청구권 문제의 해결로서 한국에 거액의 무상, 유상경제협력을 제공하게 된 것을 감안하여, 선박 문제를 앞서 일본 측 문서에 제시된 일본 측 제안대로 선박 문제를 해결하는 것에 대해 한국 측이 동의해 주기를 강력히 희망한다.

(4) 문화재 문제

일본 측에서는 그동안 밝혀온 바와 같이 문화재 '반환'에 대한 국제법상의 의무는 없지만, 양국 간 문화 교류 촉진의 일환으로 어느 정도의 국유문화재 증여를 고려하고 있으며, 그 구체적인 형태로 오랫동안 성 내에서 연구해 온 '한일 간 문화협력에 관한 의정서 요강(안)을 제출하니 검토해 주기 바란다.

또한, 구체적인 품목에 대해서는 그동안 한국 측에서 표명해 온 희망 사항도 참고하여 결정하고자 하며, 이 결정에 기여하기 위해 양국 관계자들 간의 협의를 조속히 재개하는 것도 의미가 있다고 생각한다.

일본 정부와 대한민국 정부 간의 문화협력에 관한 의정서 요강(안)

(전문)

일본국 정부 및 대한민국 정부는 한일 양국의 문화에 관한 전통적인 깊은 관계를 고려하여 상호 간의 문화 교류 및 우호 관계를 앞으로 더욱 발전시켜 나가기를 희망하여 다음과 같이 협정한다.

(제1조)

일본 정부 및 대한민국 정부는 양국 국민 간의 문화 교류를 긴밀하게 하기 위한 협정을 체결할 목적으로 교섭을 조속히 개시하는 데 동의한다.

(제2조)

일본국 정부는 대한민국에서의 학술 및 문화의 발전 및 연구에 기여하기 위하여 대한민국 정부가 그 역사적 문화재에 대하여 가지는 깊은 관심을 고려하여 이 의정서의 효력 발생 후 가능한 한 신속하게 부속서에 열거한 일본국 정부 소유의 문화재를 대한민국 정부에 기증하는 것으로 한다.

(제3조)

일본국 정부 및 대한민국 정부는 각각 자국의 미술관, 박물관, 도서관 기타 자료 편집시설이 보유하고 있는 문화재를 상대국의 국민에게 연구할 기회를 주기 위하여 가능한 한 편의를 부여한다.

2. 어업 문제

⑴ 한국 측 문서에 나타난 한국 측의 어업 문제에 관한 견해는 너무 융통성이 결여되어 있다고 말하지 않을 수 없다. 또한, 청구권 문제가 거의 해결될 가능성이 높아진 현재, 일본 측으로서는 한국 측이 현실적이고 합리적인 생각을 제시해 줄 것을 요청한다.

⑵ 한국 측은 제2차 오히라 · 김 회담에서 한국 측이 제시한 5개 항목을 언급하고 있으나, 일본 측으로서는 이들 5개 항목은 한국 측의 희망 사항으로 들은 것일 뿐, 이에 대해 동의한 것은 아니다.

⑶ 일본 측의 어업협정에 관한 생각에 대해서는 12월 5일, 12일 및 21일 자 견해에서 상세히 언급하고 있으므로, 한국 측에서도 이를 통해 일본 측 제안의 의의를 충분히 인식해 줄 것을 요청한다.

⑷ 일본 측으로서는 청구권 문제가 거의 해결된 오늘, 어업 문제에 대해 논의의 진전을 도모하고 싶지만, 이를 위해서는 한국 측이 일본 측 어업협정안을 중심으로 현실적인 협상을 진행하거나, 한국 측에서 현재 한일회담의 진행 상황에 걸맞는 현실적이고 합리적인 안을 제시해 줄 것을 강력히 요청하는 바이다.

⑸ 또한, 한국 측은 "한일 간 원만한 어업협정이 체결된 이후에는 국방 목적의 평화선은 어업에 제한을 가하는 의미가 없어지는 것이며, 명목상 반공선으로만 관할되는 것"이라고 말하고 있으나, 일본 측으로서는 그러한 공해상의 라인이 일본 측의 이익에 어떤 영향을 미치는 성격의 것이라면 이를 용납할 수 없다는 입장에는 변함이 없다.

3. 독도 문제

일본 측으로서는 앞서 제안한 바와 같이,

⑴ 국교 정상화 후 예를 들어 1년간 한일 양측이 합의하는 조정기관에 의한 조정에 대해, 이에 의해 문제가 해결되지 않을 경우, ⑵ 본 문제를 국제사법재판소에 회부하는 것이 어떤 관점에서 보더라도 가장 적절한 해결 방식이라고 확신할 뿐만 아니라, 한일 양측의 제안의 공정한 타협안으로 안이 되어 있기 때문에 여기에 동 제안을 다시 한번 제출한다. 따라서 한국 측에서도 동 안을 더욱 신중하게 검

토해 주기를 강력히 희망한다.

4. 법적지위 문제

한국 측 문서에서는 "일본 측은 아직 종래의 입장에서 진전된 안을 제시하지 않고 있다"고 했다. 그러나 일본 측은 최근 공식, 비공식 회의에서 영주권의 범위와 강제 퇴거 문제 등에 대해 여러 가지 건설적인 의견표명을 하여 논의가 상당히 실질적으로 진전되고 있는 것이 사실이다. 양측의 견해가 전반적으로 일치하지 않는 것은 사실이지만, 우리의 인상은 양측이 더 많은 노력을 기울인다면 머지않아 원만한 타결의 길이 열릴 것으로 확신한다.

5. 기본 문제

종래 이 문제는 여러 현안이 정리된 후에 다루기로 합의되어 있었으나, 한국 측이 최근 문서에서 그 견해를 밝혔기 때문에 일본 측도 조만간 문서로 이에 대한 의견을 밝힐 예정이다.

1) 무상 경제협력

총 3억 달러로 하고, 매년 3,000만 달러씩 10년간 생산물 및 용역으로 무상으로 제공한다. 단, 재정 사정에 따라 양측 합의하에 조기 실시할 수 있다.

2) 대한 채권(4,573만 달러)의 상환

(1) 한국 측은 위 금액을 3년간 균등하게 상환한다.

(2) 단, 한국 측이 그 외화 사정이나 내자 사정 등을 이유로 희망하는 경우에는 매년도 한국측의 요청에 따라 해당 연도 일본으로부터의 무상 공여액을 채무상환 해당액만큼 감액하고, 이에 따라 한국 측이 동 채무를 지급한 것으로 간주하기로 한다.

(3) 상기 (1) 또는 (2)의 조치의 결과, 해당 연도 한국 측의 대외기대자금이 부족하여 한국의 5개년 계획 수행에 지장을 초래하는 경우, 일본 측의 유상경제협력(후술 3)의 조기 실시를 고려한다.

3. 유상 경제협력(정부가 간여하는 부분)

유상 경제협력으로 해외경제협력기금에서 총 2억 달러의 장기저리차관을 10년간 제공하기로 한다. 본 차관의 조건은 연이율 3. 5%, 상환기간 20년 이내로 한다.

4. 상업적 기초에 의한 일반 차관(정부에서 직접 지원하지 않는 부분)

프로젝트의 종류, 금액, 금융기관(수출입은행 및 기타 민간금융기관), 조건 등은 모두 민간의 통상적인 상거래에 맡기며, 따라서 특히 차관 총액의 상한도 정하지 않으나, 일본 정부는 이 종류의 차관에 관해서는 한일 국교 정상화 이전에도 실시할 수 있도록 조치한다.

보충 설명

1. 제2항(대한 차관의 상환)의 취지는 명분상으로는 한국 측에 대해 공여해야 할 것은 충분히 공여하는 대신 한국 측으로부터 돌려받아야 할 것은 정식으로 돌려받는다는 방침을 견지하면서, 실질적으로는 (2)항이 발동하여 한국 측의 요청에 따라(일본 측의 새로운 동의를 필요로 하지 않고), 일본의 무상 공여액 감액으로 한국 측의 채무 지급으로 간주(따라서 한국 측이 달러 현금을 지불할 필요는 없음)하기로 하였고, 게다가 (3)항에서 해당 연도의 무상 공여액 감액분을 보전하는 조치도 함께 제안하고 있기 때문에, 이를 전체적으로 보면 실질적으로 한국측이 오히라·김 회담의 내용으로 이해하고 있는 채권 말소와 유사한 결과가 된다.
2. 제3항(유상경제협력)에서 '상환기간 20년 이내로 한다'라고 한 것은 해외경제협력기금 업무방법서에 이와 유사한 규정이 있는 것을 인용한 것이지만, 일본 정부로서는 구체적인 상환기간은 오히라 · 김 회담의 취지에 따라 20년 정도를 염두에 두고 있다.
3. 제3항에서 거치기간을 언급하지 않은 것은 세목에 대해서는 향후 협의를 통해 순차적으로 결정해 나가는 것이 적절하다고 생각했기 때문이지만, 일본 정부로서는 오히라 · 김 회담의 취지에 따라 일단 7년 정도를 염두에 두고 있다.

(참고로 부기하면, 지금까지 해외 경제협력기금에서 융자한 구체적인 사례로는 스에즈 운하 준설공사 자금의 경우 이자율 6. 5퍼센트, 6. 5월 거치, 이후 2년 반에 분할 상환, 볼리비아 동광탐사 조사비의 경우 이자율 6. 5퍼센트, 1년 거치 이후 4년간 분할 상환으로 되어 있다.)

4. 제4항(상업적 기반에 의한 일반 차관)에서 총액을 명시하지 않은 이유는 이러한 종류의 신용공여의 특성상 정부 간에 총액을 미리 정하는 것은 비합리적이기 때문이다. 그러나 만약 한국 측이 국내 대책상 어떤 구체적인 금액을 언급할 필요가 있다면, 예를 들어 1억 달러 이상이라는 표현을 사용해도 무방할 것이다.
5. 제4항에서 '금융기관(수은 및 기타 민간 금융기관)'이라고 언급한 취지는 상업적 기반의 통상적인 신용 공여는 개별 프로젝트에 대해 수은과 시중 은행의 협의 융자를 통해 이루어지고 있는 것이 우리나라의 현재 방식이기 때문에 그 사실을 적시한 것이다.

１２月２６日の日韓予備交渉
第２１回会合における日本側
の発言要旨

１２月２１日の予備交渉第２０回会合において、韓国側より、各懸案に対する韓国側の考え方の提示があつたが、これに対する日本側の具体的見解を述べる前に重ねて念を押しておきたいことがある。それは、先に日本側から提出した文書は、その冒頭にも明記してあるとおり、関係諸懸案を一括して解決するという趣旨から日本側として譲り得るものは大巾に譲るとともに、どうしても譲り得ざる線を明らかにし、これについての韓国側の理解と歩み寄りを期待して作成したものであるということである。ついては、韓国側におかれても、この日本側の趣旨を十分理解せられ、請求権、漁業を含む全懸案の同時解決という方向でさらに慎重検討せられたい。

1. 請求権問題

無償供与および借款の金額および支払条件

別に差上げるメモにより日本側の立場を御承知ありたい。

(2) 請求権解決の名目および形式

本件に関しては、さきに日本側より提出した協定要綱案が韓国の立場をも十分反映していると確信するので、同案によつて解決することを改めて提案する。

殊に日本側が実質面たる金額および条件について韓国側の要請を大巾に認めることに踏み切つた現在、韓国側が名目の点において日本側提案を受諾されるよう強く要望する。

(3) 船舶問題

本件に関する日本側の法的見解を詳細に説明する必要があるならば、日本側としてはいつでもこれを行なう用意はあるが、いずれにせよ、今般、請求権問題の解決として韓国に対し巨額の無償、有償の経済協力が与えられることになつたのにもかんがみ、船舶問題をさきの日本側文書に示された日本側提案のとおりに解決することに関し韓国側が同意されるよう強く希望する。

(ロ) 文化財問題

日本側としては、かねて明らかにしているとおり、文化財「返還」の国際法上の義務はないが、両国間の文化交流促進の一環としてある程度の国有文化財の贈与を考慮しており、その具体的な形式として、かねがね部内で研究していた「日韓間の文化上の協力に関する議定書要綱（案）」をここに提出するから、御検討ありたい。

なお、具体的な品目については、かねて韓国側から提示されている希望案も参考として決定することとしたいと考えており、また、この決定に資するため、両国関係者間の話し合いを速やかに再開することも有意義だと考える。

日本国政府と大韓民国政府との間の文化上の協力に関する議定書要綱（案）

（前文）

日本国政府及び大韓民国政府は、

日韓間の文化に関する伝統的な深い関係にかんがみ、相互の間の文化交流及び友好関係を今後一層発展させることを希望して、

次のとおり協定した。

（第1）

日本国政府及び大韓民国政府は、両国民の間の文化交流を緊密にするための協定を締結する目的をもつて、すみやかに交渉を開始することに同意する。

（第2）

日本国政府は、大韓民国における学術及び文化の発展及び研究に寄与するため、大韓民国政府がその歴史的文化財について有する深い関心を考慮して、この議定書の効力発生後できる限りすみやかに附属書に掲

げる日本国政府所有の文化財を、大韓民国政府に対し寄贈するものとする。

（第3）

日本国政府及び大韓民国政府は、それぞれ自国の美術館、博物館、図書館その他資料収集施設が保有する文化財を他方の国の国民に研究させる機会を与えるため、できる限りの便宜を与えるものとする。

2 漁業問題

(1) 韓国側文書に示された韓国側の漁業問題に関する見解は、あまりにも柔軟性を欠くものといわねばならない。また、請求権問題がほぼ解決の見通しがついた現在、日本側としては、韓国側が現実的かつ合理的な考え方を示されることを要望する。

(2) なお、韓国側は、第2回大平・金会談において韓国側の提示した5項目に言及しているが、日本側としては、これら5項目は韓国側の希望事項として聞き置いたものであつて、それに対し同意したものではない。

(3) 日本側の漁業協定に関する考え方については、12月5日、同12日及び同21日付見解において詳しく述べてあるので、韓国側においても、これにより、日本側提案の意義を充分に認識されるよう要望する。

(4) 日本側としては、請求権問題がほぼ解決を見た今日、漁業問題について、討議の進渉を図りたいと考えているが、そのためには、この際、韓国側が日本側漁業協定案を中心として現実的な交渉を行なうこととするか、あるいは、韓国側において日韓会談の現在の進捗状況に見合う現実的、合理的な案を提示されることを強く要望する次第である。

(5) なお、韓国側は、「韓日間に円満な漁業協定が締結された後においては国防目的のための平和線は漁業に制限を加える意味はなくなるものであり、名実ともに反共線としてのみ管轄されるものである」と述べているが、日本側としては、かかる公海上のラインが日本側の利益に対し何らかの影響のある性格のものであるならば、これを容認し得ないとの立場に変更はない。

3. 竹島問題

日本側としては、さきに提案したとおり、

(1) 国交正常化後たとえば1年間日韓双方が合意する調停機関による調停に付し、これにより問題が解決しないときは、(2)本問題を国際司法裁判所に付託することとするのが、どのような見地から考えても、最も適当な解決方式であると確信するのみならず、日韓両提案の公平な妥協案になつているので、ここに同提案をあらためて提出する。よつて、韓国側におかれても同案をさらに慎重検討せられるよう強く希望する。

4. 法的地位問題

韓国側文書では「日本側はまだ従前の立場から進んだ案を提示していない」といつている

が日本側は最近の公式、非公式会合において、永住権の範囲や退去強制の問題等について種々建設的な意見表明を行ない、討議はかなり実質的に進展しているのが実情である。双方の見解が全般的に一致するに至つていないことは事実だが、われわれの印象では、双方が更に歩みよりの努力を払うことにより遠からず円満妥結の途が開けるものと確信している。

5　基本関係

従来この問題は諸懸案の話が煮詰まつてから取り上げることに了解されていたが、韓国側が先般の文書において、その見解を述べているので、日本側としても近く文書によりこれに対する意見を明らかにするつもりである。

一、無償経済協力

総額三億ドルとし、毎年三、〇〇〇万ドルずつ十年間にわたり生産物および役務により無償供与する。ただし、財政事情によつては、双方合意の上繰上げ実施することができる。

二、対韓債権（四五七三万ドル）の償還

(一) 韓国側は右金額を三年間に均等償還する。

(二) ただし、韓国側が、その外貨事情や内資事情等のため希望する場合には、毎年度韓国側の要請により、当該年度における日本よりの無償供与額を債務償還該当額だけ減額し、これにより韓国側が同債務を支払つたと　すことにする。

(三) 右(一)ないし(二)の措置の結果、当該年度における韓国側の対外期待資金が不足し、そのため、韓国の五ヵ年計画遂行に支障を来すような場合は、日本側よりの有償経済協力（後記三）の繰上げ実行を考慮する。

三　有償経済協力（政府の干与する部分）

有償経済協力として海外経済協力基金より総額二億ドルの長期低利借款を十年間にわたり供与する。本件借款の条件は、年利率三・五パーセント、償還期間二十年以内とする。

四　コマーシャル・ベースによる通常の借款（政府の直接干与しない部分）

プロジェクトの種類、金額、金融機関（輸出入銀行及びその他の民間金融機関）、条件等はすべて民間の通常の商談に委ね、従つてまた、とくに借款総額の上限も定めることはしないが、日本政府はこの種借款に関しては日韓國交正常化前でも実施が可能なよう措置する。

12. 오히라 외상으로부터 김종필 부장에게 보내는 서한 전달 요청, 1962. 12. 27

한국 외교문서 796, 김종필 특사 일본 방문, 1962. 10-11

오히라 외상의 김종필 부장 앞 1962년 12월 27일 자 세 번째 서한이 담긴 문서다.

이 서한에서 오히라 외상은 이케다 총리가 '김-오히라 합의'를 승인하였다고 하면서, 일본 측의 제 현안에 대한 제의에도 동의해 줄 것을 요청하였다.

한일대(정) 제 595호 1962. 12. 27.

수 신: 외무부 장관

제 목: 오히라 외상으로 부터 김 종필 부장에게 보내는 서한 전달 요청

일본 외무성으로 부터 별첨과 같은 오히라 외상으로 부터 김 중앙 정보부장에게 보내는 서한을 전달하여 달라는 요청이 있었으므로 이를 송부하오니. 김 부장에게 전달하여 주시기 바랍니다.

유첨물: 일본 오히라 외상으로 김 부장에게 보내는 서한 1통

주 일 대 사 배 의 환

번역

오히라 외상의 김종필 앞 세 번째 서한

배계

청구권 문제의 처리에 관해서는 지난 26일 제21차 예비교섭에서 스기 대표가 배 대표에게 일본 측의 최종안을 제시하였음을 알려드립니다. 동 제안은 이케다 총리 및 다나카 대장상과도 거듭 신중하게 협의하여 작성한 것으로, 반드시 귀측의 만족을 얻을 수 있을 것으로 확신합니다. 따라서 이때 청구권의 각목 및 형식 문제에 관해서도 일본 측 제안의 선에서 타결이 이루어지도록 각별히 배려해 주시기를 간곡히 부탁드립니다.

지난 18일 자 귀하에 대한 서한에서도 말씀드린 바와 같이 일본 측은 이번 회담에서는 청구권 문제, 어업 문제를 비롯한 모든 현안이 동시에 일괄적으로 원만하게 해결되어야 한다는 입장을 견지하고 있으며, 이러한 의미에서 지난번 오노 부총재를 수행한 이세키 대사가 한국 측에 전달한 일본 측 제안은 일괄 불가분한 제안(package-proposal)이 되는 것이며, 이 점에 대해서는 지난 26일 청구권 처리에 관한 일본 측 최종안을 제시할 때, 스기 대표 또한 강조한 바 있습니다.

따라서 이번 기회에 한국 측에서 어업 문제, 독도(竹島) 등 중요 현안에 대해 건설적이고 현실적인 관점에서 합리적인 타결이 이루어질 수 있도록 각별한 노력을 기울여 주실 것을 강력히 기대하는 바입니다.

희망찬 새해를 맞이하여 귀하의 건승과 정부에 더욱 큰 힘이 되시기를 간절히 기원합니다.

경구

1962년 12월 27일

외무대신 오히라 마사요시

김종필 부장 각하

拝啓

請求権問題の処理に関しましては、二十六日の第二十一回予備交渉会合におきまして、杉代表より裵代表に対し、日本側の最終的提案を提示しましたので御覧いただいたものと存じます。同提案は、必ずや貴下の御満足を得られたものと確信しております。よつて、この際、請求権の名目および形式問題に関しても、日本側のかねての提案の線で妥結に達するよう特段の御考慮を煩わしたいと存じます。

去る十八日付の貴下あて書簡にもしるしましたように、日本側におきましては、今次会談において は、請求権問題、漁業問題を始めすべての懸案が同時に一括円満に解決されなければならないとの立場を堅持しており、この意味において、先般大野副総裁に同行した伊関大使が韓国側に手交した日本側提案は一括不可分の提案（パッケージ・プロポーザル）をなしている次第でありまして、この点については、二十六日、請求権処理についての日本側最終案を提示する際、更めて、杉代表よりも念を押したところであります。

つきましては、この際韓国側において漁業問題、竹島その他重要懸案につき、建設的、現実的な見地から合理的な妥結の達成を可能ならしめるよう格別の努力を払われるよう強く期待する次第であります。

希望に満ちた新しい年を迎え、貴下が一層御健勝にて政務に御精励あられるよう切に祈り上げます。

敬具

昭和三十七年十二月二十七日

外務大臣 大平正芳

金 鍾 泌 部長閣下

13. 김종필의 오히라 외상 앞 서한, 1963. 1. 21

한국 외교문서 796, 김종필 특사 일본 방문, 1962. 10–11

'김–오히라 합의'에 대한 일본 측의 세 차례 수정 제안에 대해 김종필이 1963년 1월 21일 한국 측 입장을 담아 보낸 서한이다.

이 서한은 1963년 1월 23일 개최된 예비절충 제23차 회의에서 일본 측에 전달되었다.

※ 문서 상태가 불량하여 새로 타이핑한 내용을 아래 수록함

근계

작년 11월 29일, 12월 18일 및 12월 27일 자로 3차에 걸쳐 혜송하신 귀한은 감사히 배수하였사오며 귀하께서 한일회담의 원만한 타결을 위하여 노력을 아끼지 않으시는 점에 대하여 심심한 사의를 표하는 바입니다.

귀한과 그리고 귀한에 언급되어 있는 예비교섭 제21차 회의 석상에서의 스기 수석대표의 청구권 문제 해결을 위한 액수 및 지불 조건 등에 대한 제안을 박 최고회의 의장을 비롯한 정부 내 관계관과 신중 토의한 결과 동 제안이 대체로 작년 11월 12일에 귀하와 본인이 합의한 선에 따라 고려된 것이며 좀 더 자세한 사항을 구체화시켜야 한다는 결론에 도달하였습니다.

즉 청산계정의 채무상환 문제, 정부 대 정부 차관의 조건, 그리고 수출입은행으로부터의 차관 등에 관하여는 우리가 이해하는 바와 차이가 있다고 생각되므로 앞으로 예비교섭 회의 석상에서도 자세히 토의케 하겠지만 우선 다음과 같이 우리의 견해를 열거하오니 귀하의 각별하신 고려와 진력이 있으시기를 바라는 바입니다.

첫째로 청산계정의 채무상환에 관하여는 건설적인 제안을 하여 주셨습니다마는 우리가 이해하기로는 이의 상환기간을 무상공여액 3억 불의 지불기간과 동일하게 하되 매년 제공액으로부터 균등 차감하는 것이 타당하다고 생각하며,

둘째로 정부 대 정부 차관에 관하여는 거치기간 7년 후 20년간 상환이라는 상환조건을 명백히 하여야 한다고 생각하며,

셋째로 수출입은행의 차관은 '가장 유리한 조건으로서 1억 불 이상'이라는 표현으로 그 하한을 정해야 한다고 생각합니다.

이밖에 청구권의 명목 문제, 어업 문제, 법적지위 문제, 선박 문제, 문화재 문제 그리고 기본관계 등 제 현안에 관하여는 작년 12월 21일에 개최된 제20차 예비절충에서 아 측의 배 수석이 설명드린 바 있사온 데 청구권 문제가 양국의 상호이해와 양보의 정신으로 이만큼 진전을 보게 되었으니 기타의 현안도 동일한 정신으로 절충한다면 반드시 해결의 서광이 보일 것으로 확신하오며 새해에는 제 현안이 전부 원만히 해결되어 양국의 국교가 정상화되기를 바라옵는 바 이를 위하여 양국이 최선의 노력을 경

주할 것을 바라마지 않는 바입니다.

새해를 맞이하여 귀하의 건승을 충심으로 비는 바입니다

서기 1963년 1월 21일

김 종 필

오히라 마사요시(大平正芳) 외무대신 귀하

謹啓

昨年 11月29日, 12月18日 및 12月27日字로 3次에 걸쳐 送付하신 貴翰은 感謝히 拜受하였아오며 閣下께서 韓日會談의 円滿한 妥結을 爲하여 努力을 아끼지 않으시는 데에 對하여 深甚한 敬意를 表하는 바입니다.

貴翰과 그리고 貴翰에 言及되어 있는 韓日交渉 第21次討議會席上에서의 杉首席代表의 請求權問題解決案을 爲한 試案 및 支拂條件等에 關한 提案을 朴議長閣下께 報告를 이송한 政府內 關係官과 愼重檢討한 結果 問題點이 大体로 昨年 11月12日에 閣下와 本人이 協議한 線에 따라 考慮된 것이며 앞으로 討議할 細目을 具体化시켜야 한다는 結論에 到達하였읍니다.

다만 償還計定의 政府債權問題, 政府對政府借款의 條件, 그리고 輸出入銀行으로부터의 借款等에 關하여는 우리가 理解하는 바와 差異가 있다고 생각되므로 앞으로 韓日交渉會談席上에서도 詳細히 論議하겠지만 우선 다음과 같이 우리의 見解를

說明하오니 貴下의 特別하신 考慮와 努力이 있으시기를 바라는 바입니다.

첫째로 淸算勘定의 債務償還에 關하여는 建設的인 提案을 하여 주셨읍니다만은 우리가 要望하기로는 이의 償還期間을 無償供與分 三億弗의 支拂期間과 同一하게 하되 每年 提供額으로부터 均等控除하는 것이 妥當하다고 생각하며,

둘째로 政府對政府借款에 關하여는 据置期間 7年後 20年間償還이라는 償還條件을 明白히 하여야 한다고 생각하며,

셋째로 輸出入銀行의 借款은 「가장 有利한 條件으로서 1億弗以上」이라는 表現으로 그 下限을 定해야 한다고 생각합니다.

이밖에 請求權의 名目問題, 漁業問題, 法的地位問題, 船舶問題, 文化財問題 그리고 基本關係等 諸懸案에 關하여는 昨年 12月 21日에 開催된 第20次 豫備會談에서 兩國의 代表들이 說明드린바 있아온데 請求權問題가 兩國의 相互理解와 讓步의 精神으로 이번에 妥結을 보게 되었으니 其他의 諸

案도 同一한 精神으로 折衝한다면 반드시 解決의 曙光이 보일 것으로 確信하오며 새해에는 諸懸案이 全部 円満 解決되어 両国의 国交가 正常化되기를 바라옵는바 이를 為하여 両国이 双方의 努力을 傾注할 것을 바라마지 않는 바입니다.

새해를 맞이하여 貴下의 健勝을 衷心으로 비는 바입니다.

西紀 1963年 1月 21日

金鍾泌

大平正芳 外務大臣 閣下

14. 제23차 회의 회의록, 1963. 1. 23

한국 외교문서 738, 제6차 한일회담 제2차 정치회담 예비절충-본회의, 제1-65차, 1962. 8. 21-64. 2. 6, 전5권, V.3, 22-32차, 1963. 1. 11-3. 28

1963년 1월 23일 개최된 제6차 한일회담 제2차 정치회담 예비절충 제23차 회의 회의록이다.

이 회의에서 한국 측은 김-오히라 합의 일본 측 수정 제안에 대한 한국 측 입장을 담은 김종필의 오히라 외상 앞 서한을 일본 측에 전달하였다.

제 6차 한일 회담
제 2차 정치 회담 예비절충
제 23차 회의 회의록

1. 일시: 1963. 1. 23. 11:30-12:50시

2. 장소: 일본 외무성 회의실

3. 참석자: 한국측: 배 의환 대사
최 영택 참사관
박 상두 2등 서기관

일본측: 스기 수석 대표
우시로구 아세아 국장
야나기야 외무 사무관

4. 토의 내용:

배 대사: 김 전 중앙 정보 부장의 오히라 외상 앞 서한을 수교하니 오히라 외상에게 전달하여 주기 바란다. (서한 수교)

동 서한의 사본은 대표부도 가지고 있지 않기 때문에 그 내용을 정확히는 알수 없으나, 대략 다음과 같은것으로 생각된다. 즉, 청구권 문제에 관하여 원칙적으로는 오히라 외상의 제안에 동의하나, 세목에 들어가서, 첫째, O/A 의 상환 기간은 무상 공여 기간과 동일하게 10년으로 할것, 둘째, 정부 차관은 7년 후 부터 20년 간에 상환한다는것을 명백히 할것, 셋째, 수출입 은행에 의한 차관은 최혜 조건으로 1억불 이상을 제공한다는 것을 명백히 할것등의 의견을 제시하고 있으며, 청구권 이외의 기타 문제는 호양 정신을 가지고 충분히 토의하여 해결하자고 말하고 있을것이다.

최 참사관: 대표부도 서한의 사본을 가지고 있지 않기 때문에 정확한것을 알수 없으나, 그 내용은 대체로 지금 배대사가 설명한것과 같은것으로 생각된다.

우시로구: 지난 12월 26일의 회의에서 행한 일본측의 발언에 대한 한국측의 의견 제시는 없는가? 만일 준비 되어 있으면 문서로 주었으면 좋겠다.

배 대사: 준비 되어 있다. 한국측으로서는, 쌍방이 매번 피차의 입장을 문서로서 제시하는것은 신축성을 저해할 우려가 있다고 생각하고, 구두로 한국측 입장을 설명하는데 그칠 생각이었으나, 귀측의 요청이 있으니, 문서를 수교하겠다. (한일 예비 교섭 제 23차 회의에서의 한국측 발언 요지 수교, 사본은 별첨과 같음)

지금 수교한 문서의 내용은 다음과 같다 (내용 설명)

다음으로, 앞으로의 회의 진행 방법에 관하여 한국측의 의견을 제시하고저 한다. 종래 예비 절충의 체제로 회담을 해 온것은, 한일 간의 제 현안 문제중 가장 중요한 문제인 청구권 문제에 관하여 쌍방의 의견 간격이 크므로, 이를 예비 절충을 통하여 타결해 보자는것이었는데, 이제 청구권 문제는 원칙적인 합의를 보았으므로, 앞으로는 회의를 본 회담의 체제로 확대하여 개최하는것이 좋을것으로 생각한다. 즉, 예비 절충을 개시하기 전의 제 6차 한일 회담으로 다시 돌아가서, 본 회의를 열고, 각 위원회 별로 토의를 진행시키는것이, 회의를 촉진하는 의미에서도 필요하다고 생각한다.

우시로구 : 지금 제 현안 문제에 대한 한국측의 입장 설명을 들으니, 종전의 입장에서 전혀 진보된것을 발견할수 없어, 솔직히 말하여 실망적이다. 그러나, 이것은 문서로 제시하는 관계상 불가피 한것으로 생각하며, 앞으로 실질적인 토의에 들어 가면, 일측이 청구권 문제에 있어 양보를 하였다는 사실이 다른 현안 문제 해결의 열쇠가 되었다는것을 보여줄것을 기대한다.

배 대사: 일본측은 문서에도 청구권 문제에 있어 일측이 양보를 하였다고 하였고, 신문지상에도 일측만이 양보한것 처럼 보도하고 있는데, 청구권 문제에 있어서 한국측도 일측 이상의 양보를 하였다는것을 인정해야 할것이다.

우시로구 : 예비 회의의 체제를 본회담으로 전환하는 문제에 관하여는 상부와 협의하여 결정할 문제이므로, 이 자리에서 의견을 진술할수 없다. 그러나, 본인 개인의 의견으로서는, 아직 예비 절충이 더 필요하지 않을가 생각한다. 청구권 문제는 원칙이 합의되었다 해도, 어업등 기타 문제에 있어서는 아직 쌍방이 의견 차이가 적지 않으므로, 이런것을 예비 절충에서 조절해야 할것으로 본다.

그런데, 예비 절충을 본 회담의 체제로 전환하면 거물급 대표가 더 보강되는가 ?

배 대사: 그렇지 않다. 실질적으로는 지금의 회의와 거이 같겠으나, 토의가 더 촉진될것이다.

최 참사관: 예비 회담을 개최하게 된 경위를 보면, 제 6차 회담의 진행 도중, 쌍방의 의견 차이를 정치적으로 해결할 필요성을 느끼고 작년 3월에 양국 외상에 의한 제 1차 정치 회담을 가졌는데, 동 정치 회담은 실패로 돌아 갔다. 그래서 제 2차 정치 회담이 필요하게 되었는데, 쌍방의 의견 대립을 그대로 정치 회담에 올려도 해결의 가능이 거이 없다는 견지에서, 제 2차 정치 회담을 갖기 전에 동 정치 회담을 위한 예비 회담을 개최하고, 제 2차 정치 회담의 여건을 마련하기로 하였다. 이리하여 예비 회담이 시작된것인데, 예비 회담을 진행하는 도중, 김 전 중앙 정보부장이 내일하여 오히라 외상과 회담함으로서, 현안 문제 중 가장 중요한 문제인 청구권 문제를 해결하였고, 여타 문제도 해결의 길을 열었다. 따라서 동 김-오히라 회담이 실질적으로 제 2차 정치 회담이 되었고, 앞으로 다시 정치 회담을 가질 필요는 없게 되었다. 정치 회담을 할 필요가 없어졌다면 정치 회담을 위한 예비 회담도 필요 없을것이다. 이러한 뜻에서, 앞으로는 예비 회담을 종래의 제 6차 한일 본 회담으로 돌리어, 각 위원회 별로 토의를 진행시키는것이 옳다고 생각한다.

우시로구: 앞에서 말한바와 같이, 이 문제는 상부와 상의하여 결정할 문제이나, 본인의 생각으로는 아직 예비 회담에서 토의해야 할 문제가 남아 있다고 보며, 또, 본 회담으로 本/ 체제를 확대하면 대표로서 거물급 인사가 보강된다면 회의가 촉진될수도 있을것이나, 그렇지 않고 명칭만 바꾼다면 별로 뜻이 없을것으로 생각한다. 그리고, 근간 일본 국회에서 정부의 시정 방침에 대한 각 정당의 대표 질의가 있는데, 이러한 시기에 회담을 확대하는것 같은 인상을 주는것은, 일측으로서는, 국회 대책상

좋지 않다.

소기: 이 문제는 대신과 상의하여 일본측 의견을 회시하겠다. 그런데, 만일 일본측이 회의를 본회담으로 전환하는것에 동의할경우는 그 후부터 본회의의 체제로 회의를 갖게 될것인바, 그 후에 다시 정치 회담의 필요성이 생길 경우에는, 그 때에 다시 정치 회담, 또는 이를 위한 예비 회담을 개최할수도 있을것이다.

배 대사: 물론 그렇다.

우시로구: 오늘 부터 국회가 열리는데, 사회당이 김-오히라 간에 합의 문서가 있느냐고 질문할경우, 외상은 없다고 답변할 방침이니, 이점 한국측도 양지하고, 만일 신문 기자등이 합의 문서의 유무를 물으면, 없다고 말해주기 바란다. 김-오히라 간에는 메모가 교환되었을 뿐 정식으로 서명된 합의서 같은것이 교환된 사실이 없는데, 사회당등이 이를 추궁하면 곤란하다.

배대사: 일본측의 입장을 잘 알겠다.

우시로구: 그리고 청구권 문제에 관한 세목 규정을 하는데 있어, 다른 나라와의 배상 협정시의 선례를 보면 적어도 2, 3개월이 필요한데, 그러한 검토를 곧 시작했으면 좋겠다.

최 참사관: 그런 작업을 위하여 한국측에서도 경제 기획원과 은행

에서 전문가가 와 있다. 한국측으로서는 회담이 본 회담의 체제로 돌아가면 청구권 위원회에서 세목 규정의 토의를 곧 시작할 생각이다.

우시로구: 한가지 묻고 싶은것은, 전번 회의에서 어선 석방을 요망한바 있는데, 아직 결정이 안되었는가? 이번 김 부장의 서한에 어선을 석방한다는 통지도 들어 있는것으로 기대했다.

배 대사: 본국에 석방을 건의한바 있었으나, 아직 아무런 회시가 없다.

우시로구: 오늘 신문 발표는 어떻게 할것인가?

"김 전 중앙 정보부장의 오히라 외상 앞 회한이 수교되었다. 그 서한에서 김 부장은 청구권에 관한 오히라 외상의 제안을 원칙적으로 동의하였고, 또한 세목에 관하여 의견을 제시하였다.

그리고, 한국측이, 앞으로 예비 회의를 본 회담의 체제로 전환하고, 각 위원회를 개최하여 회담을 촉진시키자고 제안하였다. 이에 대하여 일측은 상부와 협의 후 다음 회의 때에 일측의 의견을 제시하기로 하였다"가 어떤가?

최 참사관: 좋다..

다음 회의는 언제 열것인가? 28일에 한번더 예비 회의를 열고, 그때에 회담의 체제를 결정하고, 그 후의 회담 일정을 정하는것이 어떤가?

우시로구: 28일 15:00시에 제 24차 예비 회담을 여는것에는 동의하는

나, 그 전에, 회의의 명칭에 불구하고, 청구권, 문화재등을 포함하여, 각 위원회의 첫 회의를 개최하는것이 어떤가?

최 참사관: 28일의 회의에서 먼저 회의의 체제를 정한 후에 위원회 회욀/의를 여는것이 좋겠다.

소기: 28일 오전에 예비 회담을 하고, 본 회의로의 전환이 결정되면 ¾/ 그날 오후에라도 본 회의를 열수 있지 않겠는가?

최 참사관: 본 회의의 개최일정은 28일의 회의시에 정하자.

소기: 한가지참고로 묻겠는데, 보도에 의하면 최근 한국정세에 주목할만한 점이 있는데, 어떤갰/가?

배 대사: 김 동하 외무 국방 위원장의 사임이 있었으나, 안정되어 있으며, 전혀 우려할바 없다.

15. 제24차 회의 회의록, 1963. 1. 28

한국 외교문서 738, 제6차 한일회담 제2차 정치회담 예비절충-본회의, 제1-65차, 1962. 8. 21-64. 2. 6, 전5권, V.3, 22-32차, 1963. 1. 11-3. 28

1963년 1월 28일 개최된 제6차 한일회담 제2차 정치회담 예비절충 제24차 회의 회의록이다.

이 회의에서 일본 측은 김종필이 제안한 내용 가운데 '7년 거치 20년 상환'과 관련, 일본의 금융기관 관습상 이는 7년 후 제8년부터 13년에 걸쳐 상환함을 의미하며 한국 측의 7년 이후 20년간 상환한다는 제안은 받아들일 수 없다는 입장을 표명하였다.

제 6차 한일 회담
제 2차 정치 회담 예비절충
제 24회 회의회의록

1. 일시: 1963. 1. 28. 10:30-11:35시

2. 장소: 일본 외무성

3. 참석자: 한국측: 배 의환 대사

최 영택 참사관

박 상두 2등서기관

일본측: 스기 수석 대표

우시로구 아세아 국장

야나기야 외무 사무관

4. 회의 내용:

스기: 예비 절충을 본 회담으로 전환하자는 한국측 제안은 충분히 검토하여 보았으나, 김 전 중앙 정보부장의 서한을 보아도 아직 예비 절충에서 더 토의해야 할 문제가 남아있다고 생각되며, 본 회담으로 전환하여도 형식만 바뀌는것이고 내용은 예비 절충이나 마찬가지라면 예비 절충을 좀 더 계속해도 무방할것으로 생각되어, 일본측으로서는 아직 본회담으로 전환하지 말고 예비 절충을 더 계속했으면 좋겠다고 생각한다.

배 대사: 귀측의 의견은 잘 이해하겠는바, 이 문제는 본국에 귀측 의견을 보고 하여 본국의 지시를 받아서 다음 회의 시에 결정하도록 하겠다. 여하간, 한국측으로서는, 회의 명목을 가지고 피차 대립을 계속하고 싶지 않다.

우시로구 : 사실 회의의 명칭 문제로 대립이 계속되면 곤란하다고 생각했는데, 귀측이 탄력성을 가지고 이 문제를 본국에 보고하겠다 하니 다행으로 생각한다.

오히라 외상은 예비 절충에서 제 현안 문제에 관하여 윤곽(쓰보미)을 정한 다음에 본 회담으로 넘어갈것을 희망하고 있다. 그리고 최근 일본 국회에서도 한일 회담을 즉시 중지하라는 사회당의 요구가 강력한데, 이러한 시기에 회담의 체제를 본 회담으로 전환하여, 회담을 확대하는것 같은 인상을 주는것은 국회 대책상으로도 좋지 않다고 본다.

최 참사관 : 귀측의 입장은 잘 이해하겠는바, 귀측은 본 회의로 전환하는 시기에 대하여 어떠한 생각을 가지고 있는가? 적당한 시기에 본 회담으로 전환시킬 생각인가 또는 조인 시 까지 예비 절충을 계속할 생각인가?

우시로구 : 조인 시 까지 예비 절충을 계속할 생각은 없다. 앞에서 말한바와 같이 지금은 "타이밍"이 좋지 못하며, 또 예비 절충에서 좀 더 "쓰보미"를 정하자는것이며, 적절한 시기에 본 회담으로 전환할것을 고려하고 있다.

또 한가지 말하고 싶은것은, 일본 정부는 야당의 강력한 반대와 여당 일부의 신중론을 물리치고 한일 회담을 추진하고 있으니, 한국측도 좀 더 접근 태도를 보여달라는것이다. 지난번 회의시에 제시 된 한국측 주장에 그러한 접근 태도가 전혀 보이지 않아 실망적이~~였~~었다는것은 이미 말한바 있거니와, 특히 놀란것은 정부 차관의 상환 기간 문제~~를~~에 있어 김-오히라 양해 라인을 수정 제안했다는것이다. 즉, 김-오히라 회담에서는 7년 거치, 상환 기간 20년이라 하여, 제 8년 부터 13년간에 상환하도록 하였는데, 지난 회의 시에 제시된 한국측 문서에는 7년 후 20년간 상환, 즉 27년간에 상환한다고 되어 있다. 지금까지 일본측으로서는 무리를 무릅쓰고 김-오히라 라인대로 할것에 합의한것인데, 이제 와서 한국측이 김-오히라 라인을 수정 제안 하는것은 회담을 중지하자는 제안과 마찬가지다.

배 대사: 한국측으로서는 김-오히라 라인 이상의것을 요구 하겠다는 것은 전혀 아니다. 한국의 관습으로서는 7년 거치 20년 상환이라고 하면 7년 후 20년 간에 상환한다는 의미가된다. 따라서 김-오히라 라인 대로 요구하고 있는것이다. 한국은 주로 미국에서 많은 차관을 받고 있는데, 대미 차관에 있어서도 몇년 거치 몇년 상환이라고 하면 몇년간 거치(grace) 하고 그 후에 몇년간에 상환한다는것이 된다.

소기: 일본 금융 기관의 관습으로서는 거치 기간은 상환 기간 속에 포함되는것이 상식이며, 새로운 설명을 필요로 하지 않는다.

배대사: 지난 23일 이께다 수상이 국회에서 행한 시정 연설(의 방송)을 들었는데, 수상이, 한일 회담은 한국 정부와 국민을 상대로 행하고 있으므로 최근 한국 내의 정치 동요는 한일 회담 진행에 영향이 없다고 한것은 잘한말이라고 생각한다.

우시로구: 그것이 일본 정부의 방침이다. 일본에서도 명치 유신 때에는 여러가지 정치 동요가 있었으나, 그러한것을 있을수 있는 문제라고 생각하며, 일본으로서는 한국에 정치 동요가 있다고 해서 한일 회담을 지연시키거나 중지할 생각은 없다. 그런데, 오늘 조간 신문을 보니 작일의 당 발기인 대회에서 문제가 원만히 ~~해결~~ 수습되었다고 보도 되어 있어, 퍽 다행으로 생각한다.

최 참사관: 지금 까지 최고 회의와 당 사이에 의견 차이가 있어 대립되고 있었는데, 최고회의와 당은 구별되어야 한다는 박 의장의 지시에 의하여, 당으로 갈려는 최고 의원들이 최고의원직을 사임하고 당으로 감으로서, 최고 회의와 당 간의 대립은 ~~[illegible]~~ 해소 되었다.

다음으로 당 내에서 김 종필씨를 선두로 한 민간인 발~~기~~ 기인과 김 동하씨를 선두로 한 군 출신 발기인 간에 대립이 예상된바 있으나, 이 문제도 작일의 발기인 대회에서 군 출신 발기인의 수를 증가시켜, 양측의 세력 균형을 가지게 함으로서 해결되었다.

소기: 신문에 보면 군과 민간인의 대립이라고 보도되어 있는데, "군"이라고 한것은 "군 대"를 의미하는것이 아니고, "군 출신자"를 말하는것인가?

배 대사: 그렇다. 군 대는 이번에 정치 불안에 전혀 관여하지 않고있다.

작일의 당 발기인 대회에서는 종래 김 부장의 당 관여를 반대하던 파에서 김 부장과 김 동하씨의 사표 반류를 동의하였으며, 이것이 만장 일치로 가결됨으로서 그간의 대립이 원만히 해결되었다.

우시로구: 김 부장은 당의 발기 위원장직을 복직하는가 또는 1개 위원으로 있게 되는가?

최참사관: 우선 1위원으로 있게될것이다. 그러나 대회에서 그를 위원장으로 선출하게 되면 위원장 장직을 맡게될지도 모른다.

우시로구: 종래 일본 정부는 주로 김 부장을 상대로 한일 교섭을 해 왔기 때문에, 김 부장이 실각한다는 보도에 접했을 때는, 일본은 앞으로 반 김부장파와 교섭을 해야하게되는줄 알고 우려한바 있다.

배 대사: 박 의장의 개人 지위에는 변동이 없으며, 김 종필씨의 사표도 반류되었으므로, 우려할바 없다.

최 참사관: 신문에는 민간인 발기인들은 김 종필씨를 지지하고 군 출신 발기인들은 김 동하씨를 지지하는것 처럼 보도되었는데, 민간인들이 김 종필씨를 지지하는것은 물론이고, 군 출신자도 대부분은 김 종필씨를 지지하고 있으며, 일부가 김동하씨를 지지하고 있다. 그러나, 김 동하씨의 의견을 지지하는 발기인이 소수일 망정, 김 동하씨는 혁명시에 중요한 역활을 한 사람이므로, 그 의견을 중요시하여 조절할려는것이다.

우시로구: 일본 기자들은 사실을 잘 모르기 때문에 추측 기사를 쓰는것 같은데, 대표부에서 가끔 기자 회견 같은것을 하여 정확하고 "앞 투 데이트" 한 뉴스를 알려주었으면 좋겠다.

배 대사: 근간 "오오노" 부총재 방한 시에 수행한 기자들과 만날 생각을 하고 있다.

우시로구: 그리고, 이런 때에 만일 서울에 일본의 관리가 파견되어 있었으면, 국회에서 사회당의 질의를 받았을 때도, 한국의 정세가 정상화되어 가고 있다는 보고를 서울 주재 일본 관리로 부터 받았다고 자신 있는 답변을 할수 있었으리라고 생각한다. 즉 한일 회담 촉진에도 도움이 되었으리라고 본다. 이런 의미에서, 대표부 설치 까지는 안한다고 해도, 일본 관리가 장기 출장을 하여 무전 시설을 사용할수 있으면 좋겠다. 이것은 일본측의 강력한 요구는 아니며, 다만 "사제스트" 하는것이니, 검토하여주기 바란다.

최 참사관: 본국 정부로에 귀측의 의견을 보고는 하겠으나, 솔직히 말하면, 그러한것을 인정 하지 않는다는것이 지난 10여년간의 일관된 한국 정책이었으며, 지난번의 박 의장의 기자 회견시에도 같은 취지의 발언을 한바 있고, 또 최근, 청구권에 대한 불만과 어업 문제에 대한 우려로 국민 감정이 예민해져 있으므로, 이런 시기에 이 문제를 재기한다는것은, 귀측이 말한것과는 반대로 한일 회담 촉진에 역효과를 나타낼

우려가 있으므로, 귀측의 요청을 받아도 할수 없을줄 안다. 그러나, 지난번 마에다 과장이 발한한바와 같이, 1,2주일 정도의 단기 출장의 형식으로 한국에 간다면 무방할것이다.

소기: 문제는 한국의 실정을 파악하자는것이니, 그 방법을 고려해 주기 바란다.

배 대사: 장기 출장이나 무전 시설 사용은 곤란하며, 단기 출장의 형식으로 가는것이 좋겠다.

최 참사관: 오늘 장관과 정무국장이 대만에 가는 도중 이곳에 도착할 예정이므로, 장관과 상의하여 앞으로 회의 진행 방법에 관한 한국측 의견을 다음 회의 시에 제시하겠다. 따라서 각 현안 관계 회의 문제도 그 때에 협의하자.

그러면, 다음 회의는 2월 1일(금)에 여는것이 어떤가?

우시로구: 좋다. 15:00시에 열자. 신문 발표는 한국의 국내 사정에 관하여 한국측의 설명을 들었다고만 하고, 회의 진행 방법에 관하여는, 앞에서 말한것 처럼 본 회담 전환 운운하면 사회당등에 자극을 주어 좋지 못하니, 언급하지 말자.

최참사관: 진난번 회의 후에, 일본측이 금일의 회의에서 본회담 전환문제에 관한 9/17/ 한국측 제안에 대한 회답을 할것이라고 발표/ 보도되었으니, 본회담 전환 문제를 전혀 언급치 않는것은 곤란하다. 구체적으로 설명은 않더라도,

본 회담 개최 전에 예비 접촉을 좀 더 계속하자는 일측의 의견 제시가 있었다는것을 완곡하게 알리는것이 좋겠다.

우시로구: 좋다.

청구권 관련 합의 이행에 필요한 세목 교섭

한국은, 양국 정상이 '김-오히라 합의'를 승인하면서 청구권 금액에 대한 원칙적인 타결이 이루어짐에 따라 그간 진행해 왔던 예비절충 회의를 제6차 회담의 본회의 체제로 전환하기를 희망하였다.[1] 그러나 일본은 청구권 문제(OA 지불 기간, 정부 차관 상환 기간, 명목 문제 등)뿐만 아니라 어업 등 제 현안 문제에서 양국 간 입장 차가 여전히 크므로 이를 조절하기 위해서는 수석대표 간 예비절충 회의를 당분간 계속할 필요가 있다고 고집하였다.[2] 일본은 특히, 청구권 문제와 함께 문화재 및 선박 문제도 일괄 타결되어야 한다고 주장하면서 이들 문제에 대한 한국 측의 양보를 요구하였다. 한국 측은 문화재와 선박 문제는 '김-오히라 합의'와 무관하다는 입장을 취하였으나,[3] 결국 일본 측의 뜻에 따라 예비절충 회의가 계속 열리게 되었다.

애초 이 예비절충 회의는 최덕신-고사카 젠타로 간에 개최된 제1차 정치회담(외상회담)이 별다른 성과를 거두지 못함에 따라, 제2차 정치회담을 염두에 두고 사전에 현안에 대한 양측 입장 차를 줄여나가기 위한 목적으로 시작된 것이다. 그러나 1963년 7월 25~31일간 '제2차 정치회담'으로 간주되는 김용식-오히라 간 외상회담[4]이 개최된 이후에도 예비절충 회의는 계속되어, 1964년 2월 6일 제65차 회의까지 개최되었다. 이 예비절충 회의는 기본적으로 특별한 사정이 없는 한 매주 목요일 정기적으로 개최되었으며, 한일회담 주요 현안에 관한 토의뿐만 아니라 양국의 정세에 관한 정보

---

1 제6차 회담 본회의는 1962년 1월 16일 제4차 회의를 마지막으로 중단된 상태였다.

2 한국 외교문서 738, 제6차 한일회담 제2차 정치회담 예비절충-본회의, 제1-65차, 1962. 8. 21-64. 2. 6, 전5권, V.3, 22-32차, 1963. 1. 11-3. 28, 제25차 예비절충 회의 회의록, 648-650쪽.

3 위의 문서, 제26차 회의에 대한 본부 훈령, 665-667쪽.

4 1962년 11월 12일에 개최된 김종필-오히라 마사요시 회담을 제2차 정치회담으로 보는 사람들도 있으나, 한국 외교문서에는 김용식-오히라 마사요시 외상 간 회담을 제2차 정치회담으로 기록하고 있다. 어업 문제가 주로 논의된 김용식-오히라 마사요시 회담은 한일회담에서 그리 큰 비중을 차지하지는 않은 것으로 평가된다(한국 외교문서 748, 제6차 한일회담 제2차 정치회담(김용식-오히라 외상회담) 도쿄, 1963. 7. 25-31, JW-07453, 제1차 한일 외상회담 결과 보고, 1963. 7. 26, 2218-2220; 한일 외상회담 제2차 회의, 1963. 7. 30, 2231-2235쪽).

교환 등도 이루어졌다. 1964년 3월 12일에 이르러 한국 측이 희망하던 제6차 한일회담 본회의가 마침내 속개되었으나(속개 제6차 한일회담) 단 한 차례만 개최된 후 다시 예비절충 회의와 마찬가지 형태인 양국 수석대표 간 비공식회의로 전환되어 11월 5일까지 총 21차례 개최되었다.[5]

한편, 청구권과 관련해서는 1963년 2월 13일부터 기합의된 내용의 구체적 이행방안 논의를 위한 '예비절충 청구권 관계 회의'가 열렸다. 이 회의는 1963년 2월 8일 개시되었으나, 일본 측이 자국 관계부처(대장성, 통산성, 경제기획청 등)가 참석하지 않은 2월 8일 회의를 비공식회의로 해달라고 요청, 한국이 이에 동의하였고, 공식적인 제1차 회의는 2월 13일부터 열렸다. 일본은 정부 차관의 상환기간과 청산계정(OA) 문제 등 원칙적인 문제에 관해 한국과 합의를 보지 못하고 있는 상황에서 세목을 토의하는 것은 무의미하다는 의견 때문에 관계부처(대장성, 통산성, 경제기획청 등)의 참석이 미루어졌던 것이다.[6] 회의 목적, 의제 및 진행 방식 등에 관한 토의가 이루어진 2월 13일 제1차 회의에서, 한국 측은 청구권 문제의 해결을 위한 절차를 토의한다는 전제하에 회의 진행을 원하였다. 그러나 일본은 한일 양국 간에 국교 정상화가 이루어진 이후 진행될 무상, 유상의 경제협력을 원활히 진행하기 위하여 양측에서 알고 있어야 할 제반 사정에 관해 정보와 견해를 교환하자면서, 특히 한국의 경제개발계획, 외자도입, 관계 법규, 무역 상황 등에 관한 정보를 제공해 줄 것을 희망하였다. 회의 명칭과 관련해서도 일본 측은 '경제협력 관계 전문가 회의'로 하기를 원하였고, 한국은 청구권이라는 단어를 반드시 사용하여야 하며 일본 측 희망 명칭은 수용할 수 없다고 하여 대립하였다.[7] 이 문제는 2월 14일 개최된 예비절충 제27차 회의에서도 토론되었으나 합의에 이르지 못하였다.[8] 이후 개최된 회의에서는 이 문제에 대한 토의기록이 발견되지 않는다. 양국 외교문서에는, 한국 측은 '예비절충-청구권 관계 회의', 일본 측

---

5 유의상, 『대일외교의 명분과 실리』, 389-390쪽.

6 한국 외교문서 747, 제6차 한일회담 제2차 정치회담 예비절충-청구권 관계 회의, 1963, JW-02122 (청구권 관계 회합 보고), 1963. 2. 8, 810쪽.

7 한국 외교문서 747, 제6차 한일회담 예비절충 제1차 청구권 관계 회의 회의록, 1963. 2. 13, 822-824쪽.

8 한국 외교문서 738, 제27차 예비절충 회의 회의록, 1963. 2. 14, 703-706쪽.

은 '경제협력 관계 회합'으로 기록되어 있다.

예비절충 청구권 관계 회의는 1963년 4월 9일 제9차까지 진행되었다. 제1~제7차 회의에서는 양국이 정보 교환에 집중하였다. 한국은 경제개발 5개년 계획과 관련한 진척 상황, 재원 조달계획, 문제점 등을 설명하였고, 일본은 동남아 여러 국가들과의 배상협정 또는 차관협정 체결 내용을 주로 설명하였다. 제8차 회의에 이르러 한국이 청구권 세목에 관한 요강 안(무상제공 지불 내용 및 방식, 차관 제공 및 상환 방식, 구매 방식, 공동위원회, 분쟁의 해결 등)을 제시하자,[9] 일본은 이 회의는 정보 교환을 목적으로 시작한 것이며 청구권 세목에 관한 토의의 권한이 주어지지 않았다면서 더 이상 토의를 원치 않음[10]에 따라 회의가 계속 이어지지 못하였다.[11]

청구권 문제의 현안으로 남아 있던 청산계정(OA) 및 정부 차관의 상환기간과 관련하여, 일본 측은 1963년 5월 30일의 예비절충 제40차 회의에서, "대장성의 동의를 전제로 OA는 [한국이] 3년간 상환하고 그 대신 [일본이] 무상공여를 당겨서 지불하며(무상공여를 당겨서 지불할 경우 매년도 지불액의 한도는 OA를 사실상 10년에 상환하는 경우와 같은 액수, 즉 10년간에 걸쳐 매년 2,550만 불이 되도록 함), 정부 차관의 상환기간은 7년 거치 후 13년, 합계 20년 상환으로 하는 방안"을 재차 제시하였다. 일본 대표는 한국을 방문한 우야마 참사관과 황호을 외무부 정무국장 간 3차례의 면담을 통하여 일본 측 제안에 대한 한국의 양해가 있었음을 언급하였다.[12] 이에 대해 한국은 7월 11일의 제44차 회의에서 OA의 3년 상환을 위해서는 무상공여를 3년까지 연 4,500만 불씩(OA를 공제한 실 지불액 3,000만 불), 그 후 10년까지 연 2,357만 불씩 지불해 주는 방안을 제시하고, 정부 차관은 일본이 무상공여에 관한 한국 측 안을 수용할 경우 20년 기한으로 갚는데 동의할 수 있다는 입장을 피력하였다. 일본은 이 제안에 대하

9 한국 외교문서 747, 제6차 한일회담 예비절충 제8차 청구권 관계 회의 회의록, 1963. 4. 2, 963-965쪽.
10 한국 외교문서 747, 제6차 한일회담 예비절충 제9차 청구권 관계 회의 회의록, 1963. 4. 9, 988-990쪽.
11 한국 외교문서 747, JW-04177, 청구권관계 회합 진행에 관한 보고, 1963. 4. 16, 993쪽.
12 한국 외교문서 739, 제6차 한일회담 제2차 정치회담 예비절충-본회의, 1-65차, 1962. 8. 21-64. 2. 6, 전5권, V.4, 33-46차, 1963. 4. 3-7. 25, 제40차 예비절충 회의 회의록, 1963. 5. 30, 1044-1045쪽.

여 강하게 반발하였다.[13]

이 문제는 이후 어업 문제와 연계되어, 1963년 7월 25일과 30일 김용식-오히라 마사요시 외상회담과 1964년 2월 6일까지 개최되었던 예비절충 회의, 1964년 3월 12일 속개된 제6차 회담 본회의, 그리고 1964년 11월까지 이어진 수석대표 간 비공식회의에서도 계속 다루어졌지만, 합의점에 도달하지 못했다. 결국 1962년 11월 12일 김종필 부장-오히라 마사요시 외상 간에 어렵게 금액에 타결을 본 청구권 문제는 제6차 회담에서 마무리 짓지 못한 채 1964년 12월 3일부터 개최된 제7차 회담으로 넘어가게 되었다.

13 한국 외교문서 739, 제44차 예비절충 회의 회의록, 1963, 1137-1138쪽.

한국 외교문서	일본 외교문서
1. 738, 제6차 한일회담 제2차 정치회담 예비절충-본회의, 제1-65차, 1962. 8. 21-64. 2. 6, 전5권, V.3, 22-32차, 1963. 1. 11-3. 28, 제25차 예비절충 회의 회의록, 1963. 2. 1	
2. 738, 제6차 한일회담 제2차 정치회담 예비절충-본회의, 제1-65차, 1962. 8. 21-64. 2. 6, 전5권, V.3, 22-32차, 1963. 1. 11-3. 28, WJ-0257 제26차 회의에 대한 본부 훈령, 1963. 2. 7	
3. 748, 제6차 한일회담 제2차 정치회담(김용식-오히라 외상회담) 도쿄, 1963. 7. 25-31, JW-07453, 제1차 한일 외상회담 결과 보고, 1963. 7. 26	
4. 748, 제6차 한일회담 제2차 정치회담(김용식-오히라 외상회담) 도쿄, 1963. 7. 25-31, 한일 외상회담 제2차 회의, 1963. 7. 30	
5. 747, 제6차 한일회담 제2차 정치회담 예비절충-청구권 관계 회의, 1963, JW-02122, 청구권 관계 회합 보고, 1963. 2. 8	
6. 제6차 한일회담 제2차 정치회담 예비절충-청구권 관계 회의, 1963, 제6차 한일회담 예비절충 제1차 청구권 관계 회의 회의록, 1963. 2. 13	
7. 738, 제6차 한일회담 제2차 정치회담 예비절충-본회의, 제1-65차, 1962. 8. 21-64. 2. 6, 전5권, V.3, 22-32차, 1963. 1. 11-3. 28, 제27차 예비절충 회의 회의록, 1963. 2. 14	
8. 747, 제6차 한일회담 제2차 정치회담 예비절충-청구권 관계 회의, 1963, 제6차 한일회담 예비절충 제8차 청구권 관계 회의 회의록, 1963. 4. 2	
9. 747, 제6차 한일회담 제2차 정치회담 예비절충-청구권 관계 회의, 1963, 제6차 한일회담 예비절충 제9차 청구권 관계 회의 회의록, 1963. 4. 9	

한국 외교문서	일본 외교문서
10. 747, 제6차 한일회담 제2차 정치회담 예비절충-청구권 관계 회의, 1963, 'JW-04177, 청구권관계 회합 진행에 관한 보고, 1963. 4. 16	
11. 739, 제6차 한일회담 제2차 정치회담 예비절충-본회의, V.4, 33-46차, 1963. 4. 3-7. 25, '제40차 예비절충 회의 회의록, 1963. 5. 30	
12. 739, 제6차 한일회담 제2차 정치회담 예비절충-본회의, V.4, 33-46차, 1963. 4. 3-7. 25, '제44차 예비절충 회의 회의록, 1963. 7. 11	

1. 제25차 예비절충 회의 회의록, 1963. 2. 1

한국 외교문서 738, 제6차 한일회담 제2차 정치회담 예비절충-본회의, 제1-65차, 1962. 8. 21-64. 2. 6, 전5권, V.3, 22-32차, 1963. 1. 11-3. 28

1963년 2월 1일 개최된 제6차 한일회담 제2차 정치회담 예비절충 제25차 회의 회의록이다.

한국 측은 양국 정상이 '김-오히라 합의'를 승인하면서 청구권 금액에 대한 원칙적인 타결이 이루어짐에 따라 그간 진행해 왔던 예비절충 회의를 제6차 회담의 본회의 체제로 전환하기를 희망하였다. 그러나 일본 측은 청구권 문제(OA 지불 기간, 정부 차관 상환기간, 명목 문제 등)뿐만 아니라 어업 등 제 현안 문제에서 양국 간 입장 차가 여전히 크므로 이를 조절하기 위해서는 수석대표 간 예비절충 회의를 당분간 계속할 필요가 있다고 고집하였다. 결국 일본 측의 뜻에 따라 예비절충 회의가 계속 열리게 되었다.

제 6차 한일 회담

제 2차 정치 회담 예비절충

제 25차 회의 회의록

1. 일시: 1963. 2. 1. 15:00-16:20시

2. 장소: 일본 외무성 회의실

3. 참석자: 한국측: 배 의환 대사

최 영택 참사관

박 상두 2등 서기관

일본측: 스기 수석 대표

우시로구 아세아 국장

야나기야 외무 사무관

4. 회의 내용:

스기: 앞으로의 회의 진행 방법에 관하여 오늘 회의에서 한국측이 의견을 제시하도록되어 있는데 ?

배 대사: 다음과 같이 결정했으면 좋겠다. 즉, (1) 현 예비 교섭을 본 회담으로 전환하자는 한국측 제안에 관하여, 한일 양측은 제 6차 본 회담을 가급적 조속한 시일 내에 재개하기로 합의하고, (2) 이와 같은 본 회담이 열릴 때 까지는 제 현안 문제에 관한 각 관계자회의를 포함한 예비 교섭을 계속 진행하기로 하자.

스기: 당분간 종전과 같이 예비 절충을 계속하고, 적당한 시기에 본 회담으로 넘어가자는것인가?

배 대사: 그렇다

소기: 지금 까지 쌍방에서 제시한 문서를 검토해보니 아직 제 현안 문제에 있어 아직 의견의 차가 적지 않다. 그래서 이러한 원칙 문제에 관한 의견 차이를 배-소기 회담에서 좀 더 조절하는것이 좋지 않을가 생각한다.

배 대사: 전문가의 회의는 열지 않겠다는 말인가?

우시로구: 종래 개최하여 오던 법적 지위 관계와 어업 관계 회합은 계속 개최하는것이 좋다고 생각하나, 새로 열게 될 일반 청구권, 선박, 문화재등의 문제는 원칙이 아직 해결되지 않고 있으므로 전문가의 회합을 가져도 구체적인 진첩을 기대할수 없다고 생각한다.

배 대사: 배-소기 회담에서 먼저 원칙을 해결하는것도 한 방법이기는 하겠으나, 정책적인것은 배-소기 회담에서 토의하는 일방, 각 현안 문제의 관계 회의도 동시에 개최하여 그곳에서는 전문적인 세목 규정을 검토케하는 병행 방법을 취하는것이 회담을 촉진하는 가장 좋은 방법일것으로 본다.

우시로구: 법적 지위나 어업 처럼 토의가 가능한것은 토의를 계속 하는것이 좋겠지만, 일반 청구권, 문화재등은 회의가 진첩이 안될것이다. 즉, 일반 청구권에 있어서는 OA 문제와 정부 차관의 상환 기간 문제가 먼저 해결되어야 할것이고, 문화재에 있어서는 국유문화재 만이나, 국유 사유 전부 나 하는것이 먼저 결정되어야 전문가 회합을 할수 있을것이다.

그리고, 전번에 일본측이, 일측안을 제시하면서, 동안은 Package deal 이라는점을 강조한바 있는데, 동 일측안에 대한 한국측의 대안을 보니 이점은 전혀 무시한 느낌이었다.

배 대사: Package deal 이라는것은 무슨 의미인가?

우시로구: 어업이나 독도는 별 문제로 하더라도, 일반 청구권, 선박, 문화재를 포함한 청구권 문제는 한데 묶어서 생각해달라는것이다.

배 대사: 앞서 귀측은 OA문제에 언급한바 있는데, 김-오히라 회담에서 OA 는 무상에 포함한다고 합의하였으므로, 무상을 10년간에 제공한다면 OA 도 10년간에 상쇄되는것이 당연한 일인데도 불구하고, OA 는 3년간에 상쇄하라는 제안을 해 놓고, Package deal 이니 그대로 동의하라고 주장하면 곤란한 일이다.

우시로구: 김-오히라 회담에서 포함한다고는 했으나, 10년에 갚을지 3년에 갚을지는 정하지 않했다. 이와 같이 10년이나 3년이나 하는 원칙문제가 해결되지 않은 현 단계에 전문가 회합을 가져도, 그곳에서 이런 문제가 해결되기를 바랄수는 없을것이니, 이런 문제를 배-소기 레벨에서 더 토의하자는것이 일본측 희망이다.

최 참사관: 앞으로의 회담 진행 방법에 관한 이야기를 하다가 예로 OA문제를 들어 이야기가 옆길로 가게된것 같은데, 먼저 회담 방식을 정하기로 하자

지금 7가지의 회의 진행의 경위를 보면, 종래 배-스기 회담만을 하다가 작년 가을에 법적 지위와 어업 관계 회합을 갖게되었으며, 년말에는 문화재 관계 회의도 갖기로 쌍방이 합의하였던것이다. 그리고, 작년 년말 및 금년 초에 일본측이 청구권 관계 회합도 갖자는 제안을 하여, 한국측이 이에 동의함으로서, 앞으로는청구권 관계 회의도 갖게 되었다. 그 후 한국측이 본//회/ 예비 절충을 본회담의 체제로 전환하자는 제안을 하였고, 일본측은 예비 절충은 당분간 더 계속하자는 대안을 내게 되어, 오늘 조속한 시일 내에 본 회담으로 전환하기로 하되, 그 때 7가지는 예비 절충을 계속하기로 합의한것이다. 따라서 계속되는 예비 절충에서는 법적 지위, 어업은 물론, 청구권, 문화재등도 당연히 관계 회합을 가져야할것인데도 불구하고, 이제 와서 일본측이, 청구권과 문화재 회의 개최를 피할려는것은 이해할수 없다. 이런 태도는 회담의 분위기를 악화시키는 결과가 되지 않을가 하여 우려되는바다.

우시로구: 청구권 관계 회합은 갖지 말자는것이 아니라, 정책적인 것은 토의해도 진전을 볼수 없을것이라는것이다. 정책적인것이 아니고 신용장의 개설 문제라던지, 기타 수속 문제에 관한 토의를 하는것이라면 청구권 관계 회합을 가져도 좋다.

그런데, 문화재 문제는 국유 만이냐 국유와 사유냐 하는것이 먼저 결정되지 않고는 곤란하다.

배대사: 종전에 한국측이 목록을 제시한바 있으므로, 그 목록 중 일측이 내 놓을수 있는 문화재의 목록을 만들어 제시해주면 좋겠다.

이때하여, 양측 전문가가 상방의 목록을 토대로 토의를 해나가는 중에 합의점을 발견하게 될것으로 본다.

우시로구: 문화재 문제는 상방의 근본 주장이 다르기 때문에 일본 국내적으로도 전문가 회의 개최 문제에 관하여 일치 의견이 통일되지 않았다. 그리고 문화재 회의 개최 문제는 우선 보류하라는것이 대신의 훈령이므로, 오늘 이 문제를 결정할 수는 없다.

최 참사관: 전문간의 솔직한 의견 교환이 회의를 촉진시키는 결과가 될것으로 생각한다. 배-소기 회담에서 상호 문서만 교환해서는 오히려 접근이 더 어려울것이다.

소기: 사유 문화재에 관하여는 상방이 의견이 다르니 우선 보류하고, 국유 문화재에 관한 토의를 하도록 하는것이 어떤가?

배대사: 그 문제는 본국에 청훈해본 후에 회답하겠는바, 문화인이란 국경이 없다. 그들은 자발적으로 사유물을 반환하겠다고 말하는이도 있다.

소기: 자발적 반환는 이곳에서 문제할바 없다.

우시로구: 그러면, 우선 법적 지위와 어업에 관하여는 곧 회의를 시작하기로 하고, 청구권에 관하여는 세목 규정에 관한 검토를 한다는 전제에서 관계 회합을 갖기로 하자. 사실 청구권 문제는 OA, ● 정부 차관의 상환

기간 및 선박의 세 문제만 해결되면 지금이라도 협정문 초안을 시작할수 있다.

배 대사: OA는 앞에서 말한바와 같이 무상에 포함한다고 했으니 당연히 (3억 - 0.45억) ÷ 10년 = 2.55억이 되어야하며, 정부 차관의 상환 기관은 쌍방의 관습의 차로 해석을 달리하고 있는 문제이고, 선박은 김-오히라 회담 시까지는 완전히 별개문제로서 취급된것이다. 이런것을 지금 와서 *package deal* 운운하면 부당한 일이다.

우시로꾸: 당초 일본측은 청구권으로 7천만불을 지불할려던것을 무상 3억, 유상 2억을 지불키로 했으니, 선박 문제는 그 속에 포함 해결하자는 일측 제안이 무리한것은 아니다.

최 참사관: 한국측으로서는 김-오히라 회담의 양해 라인대로 타결할것을 희망하고 있으나, 일측이 지금 바로 그대로 합의할것을 요구하지는 않는다. 김-오히라 합의 라인은 쌍방이 상부의 승인을 얻도록 노력하겠다는 라인이고, 그대로 실시하겠다는 라인이 아니였음도 알고 있다. 즉, 일본측이 수상의 승인을 받는데 있어서 김-오히라 라인을 약간 수정한바 있으나, 일본측으로서는, 국회 심의등 최근의 실정으로 보아, 당장 김-오히라 라인대로 수상의 재 승인을 받을수는 없을것이고, 또 한국측으로서도 최근의 국내 사정으로 보아 김-오히라 라인을 수정하는 양보는 할수 없을것이므로, 지금 원칙 문제를 먼저 결정하기는 어려울것으로 본다. 그러나, 피차 한일 회담을 타결하려는 방침에는 변함이 없으

2. WJ-0257, 제26차 회의에 대한 본부 훈령, 1963. 2. 7

한국 외교문서 738, 제6차 한일회담 제2차 정치회담 예비절충-본회의, 제1-65차, 1962. 8. 21- 64. 2. 6, 전5권, V.3, 22-32차, 1963. 1. 11-3. 28

예비절충 회의의 지속 여부와 관련하여 외무부 본부가 대표단에 보낸 훈령이 담긴 문서(전보)다.

외무부는 문화재와 선박 문제를 다루는 위원회의 조속 개최를 일본 측에 요구하라고 지시하였다.

대한민국 외무부

번호: 외정북722
일시: WJ-0257 071000

수신인: 주일대사

1. 2월 7일에 있을 예비교섭 제26차 회의에 관하여 아래와 같이 훈령함.

가. 문화재 관계 회합의 회의 일정을 정하여 조속히 토의를 개시할것을 일측에 촉구할것이며, 토의를 국유분에만 한정할수 없다는 입장을 취하시압. 단, 귀하의 판단으로 토의 순서를 국유분 부터 시작하는 것이 불가피하다고 생각될때에는 국유분 부터 토의토록 하되, 이의 결정은 문화재 관계회합에서 내리도록 하시압.

나. 선박관계 회합의 개최를 제의하시압.

2. 위상의 훈령은 특히 아래와 같은 점을 고려한 결과임을 참고로 첨언함.

가. 일측은 제25차 회의에서 적어도 청구권, 선박 및 문화재는 package deal 이라는 입장을 되풀이하는 발언을 하였는바, 김-오히라 회담에서 청구권이 결정되었을 때에 package deal 까지 결정된 것도 아님에도 불구하고 지금에 와서 package deal 이라 함은 일방적인 것이므로, 이에 대항하기 위하여 문화재 및 선박에 관하여도 토의를 할 필요가 있다.

대한민국 외무부

번호:
일시:

수신인:

나. 일측은 package deal 이라하여 문화재 및 선박 문제에 있어서 실질적인 양보를 아측에 요구하고 있는바, 현단계에 있어서 아측이 실질적인 양보를 할수 있는 입장은 아니므로, 종전의 입장을 유지할 필요가 있다.

다. 일측은 최근에 아측 국내 정세를 빙자하여 회담 "스케쥴"이 늦어진다고 PR 하여, 회담 지연의 원인이 한국측에 있다는 인상을 내외에 주고 있는바, 아측으로서는 회담 진행에 관하여 적극적이라는 점을 보이므로서 오히려 일측에 책임이 있다는 인상을 주고 유리한 입장을 확보하여야 한다.

라. 일측은 아측의 본회담 전환 제의를 거절하였는바, 모든 관계자 회의를 개최하므로서 언제던지 본회담으로 전환 할수 있는 태세가 갖추어 지도록 한다. '64. 6. 30.

3. 선박 관계 회합 개최 제의에 대하여 일측은 법율론 이외에는 토의할 것이 없다고 말하고 아측 제의에 불응할 것이 예상되는바, 이에 대하여는 한국측으로서는 관계자 회합을 통하여서라도 해결의 방도를 모색해 보자는 성의에서 제의하는 것이라고 설명하시압. (동북)

장 관

3. JW-07453, 제1차 한일 외상회담 결과 보고, 1963. 7. 26

한국 외교문서 748, 제6차 한일회담 제2차 정치회담(김용식-오히라 외상회담) 도쿄, 1963. 7. 25-31

1963년 7월 26일 개최된 제2차 정치회담(김용식-오히라 외상회담) 제1차 회의 결과 보고 문서(전문)다.

주로 어업 문제에 관한 토의가 이루어졌다.

대한민국 외무부

번 호 : JW-07453

일 시 : 281100

수 신 인 : 외무부장관 귀하

한일외상회담 일시 63. 7. 26 15:00-17:30 시, 장소 일본외무성 대신응접실.

참석자 아측 : 장관, 최대사, 배대사, 정무국장.

일측 : 오히라외상, 시마차관, 우시로구아세아국장.

김장관은 인사에이어 구미제국방문중 그들지도자층 사람들과 접촉할기회를 가졌는데 그들이 한일관계에관심이 깊더라고말하고 년내타결을 목표로 8 월중에 요강에 합의를 보게하고/~~[illegible]~~ 각현안문제해결에 피치를 올리도록하자고 말하였음. 오히라외상은 청구권문제가 가장큰 고비였으며 제 2 의고비가 어업문제이나 일본측의 안전조업과 한국측의 최대한의 어업이익확보를/ 라는 2 가지점을 만족시키는 방정식의발견이 반듯이 어려운문제는 아닌것같다고말하였음. 김장관은 한일어업 실세의 차이라는 GAP 을 메꾸기위하여 일측이 한국에대한 어업협력에 성의를 보여주어야 한다고말하고 청구권조 이외의 차관 절실히요망됨을 강조하였음. 오히라외상은 일본 MAKER 들과 한국어업조합 또는 관계상사간의 상업적 채산이 맞는 푸로젝트에의하여 얼마든지 차관을하게될것이니 수은법에의한 차관은 실링을 정하지말자고말함.

김장관은 별도의 어업차관이 필요함을 재강조하고 이러한 차관은 실제로 이용하게될른지의 여하는 별문제로하고라도 그러한 루트를 열어놓는것이좋다고말하고 어업차관용을 EARMARK 를하는방식을 언급하였던바 일본측은 이에 난색을 표명하며 좋은 푸로젝트에대하여는 CASE BY CASE 로 취급하는것이 좋을것이라고 말한후 그러나 한국측

제의는 잘연구하여보겠다고 약속하였음. 최대사는 어업협력의 필요성에관하여 설명하고 성의있는 고려를 요청하였음. 김장관은 일본측에대한 어선금수조치 및 해산물 수입제한조치철폐를 요구하였던바 일본측은 어업협정이 체결되게되면 행정적 조치로서 해결될수있는문제라고 말함. 김장관은 40 마일 어업전관수역에대하여는 일본측이 협력안에대한 성의를 표시하면 신축성있는태도로 임하겠다고 이야기함. 이어 직선기선방식을 적용하여야함을 주장하였음. 일본측은 기선은 저조선을 원칙으로하되 서남해연안에는 직선기선방식을 적 용함에 이의가없으나 제주도를 기선내에 포함시키는 방식은 수락할수없으니 제주도의 취급에관하여 재고하기를 바란다고 말함. 전관수역외에서의 어업규제에대하여는 ENFORCIBILITY 와 EQUALITY 의 2 개원측에 합치하는 규제에응할 용의가있다. 구체적으로는 어선의톤수, 어망의 눈의크기, 집어등 광력등에제한을 가할용의가있으며 트롤 및 기선저어망 금지선은 이를 존중하겠다고말함. 김장관이 한국수역에서의 어업규제는 이를 한국측에마껴 줄것을 제의하였던바 일본측은 규제의 조치로서 자주적규제방식 (SELF-RESTRAINT) 를 제의하였었으나 한국측에반대함으로 이를 철회하였다고말하고 자원조사의결과 과학적근거가있을경우에는 실시가능한 규제조치를 JOINT CONTROL 로 받어드릴것이라고말함. 최대사가 1958 년 4 월 26 일 제네바해양법회의에서 채택된 연안국의 특수권의 존중에관한 결의를들어 이러한 정신을 살릴것을 주장하였던바 일본측은 그러한 정신은 1960 년에 12 마일 전관수역을 제정한 사실에 반영되었다고 본다고 말하였음. 이에대하여 최대사는 그렇지않다는점을 지적 반박하였음. 일본측은 12 마일 전관수역외측에 어떠한 어업규제 수역이나 선을 획정하는것에는 웅하기 어렵다고말하였음. 김장관은 중공어선이 평화선내에까지는 침입하지않았면 사실을 들어 일본과의 어업협정 체결후에라도 중공선을 막기위한 조처가 필요함을 설명한후 금차 외상회담에서 어업[illegible] 군 제의원칙적합의에 도달할것을 바랐던바이나 그간의 그간의 실무자간회담이 이야기하였던것같이는 진첩이없어 아직 고나의견조정을하여야할 문제가많으니 다음회담시까지에 실무자들간에 회합을하게하여 좀더의견을 접근시켜놓필요성을 설명한바 일본측도 이에동의하여 27 일과 29 일에 각각 전무가들로하여금 회합토록하였음. 최대사는 한국측 직선기선획정에있어 일본측이 사전협의 (PRIOR CONSULTATION) 을하고있는 실정에비추어 장차 일본측기선확정 (현재로는 권리만 유보) 시에는 상호주의원직에따라 한국측이 사전협의에응할권리를 유보함을 지적하였던바 일측은 이에이의가없었음. 김장관은 청구권문제중 OA 상환 문제 및 해외경제협력기금착관의 상환기간문제에대하여 OA 는 3 년에 변제하되 한국측 외화사정에비추어 무성조에서 당겨서 해결하도록하자고 말하였던바 오히라외상은 김 - 오히라 메모에 (일본재정사정에따라 당길수있다) 라는 양해가있으나 (한국재정사정에따라) 라는점은 없다. 그러나 이점은 어업문제미해결을 이유로반대중인 대장성을 어업문제가 해결되면 설득시키도록 노력하여보겠으니 그때까지 PENDING 으로 남기자고말함. 차회 회담시까지 어업전문가간에 회합을갖게하기로 동의하고 신문발표문안을 작성 합의후 산회함. (주일정)

주일대사

1966.12.31.에 예고문에 의거 일반문서로 재분류됨

예고: 일반문서로 재분류 ((66.12.31)

4. 한일 외상회담 제2차 회의, 1963. 7. 30

한국 외교문서 748, 제6차 한일회담 제2차 정치회담(김용식-오히라 외상회담) 도쿄, 1963. 7. 25-31

1963년 7월 30일 개최된 제2차 정치회담(김용식-오히라 외상회담) 회의록이다.

제1차 회의와 마찬가지로 어업 문제를 중심으로 토의가 진행되었다.

한일외상회담
(제 2차 회의)

1. 일 시 : 63. 7. 30. 14:00 ~16:30

2. 장 소 : 일본 외무성

3. 참석자 :

한국측 : 김 장관, 최 대사, 배 대사, 정무국장

일 측 : 오히라 외상, 시마 차관, 우시로꾸 국장

4. 내 용 :

오히라 외상은, 한일 어업문제 해결을 위하여 한국측에 어업협력을 해야한다는 주장을 신중히 검토하였다고 말하고, 일측 으로서는 3억, 2억, 1억의 테두리 안에서 해야한다는 입장이었으나 김 장관의 설명에 의하여, 그 테두리 이외에 별도의 어업협력이 필요하다는 점을 인정하여, 그간 난색을 표명하여 오던 대장성측과 협의하여 한국측에 상당한 액수의 (Sizable amount) 차관을 제공하기로 하였다고 말하였음.

그 조건에 관하여는 수출입은행 기금에 의한 (수은 이자는 4%이고, 전체액의 80%가 되며 잔여 20%는 시은에서 차관되고 시은이자는 8—9% 이다, 이를 평균하면 5—5.5% 정도가 될것이다) 차관의 경우와 같이 일율적인 조건을 결정할수는 없으나, 가장 유리한 차관으로, 할수 있는것이라고 말하였음.

이러한 차관은 청구권문제 해결을 위한 1억 이상의 차관보다 우대된 차관임으로, 대장성 측에서는 그 상환에 대한 보장을 요구하고 있다고 말하였음.

김 장관은, 어업차관이 일반 청구권지불에 의한것 과는 별도의 루-트에 의한것이어야 한다는 점과 이러한 목적을 위하여, 사용되는 것으로 earmalK 를 하여주어야 할것이며 또한 그조건은 유리한 장기저리차관 이어야 될것이며 이렇게 되도록 일본정부가 지도 한다는 등의 특별한 고려가 필요함을 지적 하였음.

오히라 외상은 일본의 년간 외화사용 총액중에서 동남아 제국에 대한 배상 및 GARIOA, ERDA 등에 관한 지불계획에 따라, 가장 여유있는 한도내에서 상당액을 한국의 어업 근대화 및 강화를 위하여 활애해줄 용의가 있다고 말하고, 이에대한 상환에 대한 담보가 요망된다고 말하였음. 일본이 동남아 제국에 대한 배상지불이외에 차관을 제공하고 있는바, 이에대한 상환의 보장으로서 배상금을 담보로 삼고있는 예를 들어 한국의 경우 에도 배상은 아니나, 청구권의 무상조가 있으니 이를 담보로 하는것이 어떤가 라고 의향을 문의 하였음.

김 장관은 이러한 청구권 무상조를 담보로 한다는것은 어려운 일이라고 말하고, 어업협력에 의한 차관은 그대부분이 어선건조에 충당될것이며, 따라서, 이러한 어선을 운용하여 어획물을 일본에 수출하는 대금으로 상환할수 있는 것이므로, 청구권 무상조

를 담보로 할수는 없다고 답하였음. 일측은 담보라는
어구를 피할수 있으나, 도의적 으로 라도 연관이 있는 것으로 고려
했으면 좋겠다고 말한데 대하여 김 장관은 이를 받어도
말하였음.

오히라 외상은 전관수역 외측해역에 있어서의 어업규제에
있어서는, 일측으로 서는 한국어업과 일본어업과의 실세력의
차이를 고려하여 한국어업에 압박을 안주도록 규제조치를 취
할것에 동의할 용의가 있음을 밝히고 일측으로서는 자주적
제한 (국내조처에 의한 자주적 조치)을 가할것을 제의 하였으나
한국측에서 이에 반대하였으므로, 톤수, 집어등의 광력, 망목
의 크기,에 제한을 가하는데 동의할 용의가 있으며, 총독부시대
설정된 트롤 어업 및 기선제인망 어업 금지선은 이를 존중할
용의가 있다고 말하였음.

이에 대하여 한국측이 이상의 제한조처만 으로서는 불충분
하므로, 총어선수, 총어획량, 및 어기 등에 제한을 가하여야
할것이라고 주장 하였으며, 어획량의 제한에 있어서도 소련과
일본이 합의를본 선례가 있음을 지적하였음.

오히라 외상은, 총어선수에 제한을 가하는 문제에 관하여는
연구하여 보겠다고 말하고(우시로꾸 국장에게 수산청과 협의

하여 이문제를 연구하라고 지시 하였음)

출어회수의 수량제한 문제는, 아이디아로서는 좋은것이나, 실제에 있어 출어회수중 일정수역내에서 어획한 분을 타어획분과 분간 확인하는 방법이 없으므로 실행 가능성이 희박하다고 말하고, 일측으로서는 Enforciability 와 Equality 두가지 원측만 합치된다면 연구할 용의가 있다고 말하였음.

그는 전관수역에 관한 국제공리와 한국어민의 생존권 보호라는 두가지 목표를 동시에 충족시키는 합리적인 해결방안이 반듯이 가능하다고 생각하는 바이며, 이를 위하여 한일양국대표들이 공동작업을 하면은 반듯이 해결될 문제라고 생각한다고 말하였음.

일측은 어떠한 문제가 국제법의 공리가 되어있는 12 마일 전관수역 원측을 기초로 해결되어야 할문제라고 본다고 말하고, 한국과 일본의 명예를 위하여도 12 마일 전관수역 문제를 흥정의 대상으로 삼는일이 없어야 할것이라고 말하였음.

12 마일 전관수역 문제에 있어서는 이에 관한 합의 사실에 관하여는, 한국측의 입장으로 보아 그의 발표가 국내여론 대책상 좋지 않는 경우에는 그내용을 비밀에 부치는 것에는 일측이 이의가 없다고 말하고, 이러한 원측이 가정상으로라도 전제가 되어야 그외측에 있어서의 규제내용 및 그를 전제로한 한국에 대한

어업 협력문제에 대한 구체적인 이야기를 진전시킬수가 있을것 이라고 말하였음.

한국측은, 일본의 대형, 중형 어업에 대하여는 주무대신 및 현지사의 허가사무로 되어 있으나 소형어업에 대하여는, 일본 관헌의 허가 또는 인가 사항에 속하지 않으므로 일본으로서는 현상태하로는 제한 또는 규제하기가 어려운 현실인바, 한국 어민이 가장 두려워하는것은 이러한 소형어선이 대거 한국연안에 떼를 지어 집단적으로 어로에 종사하여 어업자원의 고갈을 초래하여 그결과로 영세한 한국 어민의 생계를 박탈하게 될것을 우려하고 있다고 말하고 이와 같은 사태가 발생하지 않는다는 보장이 없이는 어업문제 해결이 어렵다고 말하였음.

오히라 외상은 합리적인 해결방안을 찾기 위하여 어업전문가들로 하여금 작업을 계속시키자고 말하여 이에 한국측은 동의 하였음.

법적지위 및 선박문제에 대한 간단한 언급이 있었으나 실질적인 문제에 관한 의견교환은 없었음.

이어 (신문 발표 문안에 관하여 협의하고) 일측에서 예비절충 회담석상에서 언급한 바있는 대사급 이상의 어업 대표 파견 문제에 관하여 언급하였으나 결론 없었음. 폐회 하였음.

5. JW-02122, **청구권 관계 회합 보고**, 1963. 2. 8

한국 외교문서 747, 제6차 한일회담 제2차 정치회담 예비절충-청구권 관계 회의, 1963

1963년 2월 8일 개최된 예비절충 청구권 관련 회의 결과 보고서(전문)다.

일본 측은 자국 관계 부처(대장성, 통산성, 경제기획청 등)가 참석하지 않은 이날 회의를 비공식회의로 해달라고 요청, 한국이 이에 동의하였다.

대한민국 외무부

번 호: JW-02122

일 시: 081721

63. 2/8

외무부 장관 귀하

수 신 인:

청구권관계 회합보고.

1. 금 8일 오후 3시부터 약 1시간 10분간 가유가이간 에서 표기회의를 개최하였는바 아측으로부터 이상덕 대표 및 관계전문위원, 일측으로부터 외무성 아세아국 우라베 참사관 및 동북아과 사무관 3명이 참석함.

2. 일측은 청구권문제에 관하여아직 정부측과의 상환기간 청산계정의 처리문제등 원측적인 문제에 합의를 보지못하고 있는바 이러한문제를 제쳐놓고 다른 세목을 토의하는것은 무의미한일이라는 의견이 강하여 아직 관계각성 (대장성, 통상성, 경제기획청 등)과 의견의 조정을 끝내지못하고있으므로 배주중에나 이들을 참석시킨 공식회의를 열수있겠다고하여 이번회의는 비공식회의로하여 줄것을 요망하여 그대로 합의하였음.

3. 금후 회의진행방법에 대한 아측문의에대하여 일측은 우라베 개인의견이라하면서 무상, 유상의 두문제중 우선 무상공여분 부터 토의하여 기구 (배상사절단에준한것) 공여방법, PROJECT 의 책정, 결재등 일단 무상공여분을 FINALIZE 한다음에 유상을 토의하는것이 능률적이아니겠는가 는 의사를 표시하고 또 무상분은 전례가 많으므로 어려운문제가 없을것으로 생각되나 유상분은 경제협력기금에 거액의 차관을 공여한 전례가 없는만큼 여러문제가 제기될가능성이 있음을 시사하였음. 이문제에 관하여서는 상호연구하여 다음공식회의에서 토의키로함.

4. 선문발표는 : 비공식으로 회합하여 금후 회의진행방법에 관하여 의견을 교환하였다: 로 하여주기로하였음.

주 일 대 사

66.12.31

예고 : (~~한일회담 종료시~~) 일반문서로 재분류

6. 제6차 한일회담 예비절충 제1차 청구권 관계 회의 회의록, 1963. 2. 13

한국 외교문서 747, 제6차 한일회담 제2차 정치회담 예비절충-청구권 관계 회의, 1963

1963년 2월 13일 개최된 예비절충 청구권 관계 제1차 회의 회의록이다. 이 청구권 관계 회의는 4월 9일 제9차까지 진행되었다.

회의 목적, 의제 및 진행 방식 등에 관한 토의가 이루어진 이날 회의에서, 한국 측은 청구권 문제의 해결을 위한 절차를 토의한다는 전제하에 회의를 진행하기를 원하였다. 그러나 일본 측은 한일 양국 간에 국교 정상화가 이루어진 이후 진행될 무상, 유상의 경제협력을 원활히 진행하기 위하여 양측에서 알고 있어야 할 제반 사정에 관해 정보와 견해를 교환하자면서, 특히 한국의 경제개발계획, 외자 도입, 관계 법규, 무역 상황 등에 관한 정보를 제공해 줄 것을 희망하였다. 회의 명칭과 관련해서도 일본 측은 '경제협력 관계 전문가 회의'로 하기를 원하였고, 한국은 청구권이라는 단어를 반드시 사용하여야 하며 일본 측 희망 명칭은 수용할 수 없다고 하여 대립하였다.

제 6 차 한일회담 예비절충
제 1 차 청구권관계회의 회의록

1. 일시 : 1963. 2. 13. 오전 11:00 — 12:00

2. 장소 : 일본 외무성

3. 참석자 : 한국측 : 이상덕 대표

박승순 전문위원

김학소 "

최광수 "

일본측 : 스즈루미 일본 외무성 경제협력국 참사관

사와기 동 경제협력과장

이또 동 아세아 과장

우라베 동 아세아국 참사관

야나기야 동 북동아과 과장보좌

가이보리 대장성 이재국 외채과장

야마사기 동 위체국 투자제 1 과 사무관

구로베 경제기획청 경제협력국 경제협력과장

가다야마 경제협력부 자본협력과장 (통산성)

유기 해외경제협력기금 총무부장

가나이 수출입 은행 총무부장

4. 토의내용 :

— 2 —

쓰루미 : 한일양국간의 국교정상화에 따른 무상, 유상의 경제협력에 관하여 그 대강은 고위층에서 결정할것으로 생각되며 따라서 본회의의 권한외에 있으므로 본회의에서는 동 경제협력을 원활히 진행하기 위하여 우선 양측에서 알고있어야할 제반사정에 관해 정보와 견해를 교환하는것이 좋을것으로 생각한다. 특히 일측으로서는 한국의 경제개발 계획, 외자도입, 무역등에 관한 제반상황을 알고자하는바, 본회의에서 이에관한 솔직한 정보의 교환이 있기를 바란다.

이상덕 : 청구권 문제중 아직해결되지않은 원측문제는 현재 진행중인 예비절충에서 결정이 되리라고 생각한다. 한국측으로서는 본 회의에서 청구권문제의 해결을 위한 절차를 토의한다는 전제하에 본회의를 진행시키기를 바라며, 양측 실정에 관한 솔직한 정보를 교환하자는데는 동감이다.

사와기 : 먼저 일측의 경제협력관계의 기구 조직을 설명하겠다.

외무성	아세아국	동북아과
	경협국	경제협력과, 정책과, 기술제 1 과, 동 2 과
대장성	위체국	투자 1 과, 동 2 과
통산성	경제협력부	정책과, 자본협력과, 기술협력과
기금	(경기청 감독하에 있음)	
은행	(대장성 감독하에 있음)	

이상의 각기관이 외국과의 경제협력에 있어 관련을 가지는 기관으로서 대강에 대하여는 이 기관들이 합의하여 결정을 내리게 되여있는바, 한가지 첨언할것은 기금이나 은행이 정부 감독하에 있으면운영원측에 관하여서는 정부의 동의를 얻어야하나 실제운영에 관하여서는 정부가 명령할 권한은 없다.

다음 일본측이 알고자하는 한국의 경제사정은 주로 5 개년계획의 내용 및 운영상황, 외자도입현황과 계획, 관계법규, 무역상황 등이다. (동 상세는 이상덕 대표 개인의

기억을 위한 메모라는 형식하에 아측에 수교하여주도록 하였음. (동 사본 별첨)

이상덕 : 많은 문제가 제기되었는바, 이에대하여서는 순서에 따라 정보의 교환이 있을것으로 생각된다. 한가지 말하여 둘것은 한국측은 기금 이나 은행 베이스의 차관도 정부 차관이라는 전제하에 토의코저하는것이니 이점 양해하여달라. 다음 본 회의의 운영에 관하여서는 회의의 순서로서 우선 무상분에 관하여 토의를 하고 그후에 유상분에 관한 토의를 시작하는것이 능율적이라고 생각하는데 어떤가.

우라베 : 동감이다. 자기의 생각으로는 여기 참석한 한국측 위원이외에도 예컨데 상공부 라던가 재무부등에서 추가로 위원이 파견되어 일측이 질의한 사항에 대하여 회답하여줄것으로 생각하므로 이에대한 스케줄도 정하여졌으면 한다.

이상덕 : 그러면 무상분부터 토의한다는 전제하에 일본과 동남아 관계국간의 배상협정의 규정중 일본정부에 의한 계약안의 인준 의 기준문제, 사절단 문제, 중재, 공동 위원회의 운영 및 기금과 수은의 운영 상황등에 관하여 설명하여주었으면한다.

쓰루미 : 알겠다. 그러면 다음 회의에서는 한국측으로부터 5 개년 계획에 관한 설명 및 경제협력관계의 한국측 기구의 설명과 일측으로부터 오늘 문의하신 사항에 관하여 설명을 하겠다. 다음 회의는 래주 화요일 (19 일) 에 개최함이 어떤가.

이상덕 : 좋다.

쓰루미 : 신문발표에 관하여서는 대표단의 소개와 회의진행방법에 관한 토의가 있었다는것으로 하면좋을것으로 생각하나, 신문기자의 추궁이 있을 경우 본회의의 명칭을 대주어야할것인바 일측으로서는 경제협력관계전문가 회의라고 하겠고 청구권 운운은 국내형편상 쓰기가 어렵다. 한국측에서 적당히 발표하는것은 개의치 않겠다.

이상덕 : 우리로서는 청구권 해결을 위한 경제협력이므로 청구권이라는 어구를 반드시 사용하여야하며 경제협력관계 전문가회의라는 명칭은 쓸수 없다. 이문제는 고위층 결정에 마끼도록하자. 신문발표는 그 내용대로해도 좋다. 끝

번역

일본 측 질문사항

1963. 2. 15, 한국 측에 제출

1. 5개년 계획에 관한 상세

(1) 계획 전반에 관한 일반적 설명

특히

목표(GNP 및 각 산업별 생산 성장률) 설정의 이론적 근거 및 목표 달성을 위한 소요 투자액(내자, 외자) 산출의 기초

목표 달성을 위해 특히 중점적으로 채택한 정책(Key industry 어프로치)의 이론적 근거

(2) 재원 조달 계획의 상세 및 현상

계획에 예정되어 있는 자금 조달 계획과의 관련에서 수출·수입 및 미국 등 외국 원조의 실적 및 전망. 차관과 통상 무역의 관계

(3) 각 산업 분야에서 제 프로젝트의 진척 상황 및 이들 제 프로젝트 간의 상호관계(제 프로젝트의 실시의 시간적 단계에서 상호관계는 어느 정도 고려되었는가)

(4) 계획의 문제점

(예를 들면 계획과 구체적인 진척 상황 간에 차이가 나는 점, 이것에 따라 무엇인가 개정이 고려되고 있는 점 등에 관해 기탄 없는 설명)

2. 외자 도입 관계법 체계의 상세

(상황 기한 3년 이상의 차관은 국교 미 회복국으로부터 명목상 받을 수 없는 것으로 되어 있는데 국교 회복 전에 민간 베이스의 경제협력을 진행할 경우 어떠한 조치가 가능한가)

3. 수출입 무역 관계 법체계의 상세

4. 제 외국의 무상 및 유상원조의 도입 방법 및 도입 기관, 용도(특히 이 두 가지를 어

떠한 상호보완관계에서 사용하고 있는가), 특히 미국 원조에 기초한 현지 통화(반환자금) 송출 절차의 상세

5. 행정, 금융 기구의 상세, 은행 절차, 정부 기관에 의한 인허가와의 관계

6. 주요 기업의 운영 주체(예를 들면 전력이나 수도 등의 개발 운영에는 누가 참여하나, 또한 공공부문과 민간부문은 어떠한 기준으로 정하는가)

日本側質問事項

1. 5カ年計画に関する詳細

(イ) 計画全般についての一般的説明

特に

目標(GNP及び各産業別生産成長率)設定の理論的根拠及び目標達成のための所要投資額(内資、外資)算出の基礎。

目標達成のために特に重点的に採られた政策(Key industry アプローチ)の理論的根拠。

(ロ) 財源調達計画の詳細及び現状

計画に予定されている資金調達計画との関連において、輸出収入及び米国等外国援助の実績並びに見通し。借款と通常貿易の関係。

(ハ) 各産業分野における諸プロジェクトの進捗状況及びこれら諸プロジェクト間の相互関係（諸プロジェクトの実施の time-phasing の上で、相互関係は、どのように考慮されているか。）

(ニ) 計画の問題点

（例えば計画と具体的な進捗状況の間に喰違いを生じている点、これに従い何らかの改訂が考慮されている点等についての忌憚のない説明）

2. 外資導入関係法体系の詳細

（償還期限3年以上の借款は、国交未回復国より受け入れ得ない建前とされているが、国交回復前に民間ベースの経済協力を進める場合には、いかなる措置が可能か）

3. 輸出入貿易関係法体系の詳細

4. 諸外国の無償及び有償援助の受入れ方法及び受入れ機関、使途（特に両者をどのような相互補完関係において使用しているか）。特に米国援助に基づく現地通貨（見返資金）造出手続の詳細

5. 行政、金融機構の詳細、Banking procedures, 政府機関による許認可との関係

6. 主要企業の運営主体（例えば電力や水道等の開発運営には誰が当るか、又、公共部門と民間部門は何を基準に定めるか）

7. 제27차 예비절충 회의 회의록, 1963. 2. 14

한국 외교문서 738, 제6차 한일회담 제2차 정치회담 예비절충-본회의, 제1-65차, 1962. 8. 21-64. 2. 6, 전5권, V.3, 22-32차, 1963. 1. 11-3. 28

1963년 2월 14일 개최된 제6차 한일회담 제2차 정치회담 예비절충 제27차 회의 회의록이다.

이날 회의에서 양측은 예비절충 청구권 관계 회의의 명칭과 관련하여 토의하였으나 합의에 이르지 못하였다. 결국 양측은 각자 원하는 명칭으로 이 회의를 부르게 된다.

제 6차 한일 회담
제 2차 정치회담 예비절충
제 27회 회의 회의록

1. 일시: 1963. 2. 14. 15:00-16:30시

2. 장소: 일본 외무성 회의실

3. 참석자: 한국측: 배 의환 대사

최 영택 참사관

박 상두 2등서기관

일본측: 스기 수석 대표

우시로꾸 외무성 아세아 국장

야나기야 외무 사무관

4. 회의 내용:

스기: 금일 조간에 한국의 정정에 관한 기사가 많이 났는데 이에 대하여 본국으로 부터 자세한 연락을 받은바 있는가? 일본은 한국에 대표부가 없기 때문에 정확한 정세를 알수 없다.

배 대사: 금일 조간의 신문 내용을 본국에 보고하였더니, 본국의 정세에는 전혀 변동이 없고, 한일 회담을 조기 타결할려는 방침에도 변함이 없으니, 이점을 일본측에 주지시키라는 훈령이 왔다.

스기: 그러면 동 신문 기사는 선거 전술로서 야당측이 퍼트린 낭설이라고 생각해도 좋은가?

배 대사: 그렇다.

우시로구 : 금일 조간 신문에, 일본 외무성은, 한국의 정치정세에 따라서는, 한일 회담의 일시 중단도 고려하고 있다고 보도된바 있으나, 이것은 전혀 사실이 아니다. 오늘 오전 중의원 예산 위원회에서 사회당 의원이, 한국 정세가 박 의장의 대통령 불출마설 까지 대두할 정도로 불 안정한 이때 한일 회담을 중지해야 한다는 긴급 질의를 하였는데, 이에 대하여, 이께다 수상은, 일본 정부로서는 신문 기사에 구애되지 않고 종전 방침대로 한일 회담 조기 타결을 추진하겠다고 답변하였는바, 이것이 바로 일본 정부의 방침이니 이점 양지하기 바란다.

배 대사: 잘 알겠다.

작일의 청구권 관계 회합에서, 일본측은, 동 회합의 명칭을 "경제 협력 관계 회합"으로 하자고 제의한바 있다는데, 과거 10년 동안이나 사용해오던 회의 명칭을 지금 와서 고친다는것은 부당하며, 또 이러한 문제로 한국의 국내 여론을 자극하는것은 좋지 못하다고 생각되니, 이러한 사소한 문제로 시간을 낭비하지 말고 종래의 명칭대로 하도록 하자.

우시로구 : 사소한 명칭 문제로 왈가 왈부할 필요가 없다고 생각한다. 한국측에서는 청구권 관계 회합이라고 총해도 무방 하다. 일본측은 "그 회합" 정도로 부르겠다.

최 참사관: 예비 절충도 제 6차 한일 회담의 테두리 안에서 행하여지는 회합이니 예비 절충의 전문가 회합의 명칭은 당연히 6차 한일 회담 각 위원회의 명칭과 동일 해야 할것이다. 작년에 법적 지위와 어업 관계 회합을 열 때에도 그러한 뜻에서 동 회합의 명칭을 "법적지위

관계 회합" 및 "어업 관계 회합"으로 통일하도록 합의한바 있다. 따라서 양측이 서로 다른 명칭을 사용한다는것은 우스운 일이다. 그리고 동 회합은 어디 까지나 한국 청구권의 해결을 위한 회합이니까 당연히 ~~당연히~~ 청구권 관계 회합이 될것이고, 동 회합에서 경제 협력에 관한 문제가 토의될수 있으나, 그것은 어디 까지나 청구권 해결의 방법의 하나로서 토의되는것이지 청구권을 떠나서 경제 협력 문제를 토의하는것은 아니다.

우시로구: 명칭 문제로 시간을 허비하는것 보다, 이 문제는 결정을 보류하고, 빨리 실질 문제의 토의를 시키는것이 좋지 않겠는가?

최 참사관: 한국측으로서는 어디까지나 청구권 해결을 위한 세목 규정을 토의하자는것이므로, 청구권을 떠나서 경제 협력 문제를 토의하자고 하면, 그러한 회합에는 참석하기 곤란할것이다.

우시로구: 처음, 일본측은, OA 및 정부 차관의 상환 기간등 청구권 문제의 원칙이 해결 되기 전에는 청구권 관계 회합의 개최를 반대 한 ~~[illegible]~~ 것인데, 한국측의 강력한 요청이 있어, 일본측은, 내부적으로, 그러면 청구권 문제의 원칙 토의는 보류하고 경제 협력에 관한 세목 규정만 토의할것이며, 또 동 회합은 법적 지위, 어업, 문화재 등 회합과는 그 성격이 다르다는 양해하에 관계 각성을 설득시켜 회합에 참석케 한것이므로, 지금 "경제 협력 회합" 이란 명칭을 안된다고 나오면, 관계 각성에서는 회합에 안나오겠다고 할런지도 모른다.

배 대사: 일본측 전문가도 청구권 해결을 위하여 회의에 참석하는것인데, 그 회의의 명칭을 청구권 회의라고 하면 출석하지 않을지 모른다는것은 이해하기 곤란하다. 한국측으로서는 과거에 써 오면 명칭을 그대로 쓰자는것이다.

스기: 이 문제는 일본측이 연구하여 다음 회의시에 결정을 지우기로 하자. 그런데, 회합의 명칭 문제로 처음 부터 의견이 대립될 바에는 차라리 청구권 관계 전문가는 회합을 갖지 않는 편이 나을지 모르겠다.

최 참사관: 명칭을 바꾸지 않으면 회의에 참석할수 없다는 일측의 진의가 어디에 있는지 의심하지 않을수 없다. 만일 일본측이 계속 그러한 입장을 취한다면 앞으로의 회담의 분위기가 우려된다.

솔직히 말하면, 수일 전부터 일본 신문에는 "경제 협력 회합" 이란 새로운 말이 나오고 있었는데, 한국측으로서는, 그것을 신문사의 추측 기사로서 가볍게 취급하였던것인바, 어제 청구권 관계 회합에서 일본측이 정식으로 동 회합을 "경제 협력" 회의로 하자고 주장한것과 오늘 또 동 명칭의 사용을 고집하는것을 보면, 동 신문 기사는 단순히 신문사의 추측 기사만은 아니였던것으로 보인다.

배 대사: 다음, 지난번 회의시에 한국측이 제안한 선박 관계 회합은 개최하는데 이의가 없는가?

우시로구: 일본측으로서는 어디 까지나 선박 문제는 청구권에 포함되어 해결된다는 입장을 취하고 있는바, 만일 일본측이 선박 관계

회합 개최를 동의한다면, 그것은 무상 3억불, 유상 2억불 이외에 얼마의 선박을 주겠다는 약속이 될것이므로, 일본측으로서는 동 회합 개최에 동의하기 곤란하다. 따라서 선박 문제는 청구권의 다른 문제, 즉 OA 문제, 정부 차관의 상환 기간 문제등과 같이 토의를 보류하는것이 좋겠다.

배 대사: 선박은 청구권과는 별문제이므로 별도로 해결해야 한다. 그리고 지난번에도 말한것 처럼 전문가 간에는 선박 문제의 정치적 해결을 위한 방안이 상당히 구체적인 정도로 까지 토의된바 있다고 하니, 토의를 계속 시키면 해결의 길이 보일것이다. 생각해보면, 청구권 문제도, 쌍방이 법이론이나 숫자 대사는 보류하고 바로 정치적 해결을 기도 했기 때문에 원칙의 합의를 보게 된것이며, 문화재도 그러한 방향으로 토의를 진행 시키면 타결점이 나타 날것이다. 그리고 또한 선박 문제도 원칙을 가지고 따질것이 아니라 정치적으로 해결하는 길을 모색하면 반드시 타결점이 발견될것으로 본다.

우시로구: 기록을 보니, 과거 일본측에서 5,000여톤의 신조선을 기증함으로서 선박 문제를 최종적으로 해결하자는 제안을 한 사실도 있으나, 그것은 청구권의로서 기천만불를 지불할 생각을 했을 때의 일이고, 청구권으로서 무상 3억불, 유상 2억불의 막대한 금액을 지불키로 한 현재로서는 사정이 다르다.

최 참사관: 청구권, 선박, 문화재는 처음 부터 별개 문제이며, 선박을

청구권에 포함시켜 해결한다는것은 있을수 없는 일이다. 그러나, 만일 일본측이 아무래도 선박 관계 회합을 갖일수 없는 입장이라면, 선박 관계 전문가의 비공식 회합이라도 갖도록 마련해주기 바란다.

소기: 한국측의 뜻은 잘알겠으나, 일본측으로서는 선박 문제는 청구권에 포함되어 이미 토의가 끝난것으로 알고 있다.

최 참사관: 예비절충에서는 선박 문제는 토의가 시작도 안되었는데 끝이 났다니 무슨 말인가?

우시로구: 이론상으로 일본은 평화조약 4조 a 항에 의한 청구권의 지불로서 청구권 문제는 최종적으로 해결되는것이고, 선박을 별도로 줄 의무는 없다. 즉, 선박, 문화재가 다 청구권에 포함되는것이다. 그러나 문화재 문제는 청구권과는 관련 없이 문화 협력이라는 뜻에서 얼마를 한국에 기증할려는것이다.

최 참사관: 일반 청구권, 선박, 문화재가 다 같이 한국 청구권 문제임에는 틀림 없다. 다만 토의의 편의상 한국 청구권 문제를 일반 청구권, 선박, 문화재로 구분했을 뿐이다. 그런데 양국은 그 중 일반 청구권으로서 무상 3억, 유상 2억, 상업 차관 1억을 일본이 한국에 제공하기로 합의한것이며, 선박, 문화재 문제는 아직 미해결채 있는것이다.

배 대사: 일본측은 청구권으로서 막대한 금액을 제공키로 했다고 하지만, 한국 국민은 자유당 시절에 20억불이니 하면 청구권을 3억불

밖에 못 받게 하였다고 하여 오히려 불만이 크다.

다음으로, "가루이자와"에서 열릴 예정인 세계 빙상 대회에 한국 팀이 참석하지 않는다는 신문 보도가 있었는데, 대표부로서는 전혀 그러한 연락을 받은바 없으며, 한국 팀이 참석하는것으로 알고 있다. 그러나 이것은 어디 까지나 한국 체육회에서 결정할 문제이다. 그리고 빙상 대회에 관련하여 한가지 더 주의를 환기 시키고저 하는것은, 이미 누차 알린것 처럼 조련계에서는 동 대회를 정치적 목적으로 이용코저 막대한 자금과 인원을 동원하여 그 준비를 진행하고 있으니, 일본은 동 빙상 대회가 북괴의 선전 무대화 하는 일이 없도록 만전을 기해야 할것이다.

최 참사관: 빙상 대회에 참석하는 남북한 선수단의 명칭을 "남 조선" (South Korea) 과 "북 조선"(North Korea)으로 정했다는데, 이것은 부당한 일이며 "남 조선"은 "대한 민국" 이란 올바른 명칭으로 고쳐야 할 것이다. 대한 민국 선수단은 "남 조선" 팀은 아니므로, 만일 이를 고치지 않고 "남 조선"으로 하면 대한 민국 팀은 출석할 자리가 없게 되어 참석치 못할것이다.

우시로구: 처음 듣는 이야기인바, 곧 일본 빙상 연맹에 알아 보고 한국측 요구 대로 되도록 최선을 다 하겠다. 그런데 들은 바에 의하면, 서독 측은, 만일 동독이 "독일 민주주의 인민 공화국"의 이름으로 출석하게 되면 서독은 참석 하지 않겠다고 하여, 지역을 대표하는 팀이라는 뜻에서 "서독" 및 "동독" 팀으로 하여 양측이 참석하기로 했다는데, 한국의 경우도 이에 따라 "남 조선", "북 조선"으로 했는지 모르겠다.

배 대사: 그러한 의미라면 "남한" "북한"으로 표시되어야 할것이다. 대한민국이라는 국명은 국연에서 인정된 국명이며, 세계 어떤 나라가 다 아는 국명인데 대한 민국 팀을 "남 조선" 팀으로 표시한다는것은 말이 안되는 일이다. 그러니 대한 민국 선수단은 반드시 "대한 민국" 선수단으로 불리워야 한다.

다음 회의는 2월 21일(목) 이 어떤가?

소기: 좋다. 15:00시로 하자.

우시로꾸: 신문 발표는 "한국측으로 부터 한국의 국내 정세는 안정 되어 있으며 우려할바 없다는 설명을 듣고, 일측은 만족의 뜻을 표명했으며, 쌍방은 한일 회담을 촉진한다는 종래의 방침에 하등 변동이 없다는것은 재 확인하였다. 또한 각 관계 회합의 진행 방법에 관하여 의견을 교환하였다"는 정도가 좋겠다.

최 참사관: 좋다.

8. 제6차 한일회담 예비절충 제8차 청구권 관계 회의 회의록, 1963. 4. 2

한국 외교문서 747, 제6차 한일회담 제2차 정치회담 예비절충 - 청구권 관계 회의, 1963

1963년 4월 2일 개최된 제6차 한일회담 제2차 정치회담 예비절충 청구권 관계 제8차 회의 회의록이다.

이 회의에서 한국 측은 청구권 세목에 관한 요강 안(무상 제공 지불 내용 및 방식, 차관제공 및 상환 방식, 구매 방식, 공동위원회, 분쟁의 해결 등)을 제시했다.

제 6 차 한일회담 예비절충

제 8 차 청구권 관계회합 회의록

1. 일시 : 1963. 4. 2. 오후 3:00 — 4:15

2. 장소 : 일본외무성 707 호 회의실

3. 참석자 : 한국측 이 상 덕 대표

박 승 순 전문위원

양 윤 세 "

최 광 수 "

일본측

외무성 사와기 과장

이또— 과장

미가사기 과장

야나기야 사무관

대장성 이재국 외채과 사무관

통산성 경제협력국 자본협력과 사무관

경기청 구로베 과장

기금 아라가와 총무과장

수은 가나사와 조사역

4. 회의내용 :

사와기 : 본회합의 일본측 주 사인 "스즈루미" 참사관이 금번 재미일대사관 참사관으로 전임하게되어 참석치 못하게되었으므로 오늘은 본인이 대리를 하겠다.

(비공식으로 아측이 확인한바에 의하면 현 국련대표부 "호시" 참사관이 후임이

될것이라함.) 설명에 이어 한국측에서 일측질문사항중 잔여분에 대한 설명을 하여주기 바란다.

이상덕: 오늘은 아측에서 청구권 해결 및 경제협력에 관한 세목협정에 관한 한국측 Idea 의 요강을 제시하고자 한다. (별첨과 같은 요지의 발언을 행함.) 위의 요강은 현단계로서의 우리측의 생각을 이야기한것으로 후에 보완 또는 수정이 필요할지 모른다.

사와기: 본회합은 처음으로 개최할 당시에 일본측은 단순히 상호 경제사정 및 관련사항에 대한 정보교환을 전제로하여 참석하였던 것이므로 이제 한국측에서 발언한것과 같은 협정세목에 관한 교섭은 본회합의 권한 밖의 일이라고 생각한다. 이제 이상덕대표께서 발언하신 내용은 단지 한국측의 생각을 알어둔다는 의미에서는 좋다고 생각하며, 이러한 의미에서 이에대한 질문을 행하고저한다.

이상덕: 예비교섭에서 본회합의 개최를 합의하였을때에 청구권문제중 예비교섭에서 계속 취급될 몇가지 원측문제를 제외한 기타세목에 관하여서는 교섭을 진행시켜 가기로 결정한것으로 알고있다.

사와기: 한국측과 일본측간에 의견의 상위가있다. 일측으로서는 정보교환을 주로하여 회담에 임하였던것이며 외무성 이외의 타성 관계자도 이러한 입장에서 본회합에 참석하고있다. 따라서 회합의 내용을 변경하자면 일측으로서는 새로운 검토가 필요하다. 이러한 입장을 양해하여주기바란다.

이상덕: 예비절충 의사록에도 합의가능한 문제는 교섭하기로 되어있으므로 아측은 그러한 생각으로 이 회합에 임하고있다. 이러한 아측 입장을 이해하고 본인의 발언요지를 검토하여주기 바란다

사와기: 일측으로서는 입장을 다시 상의하여 보겠다. 지금 이상덕 대표께서 발언하신 요지를 Final 한 Form 이 아니더라도 일응 현단계에서의 한국측의 생각으로서 후에 보완 또는 수정할수있다는 조건하에 메모하여줄수 없는가. 너무 내용이 길어 구두만으로 듣고서는 혹 오해하는 부분이 있을지도 몰라 각성간의 검토가 곤난하다.

이상덕: 그러면 본인의 발언요지를 메모하여 송부하겠다.

사와기: 고맙다. 메모를 받으면 검토하여 질문하겠다. 아마 질문이 많이 나올것이다. 한국측에서 더 질문할것은 없는가.

이상덕: 최근에 체결한 버—마와의 추가배상협정●문을 주었으면 좋겠다.

사와기: 좋다. 다음에는 한국측에서 일측질문사항에 대한 설명을 하여주기 바란다.

양윤세: (일측질문 사항의 5. 인 "행정, 금융기관의 상세, Banking procedures, 정부기관에 의한 인허가와의 관계" 에 대한 설명을 행함.)

사와기: 오늘은 이것으로 끝이고 내주는 정례대로 4월 9일 (화) 오후 3:00 시에 개최하는것이 어떠면가.

이상덕: 좋다.

4월 2일 청구권관계 회합에서의
이상덕 수석위원의 발언 요지

청구권해결 및 경제협력에 관한 협정의 제목(題目), 전문(前文), 제공액 및 제공기간등에 관하여는 기히 제시한것(1962년 12월 21일 제20차 예비절충)에 의하여, 기타 세목은 다음 사항등을 포함한다.

1. 무상(3억불) 차관(3억불)제공을 단일 협정으로 일괄 규정한다.

2. 제공기간은 양국정부의 합의에 의하여 단축시킬수 있다.

3. 제공될 생산물은 한국정부의 정하는바에 의하여 자본재를 위주로하되, 자본재이외의 생산물도 제공 받을수 있다. (이 경우에 있어서 무상제공으로서는 비료, 철재등 원자재와 산업용 기계를 도입할 방침이며, 차관으로는 주로 시설재를 도입할 방침이다)

4. 역무의 제공에 있어서는 기술이외의 노무는 포함하지 아니한다.

5. 생산물의 제공에 있어서는 일본국의 관계법령에 의하여 통상(通常)의 상업, 금융, 무역 및 역무의 거래에 적용되는것 이외의 제한(制限)이나 규제(規制)는 적용되지 아니한다.

6. 협정부속서에는 제계획의 사업별 세분기재를 하지않고 산업별로 표시되도록하되, 원자재(原資材)의 제공이 가능하도록 규정하며 부속서기재이외의 부문도 한국정부의 요청에 의하여 제공되도록한다.

7. 구매기관으로서의 사절단은 두지 아니한다.

8. 구매계약은 한국정부 또는 한국정부가 위임한자와 일본인 (자연인 및 법인)간에 체결한다. (일본법인에는 제2차 세계대전 종결 이후 계속하여 일본에 거주하는 한국인이 지배하는 법인을 포함시킨다)

9. 구매는 Switch L/C 방식으로 한다.

10. 제공된 생산물 및 역무의 액의 결정은 지불된 금액으로 환산되는 미합중국불의 동가액(等價額)이 기초가 된다. 환산은 지불일의 I.M.F. 평가에 의한다.

11. 구매계약이 체결되면 동 계약안은 일본국 정부에 송부되며, 일본국 정부가 계약안을 접수한후 2주일 이내에 의사표시가 없으면 동 계약안은 확인된것으로 한다.

12. 본협정의 원활한 실시를 위하여 합동의원회를 동경에 설치한다. 합동의원회의 구성과 임무는 따로 정한다.

13. 양국 정부는 협정의 원활한 실시를 위하여 필요한 조치를 취하기로 한다.

14. 구매계약상의 분쟁이 발생할 경우에는 양국 정부가 정하는 절차에 따라 상사중재위원회(商事仲裁委員會)에 회부되도록 한다. 중재위원회에 의하여 해결되지 않었거나, 동 위원회의 결정이 이행되지 않을 경우에는 관할권을 가진 국가의 법정에 제소하며, 그 최종결정은 양당사자를 구속도록 한다. 한국정부는 소송당사자가 될 법무관을 일본에 주재 또는 파견할수 있다.

15. 협정실시 및 해석에 관한 분쟁은 일차적으로 외교경로를 통하여 해결한다. 외교경로를 통하여 해결되지 않을 경우에는 3인중재위원회를 구성하여 해결도록하고 그 결정은 양국 정부를 구속한다. 위원의 선임방식등은 따로 정한다.

16. 무상제공의 경우

(1) 한국정부는 각년도에 제공받을 생산물 및 역무를 정한 실시계획을 일본국 정부에 제시한다. 실시계획은 수정될수 있다.

(2) 한국정부는 한국은행 재일지점에 청구권계정을 개설하여 이로 하여금 일본국 정부로 부터의 지불의 수령 및 계약 당사자에 대한 지불을 담당케 한다.

(3) 일본국 정부의 한국정부에 대한 생산물 및 역무의 제공은 청구권 계정으로의 불입(拂込)에 의하여 이행된것으로 한다.

(4) 일본국 정부는 한국정부의 지불요청에 의하여 년 1회 당에 년도분을 청구권 계정에 일괄하여 불입한다.

(5) 청구권 계정은 구매계약에 의한 지불을 위하여 사용되며, 구매에 수반하여 소요되는 비용 및 양국 정부간에 합의된 타 목적을 위한 지불에도 사용할수 있다.

(6) 한국정부의 유학생, 기술 연수생의 교육 및 훈련에 소요되는 경비등은 한국정부의 요청에 의하여 구매계약 없이도 지불할수 있다.

17. 차관의 경우

(1) 협정 조인과 동시에 한국정부 또는 한국정부를 대신하는 기관과 일본국 정부 또는 일본국 정부를 대신하는

기 관간에 각 관용약에 대하여 단일 대부계약을 체결한다. 대부계약에는 일본정부의 의무성이 규정되어야 한다.

(2) 투자부문의 선정과 투자순위의 결정은 한국정부의 정하는 바에 의한다. 한국정부는 각 년도에 구매할 생산물 및 역무를 정한 실시계획을 일본정부에 제시한다. 실시계획은 수정될수 있다.

(3) 대부금의 원리금(元利金)은 현물 또는 통상(通常)의 방법으로 상환한다.

(4) 상환은 년 일회에 행하며, 그 기일과 금액은 양국 정부가 별도 합의하여 결정하되, 후반기에 반제액을 증액시켜가는 상환방식으로 한다.

(주) 본 요강은 앞으로 추가 보완 또는 수정할수 있으며, 또 협정문 작성단계에서는 기타 필요한 조항등을 포함 시키기로 한다.

9. 제6차 한일회담 예비절충 제9차 청구권 관계 회의 회의록, 1963. 4. 9

한국 외교문서 747, 제6차 한일회담 제2차 정치회담 예비절충-청구권 관계 회의, 1963

1963년 4월 9일 개최된 제6차 한일회담 제2차 정치회담 예비절충 제9차 청구권 관계 회의 회의록이다.

한국 측이 지난 회의에서 청구권 세목과 관련한 실질적인 토의를 희망하자, 일본 측은 이 회의는 정보 교환을 목적으로 시작한 것이며 청구권 세목에 관한 토의의 권한이 주어지지 않았다면서 더 이상 토의를 원치 않음에 따라 회의가 제9차를 끝으로 더 이상 이어지지 못하였다.

제 6 차 한일회담 예비절충

제 9 차 청구권관계회의 회의록

1. 일시 : 1963. 4. 9. 오후 3:00 — 4:15

2. 장소 : 가유가이간

3. 참석자 : 한국측 이 상 덕 대표

박 승 순 전문위원

양 윤 세 "

최 광 수 "

일본측

외무성 사와기 과장

이 또 — 과장

미가사기 과장

야나기야 사무관

대장성 이재국 외채과 사무관

통산성 경제협력국 자본협력과 사무관

경기청 구로베 과장

기금 아라가와 총무과장

수은 가나사와 조사역

4. 토의내용 :

사와기 : 일본측 질문사항 제 6 항에 대한 설명을 하여주기 바란다.

양윤세 : (일측 질문사항 마즈막 항인 "주요기업의 운영주체" 에 관하여 설명하고, 일측 질문에 답함.)

이상덕 : 전번 아측에서 제시한 세목 요강 안에 대한 검토는 어찌 되었는가.

사와기 : 전번에도 잠간 언급한바와 같이 본회합의 성격에 관하여 귀측과 의견의 상위가 있어 재차 각성이 협의 검토하였으나, 본회의에 참석하고있는 일측위원이 받고있는 *Mandate* 로서는 귀측제시안을 토의 교섭할 권한이 없다는 결론에 달하였다. 따라서 귀측제시요강안은 본회의보다 높은 레벨의 회의에서나 토의할수있는 것이라고 생각한다.

이상덕 : 본인이 알고있기로는 전번 제 33 차 예비절충에서 일본측은 한국측이 제시한 안을 토대로 토의를 진행시키겠다고 약속하였다는데 어찌된 일인가.

사와기 : 본회합을 개최할 당초에 외무성으로서는 단지 전문가간의 회합으로서 상호 정보교환을 한다는 조건하에 각성을 설득하여 여기 참가시키고있다. 일측으로서는 이러한 입장이 있으므로 이문제는 예비절충을 통하여 해결하여주기 바란다.

이상덕 : 일측의 내부사정은 개의할바아니나 예비절충에서도 청구권에 관한 원측문제는 예비절충에서 계속 토의하되 세부 기술적인 문제에 관하여서는 기술적으로 토의 교섭해나간다는 양해가 있었던것이 아닌가. 이문제는 "우시로구" 아세아 국장도 양해하고있는것으로 알고있다.

사와기 : 지난번 한국측이 예비절충 기록에 관하여 언급한것은 "우시로구" 국장에게도 보고하였다. 이문제에 대한 아측 입장에는 "우시로구" 국장도 동의견이다. 하여간 상호 의견의 차이가 있으니 예비절충 또는 기타 상부 예견데 "우시로구" 국장과 협의하여 절충하여주기바란다.

이상덕 : 예비절충에서 각위원회를 개최하기로 합의하였을 당시에 각위원회에서 기술적으로 토의할수 있는것은 토의하여 상호의 견해차를 좁혀 가자는 합의가 있었던것이며, 현재 청구권관계 이외의 각위원회에서도 이러한 견해하에 토의가 진행중인데 유독 청구권회합에서만 실질적토의를 할수 없다는 것은 이해하기 곤란하다.

사와기 : 일본측은 당초 청구권관계는 다른 현안관계회합과 다른 실질토 실질적 토의를 할수있는 회합의 준비회합이라는 개념에서 본회합에 참석하였다. 따라서 각성의 공기도 한국측이 제시한것과 같은 안을 전혀 기대하지 않었다. 여하간 이와같은 상황을 각각 상부에 보고하여 예비절충 등에서 *Mandate* 상의 상위를 조절해주기 바란다.

이상덕 : 전번 회의에서 질문이 있을것이라 하였는데 어떤가.

사와기 : 질문도 안하기로 결정하였다. 경제협력관계란 총액, 공여방법, 상환 등이 3본주인데 이것이 결정되지 않고서 어떻게 실질적 토의를 할수있겠는가. 일측으로서는 현단계에서의 토의 자체의 가치에 대하여 의문을 품고있으므로 토의 그 자체를 보류코자하는것이다.

이상덕 : 아측 제시안은 그러한 원측문제와 별도로 토의할수 있는것으로 알고있다. 하여간 예비절충에서 절충하도록하자.

사와기 : 알겠다. 다음 회의는 한국측에서 별로 질문할것이 없으면 냉각기를 둔다는 의미에서 내주에는 쉬고 그 다음주 화요일에 개최하기로 일단 정하여두는 것이 어떤가.

이상덕 : 그럴 필요가 없을것으로 생각한다. 곧 예비절충에서 토의 결정될 것이니 일단 내주 화요일에 정례대로 개최키로 정하여두자.

(일측 명확한 회답없이 산회함).

10. JW-04177, 청구권 관계 회합 진행에 관한 보고, 1963. 4. 16

한국 외교문서 747, 제6차 한일회담 제2차 정치회담 예비절충-청구권 관계 회의, 1963

예비절충 청구권 관계 회의가 더 이상 개최되지 않음을 보고하는 주일대사의 외무부장관 앞 전문이다.

대 한 민 국 외 무 부

번 호: JW-04177

일 시: 161857

수 신 인: 외무부장관 귀하

청구권관계회합 진행에관한 보고

연: JW-04176

금일로 일단 예정하였던 제 10 차 청구권관계회합은 일측이 각성을 설득하여 참석시킬수없음으로 회합을 가질수없다는 태도를 보임으로 금일있은 이참사관과 우시로구 국장간의 회합에서 토의결정하는 바에따라 일정을 정하기로 하였던바 연호로 보고하는 바와같은 일측 태도로보아 청구권관계회합은 당분간 개최할수 없을것이 예상되오니 한일대청제 722-204 를 참조하시와 이에대한 아측 방침을 조속히 회시하여주시기 바라나이다.

주일대사

1966.12.31. 에 예고문에 의거 일반문서로 재분류됨

예고: ~~회담종료후~~ 66.12.31 일반문서로 재분류

11. 제40차 예비절충 회의 회의록, 1963. 5. 30

한국 외교문서 739, 제6차 한일회담 제2차 정치회담 예비절충-본회의, V.4, 33-46차, 1963. 4. 3-7. 25

1963년 5월 30일 개최된 제6차 한일회담 제2차 정치회담 예비절충 제40차 회의 회의록이다.

이 회의에서 일본 측은 청구권 문제의 현안으로 남아 있던 청산계정(OA) 및 정부 차관의 상환기간과 관련하여, "대장성의 동의를 전제로 OA는 [한국이] 3년간 상환하고 그 대신 [일본이] 무상공여를 당겨서 지불하며 (무상공여를 당겨서 지불할 경우 매년도 지불액의 한도는 OA를 사실상 10년에 상환하는 경우와 같은 액수, 즉 10년간에 걸쳐 매년 2,550만 불이 되도록 함), 정부 차관의 상환기간은 7년 거치 후 13년, 합계 20년 상환으로 하는 방안"을 재차 제시하였다.

제 6차 한일회담 제 2차 정치회담
예비절충 제 40회 회의

1. 일시: 1963. 5. 30. 15:00-16:10시

2. 장소: 일본 외무성 스기 수석 대표실

3. 참석자: 한국측: 배의환 대사, 이규성 참사관, 박상두 서기관.

일본측: 스기 수석대표, 우시로구 국장, 야나기야 사무관.

4. 토의 내용:

배 대사: 한국을 일본을 통하여 대만미 50,000톤의 수입을 교섭하는 일방, 그것만으로는 부족하므로, 다시 대만에서 직접 50,000톤을 더 수입하고저 중국 정부와 교섭한 결과, 20,000톤을 현금으로 수입하기로 하였는데, 중국정부는 동 20,000톤이 일본을 통하여 한국에 보내기로 한 전기 50,000톤 중의것이므로, 일본에는 30,000톤 밖에 낼수 없다고 하여 곤란하게되었다. 한국으로서는 대만에서 직접 수입하는 분과는 별도로 일본으로 부터 50,000톤을 수입하고저 하는것이니, 일본이 대만 정부에 교섭하여 그것이 가능하도록 힘써주기 바란다.

우시로구: 잘 알겠다.

지난 월요일, 우야마 참사관이 귀국하였는데, 그는 체한 중 한국 정부 관계자와 접촉할 기회를 가져 회담을 측면에서 촉구하는 결과가 되었을것으로 생각한다. 특히, 황 정무국장과는 3회 면담하였는데, 청구권 문제에 관하여는 *OA* 는 3년에 상환하되 그 대신 무상을 소급 지불하고, 유상의 상환기간은 20년(7년 거치, 그후 13년 상환)으로 하여, 해결하기로 양해가 성립되었다고 한다.

배 대사: 한국측으로서는 청구권의 3문제 해결에 대한 일본측의 정식 제안을 기다리고 있는중인데?

우시로꾸: 11우야마시씨의 말이 사실이라면 이미 해결된것이나 다름없으니, 새삼스레 문서로 제시할 필요는 없을런지 모르겠다. 문서로 만들게되면 대장성등의 합의를 얻는데 귀찮다.

이 참사관: 지난번 회의 때에, 일본측은, 이 문제에 관한 대장성의 의견을 묻는 중이라고 하였는데, OA를 3년 상환으로 하되 무상을 소급 지불하고, 유상의 상환 기간은 20년으로 하자는것이, 대장성의 의견을 더 기다릴것 없이, 일본측의 정식 제안이라고 생각해도 좋은가?

우시로꾸: 11우야마시 말에 의하면 이 문제는 서울에서 이미 양해가 이루어졌다하니, 동 해결 방법을 일본측의 정식 제안으로 생각해도 좋다.

배 대사: 무상을 소급 지불한다고 해도 소급 기간을, 한국측이 의견을 말한바 있는것 처럼 8년 반으로 할지, 10년으로 하여 처음 3년은 40.5백만불, 나머지 7년간은 25.5백만불로 할지, 또 그 밖에 다른 방법으로 할지, 소급 방법이 문제이니, 역시 문서로 일본측 견해를 제시해주는것이 좋겠다.

우시로꾸: 역시 10년으로 하되, 제 4차년도 이후의 각년도분에서 조금식 소급하여 사실상 OA를 10년에 상환하는것과 같은 결과가 되도록 해야할것인다. 그런데, 소급의 기간을 분명히 해놓지 않으면 다음 또 해석의 차이가 생길 가능성도 있으니, 대장성과의 의견 조절에 힘이 들드래도 일측이 문서를 제시하도록 연구해보겠다.

배 대사: 오늘 오전에 어업관계 회합이 있었는데, 토의가 예상대로 잘 진행되지 않은 모양이다.

우시로구: 한국측은 어업 협력에 관한 구체적인 토의를 희망하는 모양인데, "우라베" 참사관이 방한 시에 느낀 한국 본국 정부의 생각과 한국 대표단의 생각 사이에는 약간의 차질이 있는것같이 생각된다. 즉, 지난번 회의 때에도 말한바와 같이, "우라베" 참사관이 방한 시에 황 정무국장과 양해한것은, 한국측이 먼저 12마일의 원칙을 인정하되 그것은 비밀히 해두고, 어업 협력 문제를 토의, 추진하다가, 적절한 시기에 가서 12마일 원칙을 인정했다는 사실을 발표하자는것으로 알고 있다. 그런데, 한국측 대표단은 12마일 문제는 우선 덮어 두고 먼저 어업 협력 문제만 토의하자고 하니 곤란하다. 어업 협력을 추진하기 위해서는 현행 규정을 해소 또는 개정하는 국회(김 은 국회 농림 위원회의 의결) 또는 각의(어선은 농림성령 개정)의 의결이 필요한데, 한국이 먼저 12마일 원칙을 인정하지 않으면 농림성이나 국회를 설득할수 없다.

다음으로, 한국측은 일측에 어업 협력에 관한 구체안 제시를 요구하고 있으나, 그러한 구체안은 한국측이 제시하는 편이 어업 협력의 실현을 위하여 효과적일것이다. 그렇지 않고는 토의를 해도 추상론에 그칠 가능성이 많다.

배 대사: 12마일 문제에 관하여는 본국 정부로 부터 아무런 통지가 없으므로 어떻다 말할수 없는바, 오늘 오전의 어업관계 회합에서도 말한것처럼, 한국측은 적절한 시기가 되면 12마일 문제에 대한 견해를 밝힐것이니, 우선은 12마일이 인정될 경우를 가정한 어업 협력 구체안을 일본측이 제시해 주기 바란다.

그리고 어업 협력에 관한 구체안은, 발을편이 이것 달라, 저것 달라 하기는 곤란하니, 역시 일본측이 제시해주는것이 좋겠다.

스기: 전관 수역 문제가 결정되기 전에는 어업 협력의 추진은 어려울것으로 생각한다.

우시로구: 현 단계에서는 12마일에 대하여 "오.케."라고 할수 없으니 12마일이 인정될 경우를 가정하고 어업 협력에 관한 구체안을 제시하라고 말한 의미는, 그 어업 협력 문제를 토의는 해도 그 실시는 12마일이 정식으로 양승된 후가되는것이라고 해석해도 좋은가?

배 대사: 결국 그렇게 되지 않겠는가?

우시로구: 추상적이기는 하지만 오늘 오전의 어업 회의에서도 일본측은 어업 협력에 관한 일본측의 기본적인 생각을 구두로 설명했다. 일측으로서는 오늘의 어업 회의의 성과에 관하여 현 단계로서는 비관적이라고는 보지 않는다.

스기: 어업 문제는 양측의 수석 위원이 한번 더 비공식으로 면담하고 회의/진행 방법을 연구케하는것이 어떤가?

배 대사: 그렇게 하자.

우시로구: 한국측은, 현 단계에서는 12마일 문제에 관하여 단안을 내리지 못하겠다고 하는데, 어업 협력 문제가 어느정도 까지 토의되면 12마일 문제를 토의할수 있겠는가?

배 대사: 어업 대표들과 협의해보고 회답하겠다.

이 참사관: 일본측의 발언에 의하면, 일본 관리가 방한 시에 몇가지 중요 문제에 관하여 외무부측과 양해가 성립된것 같은데, 그러한 일본관리와 외무부 당국자와의 면담은 비공식적인것이므로, 그 면담의 내용에 대하여는 상호 이해의 차질이 있을수 있으니, 면담 내용을 이 회담 석상에서 설명해주기 바란다.

우시로구: 서울에서 양해된것은 공식적인것이 아니므로, 지금 까지도 이 회담에서 설명해왔다.

배 대사: 한국내 전 경제 관계 단체가 공동으로 한일회담을 촉구하는 성명서를 발표하였는데, 이것으로서 한국 국민의 한일 회담에 대한 여론은 충분히 알수 있으므로, 동 성명서의 번역문을 주니 참고하기 바란다.

우시로구: 동 성명에 대하여는 일본 신문에도 보도되어 잘 보았다.

배 대사: 이제 한국의 청구권 관계 대표를 귀임케하는것이 어떻겠는가

우시로구: (오프 레코드를 요망) 사실 각성에서는 자기가 맡은 문제를 먼저 양보하기를 싫어한다. 따라서 지금 청구권 관계 회합을 열어도, 어업 문제가 진첩을 못보고 있는 현단계에서는, 대장성이 적극적으로 안나올 가능성이 있다. 이번 7월의 내각 개조에 있어서 외상은 갈릴지 여부를 알수는 없으나, 만일의 경우를 생각하여, 현안 문제를 원칙면이라도 내각개조 이전에 타결했으면 좋겠다. !!오히려!! 외상은 당 간사장으로 승진할 가능성도 없지않다.

배 대사: 한국측도 조속 타결을 바라고 있다.

다음 목요일은 한국의 현충일로 공휴일이므로, 다음 회의는 6월 7일(금)이 되겠다.

우시로구 : 그렇다.

신문 발표는 앞으로의 회담 진행 방법에 관하여 의견을 교환하였다는 것과, 한국측이 한국의 각 경제단체가 발표한바 있는 한일회담 촉구 공동 성명에 관하여 설명하였다는것을 말하기로 하자.

이 참사관 : 좋다.

12. 제44차 예비절충 회의 회의록, 1963. 7. 11

한국 외교문서 739, 제6차 한일회담 제2차 정치회담 예비절충-본회의, V.4, 33-46차, 1963. 4. 3-7. 25

1963년 7월 11일 개최된 제6차 한일회담 제2차 정치회담 예비절충 제44차 회의 회의록이다.

한국 측은 일본 측이 제40차 회의에서 제의한 OA의 해결 방안과 관련하여, OA의 3년 상환을 위해서는 무상공여를 3년까지 연 4,500만 불씩(OA를 공제한 실 지불액 3,000만 불), 그 후 10년까지 연 2,357만 불씩 지불해 주는 방안을 제시하고, 정부 차관은 일본이 무상공여에 관한 한국 측 안을 수용할 경우 20년 기한으로 갚는데 동의할 수 있다는 입장을 피력하였다. 일본은 이 제안에 대하여 강하게 반발하였다.

제6차한일회담제2차정치회담

제44차 예비절충 회의록

1. 일시 : 1963. 7. 11. 15.00 – 16.30

2. 장소 : 일본외무성 스기수석대표실

3. 참석자 : 한국측 : 배의환대사
이규성 참사관
문희철 서기관
일본측 : 스기수석대표
우시로구국장
야나기야 외무성 사무관

4. 토의내용

배대사 근래 신문지상에 한일회담에 관하여 사실과 의곡된 기사가 게재되는 사례가 허다한바 이는 회담을 해치는 결과가 되기쉬우니 특히 P.R.에 세심한 주의를 해 주어야하겠다.

스기대표 그런일이 있다는것은 참으로 곤란한문제다. 근래 무슨 예가있는가.

배대사 본인이 박의장친서를 전달할시에 한국이 제안한 40마일이 최종안이 아니다 또는 일측의 동정적 태도를 바란다고 한것같이 AFP 가보도하고있는데 스기대표도 알다시피 본인은 그러한 말은 한 사실도 없다.

본인이 이야기한것은 한국정부가 한국어민을 위해서 동정적 태도를 취하고있다는 점을 지적한것으로서 그에 관해서는 금일 해명설명을 발표할 예정이다.

우시로구 40마일에 신축성이 있다는 말은 김용식장관이 김포공항을 출발할시에 하신것으로 알고있다.

배대사 회담결과에 관해서는 상호협의한것만 발표하기로 하는것이 좋겠다. 일측의 P. R. 에 유리한것은 상대적으로 한국측에 불리한 결과를 가져오게되는것이니 발표는 회담추진에 도움이 되는 각도로 하여야 할 것이다.

이참사관 특히 외상회담을 앞두고 심중히 다루어야할것이며 정치적인 이용을 위해서 발표하는 것은 삼가야 할 것이다.

배대사 본인 생각으로는 금일 오전중에 있던 최세황대표와 우라베 참사관간의 비공식회담도 발표하지 않았으면 좋왔을것으로 생각한다.

우시로쿠 그것을 발표하게 금한것은 나의 실수였다. 차후는 비공식인것은 발표치 않도록하겠다.

배대사 한국의 입장으로서는 정부가 너무나 저자세라고 사방에서 공격을 받는 통안에 외무부 입장이 매우 곤란하다. 어업이야기를 해나오고 있는데 일측에서 어업협력을 구체적으로 이야기해주어야 전관수역문제도 말하기 좋게 된다.

12마일외측이 전세적으로 공해가 아니고 그 12마일 외측이 큰 "알파"가 되도록 안을 내주면 어업문제의 해결도 용이하여 질것이다. 명12일의 어업회의에서라도 이에 관해서 일측의 생각을 이야기 해주기바란다.

3

스기대표 그점은 비공식 공식회의를 해나가면 이야기가 될 줄안다.

우시로구 라인(Line)은 어업대표간의 회의에서 이야기 알수있을것이다. 일측은 12마일외는 인정한한다고 하였고 한국측은 12마일가지고는 말도 되지 않는다고 했으나 일측안도 12무러스 알파가 되어야 하겠고 한국측안도 40 마이나스 알파가 되어야 하겠다는것은 어느정도 Meeting of mind 가 된것으로 이해하고있다. 일본 수산청도 12무러스 알파가 되어야한다는것은 이해하고있다. 어업협력에 있어 일측은 아직 얼마쯤 돈을 grant 또는 차관 등으로 낸다는 금액문제가지는 생각치 못하고있다. 원측문제 즉 선박수술이나 수신물수립등과 같은 원측적인 정책적 전환이 결정되면 구체적으로 금액 수량등 세부문제에 들어갈수있는 것이다. 한국측에서는 finance 문제를 요구하고 있으나 위에 말한 정책적인 문제가 해결되지않었으니 그것의 해결이 선결문제이고 그후에 청구권내외에서의 금전에 관련된 어업협력문제가 논의될수있는것이다. 요는 정책적인 해결(전환)이 선결문제이다. 그후에 센타를 짓는다던지 또는 청구권 2억내에서 어업 grant 로 얼마다 하고 이야기할수 있을것이나 청구권테두밖에서의 어업협력은 곤난하다.

배대사 그것은 이야기가 틀린다. 김·오히라 회담시의 청구권해결에는 어업은 이야기된 일도 없고 전번에 어업협력을 이야기할때도 3. 2. 1. 밖의 것을 말했고 그에 대하여 우시로구국장이 3. 2. 1.의 1이상에는 포함될수있다고 하지 않았는가.

우시로구 그것은 좋다. 그러나 그럴경우에는 이자가 비싸질것이다.

배대사 한국정부로서는 어업협력이 3. 2와는 별도의 것이 되어야한다고 역설한바있고 3. 2는 이미 계획이 결정되었으니 그테두리안에서의 어업협력은 말도 안된다. 1부러스알파의 속에 포함된다면 또모른다.

우시로구 그렇게되면 수출은행을 이용하게되는데 순이자는 최선을 다한다하더라도 인도에 공여할시에 합의한 5.75부이하로는 연지불이자가 싸게되지 않는다.

배대사 일본농림성은 일어선의 나포가 없다는 보장이 없이는 이야기할수없다고 하고있는 모양인데 회담의 조석타결을 위해서는 일본외무성에서 농림성을 설득해서 적극추진하도록 해주어야하겠고, 어업협력의 구체적인 일축안이 제시되지 않으면 한국의 영세 어민을 납득시키 곤란하다.

우시로구 농림성문제는 그리 근심이없다. 전에는 협력에 일어선나포문제를 연관시키고있으나 현재와같이 회담이 적극추진되고있는 마당에서는 설혹 일어선의 나포가 있다 내로 그것은 그것으로 외무성에서 농림성을 설득시킬수있을것이다. 그렇다고 어선을 나포해도 좋다는 의미는 아니다.(이전에 대해서는 스기대표도 웃으면서 동일한 발언을함) 최규하대사가 오신후의 상호간의 양해로 그런문제는 그리 근심할 것없다.

배대사 그점에 관해서는 수산청을 잘 설득하기 바란다.

우시로구 그러니까 "라인"이야기도 같이 하자는 것이다.
그때야 설사 나오가 있다해도 이야기가 될것이다.
한국이 이태리하고한차관이자는 얼인가.

이참사관 5.5 퍼센트이다.

우시로구 (Off the Record 를 요구하면서)
일본수은이자는 5.75퍼센트이하로는 내려가지 않는다.
한.이간의것이 5.5퍼센트라고하면 일본업자와 한국
업자가 상리해서 cost 를 내리면되지 않겠는가.
그러면 표면상에는 이자가 5.75퍼센트라하더라도
실질적으로는 더저리가될수 있지 않은가.

배대사 실질면과 국내 P.R. 면에는 큰차이가 있다.
우리정부로서는 어업협력이 국내P.R.상에도 필요한것이다

우시로구 어업협력을 지금가지는 정부가 억압해왔다. 일차적
으로 정책전환이 있은다음에 이차적으로 어업협력
문제가 검토될수있다.

츠기대표 그러니까 비공식, 공식회의를 계속하면 그동안에
해결될것으로 본다.

배대사 우리는 어업협력으로 1억7천만 가량필요하다.

우시로구 저리의 정부차관도 포함된것인가.

이참사관 그내용은 비공식, 공식회의에서 논의하도록 될것이다.
지금 일측은 어업협력에 있어 정책전환후에 금액
문제를 아야기할수있다고 하였는데 어서 무슨 돈을
쓴다는 입장에서 본다면 그것도 정책변경이 필요한
것이아닌가.

우시로구 정치적인 의미에서 농림성이 위축해있다. 해태 1억매 이상의 구입도 가능하겠으나 농림성이 위축되어 못하고있는것이다. 민간끼리의 이야기를 반대하지 않는것이 즉 정책적인 변경인것이다. 예를 들어 선어 수입등이다. political, emotional 한 변화후에 금액을 이야기할수있다.

이참사관 협력에는 금액이 수반하게되는것인데 일측은 그것이 청구권의 3.2에 포함한다고 생각하고 있는가.

우시로구 수산청은 그렇다. 외무성도 ehventually 그렇게되어야한다고 생각한다. 정치적 전환의 전제로 청구권의 3. 2. 1내에서 해야할것이며 그외에서는 곤란하다. 다행히 1푸러스 알파가 되어있으니 거기서하는것으로 해야할것이다, 그럴경우 이자문제가 있겠으나 그것은 cost 를 싸게해서 카바하면 될것이다.

이참사관 한국측이 생각하고있는 1.78억의 어업협력은 내용을 구체적으로 이야기해보면 해결점이 발견될것이다. 내용을 보지도 않고 장거리라고 만하는것은 부당하다

우시로구 그것도 그렇다. 구체적으로 검토해서 가량 년차 계획을 세운다던가하는 문제도 생각할수있다. 구체적안이 나왔다하는것만도 진보라고본다.

스기대표 한국서 어업대표단이 온다는 이야기가 있는데

배대사 한일회담의 측면적인 촉진을 위해서 한국정부에서는 실절적으로 어업에 이해관계를 가지고있는 어업인 또는 어업단체로 구성한 시찰단을 보낼 계획을 검토하고 있다. 그들이 어업문제에 있어 가장강경론자들이므로

이곳 어민들과 의견을 교환하는것이 여러가지로 이익이 될줄안다.

우시로구 원측은 좋다고 본다.

스기대표 좋은 생각이다. 빨리 오는것이 좋겠다. 상호 이야기하면 이해할줄안다.

배대사 청구권문제도 아직 해결되고있지 않은데 빨리 해결될 수없는가.

우시로구 오히라 대신에게로 이야기한바있으나 한국측으로서도 예비절충에서 구체적안을 제시하여주면 좋겠다.

배대사 그렇다면 한국측안을 설명하겠다. 즉 1년부터 3년까지는 4천5백만불 4년부터 1년까지는 2천3백5십 7만불의 안을 일본이 수락해주었으면 좋겠다.

우시로구 유상은 20년으로서 그중 7년거치를 한다는 의미인가.

배대사 일측이 무상공여에 관한 한국측안을 수락한다면 그것도 가능할것이다. 그러나 무상공여에는 "쌍방합의에 의하여 더단축할수있다"는 조항을 삽입하는것을 제외한다. 또한 유상에 있어서는 상환기간을 20년으로하고 "합의에 따라 연장이 가능"토록 하여야될것이다.

우시로구 그것은 안될것이다. 년평균 2,500만불로하는것은 김. 오히라 양해선인데 이것은 그때보다도 Top Heavy 가 되어있다. Off the record 를 요구하면서 — 솔직히 내막이야기를하면 전번에 대장성과 상의하던 것은 년평균 25.5백만불 선이었는데 그것도 대장성에서 반발이 나와 할수없이 그에 관한 협의를 중단하고 한국측에 대해서 Commercial Base 에 의한 경제협력이 라도 추진하자고 한것이다.

이참사관 Top-Heavy 라고 하지만 한국의 경제개발계획을 수행 하기에는 한국측이 제시한 금액은 필요한것이다.

우시로구 지금 상태로 대장성은 말을 안들을것이다. 김·오히라 회담에서는 유상분을 당긴다는것은 합의가 되었지만 무상을 당길 경우에는 유상은 당기지 안한다는 조건이었다.

이참사관 유상을 당긴다는것은 지금도 유효하다고 보아야할것 이고 무상을 당긴다는 문제가 고려되어야할것이다. 여하간에 계속검토하는것이 좋겠다.

배대사 유상은 그때 그때 외화사정에 따라 변동될수도 있지만 우선 그냥두고 OA 는 무상을 당겨서 지불 하는것만으로 생각하자. 유상의 27년을 20년으로 한다고할때는 위서 말한 합의에 의하여 연장할수 있다는 조건을 고려해주어야하겠다.

우시로구 쌍방합의에 의하여라는 조건을 부치면 강요당하는 결과를 가져고게될 우려가 있으니 곤란하다.

이참사관 일측이 한국측에 의하여 무리하게 끌려올리도 없을 것으로 생각한다. 여하간 그점은 검토해주어야 할 것이다. 청구권의 1억은 국교전이라도 가하다고 하는데 그것은 청구권과 관계없이 사용할수있다는 말인가. ?

배대사 어떻게되든 무상을 당기는것은 그냥 남는것으로 안다.

우시로구	그것은 그렇고 Supplementary로 결정지울수있다. 유상이라는 수은이나 기금에서 쓰여는 것이니 정부 부담은 마찬가지다. 도리여 당기는것을 적게하고 좋은 Project가 있으면 그때가서 해결하도록하는것이 대장성을 설득하기 좋다.
배대사	요다음에 다시 이야기하기로 하자.
이참사관	대장성과 협의하여 주기바란다.
우시로구	김장관이 오시기전에 어느정도 어업문제도 해결되었으면 좋겠다.
이참사관	각위원회것도 마찬가지다.
배대사	모든것을 빨리 해야하겠다. 문화재는 회담이 없는데 List 는 되었는가.
우시로구	현재 검토중이다.
이참사관	다음예비절충에서는 외상회담에 올릴것을 정리하도록 하자.
우시로구	그것도 좋은 이야기다.
다음회의	다음 목요일(7월 18일) 15.00에 열기로함.
신문발표	회담진행에 대해 논의하였고 어업협력을 어떻게하면 추진할수있는가를 논의하였다. P.R. 에 관하여 회담에 악영향이 없도록 세심한 조심을 하기로하였다. ~~서/심/한/1/7/심/7~~ 일측은 특히 배대사가 박의장친서전달시에 오히라외상과 행한 담화내용에 관하여 오보가 있는것에 대하여는 해명하겠다.

청구권 문제의 일괄 타결 방식 합의에 따른 개인 청구권 문제 처리 관련 교섭

한국 정부는 장면 정권하에서 진행된 제5차 한일회담 때부터 청구권 문제의 해결 방식과 관련하여, 일본 측이 주장하는 '경제협력'은 배제하였지만 정치적 타협을 위한 제반 해결책을 모색한다는 방침을 정한 바 있다.[1] 이러한 한국 정부의 기조는 박정희 정권의 제6차 한일회담에 들어와 더욱 분명해졌다. 제6차 회담 시작 전인 1961년 7월에 작성된 '한일회담에 대한 정부의 기본 방침'에는 "청구권 문제는 사법(私法)상의 변제 원칙에 기하되, 정치적 해결도 고려"한다는 입장이 담겼다.[2] 이 방침에 따라 제6차 한일회담에서는 우선 일반청구권소위원회가 11차례, 이 위원회 산하에 설치된 체신부 관계 전문위원회와 피징용자 전문위원회가 각각 4차례씩 개최되었다. 하지만 이들 위원회에서의 실무교섭은 성과 없이 종료되었고, 양국은 정치적 타결을 모색하는 길로 나서게 되었다. 그 결과가 1962년 11월 12일의 '김-오히라 합의'이다.[3]

'김-오히라 합의'는 양국 간 실무 교섭으로는 해결이 난망 시 되던 청구권 문제를 국가 대 국가 차원에서 포괄적, 정치적으로 접근하여 타결의 돌파구를 마련한 매우 뜻깊은 합의라고 할 수 있다. 그러나 다른 한편으로, 이 합의에는 그간 청구권위원회의 실무교섭에서 꾸준히 다루어져 온 '피징용 피해자'에 대한 보상 등 개인 청구권 문제가 국가 차원의 일괄 타결 방식에 함몰되어 버렸다는 안타까운 측면이 있음을 간과해서는 안 된다.[4]

사실 한일회담 기록을 살펴보면, 한국 정부가 개인 청구권을 살려놓기 위한 노력을 등한시 한 것은 결코 아니다. 우선, 1961년 12월 21일 개최된 제6차 한일회담 일반청

---

1 한국 외교문서 716, 제5차 한일회담 예비회담, 일반 문제, 1960-61, 한일 예비회담 진행 요강 제1호, 작성일자 불명, 1432-1442쪽.

2 한국 외교문서 720, 제6차 한일회담 예비교섭, 1961, 전 2권 V.1 7~8월, 한일회담에 대한 정부의 기본 방침 작성의 건, 1961. 7. 8, 35쪽.

3 유의상, 『대일외교의 명분과 실리』, 327쪽.

4 유의상, 위의 책, 387쪽.

구권소위원회 제8차 회의에서 한국 대표단은 개인 청구권과 관련하여 '청구권 요강' 제6항을 아래와 같이 수정할 것을 일본 측에 제의하였다. 협정으로 해결되는 청구권에 예외를 두고, 이에 관해서는 협정 체결 후라도 개별적으로 청구권을 행사할 수 있도록 하자는 제의였다.[5]

제6항 '한국 법인 또는 한국 자연인 소유의 일본 법인의 주식 또는 기타 증권을 법적으로 증정(證定)할 것'을 '한국인(자연인, 법인)의 일본 정부 또는 일본인(자연인, 법인)에 대한 권리 행사에 관한 원칙'으로 제목을 바꾸고, 그 내용은 "한국인(자연인 및 법인)의 일본 정부 또는 일본인(자연인 및 법인)에 대한 권리로서 이상의 요강 제1항에서 제5항에 포함되지 아니한 것은 한일회담 성립 후라 해도 개별적으로 행사할 수 있음을 인정할 것. 이런 경우에는 국교가 정상화될 때까지 시효는 진행되지 않는 것"으로 할 것.[6]

애초 이 제의는 대표단이 작성하여 본부에 건의한 것인데[7], 본부는 이 제의를 승인하면서 일본 측이 제의 이유에 대한 구체 설명을 요구할 경우, '신가파[싱가포르] 고려인회 관계 소각 군표[남방개발금고에서 발행]' 또는, '월남 거주 교포 김태성의 대일본 정부 청구 사항 및 화재보험 청구' 등을 예로 드는 것이 좋을 것이라는 의견을 제시하였다.[8] 한국 정부는, 그간의 청구권 문제 교섭에서 제기되지 않았던 사안들, 즉 한국이나 일본이 아닌 제3국에 거주하는 한국인의 대일청구권 문제가 한국 국내에서 제기되면서, "이것을 검토할 시간도 없거니와 과연 그 주장이 근거가 있는 것인지 없는 것인지도 알 수 없기 때문에 이것은 별개 취급으로 하여 회담 성립 후라도 개인이 청구할 수 있는 길을 터놓기 위한"[9] 조치로 이 제의를 하였던 것이었다. 이에 대해 일본 측은 "우리로서는 역시 자연인이나 법인 관계의 청구권 일체가 이 교섭에서 해결되었으면 하는 희망"이라고 하면서 일단 한국 측의 요구를 수용할 뜻이 없음을 밝힌 뒤, "좀 더

---

5 유의상, 앞의 책, 327-329쪽.

6 한국 외교문서 750, 제6차 한일회담 청구권위원회 회의록, 1-11차, 1961. 10. 27-62. 3. 6, 일반청구권소위원회 제8차 회의 회의록, 1962. 12. 21, 409, 417쪽.

7 한국 외교문서 750, JW-12268, 1962. 12. 16, 392쪽.

8 한국 외교문서 750, WJ-12175, 1962. 12. 19, 393쪽.

9 한국 외교문서 750, 일반청구권소위원회 제8차 회의 회의록, 1962. 12. 21, 409쪽.

검토한 후에 다시 우리 측 의견을 이야기하도록 하겠다"[10]고 하였다.

한국 정부는 1962년 1월 15일 작성한 제6차 회담 후반기 회담 개최에 관한 훈령에 "(청구 요강) 제6항에 대한 일본 측의 견해가 어떠하던, 우리 측은 본 항이 개인의 권익 보호를 위하여 막중한 것이라는 점을 강조하여 끝까지 관철토록 한다"라는 내용을 포함함으로써[11] 동 건 교섭을 성사키겠다는 강한 의지를 드러냈다. 일본 외무성 조약국이 이 한국 측의 제의에 대해 1962년 2월 26일 작성한 '토의용 자료'에는, "① 한국인의 사적(개인) 청구권이 모두 해결된 것으로 하는 방안, ② 사적(개인) 청구권은 어떠한 영향도 받지 않으며, 다만 시효 정지에 관해서는 별도 규정 없이 재판소의 인정에 맡기는 방안, ③ 한국인의 사적(개인) 청구권은 군정령 제33호에 의해 소속 변경의 대상이 되어 채무가 발생하는 경우를 제외하고 개별적 행사를 인정하는 방안, ④ 한국 측 요구를 전면적으로 인정하는 방안" 등 네 가지 방안을 제시한 뒤, '제1안이 최선'이라는 입장이 개진되어 있다.[12]

이후 1962년 3월 6일 개최된 일반청구권소위원회 제11차 회의에서 한국 측은 본부 훈령에 따라 제6항에 관한 문제를 다시 거론했다. 이에 대해, 일본 측은 "회담 타결 후에도 청구권이 남는다면 일본 측으로서는 역시 곤란하다"라고 하면서, 한국의 요구를 거부하였다(일본 측 문서에는 제6항이 아직 미해결 상태인 것으로 기록됨).[13] 그리고 3월 8일 외무성(조약국)은 "재일한인을 제외한 모든 한국인의 일본 정부 및 일본인에 대한 사적(개인) 청구권은 이 청구권 해결로 모두 해결된 것으로 한다"라는 방침을 수립하였다.[14]

1962년 11월 12일 김종필 부장과 오히라 마사요시 외상 간에 청구권 금액에 관한

---

10 한국 외교문서 750, 앞의 문서, 412쪽.

11 한국 외교문서 726, 제6차 한일회담: 본회의 회의록 및 종합보고, 1961-62. 2, 제6차 한일회담 후반기 회담 개최에 관한 훈령, 1962. 1. 15.

12 日本外交文書 1750, 要綱6に關する問題點(討議用資料), 1962. 2. 26.

13 한국 외교문서 750, 일반청구권소위원회 제11차 회의 회의록, 1962. 3. 6; 日本外交文書 1221 第6次日韓全面會談における一般請求權小委員會第11回會合, 1962. 3. 6.

14 日本外交文書 1754, 要綱6に關する方針案(未定稿), 1962. 3. 8.

합의가 이루어진 후, 한국 측은 같은 문제로 일본 측과 재차 교섭을 시도하였다. 12월 20일 한국 외무부는 아래와 같은 내용으로 청구 요강 제6항을 제외하는 방안을 다시 교섭하라고 주일 한국대표부에 지시했다.

청구권 문제에 관하여 현재 서울에 있는 대표 연명으로, 현재 토의되고 있는 방식으로 청구권 문제가 해결되면, 과거의 대일 청구에 포함되지 아니한 개인의 대일 청구까지 포함하여 해결되는 것이 되어 앞으로 정부의 입장이 곤란하게 될 것이므로, 금번의 해결에서 [대일 청구] 8개 항목 중 제6항은 제외된다는 데 관하여 일본 측의 양해를 얻어야 한다는 건의가 있음. (중략) 청구권 해결의 명목과 형식을 현재 교섭하는 방법으로 해결하되, 합의의사록 등의 방식에 의하여 제6항은 제외되고 해결된 것으로 일본 측의 양해를 얻을 가능성이 있는지를 검토 보고 바람.[15]

한국 측은 1962년 12월 21일 개최된 제2차 정치회담 예비절충 제20차 회의에서 본부의 위 훈령에 따라 청구 8개 항목 중 제6항목의 제외 문제를 일본 측에 다시 제기하였다. 그러나 일본은 이에 대한 토의조차 거부하였다.[16] 이로 인해 개인 청구권의 해결을 유보하고자 하는 한국 정부의 구상은 무산되고 말았다.

15 한국 외교문서 737, 제6차 한일회담 제2차 정치회담 예비절충: 본회의, 1-65차 전 5권, V.2 4-21차, 1962. 9. 2-12. 26, 외무부의 주일 대표부 앞 전문, WJ-12210, 1962. 12. 20.

16 한국 외교문서 737, 제20차 회의 시 언급 결과에 대한 보고, 451쪽.

한국 외교문서	일본 외교문서
1. 716, 제5차 한일회담 예비회담, 일반 문제, 1960-61, 한일 예비회담 진행 요강 제1호, 1960(작성일자 불명)	
2. 720, 제6차 한일회담 예비교섭, 1961, 전2권, V.1 7~8월, 한일회담에 대한 정부의 기본 방침 작성의 건, 1961. 7. 8	
3. 750, 제6차 한일회담 청구권위원회 회의 록, 1-11차, 1961. 10. 27-62. 3. 6, JW-12268, 청구 요강 제6항 변경에 관한 건의, 1961. 12. 16	
4. 750, 제6차 한일회담 청구권위원회 회의 록, 1-11차, 1961. 10. 27-62. 3. 6, WJ-12175, 1961. 12. 19	
5. 750, 제6차 한일회담 청구권위원회 회의록, 1-11차, 1961. 10. 27-62. 3. 6, 일반청구권소위원회 제8차 회의 회의록, 1961. 12. 21	
	6. 1218, 제6차 일한전면 회담의 일반청구권 소위원회 제8회 회합(第6次日韓全面会談の一般請求権小委員会 第8回会合), 1961. 12. 21
7. 726, 제6차 한일회담: 본회의 회의록 및 종합 보고, 1961-62. 2, 제6차 한일회담 후반기 회담 개최에 관한 훈령, 1962. 1. 15	
	8. 1750, 요강 6에 관한 문제점(토의용 자료)[要綱6に關する問題點(討議用資料)], 1962. 2. 28, 1750, 1962. 2. 26
9. 750, 제6차 한일회담 청구권위원회 회의록, 1-11차, 1961. 10. 27-62. 3. 6, 일반청구권소위원회 제11차 회의 회의록, 1962. 3. 6	
	10. 1754, 요강 6에 관한 방침(미정고)[要綱6に関する方針案(未定稿)], 1962. 3. 8
11. 737, 제6차 한일회담 제2차 정치회담 예비절충: 본회의, 1-65차 전 5권(V.2 4-21차, 1962. 9. 2-12. 26), WJ-12210 외무부장관의 대표단 앞 훈령, 1962. 12. 20	

한국 외교문서	일본 외교문서
12. 737, 제6차 한일회담 제2차 정치회담 예비절충: 본회의, 1-65차 전 5권(V.2 4-21차, 1962. 9. 2-12. 26), 제20차 회의 시 언급 결과에 대한 보고	
13. 737, 제6차 한일회담 제2차 정치회담 예비절충: 본회의, 1-65차 전 5권(V.2 4-21차, 1962. 9. 2-12. 26), 제20차 회의 회의록, 1962. 12. 21	
	14. 651, 일한예비교섭 제20회 회합 기록(4. 의사 순서), [日韓予備交渉第20回会合記録 (4. 議事次第6)] 1962. 12. 21

1. 한일 예비회담 진행 요강 제1호, 1960. 8 이후(작성일자 불명)

한국 외교문서 716, 제5차 한일회담 예비회담, 일반 문제, 1960-61

1960년 8월 장면 정부 출범 이후 한일회담 재개를 앞두고 작성한 예비회담 진행 요강이 담긴 문서다.

이 진행 요강에서 한국 정부는 일본 측이 주장하는 '경제협력'은 배제하였지만 정치적 타협을 위한 제반 해결책을 모색한다는 방침을 정한 바 있다.

韓日豫備會談 進行要綱 (第一號)

一. 基本方針

(1) 豫備會談에 있어서는 各問題의 實際的인 事務的 檢討와 日本側의 새로운 態度를 探知하여 本會談에서 政治的 妥協 決定을 함에 必要한 諸般 資料를 模索하는 데 目標를 둔다.

(2) 豫備會談을 二個段階로 区分하고 第一段階에 있어서는 我側 態度의 具体的 表明을 (可及的 保留하고 日本側의 態度의 非公式 打診에 注力하며 第二段階에 가서 日本側 態度를 考慮한

然後 我側의 中間的態度를 示唆乃至表明하도록 한다.

(3) 日本側은 十一月二十日의 總選擧結果 判明時까지 確實한 態度表明을 保留할 것이 豫想되는 바 如斯한 境遇 我側은 第二段階로의 進入을 日本總選擧完了時까지 保留할 것임.

韓日豫備會談進行基本要綱

一、基本方針

(1) 豫備會談에 있어서는 各問題의 實際的인 事務的 檢討와 日本側의 새로운 態度를 探知하여 本會談에서 政治的 妥協決定을 함에 必要한 諸般解決方案을 模索하는데 그 目的을 둔다.

(2) 會議는 韓日第四次會談이라고 規定하되 第四次 會談까지의 兩國間의 合意乃至了解事項 및 討

議內容은 이를 可及的 簡單明瞭히 하여 文書를

進行시킨다.

(5) 會議의 組織과 進行要領은 可及的 第四次會談時와 같이 한다.

(6) 用語는 國語, 英語 및 日本語로 한다. 公式文書는 此를 英文으로 作成토록 한다.

二. 各問題에 対한 解決原則

(1) 法的地位委員會.

第四次會談末에서 거이 合意에 到達한바
있는 內容을 基礎로 하여 可及的 早速히 解
決하되 다음과 諸點에 関한 我側의 主張을
貫徹시키고, 이 問題는 本會談에
서 實質的 合意에 到達토록 한다.

(ㄱ) 終戰以前부터 継續하여 日本에 居住하고있는
者(以下 "在日韓人"이라고 함)에게 有利한
諸般의 法的保障(例컨대 內國民待
遇等)을 確立하여 日本에서 安
住케함을 主目的으로 한다

(ㄴ) 在日韓人의 財産 國籍問題및 이에 附隨

되는 補償金問題는 我側으로서는 이를 提起하지 않기로 한다.

(ㄷ) 在日韓人에 對하여는 退去強制에 關한 日本國의 法令의 適用을 免除乃至 緩和適用케 한다.

(ㄹ) 在日韓人의 北送은 禁止하는 條項을 挿入토록 한다.

(ㅁ) 在日韓人中 歸國者에 對하여는 無制限으로 財産의 搬出과 送金을

許容하며 그 이 次와 形式에 対하여는
別途로 合意토록 한다.

(2) 韓國請求權委員會

(ㄱ) 一般請求權委員會.

~~(a) 日本側가 提出한 案을 基礎로 한다.~~

9.(a) 日本側에서 從來 我國이 要求한 諸
項目中 二重計算한 部分 및 事
実上 旣히 受取한 部分, 乃至 根
據가 薄弱한 部分을 減除하고 그
確実한 項目을 提示하여 이에 対

한日本側의 原則的인 債務承認
을 强力히 要求한다。

(b) 前記原則이 確認되면 專門家
에 依한 債權額을 算出確定
케 한다 (註) 最初請求額은 約 十五億弗로 稱

X (c) 如何한 境遇에 있어서도 請求와
最少額은 比律賓賠償額總額(八億弗)
보다 적을 수 없다。

(d) 所謂「經濟協力」이라 하에 借款

云々 하는것은 本請求權問題라는
嚴格히 区別되어야하며, 그에關
하여는 別途로 ~~交涉會~~ 取扱하기로 한다.

(ㄴ) 船舶小委員會

(ㄱ) 要求船舶總噸數를 標準으로
하여 이에 相當하는 價値의 新船舶
또는 現存可用船舶을 返還
받도록 한다.

(ㄴ) 要求船舶各港는 이를 分割提

出치 않은 各議題別 (A.B)로

一括하여 提出 (註) 第四次會

談에 있어서는 各議題別 船舶 各

請을 數次에 걸쳐 分割 提出할

方針이었음

(C)

議題 (c)와 (d)는 이미 解決된 것으로

서 處理한다. (註) 議題 (C)는 日本

의 對韓代償船舶 五隻又에 關한 것이

며 議題 (d)는 第一次會談時 現在 在韓 韓國

際聯合軍에게 拿捕 返還된 船舶에

關한 것이다.

(ㄷ) 文化財小委員會.

(a) 日本國有 및 公有의 韓國文化財는 이를 全部 返還토록 要求한다.

(b) 個人所有의 韓國文化財는 日本側이 可及的 多數를 返還토록 要求한다.

(3) 平和線 및 漁業委員會

(ㄱ) ~~我國의 漁業 및 國防上 [illegible] 平和線과~~

(a) 日側으로 하여금 會談初에 平和線 尊重 原則에 基한 새로운 誠意있는 協定案을 提出토록 要求한다.

(b) 國內外의 反響을 參酌하여 適當한 時期에 我側이 前記原則에 立却한 協定要綱을 提示한다.

(C) 平和線內問題解決은 我側으로서는 早急히 서둘지 말고 日側이 請求權問題等에 있어서 誠意를 表示한 後 最後段階에 가서 妥協을 企圖한다.

(4) 基本關係委員會.

(ㄱ) 韓日兩國의 關係는 條約으로서 規制하고 從前의 兩國間의 關係文書는 無效임을 確認한다.

(ㄴ) 大韓民國政府가 韓國의 唯一한 合法政府임을 承認하고 北傀와 [illegible]國과 其 如何한 關係도 맺지 않을 것을 日本側으로 하여금 確約케한다.

(ㄷ) 外交關係를 條約發效와 同時에 樹立하고 大使를 交換한다.

(ㄹ) 通商 및 航海에 關한 條約은 別途交涉締結케 한다.

三. 行政事務에 關한 節次

(1) 會談進行에 關한 報告는 首席代表가 遲滯없이 外務部長官앞으로 한다.

(2) 特別한 連絡協議事項이 있을 時에는 適

외무부

当한 人員이 出張 또는 赴國하여 政府方針의 正確한 執行을 確保토록 한다.

(3) 本部 및 代表國에서의 公式 代弁人을 指定하고 그 以外의 人員은 發表事項에 干與치 않는다.

2. 한일회담에 대한 정부의 기본 방침 작성의 건, 1961. 7. 8

한국 외교문서 720, 제6차 한일회담 예비교섭, 1961, 전 2권, V.1 7~8월

박정희 장군의 군사정변 이후 중단되었던 한일회담의 재개를 염두에 두고 한국 정부가 작성한 회담 대응을 위한 기본 방침이 담긴 문서다.

이 문서에서 한국 정부는 청구권 문제와 관련하여 기본적으로는 사법(私法)상의 변제 원칙을 기초로 교섭에 임하되, 궁극적으로는 정치적 해결도 고려한다는 입장을 수립하였다.

다음과 같은 공문을 발송. 시행함이 어떠하오리까

장관

차관

정무 국장

아주 과장

기안자

편찬류별		류	단기 4294년 7월 8 일	기 안
보존종별		종	단기 429 년 월 일	결 재
기 장	발 송		단기 429 년 월 일	발송. 시행

외 ( ) 제 호

단기 429 년 월 일

— 품의안 —

외 무 부

귀 하

건 명 : 한일회담에 대한 정부의 기본 방침 작성의 건

머리의 건, 앞으로 재개될 한일회담에 있어서 우리정부가 취할 기본 방침을 다음과 같이 결정함이 어떠하올지 품의 하나이다.

기

별첨 : 한일회담에 대한 정부의 기본 방침.

이상

國務院事務處
總務部

次官用寫本

韓日會談에 對한 政府의 基本方針

一、在日韓人 法的地位

1. 永住權 賦與(子孫包含). 退去強制 不認定.
2. 大韓民國 國民임을 認定.
3. 歸國者의 財産搬出 自由.
4. 送金은 外貨導入 形式 自由.
5. 在日韓人에 對한 內國民과 同等待遇.

외 무 부

二、漁業 및 平和線

1、漁業資源 保護 및 國防上의 目的으로 維持.

2、滿限未到達 漁業資源에 關하여는 漁業協定 締結로서 解決.

3、漁業協定은 다음 事項을 包含.

(1) 管轄區域

(2) 規制區域

(3) 共同操業區域

三、韓国請求権

1、請求権과 経済協助는 別途.

2、請求権問題는 私法上과 経済原則에 基하되 政治的 解決도 考慮.

3、一般請求権 請求額은 最高 一九 億弗 最低 五 億弗.

4、船舶은 新造船으로 最高 十三 万屯、最低 三〇 万屯

5、文化財는 日本国有는 全的으로 返還、私有는 返還을 推進.

3. JW-12268, 청구 요강 제6항 변경에 관한 건의, 1961. 12. 16

한국 외교문서 750, 제6차 한일회담 청구권위원회 회의록, 1-11차, 1961. 10. 27-62. 3. 6

제6차 한일회담 청구권위원회 제8차 회의를 앞두고 한국 대표단이 '대일청구요강안' 제6항을 수정할 것을 본부에 건의하는 문서(전문)다.

대표단은 요강 제1항에서 제5항에 포함되지 아니한 것은 한일회담 성립 후라 해도 개별적으로 행사할 수 있음을 인정하고, 이런 경우에는 국교가 정상화될 때까지 시효는 진행되지 않는 것으로 수정하자고 건의하였다.

대한민국 외무부

번 호 : JW-12268

일 시 : 161200

암 호

비 밀

수 신 인 : 외무부 장관 귀하

6개 항목중 6항을 아래와 같이 변경함이 좋다고 생각되는바 이 건의에대한 찬부를 지시하여주시기 바라나이다. 또한 이 안이 허용된다면 요강 제 5항중에 포함된 주식에 관한 청구는 본항에 포함되는것으로 하고 이를 제5항에서 삭제함이 가하다고 사료됨. 의제-본 한일회담 토의요강 제 7 내지 제 5 항의 청구권범위에 속하지 않는 권리에 관한 원측적 주장- , 청구의 취지- 요강 제1 내지 제5항에 청구권의 범주에 속하지 않는 권리로서 한국인(법인 및 자연인)이 일본 정부, 일본인(법인 및 자연인)에 대하여 가지고있는것에 관하여는 본 한일회담 성립후일지라도 각 해당 한국인이 이를 행사할수 있음을 인정하되 해 권리에 관한 시효는 한일국교가 정상화 될때가지는 진행되지 않는것으로 할것.

수석대표

4. WJ-12175, 대표단 건의에 대한 본부 입장 통보, 1961. 12. 19

한국 외교문서 750, 제6차 한일회담 청구권위원회 회의록, 1-11차, 1961. 10. 27-62. 3. 6

대표단의 '대일청구요강안' 제6항 수정 건의에 대해 이를 승인한다는 본부 입장을 통보하는 문서(전문)다.

대한민국 외무부

번 호: WJ-12175
일 시: 1,21611

암호

수신인: 한일회담 수석대표

대: JW-12268호

일반청구권 소위원회 관계로 다음 사항을 지시합니다.

1. 대호 전문으로 건의하신 우리측 청구 제6항의 변경을 승인함.

2. 동 6항을 변경하는 이유에 관하여 일본측이 구체적인 설명을 요청할 시에는 제5차 회담시 외정 (아) 제1422호 (4293. 12. 3)로 송부한 바 있는 신가파 고려인회 관계 소각 군표 (남방개발금고에서 발행한 것), 월남 거주 교포 "김 태성"의 대 일본 정부 청구 사항(귀 대표단 일반청구권 소위원회에서 관계 서류를 1부 보관중임) 및 화재 보험 청구 관계 등을 예로 설명하는 것이 좋을 것으로 사료함. (정. 아)

장 관

5. 일반청구권소위원회 제8차 회의 회의록, 1961. 12. 21

한국 외교문서 750, 제6차 한일회담 청구권위원회 회의록, 1-11차, 1961. 10. 27 - 62. 3. 6

제6차 한일회담 일반청구권소위원회 제8차 회의 회의록이다.

이 회의에서 한국 대표단은 대일청구요강안 제6항을 수정할 것을 일본 측에 제의하였다. 한국 측 제의에 대해 일본 측은 자연인이나 법인 관계의 청구권 일체가 이 교섭에서 해결되었으면 하는 희망이라고 하면서 일단 한국 측의 요구를 수용할 뜻이 없음을 밝혔다.

일반청구권 소위원회 제 6 차 회의

회 의 록

1. 개최 일시: 단기 4294년 12월 21일 오후 4시부터 2시간

2. 개최 장소: 일본 외무성 회의실

3. 참석자:

한국측
김 윤 근 수석위원
고 범 준 위원
이 상 덕 "
정 태 섭 "
홍 승 희 "
김 학 천 "
홍 윤 섭 "
이 창 수 "

일본측
미야가와(宮川) 주사
요시오까(吉岡) 주사대리
우라베(卜部) 부주사
사구라이(櫻井) 보좌
혼마(本間) "
가네꼬(金子) "
스기다(杉田) "
모리모도(森本) "
도모다(鞆田) "
스께가와(助川) "
오기소(小木曽) "

오와다(小和田) 보좌

야나기야(柳谷) 〃

스기야마(杉山) 〃

와따나베(渡辺) 〃

히사이찌(久一) 〃

사사다(笹田) 〃

4. 토의내용 :

미야가와 : 오늘은 최후의 회의이고 시간도 없는데 어떠한 방식으로 회의를 진행할 생각인가.

김 대표 : 전번회의에서 토의미진한것을 먼저 끝내고 그뒤에 선박관계 전문위원회의 결과를 어떻게 처리할것인가를 결정하고 그 결정에따라 처리한후에 요강의 제6항까지 끝내도록 하는생각이다.

미야가와 : 요강 7,8,9 에 대하여는 견해를 달리하는점도 있으나 연내에는 시간이 없기때문에 내년 재개시 상세한 의견을 이야기 하겠다.

김 대표 : 좋다. 그적게 일본측으로부터 폐쇄기관과 재외회사에관한 일본측 주장의 메모를 받었는데 의문나는점, 견해를 달리하는점도 있으나 일본측이 그렇다면 우리도 내년재개시 하겠으나 단지 잔여재산중 한국인 재산처리에관한 자료를 주면 다음으로 진행하여도 좋다고 본다.

미야가와 : 폐쇄기관과 재외회사에관한 디스개런티 및 재외채권자 즉, 재외 주주를 위하여 유보한 재산의 처리에관하여는 관계당국에 요청하였으나 거절하는것은 아니지만 예산관계도 있고 그 자료가 방대하고 복잡하며 또 기구도 달라졌기때문에 미처 준비하지 못하였다. 이자료는 내가 성의를 가지고 내년 재개시에 제출하도록 노력하겠으니 양해하여주기 바란다.

김 대표 : 그러면 그 자료는 휴회중이라도 우리 대표부를 통하여 보내주었으면 좋겠다.

미야가와 : 될수있는대로 노력하겠다. 아까 멸한바와같이 요강 4에대하여 일번에발은 한국측 주장에 대한 일본측의견은 다음여하겠으나 우선 한마디 소견을 말하겠다. 요강 4에 대하여 한국측은 종전전부터 한국법인이라는데 그 근거를두고 있으나 에에대하여는 근본적으로 소견을 달리하고 있다. 지역적으로 볼때는 구 일본영토이고 또 그 준거 법규는 한국법이 아니고 일본법이 였기 때문에 한국법인이라는 메는 동의하기 곤난하다.

김 대표 : 지역적으로 볼때에는 구 일본통치하의 지역이 였더라도 법역이 별개이었고 또 준거법도 한국에만 실시하기위한 법율이었음으로 한국 법인 이라고 하는것인데 이러한것을 오날 이자리에서 되푸리 하고 싶지는 않으나 그 점을 밝혀두는 바이다. 그리고 전문가회의는 어떻게 취급할 생각인가.

미야가와 : 김 주사도 보고를 받었겠지만 나도 보고를 받었으나 쌍방에서 검토하지 않은점도 있고 또 자료를 어떻게 취급할것인가 하는 문제도 있다. 자료를 어떻게 취급할것인가 하는 관계청과도 의논하여재개시 검토하기로 하겠다.

김 대표 : 그러면, 전문가 회의는 일단 끝난것으로 하고 각기 받은 보고를 어떻게 취급할것인가는 내년 재개시에 이 소위원회에서 결정하자는 뜻인가.

미야가와 : 그렇다.

김 대표 : 그렇다면 그렇게 하기로 하자.

미야가와 : 그리고 요강 3,5 에 관하여 자료를 주기로 되여있는데 준비되어 있는가.

김 대표 : 준비하고 있다. 자료는 이회의가 끝난후에 주도록 하겠다.

우라베 : 준비된 자료는 어떠한것인가.

김 대표 : 유가 증권 명세표, 일본은 행권등 소각증명서, 미스캐핀미에서 통고해온 한국인 피증용자 미수금관계 서장(스캐핀), 피 증용자 인원수 조사표 및 인원조사 문헌표 등이다.

외시오가 : 그외 보상금 금액 산출의 금액에 관한 자료는 준비 되어 있는가.

이 대표 : 그것은 준비 되어 있지 않다.

요시오가 : 그것도 내주기 바란다.

김 대표 : 내보도록하겠으나 일본인에게 주는것과 같은 계산임으로 일본측에서도 알것으로 생각한다.

우라베 : 그러면 제 5항의 5에 들어가자.

김 대표 : 그전에 일전에 설명한 보상금 관계에 대하여 혹시 착오가 있으면 안됨으로 한마디 보충할 것이 있다.

(이상덕) 보상금관계 설명에 있어서 한국내에서 징용된자를 포함하는가의 질문에 대하여 포함하지 않는다고 말하였는데 그것은 노무자 만을 포함하지 않었다는 것이며 군인 군속은 일지를 묻르는것이기 때문에 포함된것이다. 오전에도 그런 뜻으로 설명한것이지만 그점 오해 없기를 바란다.

미야가와 : 잘 알었다.

김 대표 : 제5항의 (a)는 한국인의 대일본 정부청구이며 이것은 연금 기타로 되어있으나 기타는 기탁금 관계이다. 연금은 과거의 소위 은급인데 이것은 또 연금과 일시금으로 구별되어있다. 그 청구액등에 대하여는 이대표가 설명하기로 하겠다.

(이상덕) 금액은 연금은 35,120 명에 289,645,000 원이고 일시금은 20,268명에 16,549,970 으로 합계 55,388명에 306,194,970원이다.

요시기가와 : 은급은 문관외 군인 군속을 포함하는가.

이 대표 : 포함 한다.

요시오까 : 군인 군속과 민간의 구분은 아는가.

이 대표 : 구분은 모른다.

요시오까 : 문관은급은 국고에서 지불되는것도 있고 지방정부나 조선의 지방 자치단체에서 지불되는것도 있어서 그 종류가 많아 복잡한데 문관은급은 어느 범위내의 것인가.

이 대표 : 자원출처 관계는 조사되어 있지않으나 해당자 소속 관서별로는 알고있다.

요시오까 : 소속관서별로도 대체로는 알수있을것이다. 그러면 그금액은 일년분인가.

이 대표 : 1년분을 산정해서 20년만 보았다.

요시오까 : 언제 부터 기산하여 20년인가.

이 대표 : 종전후 부터이다.

요시오까 : 조사 자료는 관서별인가.

이 대표 : 그렇다.

김 대표 : 1[illegible]년 미군정청에서 각 우편국 또는 우편소를 통하여 조사한 것을 기초로 하였는데 어느정도 정확한지는 모르겠으나 일본측에서 말하고 있던 금액보다는 적은것이다. 은급관계는 오히려 일본측에 정확한 자료가 있을것이다. 은급관계는 귀측에서 어떻게 처리하고 있는가.

요시오까 : 우리도 잘모르나 은급국에서 재정한것이외에는 모르는것이 사실인것 같다.

이 대표 : 재정분은 어떻게 되어 있는가.

우라베 : 그것은 재정한 이상 기록이 있어서 명확하나 인원수에관하여는 전에 이야기한 기억이있으나 지금 자료를 가지고 있지 않기때문에 확실치 않다.

요시오까 : 미 재정분도 들어 있다고 하는데 그것은 어떻한 방식으로 계산 하였든가.

이 대표 : 신청중에 있든것을 자료로하여 계산 하였다.

우라베 : 일시금이 있는데 그것이 미재정분을 의미하는것인가.

이 대표 : 그렇치 않다. 일시금에도 재정분 미재정분이 있다.

요시오까 : 미 재정분은 얼마나 되는가.

이 대표 : 지금 즉답하기 어려우나 일본측은급국에 있는 자료와 우리의 것과 서로 대사 하도록 하자.

요시오까 : 그렇게 할수밖에 없는것이다. 귀측 생각의 대강은 재정분과 신청중의 분이라는 뜻인가.

김 대표 : 그렇다.

요시오까 : 전의 보상금과 이 은급과는 어떠한 관계가 있는가.
중복되지는 않는가.

김 대표 : 중복된것은 아니다.

요시오까 : 상병은급은 포함하지 않는가.

이 대표 : 포함하지 않는다. 이것은 보통은급 뿐이다.

요시오까 : 그러냐. 전의 사망자의 대한 보상금 1,650불의 산출기초를 알면 그간의 사정은 잘 알수 있는것인데 생존자에 대한 보상금 200불은 별로 기초 라는것이 없을것이지만 사망자에대한 보상금은 어떻게 계산한것인지 그것을 알고싶다.

김 대표 : 내가 아는 한에서는 평균하여 지금의 일본의 원호법의 중간을 취한것으로 생각한다.

요시오까 : 종전후 시기에따라 보상액이 다른데 어느 시기의것을 택하였는가.

김 대표 : 현재 시행중인 것이다.

요시오까 : 20년이라고 한것은 어떤생각에서인가.

김 대표 : 평균수명으로 보았다.

요시오까 : 은급법에는 일본인에게 한하기로 되어있으며 이것은 법적 지위와도 관계가 있는데 일본인이 아니라도 은급을 달라는 의미인가.

김 대표 : 기금을 지출하였기 때문에 그관계를 고려에 논것이다.

요시오가 : 그것은 보석과는 달리 명목적인것에 불과하다. 여하튼 한국측의 취지는 잘 알었는데 이것은 전문가로 하여금 대사 시키도록 하여야 하겠다.

김 대표 : 다음은 기탁금인데 이것은 종전후 재일 한국인이 귀국할때 일본정부에 예탁한것을 청구 하는것이다.

우라베 : 이것은 세관에서 보호 예수한것인가. 그 금액은 얼마나 되는가.

이 대표 : 이것은 셋으로 나누어 지는데 일본세관이 보관하고 있는것이 10,510,200원 58전, 이것도 세관에서 보관하고 있는것으로 인정되는 것이나 일본정부가 한국인 귀환자에 대하여 일본은행권을 조선은행권으로 교환해준것이 48,714,680원. 그리고 구 조변에 기탁하였으나 후에 일본정부에 압수된것이 54,5 0,000원이다.

요시오가 : 둘째번의 일본은행권과 조선은행권이 교환되었다는 것은 무슨 뜻인가.

이 대표 : 귀환자를 위해서 일본은행권을 조선은행권과 교환받은것이다.

우라베 : 귀국에서 조선은행권을 가지고 왔다는 의미인가.

이 대표 : 그렇다. 한국인 귀환자가 가지고 있는 일본은행권을 조선은행권과 교환하기 위하여 미군정부에서 제공한것이다.

김 대표 : 이경우 일본은행권을 반환하라는 뜻은 아니고 그 대가를 반환하라는 것이다.

미야가와 : 교환대전을 못받었다는것인가.

김 대표 : 그렇다.

우라베 : 세관에 기록이 있을가.

요시오까 : 첫재것은 세관에 있다고 보나 둘재것은 있을지 없을지 조사해보지 않고서는 모르겠다.

이 대표 : 우리에게는 결제된 흔적이 없고 그 당시 제공한 그대로 남아 있다.

요시오까 : 조련에 기탁이란 무엇인가.

이 대표 : 귀환자의 소지금은 제한 되었는데 그 제한외의 금원은 조련 등에 예탁 하였던것이다. 그후 조련은 불법단체로서 해산되고 그 재산은 일본정부에 압수된것으로 알고 있는데 그 압수된 재산속에 들어 있든것을 말한다.

우라베 : 이것은 법무성 관계인데 사실관계를 조사 해보도록 하겠다.

요시오까 : 첫재것은 신고 시킨것인가.

김 대표 : 1951년 8월 7일 일본 대장성에서 (구마시로 명의) "스캐프"에 보낸 서장의 사본이 있다. 여기에는 조련것을 제외하고는 모두 명세가 나와있다.

요시오까 : 그러면 그 사본을 줄수 없는가.

김 대표 : 주겠다.

(미야가와 퇴석)

김 대표 : 다음은 제5항의 6인데 이것은 일본인 또는 일본 법인에 대한 청구로 되어있다. 제목은 일반적인것으로 되어 있으나 여기서는 한국인의 일본 생명보험 회사에대한 청구권에 한정하겠다. 이것은 한국인 개인이 종전당시까지 일본생명보험회사에 가입 하는 불입한것을 말하는것인데

상세한것은 이 대표가 설명하기로 하겠다.

이 대표: 이것은 생명보험의 책임 준비금을 청구 하는것인데 그 금액은 438,000,000원이며 일본측의 관계회사는 19개 회사이다. 가입자의 명부는 없어졌으나 회사별로는 조사돼둔것이 있다.

우라베: 회사별로는 아는가.

이대표: 안다. 우리가 듣기에는 일본측에서도 회사별로 분류하여 가지고 있는것이 있다고 들었다.

요시오가: 회사별로된 표를 얻을수 있는가.

우라베: 생명보험관계는 대단히 귀찮은것으로 생각 한다. 이것은 개인이 회사에 가서 청구할 성질의것이 아닌가.

김 대표: 개인이 일일히 추심할수도없고 또 그 금액도 알고 있음으로 이 회담에서 토의하여 결정하자는것이다. 보험관계외에도 개인대 회사가 되면 실제문제로서는 대단히 어렵게 된다고 본다.

우라베: 그러한 방법도 있으나 책임준비금이라면 회사별로 다르다고 보는데 그것을 어떻게계산하였는가. 또 금액이 큰데.

김 대표: 전시중 저축 아니면 보험가입으로서 반 강제적으로 한것이기 때문에 그 금액이 큰것이다.

우라베: 그러면 그것도 자료를 줄수 없는가.

김 대표: 주겠다.

요시오가: 한국측은 우편저금과 동일한것으로 보고 청구하고 있으나 청구측 입장으로 본다면 동일한것이 될런는지는 모르겠으나 생명보험과 같이 사기업의 경우는 우편저금과는 달라 청구할때 명부가 없으면 문제가 대단히 어렵게 된다고 본다.

김 대표 : 그렇게도 말할수 있으나 이것은 정부가 전연 관여 안한 것도 아니므로 정부대 정부로서 해결하자는 것이다.

우라베 : 무리하게 정부를 개입시키는것이 어떨가 생각한다.

김 대표 : 다음은 제5항의 6 기타 인데......

우라베 : 이것은 제5차 회담때 청구할것이 없다고 들었는데......

이 대표 : 예정하고 있지않다고 말했을뿐 없다고 이야기한적은 없다.

김 대표 : 이 항목은 토의를 보류한다는것이고 항목 자체를 삭제한다는 뜻은 아니다. 제 6항은 제목이 "한국법인 또는 한국 자연인 소유의 일본법인의 주식 또는 기타 증권을 법적으로 인정할것을 청구함"으로 되어 있으나 내용은 같으나 그 제목을 "한국인 (자연인, 법인을 포함함) 의 일본인 (자연인, 법인 을 포함함) 또는 일본정부에 대한 권리행사 에관한 원측"으로 변경 하겠다. 우리측이 주장하는 내용은 한국인 (자연인, 법인)의 일본인 (장연인, 법인) 또는 일본정부에대한 권리로서 요강 제 1항 내지 제 5항에 포함되지 않은것은 한일회담 성립후라 할지라도 이것을 개별적으로 행사 할수있는것으로 한다. 이경우에 있어서는 양국간의 국교가 정상화 할때까지는 시효는 진행하지않는 것으로 한다. 이것을 너은 취지는 회담진행 도중에 여러가지 종류의 청구를 주장해오는것이 잇는데 이것을 검토할 시간도 없거니와 과연 그 주장이 근거가 있는것인지 없는것인지도 알수 없기때문에 이것은 별개 취급으로하여 회담성립후라도 개인이 청구할수 있는길을 터 놓기 위한것이다.

오시오까: 제 1 항목 내지 제 5 항목에 들어 있는 개인 청구권 관계는 어떻게 되는가.

김 대표: 그것은 이회담에서 일괄하여 결정하게 되는것이므로 개인으로서는 주장할수 없고 그 외의것은 실제 있는지 없는지는 모르겠으나 있을경우에는 그 권리를 주장할수 있게 하자는것이다.

우락베: 요강 5의 주식은 어떻게 되는가.

김 대표: 제 5항에서 제외되어 제 6항에 넣었다.

우락베: 국채등은 후에 개인이 가지고 올경우에도 그 지불을 하지않어도 좋다는 의미인가.

김 대표: 그렇다.

우락베: 그러나 그렇게되면 군령 33호 관계로 회담이 시초로 도락가게 되는 결과가 되지 않을가 우려된다. 모처럼 정부간에 결정을 보더락도 이런것이 있으면 곧 "루―푸 홀―" 이 남는것이 아닌가.

김 대표: 그것은 다시 정부간에 회담하는것이 아니고 개인적으로 청구하게 되는것이기때문에 "루 ―푸 홀" 이라고는 보지 않는다.

요시오까: 지금 미야가와 주사가 없기때문에 무어락 말할수 없으나 이문제는 상당이 이론이 있을것으로 생각한다.

김 대표: 그러한 개인의 청구권이 있다 하드락도 이회담에서 다시 토의하자는 것이 아니고 이회담은 이것으로 끝내고 그러한 청구권은 개별적으로 청구할수 있는길을 터 놓자는 의미이다.

우락베: 군령 제 33호와의 관계로서 한국인의 대일 부채는 없어지고 대일 채권은 회담 성립후에도 남는 빠로 하면 큰 문제가 일어나지 않겠는가.

김 대표 : 군령 33호와는 관계가 없다. 이것은 그러한 청구권이 성립하느냐 안하느냐를 정하는 단계까지는 가지않고 청구권이 있다고 주장할경우 재판소에서 재판하는 여지는 아쯕 있게 하자는 것이다.

우라베 : 군령 33호의 효력은 협정시 소멸하는것으로 대항 요건을 넣으면 몰라도 군령 33호를 인정하고 그 무효를 주장할수 없는한 재판소에 소송이 되드라도 역시 문제가 된다고 본다.

김 대표 : 그것은 법률적으로 재판관이 지시하면 그 지시를 따라야하나 예를 들어 종전전부터 동경에 체납된 집세가 있는데 이것이 이회담의 의제에 들어있지 않다는데도 불구하고 이 회담이 성립되었다고해서 이러한 개인 청구권이 없어지게 된다면 그것도 곤난한 문제가 아닌가. 따라서 이경우에는 회담과는 관계없이 개인간의 청구 또는 재판소에 소송을 제기 할수 있게 하자는 것이다.

요시오까 : 거꾸로 양측에 집세관계로 채권채무가 있을때는 곤난하지 않는가.

김 대표 : 재판소에 소송한다면 하등 곤난할것이 없지 않는가. 재판소의 명령이 있으면 그것은 별도로 당사자간에 채권채무를 정리 할수있는 길을 남겨두게 하자는것이다.

요시오까 : 이경우 상쇄하자고 주장할 경우에는 어떻게 되는가.

김 대표 : 그것은 재판관에 일임할 문제이고 상쇄하기로 된것이라면 물론 그것은 상쇄하여야 될것이다.

오시오가: 취지는 알겠으나 여러가지로 문제가 있다고 본다. 여타는 후에 다시 우리측 의견을 이야기 하겠다.

우라베: 역시 곤난한 문제가 일어날것으로 본다.

김 대표: 일어나지 않을것이므로 안심해도 좋은것이다. 이조항은 오히려 소명적 조항이니가 일본측에도 의견이 있을줄안다. 그리고 6항목에 대한 취지와 내용을 메모로 해서 주겠다. (별첨 참조)

우라베: 일본측의 입장도 있음으로 그점은 십중히 생각해주기 바란다. 우리로서는 역시 자연인이나 법인관계의 청구권일체가 이회담에서 해결 되었으면 하는 희망이다. 또 일본에서는 개인관계의 사유재산권은 보호 한다는 입장을 취하고 있음으로이러한 항목을 넣지 않는다 하더라도 그 권리는 남게 될것이다.

김 대표: 그러나 회담에서 지금가지의 항목에 나온것이나 안나온것이나 모두 회담 성립이라는 이유로서 소멸된것이라고 하면 소송이 있을때 재판소에서 판단하는데 오히려 곤난할것이다.

우라베: 그러한 경우에는 회담에서 체결한 협정해석에 관하여 행정권과 사법권이 대립하는 결과가 되지 않는가.

김 대표: 별로 지장이 없을것으로 본다.

사구라이: 그렇게 된다면 군령 33호와의 관계로서 사적 청구권의 관하여는 근본적으로 재고 하지않으면 안되리라고 본다.

김 대표: 회담은 의제로 되어있는것, 즉 8개 항목게 들어 있는것을 해결

하자는 취지로 알고있다. 따라서 8개 항목에 들어 있는것은 있지 않은 개인 청구는 주장할수 있게 하고 재판소에서 주장할수 없는 것이라고 하면 몰라도 주장조차 할수 없게 한다면 그것도 곤난한 문제이다.

이 대표 : 구 항목에는 기타가 있으나 여러가지 잡다한것이 있어서 그것을 전부 망라할수는 없음으로 역시 개별적으로 해결하는 길밖에 방법이 없다고 본다.

우라베 : 어떠한 예가 있는가.

이 대표 : 남방에서 일본내 요가고하마 정금은행으로 송금한 송금 수표를 가지고 온 경우등이 그 예인데 개인이 정금은행에 가서 일본법에 의하여 추심할수 있다면 추심하게 할수 있도록 하자는것이다.

우라베 : 그런것은 비교적 간단한 예인데 찾을라면 찾을수 있는것이라고 본다. 내가 들기에는 한국인 귀환자가 대판에서 예금한것이 있으나 아직 찾지못한것이 있다고 한다.

김 대표 : 그러기 때문에 그와같은 예금 채권등을 이회담이 성립한후 청구 할수없는것이라고 하면 곤난하다고 하는것이다.

우라베 : 지금의 예와같이 사유재산이 보호되고 있는 즉 무해한것 또는 형편이 나쁘지 않은것을 별문제이겠지만 그외의 경우는 간단한것이 않이므로 역시 곤난한 문제가 있다고 본다.

김 대표 : 그러나 개인재산이 존중되는 경우라도 정부간에 일단 협정이 되면 이 회담을 방패로 거부하게 되면 곤난하다.

우마베 : 한국측의 취지는 알겠으나 이것은 역시 문제가 크다고 본다.

지금 당장 결론을 낼 필요도 없는것임으로 일단 검토한 후에 다시 우리측 의견을 이야기 하도록 하겠다.

김 대표 : 그외에는 별로 질문이 없는가.

일본측 : 없다.

김 대표 : 대체로 제 1 항목에서 제6항목 까지의 설명이 끝난는데 지금 까지의 우리측 주장을 요약하면 다음과 갔다. 우리는 청구항목의 대부분을 편의상 일본화폐인 원화로서 설명하였으나 그 지불은 1945 년의 일본원대 미 불화의 환율로 환산한 금액을 청구 하는것이다. 환율은 이론적으로는 1945년 8월 9일 현재가 될것이나 그직후 개정된 15대 1로 청구하는것이다. 그리고 지금 까지 이회합에서 토의를 보류한 사항이 있었는데 그 유보 사항과 각 항목의 기타로 표시된 항목은 전연 권리를 포기 하는것이 아니고 토의를 보류해둔다는 취지이고 또 지금 까지 한국측에서 제시한 수자나 자료 또는 발언 요지등에 착오가 있을 경우에는 언제든지 정정 하는것으로 양해해주기 바란다. 그리고 원화를 미 불화로 환산하는것은 일본원으로 제시한 항목에 끄치는 것이며 그렇지 않은 예를 들면 제 1항목 같은것은 일본원이 아니므로 환산과는 관계가 없는것이다.

사꾸라이 : 이론적으로는 8월 9일 현재의 환율이지만 15대 1로 한다는것은 그 환율이 불명이 였기 때문이라는것인가.

고 대표 : 그런뜻이라고 생각하지만 그 당시에는 환율이 1불당 4원 25전에

를 림없었을 것이라고 생각하는데 환율은 종전후에 1불당 15원으로 변경된것이 아닌가.

사꾸라이 : 8월 9일 현재의 환율은 1불당 4원 25전이 었던것으로 안다.

요시오가 : 취지는 잘알았다. 지금이야가한 세가지 문제중 일부 항목과 각 항목에 표시된 기타 항목에 대하여 토의를 보류한다는것과 수자 자료 받어 오지는 후에 결정할수 있는것이라는데 대하여는 별 이의가 없으나 다만 첫재번의 환산율 15대 1은 대단히 중요한 문제이고 또 전예도 없는 일이므로 여기서는 무어라 말할수없고 후에 우리측 의견을 이야기 하겠다.

우라베 : 오다음 회의는 언제 할것인가.

김 대표 : 그것은 본회의에서 결정할것이다.

야나기야 : 제 5항목의 6은 제목이나 내용을 모두 변경하는 것인가.

김 대표 : 제목은 변경하는것이 아니고 단지 그내용에 있어서 생명보험에 한정하는것이다. 그러면 오늘 회의는 이정도로 할것인가.

김 대표 : 신문발표는 6항목 까지 한국측에서 설명이 있어서 서로 의견을 교환하였다 정도로 하자.

요시오가 : 그렇게 하자.

우라베 : 6항목의 제목이 변경되었음으로 6항목의 제목이 변경되었다는 것을 추가 하자.

김 대표 : 좋다.

우라베: 명일 본회의에서 [illegible]한 각위원회에서 토의한 일을 확인 하기로 되어 있는데 다음과 같은 안으로 하면 어떠한가. 이것은 전화로 연락한것이지만 어업위원회등과 내용을 같이 한것이며 공동보고의 형식이 아니고 소위원회의 장이 각기 수석대표에게 보고하는 형식을 취한 것이다.

김 대표: 다만 본문 6행의 "구 조선 총독부 체신부" 관계는 "요강 제2항으로 변경하고 다음의 임시소위원회는 우리측 에서 전문가 위원회라 하고 있음으로 임시 소위원회 라도 좋으나 다음에 괄호해서 Ad Hoc Committee 의 영문을 삽입하자.

우라베: 좋다.

이 상

김 수석 위원 발언 요지

1961. 12. 21

청구권 요강 제 6 항을 아래와 같이 수정합니다.

제 목 : "한국인 (자연인 및 법인) 의 일본정부 또는 일본인 (자연인 및 법인)에 대한 권리 행사에 관한 원칙"

내 용 : 한국인 (자연인 및 법인)의 일본정부 또는 일본인 (자연인 및 법인)에 대한 권리로서 이상 요강 제 1 항 내지 제 5 항에 포함되지 않은것은 한일회담 성립후 일지라도 개별적으로 행사할수 있음을 인정할것. 이 경우에는 국교 정상화될때까지 시효는 진행되지 않는것으로 할것.

6. 第6次日韓全面會談の一般請求權小委員會 第8回會合, 1961. 12. 21

日本外交文書 1218, 첫 번째 문서

제6차 한일회담 일반청구권소위원회 제8차 회의의 일본 측 회의 기록이다.

번역

제6차 일한전면회담 일반청구권소위원회 제8회 회합

1961. 12. 21, 북동아시아과

1. 일반청구권소위원회 제8회 회합은, 12월 21일 오후 2시부터 동 4시까지 외무성 234호실에서 다음과 같이 쌍방 위원 참석하에 개최되었다.

일본 측 참석자

주사(수석위원)	대장성 이재국	미야카와 국장
부주사	〃	요시카와 차장
보 좌	외무성 아시아국	우라베 참사관
〃	대장성 이재국 외채과	사쿠라이 과장
〃	대장성 관재국 관리과	본마 과장
〃	〃	모리모토 사무관
〃	대장성 이재국 외채과	가네코 사무관
〃	〃	스기타 사무관
〃	〃	사사타 사무관
〃	우정성 저금국 제2업무과	도모다 과장
〃	〃	이시나베 사무관
〃	외무성 조약국 법규과	오기소 과장
〃	〃	오와다 사무관
〃	외무성 아시아국 북동아시아과	야나기야 사무관
〃	〃	스기야마 사무관
〃	〃	와타나베 사무관
〃	〃	히사이치 사무관

한국 측 참석자

수석위원	변호사	김윤근
위 원	한국은행 부총재	고범준
〃	산업은행 이사	홍승훈
〃	한국은행 참사	이상덕
〃	변호사	정태섭
〃	체신부 우정국 우편저금과장	김낙천
〃	경제기획원 비서관	홍윤섭
〃	외무부 정무국 아주과	이창수
〃	공보관	이규현

2. 의사 요지

(1) 모두에, 미야카와 주사가 금일 회합의 진행 방식에 관해 한국 측의 의향을 묻자, 김 수석은, 지난번 회의에서의 미완료분을 마무리 짓고, 요강 제2항에 관한 전문가 회의의 결과를 어떻게 취급할 것인가 결정한 뒤, 제6항까지 토의를 진행하고 싶다고 말했다. 미야카와 주사는 지난 회의에서 요강 3, 4, 5에 관해 한국 측의 설명이 있었을 시 일단 일본 측 견해를 말했으며, 오늘은 요강 6까지 설명을 듣고자 한다면서, 3, 4, 5항에 관한 상세한 의견은 회의 재개 후 이야기하고자 한다고 말했다. 이에 대해, 김 수석은 미야카와 주사의 제의를 수락하고, 전회 일본 측으로부터 폐쇄기관, 재외 회사의 처리에 관한 메모를 받았는데 이 메모에 대해 의문점을 확인한 뒤 한국 측 견해를 다시 진술하기를 원하나, 시간 관계상 회의 재개 후 토의하겠으며, 폐쇄기관, 재외 회사의 처리 재산 중에 한국인분에 관한 문서를 받으면 다음으로 넘어가겠다고 말했다.

(2) 이에 대해, 미야카와 주사는 재외채권자를 위한 보류분 재산 처리 상황에 관해 관계 부서에 조회를 요청한 결과 동 부서는 자료의 제출을 거부하는 것은 아니지만, 아무래도 양이 많고 복잡하므로 오늘까지는 맞추기 어렵다는 것이었다, 내년 봄 자신이 성의를 가지고 제출이 가능하도록 노력하겠으니 이해해 달라고 한 데 대해, 김 수석은 한국인의 분배, 공탁 관계 자료를 휴회 중에 대

표부를 통해 제출해 줄 수 없는지 물었으며, 미야카와 주사는 가능한 한 노력하겠다고 했다.

(3) 미야카와 주사는, 요강 4에 관한 한국 측 견해에 대해, 이것을 충분히 검토할 시간적 여유가 없었으므로 오늘은 우선적인 반론을 말하고, 상세한 것은 내년에 이야기하겠다고 한 뒤 다음과 같이 말했다.

"한국 측 견해의 근저에 구 조선지역에 본점, 본사 기타 주요한 사무소를 보유했던 폐쇄기관, 재외회사는 종전 전부터 한국인이었다고 하는 견해가 있는 것처럼 생각되는데, 이점에 관해서는 우리들은 근본적으로 견해를 달리하고 있습니다. 다시 말해, 이들 법인은 지역적으로 당시 일본 영역의 일부였던 구 조선 지역에 있었으며, 설립의 근거도 일본 의회에서의 통상의 입법 절차를 거친 법률이나 이것에 기초가 되는 법체계에 있었으므로 이러한 것에 의해 본다 해도 이들 법인이 일본 법인이었다는 점은 분명하다고 생각합니다. 따라서 한국 측이 청구하는 이들 폐쇄기관, 재외 회사의 재일재산의 귀속은 이러한 견지에 입각해서 사유재산 존중의 조리와 국제 선례의 법리에 따라 고려되어야 한다고 생각하는 바입니다."

(4) 위 미야카와 주사의 발언에 대해 김 수석은 지역은 일본의 통치하에 있었지만, 법역은 별개의 것이며, 준거 법률도 모두 조선에서만 시행되던 것이었다고 반론했다.

(5) 미야카와 주사가, 요강 2에 관한 임시소위원회의 검토 결과에 관해서는 보고를 받고 있지만, 원 자료를 여하히 취급할 것인가 등에 관해 충분한 검토가 이루어지지 않은 것으로 보이며, 보고 결과의 취급 방법에 관해서는 휴회가 끝나면 검토하는 것으로 했으면 좋겠다고 하자, 김 수석은 지금 미야카와 주사의 발언의 의미를 임시소위원회는 일단 끝난 것으로 하고, 이 보고를 본위원회에서 어떻게 처리할 것인가는 휴회가 끝나면 결정하자는 것으로 이해했다면서, 이에 대해 이의 없다고 했다.

(6) 요시카와 부주사가, 한국 측 청구 가운데 징용 한인의 보상금 사정 자료를 받을 수 없는지 물어, 김 수석이 알겠다고 하였으며, 이어 이 부수석위원은 지난 회의에서의 설명을 정정하기를 원한다면서, 일반 징용 노무자에 관해서는 한

국 내 징용은 포함되어 있지 않으나, 군인·군속은 한국 내 분도 포함되어 있다고 설명했다.

(7) 이어 요강 5 ① (5) '한국인의 대일본 정부 청구 은급 관계 기타'로 넘어가, 김 수석은 본 항에는 은급과 기탁금의 청구가 있다고 설명하였으며, 이 부수석위원은 우선 은급에 관해 다음 숫자를 제시했다.

종류	인수	금액
연금	35,120명	289,645,000엔
일시금	20,268	16,549,970
계	55,388	306,194,970

일본 측의 질문에 대해, 한국 측 김 수석 및 이 부수석은, 본 건의 내용에 관해 다음과 같이 부연 설명했다. 즉, (가) 상기 청구에는 군인·군속에 대한 보통 은급을 포함하는가, 상병 은급 및 유족 부조료는 요강 5.① (4)의 보상금에 포함되므로 본 항에는 포함되지 않는다. (나) 문관 은급의 국고 지변, 지방비 지변 등 복합한 상세 내용은 알지 못하나, 소속 관서별 수치는 안다. (다) 한국 측 자료는 1947년 미군정청이 우편국 관리를 통해 조사한 것에 기초하고 있으나, 어느 정도 정확한지 알 수 없으며, 오히려 일본 정부에 정확한 자료가 있을 것으로 생각되므로, 휴회 후 소위원회를 설치, 검토하기를 원한다. (라) 금액의 산정 관련, 연금은 1년간의 금액을 산정한 후, 평균 수명 등을 감안하여 종전 후부터 20년분을 청구했다. (마) 청구의 내용은 종전 전의 기 재정분 및 종전 당시 신청 중에 있었던 것만 있으며, 군인·군속의 보상금과는 관계없다.

요시오카 부주사는, 은급법의 대상은 일본인만 해당한다면서, 한국 측은 수급권자가 일본인 신분을 상실한 후에도 그 사망까지의 기간을 청구하는가 질문하였으며, 김 수석이 종전 전 한국인도 은급 기금을 납부한 것을 고려하여 청구하는 것이라고 답하자, 요시오카 부주사는 기금의 납부는 명목적인 것이며, 어떻게 하든 문제가 전문적이므로 전문가에 의한 충분한 의견 교환이 필요하다고 말하였으며, 김 수석도 이를 이해했다.

(8) 은급 청구와 관련하여, 요시오카 부주사는, 지난 회의에서 한국 측이 설명

한 요강 5.① (4)의 보상금 산정 기초를 달라고 하면서, 특히 부상자 1인당 1,650달러의 청구 근거는 어떻게 해서 산정된 것인지 물었으며, 김 수석은 일본의 현행 원호법에 의해 부상 정도의 평균을 가지고 산정한 것이라고 답하였다. 요시오카 부주사가 어느 쪽에서 무엇을 취한 것이지 묻자 한국 측은 확답을 피했다.

(9) 이어 기탁금의 설명으로 옮겨, 한국 측 김 수석은 종전 후 재일 한국인이 귀국할 때 일본 정부에 맡겨 놓은 것이라면서 다음과 같이 설명했다.

(가) 세관에 예탁된 통화류	10,510,200엔 58전
(나) 조선은행권과 교환한 일본은행권	48,714,690엔
(다) 구 조련에 기탁하여 현재 일본 정부에 차압된 것	54,550,000엔
계	113,774, 890엔 58전

요시오카 부주사의 물음에 이 부수석이 답하면서, (가)에 관해서는 1951년 9월 9일 자 대장성 서한에 금액이 표시되어 있다, (나)에 관해서는 귀환 한국인을 위해 미국 군정부가 한국에서 조선은행권을 보내, 귀환 한국인 소유의 일본은행권과 교환한 것으로 보이나, 결제의 기록이 없어 그 대가를 청구하는 것이다, (다)에 관해서는 귀국 한국인의 지참금에 제한이 있었기 때문에 조련이 일부 맡았는데 그 후 조련이 불법단체로 해산되면서 그 기탁금은 압수당한 후 공탁되었다고 들었다고 설명했다.

(여기서 미야카와 주석 퇴장)

(10) 이어 요강 5.① (6) '한국인의 대 일본인 또는 법인 청구'로 옮겨, 김 수석은 본항의 표현은 일반적으로 되어 있으나, 내용은 한국인의 일본 생명보험회사에 대한 청구권에 한정하고 싶다, 다시 말해 종전까지 한국인이 생명보험에 가입하여 그대로 남아있는 것을 청산하고 싶은 것이라고 말했다. 이 부수석은 가입자의 책임준비금을 청구하는 것으로, 금액은 4억 3,800만 엔이며, 관계 일본회사는 19사이다, 자료는 개인의 가입자 명부는 없어졌지만, 회사별로 당시 조사한 것이 있다고 말했다. 우라베 부주사가 본 건은 사적 청구권이며, 이것

을 정부에서 제기하는 것은 어려운 것 같다고 하자, 김 수석은 생명보험 이외는 나중에 언급할 것이나, 생명보험에 관해서는 금액도 많고, 국교 회복 후 개인 대 회사의 관계에서 해결하는 것이 실제 문제로서 어렵다, 또한 전쟁 중 저축 장려의 일환으로 반강제적으로 가입하게끔 한 것이라는 점도 고려해 주기 바란다고 말했다. 이에 대해 요시오카 부주사가 청구하는 쪽에서는 우편저금과 마찬가지라고 말할지 모르겠으나, 일본 측으로서는 생명보험은 사기업으로, 전혀 별개의 문제라고 말하자, 김 수석은 사기업의 이야기인 것은 알겠는데, 정부가 모르고 있었던 것도 아니고 정부 대 정부로 결제해 주었으면 하는 것이라고 말했다.

김 수석은 (7) 기타는 현재 예정하고 있지 않다고 말했다.

(11) 이어 요강 6의 토의에 들어가, 김 수석은 본 항을 하기와 같이 수정하자고 말했다.

"제목: 한국인(자연인 및 법인)의 일본 정부 또흔 일본인(자연인 및 법인)에 대한 권리의 행사에 관한 원칙.

내용: 한국인(자연인 및 법인)의 일본 정부 또는 일본인(자연인 및 법인)에 대한 권리로서, 요강 제1항부터 제5항에 포함되지 않은 것은, 한일회담 성립 후 개별적으로 행사하는 것이 가능함을 인정한다. 이 경우에는 국교가 정상화될 때까지 시효는 진행되지 않는 것으로 한다."

이어, 김 수석은 수정의 취지는, 최근 일한회담 토의의 본격적인 진전에 따라 각종 청구권을 주장해 오는 사람들이 있는데, 시간적으로 이것들을 일일이 검토하는 것이 불가능하므로, 회담과는 별도로 개인적으로 청구하는 길을 열어두자는 것이며, 제1항부터 제5항까지에 포함되어 있는 우편저금, 유가증권 등은 일거에 해결하여 그 후에 개인적으로 저금통장을 제시하는 사람이 있어도 응대할 필요가 없으나, 이것에 포함되어 있지 않은 권리가 있는 경우, 그 주장은 방해받지 않도록 했으면 하는 것이라면서, 요강 5의 (1) 유가증권 가운데 주식은 동 항에서 빼서 본 항에 포함시키고 싶다고 말했다.

이에 대해 요시오카 부주사는 한국 측의 주장은 매우 중요한 것으로, 꽤 이론이 있을지도 모르겠다, 우리들로서는 청구권이라고 하는 전후 처리의 문제는 모두 일한회담에서 끝내자는 취지이며, 나중에 또 무엇이 나올지 모르겠다고 하는 것은 곤란하다고 말했다. 또한 우라베 부주사는 군령 제33호와의 관계에서 이상한 것이 된다, 즉, 일본인이 한국인에게 10만 엔을 빌려주고, 그 한국인이 당해 일본인에게 1만 엔을 빌려주었을 경우, 10만 엔 분은 군령 제33호에 의해 청구할 수 없으며, 1만엔 분만 인정하는 것이 된다고 말했다. 김 수석은 본 건과 제33호는 관계가 없다, 한국 측은 청구권이 있는 것을 인정하자고 하는 것이 아니라, 청구권이 성립하는지 아닌지를 포함하여, 일본이나 한국이 재판소에서 심의받는 권리를 인정받자고 하는 것이라고 말했다. 이에 대해 우라베 부주사는, 군령 제33호와 전혀 관계 없는 한국인의 청구의 경우는 괜찮을지 모르겠으나, 군령과 관계 있는 경우에는 이상해질 것으로 생각된다고 말했다. 사쿠라이 위원은, 금 후 회담의 한국 측 청구에 사적 요구가 배제된다면 괜찮으나, 요강의 많은 것은 사적 청구권을 포함하고 있고, 이 회담은 사적 청구권을 포함한 문제를 처리함을 목적으로 하고 있다면서, 한국 측의 이 주장에 따라 일본 측의 생각을 근본적으로 바꾸어야 하는 것 아닌가 생각된다고 말했다. 이에 대해 김 수석은 요강 제1항부터 제5항에 속하는 것은 사적 청구권이라도 한국 정부가 대리로 해결하는 것이며, 이것들은 주장 자체가 불가능하게 된다, 이것에 속하지 않는 것은 주장은 가능하나 그 청구권을 인정할 것인가 아닌가는 재판소가 판정하는 것이라고 하는 이른바 설명적 조항이 되는 것이라고 말했다. 이 부수석은 각종 복잡한 사례가 있으며, 현재 모두 일본 측에 제출하는 것이 곤란하므로 이것들은 개별적으로 해결하는 것 이외에 방법이 없다, 예를 들면, 일본 점령지역의 요코하마 정금은행으로부터 본점에 송금한 송금 수표의 결제라든가, 일본 은행의 한국 내 지점의 본점에의 예금 등을 생각해 볼 수 있다고 말했다.

(12) 여기서 김 수석은 이것으로 한국 측 청구 제6항까지의 대체적인 설명이 끝났다고 말하면서 다음과 같은 발언을 했다.

"(가) 현재까지 각 항목에 관해 제시된 청구액은 편의상 엔화로 했으나, 이것의 지불은 1945년 일본 엔 대 미 달러 환율로 환산한 것으로 청구한다. 이론적으로는 1945년 8월 9일 현재의 환율이 적용되어야 하나, 종전 직후의 개정 환율 15엔 대 1달러로 청구한다.

(나) 현재까지 토의를 유보한 사항 및 기타로 표시된 항목은, 청구를 포기한 것이 전혀 아니라 토의를 유보하였다는 취지이다.

(다) 현재까지의 발언 요지는, 수학, 자료 등에 관해 착오가 있을 겨우 언제든지 정정할 수 있다."

이에 대해 요시오카 부주사는 (나) (다)에 관해서는 이해하나, (가)는 큰 문제다. 일본 정부는 지금까지 여러 종류의 전후 처리를 해오면서 엔 채무에 있어 화폐 가치의 변동을 고려한 적은 한 번도 없다고 했다, 언젠가 미야카와 주사가 일본 측의 생각을 말하게 될 것이라고 했다.

3. 신문 발표

쌍방 협의 결과, "요강 5.의 (5) (6) 및 요강 6.에 관해 한국 측의 설명을 듣고 의견을 교환했다"로 하고, 요강 6.의 제목에 관해서는 한국 측 수정대로 발표하기로 했다.

㈜

한편, 본 회합 종료 후, 한국 측으로부터 이하의 자료 제출이 있었다.

1. 일본 유가증권 조서 (요강 5의 (1))
2. 일본계 통화분류표 (요강 5의 (2))
3. 일본계 통화 입회 소각 기록 (〃)
4. 피징용 한인 미수금에 관한 연합국 총사령부 외교부 서한 (요강 5의 (3))
5. 피징용 노무자 수 (요강 5의 (4))
6. 피징용자 수 관계 자료 (〃)
7. 귀환 한인 세관 예탁금, 미결제 조선은행권에 관한 대장성 서한 (요강 5의 (5))

第6次日韓全面会談の一般請求権
小委員会第8回会合

昭36.12.21
北東アジア課

1. 一般請求権小委員会第8回会合は、12月21日午後2時より同4時まで外務省234号室において次のとおり双方委員出席の下に開催された。

日本側出席者

主　査	大蔵省理財局	宮川局長
副主査	〃	吉岡次長
補　佐	外務省アジア局	ト部参事官
〃	大蔵省理財局外債課	桜井課長
〃	〃　管財局管理課	本間課長
〃	〃　〃　〃	森本事務官
〃	〃　理財局外債課	金子事務官
〃	〃　〃　〃	杉田事務官
〃	〃　〃　〃	笹田事務官
〃	郵政省貯金局第二業務課	鞆田課長
〃	〃　〃	石鍋事務官

補　佐	外務省条約局法規課	小木曾 課 長
	〃　　〃	小和田 課 長
	〃　北東アジア課	柳 谷 事務官
	〃　〃　〃	杉 山 事務官
	〃　〃　〃	渡 辺 事務官
	〃　〃　〃	久 一 事務官

韓国側出席者

主席委員	弁 護 士	金 潤 根
委　員	韓国銀行副総裁	高 範 俊
〃	産業銀行理事	洪 升 熹
〃	韓国銀行参事	李 相 德
〃	弁 護 士	鄭 泰 燮
	逓信部郵政局 郵便貯金課長	金 洛 天
〃	経済企画院長秘書官	洪 允 燮
〃	外務部政務局亜州課	李 昌 洙
〃	公 報 官	李 瀅 現

2. 議事要旨

(1) 冒頭、宮川主査より、本日の会合の進め方につき、韓国側の意向を質したところ、金主査より、前回未了の分をすませ、要綱第2項に関する専門家会議の結果を如何に扱うかを決定し、その後第6項まで討議を進めたいと述べたので、宮川主査より、前回要綱3.4.5.について韓国側の説明があつた際、一応の見解を申したが、本日は要綱6.まで説明を聞きたいので、3.4.5.項について細かい意見は再開後申上げたいと述べた。これに対し、金主査より、これを了承し、前回日本側より閉鎖機関、在外会社の処理に関するメモをもらつたが、これに対し疑問点を確認し、韓国側の見解を再陳述したいと思つたが、時間の都合で再開後討議したい、閉鎖機関、在外会社の処理財産中の韓国人分に関する文書をいただければ次に進みたいと述べた。

(2) これに対し、宮川主査より、在外債権者のための保留財産の処理状況に関して関係部局に照会したところ同局は資料の提出を拒むわけではないが、何分莫大かつ複雑なので、本日には間に合わないとのことであつた。来春自分として誠意をもつて提出に努力するということで了解をえたいと述べたのに対し、金主査より、韓国人の分配、供託関係の資料を休会中に代表部を通じて提出してもらえないかと質したので、宮川主査より、できるだけ努力する旨述べた。

(3) 宮川主査より、要綱4に関する韓国側見解に対し、これを十分検討する時間的余裕がなかつたので、今日はとりあえずの反論を申し上げ、詳しいことは明年になつてから申上げたいとして、次のとおり述べた。

「韓国側の御見解の根底に旧朝鮮地域に本店、本社その他主たる事務所を有していた閉鎖機関、在外会社は終戦前から韓国法人であつたとする御考えがあるように思いますが、この点についてはわれわれは根本的に所見を異にしているのであります。すなわち、これらの法人は地域的にも当時日本領域の一部であつた旧朝鮮地域にあつたものであり、設立の根拠も日本の議会における通常の立法手続を経た法律なり、あるいは、これに基づく法体系によつていたものであつて、これによつてみても、これら法人が日本法人であつたことは明らかであると考えます。従つて、韓国側が請求されるこれら閉鎖機関、在外会社の在日財産の帰属はかかる見地に立脚し私有財産尊重の条理と国際先例の法理に従つて考慮すべきであると考えるのであります。」

(4) 上記の宮川主査の発言に対し、金主査より、地域は日本の統治下であつたが、法域は別個のものであり、準拠法律もすべて朝鮮にのみ施行されたものであると反論した。

(5) 宮川主査より、要綱 2. に関する臨時小委員会の検討の結果については報告をうけているが、原資料を如何に扱うか等に関して十分な検討が必ずしもなされなかつたようであり、報告の結果の扱い方については、休会明けに検討することにしたいと述べ、金主査より、ただ今の宮川主査の発言の意味は、臨時小委員会は一応終つたこととし、この報告を本委員会でどう処理するかは休会明けに決めるということと了解し、これに異存ないと答えた。

(6) 吉岡副主査より、韓国側請求のうち徴用韓人の補償金の算定資料を頂けないかと述べたところ、金主査はこれを了承した後、李副主査より前回の説明を訂正したいと述べ、一般徴用労務者については韓国内徴用は含んでいないが、軍人軍属は韓国内の分も含まれていると説明した。

(7) 次いで要綱5.の(5)「韓国人の対日本政府請求恩給関係その他」に移り、金主査より、本項には恩給と寄託金の請求があるとの説明があつた後、李副主査より、まず恩給につき次の数値をあげた。

種類	人数	金額
年金	35.120名	289.645.000円
一時金	20.268	16.549.970
計	55.388	306.194.970

日本側よりの質問に答え、韓国側金主査および李副主査より、本件の内容につき次のように敷衍説明した。すなわち、(イ)上記請求には軍人軍属に対する普通恩給を含むが、傷病恩給および遺族扶助料は要綱5.の(4)の補償金に含まれるので本項には含まれない。(ロ)文官恩給の国庫支弁、地方費支弁等複雑な細かい内容はわからな

いが、所属官署別数値はわかる。(ハ)韓国側資料は1947年米軍政庁が郵便局官署を通じて調査したものに基づいており、どの程度正確かわからない、むしろ日本政府に正確な資料があると思われるので、休会後、小委員会を設置、検討したい、(ニ)金額の算定に関し、年金については1年間の金額を算定し、平均寿命等を勘案し、この終戦後から20年分を請求した、(ホ)請求の内容は終戦前の既裁定分および終戦当時申請中のもののみであり、また軍人軍属の補償金とは関係ない。

吉岡副主査より、恩給法の対象は日本人のみであるが、これに対し韓国側は受給権者が日本人の身分を失つた後も、その死亡までの期間請求されるのかと質したところ、金主査より、終戦前韓国人も恩給基金を納めていた関係を考慮して請求するのであると答えたので、吉岡副主査より、基金の納付は名目的なものであつた、いずれにしても問題が専門的であるので、専門家による十分な意見交換が必要であろうと述べ、金主査もこれを了承した。

(8) 恩給請求に関連し、吉岡副主査より、前回韓国側から説明のあつた要綱5.の(ｲ)の補償金の算定基礎を出してもらいたい、特に負傷者1人1.650ドルの請求根拠はいかにして算定したのかと質し、金主査より、日本の現行の援護法により負傷程度の平均をとり算定したものであると答えたので、吉岡副主査より、どの辺で何をとられたか知りたいと述べたところ、韓国側は確答を避けた。

(9) 次いで寄託金の説明に移り、韓国側金主査より、終戦後、在日韓国人が帰つてきた際、日本政府に預けていたものであるとして次のとおり説明した。

(イ)	税関に預託された通貨類	10510.200円58銭
(ロ)	鮮銀券と交換した日銀券	48.714.690円
(ハ)	旧朝連に寄託し現在日本政府に差押えられているもの	54.550.000円
	計	113.774.890円58銭

吉岡副主査の問に答え、李副主査より、(イ)に関しては、1951年9月9日付大蔵省書簡に金額が表示してある。(ロ)に関しては、引揚韓国人のために米国軍政府が韓国より鮮銀券を送り、引揚韓国人所有の日銀券と交換してやつたらしいが、決済の記録がないので、その対価を請求するものである。(ハ)に関しては、帰国韓国人の持帰り金に制限があつたので、朝連が一部預つていたが、その後朝連が不法団体として解散さ

れ、その預り金は差押えられた上、供託されていると聞いていると説明した。

（ここにおいて宮川主査退席）

(10) 次いで要綱5の(6)「韓国人の対日本人または法人請求」に移り、金主査より、本項の表現は一般的になつているが、内容は韓国人の日本生命保険会社に対する請求権に限定したい。すなわち終戦までに韓国人が生命保険に加入していたのがそのままになつているのを清算したいと述べ、李副主査より、加入者の責任準備金を請求するもので、金額は4億3800万円であり、関係日本会社は19社である。資料は個人の加入者名簿はなくしたが、会社別に当時調べたものがあると述べた。卜部副主査より、本件は私的請求権であり、これを政府でとりあげるのは難しいだろうと述べたところ金主査より、生命保険以外は後刻ふれたいと思うが、生命保険に関しては、金額も多額であり、国交回復後個人対会社の関係で解決することは実際問題として難しい。また戦争中貯蓄奨励の一環として、半強制的に加入させられたことも考慮してほしいと述べた。これに対し、吉岡副主査より、請求する側では郵便貯金と同じといわれるかもしれないが、日本側としては生命保険は私企業であり、全然別個の問題であると述べたところ、金主査より、私企業の話であることは承知しているが、政府が関知しなかつたわけではないので、政府対政府でこの際決済してもらいたいと述べた。

金主査より(7)その他は現在のところ予定していないと述べた。

(11) 次いで要綱6.の討議に入り、金主査より、本項を下記の如く修正すると述べた。

「題目：韓国人（自然人および法人）の日本政府または日本人（自然人および法人）に対する権利の行使に関する原則。

内容：韓国人（自然人および法人）の日本政府または日本人（自然人および法人）に対する権利であつて、要綱第1項ないし第5項に包含されないものは、韓日会談成立後といえども個別的に行使することができることを認定すること。この場合には国交が正常化されるときまで、時効は進行しないものとすること。」

さらに、金主査より、修正の趣旨は、最近日韓会談の討議の本格的進展に伴い、種々の請求権を主張してくる者があり、時間的にこれらを一々検討することができないので、会談とは別に、個人的に請求する途を開いておきたいということであり、第1

項ないし第5項までに含まれている郵便貯金、有価証券等は一挙に解決し、その後に個人的に貯金通帳を提示する者があつても取り合う必要はないが、これに包含されない権利があつた場合、その主張は妨げられないことにしようとするものであり、要綱5.の(1)有価証券の中の株式は同項からはずし、本項に含めたいと述べた。

これに対し、吉岡副主査より、韓国側の主張は非常に重要な点であり、かなり異論があるかもしれない。われわれとしては請求権という戦後処理の問題はすべて日韓会談でけりをつけるとの趣旨であり、後でまた何が出るか分らぬというのでは困ると述べ、また、卜部副主査より、軍令33号との関係でおかしなことになる。すなわち、日本人が韓国人に10万円貸し、その韓国人が当該日本人に1万円貸していた場合、10万円の分は軍令33号により請求しえず、1万円の分のみ認められるということになる、と述べたところ、金主査より、本件と33号とは関係ない。韓国側は請求権のあることを認めるといつているわけではなく、請求権が成り立つかどうかを含め、日本なり韓国なりの裁判所で審議される権利を認めてもらいたいということであると述べた。これに対し、卜部副主査より、軍令33号に全く関係のない韓国人の請求の場合はあるいはよいのかもしれないが、軍令に関係のある場合おかしなことになると思うと述べ、桜井委員より、今次会談の韓国側請求に私的要求が排除されていればよいが、要綱の多くは私的請求権を含んでおり、この会談は私的請求権を含む問題を処理することを目的としているものであり、韓国側のこの主張により日本側の考え方を基本的に考え直さなければならないかとも考えられると述べた。これに対し、金主査より、要綱第1項ないし第5項に属するものは私的請求権でも韓国政府が代理して片付けるので、これらは主張自体ができなくなる。これに属していないものは、主張はできるが、その請求権を認めるか否かは裁判所が判定するという、いわば説明的条項にほかならないと述べ、李副主査より、種々雑多なケースがあり、現在すべて日本側に提出するのが困難であるので、これらは個別的に解決するしか方法がなかろう。例としては、日本占領地域の横浜正金銀行から本店に送金した送金小切手の決済とか、日本の銀行の韓国内支店の本店への預金などが考えられると述べた。

(12) ここにおいて、金主査より、これで韓国側請求第6項までの大体の説明が終つたと述べ、次の発言を行なつた。

「(イ) 現在まで各項目について提示した請求額は便宜上円貨で行なつたが、これの支払いは1945年の日本円対米ドルレートに換算したもので請求する。理論的には1945年8月9日現在のレートが適用されるべきであるが、終戦直後の改定レート15円対1ドルにて請求する。

(ロ) 現在まで討議を留保した事項及び『その他』で表示された項目は、請求を全然放棄するということではなく、討議を留保する趣旨である。

(ハ) 現在までの発言の要旨、数学、資料等について錯誤があつた場合いつでも訂正させていただきたい。」

これに対し、吉岡副主査より、(ロ)(ハ)については了承したが、(イ)については大問題である。日本政府として、これまでの色々の戦後処理に際し、円債務において貨幣価値の変動を考慮したことは一度もない。いずれ宮川主査より、日本側の考え方を申し述べることがあろうと述べた。

3. 新聞発表

双方協議の結果、「要綱5.の(5)(6)および要綱6.につき、韓国側の説明を聞き意見の交換を行なつた」こととし、要綱6.の題目に関しては韓国側修正のとおり発表することとなつた。

（注）

なお、本会合の終了後、韓国側より、以下の資料提出があつた。

1. 日本有価証券調書 （要綱5の(1)）
2. 日本系通貨分類表 （要綱5の(2)）
3. 日本系通貨立会焼却記録 （ 〃 ）
4. 被徴用韓人未収金に関する連合国総司令部外交部書簡 （要綱5の(3)）

5. 被徴用労務者数 （要綱5の(4)）

6. 被徴用者数関係資料 （〃）

7. 引揚韓人税関預託金、未決済鮮銀券に関する大蔵省書簡 （要綱5の(5)）

金首席委員発言要旨

1961. 12. 21

請求権要綱第6項を下記の如く修正します。

題目：「韓国人（自然人および法人）の日本政府または日本人（自然人および法人）に対する権利の行使に関する原則」

内容：韓国人（自然人および法人）の日本政府または日本人（自然人および法人）に対する権利であって、以上の要綱第1項乃至第5項に包含されないものは、韓日会談成立後といえども個別的に行使する

外務省

ことができることを認定すること。

この場合には国交が正常化されるときまで時効は進行しないものとすること。

以上。

外務省

日本有價証券調書

種類	所有者	登錄	現物	合計
日本國債	韓國法人 遞信部 個人	7,013,032,799.76 17,760,000.00	135,764,686.50 4,631,625.43 200,000,000.00	
	小計	7,030,792,799.76	340,396,311.93	7,371,189,111.69
朝鮮食糧証券及食糧証券	韓國法人		152,006,330.08	152,006,330.08
日本貯蓄券	—〃—		18,673,950.00	18,673,950.00
日本政府保証社債	—〃—	832,658,500.00	587,600.00	833,246,100.00
日本地方債	—〃—	1,327,500.00		1,327,500.00
日本社債	—〃—	253,040,134.00	8,901,380.00	261,941,514.00
貯蓄及報國債券	—〃—		4,380,027.50	4,380,027.50
其他証券	遞信部 個人		6,417,791.29 86,000,000.00	
	小計		92,417,791.29	92,417,791.29
合計		8,117,818,933.76	617,363,390.80	8,735,182,324.56

日本銀行券等 立会燒却額 1. 일본 은행권등 입회 소각액	1,517,051,030.98
日本銀行券 現在保有額 2. 일본은행권 현찰 보유 액	6,442,831.00
朝鮮動乱中の燒却 3. 6.25 동란중 소각	
日本政府 紙幣 일본정부 지폐	1,781,538.50
日本銀行小額紙幣 일본은행 소액 지폐	218,301.65
合 計 합 계	1,525,493,702.13

April 22, 1946

The undersigneds, hereby, certify that the following amount of the Japanese currencies have been duly destroyed during the period from April 2nd to April 20th, 1946, at the furnaces of the Bank of Chosen of the Capital Building and of the M.G. Publishing House, located in Seoul, Korea:

1. The Bank of Japan Notes		¥1,201,710,769.--
2. Japanese Government Currency Notes		12,500,000.--
3. The Central Reserve Bank of China Notes	yen value	1,374,550.11
4. Japanese Military Currencies	yen value	192,378.36

For The U.S.A. Military Government in Korea:

For The General Headquarters, AFPAC:

For The Bank of Chosun: (Koo Yong Suh, Director)

For The Bank of Japan: (Hiroshi Yamamoto, Inspector)

Notes:

1. The particulars of the destroyed Japanese currencies is attached.

2. ¥4,000,000 of the Japanese Government Currencies in Item 2 and the whole amount of Item 3 and 4 are the custodies of the Bank of Chosun for a/c of the Japanese Government.

November 14, 1947

The undersigneds, hereby, certify that the following amount of the Japanese currencies have been duly destroyed during the period from November 8th to November 14th, 1947, at the furnaces of the Bank of Chosun and of the M/G. Publishing House, located in Seoul, Korea.

1. The Bank of Japan Notes..........289,905,979.00yen
2. Japanese Government Currency Notes......
   11,300,042.90yen
3. Japanese Military Currencies..........23,805.00yen
4. The Central Reserve Bank of China Notes
   yen value.........43,506.61yen

For The U.S.A. Military Government in Korea:

For The General Headquarters, SCAP:

For The Bank of Chosun:(Soon Ju Choi, Director)

For The Bank of Japan: (F. Nakajima, Chief,
General Managing Section,
Issue Dept.)

Notes:

1. The particulars of the destroyed Japanese currencies is attached.
2. 580.00 yen of the old Military Currencies in Item 3 are the custodies of the Bank of Chosun for a/c of the Japanese Government.

HEADQUARTERS

UNITED STATES ARMY MILITARY GOVERNMENT IN KOREA

APO 235 Unit 2

25 September 1947

MGFIN 321.011

SUBJECT : Request for Bank of Japan Official to Supervise Destruction of Bank of Japan Notes.

THRU : Commanding General, United States Army Forces in Korea

TO : Supreme Commander Allied Power, APO 500

1. The Bank of Chosun now has in its vaults more than three hundred million Won in Bank of Japan notes, which are no longer legal tender in Japan. These were accumulated under USAMGIK Ordinances 57 and 59.

2. In order that a claim may be filed against Bank of Japan, it is requested that an official of the Bank of Japan be sent to Korea to destroy these notes, and certify the amount destroyed.

3. In March 1946, an official of Bank of Japan accompanied by an Army Officer came to Korea and burned Bank of Japan notes amounting to 1,200,000,000 won.

4. The Bank of Chosun is urgently in need of vault space. These Bank of Japan notes are stored in 1000 wooden boxes and use 3000 cubic feet of Bank of Chosun vault space.

FOR THE COMMANDING GENERAL:

/s/ EARL L RHODES
/s/ EARL L RHODES
Lt. Col. ACD
Adjutant General

TFXAG 123.7 1st Lnd

HEADQUARTERS, UNITED STATES ARMY FORCES IN KOREA;
APO 235, 29 Sep. 1947
TO :Supreme Commander for the Allied Powers,
APO 500.

Certified a True Copy

J. S. Smith GHQ-SCAP-ESS

APO 500

Diplomatic Section

DS/WJS/TWA/bk

The Diplomatic Section of General Headquarters, Supreme Commander for the Allied Powers, presents its compliments to the Korean Diplomatic Mission and has the honor to refer to the correspondence resting with the Diplomatic Section's note of January 20, 1950, concerning certain funds earmarked in Japan for payment to Korean nationals, and to recent conversations between representatives of the Mission and of this Headquarters on the same subject.

The Mission, is informed that of the ¥237,000,000 indicated in preliminary reports as possibly earmarked for Korean nationals in certain employment categories, only approximately three million yen is presently available in the Foreign Creditor's Yen Account.

In view of this fact, and in consideration of the probability that in the near future the determination of the whereabouts of the individuals throughout Korea to whom the money is due will be greatly facilitated, it is believed appropriate that for the present the Japanese Government continue the program of segregating the funds in a single account. Transfer of the small amount now on deposit in the Foreign Creditors' Yen Account is accordingly considered premature.

Tokyo, October 21, 1950.

S 236

M/R Based on c/n no. 5 from DS to CPC, 25 Aug. 50; c/n no. 3 from CPC to LS, 11 Aug. 50: c/n no. 2 from DS to CPC, 11 Jul. 50, on CPC check sheet to DS, 16 Jan. 50, subj., "Funds Earmarked for Korean Nationals". Telephone conversation between CPC (Mr. Jena) and Mr. Ainsworth (DS) 20 Oct. 50.

TWA 26-7596

Copies to:
CPC
LS

To the
Korean Diplomatic
Mission Tokyo.

피징용자수
(被徵用者數)

	노무자 (勞務者)	군인, 군속 (軍人·軍屬)	합계 (合計)
생존자 (生存者)	648,081	282,000	930,081
사망자 (死亡者)	12,603	65,000	77,603
부상자 (負傷者)	7,000	18,000	25,000
합계 (合計)	667,684	365,000	1,032,684

1) 피 징용자수 관계자료

(被徵用者數関係資料)

1. 일본 후생성 발표 피징용자 관계 통계

2) (日本厚生省発表 被徵用者関係統計)

2. 일본 외교학회편 "태평양 전쟁 종결론"

(日本外交学会編「太平洋戦争終結論」)

3. 도오야마 시게끼 외2인 "소화 사"

(遠山茂樹 外二人「昭和史」)

4. 일본 외무성 조사월보 제1권 제9호 "수자 상으로 본 재일 조선인"

(日本外務省調査月報 第一巻第9号「数字から見た在日朝鮮人」)

5. 일본 후생성 원호청 "인양원호기록"

(日本厚生省援護庁「引揚援護記録」)

6. 미합중국 전략폭격 조사단 "Overall Economic Effect"

(美合衆国戦略爆撃調査団)

7. "Far Eastern Economic Review No. 26" — 1953. 12. 24.

8. 박재일 저 "재일 조선인에 관한 종합조사 연구"

(朴在一著「在日朝鮮人に関する綜合調査研究」)

9. 조선문제 연구소 발행 "조선문제 연구" 제11권 제4호 — 1958. 12월호

(朝鮮問題研究所発行「朝鮮問題研究」第11巻第4号)

10. 이유환 저 "재일 한국인의 50년사"

(李瑜煥著「在日韓国人の50年史」)

11. 기타

(其他)

MINISTRY OF FINANCE
THE JAPANESE GOVERNMENT

September 7, 1951

Subject for: Request of the Korean Mission in Tokyo to investigate amount of yen currency held in custody by the Customs in behalf of the repatriated Koreans and conversion of the Japanese currency into the Korean currency to be carried by the repatriated Koreans.

To : Mr. G. P. Waller ESS, G. H. Q.

At the request of the Korean Mission in Tokyo, we have investigated on the subject matter, result of which will be submitted to you as enclosed herewith and we trouble you in asking transmit of its copy to the Korean Mission.

M. Kamashiro
Deputy Financial Commissioner
Ministry of Finance

MINISTRY OF FINANCE
THE JAPANESE GOVERNMENT

1. Amount of yen currency held in custody by the Customs for the repatriated Koreans

(as of June 30, 1949)

Classification	Number of item		Amount
Old Bank of Japan Notes	5,626	¥	6,647,377.33
New Bank of Japan Notes	2,838		2,379,931.25
Old Bank of Chosen Notes	39		385,870.--
New Bank of Chosen Notes	702		1,006,541.--
Old Bank of Taiwan Notes	1		640.--
Federal Reserve Bank of China Notes	1		5,500.--
Central Reserve Bank of China Notes	2	CRB $	464,000.--
Southern Developments Bank Notes	3	Peso	796.--
Japanese Military Notes (B)		¥	25.--

2. Total amount of conversion of Japanese currency into Korean currency to be carried by the repatriated Koreans

(as of February 28, 1949)

¥ 48,714,690.--

7. 제6차 한일회담 후반기 회담 개최에 관한 훈령, 1962. 1. 15

한국 외교문서 726, 제6차 한일회담: 본회의 회의록 및 종합 보고, 1961-62. 2

제6차 한일회담 후반기 회담에 앞서 본부가 작성한 대표단 앞 훈령 문서다.

이 훈령에서 본부는 "'청구요강안' 제6항에 대한 일본 측의 견해가 어떠하던, 우리 측은 본 항이 개인의 권익 보호를 위하여 막중한 것이라는 점을 강조하여 끝까지 관철토록 한다"라는 내용을 포함함으로써 동 건 교섭을 성사키겠다는 강한 의지를 드러냈다.

기 안 용 지

자체통제		기안처	아주과 김정훈	전화번호 2 - 1952	근거서류접수일자
과장	국장	특별보좌관	차관		장관
1/13	1/13		1/13		
관계관서명					
문서번호	1962. 1.8	시행년월일		보존년한 갑	정서 기장
분류기호	외정(아)24호	전통제	1.15 종결		
경유수신참조	한일회담 수석대표			발신	장관
제목	제 6 차 한일회담 후반기 회담 개최에 관한 훈령 (가져 갈! 교보 있음)				

柳大使 ~~~ 日陽春 ~~~ 委員長 ~~~ 있음

오는 1월 16 일 부터 일본 동경에서 개최되는 제 6 차 한일회담 후반기 회담에 대한 정부 기본 방침에 관하여 제 6 차 한일회담 수석대표에게 다음과 같이 훈령 할것을 건의함.

훈 령 안

외정 (아) 제　　　호　　　　1962.

수 신 : 제 6 차 한일회담 수석대표

제 목 : 제 6 차 한일회담 후반기 회담 개최에 관한 훈령

오는 1월 16 일 부터 개최키로 쌍방간에 합의한 제 6 차 한일회담 후반기 회담에 관한 정부 기본 방침을 다음과 같이 훈령함.

일반문서로 재분류 (한일회담 종결후)

외 무 부 장 관　　　　최 덕 신

승인양식 1—1—3

외 무 부

외정(아) 제 호

1962 년 1월 15 일

수 신: 제 6 차 한일 회담 수석 대표

제 목: 제 6 차 한일 회담 후반기 회담 개최에 관한 훈령

오는 1월 16 일 부터 개최 키로 쌍방간에 합의한 제 6 차 한일 회담 후반기 회담에 관한 정부 기본 방침을 다음 과 같이 훈령함.

1965. 12. 18에 예고문에 의거 일반문서로 재분류됨

외 무 부 장 관 최 덕 신

1. <u>회담 개최 일자</u>

전반기 회담 에서 쌍방간에 합의 한바 있는 1 월 16 일 에 후반기 회담 을 개최 한다.

2. <u>대표단 변경</u>

수석 대표 의 주일 대사 겸직 과 문화재 수석 위원인 이동환 (李東煥) 공사 의 주일 공사 해임에 따라 다음 과 같이 대표단 의 직책을 새로 임명함.

ㄱ. 이한기 (李漢基) 고문 을 교체 수석 대표로 임명한다.

ㄴ. 이동환(李東煥) 공사 의 차석 대표 및 문화재 수석 위원직 을 해임 하고 이홍직 (李弘稙) 대표 를 문화재 수석 위원 으로 임명 한다.

3. <u>회담 진행 요령</u>

아측 견해 로서는 실무 토의가 일단락 되었음으로 회담 에서 토의된 제문제는 정치 회담 에서 조정 해결 키로 한다. 따라서 귀대표단 으로서는 정치 회담 상황 을 참작 하여 가면서 회담 의 진행 방침 을 외무부 에 건의 하되 정치 회담 이 있을때까지는 실무적인 토의를 일본측 에 대하여 아측이 적극적 으로 제안 하지 않도록 하여 가급적이면 일본측 입장을 청취 하는 방향 으로 회담을 진행 시킨다. 그러나 다음에 열거 하는 제 문제 에 관하여는 귀대표단이 적당 하다고 생각 되는 방법에 따라 아측 의 견해를 표명 하시기 바라며 이와 동시에 이에 관한 일본측 의 입장 을 파악 하시고 그결과를 보고 하여 주시기 바람.

1) 일반 청구권 위원회

(1) 토의 진행 방침

ㄱ. 원칙적으로 일본측 의견을 청취 하는 방향으로 회담 을 진행 시키되, 주로 전반기 회담 에서 토의 미진된 부분에 관하여 토의를 진행 시키도록 한다.

ㄴ. 전반기 회담 토의 에서 우리측이 청구권 요강 8 개 항목 전반 에 걸쳐 구체적인 견해를 표명한바 있고, 우리측 의 견해 표명 후에는 일본측 에서 자국측 견해를 표명 하여야 하므로 이번에는 일측 의 견해 표명 을 청취 토록 한다.

(2) 항목별 토의 진행 방침

ㄱ. 지금 및 지은 관계

반환 근거 에 관한 양측 의 견해 가 대립 된 상태로 토의가 중단 되어 있는바, 종래의 우리측 견해에 제 3 항의 이체 국채 에 관한 일본 을 관련 시켜 토의를 진행 시킨다.

ㄴ. 폐쇄 기관 및 SCAPIN 1965 호 에 의한 재외 회사 관계

(가) 휴회 기간중 가급적 우리측에 전달 키로 약속된 한국인 지분 관계 자료 가 아직

미도착 상태에 있으므로 우선 이에 관한 구체적인 자료 의 제시를 요구 한다.

(나) 청구 대상에 관하여는 제 1 단계 에 있어서는 종래 대로 재외 회사 의 재일 재산 전체 에 대하여 요구 할것이나 (가) 의 자료를 받은후 본부 의 지시에 따라 청구 대상 을 한국인 의 지분권분 이따로 반환 받도록 한다.

다. 피징용자 보상금 관계

일측 의 이에 대한 견해 표명 을 보아서 청구 근거 가 박약한 생존자 에 대한 부분을 청구 에서 삭제 하도록 한다.

라. 은급 관계

(가) 은급 미수금 에 관하여는 일본측 의 비공식 계산 이라는 (출처 미확인) 3 억 5 천 만원 의 계산 근거가 무었인지 추궁 한다.

(나) 전후분 청구 에 대하여는 은급 수취 대상자가 자신 의 의사에 의하지 않고 국적 변경 이 되었음으로 그들 의 기득권 은 당연히 인정 되어야 한다고 주장 할것.

ㅁ. 생명 보험 관계

제 1 단계 에서는 계속 종래의 입장 대로 독립 청구 할것이나, 일본측 의 대법인 청구 라는 이유로 계속 하여 지불 의무를 부정 할 경우 에는 제 2 단계 에 있어서 본청구를 제 6 항 청구 에 포함 시켜 관계 개인 이 직접 해결 하는 방법 을 취하도록 요구 한다.

단 이경우 에 있어서는 일본측은 관계 한인 의 명단을 제출 하여야 한다.

ㅂ. 제 6 항 관계

본항 에대한 일본측 의 견해가 어떠하던, 우리측은 본항이 개인 의 권익 보호 를 위하여 막중한것이라는점을 강조 하여 끝 까지 관철 토록 한다.

2) 법적 지위 위원회

비공식 회의 따로 무방 하니 다음 사항 을 교섭 한다.

ㄱ. 영주권 부여 범위

종전 의 주장 을 계속 한다.

ㄴ. 영주권 부여 방법
한국 정부 의 증명서를 첨부 하는 일본측 주장을 수락 토록 한다. 단 영주권 신청은 5 년내에 완료 토록 하되 동기간중 에는 전 고토는 영주권을 향유 하는것으로 간주 하고 일본국 입국 관리령 규정 이 적용 되지 않도록 한다.

ㄷ. 퇴거 강제 문제

훈령 제 1호 에 명시된 조건 이 여의치 않을때에는 10 년 이상 의 유죄 판결 을 받은자를 대상 으로 하여도 좋다.

ㄹ. 처우 문제

종전 의 입장 을 계속 주장 토록 한다. 단 예컨대 "내국민대우" 라는 용어 문제등 에 대하여는 양보 할수도 있다.

ㅁ. 교육 문제

종전 의 입장 을 계속 주장 할것이나 여의치 않을경우 에는 철회 할수도 있다.

ㅂ. 생활 보호 문제

영구히 계속함은 불가능 할것이므로 "당분간" 이라는 기간을 최장 의 것이 되도록 노력 한다. 단 그 기간 에 관한 최종 결정 은 본부 의 훈령 을 받은후에 한다.

ㅅ. 재산 반출 문제

재산 반출은 이를 2 개로 구분 하여 토의를 진행 시킨다.

(가) 영주 귀국 한인 의 재산 반출

이에 관하여는 회담 의 무역 및 외환

관세에 관한 제 법령 에 규정된
범위내에서는 (이사짐, 휴대품,
직업 용품) 원칙적인 합의를 보고
있으나, 그 범위를 초과한 부분에
속하는 것에는 아직 구체적인 토의
가 없음으로 이를 토의 토록 한다.

(나) 비영주 귀국 한인 의 재산 반출
본항 의 중요성에 감하여 대표단은
주일 대표부와 협력 하여 이를 적극
추진 토록 한다.

일본측 으로서는 Case by Case로
반출을 허가할 용의가 있다고 함으로
주일 대표부로 하여금 구체적인 Case
를 만들도록 하며 대표단은 이를
위하여 측면적인 협조를 행하도록 한다.

ㅇ. 영주 귀국자 의 송금
계속 하여 10,000 불 을 주장 한다.

ㅈ. 국적 확인 문제

일본측 은 아측 의 국적 확인 조항 의 삽입
을 극력 반대 하고 있음으로 최종 단계 에서
는 이를 양보 할수 있다. 단 그대신 가능
하면 비영주 귀국 한인 의 재산 반출 에
관하여 아측 에게 유리한 조건 을 얻을수 있
도록 이를 일용 한다.

ㅊ. 국민자 귀국 보조

이를 포기 할수 있다. 단 다른점 을 흥정 하는데 이용 한다.

ㅋ. 귀화 문제

종전 주장 을 계속 한다.

3) 어업 및 평화선 위원회

자원론 계속 토의를 원칙 으로 하며 정치 회담 이 개최 되면 정치 회담 진행에 따라 토의를 진행 시킨다.

4) 선박 위원회

ㄱ. 의제 B (한국 수역 소재선) 는 일본측이 이의 토의에 응하지 않고 있으며,

의제 D (나포 어선)는 아측이 도저히 토의 에 응할수 없는 문제 이므로 양측 의 양보 로서 이를 토의 의제 에서 삭제 키로 한다.

ㄴ. 의제 A (한국 치적선) 에서는 5 만톤 의 신조선 및 사용 가용선 을 득하도록 정치적 해결을 시도 하되 고위층 정치 회담 에서 토의 합될 시에는 실무자 회의 에서 이를 Take up 하기로 한다.

5) 문화재 위원회

종전 방법 대로 오의를 진행 시킨다.

6) 기타

본 훈령에 명시 되지 않은 기타 사항 에 관하여서는 훈령 제 1 호 에 따라 회의를 진행 시킨다.

이 상

8. 要綱6に關する問題點(討議用資料), 1962. 2. 26
日本外交文書 1750

일본 외무성 조약국 법규과가 한국 측의 '대일청구요강안' 제6항의 수정 제의에 관해 검토한 의견을 담은 문서다.

이 문서에는 "① 한국인의 사적(개인) 청구권이 모두 해결된 것으로 하는 방안, ② 사적(개인) 청구권은 어떠한 영향도 받지 않으며, 다만 시효 정지에 관해서는 별도 규정 없이 재판소의 인정에 맡기는 방안, ③ 한국인의 사적(개인) 청구권은 군정령 제33호에 의해 소속 변경의 대상이 되어 채무가 발생하는 경우를 제외하고 개별적 행사를 인정하는 방안, ④ 한국 측 요구를 전면적으로 인정하는 방안" 등 네 가지 방안이 제시된 뒤, '제1안이 최선'이라는 입장이 개진되어 있다.

번역

요강 6에 관한 문제점(토의용 자료)

1962. 2. 26, 조약국 법규과

1. 한국 측 제안 내용은 다음과 같음.

제목: 한국인(자연인 및 법인)의 일본 정부 또는 일본인(자연인 및 법인)에 대한 권리의 행사에 관한 원칙

내용: 한국인(자연인 및 법인)의 일본 정부 또는 일본인(자연인 및 법인)에 대한 권리로서, 요강 제1항부터 제5항에 포함되어 있지 않은 것은, 한일회담 성립 후라도 개별적으로 행사함이 가능토록 인정하는 것. 이 경우에는 국교가 정상화될 때까지 시효는 진행하지 않는 것으로 함.

2. 이에 대한 일본 측의 원칙적 입장으로는 일단 다음 4가지 안의 가능성을 고려해 볼 수 있다.

(1) 한국인의 일본 정부 및 일본인에 대한 사적 청구권은 본 청구권 해결에 의해 모두 해결된 것으로 한다.

(2) 한국인의 일본인에 대한 사적 청구권의 개별적 행사는 본 청구권의 해결에 의해 아무런 영향을 받지 않음을 확인한다. 단, 시효 정지에 관한 규정은 두지 않고 재판소의 인정 여부에 맡긴다.

(3) 한국인의 일본인에 대한 사적 청구권은, 군령 제33호에 의해 소속 변경의 대상이 된 재산에 속하는 채무로부터 발생하는 것을 제외하고, 개별적 행사를 인정한다. 시효 정지에 관한 규정은 이것들에 대해 인정한다.

(4) 한국 측 요구를 전면적으로 인정하며 어떠한 제한도 두지 않는다.

3. 이상 4안의 각각에 관한 문제점 및 □~□을 적기하면 다음과 같다.

(1) 제1안은, 상호 포기의 형태가 되지 않으면서 실현 가능하다면 정책적으로는 최선의 안이다.

(가) 통상의 전전(戰前), 또는 전시 청구권(클레임)의 처리협정에서는, 이와 같은 방식이 취해지는 것이 원칙이다. 본 건의 경우도 평화조약 제4조 a항

에 기초한 모든 한국 측 청구권의 완전하고도 최종적인 해결(full and final settlement)의 형태가 된다.

(나) 실질적으로는 당해 청구권은 최종 해결의 지불금액에 포함되지 않으므로, 포기하는 결과가 되지 않으면 안 되는데 그 근거는 관련 조항(relevant clause)의 취지에서 찾을 수 있을 것이다.

(다) 한국 측이 어디까지나 상호 포기를 요구하는 경우는, (나)의 relevant론을 별도로 한다면 요구에 이유 없다고 하는 것은 곤란한 것으로 생각되며, 다른 한편 일본 측 청구권의 포기는 헌법상의 문제가 있기 때문에 처리상 난점을 초래한다. 이 경우, 일본 측의 입장으로는 ① 평화조약 제4조 b항의 해석 확인(it is understood 방식)의 규정에 머물게 되며, 한국 측에 대해서는 실제로는 이 규정에 의해 한국 측 전면 포기와 대개 같은 결과가 된다는 뜻을 설명하든가, 아니면 ② 상호 포기의 규정에서 벗어나 공식적으로는 평화조약 제19조와 같은 모양으로 설명을 하든가 이 둘 중 하나가 될 수밖에 없다.

(라) 이 방식에 의한 경우에는, 요강 4의 주주 유보분, 요강 5의 사채, 주식, 보험준비금 등은 현재의 안과 같이 요강 6의 대상으로 해서 별개로 취급한다는 명분이 불가능해지므로, 청구권 해결의 일부에 포함해서 지불 하던가, 아니면 청구를 거부하던가를 검토할 필요가 있다.

(마) 기타 포기의 예외로서 다음 두 가지를 인정하는 것도 검토의 여지가 있다.

(i) 재일한국인과 일본인 간에 발생한 청구권

(ii) 평화조약 발효 후 발생한 청구권(시점에 관해서는 검토를 요한다. 주 참조)

㈜ 평화조약 제4조 a항의 해석으로는, 동 조약 발효 시 현재 시점에서 동조에 해당하는 재산 및 청구권이 이후의 특별협정의 주제가 된다고 생각할 수 있으며, 따라서 동 조약 발효 이후 발생한 청구권을 포기의 예외 예로 하는 것에는 문제가 없을 것이다. 역으로 동 조약 발효 전의 청구권 중에 존속을 요하는 것이 있는지 없는지에 관해 위에서 언급한 시점의 문제로서 검토를 요한다. 생각해 볼 수 있는 대안은,

① 군령 제33호 공포 이후 발생한 청구권

② 일한 무역 재개 이후 발생한 청구권을 제외하는 방식이 있다.

(2) 제2안은, 시효의 효과에 의해 실질적으로 제1안과 동일한 결과를 노리는 것이며, (1)의 곤란한 점을 피할 수 있는 이점이 있다.

(가) 국교 정상화까지 시효의 진행을 정지하는 것은 많은 청구권에 대해 이미 완성된 시효의 효과를 부인하는 결과가 되므로, 일종의 재산권 몰수로서 보상문제로 발전할 우려가 있다.

(나) 시효의 진행은, 재판상의 청구, 상대방 당사자의 승인 등에 의해 중단되지만, 일한 간에는 적어도 평화조약 발효 이후 적용되는 시효 중단을 불가능하도록 하는 것과 같은 불가항력이 존재하고 있다고는 생각할 수 없으며, 권리자는 언제고 적용되는 조치를 취할 수가 있다. 따라서 조약 중에 특별입법 조치를 강구해야 할 이유가 궁핍하므로 민법 제161조 그 외 관련 법원칙상의 판단은 재판소의 인정에 맡기는 것이 적당하다.

(다) 정책적 견지에서는, 한국 측 주장의 전반부, 즉 이 청구권의 존속을 이유 있는 것으로 인정하면서, 후반부를 거부하여 실질적으로는 이것을 소멸시키는 방식은 설득력을 결여하고 있음을 부정하기 어렵다.

(라) 이 방식에 의하면, (1)(나)의 청구권은 청구권 해결의 지불에 포함시킬 필요 없이, 채무자의 시효 원용 포기에 의해 개별적 청구권에 응하는 것이 가능하다. (시효 중단 조치가 취해질 가능성도 있다.) (한편, 보험회사 등에 시효 원용 포기를 행정적으로 요청하는 것은 곤란할 것으로 생각되며, 그 경우는 사전에 보험회사 측의 지불 의사를 확인하는 서한을 받아 청구권 해결 협정의 부속문서로서 하는 방식도 생각할 수 있다.)

(마) (1)(마)의 예외는 ①에 관해서는 인정하지 않고, ②에 관해서는 검토한다는 선을 생각할 수 있다.

(3) 제3안은, 원칙적으로 한국 측 주장을 전면적으로 인정하되, 다만 군령 제33호의 영향을 고려하는 것이다.

(가) 일한 청구권 교섭에 있어서는, 순수하게 사인 간의 청구권은 현재 각 요강의 의제에 포함되어 있지 않다. (이 점의 예외로서, 요강 4의 주주 유보분, 요강 5의 사채, 재일 회사 주식, 보험 준비금이 있으나, 이들은 모두 요강 6으로 옮기는

것이 현재의 방침이다.) 따라서 이것을 통상의 청구권 처리협정의 경우와 같이 '동종의 그 어떤 청구권(any other claim)'에 포함되는 것으로 하여 전부 해결 완료로 해야 할 이론적 근거는 없다.

(나) 따라서 이 경우에도 대일본 정부 청구권은 '동종의 청구권'으로 해서 전부 해결된 것으로 함에 문제는 없다.

(다) 한편, 군령 제33호에 의해 재한일본재산이 처분되었기 때문에, 이것과 관계있는 사인 청구권을 존속시키는 것은 부당한 결과를 유도할 우려가 크다. 따라서 '군령 제33호에 의해 소속 변경의 대상이 된 재산에 속하는 채무'는 소속 변경 재산에 의해 감액하고, 해당하는 상쇄분은 존속하는 청구권의 범주로부터 제외하는 방식을 생각할 수 있다. 이 경우 '소속 변경 재산에 속하는 채무'로서는,

a) 채무자의 조선에서의 사업 활동에 근거가 있는 채무

b) 그 대가가 당해 소속 변경 재산에 이월된 한도 내에서 채무자의 조선 외에서의 사업 활동에 근거가 있는 채무

를 중요한 것으로 생각할 수 있다.

(독일, 오스트리아 재산협정 제24조 이하 참조)

(라) 시효 정지에 관해서는 이론상 (2)(가), (나)에서 언급한 것과 마찬가지의 문제가 있는 것은 사실이나, 상술한 것과 같이 청구권의 원칙적 존속을 인정하는 경우에는, 시효 정지에 관해서도 규정하는 것이 적어도 형평의 견지에서는 타당하다는 점을 부정할 수 없다. 따라서 원칙적 존속을 인정하는 경우는 시효에 관해서도 정지의 규정을 어떠한 형태로든 두어야 할 것이다.

그 경우의 이론적 설명으로는, 일한 교섭은 평화조약 제4조 a항의 해결로서 평화조약 발효 전부터 계속해서 행해져 온 것이며, 일한 양국 사인 간의 청구권도 명문상 이 규정에 포함되어 있기 때문에, 적어도 이 기간은 시효의 진행을 정지시켜야 할 이유가 있다고 하는 선을 생각할 수 있다.

(4) 제4안은 실제로는 일본 측이 채택할 수 없는 안이라고 생각된다.

要綱 6 に関する問題点

（討議用資料）

昭和 37. 2. 26
条 規

1. 韓国側提案内容次のとおり。

「題目：韓国人（自然人及び法人）の日本政府又は日本人（自然人及び法人）に対する権利の行使に関する原則。

内容：韓国人（自然人及び法人）の日本政府又は日本人（自然人及び法人）に対する権利であつて、要綱第 1 項ないし第 5 項に包含されないものは、韓日会談成立後といえども個別的に行使することができることを認定すること。この場合には、国交が正常化されるときまで時効は進行しないものとすること。

2. これに対するわが方の原則的立場としては一応次の四案の可能性が考えられる。

(1) 韓国人の日本政府及び日本人に対する私的請求権は本請求権解決によつて一切解決

韓国人個人の

ずみとする。

(2) 韓国人の日本人に対する私的請求権の個別的行使は本請求権解決によつてなんら影響されないことを確認する。ただし、時効停止に関する規定はおかず、裁判所の認定に委ねる。

(3) 韓国人の日本人に対する私的請求権は、軍令第33号による所属変更の対象となつた財産に属する債務から発生するものを除き、個別的行使を認める。時効停止に関する規定は、これらのものにつき認める。

(4) 韓国側要求を全面的に認め、なんらの制限も設けない。

3. 以上の四案の各々につき問題点及び ~~territory~~ fisiririty
を摘記すれば、次のとおり。

(1) 第一案は、相互放棄の形とならずに実現可能ならば政策的には最善の案である。

(イ) 通常の戦前、または戦時クレームの処理協定においては、このような方式がとられるのが原則である。本件の場合も平和条約第4条a項に基づく一切の韓国側請求権の full and final settlement との形となる。

(ロ) 実質的には当該請求権は最終解決の支払金額に含まれないから、放棄する結果とならざるをえないが、その根拠は Relevant clause の趣旨に求めることが可能であろう。

(ハ) 韓国側があくまで相互放棄を要求する場合は、(ロ)の Relevant 論を別とすれば要求に理由なしとすることは困難と考えられ、他方日本側請求権の放棄は憲法上の

4

問題があるため処理上の難点を生ずる。

この場合、日本側の立場としては(イ)平和条約第4条b項の解釈の確認（it is understood方式）の規定にとどめ、韓国側に対しては実際上はこの規定によつて韓国側全面放棄とほぼ同一の結果になる旨説明するか、または(ロ)相互放棄の規定にふみ切つて、公式には平和条約第19条と同様な説明を行なうかのいずれかしかない。

外交保護権の行使をしないこと

(ニ) この方式による場合には、要綱4の株主留保分、要綱5の社債、株式、保険準備金等は、現案のごとく要綱6の対象として別個に扱うとの建前が不可能となるから、請求権解決の一部に含めて支払うか、または請求を拒否するかを検討する必要があろう。

(ホ) その他、放棄の例外として次の二つを認めることも検討の余地がある。

(i) 在日韓国人と日本人間に発生した請

求権。

(ii) 平和条約発効後発生した請求権（時点については検討を要する。注参照）

(注) 平和条約第4条a項の解釈としては、同条約発効時現在で同条に該当する財産及び請求権が爾後の特別取極の主題となると考えられ、したがつて、同条約発効以後発生した請求権を放棄の除外例とすることには問題がないであろう。逆に同条約発効前の請求権の中存続を要するものがあるか否かに上述時点の問題として検討を要する。考えられる代案としては。

(i) 軍令第33号公布以後発生した請求権

(ii) 日韓貿易再開以後発生した請求権を除外する方式がある。~~(ただし戦後再開の日韓貿易はオープンアカウント制が原規であり、貿易自体から発生した私人間債権関係はないものと思われる。)~~

(2) 第二案は、時効の効果によつて、実質的に第一案と同一の結果を目指すもので、(1)の困難を回避しうる利点がある。

(イ) 国交正常化まで時効の進行を停止することは、多くの請求権に関して既に完成した時効の効果を否認する結果となるから、一種の財産権没収として補償問題に発展する惧れがある。

(ロ) 時効の進行は、裁判上の請求、相手当事者の承認などにより中断されるが、日韓間には、少くとも平和条約発効以後かかる時効中断を不可能とする如き force majeure が存在していたとは考えられず、権利者はいつでもかかる措置をとりえた筈である。したがつて条約中に特別立法措置を講ずべき理由に乏しく、民法第161条その他関連法原則上の判断は裁判所の認定に委ねるのが適当である。

(ハ) 政策的見地からは、韓国側主張の前半すなわちこれら請求権の存続を理由あるものとして認めながら、後半を拒否して実質上これを消滅せしめる方式が説得力を欠くことは否定しえない。

㈡　この方式によれば、(ハ)㈠の請求権は請求権解決の支払に含める必要はなく、債務者の時効援用放棄により、個別的請求に応ぜしめることができる。（時効中断措置がとられている可能性もある。）（なお、保険会社等に時効援用放棄を行政的に要請することは困難かとも思われるが、その場合は予め保険会社側の支払意思を確認する書簡をとりつけ、請求権解決協定の付属文書とする方式も考えうる。）

㈭　(ハ)㈭の例外は、(I)については認めず。(II)については検討するという線が考えられる。

(3) 第三案は、原則として韓国側主張を全面的に認め、ただ軍令第33号の影響を考慮に入れるものである。

(イ) 日韓請求権交渉においては、純粋に私人間の請求権は現在各要綱の議題に含まれていない。（この点の例外として、要綱4の株主留保分、要綱5の社債、在日会社株式、保険準備金があるが、いずれも要綱6にまわすというのが現在の方針である。） したがつて、これを通常の請求権処理協定の場合の如く、「同種のany other claim」に含まれるものとして一切解決ずみとすべき理論的根拠はない。

(ロ) したがつてこの場合にも対日本政府請求権は「同種のクレーム」として一切解決ずみとすることに問題はない。

(ハ) 他方、軍令第33号によつて在韓日本財産が処分されたため、これに関係ある私人請求権をも存続せしめることは不当な結果に導く惧れが大きい。したがつて「軍令第３３号による所属変更の対象となつた財産に属する債務」（具体的 drafting は更に検討を要する）は所属変更財産によつて減額し、かかる相殺分は存続する請求権の範囲から除く方式が考えられる。

この場合「所属変更財産に属する債務」としては、

(a) 債務者の朝鮮における事業活動に根拠を有する債務

(b) その対価が当該所属変更財産に繰り入れられた限度において、債務者の朝鮮外における事業活動に根拠を有する債務

が主要なものと考えられる。

（ドイツ、オーストリア財産協定第２４条以下参照）

(三) 時効停止の点については、理論上(2)(イ)(ロ)に述べた如き問題があることは事実で

あるが、上述の如く請求権の原則的存続を認める場合には、時効停止についても規定するのが、少くとも衡平の見地からは妥当であることは否定しえない。したがつて原則的存続を認める場合は、時効についても停止の規定を何らかの形でおくべきであろう。

その場合の理論的説明としては、日韓交渉は平和条約第4条a項の解決として平和条約発効前から継続して行われて来たものであつて、日韓両国私人間の請求権も明文上この規定に含まれていたのであるから、少くともこの期間に時効の進行を停止せしめるべき理由があるというラインが考えられる。

(ハ) 第4条は、実際にはわが方として採りえない案を考えられる。

9. 일반청구권소위원회 제11차 회의 회의록, 1962. 3. 6

한국 외교문서 750, 제6차 한일회담 청구권위원회 회의록, 1-11차, 1961. 10. 27-62. 3. 6

제6차 한일회담 일반청구권소위원회 제11차 회의 회의록이다.

이 회의에서 한국 대표단은 한국 측은 본부 훈령에 따라 제6항에 관한 문제를 다시 거론했다. 이에 대해 일본 측은 "회담 타결 후에도 청구권이 남는다면 일본 측으로서는 역시 곤란하다"라고 하면서 한국의 요구를 거부하였다.

※ 문서 상태 불량으로 새로 타이핑한 내용을 아래 수록함.

일반청구권 위원회 제11차 회의 회의록

1. 개최 일시 : 3. 2, 3. 6. 하오 3시-4시

2. 회의 장소 : 외무성 회의실 (77호)

3. 참석자 : 한국 측 김윤근 수석위원

이상덕 위원

정태섭 〃

홍윤섭 〃

김정태 〃

오채기 〃

일본 측 요시오카 주사대리

우라베 보좌

사쿠라이 〃

가네코 〃

오기소 〃

야나기야 〃

와타나베 〃

6. 토의 내용 :

요시오카 : 오늘은 청구권 처리에 관한 약간의 원칙 문제에 관하여 우리 측 견해를 말하겠다. 첫째는 남북한 문제이고, 둘째는 미국 측 각서의 relevant clause 문제이며, 셋째는 1원 대 1불의 환산율 문제이다. 그 외에 요강 6의 문제도 있으나 이 항목은 한국 측의 새로운 제안이고 또 그 다음 대단히 복잡한 문제이기 때문에 좀 더 검토한 후에 의견을 말하겠다. 이상 세 가지 문제에 대하여는 이미 과거 회의에서 약간의 의견을 말한 바 있으나 이 기회에 다시 한번 우리 측 견해를 말하겠다. (여기서 요시오카는 첫째는 남북한 문제인 데라고 전제한 다음 별첨 일본 측 발언 요지 제1항과 동일한 내용의 발언을 하다.)

김 대표 : 지금 발언한 것을 문서로 써서 줄 수 없는가.

요시오카 : 주겠다.

김 대표 : 지금 일본 측은 한국의 대일청구권은 남한에 국한되는 것이라고 말하였으나 평화조약의 해석으로도 그런 결론은 나오지 않는다. 상세한 것은 문서를 본 후에 말하겠으나 한국의 주권은 남북한 전 영역에 미친다는 것을 주장해둔다.

우라베 : 법정 체결문에 남북한 문제를 모나게 집어넣자는 이야기는 아니지만 실질적으로는 평화조약의 규정으로 보아 그렇게 생각할 수밖에 없다.

요시오카 : (다음은 relevant clause 문제인데 하면서 별첨 발언 요지 2항과 동일 내용의 발언을 하다.)

우라베 : 전에도 한미 재산양도협정에 의하여 미군으로부터 양도된 재산목록을 받고 싶다고 요망하였으나 아직 받지 못하였는데 재산목록은 국회 설명상 필요하므로 한국 측에서 제출해줄 것을 거듭 요망한다.

김 대표 : 이 문제에 대한 우리 측 견해는 종래와 변함이 없다. 배상의 성질을 가진 것은 지금까지 이 회의의 대상에서 제외하였으며 배상적인 것을 넣으면 대일 청구는 막대한 것이 되나 배상적인 것은 넣지 않았다는 것을 강조한다.

요시오카 : 한국 측은 relevant clause를 이미 고려하였다고 하지만 그러면 요강에 6항과는 어떠한 관계가 되는가.

김 대표 : 6항은 새로운 제안이 아니고 당연한 것을 설명적 규정으로 넣을 것을 주장하는데 불과하다.

요시오카 : 6항은 새로운 제안으로 생각되는데 그렇게 되면 relevant clause는 어디 갔는가 하는 감이 든다.

김 대표 : 종래부터 가지고 있던 한국인의 청구권이 한일회담이 성립하였다고 해서 소멸된다면 불합리하므로 6항은 이러한 청구권을 설명적으로 넣어 두고자 하는 것이다. 일본 측은 한국이 재한 일본인 재산을 취득하였으므로 대일재산청구에 있어서는 이점을 고려하여야 한다고 하지만 재한 일본인 재산은 한국이 몰수하거나 귀속시킨 것이 아니며 미국이 몰수 또는 귀속시킨 것을 미국으로부터 양도받은 것이며 또 한국의 대일재산 청구는 막대한 배상적인 성질의 청구를 제외한 것이다. 따라서 미국이 전쟁의 사후 처리로서 재한 일본인 재산을 귀속시켰다고 하

여 종전 전부터 한국인이 가지고 있던 청구권이 이로 인하여 소멸되거나 상쇄, 또는 영향을 받을 수는 없는 것이다.

요시오카 : 그 점은 양측이 모두 미국 측의 해석을 기초로 하고 있다.

김 대표 : 그러나 상호 간 배상적인 것이 있으면 상쇄하든가 고려한다든가 하는 문제가 나올 수도 있겠지만 예금과 같은 개인의 재산은 relevant clause와는 아무런 관계도 없는 것이므로 동 relevant clause의 영향을 받는 것이 아니고 또 본질적으로 상쇄될 성질의 것도 아니다.

우라베 : 일본 측으로 본다면 전쟁과는 아무런 관계도 없는 개인의 사유재산이 몰수되어 한국 측에 넘어갔는데 회담 성립 후에도 한국 측의 청구권만이 그대로 남는다고 하면 이것은 대단히 곤란한 문제라고 본다.

김 대표 : 그러나 동 6항은 당연한 규정이다. 예를 들면 종전 전부터 한국인이 미쓰비시 은행에 예금하고 있는 것을 한일회담이 성립되었다고 하여 줄 수 없다고 한다는 것은 일본 국민들도 상상하지 못할 것이다.

우라베 : 회담 성립 후에도 청구권이 남는다면 일본 측으로서는 역시 곤란하다.

이상덕 : 곤란하다고 하는데 어떤 점이 곤란한가.

우라베 : 여러 가지 문제가 있다고 본다. 일한 관계는 법적으로 본다면 평화조약 제4조밖에 없는데 제4조에는 Resident, 즉 주민으로 되어 있고 National, 즉 국민으로는 되어 있지 않다. Resident라는 용어로 보더라도 문제가 있다고 본다. 그리고 미군으로부터 양도된 재산목록이 필요한데 줄 수 없는가.

김 대표 : 재산목록은 없다. 협정에는 인도되지 않는 재산 즉 소극적으로 제외한 재산만이 기재되어 있었을 뿐이다.

우라베 : 양도된 재산은 매도하거나 불하 하였을 것이므로 그러한 기록은 있지 않은가.

김 대표 : 현재 가지고 있는 것 또는 처분한 것은 기록이 있지만 인수한 기록은 없다.

우라베 : 인계된 기록은 남아있는 것이 아닌가.

정태섭: 귀속된 일본인 재산은 재산목록에 의하여 인계된 것이 아니고 각 지방의 군정 당국이 직접 지방 관서에 사무 인계식으로 인계한 것이기 때문에 그러한 기록은 없다.

우라베 : 인계 방식은 실제 그랬을는지 모르나 시각적으로 본다면 그 내용은 알 수

있는 것이 아닌가. 인계된 것은 국유재산이 되었을 것이므로 대장이 있지 않은가.

정태섭: 국유재산과는 달리 귀속재산으로 처리된 것인데 물론 그 기록은 있으나 중앙의 대장이나 목록으로 가지고 있지는 않다.

우라베 : 일본 측으로 보면 그 당시 재한일본인 재산은 방대한 금액인데 이러한 방대한 재산을 포기하면서 그 목록도 받지 못하였다고 하면 국회 대책 상 문제가 어려워지리라고 본다.

김 대표 : 일본 측은 국회 국회 하지만 대일재산 청구에는 배상적인 것이 들어있지 않기 때문에 일본 국민은 납득할 것이 아닌가.

요시오카 : 일본은 배상을 지불할 입장에 있는 것이 아니고 청구권이 문제가 된다.

이상덕: 여하튼 협정에는 재산목록이 첨부되지 않았다.

우라베 : 이것은 심각한 문제이므로 목록이 있으면 제출해주었으면 좋겠다.

요시오카 : (다음은 그 원래 1원 대 1불의 환산율 문제인데 하면서 별첨 발언 요지 3항과 동일 내용의 발언을 하다.)

김 대표 : 이 문제에 대해서도 우리 측 견해는 종래와 같다. 그리고 오늘은 7항과 8항을 설명하기로 되어 있으나 7, 8항을 설명하기 전에 과거 회의에서도 이야기하였지만 군정법령 제33호 해석에 관한 일본 측 견해에 대하여 우리 측 견해를 다시 한번 말하겠다. 재일한국 재산은 군정법령 제33호에 의하여 귀속되었기 때문에 청구하는 것이 아니고 본질적 이론 즉 지점은 별개의 인격을 갖는 것이 아니라는 법 이론에 의하여 청구하는 것이다. 법령 제33호에 의하여 포기하는 지점의 권리는 본점 소재지에 있다는 전제하에 귀속한 것이다. 이 점은 일본 측에서도 인정하는 바이나 그럼에도 불구하고 그 주권의 귀속이 가문적이라고 하고 있는데 이와 같은 결론은 명문상으로나 타 법 이론에서도 나오지 않는다. 또 가령 그렇다 하더라도 권리의 소재가 어디 있었느냐가 문제인데 가령 등록 주체의 경우는 그것이 조선은행 도쿄지점의 명의로 등록되어 있었다 하더라도 지점은 본점과 동일 인격이므로 권리의 소재는 본점, 즉 권리자 주소에 있다고 우리는 주장하는 바이다. 이것은 비단 등록 국채뿐만 아니라 재일 재산도 마찬가지다. 다음 은급과 사망자 및 부상자에 대한 보상관계인데 일본 측은 일본 국적을 보유하고 있던 시기를 연도로 하여 고려된다는 견해이나 그 권리가 이미 종전 전에 탄생한 것이라

는 것은 일본 측도 인정하는 것이며 다만 일본 측은 일본 국적이 없어졌기 때문에 그 권리도 없어졌다고 생각하는 것 같으나 국적에 관한 규정은 기득권을 가진 개인이 그 권리의 상실을 감수하면서라도 국적을 버린다는 개인의 의사에 의하여 국적을 상실하는 경우를 말하는 법이니만큼 우리의 경우에는 적용될 수 없는 것이다. 그뿐 아니라 은급은 기금까지 거출된 사실을 알아야 할 것이다. 또 군인 군속의 사망자도 이미 사망과 동시에 권리가 발생한 것이므로 일본의 일방적인 입법 조치에 의하여 그들의 기득권이 영향을 받을 성질의 것이 아니며 또 사망해서도 일본인은 국가 보상을 받고 있다는 실정을 고려하여서 말한 것이다. 다음 전문위원회의 정식 보고는 받지 못하였지만 피징용노무자 중 소재 불명자가 20만 명이나 된다고 하는데 이것은 세 사람 중 한 사람이 소재 불명이라는 계산이 되어 당시의 일본 경찰이나 관청의 능력으로 보나 도저히 납득할 수 없는 숫자이다. 그 외에도 몇 가지 의견을 말하고 싶은 것이 있으나 다음 기회에 미루고 제7항과 8항은 근간 열릴 정치회담의 귀추를 봐서 토의하겠다.

요시오카 : 군정법령 제33호, 은급 및 사망자 보상금 등에 대한 우리 측 의견은 이미 말한 바 있으므로 여기서 다시 되풀이할 필요는 없다고 본다. 다만 피징용자 중 직장 이탈자가 22만 명이나 된다는 것은 이해할 수 없는 숫자라고 하지만 일본 측에서 조작한 숫자도 아니다. 이 숫자는 내무성 경무국의 숫자이므로 진정한 숫자라고 본다.

김 대표 : 한국 내라면 친척들도 있으나 일본에서 세 사람 중 한 사람의 비율로 소재 불명되었다는 것은 이해할 수 없다.

우라베 : 오늘 회의는 대체로 끝난 것 같은데 다음 회의는 어떻게 할 것인가. 정치회담의 귀추를 보아서 토의토록 하는 것이 어떤가.

김 대표 : 그렇게 하는 것이 좋겠다.

우라베 : 그리고 신문 발표는 relevant clause에 관하여 서로 의견을 교환하였다는 정도로 하자.

김 대표 : 좋다.

끝.

한일청구권 위원회 [illegible] 회의

회 의 록

1. 개최 일시 : [illegible] 6. 오후 [illegible]시 - 5시

2. 회의 장소 : 외무성 회의실 ([illegible]7호)

3. 출석자 :

한국측	김 윤 근	수석위원
위 원	이 상 덕	위원
	정 태 섭	위원
	홍 윤 섭	〃
	김 정 태	〃
	오 재 기	〃
일본측	요시오까	주사대리
	우라베	보좌
	사구라이	〃
	가네꼬	〃
	오찌소	〃
	야나기야	〃
	와다나베	〃

4. 토의 내용 :

요시오가 : 오늘은 청구권 처리에 관한 양국의 원칙문제에 관하여 우리측 견해를 말하겠다. 그 내용은 첫째는 남북한 문제이고 둘째는 미국측

각서의 relevant clause [illegible] 발생을 논하고 있다. 그리고 우리가 [illegible] 말하였으나 이 부분은 한국측 재산을 [illegible] 아니고 또 그 [illegible] 관계 복잡한 문제이기 때문에 좀 더 검토한 후에 의견을 말하겠다. 이상 세가지 문제에 대하여는 이미 과거 회의에서 쌍방의 의견을 표명한 바 있으나 이 기회에 다시 한번 우리측 견해를 말하겠다.

(여기서 요시오까는 앞서는 간단한 문제인데 하고 전제한 다음 별첨 일본측 발언요지 1 항과 동일한 내용의 발언을 하다.)

김 대표: 지금 발언한 것을 문서로 해서 줄 수 없는가.

요시오까: 주겠다.

김 대표: 지금 일본측은 한국의 개인 청구권은 남한에 국한되는 것이라고 말하였으나 평화조약의 해석으로도 그런 결론은 나오지 않는다. 상세한 것은 문서를 본 후에 말하겠으나 한국의 청구권은 남북한 전 영역에 미친다는 것을 주장해둔다.

우라베: 협정 해결문에 남북한 문제를 포함시켜 집어넣자는 이야기는 아니지만 실질적으로는 평화조약의 규정으로 보아 그렇게 생각할 수 밖에 없다.

요시오까: (다음은 relevant clause 문제인데 하면서 별첨 발언요지 2 항과 동일 내용의 발언을 하다)

우라베: 전에도 한미 재산양도 협정에 의하여 미군으로부터 양도된 재산 목록을 받고 싶다고 요청하였으나 아직 받지 못하였는데 재산목록은 국회 설명상 필요하므로 한국측에서 작성해준 것을 거듭 요망한다.

김 대표: 이 문제에 대한 우리측 견해는 종래와 변함이 없다. 배상의 성질을

[illegible]신것은 [illegible]국 [illegible] 상쇄된것은

[illegible] 것이 되나 [illegible] 상쇄된 것은 [illegible] 하는것은

가능합니다.

오. 시오가 : 한국측은 relevant clause 를 이미 고려하였다고 하지만 그러면 오.강에 대하여는 어떠한 관계가 되는가.

김 대표 : 8항은 새로운 재산이 아니고 당연한것을 선명적 규정으로 넣은 것을 조정하는데 불과하다.

오. 시오가 : 8항은 새로운 재산으로 생각되는데 그렇게 되면 relevant clause 는 어데 가는가 하는 감이 든다.

김 대표 : 종전부터 가지고있던 한국인의 청구권이 한일회담이 성립하였다고 해서 소멸된다면 불합리하므로 8항은 이러한 청구권을 선명적으로 넣어두고자 하는것이다. 일본측은 한국이 재한 일본인 재산을 취득하였으므로 대일 재산 청구에 있어서는 이점을 고려하여야 한다고 하지만 재한 일본인 재산은 한국이 몰수하거나 귀속시킨것이 아니며 미국이 몰수 또는 귀속시킨것을 미국으로부터 양도받은것이며 또 한국의 대일재산 청구는 막대한 배상적인 성질의 청구는 제외한것이다. 따라서 미국이 전쟁의 사후처리로서 재한 일본인 재산을 귀속시켰다고 하여 종전 전부터 한국인이 가지고 있던 청구권이 이로 인하여 소멸되거나 상쇄, 또는 영향을 받을수는 없는것이다.

오. 시오가 : 그점은 양측이 모두 미국측의 해석을 기초로 하고 있다.

김 대표 : 그러나 상호간 배상적인것이 있으면 상쇄한다던가 고려한다던가 하는 문제가 나올수도 있겠지만 예금과 같은 개인의 재산은 relevant clause 와는 아무런 관계도 없는것이므로 동 relevant clause 의 내용은 밝힌것이 아니고 또 명시적으로 삽입될 성질의 것도 아니다.

우라베: 일본측으로 본다면 성질과는 아무런 관계도 없는 개인의 사유재산이 몰수되어 한국측에 넘어가는데 회담 성립후에도 한국측의 청구권만이 그대로 남는다고 하면 이것은 대단히 곤란한 문제라고 본다.

김 대표: 그러나 동 6항은 당연한 규정이다. 예를 들면 동경 천부에 한국인이 "미쓰비시" 은행에 예금하고 있는것을 한일회담이 성립되었다고 하여 찾을수없다고 한다는것은 [illegible] 일본 국민들도 상상하지 못할 것이다.

우라베: 회담 성립후에도 청구권이 남는다면 일본측으로서는 역시 곤란하다.

이상덕: 곤란하다고 하는데 어떤 점이 곤란한가.

우라베: 여러가지 문제가 있다고 본다. 인간관계는 법적으로 본다면 평화조약 제 4조 밖에 없는데 제 4조에는 Resident 즉 주민으로 되어있고 National 즉 국민으로는 되어있지 않다. Resident 라는 용어로 보더라도 문제가 있다고 본다. 그리고 미군으로부터 양도된 재산목록이 있다면 줄수없는가.

김 대표: 재산목록은 없다. 다만 거기에는 인도되지 않는 재산 즉 소극적으로 처리된 재산만이 기재되어 있었을 뿐이다.

우라베: 양도된 재산은 매도하거나 소비하였을 것이므로 그러한 기록은 있지 않는가.

김 대표: 현재 가지고있는것 또는 처분한것은 기록이 있지만 인수한 기록은 없다.

우라베 : 인계된 기록은 있어야할 것이 아닌가.

엄대섭 : 귀속된 일본인 재산은 재산목록에 의하여 인계된것이 아니고 각 지방의 군정당국이 직접 지방관서에 사무인계식으로 인계한것이기 때문에 그러한 기록은 없다.

우라베 : 인계방식은 실제 그렇겠는지 모르나 시가측으로 본다면 그 내용은 알수있는것이 아닌가. 인계된 것은 국유재산이 되었을 것이므로 내용이 있지않는가.

엄대섭 : 국유재산과는 달리 귀속재산으로 처리된것인데 물론 그 기록은 있으나 중앙의 재산이나 목록으로 가지고있지는 않다.

우라베 : 일본측으로 보면 그 당시 재산일본인 재산은 방대한 금액인데 이러한 방대한 재산을 포기하면서 그 목록도 받지못하였다고 하면 국회 대책상 문제가 어려워지리라고 본다.

김 대표 : 일본측은 국회 국회하지만 개인재산 청구에는 배상적인 것이 들어있지 않기 때문에 일본 국민은 납득할것이 아닌가.

요시오까 : 일본은 재산을 지불할 입장에 있는것이 아니고 청구권이 문제가 된다.

이상덕 : 여하튼 인계에는 재산목록이 첨부되지 않았다.

우라베 : 이것은 심각한 문제이므로 목록이 있으면 제출해주었으면 좋겠다.

요시오까 : (다음은 1번에 일본의 환산을 문제인데 하면서 남한 발언요지 6항과 동일 내용의 발언을 하다)

김 대표 : 이 문제에 대해서도 우리측 견해는 전에와 같다. 그리고 오늘은 7항과 8항을 설명하기로 되어있으나 7, 8 항을 설명하기 전에 과거 회의에서도 이야기하였지만 군정 법령 33호 해석에 관한 일본측 견해에 대하여

[illegible] 경우에 [illegible] 할 수 있다. [illegible]

[illegible] 처음부터 [illegible] 는것이 아니고 본래의 다른 즉 개념은 [illegible] 같은것이 아니라는 [illegible] 생각하는 것이다. [illegible] 권리는 본래 소지자에게 있다는 [illegible] 것이다. [illegible] 일본측에서도 인정하는바이나 그 날에도 [illegible] 그 은급의 계속이 가능하다 하고 주고있는 예 [illegible] 견론은 [illegible] 나오지 않는다. 또 가령 그렇다하드래도 권리의 소재가 어디 있었느냐가 문제인데 가령 등록국제회 경우는 그것이 [illegible] 되어있었다 하드라도 개념은 본국과 동일 인격이므로 권리의 소재는 본국 즉 권리자 주소에 있다고 우리는 주장하는 바이다. 이것은 비단 등록국제회뿐만 아니라 채권채산도 마찬가지이다. 다음 은급과 사망자 및 부상자에 대한 보상 관계인데 일본측은 일본 국적을 [illegible] 주고있던 시기를 [illegible] 하여 그 [illegible] 된다는 견해이나 그 권리가 이미 [illegible] 발생한것이라는 것은 일본측도 인정하는 것이며 다만 일본측은 일본 국적이 없어졌기 때문에 그 권리도 없어졌다고 생각하는것 같으나 국적에 관한 규정은 기득권을 가진 개인이 그 권리의 상실을 감수하면서도 국적을 떠난다는 개인의 의사에 의하여 국적을 상실하는 경우를 말하는 법이니 다음 우리의 경우에는 적용될수 없는것이다. 그뿐 아니라 은급은 지금까지 거출된 사실을 [illegible] 한것이다. 또 군인 군속의 사망자로 이미 사망과 동시에 권리가 발생한 것이므로 일본의 일방적인 입법조치에 의하여 그들의 기득권이 상실을

많은 [illegible] 것이 사실이며 [illegible] 시스오세는 [illegible] 는 그 [illegible]

입고 있다는 사정을 감안하여 [illegible] 이다. [illegible] 일본 [illegible] 에서 [illegible]

[illegible] 고는 [illegible] 는 [illegible] 하여가 [illegible] 나

[illegible] 하고 [illegible] 다는 [illegible] 이 [illegible] 다는 [illegible] 이 [illegible]

[illegible] 는 [illegible] 수 없는

수사이다. 그러므로 [illegible] 의 [illegible] 을 반환하고 싶은것이 있으나 마음

가짐에 비추고 [illegible] 남은 [illegible] 일 정부대표단의 귀국을 [illegible]

로서 [illegible] 했다.

우시로꾸: [illegible] 에 관한 [illegible]

의견은 이미 반영되어 있으므로 여기서 다시 재론하여 볼 필요는 없다고 본다.

다만 [illegible] 를 위한 [illegible] 가 [illegible] 나 [illegible] 는것은 [illegible] 수 없는

수사이고 [illegible] 만 [illegible] 에서 [illegible] 한 수사도 아니다. 이 수사는 [illegible]

[illegible] 국의 수사이므로 [illegible] 한 수사이라고 본다.

김 대표: 한국이라면 [illegible] 으로 [illegible] 있으나 일본에서 [illegible] 사람들 [illegible] 의 [illegible]

[illegible] 되었다는것은 [illegible] 할수 없다.

우라베: 오늘 회의는 이것으로 끝난것 같은데 다음 회의는 어떻게 할 것인가. 정부대표단의 귀국을 보아서 [illegible] 도록 하는것이 어떤가.

김 대표: 그렇게 하는것이 좋겠다.

우라베: 그리고 신문발표는 relevant clause 에 관하여 서로 의견을 교환하였다는 정도로 하자.

김 대표: 좋다.

끝.

번역

제11차 청구권소위원회에서 일본 측 발언 요지

1962. 3. 6

청구권 문제 처리에 있어서 약간의 원칙 문제에 관한 우리 측의 견해를 말씀드리고자 한다. 내용은 (1) 남북한 문제, (2) '미국 해석'과 한국 청구권과의 관계, (3) 청구 금액의 미화 환산 문제에 관한 제 점이다.

1. 남북한 문제

한국 측은 지금까지 대일청구권의 각 항목에 대한 설명에 있어서 한국 청구권의 범위에 북한 지역에 관한 것이 포함되어 있다는 생각을 가지고 있는 것 같으나, 일본 측에서는 다음과 같은 이유로 한국의 대일청구권의 대상은 남한지역에 관한 것뿐이라고 생각한다. 즉 현재 진행되고 있는 일본과 한국 간의 청구권 협상은 평화조약 제4조의 규정에 근거한 것임은 말할 필요도 없지만, 동조 a항의 규정에 따르면 일본과 특별협정을 체결하는 것은 '현재 해당[제2조] 지역의 시정을 실시하고 있는 당국'이며, 특별협정의 대상이 되는 것은 일본 측에 대해서는 '일본국 및 그 국민의 재산으로 해당 지역에 있는 것, 그리고 이들 지역의 시정을 실시하고 있는 당국 및 그 주민에 대한 일본국 및 그 국민의 청구권'이며, 다른 한편 상대국 당국 측에 대해서는 '일본국의 이들 당국 및 주민의 재산, 그리고 일본국 및 그 국민에 대한 이들 당국 및 그 주민의 청구권'이다. 따라서 한일 양국 간에 체결되어야 할 특별협정의 대상은 한국이 현재 시정을 하고 있는 지역인 남한 부분의 청구권 범위에 한정되는 것이 분명하다.

2. '미국 해석'과 한국 청구권과의 관계

한국 측은 제5차 회담에서 8항목의 대일청구권은 이미 일본의 재한 재산이 소속이 변경되어 한국으로 이전된 것을 충분히 고려한 청구권이기 때문에 미국의 해석을 이유로 일본 측이 한국 측 8항목의 청구권 소멸이나 감액을 주장할 근거가 없다고 주장한 적이 있다. 우리 측에서는 그때에도 우리 측의 견해를 밝힌 바 있지만, 다시 한번 이 문제에 대한 우리 측의 견해를 분명히 밝히고자 한다.

평화조약 제4조의 해석에 관해서는 한일 양국 모두 합의의사록(1957년 12월 31일)에서 1957년 12월 31일 자 미 국무부 각서(이른바 '미국 해석')에 제시된 견해와 일치한다는 것을 분명히 표명하고 있다. 그러나 위 '미국 해석'에는 "일본이 평화조약 제4조 b항에서 효력을 승인한 재한 일본재산의 처리는 제4조 a항에 규정된 특별협정을 고려함에 있어 관련성이 있는 것"이며, 게다가 "한 · 일 간의 특별협정은 한국 내의 일본재산을 한국 정부가 인수하는 것에 의해 한국의 대일청구권이 어느 정도까지 소멸 또는 충족되었다고 인정하는 것에 관한 결정을 포함하게 된다"라는 취지가 명시되어 있는 것이다.

한국은 일본에 대한 교전국이 아니며, 또한 평화조약 제14조를 원용하는 입장이 아님이 분명하므로, 원래 일본에 대해 배상청구권을 행사할 권리가 없다는 것은 이미 제5차 회담에서 일본 측이 밝힌 바 있으며, 따라서 '미국 해석'의 내용인 일본이 이 재한일본재산 처리의 효력을 승인함으로써 한국의 일본에 대한 법적 청구권이 어느 정도까지 소멸 또는 충족되었는지에 대해서는 한국 측이 일방적으로 결정해야 할 것이 아니라, 한일 간 협상을 통해 결정되어야 한다는 것은 의심의 여지가 없다.

즉 한국 측이 제시하고 있는 8개 항목의 청구권 중 법적 근거가 있다고 인정되는 항목에 대한 지급액 결정에 있어서는 당연히 이 점을 고려하여 그 구체적 적용에 대해 한·일 간에 협의해야 할 것으로 생각한다.

또한, 이와 관련하여, 그동안 일본 측이 한국 측에 제시를 요구해 온 1948년 한·미 '재정 및 재산에 관한 최초의 협정'에 의해 한국으로 이전된 재산의 목록을 제시할 것을 재차 요청한다.

3. 청구 금액의 미화 환산 문제

한국 측은 대일청구권 각 항목에서 제시한 엔화 표시 청구 금액에 대해 1945년 당시 일본 엔 대 미 달러 환율로 환산한 금액을 청구한다고 주장하고 있으며, 구체적으로 15엔=1달러를 기준으로 할 것을 제안하고 있다.

그러나 한국 측이 일본에 대한 청구권으로 제시한 엔화 표시 청구권은 모두 법적으로 엔화 표시 금전채권이며, 모두 달러 또는 금 약관이 첨부된 것이 아니다.

따라서 그 지급을 하는 경우에는 금전채권에 관한 원칙에 비추어 보더라도 해당 청구권의 내용 자체에 따라 확정되어야 할 엔화 표시 금액 자체를 지급하면 충분하며, 이에 대해 한국 측이 말하는 바와 같이 환산을 해야 할 이유는 없다고 생각된다. 참고로, 실제로 우리나라의 각국에 대한 전후 동일한 청구권 처리에서도 한국이 주장하는 것과 같은 형태로 해결된 사례는 없다.

요컨대 한국 측의 주장은 우리 측으로서는 도저히 인정하기 어려운 것이다.

3月9日 摘要

第11回請求権小委員会における日本側発言要旨

37.3.6

請求権問題処理にかかる若干の原則問題に関するわが方の見解を申し述べることといたしたい。内容は、(1)南北鮮問題、(2)「米国解釈」と韓国請求権との関係、(3)請求金額の米ドル換算の問題についての諸点である。

1. 南北鮮問題

韓国側は、これまで対日請求権の各項目についての説明に当つて、韓国請求権の範囲に北鮮地域に関するものが含まれているという考え方を採つておられるようであるが、日本側としては以下述べるような理由によつて、韓国の対日請求権の対象となるのは南鮮地域に関するもののみであると考える。すなわち現在行なわれている日本と韓国との間の請求権交渉は、平和条約第4条の規定にもとづくものであることはいうまでもないが、同条a

項の規定によれば、日本と特別取極を行うのは「現に当該〔第2条〕地域の施政を行つている当局」であり、特別取極の対象となるのは、日本側については「日本国及びその国民の財産で当該地域にあるもの、ならびにこれらの地域の施政を行つている当局及びそこの住民に対する日本国及びその国民の請求権」であり、他方相手当局側については「日本国におけるこれらの当局及び住民の財産、ならびに日本国及びその国民に対するこれらの当局及びそこの住民の請求権」である。従つて日韓両国の間に締結されるべき特別取極の対象は、韓国が現に施政を行つている地域である南鮮部分の請求権の範囲に限られることは明らかである。

2. 「米国解釈」と韓国請求権との関係

韓国側は、第5次会談において8項目の対日請求はすでに日本の在韓財産が所属を変更され韓国に移転されたことを十分に考慮した上での請求であるから米国解釈を理由に重ねて日本側から韓国側8項目の請求の消滅ないし減額を云々される筋合ではないと主張されたことがある。わが方からはその際にも当方の見解を明らかにしたのであるが、今一度この問題についてのわが方の見解をはつきり述べておきたい。

平和条約第4条の解釈に関しては、日・韓両国とも合意議事録（1957年12月31日）で1957年12月31日付米国務省覚書（いわゆる「米国解釈」）に示された見解と同意見であることを明確に表明している。しかして上記「米国解釈」には、「日本が平和条約第4条b項において効力を承認した在韓日本財産の処理は、第4条a項に定められ

7

ている特別取極を考慮するに当つて関連があるものであり」、しかも、「日・韓間の特別取極は、韓国内の日本資産を韓国政府が引取つたことにより、韓国の対日請求権がいかなる程度まで消滅され、又は満たされたと認めるかについての決定を含むこととなる」旨が明記されているのである。

韓国は日本に対する交戦国ではなく、また平和条約第14条を援用する立場にないことは明らかであるから、もともと日本に対して賠償的請求を行なう権利がないことは、すでに第5次会談で日本側から明らかにしたところであり、したがつて、「米国解釈」の内容とするところは、日本がこの在韓日本財産処理の効力を承認したことによりどの程度まで韓国の日本に対して有する法律上の請求権が消滅し又は満されたかについては、韓国側の一方的に決定すべきことではなく、日韓間の交渉において決定されるべきであることは疑いを容れない。

すなわち韓国側の提示している8項目の請求のうち法的根拠ありと認められるものに対する支払金額の決定にあたつては、当然この点を考慮し、その具体的適用について日・韓間で協議されるべきものと考える。

また、これに関連して、かねて日本側より韓国側に提示を求めておいた1948年の米韓の「財政及び財産に関する最初の取極」により韓国に移転された財産の目録を提示されるよう、重ねて要請する。

3. 請求金額の米ドル換算の問題

韓国側は、対日請求各項目において提示した円貨表示の請求額について、1945年当時の日本円対米ドルレートで換算した額を請求すると主張し、具体的には15円=1ドルによることを提案されている。

しかし、韓国側の日本に対する請求権として挙げられた円貨表示債権は、いずれも法的に円貨建金銭債権であり、いずれもドルあるいは金約款の付せられていたものではない。

従つてその支払を行う場合には、金銭債権に関する原則に照らしても、当該債権の内容そのものによつて確定すべき円貨表示金額自体を支払えば足りるのであつて、これに対して更に韓国側のいわれるごとき換算を行うべき筋合とは考えられない。ちなみに、現にわが国の各国に対する戦後の同種クレーム処理に当つても、韓国の主張するような形で解決された例はない。

これを要するに韓国側の主張はわが方としては到底認めがたいものである。

10. 要綱6に關する方針案(未定稿), 1962. 3. 8
日本外交文書 1754

한국 측의 대일청구요강안 제6항 수정 제의에 대한 일본 측의 방침이 담긴 문서다.

일본 측은 한국 측의 수정 제의가 계속되자, 1962년 3월 8일 "재일한인을 제외한 모든 한국인의 일본 정부 및 일본인에 대한 사적(개인) 청구권은 이 청구권 해결로 모두 해결된 것으로 한다"라는 확고한 방침을 수립하였다.

번역

요강 6에 대한 방침 안(미정고)

1962. 3. 8 조약국 법규과

1. 요강 6에 대한 기본 방침

일본 측의 기본 방침은 하기 4항목을 주요 내용으로 하는 것이 적당하다고 생각된다.

(1) 재일한인(법적지위에 관한 협정에서 인정하는 자)을 제외한 모든 한국인의 일본 정부 및 일본인에 대한 사적 청구권은 본 청구권 해결에 의해 모두 해결된 것으로 한다.

(주 1) 법적지위에 관한 협정에서는 재일한인의 정의는 두지 않을 전망이지만, '태평양전쟁의 전투 중지일 이전부터 계속해서 일본국에 거주한 한국인(평화조약 발효일까지 태어난 그 자손을 포함함)으로 한국 국적을 증명하는 문서를 제출하는 자'에 대해 영주권을 부여할 방침이며, 사실상 그것이 '재일한인'의 정의에 상당한다.

이 범위는 사실상 한국 주일대표부의 증명에 의해 결정되기 때문에 엄밀하게는 재일조선인을 모두 커버하는 것은 아니지만 이론상으로는 입법 절차의 문제에 지나지 않는다고 생각할 수 있다. (재일한인의 문제에 관해서는 후술 2 참조)

(주 2) 평화조약 제4조 a항에 규정된 '주민'은, 평화조약 발효 시 현재에 있어 '주민'이라고 해석되는 것이 조약 해석의 원칙상은 자연스러운 것으로 생각된다. 이와 같이 해석되는 경우, 동 조에 규정한 '주민'의 범주와, 상기 '재일한인을 제외한 모든 한국인'의 범주는 이론적으로는 일치하지 않을 가능성이 있다. 그러나, 실질적으로는 그 차는 무시할 수 있는 정도의 것이라고 생각된다.

(2) (한국 측이 상호 포기를 요구하는 경우)

평화조약 제4조 b항의 해석의 확인(it is understood 방식) 규정을 두고, 한국 측에 대해서는 실제로는 이 규정에 의해 한국 측 전면 포기와 대략 동일한 결과가 된다는 뜻을 설명한다.

(3) 일반적으로 시효의 진행정지 조치를 취하는 것은 인정되지 않는다.

(주 1) 국교 정상화까지 시효의 진행을 정지하는 것은, 많은 청구권에 대해 이미 완성된 시효의 결과를 부인하는 결과가 되므로 일종의 재산권 몰수로서 보상 문제로 발전할 우려가 있다. 따라서 조약 중에 특별 입법 조치를 강구하지 않고, 민법 제161조 그 외 관련 법 원칙상의 판단은 재판소의 인정에 맡기는 것이 적당하다.

(4) 이상에 대한 예외로서 다음에 해당하는 청구권을 존속시키고 이것에 관해서는 채무자에 의한 시효의 원용을 행하지 않는다.

(주 1) 시효 원용의 배제 방식으로는, ① 입법 조치에 의한 방식(단 상기 (3)의 (주 1)에서 언급한 문제가 있다), ② 행정적 조치에 의해 채무자의 자발적 지불을 요구하는 방식, ③ 채무자에게 채무를 확인하는 방식, ④ 채무자의 지불 의견을 확인하는 서한을 청구권협정의 부속 문서로 하는 방식 등을 생각할 수 있다.

존속 청구권

(가) 폐쇄기관, 재외회사의 재일재산 청산에 따른 재한 한국인 주주(본래의 주주에 한정)에 대한 잔여 재산분 배분의 청구권

(나) 생명보험 준비금에 대한 재한 한국인의 청구권

(다) 무기명 유가증권류(사채 주식을 포함)에 대한 재한 한국인의 청구권(현물 정시(呈示)를 조건으로 함)

(주 2) 무기명 주식에 관해서는 주주권은 시효의 대상이 되지 않는다. 또한 군령 제33호에 의해 몰수된 것을 배제하는 것도 사실상 불가능하다, 협정상 제외 예로 하지 않아도 현물 정시(呈示)에 의해 모두 완전한 권리를 인정하지 않을 수 없는 것으로 생각되는 것은 협정상 일괄해서 상기 예외 중에 포함하여 설명해도 무방할 것이다.

(라) 평화조약 발효 후 발생한 사인 간 청구권

(주 3) 평화조약 제4조 a항에 해당하는 재산 및 청구권이 이후의 특별협정의 주제가 된다고 생각할 수 있으므로, 동 조약 발효 이후 발생한 청구권을 포기

의 제외 예로 하는 것에는 문제가 없으나, 동 조약 발효 전의 청구권 가운데 존속을 요하는 것이 있을 수 있으므로

I) 군령 제33호 공포 이후 발생한 청구권

ii) 일한 무역 재개 이후 발생한 청구권 등의 대안도 생각할 수 있다,

2. 재일한인의 문제

(1) 1(1)에 규정하는 재일한인의 제외는, 평화조약 제4조 a항의 해석('제2조 지역이 주민의 재산 및 청구권'의 처리를 특별협정의 주제로 한다) 상 당연하다고 생각된다. (물론 제4조 a항 상 일본국이 의무를 지는 대상의 범위를 넘는 특별협정을 체결하는 것은 가능하다.) 따라서 이 점은 요강 6뿐만 아니라 1~5에 관해서도 문제가 된다. 그 경우, 검토를 요하는 문제점(complications)을 적기하면 다음과 같다.

(가) 요강 1: 지 금은 관계는 없다.

(나) 요강 2: 체신국 관계의 우저간보(우편저금 간이보험) 가운데 조선 체신국 접수분은 지불에 응하지 않는다. 역으로 한국 측 청구 중에는 포함된다.

(다) 요강 4: 잔여 재산분 배분은 재일한인에 대해서도 지불하지 않는다. (시효와의 관련은 불명)

(라) 요강 5의 (1): 기명 유상증권의 지불은 행하지 않은 것으로 생각된다. 주주권에 관해서도 검토를 요한다.

(마) 요강 5의 (2): 일본계 통화는 없다.

(바) 요강 5의 (3): 징용자 미수금은 없다.

(사) 요강 5의 (4): 보상금은 도의상(ex gratia) 지불이므로 당연히 재일한인에게는 균등하게 주지 않는다.

(아) 요강 5의 (5): 재일한인에 대한 은급은 은급법의 실정적 규정 적용을 피하기 어려우므로 ① 군인 은급(1953년 부활), ② 미 재정분에 관해서는 지불의 근거가 없고, ③ 기타 기 재정분에 관해서는 평화조약 발효 시 중지할 수밖에 없다. 귀환자 수취금 관계는 없다.

(자) 요강 5의 (6): 생명보험에 관해서는 일본을 계약지, 지불지로 한 것은 지불

에 응하고 있지만, 조선에서의 계약분은 지불에 응하지 않는 것으로 생각된다.

(차) 요강 6: 이상 (가)~(자)에 포함되지 않은 사인간 청구권에 관해서는, 일본인간 청구권과 완전히 같은 것으로, 시효 정지 기타 특별조치를 강구할 필요는 전혀 없다고 생각된다. 따라서 청구권협정 상은 물론, 일본 국내법상으로도 별다른 특별한 조치를 할 필요는 없다.

要綱６に対する方針案（未定稿）

昭３７．３．８
条約局法規課

/. 要綱６に対する基本方針

わが方の基本方針は下記の４項目を主要な内容とするのが適当と考えられる。

(/) 在日韓人（法的地位に関する協定において認められるもの）を除くすべての韓国人の日本政府及び日本人に対する私的請求権は、本請求権解決によつて一切解決ずみとする。

（注／）法的地位に関する協定においては「在日韓人」の定義はおかれない見込であるが、「太平洋戦争の戦闘の終止の日以前から引続き日本国に居住する韓国人（平和条約発効の日までに生れたその子を含む）で韓国籍を証明する文書を提出するもの」に対して永住許可を与える方針となつており、事実上それが「在日韓人」の定義に相当する。この範囲は実際上韓国在日代表部の証明により決定されるから、厳密には在日朝鮮人をすべてカバーするわけではないが、理論上は立法手続の問題にすぎないと考えられる。（在日韓人の問題については後述2参照。）

（注2）平和条約第4条(a)項に規定する「住民」は、平和条約発効時現在における「住民」と解するのが条約解釈の原則上は自然と考えられる。

このように解する場合、同条に規定

する「住民」の範囲と、上記「在日韓人を除くすべての韓国人」の範囲は、理論的には一致しない可能性がある。しかし、実質的にはその差は無視しうる程度のものと思われる。

(2) （韓国側が相互放棄を要求する場合）

平和条約第4条b項の解釈の確認（it is understood 方式）の規定をおき、韓国側に対しては実際上はこの規定によつて韓国側全面放棄とほぼ同一の結果になる旨の説明を行なう。

(3) 一般的に時効の進行停止の措置をとることは認めない。

(注1)国交正常化まで時効の進行を停止することは、多くの請求権に関して既に完成した時効の効果を否認する結果となるから、一種の財産権没収として補償問題に発展する惧れがある。したがつて条約中に特別立法措置を講ずることなく、民法第161条その他関連法原則上の判断は裁判所の認定に委ねるのが適当である。

(4) 以上に対する例外として次にかかげる請求権を存続せしめ、これについては債務者による時効の援用を行なわない。

(注1)時効援用の排除の方式としては、(1)

立法措置による方式（ただし上記(3)の（注1）に述べる問題がある）(2)行政的措置により債務者の自発的支払を求める方式(3)債務者に債務を確認せしめる方式(4)債務者の支払意見を確認する書簡を請求権協定の付属文書とする方式などが考えられる。

存続請求権

(イ) 閉鎖機関、在外会社の在日財産清算に伴う在鮮韓国人株主（本来の株主に限る）に対する残余財産分配分の請求権

(ロ) 生命保険準備金に対する在鮮韓国人の請求権

(ハ) 無記名有価証券類（社債株式を含む）

に対する在鮮韓国人の請求権（現物呈

示を条件とする）

（注２）無記名株式については株主権は時効の対象とならず、また軍令第３３号により没収されたものを排除することも実際上不可能であって、協定上除外例としなくても現物呈示によりすべて完全な権利を認めざるをえないものと思われるが協定上は一括して上記例外中に含ませて説明してさしつかえないであろう。）

㈡　平和条約発効後発生した私人間請求権

（注３）平和条約第４条ａ項の解釈上、同条約発効時現在で同条に該当する財産及び請求権が爾後の特別取極の主題となると考えられるから同条約発効以後発生した

請求権を放棄の除外例とすることには問題がないが同条約発効前の請求権の中存続を要するものがありうるので

(I) 軍令第33号公布以後発生した請求権

(II) 日韓貿易再開以後発生した請求権

などの代案も考えうる。

2 在日韓人の問題

(1) 1(1)に規定する在日韓人の除外は、平和条約第4条(a)項の解釈(「第2条地域の住民の財産及び請求権」の処理を特別取極の主題とする)上当然と考えられる。(勿論第4条(a)項上わが国が義務づけられている対象範囲をこえる取極を行なうことは可能である。)したがつてこの点は要綱6のみならず1～5についても問題となる。その場合、検討を要するcomplicationsを摘記すれば次のとおり。

(イ) 要綱1:地金銀関係はなし

(ロ) 要綱2:逓信局関係の郵貯簡険の中、朝鮮逓信局受付の分は支払いに応じていない。逆に韓国側請求中には含まれている。

(ハ) 要綱４：残余財産分配分は在日韓人に対しても支払われていない。（時効との関連は不明）

(ニ) 要綱５の(1)：記名有價証券の支払いは行つていないと思われる。株主権についても検討を要する。

(ホ) 要綱５の(2)：日本系通貨はなし。

(ヘ) 要綱５の(3)：徴用者未収金はなし。

(ト) 要綱５の(4)：補償金は ex gratia 支払いであるから当然には在日韓人には均霑しない。

(チ) 要綱５の(5)：在日韓人に対する恩給は恩給法の実定的規定適用がさけがたいから、(1)軍人恩給（復活が昭和２８年）(2)

未裁定分については支払いの根拠なく、

(3)その他既裁定分については、平和条約

発効時打切りとならざるをえない。

引揚者受取金関係はなし

(リ) 要綱5の(6)：生命保険については日本

を契約地、支払地とするものには支払い

に応じているが、朝鮮における契約分は

支払いに応じていないものと思われる。

(ヌ) 要綱6：以上(イ)～(リ)に含まれない私人

間請求権については、日本人間請求権と

全く同様であつて、時効停止その他特別

措置を講ずる必要は全く存在しないと考

えられる。したがつて、請求権協定上は

もとより、わが国内法上も何ら特別の手

当をする必要はない。

11. WJ-12210, 외무부 장관의 대표단 앞 훈령, 1962. 12. 20

한국 외교문서 737, 제6차 한일회담 제2차 정치회담 예비절충: 본회의, 1-65차 전5권, V.2 4-21차, 1962. 9. 2-12. 26

청구권 문제와 관련한 김-오히라 합의 이후, 청구요강안 제6항에 관해 일본 측과 다시 교섭하라고 지시하는 내용이 담긴 문서(전문)다.

대한민국 외무부

수신인: 주일대사

1. 청구권 문제에 관하여 현재 서울에 있는 대표 연명으로, 현재 토의되고 있는 방식으로 청구권 문제가 해결되면, 과거의 대일 청구에 포함되지 아니한 개인의 대일 청구까지 포함하여 해결되는 것이 되어 앞으로 정부의 입장이 곤란하게 될것이므로 금번의 해결에서 8개 항목중 제 6항은 제외된다는데 관하여 일측의 양해를 얻어야 한다는 건의가 있음.

2. 본부로서는 현재 청구권 문제를 다루고있는 방식에 비추어 ~~제 6항을~~ 이문제를 다시 일측에 제시하면 일측에서 난색을 표시할것으로 생각하는 바이나, 관계 대표들이 이러한 건의를 하고있음에 비추어, 이를 알리오니 청구권 해결의 명목과 형식을 현재 교섭하는 방법으로 해결하되, 예컨데 ~~[illegible]~~ 합의의사록 등의 방식에 의하여 제 6항은 제외되고 해결된것으로 일측의 양해를 얻을 가능성이 있는지를 대표부에서 예의 검토하여 보고 하시기 바람. (동북) 72.

장 관

12. JW-12393, 제20차 회의 시 언급 결과에 대한 보고

한국 외교문서 737, 제6차 한일회담 제2차 정치회담 예비절충: 본회의, 1-65차 전 5권, V.2 4-21차, 1962. 9. 2-12. 26

본부 지시에 따라 제6차 한일회담 제2차 정치회담 예비절충 제20차 회의에서 대일 청구요강안 제6항의 수정을 재차 제안했으나, 일본 측으로부터 재고의 여지가 없다는 반응이 있었음을 보고하는 문서(전문)다.

대한민국 외무부

번 호: JW-12393

일 시: 221249

수신인: 외무부장관 귀하

대: WJ -12210

대호지시에관하여 작 21 일에 개최된 제 20 회 예비절충에서 한국측입장설명하고 일측의 반응을 보았언바 일측은 이문제는 재고의 여지조차없다고 말하고 토의를 거부하였음. 종래 상방이 청구권문제는 일괄하여 해결된다는 입장을 취해왔고 협정에도 ‼ 양국 및 양국민간의 청구구너문제가 최종적으로 해결된것을 인정한대‼ 고 규정하기로 제안하고 있을에감하여 이문제에관하여는 일측의 양해를 얻을가능성이 전혀 없을것으로 생각됨.

주일대사

예고 : 한일회담종료시 일반문서로재분류

13. 제20차 회의 회의록, 1962. 12. 21

한국 외교문서 737, 제6차 한일회담 제2차 정치회담 예비절충: 본회의, 1-65차 전 5권, V.2 4-21차, 1962. 9. 2-12. 26

제6차 한일회담 제2차 정치회담 예비절충 제20차 회의 회의록이다.

이 회의에서 한국 대표단이 대일청구요강안 제6항의 수정을 언급했으나 일본 측으로부터 일언지하에 거절당했다.

제 6 차 한일 회담
제 2차 정치 회담 예비절충
제 20회 회의 회의록

1. 일시: 1962. 12. 21. 15:00-16:45 시

2. 장소: 일본 외무성 회의실

3. 참석자: 한국측: 배 의환 대사

최 영택 참사관

박 상두 서기관

일본측: 스기 수석 대표

우시로구 아세아 국장

야나기야 아세아국 사무관

4. 토의 내용:

배 대사: 오늘은, 지난번 회의 때에 말한것 처럼, 지난 12월 10일 우시로구 국장이 본인에게 수교한 한일 회담에 관한 일측 입장을 설명한 문서에 대한 한국측의 의견을 제시한 문서를 수교하고저 한다.

이 문서는 한국어로 작성되어 있으니, 후에 번역하여 잘 검토해주기 바라는바, 그 내용은 다음과 같다.

(청구권 및 어업 문제에 관하여 문서의 내용을 설명)

청구권 문제 및 어업 문제 이외에도 법적지위 문제, 선박 문제, 문화재 문제, 기본 관계, 독도 문제등에 관하여 한국측 입장이 설명되어 있다.

최 참사관: 이 문서는 공식적으로는 지난번 이세끼 대사가 방한시

한국측에 수교한 문서(12월 10일 우시로구 국장이 배대사에게 동 문서 사본을 수교)에 대한 회답이다. 그러나, 이 문서에는, 12월 18일에 청구권 문제에 관하여 오히라 외상이 김 부장에게 보낸 서한에 대한 김 부장의 의견도 반영되어 있다.

김 부장으로서는, 이께다 수상이 김-오히라 라인, 즉, 무상 3억 (OA 상세), 해외 경제 협력 기금에 의한 차관 2억, 수출입 은행에 의한 차관 1억을 승인할것으로 기대하고, 박 의장에게도 그 승인을 요청중에 있었는데, 오히라 외상으로 부터 이께다 수상이 김-오히라 라인을 수정 재단하였다는 통지를 받고, 기대에 어그러져, 오히라 외상에게 회신을 보내는것을 보류하고 있는것으로 생각된다. 김 부장은 다만 수일내로 이께다 수상이 이 문제를 재고하여 김-오히라 라인을 그대로 승인할것을 바라고 있을뿐이다.

박 의장도 또한 22일에 예상하였던 기자 회견을 27일로 연기하였는데, 박 의장으로서는 21일에 이께다 수상이 김-오히라 라인을 승인할것을 예상하고, 22일에 기자 회견을 가질려고 한것으로서, 동 기자 회견을 27일로 연기한 원인의 하나는 이께다 수상이 김-오히라 라인을 수정 재단한데 있는것으로 생각되며, 이께다 수상이 27일 이전에 이 문제를 재고할것을 희망하고, 27일에 기자 회견을 할것을 정한것으로 보인다.

어업 문제에 있어서는, 이께다 수상이 청구권 문제에 있어 김-오히라 라인을 수정 재단했기 때문에, 그 진섭에 영향을 주고 있는데, 지난번 회의 시에 말한것 처럼, 년내에 쌍방이 제 2안을 제시하여, 의견을 좀더 접근 시키는것이 좋겠다.

(계속 법적 지위, 선박, 문화재, 기본 관계, 독도 문제에 관하여 문서의

내용을 설명함)

배 대사: (한국측 문서를 스기 수석 대표에게 수교함)
별첨과 같은

우시로구: 김 부장은 오히라 외상의 12월 18일의 서한에 대하여 별도 회답은 하지 않는가?

배 대사: 지금 수교한 문서가 오히라 외상의 서신에 대한 김 부장의 정식 회답은 아니지만, 김 부장의 의사는 표명되어 있다. 김부장으로서는, 오히라 외상의 서신에 대하여 불만을 표명하는 회답을 할수도 있겠으나, 오히라 외상과의 우의를 고려하여, 불만 표시의 회답을 보류하고, 이께다 수상이 이 문제를 재고하여 결국은 김-오히라 라인을 승인할것으로 기대하고 있는것이다.

우시로꾸: 이께다 수상이 김-오히라 라인을 수정 재단한것은 사실이나, 오히라 외상은 이께다-박 의장 라인이 최종 라인이란 양해 아래, 김부장과 그러한 선을 합의한것이므로, 오히라 외상이 김부장이나, 한국 정부를 속인 것은 아니다.

배 대사: 물론 그점은 이해한다.

우시로꾸: 귀측이 제시한 문서에 청구권 문제는 김-오히라 라인에 따라 처리되어야 한다고 했는데, OA 를 청구권에 "포함" 시킨다는 "포함"의 해석에는 상호 의견이 다르다. 귀측은 "포함"이 "상쇄"라고 하고 있지만 일본측은 반드시 "상쇄"를 뜻한것은 아니라고 생각하고 있다.

지난번 회의 시에 귀측은, OA 는 내자로서 사용할 계획이기 때문에 일본에 현금으로 지불할수 없다고 했는데, 만일 무상 3억불 중 OA 해당액을 일본에서 소비재로 받아, 이것을 한국 국민에게 매각한다면, 한국 정부는 필요한 내자를 획득할수 있지 않겠는가?

배 대사: 그것을 안된다. 한국은 지금 일반 무역에 있어서도 소비재의 수입을 금지 내지 제한하고 있으며, 특이 일본 소비재의 국내 범람은 다른 의미에서도 이를 용허할수 없다.

그런데, 한국 정부는 OA 의 외화를 한국 상인에게 매각하게 될것이며, 상인들은 이 외화를 대외 무역에 사용할것인바, 현재의 한일 간 무역 바란스로 보면, 이 외화의 대부분은 대일 무역에 사용될 가능성이 많다. 그렇게 되면, 결국, OA 는 "루트" 는 다르나 일본에게 지불하게 되는것이다.

소기: 이께다 수상은 대국의 정책을 우려하고 있는것 같다.

최 참사관: 청구권 문제는 기본선이 김-오히라 간에 합의되어 양국 수뇌의 승인만을 기다리고 있었던것이므로, 이곳에서 이것을 수정한다거나 보충한다거나 할수는 없을것이다.

소기: 수정할려고 하는것이 아니라, 이께다 수상의 재단이 달라졌으니, 그 타결책을 강구하자는것이다.

우시로구: OA 문제는 "포함" 의 해석인데, 이것은 수속상의 문제이니 간단히 해결될수 있을것으로 생각한다.

다음 차관 문제는, 한국측으로서는, 조건만 같으면, 기금이거나 수은이거나 상관 없는가

배 대사: 조건만 "기금" 과 같다면 자금의 출처야 상관할바 없다.

우시로구: 수은에서 기금과 거의 같은 조건으로 낼수 있을지 연구해 보겠는바, 꼭 동일한 조건이 되기는 어려울것 같다. 현행 규정에 의하면, 기금은 최저 3부 5린이라고 되어 있고, 수은은 적자가 안나는 운영을 해야 한다고 규정되어 있는바, 실적을 보면 수은은 4-7부로 되어 있다.

배 대사: 한국에 대한 차관은 청구권 해결의 한 방안으로서 제공하는 것이므로 그 성격이 일반 차관과는 다르다. 따라서 일반 차관 시의 이자률을 가지고 거기서 논의할 문제는 아니다. 일본의 모 고위층은 기금의 이자는 3부라고 말한바도 있다.

우시로구: 물론 한국에 대한 차관이 특수한 성격이라는것은 잘 안다. 그렇지 않고 일반의 경우에도 3.5부로 내면 기금은 파산할것이다.

최 참사관: 앞에서 말한바와 같이, 이 문제를 이곳에서 논의해도 무용한 일이니, 이께다 수상이 조속히 재고하여 김-오히라 라인을 승인할것을 요청할 뿐이다.

우시로구: 이께다 수상에게 재고를 요청중인바, 물론 수상이 한국측에게 만족할만 한 재단을 하면 제일 좋으나, 그렇지 않을수도 있을것인데, 귀측이 all or nothing이라고 하면 곤란하니, 귀측도 타협안을 고려해보아주기 바란다.

최 참사관: 오늘 오전의 어업관계 회의에서, 일측은, 19차 예비 절충에서 한국측만이 제2안을 내기로 했으니, 한국측만 2안을 내라고 말하였다는데, 이것은 19차 예비 절충에서 합의한 내용과 다르다.

우시로구: 물론 귀측만 1방적으로 제 2안을 내라고는 하지 않겠는바, 솔직히 말하면 아직 청구권 문제가 귀측에게 만족할만 한 결론이 나 있지 않는 현 단계에, 제 2안을 내어 보아도, 그것이 제 1안에서 많이 진보된 안이기를 기대하기 어려울것이니, 청구권 문제에 관한 이기게다 수상의 재고 결과를 기다려 제 2안 제출 문제를 협의하는것이 오히려 좋지 않을가 생각한다.

최 참사관: 현재 어업 문제에 관한 쌍방의 의견 간격이 상당이 큰데, 청구권 문제가 해결되었다고, 당장에 합의선에 도달하기는 어려울것 같으니, 그 중간 단계로서, 상호 제 2안을 내는것이 좋을지 모르겠다.

배 대사: 박 의장의 기자 회견이 27일에 있으니, 26일 10:00시에 다음 회의를 열고, 그 때 가지 이기게다수상의 재고 결과를 알려주었으면 좋겠다.

스기: 좋다. 일측의 재고 결과는 그 전이라도 우시로구 국장이 배대사에게 비공식으로 통지하도록 하고, 어업 협정에 과한 제 2안의 제출 문제도 그 때에 협의 결정하자.

배 대사: 내년 초에는 언제 부터 회의를 재개할것인가? 1월 10일 부터가 어떤간?

스기: 좋다.

최 참사관: 김-오히라 라인으로서 양국간의 청구권 문제를 최종적으로 해결하기로 합의를 이해하고 있는데, 최근 한국 국내에서는, 8개 항목 청구권 중 제 6항, 즉, 종전 당시 한국 법인 또는 개인이 가지고 있었던 일본 법인의 주를 계속 인정하라는것은, 포함시켜서는 안된다는 의견이 상당이 강하다. 즉, 청구권 문제 해결에 있어서, 전기 "주"의 효력을 인정한다는것을 합의 의사록등에서 규정해야 한다고 생각하는 의견이 많다. 일측도 이 문제에 관하여 연구해 보아 주기 바란다.

우시로구: 6항의 내용은 잘 모르나, 내용 여하를 불문하고, 별도 처리는 있을수 없으며, 고려해 볼 여지가 없다고 생각한다.

최 참사관: 신문 발표는 어떻게 할것인가?

우시로구: "청구권 문제에 관하여 계속 의견을 교환하였으며 (한국측이 문서를 제시한것은 언급치 않음) 다음 회의는 26일에 열기로 했다"고만 하자

최 참사관: 좋다.

14. 日韓豫備交涉第20回會合記錄, 1962. 12. 21
日本外交文書 651, 열 번째 문서

제6차 한일회담 제2차 정치회담 예비절충 제20차 회의의 일본 측 기록이다.

번역

일한 예비절충 제20회 회합 기록

1962. 12. 21, 북동아시아과

1. 일　시　12월 21일 오후 3시 5분부터 4시 45분까지
2. 장　소　외무성 235호 회의실
3. 참석자　전 회와 동일
4. 의사 내용

(1) 모두에 배 대표는 지난번 오노 방한에 동행한 이세키 대사가 제 현안에 관한 일본 측의 생각을 정리한 문서(별첨 1)를 비공식적으로 제시하였는데, 이것에 대한 한국 측의 생각을 적은 문서(별첨 2)를 드리고 싶다면서, 이러한 의견 교환을 계속해 나가는 가운데 쌍방의 생각은 차츰 접근할 것이라고 말하고 동 문서를 제출했다.

(2) 계속해서 최 참사관은 다음과 같이 말했다.

"지금 드린 문서는, 정식으로는 일본 측 문서에 대한 답이지만, 그와 함께 12월 18일 오히라 대신의 김 부장 앞 서한에 대한 김 부장의 답도 간접적으로 여기에 포함되어 있다고 생각해 주기 바란다. 원하기는, 제2차 오히라·김 회담 시, 애초에는 김 부장이 3.5+2.5=6, 오히라 대신이 2.5+2=4.5를 주장했으나, 결국 타협 안으로 3+2+1=6이라고 하는 이야기로 정리되었고, 쌍방 수뇌의 재가를 거쳐 최종적으로 합의하는 것으로 했으며 메모를 교환했다. 동 타협안에 대해, 한국 측 내부에서도 여러 불만이나 반대의견도 있었으나, 김 부장이 애를 쓴 결과 박 의장도, 일본 측이 수락한다면 새로이 수정 제안하지 않고 이대로 수락하고자 하는 기분이 된 것으로 보인다. 그 후 내한한 오노 부총재도 오히라·김 합의 선에서 21일까지 총리의 재가를 받도록 노력하겠다고 약속했다. 그런데 18일 자 오히라 서한의 내용은, 3+2+1이 아닌, 3+(1+1)+?이라고 할 수 있는 것으로 김 부장은 이야기가 다르다는 인상을 받았으며, 국내에서의 동 부장의 입장도 어렵게 되었다. 그래서 이 단계에서

김 부장이 오히라 서한에 대한 답신을 쓴다면 불만족이라는 답이 될 수밖에 없어 그러한 내용의 서한은 쓰고 싶지 않아 답신 서한을 쓰는 것을 자제해 온 것 같다. 그리고, 최종적으로는 일본 측도 오히라·김 합의의 내용을 수락하는 것을 기대하고 있는 것이 김 부장의 기분인 듯하다.

이상과 같은 실정이므로, 반드시 일본 측이 문제를 재검토해서 한국 측이 희망하는 대로 오히라·김 합의 그대로 신속히 재단(裁斷)을 내려주기를 바란다.

덧붙여서 22일로 예정되었던 박 의장의 기자회견은, 청구권 문제의 해결이 지연된 관계도 있고 해서 27일로 연기되었으며, 일본 측의 답을 26일까지 맞춰 주기 바란다."

(3) 이에 대해, 우시로쿠 국장은, 한국 측의 입장은 잘 알겠으나, 원래 오히라·김 합의는 박 의장, 이케다 총리의 동의를 조건으로 하고 있으며 이른바 쌍방이 수정권을 유보하고 있는 것이다, 또한 오히라 대신이 가급적 오히라·김 합의대로 마무리하고자 최선의 노력을 하고 있는 것은 사실이나, 이 합의를 아주 조금이라도 바꾸어서는 안 된다라고 하는 그와 같은 전부 아니면 아무것도 아닌(all or nothing)이라는 태도를 한국 측이 고집하면 오히라 대신의 입장도 매우 어렵게 된다, 따라서 금 후 일본 측으로부터 타협안을 낼 경우에는 예를 들어 그 내용이 오히라·김 합의 그대로가 아니더라도 반드시 본국에 보고해 주기 바란다고 말했다.

(4) 우시로쿠 국장은, 청구권 문제 처리에 관한 지난 18일의 일본 측 제안과 관련해서 구체적인 문제점은 두 가지가 있다고 생각한다면서, 그 첫째는 대한 채권의 처리 방법이며, '무상공여에 포함해서'의 해석에 관해 일한 쌍방에 큰 견해 차가 있으나, 내자가 궁핍해지는 것을 방지하기 위해 무상공여로부터 충당하게 해달라는 한국 측의 입장과, 빌린 돈은 엄격하게 반환해 주기를 바라는 일본 측, 특이 이케다 총리의 입장을 조정하는 의미로 일본 측으로부터의 무상공여 가운데 부채상환분에 해당하는 것을 소비재에 의해 공여하는 것으로 한다면, 한국으로서는 그만큼 내자가 조달되는 것으로 생각된다며, 이러한 해결 방법을 취할 가능성은 없는지 물었다. 이에 대해 배 대표는, 한국으로서는 현재 소비재의 수입을 극력 억제하고 있으며, 또한 일본의 소비재가 대량으로

들어오면 한국이 다시금 일본의 시장이 된다고 하는 주장도 나올 수 있다, 지금 우시로쿠 국장이 말한 방식은 수락하기 곤란하다고 생각한다, 다른 한편, 한국의 보유 외화 대부분은 통상 무역을 통해 결국 일본에 지불하는 것이 되므로 일본 측으로서도 같은 효과를 얻게 될 것으로 생각한다고 말했다.

우시로쿠 국장은, 구체적인 문제점의 두 번째는 차관의 조건이라면서, 외무성으로서는 수은으로부터 지출하는 분의 조건을 가급적 기금 분과 근접하도록 노력하고 있으나, 수은법이나 동 규칙 및 각국에 공여한 선례 등을 완전히 무시하는 것은 어렵고 결국 아무리 연구하더라도 양자의 조건을 끌어당겨 일치시키는 것은 불가능하다고 말했다. 이에 대해 배 대표는, 예전에 일본 정부의 유력자로부터 대한 차관은 이율 2퍼센트라고 하는 이야기가 나온 적도 있고, 오히라·김 회담에서도 처음에는 그러한 선에서 출발했다, 또한 일한 간의 특수사정에 비추어 다른 나라와 차를 두기를 바란다고 말했다. 이에 대해 우시로쿠 국장은 일한 간의 특수사정이 있기 때문에 일본 측으로서도 여기까지 양보해 온 것이며 그렇다고 해도 수은에서 지출하는 분의 이율을 대폭 내리는 것은 곤란하다고 대응했다.

(5) 어업 문제에 관해 최 참사관은, 현재 쌍방의 제안은 격차가 크며, 또한 청구권 문제 해결의 시기가 약간 지연되고 있는 현재, 어업의 이야기가 급속히 진전할 것을 기대하는 것은 무리이나, 어쨌든 연내에 서로 제2차 안을 교환하는 것으로 하고, 그것을 전후하여 청구권의 이야기도 최종적으로 타결하는 것이 된다면, 어업 쪽도 내년 봄 일찍이 최종 타협안으로 진전해 나갈 것으로 확신한다, 한편, 일본 측에서는 한국 측만 제2차 안을 내라고 주장하고 있으나, 이와 같은 것은 아무래도 부자연스러워 받아들이기가 어렵다고 말했다. 이에 대해 우시로쿠 국장은, 일본 측으로서는 전에 한국 측에 대해 속히 안을 내라고 재촉한 결과 그와 같은 재미없는 안이 나와 지겹게 느껴지는 만큼 나로서는 지금 당장 제2차 안을 내라고 재촉할 기분은 아니며, 오히려 청구권 문제가 해결되고 분위가 좋아진 후에 합리적인 안을 받는 것이 좋다고 생각한다고 말했다.

(6) 최 참사관은, 본국 정부에서 청구권 문제를 현재 이야기하고 있는 방식으로 해결하게 되면, 한국의 대일 청구 8항목 가운데 제6항만은 별도로 인정해 주

도록 하라는 통보가 있었는데, 검토해 주지 않겠느냐고 말했다. 이에 대해 우시로쿠 국장은, 이 자리에서의 인상을 말한다면 그러한 희망에 응하는 것은 지극히 어려운 것으로 생각한다고 했다.

5. 차기 회의 예정

12월 26일(수) 오전 10시부터

한편, 내년 회담은 1월 10일경부터 개시하는 것으로 의견을 모았다.

6. 신문 발표

"청구권 문제에 관한 의견교환을 계속했다"로 하는 것으로 의견이 일치했다.

日韓予備交渉第２０回会合記録

３７．１２．２１
北東アジア課

１．　日　時　　１２月２１日午後３時５分から４時４５分まで

２．　場　所　　外務省２３５号会議室

３．　出席者　　前回と同じ

４．　議事次第

(1)　冒頭、裵代表は、先般の大野訪韓に同行した伊関大使が諸懸案に関する日本側の考え方をまとめたペーパー（別添１）を非公式に提示されたので、これに対する韓国側の考え方を記したペーパー（別添２）を差し上げたい、このような意見交換を続けて行くうちに双方の考え方は次第に近寄るだろうと述べて、同ペーパーを提出した。

(2)　続いて、崔参事官より次のとおり述べた。

「今差し上げたペーパーは、正式には日本側ペーパーに対する答えであるが、それとともに、１２月１８日付大平大臣発金部

2

長あて書簡に対する金部長の答えも間接的にここに含まれていると思つていただきたい。顧れば、第2回大平・金会談の際、当初は金部長が3.5＋2.5＝6、大平大臣が2.5＋2＝4.5を主張したが、結局、妥協案として、3＋2＋1＝6ということで話をまとめ、双方首脳の裁断を経た上で最終的に合意することとして、メモを交換した。同妥協案に対し、韓国側内部でも種々の不満や反対意見もあつたが、金部長が骨折つた結果、朴議長も、日本側も受諾するならば、あらためて修正を提案することなく、このままで受諾しようという気持になつたらしい。その後来韓した大野副総裁も大平・金了解どおりの線で21日までに総理の裁断を得るよう努力すると約束された。しかるに、18日付大平書簡の内容は、3＋2＋1ではなく、3＋（1＋1）＋？ともいうべきもので、金部長は話が違うという印

3

象をもち、国内での同部長の立場も苦しくなつてきた。そこで、この段階で金部長が大平書簡に対する返事を書けば不満足だという返事にならざるをえないが、大平大臣に対する友情関係にかんがみ、かかる内容の手紙は書きたくないので、差当り返事を書くのを差し控えているらしい。そして、最終的には日本側も大平・金了解どおりの内容を受諾するものと期待しているというのが現在の金部長の気持らしい。

以上のような実情であるから、是非とも日本側におかれて問題を再検討せられ、韓国側の希望するように大平・金了解どおりの裁断を速かに下していただきたい。因みに、22日に予定された朴議長の記者会見は、請求権問題の解決が遅延したためもあつて、27日に延期されたので、日本側の返事を26日までに間に合わせてほしい。」

(3) これに対し、後宮局長は、韓国側の立場はよくわかつたが、もともと大平・金了解は朴議長、池田総理の同意を条件としておりいわば双方とも修正権を留保していたわけであり、かつ、大平大臣ができるだけ大平・金了解どおりにまとめようと最善の努力をつくされていることは事実なので、同了解をほんの少しでも動かしてはならないという、いわばオール・オア・ナッシングという態度を韓国側が固持されると、大平大臣の立場も非常に苦しくなる。そこで、今後わが方から妥協案を出すような場合には、たとえその内容が大平・金了解そのままではなくても、必ず本国へとりついでいただきたいと述べた。

(4) 後宮局長より、請求権問題処理に関する去る18日の日本側提案に関連した具体的な問題点は二つあると思うが、その第一は焦付債権の処理方法であり、「無償供与に含めて」の解釈につき日韓双方にくい違いがあるようだが、内資が窮屈になるのを防ぐため無償供与からさし引いてほしいとの韓国側の立場と、借金は厳格に返済してもらうべきだとの日本側、とくに池田総理の立場を調整する意味で、日本よりの無償供与のうち焦付債権償還分に見合うだけを消費財により供与することにすれば、韓国にとつてはその分だけ内資が調達できることになると思うが、このような解決方法をとる可能性はないだろうかと質した。これに対し、裵代表は、韓国としては、現在消費財の輸入を極力抑えていることではあり。かつ、日本の消費財が大量に入つてくると韓国が再び日本の市場になるという声も起り得るので、いま後宮局長のいわれたような方式は受諾困難だと思う。他方、韓国の手持外貨の大部分は通常貿易を通じ結局日本に支払われることになろうから、日本側

6

にとつても同じことだと思うと答えた。

後宮局長より、具体的な問題点の第二は借款の条件であるが、外務省としては、輸銀から支出する分の条件をできるだけ基金からの分に近づけるよう努力しているのであるが、輸銀法や同規則および各国に与えた先例等を全く無視するわけには行かず、結局どんなに勉強しても両者の条件をぴつたり一致させることはできない次第であると述べた。これに対し、裵代表は、かつて日本政府の有力者から対韓借款は利率2パーセントという話が出たこともあり、大平・金会談でも初めはその辺から出発した筈である。また、日韓間の特殊事情にかんがみ他の国とは差をつけてほしいと述べ、これに対し、後宮局長は、日韓間の特殊事情があるからこそ、日本側としてもここまで譲歩しているのであるが、それにしても輸銀から支出の分の利率を大巾に下げることは困難であるとくり返した。

(5) 漁業問題に関し、崔参事官より、現在双方の提案は大きく隔つており、また、請求権問題解決の時期が若干遅れている現在、漁業の話が急速に進展することを期待するのは無理だろうが、この際ともかくも年内にお互いに第2次案を交換することとし、それと前後して請求権の話も最終的に妥結するようになつたならば、漁業の方も明春早々から最終妥結案へと進展して行くものと確信する、なお、日本側では韓国側からだけ第2次案を出すよう主張されているが、このようなことはあまりにも不自然で受け入れ難いと述べた。これに対し、後宮局長は、日本側としては、先に韓国側に対し早く案を出すよう催促した結果、あんな渋い案が出てこりごりしている、そこで自分としては今すぐ第2次案を出せと催促する気はない、むしろ、請求権問題が解決し雰囲気がよくなつた上で合理的な案を出してもらつた方がよいと考えていると述べた。

(6) 崔参事官より、本国政府から、請求権問題を現在話し合つているような方式で解決する際、韓国の対日請求8項目のうち第6項だけは別に認めてほしいとの通報があつたので、検討していただけないかと述べたのに対し、後宮局長は、当座の印象としては、そのような希望に応ずることは至難だと思うと答えた。

5. 次回の予定

12月26日(水)午前10時より

なお、明年の会談は1月10日頃から開始することを申し合わせた。

6. 新聞発表

「請求権問題に関する意見交換を継続した」とすることに意見一致した。

한일회담 자료총서 21

한일회담 청구권 교섭 핵심 자료집 III

청구권 문제의 정치적 일괄 타결/개인 청구권 문제의 처리

초판 1쇄 인쇄 2025년 11월 30일
초판 1쇄 발행 2025년 12월 10일

엮은이 동북아역사재단
해제·번역·감수 조윤수, 유의상
펴낸이 박지향
펴낸곳 동북아역사재단

등록 제312-2004-050호(2004년 10월 18일)
주소 서울시 서대문구 통일로 81 NH농협생명빌딩
전화 02-2012-6065
홈페이지 www.nahf.or.kr
제작·인쇄 역사공간

ISBN 979-11-7161-247-5 94910
978-11-7161-234-5 (세트)